Reihe Pädagogik
Band 16

Selbstkonzepte Jugendlicher und schulische Notenkonkurrenz

Zur Entstehung von Selbstbildern Jugendlicher als kreative Anpassungsreaktionen auf schulische Anomien

Gerda Nüberlin

Centaurus Verlag
Herbolzheim 2002

Centaurus Verlag & Media UG 2002

Die Autorin, geb. 1962, studierte das Fach Sozialarbeit an der Fachhochschule Ravensburg-Weingarten und Erziehungswissenschaften mit dem Schwerpunkt außerschulische Jugend- und Erwachsenenbildung an der Universität Frankfurt/M. Nach einer Ausbildung als systemische Familientherapeutin (IGsT Heidelberg) promovierte sie 2001 an der Hochschule Vechta im Fach Erziehungswissenschaft zum Dr. phil. Sie war mehrere Jahre in der Familien- und Jugendhilfe tätig und arbeitet heute als betriebliche Sozialberaterin in einem industriellen Großbetrieb, wo ihre Arbeitsschwerpunkte in Beratung, Sozialkompetenztraining, Suchtprävention sowie in der Betreuung von Auszubildenden liegen. Sie ist darüber hinaus Lehrbeauftragte an der FH Frankfurt / M.
Veröffentlichung: Jugendhilfe nach Vorschrift. Probleme und Vorschläge der Umsetzung des neuen Kinder- und Jugendhilferechts in sozialpädagogische Praxis, Centaurus-Verlag 1997.

Die Deutsche Bibliothek – CIP-Einheitsaufnahme

Nüberlin, Gerda:
Selbstkonzepte Jugendlicher und schulische Notenkonkurrenz :
zur Entstehung von Selbstbildern Jugendlicher als kreative
Anpassungsreaktionen auf schulische Anomien / Gerda Nüberlin. -
Herbolzheim : Centaurus-Verl., 2002
(Reihe Pädagogik : Bd. 16)

ISBN 978-3-8255-0364-2 ISBN 978-3-86226-464-3 (eBook)
DOI 10.1007/978-3-86226-464-3

ISSN 0930-9462

Satz: Vorlage der Autorin
Umschlaggestaltung: DTP-Studio, Antje Walter, Lenzkirch

Inhaltsverzeichnis

1. Selbstkonzepte Jugendlicher - Problemstellung, Forschungsstand und -vorhaben

1.1 Erscheinungsformen, Ambivalenzen und Rätsel jugendlicher Identitätskonzepte

In der modernen Sozialisationstheorie wird die Lebensphase und Alterspassage Jugend seit Erik Eriksons[1] bahnbrechender sozialpsychologischer Analyse der Adoleszenzphase schon beinahe gleichgesetzt mit *„Identitätsfindung"*. Eine gelungene Sozialisation drückt sich danach in einem stabilen Selbstbewußtsein des jungen Menschen aus. So analysieren nicht nur Psychologen und Pädagogen, sondern auch Soziologen gesellschaftliche Entwicklungen im Hinblick auf mögliche problematische Auswirkungen auf die psychologische Selbstkonstitution des Individuums in der „Risikogesellschaft".[2]

Befragungen zur Shell-Studie „Jugend '97" unter „engagierten Jugendlichen" haben ergeben, daß sich bei ihnen, aber auch bei „Punkern", „Ravern" oder „Glatzen", eine bestimmte Variante von *Spaß* an ihrem Engagement wie ein roter Faden durch die Portraits zieht. Auf die Frage, was der Kern ihres Engagements sei, nennt eine Schulsprecherin nicht das, wofür sie sich einsetzt, die Vertretung von Schülerinteressen, sondern das „tolle Gefühl", wenn ihr nach einem Redebeitrag der Applaus der Mitschüler entgegen donnert.[3] Ähnlich äußert sich die Raverin Jana: „Wenn du heute irgendetwas tust, dann tust du es nicht gegen die Gesellschaft, sondern weil du Spaß dabei hast".[4] Das mit „Erfolg macht Spaß" überschriebene Kapitel der Jugendstudie erläutert: „Spaß - darunter verstehen die Jugendlichen Lebensfreude, Humor, Lockerheit und spielerisches Einüben von Fertigkeiten, die das *eigene Selbstbewußtsein heben*".[5] Nach den Äußerungen engagierter Jugendlicher ist demnach der eigentliche Spaß als „Zentrum ihres Engagements" weniger eine Sache oder eine Zielorientierung in der „Gesellschaft", als vielmehr ihr persönliches Ankommen und damit die Hebung ihres „eigenen Selbstbewußtseins". - Steht bereits diese *Spaßkomponente* für einen spezifischen Selbstbezug der Jugendlichen? Besteht ihr „Spaß" letztlich in einer Bestätigung ihres *Selbstbildes*?

Wenn sich Jugendliche ohne bestimmte Markenturnschuhe oder Markenkleidung nicht mehr in ihre Clique trauen, haben sie ihre Selbstdefinitionen anscheinend irgendwie mit diesen Mode-Artikeln verbunden. Praktische Ausstattungsstücke werden dadurch für sie zu etwas anderem: Sie scheinen als Identitätszeichen zu fungieren. Das „Jacke-Abziehen" würde dann unter Jugendlichen nicht primär eine materielle Schädigung bedeuten. Es wäre vielmehr eine Auseinandersetzung um kultische Symbole der Persönlichkeitsdarstellung,

---

1 Vgl. Erikson 1995.

2 Vgl. Beck 1983, 1986; Beck/Beck-Gernsheim 1994; vgl. die Synopse psychologischer, soziologischer, erziehungswissenschaftlicher, kriminalsoziologischer und integrativer Erklärungsansätze von abweichendem (Gewalt-)Verhalten und Selbstverständnissen Jugendlicher bei Schubarth 1998.

3 Vgl. von Streit in: Jugendwerk 1997, S. 83.

4 Portrait von Jana in: Jugendwerk 1997, S. 116 (Hervorhebung d. Verf.in).

5 Vgl. von Streit in: Jugendwerk 1997, S. 83. Ähnlich das Resümee von Ferchhoff 1999, S. 9 ff, S. 19.

um Identitätsfragen, um „Kick und Ehre" gar. Liegt darin der oder zumindest ein Sinn jugendtypischer Gewalt?[6]

Noch augenfälliger wird die *eigentümliche Ich-Bezogenheit* in den Aktivitäten junger Leute, die man auch als eine *Psychologisierung* des postmodernen jugendlichen Selbstverständnisses bezeichnen könnte,[7] wenn man Phänomene der Jugendkulturen, der Jugendsubkulturen oder der Jugendszenen in die Betrachtung einbezieht. Auf die Frage, was „Skinhead" zu sein für sie bedeute, äußerten Anhänger dieser Jugendsubkultur unter anderem:[8]

> „Ehre & Treue, Zusammenhalt, Freundschaften für die Ewigkeit." C., 17 Jahre
> „Saufen, Konzerte, a way of life. Eine Randgruppe mit Stolz." H., 21 Jahre
> „Zusammenhalt, Spaß, gute Kleidung, gute Musik, gesellige Alkoholvernichtung." C., 22 Jahre
> „Viel Spaß, ein Lebensgefühl der Gemeinschaft, Gewalt gegen Feinde, Provokationen, die nicht immer ernst gemeint sind." A., 22 Jahre
> „Singen, tanzen, trinken, Spaß, Zusammenhalt, schöne Renées, Kanakern und Linken auf die Schnauze hauen, MEIN LEBEN!" A., 16 Jahre
> „Auffallen, anders als die anderen, Mut zum Randalieren! Als Renée alles mitmachen, was die Kerle anstellen." A., 25 Jahre
> „Das Gefühl genießen, gehaßt zu werden." K., 23 Jahre

Auch hier steht vielfach ein „Lebensgefühl" im Mittelpunkt. Den Antworten zufolge erwächst es aus Überzeichnungen, die an Selbstbetrug grenzen: Da werden Themen lockerer Freizeitgestaltung zu soldatischen Heldentugenden wie „Ehre und Treue" stilisiert. Zufalls-Cliquen gelten als „Freundschaften für die Ewigkeit". „Gewalt gegen" irgendwelche „Feinde" steht in einer Reihe mit „Spaß" und „Lebensgefühl der Gemeinschaft". „Feinde" zu haben, „Gewalt" und „Ehre" dienen wie „gute Musik" oder „gesellige Alkoholvernichtung" dem einen Zweck, der *Erzeugung* von „Lebensgefühl". Das ist insofern ein seltsames Verhältnis, als das Lebensgefühl hier nicht die Erlebnisse Jugendlicher unwillkürlich *begleitet*. Es verhält sich umgekehrt: Erlebnisse werden provoziert und *inszeniert*, damit sich das mit dem Skinhead-sein verbundene Selbstgefühl einstellt. Diese *konstruierte Stellung* zur eigenen Identität kennzeichnet nicht nur die Skinhead-Szene. Einen ähnlichen Identitätsbezug weisen auch die subkulturellen Gegenparts der Skins auf, die Punks: „Da habe ich mir dann ein eigenes Bild geschaffen. (...) So muß ein Punk reden. Das ist doch absoluter Schwachsinn, denn jeder, der sich absetzen will von diesem Strom, ist in meinen Augen ein Punk. Anders sein, das ist Punk für mich. Punk entsteht im Kopf und nicht auf dem Kopf." (Daniel, 18 Jahre)[9] Man könnte in diesem Kontext auch andere Jugend(sub)kulturen nennen: Disko-Szenen oder „Techno-Freaks", Fußballfans und „Hooligans", „Faschos", „Antifas" und „Anti-Antifas", „Grafitti-Sprayer", „Lawinen-Surfer" und „S-Bahn-Surfer", „Streber", Pausenclowns oder „Vandalen" in der Schule. Die Frage nach der Eigenart der *unterschwelligen Gemeinsamkeit* dieser beinahe theaterhaften Konstruiertheit ihres jugendlichen Selbstbewußtseins bleibt stets die gleiche.

---

6 Vgl. Findeisen/Kersten 1999: *„Der Kick und die Ehre. Vom Sinn jugendlicher Gewalt."*

7 Vgl. zu dieser Einschätzung als *„manieristisch-postalternatives"* Selbstverständnis Jugendlicher: Ferchhoff (1999, S. 269 ff) über diverse Formen des *„Ego-Placement"* der Jugend an der Wende vom 20. zum 21. Jahrhundert in den *„Street-Skate-Snow-Dance-Fashion-Szenen"*, wo *„alles Kult"* und *„supergeil"* ist (S. 274).

8 Vgl. Farin/Seidel-Pielen 1993, S. 6 ff.

9 Portrait Daniel in: Jugendwerk 1997, S. 159.

Wie entstehen diese oft bizarren und doch irgendwie ähnlichen Selbstkonzepte? Inwiefern sind sie für die Lebensphase Jugend typisch? Weshalb stehen sie für die Jugendlichen so intensiv in ihrem Lebensmittelpunkt? Folgt ihre individuelle Ausprägung letztlich einem verdeckten System? Wenn ja, welchem? Was bestärkt diese Selbstkonzepte, wenn sie nur gelebte Phantasie sind und oft nur momenthaft Erfüllung bieten? Wieso müssen Jugendliche ständig etwas bzw. sich beweisen? Hat diese Art von Selbstkonzepten etwas mit jugendtypischer „Coolness", Gereiztheit oder Gewaltbereitschaft zu tun? Worin könnte der Nutzen oder der Sinn dieser aufwendigen Einbildungen über sich selbst liegen?

Es ist nämlich keineswegs nur ein *Spaß*, den sich Jugendliche in der Erfüllung ihrer Selbstbilder machen. Einerseits wissen sie mit sich anscheinend oft nichts anzufangen und „hängen gelangweilt ab". Andererseits üben sie dann plötzlich Angriffe gegen Gleichaltrige aus mit psychischen Attacken und mit brutaler körperlicher Gewalt, die sie umgekehrt auch von ihresgleichen erleiden. Teilweise riskieren sie sogar ihre Gesundheit oder ihr Leben für „Fahne", „Farben", „Fun", „Kick" und „Ehre". Der „Spaß" ist also auch ein bitterer *Ernstfall* ihrer als notwendig angesehenen Selbstbehauptung.

Was treibt sie zu diesem gewaltigen Einsatz? Läßt sich diese Form der *Schädigung und Selbstschädigung* überhaupt verhindern, wenn sie zu ihrer alterstypischen Identitätsbildung dazugehört? Andererseits: Was sollte man dagegen überhaupt einwenden, wenn sie damit nur ihre Identität aufbauen und ihr *Glück* schmieden?

1.2 Zum Forschungsstand und Vorhaben der Arbeit

In den 90er Jahren lösten spektakuläre Gewalttaten Jugendlicher intensive Debatten aus über deren Orientierungen und Selbstverständnis. Die erste Hälfte der 90er Jahre war geprägt von einer Medien-, Politik- und Fachdebatte über fremdenfeindliche Jugendgewalt,[10] die zweite Hälfte mehr von Debatten über „Schülergewalt"[11] und Gewaltkriminalität von „Horror-kids".[12] Empirische Belege für die seit den 80er Jahren behauptete Ausdehnung der von den Massenmedien behaupteten „Schülergewalt" ließen zunächst auf sich warten.[13] An-

10 Exemplarisch: Otto/Merten 1993: *„Rechtsradikale Gewalt im vereinigten Deutschland"*; Bergmann/Erb 1994; Bundesministerium des Innern 1994; Ackermann 1993, Butterwegge 1994, Heitmeyer 1987, 1992, 1993, 1994a, 1994b; Huisken 1993; Landeszentrale für politische Bildung Baden-Württemberg (Hg.) 1993; Rommelsbacher 1993; Rutschky 1992; Scherr 1992b, 1994, Willems u.a. (Hg.) 1993b.

11 Vgl. Focus 10/98: *„Schule brutal. Erpressung, Prügel Terror"*; Schubart/Melzer (Hg.) 1995; Holtappels/ Heitmeyer/Melzer/Tillmann 1997; Tillmann/Holler-Nowitzki/Holtappels/Meier/Popp 1999. Vgl. die Synopse der Diskussionsstränge der 90er Jahre bei *Schubarth* (1998, S. 16-90).

12 Vgl. Spiegel special 12/97 sowie Spiegel 15/98: *„Die kleinen Monster: Warum immer mehr Kinder kriminell werden"*. Zusammenfassend: Günter Albrecht 1997; Pfeiffer/Delzer/Enzmann/Wetzels 1998; Walter 1996; Findeisen/Kersten 1999, 14 ff.

13 Die 50-köpfige *„Gewaltkommission"* (Unabhängige Regierungskommission zur Verhinderung und Bekämpfung von Gewalt) stufte das Sensationsthema ohne repräsentatives Zahlenmaterial als *„kein zentrales Thema an deutschen Schulen"* ein (Schwind 1989, S. 70). *Hurrelmann* vermochte die laufende *„Dramatisierung des Themas"* anhand von Polizei- und Versicherungsstatistiken oder Schulamtsakten statistisch nicht nachzuvollziehen (1995a, S. 43, 45), ebenso wenig Melzer/Schubarth/Tillmann 1995: *„Insgesamt läßt sich feststellen: zwischen dem öffentlichen Bild einer massiven*

fang der 1990er Jahre hat sich die schulische Sozialisationsforschung der Problematik mit großem Aufwand angenommen.[14] Seit Ende der 90er Jahre liegen breite empirische Befunde vor, aus denen sich eine kleinere und eine anders gelagerte Dimension der „Schülergewalt“ ablesen läßt, als die Medien darstellten.[15] In diesen Studien wurde die Schule - nach wie vor - als zentraler Lernort von „Schülergewalt“, von Selektionsmechanismen und von mehr oder weniger problematischen Bewältigungsstrategien seitens der Schülerinnen und Schüler aufgefaßt und erforscht. Dennoch äußerten sich Kritiker enttäuscht über den fachlichen Ertrag: „Zwar gibt es viele quantitative Erhebungen zu gewaltaffinen Einstellungen Jugendlicher in der Bundesrepublik, eine qualitativ-hermeneutische Erforschung des Zusammenhangs zwischen gesellschaftlichem Umfeld und auffälligen Jugendlichen existiert jedoch praktisch nicht“.[16]

Benno Hafeneger stellt 1996 fest, daß in der Debatte über Jugendgewalt vorwiegend eine „Zuständigkeitslogik“ entfaltet worden sei mit Schuldzuweisungen und Versagensvorwürfen an Familie, Lehrer oder Politik an Stelle von überzeugenden Erklärungen, warum Jugendliche so handeln.[17] Auch andere Forscher stellen fest, daß zahlreiche Untersuchungen über Schülergewalt vor allem „deskriptive Untersuchungen“ seien. Hinsichtlich der Ursachenforschung würden „im Erkenntnisstand nach wie vor erhebliche Lücken“[18] klaffen. Hierzu gibt Heinz Günter Holtappels einen weiterführenden Hinweis:

> „Die scharfen Kritiker würden hier provozierend folgern: Viele Daten, aber zu wenig Erklärung! Doch soll und kann eine sicher berechtigte Kritik an Defiziten im theoretisch-methodologischen Bezugsrahmen zahlreicher Gewaltstudien keineswegs die Verdienste dieser ersten neueren Forschungen schmälern, zumal sie einen ergiebigen Steinbruch für die Generierung von theoretischen Ansätzen liefern.“ [19]

Einig sei man sich in der Ursachenforschung zwar über den theoretischen Bezugsrahmen, die Auseinandersetzung mit äußerer und innerer Realität und den Zusammenhang von gesellschaftlichen Strukturen und Teilsystemen mit intrapsychischen Dispositionen Jugendlicher. Dennoch herrschten in den Studien oft nur Einzelfragen vor und die Testung vereinzelter Hypothesen. Daher meint Holtappels, daß „umfassende sozialisations- und schultheo-

---

Gewaltbelastung in unseren Schulen und den Einschätzungen der Schulleitungen bestehen große Diskrepanzen.“ (1995, S. 37)

14 Vgl. die repräsentativen Sammelbände von Schubarth/Melzer (Hg.) 1995 und von Otto/Merten (Hg.) 1993 sowie zahlreiche DFG-Forschungsaufträge im Umfeld davon, etwa an die Forschergruppe der TU Dresden und der Universität Bielefeld, der u.a. angehören: Heinz Günter Holtappels, Ulrich Meier, Wolfgang Melzer, Wilfried Schubarth, Ulrike Popp und Klaus-Jürgen Tillmann: *„Die Forschungen zum Thema 'Schule und Gewalt' werden weitergeführt, denn die sich jetzt schon abzeichnende Differenziertheit der Befunde legt weitere analytische Untersuchungsschritte nahe.*“ (Melzer/Schubarth/Tillmann 1995, S. 38).

15 Eine der ersten Studien dazu war die von Niebel/Hanewinkel/Ferstl 1993 und dann vor allem: Holtappels/Heitmeyer/Melzer/Tillmann 1997 und Tillmann/Holler-Nowitzki/Holtappels/Meier/Popp 1999.

16 Findeisen/Kersten 1999, S. 39.

17 Vgl. Hafeneger 1996.

18 *Krumm* (1997) kritisiert in einer methodenkritischen Analyse der schulischen Gewaltforschung neben der *„einseitigen Berücksichtigung des Forschungsstandes*“ (S. 66) eine *„Vernachlässigung der Theorie*“ (S. 67 f). Ähnlich lautet die Kritik des Forschungsstandes der Sozialisationsforschung bei Hurrelmann 1995, S. 83 f; Melzer/Schubarth/Tillmann 1995, S. 38; Rutschky 1992; Tillmann 2000, S. 284 f.

19 Holtappels 1997, S. 28.

retische Konzeptionen in den Forschungsdesigns doch eher Mangelware darstellen. Meine Ausführungen sollen aber nicht als Anprangerung von Defiziten, sondern als Aufforderung zu weitergehender Theorieentwicklung verstanden werden."[20]

Dieser Aufforderung möchte ich mit dieser Arbeit folgen. Angesichts der innerfachlichen Unzufriedenheit mit dem theoretischen Erklärungsgehalt mancher Forschungsbeiträge und den ihnen zugrunde gelegten Forschungskonzeptionen zum modernen Jugendverhalten scheint es dazu aber sinnvoll und notwendig, zunächst einige wichtige und oft verwendete Basiskonzepte exemplarisch auf ihr Erklärungspotential der Entstehung und Funktion von jugendlichen Selbstkonzepten hin zu prüfen und kritisch zu befragen, um so möglicherweise noch unterentwickelte oder ausbaufähige Erklärungsmomente herauszufiltern. Insofern kommt dem theoretisch-reflexiven Teil der Arbeit im 2. und 3. Kapitel ein *eigenständiger* Stellenwert zu.

Das 2. Kapitel rekapituliert und reflektiert Kernaussagen zum Ansatzpunkt der Sozialisationstheorie (vgl. Kap. 2.1), zu sozialpsychologischen Basistheorien zum Selbstkonzept (vgl. Kap. 2.2) und zum Theorem der Adoleszenzkrise (vgl. Kap. 2.3). Dann werden drei ausgewählte theorieverbindende sozialisationstheoretische Ansätze in die Analyse einbezogen: Klaus Hurrelmanns kontextualistische Sozialisationstheorie, Ulrich Becks Individualisierungstheorem und Wilhelm Heitmeyers Desintegrationstheorem (vgl. Kap. 2.4). An den Ansätzen werden in einer Stärken-Schwächen-Analyse positiv weiterführende Momente herausgestellt, etwa das Konzept der „produktiven Realitätsverarbeitung durch das Subjekt", die biographischen Einflüsse von Modernisierungsprozessen oder jugendliche Gewaltbereitschaft als Reaktion auf strukturelle Überforderungen. Zugleich wird aufgezeigt, inwiefern die Ansätze infolge ihrer gemeinsamen *Defizitorientierung* zwar begründen, weshalb Jugendliche ein bestimmtes gesellschaftlich erwartetes Verhalten *nicht* erbringen: Angeblich *fehlen* ihnen die dafür erforderlichen Kompetenzen, Orientierungen und Identitätsprofile. Die drei Ansätze können aber *nicht positiv* rekonstruieren, weshalb viele Jugendliche sich in der Altersphase in ähnlicher Weise „abweichend" verhalten, wobei sie weder ein mangelndes Selbstbewußtsein noch ein schlechtes Gewissen zeigen.

Theoretisch ergiebiger scheint demgegenüber der neuerdings wiederentdeckte, „klassische" *Anomie-Ansatz*[21] zur Aufhellung und Erklärung von Entstehung und Funktionsweise jugendlicher Selbstkonzepte zu sein. Mit ihm läßt sich nachzeichnen, wie Jugendliche strukturell vorgegebene, „ungeregelte" Zwangslagen (Anomien) mit ihren verschiedenen Anpassungsreaktionen kreativ bewältigen. Im 3. Kapitel wird entwickelt, weshalb mit einer anomietheoretischen Aufarbeitung der Problematik - unter Einbeziehung von Selbstkonzept-Ansätzen und Ergebnissen der Subkulturtheorie (vgl. Kap. 2) - begründete Aussichten bestehen, die aufgezeigten Analyseschwächen zu überwinden. Inwiefern sich mit einem *integrativen* Ansatz bisher offene Fragen zum jugendlichen Selbstkonzept aufklären lassen, soll eine bereichsspezifische Konzentration des Ansatzes erweisen (vgl. Kap. 3.3).

20 Holtappels 1997, S. 29.

21 Vgl. den von *Wilhelm Heitmeyer* 1997 herausgegebenen Sammelband: „Was treibt die Gesellschaft auseinander? Bundesrepublik Deutschland: Auf dem Weg von der Konsens- zur Konfliktgesellschaft", mit zahlreichen Analysen verschiedener gesellschaftlicher Konfliktfelder mit Hilfe der Theoreme der Anomietheorie von *Emile Durkheim* und *Robert Merton*.

Im Mittelpunkt der bereichsspezifischen Anwendung des integrativen Anomieansatzes steht die *Schule* als identitätsrelevante Struktur im Leben Jugendlicher. Dazu erfolgt im 4. Kapitel eine kritische Auswertung der anomietheoretischen Beiträge von Lothar Böhnisch (1995) sowie von Heinz Günter Holtappels und Sabine Hornberg (1997) zur Schule. Dabei interessiert besonders, wo und wie sie den Fokus der identitätsrelevanten Schulanomien verorten. Böhnisch benennt dazu die Sozialkontexte von Schule, während Holtappels/Hornberg mehr auf das innerschulische Umfeld von Lernkultur und Sozialklima verweisen.

Das 5. Kapitel enthält einen darüber hinausgehenden Versuch, die Struktur von Selbstkonzepten Jugendlicher mit dem hier entwickelten Ansatz auf zwei Ebenen herauszuarbeiten und deren wechselseitige Impulse hermeneutisch nachzuvollziehen. Dem dient eine Analyse der institutionalisierten Anomien im „Kerngeschäft" schulischer Wissensvermittlungsprozesse (vgl. Kap. 5.2), die sich aus dem Spannungsverhältnis von allgemeinem Bildungsversprechen und seiner selektiven Umsetzung ergeben. Hinsichtlich der subjektiven Perzeption und der kreativen Bewältigung der schulischen Anomien durch die Schülerinnen und Schüler werden vor dem Hintergrund der Strukturanalyse vorliegende empirische Untersuchungsergebnisse der Arbeitsgemeinschaft Schulforschung (1980), von Heinz Günter Holtappels (1987) und der Forschergruppe um Klaus-Jürgen Tillmann in der hessischen Schülergewalt-Studie (1999) zu diesem Problemfeld im Sinne einer Sekundäranalyse ausgewertet (vgl. Kap. 5.3). Im Mittelpunkt steht dabei die Frage, wie Schülerinnen und Schüler die Herausforderung durch schulisches Lernen unter Zeitdruck und Notenkonkurrenz psychisch verkraften und die schulischen Bewährungsproben oder Überforderungen innerlich mit ihren Selbstdefinitionen „produktiv verarbeiten". Auf dieser Grundlage wird unter Anknüpfung an ähnliche, zum Teil auch ältere Arbeiten[22] zum Thema, die *Hauptthese* dieser Arbeit expliziert, *daß jugendtypische Selbstkonzepte sich anomietheoretisch als schulisch induzierte Konstrukte erklären lassen.*

Die Ergebnisse der Analyse werden als Strukturkorrespondenzen mit thematischen Bezügen in drei Analysefolien präsentiert (vgl. Kap. 5.3). Hierfür werden die Analyseergebnisse so aufbereitet, daß bestimmte Lehren des „heimlichen Lehrplanes" der Schule in sozialmoralische Maximen des Selbstbewußtseins von Schülerinnen und Schülern übertragen und umgedeutet werden. Zweitens wird rekonstruiert, inwiefern sich das schulische Leistungs-Anforderungs-Schema im Bauplan der Selbstkonzeptualisierungen von Schülerinnen und Schülern wiederfinden läßt. Drittens erfolgt eine Transskription der analysierten Varianten des Bewältigungshandelns und des Selbstverständnisses von Schülerinnen und Schülern in die von Robert Merton definierten Anpassungstypen auf Anomien.

Dies führt im 6. Kapitel zu einer weiterführenden *Forschungshypothese*, die theoretisch fundiert und an Selbstzeugnissen exemplifiziert wird. Sie besagt, daß Jugendliche die herausgearbeiteten Selbstkonzept-Strukturen auch in ihren *außerschulischen* Lebensbereichen als persönliche Bewährungsmuster einsetzen, indem sie ihre Selbstkonzepte jugendkulturell ausgestalten und phantasievoll zu autonomen Identitätskonfigurationen fortentwickeln. Pa-

22 Vgl. Brusten/Hurrelmann 1973; Fend 1977; Glötzl 1979; Heid 1969; Hurrelmann 1971; Mollenhauer 1970; Rolff 1980; Sack 1973; Tillmann 1976; Zinnecker 1975, 1978.

rallelen des inneren Aufbaus dieser Figurationen mit den schulisch induzierten Selbstkonzepten werden an vier ausgewählten subkulturellen Erscheinungsformen aufgezeigt, an den Fußballfans und Hooligans, den Skinheads, den Punks und den Graffiti-Sprayern (vgl. Kap. 6.1). Das Kapitel endet mit einer Bilanzierung der Widersprüche und Labilitäten, die nahezu zwangsläufig entstehen, wenn solche konstruierten Selbstkonzepte praktisch ausgelebt werden (vgl. Kap. 6.2).

Im 7. Kapitel schließt sich an eine Zusammenfassung zentraler Ergebnisse die Frage nach möglichen praktischen Erträgen der Analyse an. Diese liegen zum einen auf einer bildungspolitischen Ebene mit der Empfehlung, die strukturellen Grundlagen der schulischen Anomien zu verändern, und zum anderen auf einer (sozial-)pädagogischen Handlungsebene, die in den Fragen des Selbstbezuges mehr interaktiven Sachbezug vorschlägt.

2. Sozialisationstheoretische Ansätze zur Entstehung der Selbstkonzepte Jugendlicher

2.1 Zum sozialisationstheoretischen Erklärungsanspruch der Identitätsbildung Jugendlicher

2.1.1 Eine Definition von Sozialisation und ihre Implikationen

Die fachwissenschaftlichen Ansätze, die sich um die *Erklärung* der inneren und äußeren Strukturen, Prozesse und Muster der Identitätsbildung junger Menschen bemühen, fassen sich unter dem Sammelbegriff „*Sozialisationstheorien*" zusammen. Aber nicht nur die Theorien sind äußerst heterogen, auch ihr *Gegenstandsbereich* ist ein Sammelsurium von Vorgängen, das erst unter einem ganz bestimmten Blickpunkt zu einem identifizierbaren Forschungsgegenstand wird. Der Gegenstandsbereich der Sozialisationstheorien ist die „Gesamtheit der gesellschaftlichen Einflüsse auf die Persönlichkeitsentwicklung des Menschen", wie es Tillmann ausdrückt.

Den Sozialisationstheorien geht es um die Bestimmung des *Verhältnisses* von Persönlichkeitsentwicklung und gesellschaftlichen Prozessen. Die Momente dieses Verhältnisses sind Themen eigener Wissenschaftsdisziplinen. Die Persönlichkeitsentwicklung ist Forschungsgegenstand der Psychologie, speziell der Entwicklungspsychologie. Die Gesellschaftsentwicklung ist Thema der Soziologie. Die erziehungswissenschaftliche Sozialisationstheorie ist infolgedessen eine interdisziplinär geprägte *Kombinationstheorie* aus bestimmten Ausgangstheorien.[23] Bei aller Vielfalt der Ansätze[24] scheint in der bundesdeutschen Sozialisationsforschung mittlerweile eine häufig zitierte „Definition" ihres Gegenstandsbereiches als Konsens zu gelten, die zuerst im „Handbuch der Sozialisationsforschung" von 1980 zu lesen war. Zur Einführung in die Fragestellung dieser Arbeit sollen zunächst deren Kernaussagen diskutiert werden. Nach dieser Definition bezeichnet *Sozialisation*

> „(den) Prozeß der Entstehung und Entwicklung der Persönlichkeit in wechselseitiger Abhängigkeit von der gesellschaftlich vermittelten sozialen und materiellen Umwelt. Vorrangig thematisch ist dabei ..., wie sich der Mensch zu einem gesellschaftlich handlungsfähigen Subjekt bildet."[25]

---

23 *Tillmann* (2000) stellt demgemäß in seinem Lehrbuch „*theorieverbindende Ansätze*" vor (S. 191 ff) und spricht von „*Kombinationen*" in der Verwendung von Methoden der quantitativ-erfassenden und qualitativ-interpretierenden Sozialforschung (S. 31 ff). *Hurrelmann* (1995) spricht von „*Brückentheorie*" (S. 68). Das Pädagogik-Lexikon 1999 (Hurrelmann) spricht von „*beteiligten Disziplinen*" und „*Ausgangstheorien*" (Sozialisation, S. 482), zu denen zunehmend auch Humanbiologie, Sozialmedizin u.ä. treten. Dies bestätigt auch *Tillmann* (2000) in diesbezüglichen Überarbeitungen von Kap. 2 der 10. Aufl. seines Lehrbuches.

24 Einen Einblick gibt das *Pädagogik-Lexikon* 1999, S. 481-486, einen Überblick über die psychologischen Definitionen *Trautner* 1992 (S. 133 ff), eine Gesamtdarstellung (sozial-) pädagogisch relevanten Ansätze gibt *Tillmann* 2000.

25 Geulen/Hurrelmann 1980 (S. 51); ebenso in Tillmann 2000 (S. 10) und Hurrelmann 1995 (S. 65, 70 (Nr.1)). Das Pädagogik-Lexikon 1999 übernimmt diese Definition zwar nicht wörtlich, aber gedank-

Der Definition ist zu entnehmen, daß die Sozialisation aus den Wechselwirkungen zwischen zwei Ebenen erwächst, nämlich der gesellschaftlichen Makroebene - „gesellschaftlich vermittelte soziale und materielle Umwelt" - und der Mikroebene - „Entstehung und Entwicklung der Persönlichkeit". Zu fragen ist, ob der Vorzug des hohen Abstraktionsgrades der Definition, der viele zur Zustimmung veranlaßt, nicht zugleich ihre fachliche Aussagekraft vermindert. Wenn nämlich die Persönlichkeitsentwicklung durch gesellschaftlich vermittelte soziale und Umweltbedingungen erfolgt, wird *sämtlichen* Umweltbedingungen eine Sozialisationsfunktion zugesprochen, womit sie auch allesamt zum Forschungsgegenstand der Sozialisationstheorie werden: „Danach werden die Anforderungen am Arbeitsplatz ebenso als Bedingungen des Sozialisationsprozesses gesehen wie die Wohnsituation, der Fernsehkonsum oder das elterliche Sprachverhalten," erläutert Tillmann die Konsequenzen für das Forschungsfeld.[26] Der umfassende Ausgangspunkt, daß alle möglichen Umwelteinflüsse gleichermaßen als Sozialisationsfaktoren anzusehen sind, steht in einem Spannungsverhältnis zu der auf *Unterscheidung* angelegten Frage, wie und inwiefern denn ein maßgeblicher Einfluß stattfindet.

Andererseits spricht die Definition von „wechselseitiger Abhängigkeit". Danach soll die „soziale und materielle Umwelt" auch abhängig sein von der Persönlichkeitsentwicklung. Nach der Darstellung in Hurrelmanns Lehrbuch - „Einführung in die Sozialisationstheorie. Über den Zusammenhang von Sozialstruktur und Persönlichkeit" - betrifft diese Seite die „Vorstellung vom Individuum, das sich einerseits suchend und sondierend, andererseits konstruktiv eingreifend und gestaltend mit der Umwelt beschäftigt, Umweltgegebenheiten aufnimmt und mit den vorhandenen Vorstellungen und Kräften in Einklang bringt und um eine ständige Abstimmung zwischen den Umweltanforderungen und den eigenen Bedürfnissen, Interessen und Fähigkeiten bemüht ist."[27] Demnach greift das Subjekt, das sich in Abhängigkeit von der Umwelt entwickelt, auch aktiv-gestaltend in seine soziale Umwelt ein, um sie seinen Bedürfnissen gemäß anzupassen und zu verändern. Wegen dieser besonderen Akzentsetzung auf der Subjektseite sprechen Hurrelmann und andere Sozialisationstheoretiker[28] vom *„Modell der produktiven Realitätsverarbeitung"*.[29]

Fragwürdig wird diese Subjektbetonung jedoch, wenn man bedenkt, daß die in der zitierten Definition aufgestellte Frage, „wie sich der Mensch zu einem gesellschaftlich handlungsfähigen Subjekt bildet", eine ganz bestimmte Unterstellung enthält.[30] Ist damit nicht unterstellt, daß aktive Kinder oder Jugendliche noch nicht als „gesellschaftlich handlungsfähige Subjekte" gelten, obwohl die jungen Menschen doch tagtäglich und schon jahrelang in vielen „gesellschaftlichen" Bereichen handeln? Wenn sich ihre dabei längst betätigte „Handlungsfähigkeit" im Laufe des Sozialisationsprozesses erst „bilden" soll, wird sie ihnen hier zumindest per definitionem *abgesprochen*. Wenn die Definition mit der noch zu

---

lich, fügt jedoch noch an: *„... und der biophysischen Struktur des Organismus andererseits."* (Bearbeiter: Hurrelmann, S. 481)

26 Tillmann 2000, S. 10.

27 Hurrelmann 1995, S. 64.

28 Vgl. Heitmeyer/Olk 1990; Melzer/Hurrelmann 1990, S. 35 ff; Montada 1987, S. 76 f; Holtappels 1987, S. 16. Fend 1991, S. 24 ff; Pädagogik-Lexikon 1999 (Hurrelmann), S. 483 f.

29 Hurrelmann 1995, S. 63 ff. Das Konzept entwickelte u.a. *Hurrelmann* (vgl. 1983, S. 92f).

30 Auch *Lenzen* spricht wörtlich von diesem Sozialisationsziel (1989, S. 2), während es *Tillmann* sogar auf ein *„handlungsfähiges Wesen"* verkürzt (1996, S. 12).

erwerbenden „gesellschaftlichen Handlungsfähigkeit“ junger Menschen nicht ihre längst vorhandene individuelle Fähigkeit meint, gemäß eigenen Zwecken und Interessen in einer Gesellschaft zu handeln, dann unterstellt sie, daß sie zum Erwerb der definierten „Handlungsfähigkeit“ erst noch lernen müßten, gemäß den Normen und Rollenerwartungen der Gesellschaft zu handeln. Die Ausbildung zum „gesellschaftlich handlungsfähigen Subjekt“ hieße dann aber, daß junge Menschen ihre persönliche Interessenverfolgung an gesellschaftlichen Normen und Rollenerwartungen zu *relativieren* hätten. Ist wirklich ausgeschlossen, daß, wenn Hurrelmann „vom Menschen als produktivem Realitätsverarbeiter“ spricht, damit ein solch einseitiger Anpassungsprozeß gemeint ist?[31] Tillmann räumt an diesem Punkt offen ein, daß die kindliche Entwicklung üblicherweise in einem gewissen „Spannungsverhältnis zu den gesellschaftlichen Anforderungen (erfolge), die auf Anpassung und Normierung ausgerichtet sind.“[32] Die Sozialisations-Definition steht zudem im zeitgeschichtlichen und theoretischen Kontext mit der „Person-Umwelt-Interaktion“ im Verständnis von Georg Herbert Mead, die sehr einseitig auf normative *Unterordnung* des jungen Subjekts in vorgegebene gesellschaftliche Pflichtenstellungen gerichtet war.[33] Für Parsons bestand Sozialisation sogar vorrangig im „Erwerb derjenigen Orientierungen, die für ein befriedigendes *Rollenhandeln* erforderlich sind“. Der Sozialisationserfolg sollte nach ihm letztlich in der völligen - angeblich harmonischen - Übereinstimmung von Rolle und Persönlichkeit liegen.[34] In dieser Lesart spricht einiges dafür, daß mit einem erfolgreich sozialisierten Subjekt ein an gesellschaftliche Anforderungen angepaßtes Subjekt gemeint sein könnte. Wenn es so wäre, dann hinge für die Befriedigung der Interessen der heranwachsenden Generation alles davon ab, daß die ihnen vorgegebene gesellschaftliche Umwelt auch genügend subjektfreundliche, also kinder- und jugendfreundliche Eigenschaften hat, an die junge Menschen sich ohne Verbiegungen „anpassen“ können. Ohne eine eingehende Prüfung der jeweils gegebenen „gesellschaftlichen Anforderungen“ auf ihre Förderlichkeit für Jugendliche, halten einige - sogar häufig zitierte - sozialisationstheoretische Ansätze sie anscheinend jederzeit für ausreichend kinder- und jugendfreundlich, wenn sie ge-

31 Vgl. Hurrelmann 1995, S. 66. In *Hurrelmanns* Sozialisations-Modell hat der Begriff der *„Handlungskompetenzen“* zumindest die einseitige Bedeutung von *Anpassung* an Vorgaben, denn er spricht stets von der Fähigkeit des *„angemessenen* Agierens“ und der *„angemessenen Anwendung von Fertigkeiten und Fähigkeiten zur Auseinandersetzung mit der äußeren Realität“* (S. 160 f). Was als *„angemessen“* gilt, ergibt sich aber in aller Regel aus bereits vorherrschenden Konventionen und weniger aus singulären Ansprüchen.

32 Tillmann 2000, S. 12. Das Pädagogik-Lexikon 1999 bezeichnet dies als die *„affirmative Funktion“* des Sozialisationsbegriffs, der es die *„emanzipatorische Funktion“* gegenüberstellt (Hurrelmann, S. 481/482, 484).

33 So beschrieb der amerikanische Soziologe *E. A. Ross* bereits in einem 1896 erschienenen Aufsatz über „Soziale Kontrolle“ die Sozialisation als einen Mechanismus, *„die Gefühle und Wünsche der Individuen so zu formen, daß sie den Bedürfnissen der Gruppe entsprechen“* (zitiert nach Geulen 1991, S. 22).

34 Das einschlägige und häufig kritisierte Zitat von *Parsons* lautet: Rolle sei nicht, *„was der Handelnde hat oder spielt, sondern etwas, was er* ist“ (Parsons/Bales (1955, S. 107), zitiert nach Tillmann 2000, S. 122). *Parsons'* einseitiges Verständnis von Sozialisation als eine Vergesellschaftung des Individuums, das als fertige Persönlichkeit ein reines *„Spiegelbild“* der Dominanzgesellschaft sei, wird von Vertretern der modernen Sozialisationstheorie überwiegend kritisiert (vgl. Tillmann 2000, S. 123, Hurrelmann 1995, S. 44 f).

nerell behaupten, sie würden dem jungen Menschen eine „zweite, sozio-kulturelle Geburt“[35] ermöglichen, damit er sich vom „barbarischen“ Säugling (Parsons) „zum vollwertigen Mitglied der Gesellschaft und ihrer Kultur“[36] entwickele, eben zu dem in der vorangestellten Definition genannten „gesellschaftlich handlungsfähigen Subjekt“.

Zumindest die hier interpretierte *Definition* des Forschungsgegenstandes der bundesdeutschen Sozialisationsforschung scheint von einer *wertkonservativen Tendenz* geprägt zu sein, junge Menschen für die gerade herrschenden gesellschaftlichen Konventionen zu *vereinnahmen.*[37] Daß ein solches Verständnis des Sozialisationsprozesses im Sinne einer fraglosen *Akzeptanz offizieller Normen* durch die junge Generation kein ausreichendes Erklärungspotential für die pluralen und teils bizarren Formen der modernen Subjektentwicklungen enthält und auch von führenden Fachvertretern wie Hurrelmann oder Tillmann in dieser rigiden Form letztlich nicht verstanden wird,[38] soll im Folgenden aufgezeigt werden.

2.1.2 Abgrenzungen zu anderen Ansätzen zur Persönlichkeitsentwicklung

Selbst wenn die erörterte Definition des Begriffes „Sozialisation“ anfechtbar wäre, erlaubt sie immerhin, wichtige Abgrenzungen vorzunehmen und bestimmten Positionen anderer Wissenschaften zum Prozeß der Persönlichkeitsentwicklung begründet entgegenzutreten. Eine kritische *Abgrenzung* erscheint fachlich keineswegs belanglos.

So lehnt die skizzierte Sozialisationstheorie bestimmte *Auffassungen* aus der Gen-Umwelt-Debatte ab, die eine genetische Determinierung und Fixierung von Charaktereigenschaften postulieren.[39] Tatsächlich beruhen *biologistische* Auffassungen von Persönlichkeitsentwicklung auf einer Verwechslung der physiologischen *Voraussetzungen* von Intelligenz und Interesse mit den im späteren Leben erst entwickelten und stets gesellschaftlich-historisch geprägten *Inhalten* des intelligenten Verhaltens. Ein Muskel bestimmt so wenig, welche Bewegungen man damit ausführt, wie die Hirnzellen den Inhalt der Gedanken und Gefühle bestimmen, die das Subjekt durch ihren Gebrauch als Mittel zum Denken und Fühlen realisiert. Tillmann bringt diese Kritik so auf den Punkt: „Niemand ist der Sklave seiner Hormone“.[40] Daß eine pädagogische Förderung weitgehend zwecklos wäre, wenn die innere Ausstattung des Menschen durch instinktähnliche Programme oder Anlagen determiniert wäre, liegt auf der Hand. Bezeichnend sind aber auch die gesellschaftspolitischen

---

35 König, zitiert nach Funk-Kolleg Erziehungswissenschaft Band 1 (1971), S. 271.

36 Rolff 1980, S. 41.

37 Pastor *Max Hemprich* formulierte einen ähnlichen Integrationsgedanken schon 1902 auf gut preußisch so: *„Es handelt sich also um das hohe Ziel, viele Tausende Jugendlicher, sittlich unreifer, mit höchst mangelhaften Kenntnissen ausgerüsteter Personen einem verkehrten und für das Vaterland verhängnisvollen Lebensgang zu entziehen und sie zu tüchtigen und zufriedenen Gliedern des Staates zu machen.“* (Hemprich 1902, S. 25). Kritisch dazu: Roth 1983, S. 114 ff.

38 Vgl. die Kritik an diesem einseitig-affirmativen Verständnis des Sozialisationsprozesses bei *Hurrelmann* (1995, S. 44 f) und bei *Tillmann* (2000, S. 122 f, vgl. Kap. 2.2).

39 Aktuelle Verhaltensbiologen frischen diesen Ansatz gerade wieder auf, vgl. Promp 1990, S. 118. Kritisch dazu äußert sich *Tillmann* (1996, S. 42 ff: *„Biologie als Schicksal?“*). Ähnlich argumentieren US-amerikanische Kriminologen, wie Gebhardt/Heinz/Knöbl 1996 berichten.

40 Vgl. Tillmann 1996 (7. Aufl.), S. 54; differenzierter zu den neueren Erkenntnissen der Biologie: Tillmann 2000, S. 42 ff, und das Pädagogik-Lexikon 1999, S. 481 (Hurrelmann).

Tendenzen, für die biologistische Menschenbilder instrumentalisiert werden: Da der Mensch von Natur aus beschränkter sei, als bisher gedacht, seien kostenaufwendige sozialstaatliche Förderungsbemühungen überflüssig und stattdessen mehr Kontrolle der „gefährlichen Klassen" notwendig.[41]

Abgelehnt wird von der Sozialisationstheorie auch ein von der Lebenswelt abgehobener *individualistischer Idealismus*, der die Subjektentwicklung als rein intrapsychischen Entfaltungsprozeß begreift.[42] Moderne Sozialisationstheorien besagen hingegen, daß die von außen kommenden gesellschaftlich-kulturellen Impulse nicht nur Potenzen eröffnen, die im Subjekt schon mehr oder weniger verborgen angelegt sind, sondern das Subjekt auch mit gänzlich *neuen* Denk- und Handlungsmustern bereichern.[43]

Unvereinbar ist der sozialisationstheoretische Konsens auch mit einem mechanistischen *Milieu-Determinismus* im Sinne einer „Widerspiegelungstheorie", wonach das Individuum das „Produkt" seiner Umweltbedingungen ist.[44] Solche Positionen wurden im ideologischen Kontext des historischen Materialismus diskutiert. Zu mechanistischen Vorstellungen kommt auch eine streng behavioristische Auffassung, wonach der Mensch als „black box" nach bestimmten Reiz-Reaktions-Schemata durch externe Reize steuerbar sei.[45]

Der konsensfähige Sozialisationsbegriff wendet sich schließlich gegen eine *„pädagogisch reduzierte Perspektive"*, die besagt, daß die *intentionale* Bildung und Erziehung, etwa der offizielle schulische Lehrplan, den Sozialisationsprozeß beherrsche. Effekte anderer Einflußfelder auf den Sozialisationsprozeß würden damit ausgeklammert oder zumindest unterschätzt. Gemeint sind damit sozialisatorische Effekte institutioneller Strukturen auf Lebensläufe und Einstellungen. Zwar eröffnet die Sozialisationstheorie mit dieser nicht-reduzierten Perspektive kaum überschaubare Wirkungskreise, wenn jeder nicht-intentionale, aber funktional wirkende Einfluß als potentiell relevant gilt. Andererseits betrachtet sie damit aber auch solche Faktoren, die den pädagogischen Intentionen entgegenwirken. Viel diskutierte Beispiele dafür sind die Effekte des „heimlichen Lehrplans" in der Schule[46] oder die Wirkungen der Massenmedien auf die „Medien-Generation".[47]

---

41 Vgl. die Studie des US-amerikanischen Psychologen *Richard Herrnstein* und des dortigen Politologen *Charles Murray*: The Bell Curve (1994), wonach die Sozialstruktur von meßbaren und erblichen kognitiven Fähigkeiten der Individuen bestimmt würde, die sich nach den ersten Lebensjahren kaum mehr änderten, so daß wohlfahrtsstaatliche Interventionen ungeeignet seien, soziale Probleme einschließlich der Kriminalität zu lösen. Zur Kritik daran siehe Gebhardt/Heinz/Knöbl 1996.

42 Dies wurde im 19. Jahrhundert so von *Wilhelm Dilthey* vertreten (vgl. Dilthey 1957, S. 218 ff).

43 Vgl. Roth 1966, ders. 1968; Herrlitz 1998.

44 Vgl. Hurrelmann 1995, S. These 3; Tillmann 2000, S. 14.

45 Vertreter dieses Menschenbildes sind der russische Psychologe *Pawlow* (1849 - 1936) und die Amerikaner *John B. Watson* (1878-1950) oder *J. L. Gewirtz*, vgl. dazu Montada 1987, S. 76 f.

46 Zinnecker 1975; Tillmann 1976 und 2000, S. 172 ff.

47 Vgl. Kongreß-Titel des 16. Kongresses der Deutschen Gesellschaft für Erziehungswissenschaft 1998 in Hamburg. Dazu: Schorb zur Medienpädagogik 1998, S. 7 ff, mit skeptischen Anmerkungen dazu von *Hartmut von Hentig* 1998, S. 22 ff: *„(Schule) muß die Schwächen der Medienwelt, die ich in den beiden Symptomen geschildert habe, aufwiegen - beide, den Schein und den Schrott"*. (S. 41). Vgl. die empirische Untersuchung zur Jugendphase und Computeraneignung von *Schwab/Stegmann* 1999: *„Die Windows-Generation"*.

2.1.3 Methodische Anforderungen an eine Sozialisationstheorie

Um nach diesen Abgrenzungen positiv zu bestimmen, welche theoretischen Anforderungen eine Sozialisationstheorie zu erfüllen hat, die den Anspruch erhebt, die angesprochenen verschiedenen Ebenen und die entwicklungstypischen Phasierungen der Jugendbiographie einschließlich der institutionellen Sequenzsetzungen zu beachten, empfiehlt sich ein Rückgriff auf einen darauf ausgerichteten methodischen Anforderungskatalog von Tillmann: „Eine solche Sozialisationstheorie muß in verallgemeinernder und modellhafter Weise die real ablaufenden Sozialisationsprozesse beschreiben und ihre Wirkzusammenhänge erklären.“[48]

Tillmanns Katalog geht aus von empirischem *Datenmaterial*, auf das sich ein Modell mit dem Anspruch, den inneren Zusammenhang der Phänomene zu erklären, beziehen soll. Das *Konzept* soll dann als Modell der inneren Struktur von Phänomenen auf das Typische an ihnen zugeschnitten und zugleich verallgemeinernd sein. Seine Plausibilität erhalte das Konzept außerdem durch Offenlegung seiner Konstruktionsprinzipien. Es sei damit für andere nicht nur leichter nachvollziehbar, sondern auch kritisierbar (*Reflexion*). Diese Präsentation schließe die *Diskussion* anderer Positionen ein und lasse zugleich Offenheit zu für kritische Innovation und Perspektiven. Da die Sozialisationstheorie darüber hinaus den Anspruch einer *interdisziplinären* Verknüpfung der genannten Ebenen und Phasen von Persönlichkeitsentwicklung erhebe, seien an sie noch spezielle Anforderungen zu stellen, die dem „entwikkelten Stand der sozialisationstheoretischen Diskussion“ entsprechen.[49] Auf drei Postulate komprimiert, sind dies nach Tillmann folgende Themenbereiche:

1. eine modellhafte Beschreibung *innerpsychischer* Persönlichkeitsbildungsprozesse nach dem aktuellen Kenntnisstand der Psychologie. Dabei gilt das besondere Augenmerk der sozialisationstheoretischen Hypothese hinsichtlich des *„aktiv handelnden Subjekts“*, das sich seine Umwelt aneignet und sich dabei selbst verändert;
2. die Charakterisierung und kritische Reflexion der für Sozialisation relevanten *gesellschaftlichen* Strukturen und des spezifischen Einflusses dieser Strukturen auf den Prozeß der Persönlichkeitsbildung;
3. eine Spezifizierung der *Wechselwirkungen* zwischen Umwelt und Persönlichkeitsstruktur als dialektischer Prozeß von Vergesellschaftung *und* Individuierung des Subjekts.

Diese methodischen Anforderungen an eine Sozialisationstheorie sollen der nun folgenden kritischen Analyse des Anspruchs der inneren Stimmigkeit und der theoretischen Leistungsfähigkeit verschiedener Ansätze zu wesentlichen Momenten des Sozialisationsprozesses zugrunde gelegt werden.

---

[48] Tillmann 2000, S. 30; vgl. auch Montada 1987, S. 41 ff.
[49] Tillmann 2000, S. 30, 285.

2.2 Sozialpsychologische Basistheorien zum Selbstkonzept

Die theoretische Rekonstruktion sozialisatorischer Prozesse beginnt mit dem Diskussionsstand zum ersten der drei genannten Komplexe des Sozialisationsprozesses, den *innerpsychischen* Strukturen der Identitäts- und Persönlichkeitsbildung, der in die aktuellen Sozialisationstheorien Eingang gefunden hat.[50] Ihre theoretischen Kategorien zur Analyse der alterstypischen Entwicklung gehen zurück auf den *„Symbolischen Interaktionismus"* von George Herbert Mead[51] und seine Weiterentwicklung durch Erving Goffmann[52] in den 60er Jahren. Wesentliche Aussagen dieser interaktionistischen und subjekttheoretischen Basistheorien sollen komprimiert vorgestellt und reflektiert werden. Die zu beleuchtenden sozialpsychologischen Theorien fragen neben der Beachtung sozialer Determinanten vornehmlich nach der *inneren Konstitution des Selbst,* in dessen Mittelpunkt für sie das *Selbstkonzept* steht.[53]

2.2.1 Das Selbstkonzept

Ein Selbstkonzept antwortet in mehrdimensionaler Weise auf die Frage: „Wer bin ich?"[54] In den verschiedenen wissenschaftlichen Erklärungsvarianten[55] zum Selbstkonzept lassen sich folgende Gemeinsamkeiten festhalten: Das Selbstkonzept sei ein prozeßhaftes und hypothetisches Konstrukt, das dem Subjekt zur Erfassung und zur produktiven Verarbeitung von Informationen über sich selbst diene. Die Informationsquellen des Selbstkonzepts seien die unterschiedlichen Erfahrungsbereiche des Subjekts über seinen Körper, seine Fähigkeiten und Kenntnisse, seine Interessen und Gefühle sowie seine Werthaltungen.[56] Das Selbstkonzept beinhaltet demnach *kognitive* Komponenten einschließlich der Selbstreflexion. Es enthalte auch *affektiv-evaluative* Komponenten, die sich auf die Bewertung der eigenen Person beziehen. Diese brächten nicht nur realistische Einschätzungen hervor, sondern auch emotional *getönte* und dadurch besonders identitätsstiftende Selbstbilder.[57] Das Selbstkonzept einer Person setze sich als Gesamtheit der Vorstellungen über die eigene Person aus Teilkonzepten zusammen, die sich ihrerseits so beeinflussen, daß sich daraus eine Kontinuität

---

50 Vgl. Hurrelmann 1983 und ders. 1995, S. 62 ff, 69 ff; Heitmeyer/Olk 1990; Baacke 1993, S. 227 ff; Holtappels 1997, S. 37 ff; Holtappels/Hornberg 1997, S. 362 f; Tillmann u.a. 1999, S. 48 ff.

51 Vgl. Mead 1973.

52 Vgl. Goffmann 1967, 1973.

53 Unter dem Aspekt von Selbstkonzept-Modellen werden Sozialisationsprozesse erst seit einigen Jahrzehnten analysiert. Bis in die 60er Jahre herrschen in der sozialwissenschaftlichen Diskussion strukturfunktionalistische Sichtweisen vor. Diese betonen die *stabilisierende* Funktion von Sozialisationsprozessen für die Gesellschaft. Sozialisation besteht für sie folglich vorrangig im *„Erwerb derjenigen Orientierungen, die für ein befriedigendes Rollenhandeln erforderlich sind"* (Parsons). Der Sozialisationserfolg solle letztlich in der - angeblich harmonischen - Übereinstimmung von Rolle und Persönlichkeit liegen (vgl. Tillmann 2000, S.122 f).

54 Vgl. Neubauer 1976, S. 39.

55 Vgl. zusammenfassend bei Filipp 1979.

56 Vgl. Neubauer 1976, S. 36 ff; Oerter 1987, S. 297 ff. Vgl. eine ähnliche Definition des Selbstbildes insbesondere im Hinblick auf die Bedeutung der Selbstbewertung bei *Hurrelmann* (1995, S. 166 ff).

57 Vgl. dazu Hurrelmann 1995, S. 167.

des Selbsterlebens ergebe oder zumindest ergeben sollte. Ein Selbstkonzept existiere als Auseinandersetzung mit dem Selbsterleben und der ständigen Selbstbewertung im Spannungszustand von relativer Stabilität und sei insofern grundsätzlich veränderbar.[58] Es verarbeite aber nicht nur ständig Informationen, sondern spiele schon bei der Art und Intensität der (selektiven) Informations*aufnahme* eine Rolle. Was das Individuum über sich überhaupt registriere und wie es die registrierten Informationen dann festhalte, werde bereits durch sein Bild von sich gefiltert.[59]

Beiträge zur psychologischen Selbstkonzept-Forschung leisten nicht nur Sozialpsychologen. Behavioristische Theorien der Selbstwahrnehmung weisen auf die Verknüpfung von *Selbst- und Fremdwahrnehmung* für die Selbsterkenntnis hin: Das Selbst nehme man erst im aktualisierten Verhalten wahr, so daß man sich über das eigene Innenleben nie direkt und immer erst im nachhinein Klarheit verschaffen könne.[60] Eine Erklärung für die Ausprägung eines stabilen und je individuellen Selbstbildes vermag die behavioristische Wahrnehmungstheorie jedoch nicht zu geben. Sigmund Freuds psychoanalytische Theorie gesteht im Gegensatz zum Behaviorismus dem bewußten Ich eine *aktive* Rolle zu. Freud hebt ferner hervor, daß die Spannungsverhältnisse von Individuum und sozialer Umwelt sich als Widerstreit innerhalb der Persönlichkeitsstruktur niederschlagen und ihre Dynamik innerhalb der Instanzen von Ich, Es und Über-Ich entfalten. Der Individualpsychologe Alfred Adler kritisiert mit seinem Konzept des „schöpferischen Selbst“ die psychoanalytische Verkürzung der Persönlichkeitsdynamik auf biologisch-sexuelle oder externe Kulturkonstanten und betont die Bedeutung des *bewußten sozialen Interesses* für die Persönlichkeitsentwicklung und ihren Lebensstil.[61]

Die sozialpsychologischen Theorien zum Selbstkonzept von Ch. H. Cooley wie von Georg Herbert Mead fußen auf älteren Überlegungen von William James[62], der explizit zwischen den Polen des Selbst unterscheidet, nämlich dem „I“ („Ich“) und dem „Me“ (Mich“). Während das „I“ die ordnende und bewußte Subjekthaftigkeit bezeichnet, drückt das „Me“ nach James das auf Objektbereiche bezogene Selbst aus. Wenn das Subjekt über sich selbst nachdenke, sei es sowohl aktives Subjekt der Selbstreflexion als auch ihr zu beurteilendes Objekt. Das „I“ verhalte sich nun zum „Me“ als dem Objekt seiner Reflexion. Die Ebenen des Objekts der Selbstreflexion seien das geistige Selbst mit den konkreten Bewußtseinszuständen des Selbst, zweitens der materielle Aspekt der Person, also der Besitz seines Körpers und sonstiger materieller Dinge, und drittens die Person über sich als *soziales* Wesen. Das soziale Selbst bilde sich in Reaktion auf die *Anerkennung* anderer heraus, die das Individuum durch sein Verhalten erfährt. Das *Maß der Selbstzufriedenheit* der Person ergebe sich danach aus dem Maß der erfahrenen Anerkennung, zusammengefaßt im sogenannten James-Law, wonach gilt:

$$\frac{\text{Success}}{\text{Pretensions}} = \text{Self-Esteem.}$$

58 Dazu mit Auswertung zahlreicher Untersuchungen zum Selbstkonzept bei Jugendlichen in den 80er Jahren in der Bundesrepublik siehe *Oerter* (1987, S. 300 ff) und *Hurrelmann* (1995, S. 168).

59 Vgl. Filipp 1985; zur „*verzerrten*“ Wahrnehmung die Darstellung von *Rogers* (vgl. Kap. 2.2.3).

60 Vgl. Bem 1979, S. 97 ff.

61 Vgl. Hall/Linzey 1978, S. 140 f.

62 Vgl. zum folgenden James (1901, S. 317 ff), zitiert nach Weber 1989, S. 15 f.

Die Höhe der Selbstachtung ist danach eine Funktion des registrierten Erfolges im Verhältnis zu bestimmten selbst geltend gemachten Ansprüchen hinsichtlich des eigenen Verhaltens - also letztlich vom wahrgenommenen Grad ihres Auseinanderfallens.

2.2.2 Soziale Komponenten im Selbstkonzept

Cooley erweitert die *sozialen* Komponenten dieses Konzepts und spitzt die Selbstdefinition weitgehend darauf zu, wie das Selbst sein Verhalten im Spiegel der anderen wahrnimmt: „*Looking-glass-self*"[63]. Das Individuum konzipiere sich weitgehend nach den erfahrenen sozialen *Feedback*-Prozessen. George Herbert Mead baut diese Ansätze zur Theorie des Symbolischen Interaktionismus aus. Der intersubjektive Kommunikationsprozeß sei der „Prozeß, aus dem heraus sich die *Identität* entwickelt".[64] Über die Kommunikation mit Schlüsselfiguren, mit „*signifikanten Anderen*" lerne und internalisiere das Individuum gesellschaftliche Normen, Werte und Einstellungen. Das bedeutet nach Mead: „Wir sehen uns mehr oder weniger unbewußt so, wie andere uns sehen."[65]

Der Maßstab der individuellen Selbstbeurteilung, darin sind sich James, Cooley und Mead einig, ist kein privater Maßstab, sondern ein Produkt *gesellschaftlicher Interpretation:* „Diese Identität, die für sich selbst Objekt werden kann, ist im Grunde eine gesellschaftliche Struktur und erwächst aus der gesellschaftlichen Erfahrung".[66] Das Medium, sich dieser Prozesse bewußt zu werden, liege in den Instrumenten eines gemeinsamen *Symbolsystems*, vorrangig der Sprache. Erst die Symbolisierung der Erwartungen und Interessen, also ihre Übersetzung und Fixierung in Allgemeinbegriffen, ermögliche die Selbstreflexion, die erforderlich ist, um ein relativ stabiles Selbstkonzept auszubilden und festzuhalten. Das Individuum präge zudem *zahlreiche* Selbstkonzepte aus, je nach sozialer Gruppenzugehörigkeit, also beispielsweise ein Familienselbst, ein Schulselbst, ein Cliquenselbst etc. Diese verschiedenen Konzepte erlaubten und erforderten ein reflektierendes Verhältnis zur jeweiligen Rolle, die Rollendistanz.[67] Die ständig vorkommenden Brüche innerhalb seiner Verhaltenserwartungen verarbeite das Selbst *aktiv* und *kreativ* durch Interpretationen und selbstentworfenes Handeln.

Im Hinblick auf die Brüche und Widersprüche der Subjektentwicklung wurde Meads Ansatz von Goffmann weiterentwickelt.[68] In zeitlicher und biographischer Linie verfüge das Individuum jenseits der verschiedenen Rollen über eine unverwechselbare Selbstinterpretation, die er als *personale Identität* bezeichnet. Sie ziehe sich wie ein roter Faden durch den lebensgeschichtlichen Zusammenhang einer Person und stelle den Brennpunkt dar, um den herum das Individuum sein Selbst konstruiere. Davon unterscheidet Goffmann die *soziale Identität*. Diese ergebe sich daraus, daß sich jedes Individuum ständig in anderen Gruppen-

63 Cooley, zit. nach Oerter 1987, S. 296.

64 Mead 1973, S. 207.

65 Mead 1973, S. 108.

66 Mead 1973, S. 182. Dazu das Pädagogik-Lexikon 1999: *„Die Persönlichkeit bildet sich (...) in keiner ihrer Funktionen und Dimensionen gesellschaftsfrei heraus ...* " (S. 481 (Hurrelmann)).

67 *Hurrelmann* spricht hier von Synthesen von Individuation und Vergesellschaftung, (1995, S. 79).

68 Goffmann 1967, S. 132 ff; siehe die anknüpfenden Interpretationen von Habermas 1973, S. 131 ff.

und Rollenstrukturen befindet, in denen es eine situative Selbstinterpretation entwickele, seine soziale Identität. Diese wiederum hänge eng mit dem Bild zusammen, das die anderen sich von dem Betreffenden machen, das heißt, für welchen Charakter andere ihn halten.[69] Der *reflexive Balanceakt* zwischen diesen beiden Polen, der personalen und der sozialen Identität, ist nach Goffmann die wesentliche Triebfeder der Selbstkonzeptentwicklung, und zwar in der einen Dimension als fortschreitende Individuierung und in der anderen Dimension als Vergesellschaftung.[70]

Wenn die Theorie Meads gelegentlich dahingehend verkürzt wird, daß sie das Individuum als Abziehbild fertiger gesellschaftlicher Verhältnisse ohne den Einfluß selbstbewußt handelnder Personen auf die Gesellschaft darstelle, so wird diese Verkürzung von Forschern der Bezugsgruppentheorie behoben.[71] Sie betonen nämlich, daß *keineswegs jeder* „signifikante Andere" von *allen* Gruppenmitgliedern als solcher akzeptiert wird. Vor dem Hintergrund der Mitgliedschaft in verschiedenen Gruppen bildeten die Individuen ihre eigenen *Präferenzen* aus. Sie übernähmen nicht jede Fremdeinschätzung als für sie relevant. Nicht jede Gruppenmitgliedschaft heiße, daß diese Gruppe für jedes ihrer Mitglieder zugleich eine Referenzgruppe sei.

Speziell die Bezugsgruppentheorie stellt damit im Umkreis der Selbstkonzepttheorien das Moment der relativen *Wahlfreiheit von Orientierungsmustern* heraus. Nach diesen Theorien ist das Individuum in seinem Selbstkonzept einerseits abhängig von den über Verhaltenserwartungen vermittelten gesellschaftlichen Vorgaben an sein Verhalten, andererseits aber auch mit einer *eigenständigen, kreativen definitorischen Kraft* ausgestattet. Die Kraft einer selbständigen Definition des eigenen Selbstkonzeptes, eine außergewöhnlich große Frustrationstoleranz und die Fähigkeit zur Rollendistanz seien dann in besonderem Maße gefordert, wenn Personen oder Gruppen in bestimmten Situationen negative Rollen zugewiesen werden, wie dies bei *diskriminierenden sozialen Etikettierungen* der Fall ist. Die in den negativen Etikettierungen ausgedrückte Mißachtung stelle nicht nur eine Belastungsprobe für das biographisch geprägte Selbstkonzept dar, sondern letztlich einen nur schwer abwendbaren Angriff auf das Selbstkonzept, auf die personale Identität im Sinne Goffmanns, der sich eingehend mit den innerpsychischen Reaktionsweisen des stigmatisierten Individuums auseinandersetzt.[72] Zahlreiche Untersuchungen belegen, daß die negative Fremdeinschätzung früher oder später in die eigene Selbstdefinition eingeht oder einbricht.[73] Eine fatale Konsequenz davon wäre die, daß der Etikettierte „mit der Zeit durch

69 An dieser Stelle liegt ein entwicklungspsychologischer Verknüpfungspunkt mit den vom soziologischen *Labeling Approach* beschriebenen gesellschaftlichen Etikettierungs- und Stigmatisierungsprozessen, wonach Individuen nach dem eingeschätzt und praktisch behandelt werden, was man ihnen zuvor im Wege von äußerlichen Zuschreibungen an Eigenschaften zuschreibt. Bei *Mead* und *Goffmann* geht es darum, welchen Einfluß derartige Zuschreibungs-Mechanismen für die Selbsteinschätzung und die Identitätskonstitution des Betroffenen haben.

70 *Hurrelmann* hält *Goffmann* an dieser Stelle entgegen, daß er die analytische Trennung von Vergesellschaftung und Individuation festschreibe, die es aufzulösen gelte (Hurrelmann 1995, S. 46).

71 Vgl. Schwarzer/Jerusalem 1982.

72 Vgl. Goffmann, 1967, S. 9 ff, 132 ff, 156 ff; ähnlich bereits Goffmann 1969 (=1959), S. 189 ff.

73 Vgl. Filipp 1979, S. 133; Hurrelmann 1971; AG Schulforschung 1980; Jerusalem/Schwarzer 1991; Buff 1991; Tillmann u.a. 1999.

Übernahme der Fremddefinition ein abweichendes Selbstbild (entwickelt) und (...) in bezug auf sein Verhalten immer mehr die Erwartung (erfüllt), ein Abweichler zu sein".[74]

Die bisher erörterten Theoreme über die Fähigkeit des einzelnen zur Selbstreflexion, zur Selbstbetrachtung mit den Augen anderer und zur Entwicklung eines Selbstbildes hat die aktuelle Sozialisationstheorie überwiegend übernommen und theoretisch in den Mittelpunkt des Ansatzes über das Subjekt als seine Entwicklung mitgestaltendes und seine Umwelt aktiv-aneignendes Wesen gestellt.[75]

2.2.3 Spannungen im Selbstkonzept zwischen Realselbst und Idealselbst

Als weiterer Ansatz zur Selbstkonzeptforschung soll hier der personenzentrierte Ansatz des US-amerikanischen Psychologen und bekannten Gesprächstherapeuten Carl Rogers[76] aufgenommen werden, den die genannten Sozialisationstheorien zwar nicht alle explizit diskutieren, dessen Annahmen sie aber weitgehend enthalten. Im Zentrum von Rogers *„humanistischer Psychologie"* steht die Frage der Entstehung und Veränderung des Selbst. Rogers Kernaussage ist, daß sich das Verhalten des Individuums vorwiegend aus seinen *subjektiven* Wahrnehmungen und deren Verarbeitung speist und nicht so sehr aus objektiven Daten. Die Summe bewußter und unbewußter persönlicher Wahrnehmungen und Erfahrungen bezeichnet er als das „phänomenale Feld", aus dem sich das Selbst herausdifferenziere. Das Selbst bilde sich nicht nur aus Selbstwahrnehmungen der Person, ihren Eigenarten und Fähigkeiten und aus dem wahrgenommenen sozialen Bezug zu anderen, sondern auch aus gelebten Werthaltungen und persönlichen Zielvorstellungen und Idealen.[77] Es bilde sich also durchweg auch im Kontext von *bewerteten* Selbstreflexionen und Interaktionen mit der sozialen Umwelt. Daher sei es letztlich nur dem Individuum zugänglich, das diese Erfahrungen macht. Die ständige Bewertung dieser Erfahrungen führe zwangsläufig zu dem Problem, daß mehr oder weniger große Diskrepanzen zwischen der im Selbstkonzept *konstruierten* subjektiven Realität des einzelnen und seinem *tatsächlichen* Erleben und Verhalten auftreten können. Nach Rogers entscheidet der jeweils erreichte Grad der Kongruenz oder Inkongruenz dieser beiden Ebenen über die innere Harmonie, über die Realitätstüchtigkeit eines Menschen und auch über seine Bereitschaft oder Fähigkeit, andere als Mitmenschen zu akzeptieren: „Wenn das Individuum alle seine Körper- und Sinnes-Erfahrungen wahr- und in ein konsistentes und integriertes System aufnimmt, dann hat es notwendigerweise mehr Verständnis für andere und verhält sich gegenüber anderen als Individuen akzeptierender".[78] Kongruenz sei dabei am ehesten dann gegeben, wenn die subjektive Wahrnehmung sich mit den objektiven Daten der sozialen Umwelt decke. Nach Rogers genügt es aber zur Herstellung einer inneren Harmonie mit der Umwelt bereits, daß es dem Individuum gelingt, die gemachten Erfahrungen unter irgendeinem - letzlich beliebigen, aber subjektiv glaubwürdigen - Gesichtspunkt in sein Selbstkonzept zu integrieren. Die *harmonisierende Kongruenz*

74 Holtappels 1984, S. 28; vgl. ders. 1987, S. 288 ff.

75 Vgl. Montada 1987, S. 76 ff, 81 f; Hurrelmann 1995, S. 66 ff; Tillmann 2000, S. 136 ff.

76 Vgl. Rogers 1973.

77 Vgl. Rogers 1976, S. 135.

78 Rogers 1976, S. 450.

läßt sich demzufolge auch nach der *subjektiven* Seite hin *konstruieren*.[79] Aus diesem Aspekt heraus ergeben sich drei *Konsequenzen*, die die sozialpsychologisch orientierte Selbstkonzeptforschung diskutiert und empirisch untersucht.[80]

- Eine problematische Konsequenz besteht in der *Vermengung von Selbstkonzept und Selbstwertschätzung*. Dies ist eine Folge der Annahme, daß die auf Sachinformationen bezogenen Merkmalskonzepte sich in der Praxis - auch in der Befragungspraxis - von normativ-emotionalen Bewertungskonzepten kaum trennen lassen.[81] Das Individuum nehme die Daten aus seiner sozialen Umwelt über seine Person nie unbeteiligt wahr. Es reflektiere über sie nicht vorurteilsfrei, sondern realisiere sie stets mit dem Willen zur Selbstbewährung - innerhalb seines Selbstkonzeptes. Es setze also, durch Rückkopplung vom Selbstkonzept in den *Wahrnehmungsapparat*, in der Praxis bereits Akzente in seiner Wahrnehmung, die auf *Kongruenz* mit dem Selbstbild angelegt seien. - Vor diesem Hintergrund wird erklärlich, daß in der anglo-amerikanischen psychologischen Literatur die Begriffe Selbstkonzept und Selbstwertschätzung häufig synonym gebraucht werden[82] und die meisten empirischen Untersuchungen sich mit der Dimension des Selbst*wertes* befassen. „Self-esteem“ steht in der anglo-amerikanischen Forschungsliteratur für Selbstbewußtsein, aber ganz im Sinne von Selbstwert*schätzung*. Die merkwürdige Ineinssetzung der zwei Bedeutungen des Fachausdrucks „Self-esteem“ hält zwischen einer realistisch reflektierten Selbst*ein*schätzung und einer vorurteilsgefärbten Selbst*wert*schätzung gar keine Unterschiede mehr fest.

- Die zweite Folgerung betrifft eine Unterteilung des Selbstkonzeptes als Oberbegriff in ein Realselbst und ein Idealselbst. Das Realselbst repräsentiert danach eher realistische Beschreibungen von Merkmalen, Persönlichkeitsdispositionen und sozialem Status eines Individuums. Das Idealselbst dagegen repräsentiere bestimmte, von ihm positiv bewertete Merkmale, die das Individuum anstrebt. Auch hier hänge Zufriedenheit und Leistungsfähigkeit der Person davon ab, wie „realistisch“, also wie erreichbar das ideale Selbst ausfällt. Das Spannungsverhältnis könne motivierend wirken. Gescheiterte Annäherungsversuche könnten aber auch äußerst negativ auf die Selbstachtung der Person wirken.

- Das starke Bedürfnis nach einem stabilen Selbstkonzept erkläre sich daraus, daß nur dieses Selbstkonzept eine ausreichende innere und soziale Verhaltenssicherheit zu garantieren scheint. Veränderungen des Selbstkonzeptes stünden von daher unter widerspüchlichen Anforderungen. Einerseits solle das Selbstkonzept möglichst *stabil* und *kontinuierlich* sein, wenn es erst einmal errungen ist, weil es das psychische Gerüst des Selbst sei. Andererseits solle es *konsistent* sein, das heißt, es solle möglichst nicht in Distanz zum

79 Zur bereichsspezifischen Umsetzung dieses Mechanismus im Bewältigungshandeln ersten und zweiten Grades bei Schülerinnen und Schülern vgl. unten Kapitel 4.2.4.2 und Kapitel 4.2.4.5.

80 Vgl. zum folgenden Neubauer 1976, S. 21 ff.

81 Neubauer 1976, S. 29 ff. Thomas und Swaine (1970) umschreiben diesen Sachverhalt so: „*If men define a situation as real, it ist real in its consequences*“. Nicht die objektive Situation sei aus psychologischer Sicht maßgeblich für das Erleben beispielsweise von Streß, sondern ihre Darstellung in der bewertenden Perspektive des Wahrnehmenden (vgl. Mansel/Hurrelmann 1991, S. 53).

82 Vgl. Weber 1989, S. 21 f.

tatsächlichen Erleben und Verhalten treten. Untersuchungen belegen, daß ein überstarkes Interesse an Stabilität und Kontinuität des Selbstkonzeptes zu Umdeutungen von Informationen führt, die nicht dazu passen, was sich bis zu pathologischen Formen der „Dissonanz-Reduktion", zu Fehlwahrnehmungen und zu selektiver Interaktionswahl steigern kann.[83] Das umgekehrte Interesse, das eigene Selbstkonzept in seinem realen Interaktionsverhalten und -erleben wiederzufinden und das eigene Selbst auf diese Art *positiv bestätigt* zu sehen,[84] führe hingegen zur Bereitschaft, entsprechende *Veränderungen* an der Selbstdefinition vorzunehmen, die den entgegenstehenden Signalen aus der sozialen Umwelt Rechnung tragen. Der Entwicklungspsychologe Jean Piaget beschreibt diese gegenläufigen Mechanismen der *Assimilation* der Realität an ein vorgegebenes Selbstbild und der *Akkomodation* des Selbstbildes an eine als diskrepant erlebte soziale Realität.[85]

2.2.4 Einflußfaktoren auf das Selbstkonzept

Nach dieser Darstellung der grundlegenden Aussagen und Ansätze zum Selbstkonzept sollen nun schlagwortartig die in der Selbstkonzeptforschung - teils kontrovers - diskutierten Faktoren genannt werden, die Einfluß haben sollen auf die Entstehung und Veränderung des Selbstkonzeptes. Es sind dies im wesentlichen:

- *Selbstattributierungen.* Über seine persönliche Wahrnehmungen von sich, von der körperlichen Ausstattung über die eigenen emotionalen, praktischen und musisch-geistigen Fähigkeiten bis zum sozialen Interaktionsverhalten, entwickelt das Subjekt entsprechende Selbstcharakterisierungen.[86] Sie verdichten sich zum Gesamtbild der persönlichen Identität.
- *Familiensituation.*[87] Unter allen Bezugsgruppen nimmt die Familie eine herausragende Stellung ein. Sie vermittelt durch den Erstkontakt sowie die Kontinuität und Intensität des Kontaktes in den Entwicklungsjahren die grundlegenden emotionalen Muster, Verhaltens- und Denknormen. Damit liefert sie die Bausteine oder zumindest Impulse des Selbstkonzeptes. Hierbei ist unstrittig, daß elterliche Zuwendung, Akzeptanz und Anerkennung des Kindes die Entwicklung von dessen kognitiven Fähigkeiten wie auch sein Selbstwertgefühl befördern, während elterliche Ablehnung oder auch nur mißlingende Anerkennungsbeziehungen auf Seiten des Kindes Selbstkrisen und Gefühle der eigenen Wertlosigkeit hervorrufen können.[88]
- *Gruppenzugehörigkeit und spezielle Bezugspersonen.*[89] Die Zugehörigkeit zu Institutionen, Wahl-, Zufalls- und Zwangsgemeinschaften sowie Gleichaltrigengruppen in Kindheit und Jugend bilden hier ein bedeutendes Anregungspotential. In der Jugendzeit stehen Gleichaltrigengruppen im Zentrum der Selbstkonzeptbewährung. Hier trifft der junge Mensch im Unterschied zu familiären oder institutionellen Abhängigkeitsverhältnissen auf Personen mit ähnli-

83 Vgl. Neubauer 1976, S. 41 ff.

84 *Hurrelmann* qualifiziert die Seite der positiven Tönung der Selbstbewertung als *sogar „notwendige Voraussetzung". Er* begreift sie damit (weit mehr als Rogers) als Zielpunkt jeder *„gesunden"* Selbstbildgestaltung. In negativen Tönungen sieht er umgekehrt - zumindest in der Bilanzierung aller Bereiche des Selbstbildes - *„in der Regel ein Signal für psychische Unsicherheiten und Instabilitäten"*, weshalb die positiven Tönungen möglichst überwiegen sollten (vgl. Hurrelmann 1995, S. 168).

85 Über *Piagets* Entwicklungstheorie vgl. Montada 1987, S. 350 ff.

86 Vgl. Filipp 1983.

87 Vgl. Oerter 1987, S. 323 ff.

88 Vgl. Coopersmith 1967. Eingehende Untersuchungen zu den selbstdestruktiven wie den aggressiven Folgen von scheiternden Anerkennungsbeziehungen alleine im innerfamilialen Kontext hat *W. Helsper* aus psychoanalytischer Sicht vorgenommen (Helsper 1995, S. 136 ff).

89 Vgl. dazu Oerter 1987, S. 316 ff.

chem Status wie er, was zu neuartigen Erfahrungen in puncto Selbstvertrauen und sozialer Handlungskompetenz führt. Peers sind ein beispielhaftes Erfahrungs- und Übungsfeld für die Wechselwirkungen von sozialer Interaktion und Selbstkonzept.[90] Vorbildhafte Vertrauenspersonen kommen aus dem näheren Lebenskreis, Erwachsene oder gleichaltrige Freunde; es können aber infolge der subjektiven Komponenten der Realitätsverarbeitung auch imaginierte oder von außerhalb herangezogene „Vertrauenspersonen" sein (Idole).[91]

- Die *Geschlechterdifferenz* ist von großer Bedeutung für die Geschlechtsrollenidentität in der Jugendphase, wobei gerade hier die Aneignung von Stereotypen eine wichtige Rolle spielt.[92]
- Die Einwirkungen von bestimmten Inhalten und Formen des *Medienkonsums* werden in neueren Untersuchungen zunehmend als Determinanten des Sozialisationsprozesses einbezogen und untersucht, etwa die Häufigkeit und Dauer von Fernseh- und Videokonsum sowie die Auswahl von Soap-operas, Horror- und Gewaltdarstellungen.[93]
- Eine systemische Erweiterung des Fokus der Determinanten des Selbstkonzeptes ergibt sich insbesondere aus der *sozial-ökologischen Perspektive*, die die kombinierten Wirkungszusammenhänge von sozialen Nahfeldern in die Betrachtung einbezieht.[94]

Die bisher skizzierten innerpsychologischen Theorien zum Selbstkonzept entwerfen zwar komplexe *Schematismen* der Konstitution von Selbstbewußtsein, wobei sie auch verschiedene Ebenen und Dimensionen erwähnen, aus denen dieses Konstrukt Impulse empfängt und verarbeitet. Aber *systematisch* an den verschiedenen Lebensphasen entwickeln sie die Konstitution des Selbstkonzepts nicht. Seinen epigenetischen Entstehungsprozeß unterstellen sie schlicht. Auf die Frage nach biographischen Entstehungsprozessen und den Entwicklungsstufen von Selbstbewußtsein gibt demgegenüber das von Erikson entwickelte psychodynamische Konzept der *Adoleszenzkrise*[95] eine weiterführende Antwort. Wegen dieser Ausdifferenzierung wurde sie an zentraler Stelle in die aktuellen Sozialisationstheorien integriert[96] und soll daher nun knapp referiert und kritisch beleuchtet werden.

90 Vgl. Neubauer 1976, S. 125.

91 Das Jugendwerk (1997, S. 21) konstatiert eine Verlagerung von Vorbildern. Kamen sie in den fünfziger Jahren eher aus dem Nahraum (Familienmitglieder, Lehrer) und spielten Persönlichkeiten aus den Medien eine nachrangige Rolle, habe sich das Verhältnis mittlerweile umgekehrt.

92 Vgl. Kohlberg 1974; Kersten 1993, 1994; Kersten/Steinert 1997; Rommelsbacher 1993; Popp 1999.

93 Vgl. Hurrelmann 1995, S. 247; Tillmann u.a. 1999, S. 186 ff.

94 Vgl. Bronfenbrenner 1976.

95 Vgl. Erikson (1966 [1] = 1995 [15]), S. 11 ff.

96 Vgl. Oerter 1987, S. 296 f, 306 ff; Hurrelmann 1995, S. 174 ff; Tillmann 2000, S. 208 ff.

2.3. Das Theorem der Adoleszenzkrise aus sozialpsychologischer Sicht

2.3.1 Psycho-soziales Moratorium, Adoleszenzkrise und Identität

Erikson erweitert das Konzept der Persönlichkeitsentwicklung auf psychoanalytischer Grundlage um das Wechselspiel der Kategorien von „Identität" und „Identitätskrise". *Identität* beinhaltet danach die Einmaligkeit und Unverwechselbarkeit einer Person. Als selbstreflexive Leistung des Subjekts habe diese Identität zwei Dimensionen: Einmal die Beziehung des Subjekts zu sich *selbst*, zum anderen die soziale Ausrichtung auf *andere*, die diese Identität (an)erkennen. In der Jugendphase durchlaufe der Jugendliche hinsichtlich seiner Identitätsentwicklung ein *„psychosoziales Moratorium"*,[97] einen Schwebezustand mit ungewissem Ausgang. Dieser Weg könne zu einer gefestigten Identität führen, aber auch in Identitätsdiffusion enden. Er vollziehe sich in krisenhaften Entwicklungsschritten, die von Verunsicherungen über die körperlichen und biographischen Veränderungen ausgelöst würden. Die innerhalb der Entwicklungsstufen immer wieder entstehenden Identitäts- und Rollendiffusionen würden aber durch eine daran wachsende Ich-Identität überwunden. Die Stadien der epigenetischen Entwicklung charakterisiert Erikson durch abstrakte Gegensatzpaare. Dazu stellt er auf jeder Altersstufe einem Zustand von „relativer psychosozialer Gesundheit" einen damit korrespondierenden Zustand „relativer psychosozialer Störung" gegenüber. In der (von Erikson selbst in Anführungsstriche gesetzten) „'normalen' Entwicklung" überwiege die „Gesundheit" und die „Störung" werde verdrängt.[98]

Abbildung 1: Entwicklungsstufen nach Erik Erikson [99]

Altersstufe	Psycho-soziale Krise	Beziehungs-personen	Elemente der Sozialordnung	Psychosoziale Modalitäten	Psychosexuelle Phasen
I Säuglingsalter	Urvertrauen : Mißtrauen	Mutter	Kosmische Ordnung	Bekommen Geben	Oral-respiratorisch sensorisch kinästhetisch
II Kleinkindalter	Autonomie : Scham	Eltern	Gesetz und Ordnung	Halten und Loslassen	Anal-urethral muskulär
III Spielalter	Initiative : Schuldgefühl	Familienzelle	Ideale Leitbilder	Tun Tun als ob; Spiel	Infantil-genital lokomotorisch
IV Schulalter	Werksinn : Minderwertigkeitsgefühl	Schule Wohngegend	Technologische Elemente	Etwas "Richtiges tun"; zusammen mit anderen	Latenzzeit
V Adoleszenz	Identität : Identitätsdiffusion	Peergroups, andere Vorbilder, Führer	Ideologische Perspektive	Wer bin ich? Ich und Gemeinschaft	Pubertät
VI Frühes Erwachsenen-alter	Intimität/Solidarität : Isolierung	Freunde, Sexpartner, Kollegen, Rivalen	Arbeits- und Rivalitätsordnungen	Sich im anderen finden/verlieren	Genitalität
VII Erwachse-nenalter	Generativität : Selbstabsorption	Gemeinsame Arbeit Eheleben	Zeitströmung in Erziehung/Tradition	Schaffen und Versorgen	
VIII Reifes Erwachsenen-alter	Integrität : Verzweiflung	Menschheit; Menschen meiner Art	Weisheit	Sein, was man geworden ist; Wissen um eigene Vergänglichkeit	

97 Vgl. Erikson 1995, S. 137 ff.

98 Vgl. Erikson 1995, S. 148 ff.

99 Erikson 1995, S. 214/215. Die Gegensatzpaare lassen sich in seinen Diagrammen zusammenfassen, von denen hier als Übersicht das um die Rubrik *„Altersstufen"* aus dem Diagramm C (an Stelle bloßer römischer Ziffern) ergänzte *Diagramm D* wiedergegeben wird.

Innerhalb dieser acht Entwicklungsstufen von Ich-Identität im Spannungsfeld von krisenhaft erlebten und zu bewältigenden Antithesen steht das Thema der Identitätsbildung im Zentrum der Entwicklungsstufe V. Die Adoleszenzphase gebe den Jugendlichen einerseits die Möglichkeit zum „freien Experimentieren“ mit Rollen, Leitbildern und Verhaltensweisen. Andererseits stelle sich den Jugendlichen in dieser Phase die Anforderung, die Identitätsdiffusionen erfolgreich durch identitätsrelevante Entscheidungen und Festlegungen „fürs Leben“ zu überwinden. So *konstruierten* Jugendliche durch Auswahl, was für sie im Leben wichtig und bedeutsam ist, ihr *Bild* von sich und festigten damit ihre *„selbstgemachte Identität“*.[100] Erikson findet solche Bestrebungen jedenfalls mit einer gewissen Zwangsläufigkeit in der Adoleszenzkrise, und zwar ausdrücklich im Hinblick auf den Zielpunkt der „Berufs-Identität“. Das Ende der Adoleszenz nach dem „psycho-sozialen Moratorium“ beschreibt Erikson als den Punkt, an dem die stufenförmige und krisenhafte Identitätsentwicklung abgeschlossen sein sollte, an dem der junge Mensch die diversen Rollendiffusionen überwunden und nach der Experimentierphase mit Rollen und Leitbildern eine individuelle stabile Ich-Identität konstruiert und integriert haben sollte, „um für die Aufgaben des Erwachsenenlebens gerüstet zu sein“.[101]

2.3.2 Zur Ambivalenz des Konzepts der Entwicklungsaufgaben

Das Identitätskonzept Eriksons ist in der sozialwissenschaftlichen und sozialisationstheoretischen Literatur auf eine positive und nachhaltige Resonanz gestoßen. Es gilt als eine Grunderkenntnis der Jugendtheorie,[102] die selbst die Kritiker Eriksons übernehmen und ausdifferenzieren.

Entgegengehalten wurde dem Identitätskonzept Eriksons, es sei kaum geeignet für empirische Untersuchungen.[103] Andere Einwände besagen, daß nicht alle Jugendlichen notwendig ein solches Identitätsmoratorium durchlaufen müßten und sie es sehr verschieden erleben würden.[104] Beide Kritiken treffen Erikson jedoch nicht. Er versteht seine Phasen ohnehin nur modellartig und weist auf ihre innere Dependenzen und ihre Reproduzierbarkeit auf anderen Altersstufen hin.[105]

Unbeschadet von solchen Kritiken markiert Eriksons Ansatz einen wichtigen *Übergang* von einer rein psychodynamischen Erklärung in eine *entwicklungspsychologische* Sozialisationstheorie. An den sozialen Themen der Entwicklungskrisen Eriksons lassen sich einerseits Konturen einer zeitlich und gesellschaftlich stark präformierten Mittelstandsbiographie nachweisen. Ein Beispiel dafür ist die rigide Trennung von Ausbildungs- und Arbeitsphase, wobei die arbeitsfreie Adoleszenzphase von „ideologischen Perspektiven“ geprägt sei, die in der Arbeitsphase durch „Arbeits- und Rivalitätsordnungen“ ersetzt würden. Andererseits

100 Vgl. Erikson 1995, S. 110 ff.
101 Erikson 1995, S. 123.
102 Vgl. Tillmann 2000, S. 274.
103 Marcia (1980, S. 159 ff) erweiterte *Eriksons* Modell deshalb in vier Identitätszustände. Siehe auch die Erläuterungen bei *Oerter* (1987, S. 308 ff).
104 Vgl. Oerter 1987, S. 306; Geulen 1987, S. 11; Tillmann 2000, S. 253 f.
105 Vgl. Erikson 1995, S. 149, 152.

liest sich Eriksons Theorie, als analysiere sie eine naturgegebene Jugendentwicklung *jenseits* einer bestimmten gesellschaftlich-historischen Dimension, wenn er z. B. vor einer „ungesunden" „Isolierung" warnt und von einer „gesunden Gesellschaft" redet. Aber schon das Schulsystem, wie Erikson es bespricht, ist nicht unhistorisch, da er selbst von historisch-konkreten Qualifikationsprofilen auf dem Arbeitsmarkt ausgeht:

> „Es ist immer leicht zu sagen, daß es eben auch Unbegabte geben, daß hinter dem Hochgebildeten eine breite Schicht weniger geschulter Leute stehen muß und daß der Arbeitsmarkt solche Menschen für die vielen einfachen und ungelernten Berufe braucht. Aber ausgehend von der gesunden Persönlichkeit (die ja auch in bezug auf ihre positive Rolle innerhalb einer gesunden Gesellschaft betrachtet werden soll), müssen wir bedenken, daß diese frühzeitig aus der Schule Entlassenen gerade so viel gelernt haben, um begreifen zu können, daß glücklichere Leute als sie vieles lernen dürfen, was ihnen selbst aus inneren oder äußeren Gründen versagt blieb."[106]

Noch deutlicher wird Eriksons unreflektierte Verallgemeinerung spezifisch gesellschaftlicher Vorurteilsstrukturen, wenn er sogenannte *Altersnormen* der Gesellschaft in seine Entwicklungspsychologie einbezieht.[107] Zu solchen *„altersgemäßen Entwicklungsaufgaben"*[108] zählt er die berufliche Karriere als Mittelpunkt des mittleren Lebensalters.[109] Biographische Lebensziele dienten so der Abarbeitung eines konventionellen Pflichtenkatalogs, dessen Erfüllung Glück verbürge.[110] Das geht so weit, daß Erikson die gelungene „selbstgemachte" Ich-Identität explizit zu den „Verteidigungsaufgaben" seines Landes zählt: „Die Demokratie in einem Lande wie Amerika stellt gerade dadurch besondere Probleme, daß sie eine selbstgemachte Identität verlangt, eine Identität, die bereit und fähig ist, unvorhergesehene Chancen zu ergreifen und sich dem Wechsel von Boom und Baisse, Frieden und Krieg, Mobilität und Seßhaftigkeit anzupassen."[111]

Während Erikson scheinbar gesellschaftsneutral von „dem menschlichen Wachstum unter dem Gesichtspunkt der inneren und äußeren Konflikte"[112] und dem „Erwachsenenleben" spricht, meint er stets die soziale Realität der Konkurrenzgesellschaft der USA,[113] für die er, wie Tillmann kritisiert,[114] ohne jede vorherige Analyse Partei ergreift. Daran zeigt sich, daß auch eine explizit *sozial*-psychologische Theorie an analytische *Schranken* stößt, wenn sie die *inneren* Zusammenhänge mit den gesellschaftlich-institutionellen Voraussetzungen der psychischen Entwicklung aus ihrer Analyse ausklammert.

---

106 Erikson 1995, S. 105.

107 Erikson 1995, S. 120.

108 Man findet sie zuerst bei *Havinghurst* 1948 (zit. nach Montada 1987; S. 42) und dann im öko-psychologischen Ansatz von *Bronfenbrenner* (1982); vgl. dazu Oerter 1987, S. 86 ff, speziell S. 119 ff.

109 Vgl. bei Oerter 1987, S. 121.

110 Dazu Olbrich 1987, S. 314 f; vgl. Havinghurst (1948) bei Oerter 1987, S. 119.

111 Erikson 1995, S. 112.

112 Erikson 1995, S. 56.

113 Vgl. Erikson 1995, S. 56, 57, 62, 63, 105. *Erikson* kennt sogar den Typus *des „guten, gesunden unverkrampften Lehrers"* oder der *„guten, gesunden, unverkrampften Eltern"* in einer *„gesunden Gesellschaft"* (S. 104/105). - Zur Kritik an dieser *„kultur-anthropologischen"* und im Kern rassistischen Terminologie der *„gesunden Persönlichkeit"* hat sich *Griese* (1977, S. 67) geäußert: *„ ...d.h. der Gesunde ist der Wohlangepaßte, und der sich abweichend von den Standards verhält, ist krank."* Kritisch zu *Eriksons* Scheinneutralität steht auch *Tillmann* (2000, S. 217).

114 Zu dieser Kritik an *Eriksons* Konzept siehe *Tillmann* (2000, S. 215 ff).

Jürgen Habermas und dann Rainer Döbert und Gertrud Nunner-Winkler erweitern das Konzept der identitätsbedeutsamen Reifungskrisen Eriksons um die Dimension der Entwicklung des *moralischen Urteils* in der Adoleszenzkrise zwischen Rollenidentität und Ich-Identität.[115] Den Übergang von einer konventionellen Rollenidentität zu einer reflexiven und individuell[116] geprägten Ich-Identität sehen sie in der Überwindung konventioneller Orientierungen durch Infragestellung der hinter ihnen stehenden Werthaltungen und Autoritäten. Wenn Jugendliche dann eigene Wertgesichtspunkte entwickeln, seien das moralische Urteile auf *„postkonventionellem Niveau"*.[117] Diese Interpretation bildet die theoretische Schlüsselstelle für die Erklärung einer weitergehenden Entwicklung, wenn Jugendliche nämlich innovative und alternative Identitätskonzepte kreieren, die die konventionellen Orientierungsmaßstäbe wie Berufslaufbahn oder Besitzindividualismus hinterfragen und auch praktisch unterlaufen.[118] Von Lothar Krappmann stammt das Modell der *balancierten Identität*.[119] Danach nötigen gesellschaftliche Desintegrationstendenzen dem Subjekt neue Kompetenzen auf[120] wie Rollendistanz zur Überwindung aktueller Rollen, Empathie, um sich in die Rolle anderer hineinzufühlen, und Ambiguitätstoleranz als Fähigkeit, Rollen- und Normenwidersprüche auszuhalten.[121]

Die durch Krappmanns Modell exemplarisch verkörperte Tendenz der Theorieentwicklung zum Selbstkonzept stößt innerhalb der Sozialisationstheorie auf den kritischen Vorbehalt,[122] daß Selbstkonzepte zunehmend auf rein *methodische Konstrukte* von inhaltlicher Beliebigkeit hinausliefen. Ottomeyer kritisiert die Vernachlässigung der *sozialen Inhalte* der Kommunikation als systematischen Konstruktionsfehler dieser Identitätsmodelle, als „eine interaktionistische Verengung von Praxis und Identitätsbildung, die bei ... Goffmann, Habermas und fast der gesamten rollentheoretisch verpflichteten Sozialisationsforschung zu finden ist".[123] In der Einbeziehung von sachlich-inhaltlichen Komponenten sieht auch Hurrelmann die Scheidelinie zwischen Oberflächlichkeit und Unergiebigkeit des interaktionistischen Ansatzes oder seinem Erklärungspotential des „sachlogischen Charakters der Interaktion": „Das theoretische Potential der Handlungs- und Interaktionstheorie wird oft durch die heutige Sozialisationsforschung bzw. Entwicklungspsychologie nicht voll ausgeschöpft. Vielfach bleibt die Analyse von Prozessen der Persönlichkeitsentwicklung bei der Behauptung von Wechselbeziehungen zwischen verschiedenen Bedingungsfaktoren stehen, die als 'interaktiv' definiert werden, ohne den sachlogischen Charakter der Interaktion aufzuklären. Ein solches Verständnis von 'Interaktion' kann schnell inhaltsleer und theoretisch unergiebig sein."[124]

---

115 Vgl. Döbert/Habermas/Nunner-Winkler 1980, S. 14; Oerter 1987, S. 310.

116 Vgl. Döbert/Nunner-Winkler 1975, S. 138.

117 Vgl. Döbert/Nunner-Winkler 1975, S. 55 ff, 62; vgl. dazu auch die Studien *Kohlbergs* zum Geschlechtsrollenkonzept, der den Begriff des role-taking, der sozialen Rollenübernahme, ausdifferenzierte (1974, S. 373 ff) sowie die Darstellung von Kohlbergs Studien bei Trautner 1991, S. 202 f. Zur Kritik daran vgl. Trautner 1991, S. 428 ff und 436 f.

118 Vgl. Döbert/Nunner-Winkler 1975, S. 72.

119 Vgl. Krappmann 1971.

120 Krappmann 1971, S. 10.

121 Krappmann 1971, S. 167.

122 Vgl. dazu Richter 1998, S. 110; Tillmann 2000, S. 158 f.

123 Ottomeyer 1980, S. 164.

124 Hurrelmann 1995, S. 67 f.

Insofern wird vielfach und zu Recht darauf hingewiesen, daß die zwingend vorgegebenen institutionellen Rahmenbedingungen dieser Statuspassage als Impulse für bestimmte Adoleszenzkrisen nicht unterschätzt werden sollten.[125] Der explizite *Übergang* in eine *gesellschaftswissenschaftliche* Dimension von Sozialisationstheorie erscheint daher notwendig.

2.4 Analyse von drei integrativen Ansätzen zu gesellschaftlichen Konstitutionsbedingungen des Selbstkonzepts Jugendlicher

2.4.1 Gesellschaftliche Einflußfaktoren auf die moderne Jugendbiographie

Zahlreiche Untersuchungen zur modernen Jugendbiographie offenbaren ihre Problemlagen, Spannungsverhältnisse und Paradoxien. Sie charakterisieren die jugendlichen Lebenswege als Patchwork-Biographien.[126] Dies sind Belege der Erosion der früheren Normalbiographie, der zufolge Schulausbildung, Lehre, Berufseintritt, Heirat und Familiengründung bis zum 22. Lebensjahr abgeschlossen waren. Der tradierten Biographie entspricht heute nur noch der Facharbeiter.[127] Solche Tendenzen werden gefaßt als „Individualisierung der Lebensführung“ und „Pluralisierung der Lebensformen“.[128]

Für die Statuspassage Jugend wird von der Sachverständigenkommission des Achten Jugendberichtes 1990 festgestellt, daß sie gekennzeichnet sei von dem Spannungsverhältnis einer immer *früheren sozio-kulturellen Reife*, als dem Entwicklungspunkt, ab dem junge Menschen über sämtliche relevanten Kultur- und Freizeittechniken und entsprechende Interessen verfügen, und einer immer *späteren sozio-ökonomischen Konsolidierung*, worunter man den Zeitpunkt finanzieller Eigenständigkeit durch Berufseintritt und ausreichendes eigenes Erwerbseinkommen, gegebenenfalls im Verbund einer familialen Lebensführung versteht.[129] Die moderne Jugendphase beginnt etwa mit dem 12. Lebensjahr und endet zwischen dem 25. und 30. Lebensjahr oder noch später. Der Zeitraum umschließt die biosexuelle Reifung (Pubertät) sowie die Zeit der psycho-sozialen Verarbeitung dieser Veränderungen, die man als Adoleszenzphase bezeichnet. Mit diesen Reifungsprozessen ist die moderne Jugendphase aber keineswegs beendet. Wegen der verlängerten Ausbildungszeiten müssen junge Menschen beiderlei Geschlechts die anschließende Lebensphase trotz erreichter Selbständigkeit in allen Lebensbereichen unter fortbestehender ökonomischer Unselbständigkeit oder Restriktion bewältigen. Durch ihre materielle Angewiesenheit auf Unterhaltsleistungen ihrer Eltern bleiben viele Jugendliche damit trotz ihrer psychosozialen *Verselbständigung* jahrelang moralisch von ihren Eltern *abhängig*. Allein dieser rein gesellschaftlich bedingte Aufschub des Erwachsenenstatus der Post-Adoleszenz zwischen Jugend und Erwachsenenalter zeigt, daß der sozialpsychologische Begriff "Jugendmoratorium"

---

125 Vgl. Nunner-Winkler 1985, S. 96; diess. 1991;Tillmann 2000, S. 249 f; Heitmeyer/Olk 1990, S. 15.

126 Vgl. Achter und Zehnter Jugendbericht 1990 und 1998; Überblicke auch bei Ferchhoff 1999.

127 Vgl. Achter Jugendbericht 1990, S. 29.

128 Exemplarisch: Achter Jugendbericht 1990, S. 28 ff, 52 ff; zur Kritik vgl. Nüberlin 1997, S. 41 ff.

129 Vgl. Achter Jugendbericht (1990, S. 29 ff) wie die ähnlichen Einschätzungen bei *Heitmeyer/Olk* (1990, S. 30 ff) *Tillmann* (1996, S. 266 f) und *Nüberlin* (1997, S. 37 ff).

auch als gesellschaftswissenschaftliche Kategorie Aussagekraft hat, nämlich als *„gesellschaftliches* Moratorium".[130]

Eine Strategie der Jugendlichen im Umgang mit den gesellschaftlichen Barrieren, ihre Jugendphase erfolgreich zu beenden, ist nach den Untersuchungen des Jugendwerkes der Deutschen Shell, sich immer noch besser vorzubereiten, auszubilden und zu qualifizieren: „Erwachsenwerdenwollen, aber - angesichts der Erschwernisse des Übergangs - Jugendlicher bleiben zu müssen (d.h. in Lern-, Ausbildungs-, Qualifikations- und Weiterqualifikationsphasen zu leben) scheint gegenwärtig die paradoxe Aufgabe der Bewältigung der Jugendphase zu sein."[131] Obwohl nach den Ergebnissen der Shell-Jugendstudie „Jugend 2000" die Zukunftszuversicht zwar um ein Drittel gestiegen ist, lasse sich keineswegs „von einer jungen Generation 'unbekümmerter Optimisten'" sprechen:

> „Zukunftszentriertheit und klare Lebensplanung gehen nicht mehr wie früher mit Sorgenfreiheit einher, vielmehr mit biographischen Anstrengungen. Und deshalb gibt es wiederum große Unterschiede zwischen verschiedenen Untergruppen. Gut vorbereitet fühlen sich diejenigen, die über gute Voraussetzungen (Bildung, Unterstützung durch die Eltern, klare Lebensplanung und Persönlichkeitsressourcen wie Selbstvertrauen) verfügen. Entsprechend finden wir pessimistischere Einstellungen bei denen, die eher schlechtere Bedingungen haben. Hierzu gehören Gruppen ostdeutscher, aber auch ausländischer, besonders türkischer Jugendlicher."[132]

Ob optimistischer oder pessimistischer: Die Shell-Jugendstudien belegen, wie tiefgreifend der Einfluß *gesellschaftlicher* „Voraussetzungen" und „Bedingungen" auf die sozialpsychologische Dimension von Jugend ist.

Die gesellschaftlichen Strukturen der modernen Jugendbiographie selbst stempeln Jugendliche demzufolge zu *„Noch-nicht-Erwachsenen"*. Aus dem jugendtypischen Moratorium als Statusaufschub im Vergleich zum Erwachsenenstatus erwächst eine Art Schonraum, der einerseits Chancen zum Experimentieren mit Verhaltenskonzepten, Überzeugungen und Beziehungen zur Selbstfindung und Selbsterprobung beinhaltet, andererseits die Bewältigung dieser biographischen Anforderungen bis zum Berufseintritt unterstellt. Diese *positive* Dimension von Handlungsmöglichkeiten und Entwicklungsthemen grenzt die Jugendphase als *„Nicht-mehr-Kindheit"* zugleich von der Kindheitsentwicklung ab und prägt sie mit *eigenen* Inhalten. Eine Daseins- und Selbstdarstellungsform von Jugend, die sich mit *positiver Eigenständigkeit* verbindet, umschreibt der Begriff der *Jugendkultur*.[133] Jugendkulturen repräsentieren vorwiegend Freizeitorientierungen der Jugendlichen. Hier ergaben die 90er Jahre eine Akzentverschiebung von Protestbewegungen und politisch-subkulturellen Jugendkulturen zu kommerzialisierten und lebensstilorientierten Jugendkulturen.[134] Zur Jugendphase gehören auch diverse *Jugend(sub)kulturen* mit Schwerpunkten in Musik, Kultur, „Action" oder Gewalt.

Die *Tatsache*, daß derartige sozialstrukturelle Bedingungen prägenden Einfluß auf den Sozialisationsprozeß Jugendlicher mitsamt ihrer Selbstkonzeptualisierung haben, steht in der Sozialisationsforschung außer Frage. Mit solchen Feststellungen fängt eine fachliche

130 Tillmann 2000, S. 196; vgl. Jugendwerk 1981, Band 1, S. 101.

131 Jugendwerk 1997, S. 15; ähnlich Ferchhoff 1999, S. 115 ff, 272 f.

132 ugendwerk 2000, Band 1, S. 13 (Hauptergebnisse).

133 Vgl. Baacke 1993; Ferchhoff/Sander/Vollbrecht 1995; Kursbuch SPoKK Jugendkultur 1997.

134 Vgl. Jugendwerk 1997, S. 21; auswertend: Richter (1998, S. 130 ff) und Ferchhoff (1999, S. 173 ff).

Analyse erst an, denn sie fragt, *wie* diese Einwirkungen erfolgen und welche Momente dabei *wesentlich* sind. Auf der Suche nach Antworten darauf sollen im folgenden drei *repräsentative theorieverbindende Ansätze* auf ihr Erklärungspotential überprüft werden. Gemeinsam ist den drei Ansätzen der Anspruch, die psychodynamischen Schemata der Identitätsentwicklung mit den institutionellen und gesellschaftsstrukturellen Vorgaben zu synthetisieren.[135]

2.4.2 Zur kontextualistischen Sozialisationstheorie der „produktiven Realitätsverarbeitung durch das Subjekt"

Als Einlösung der oben genannten methodischen *und* inhaltlichen Anforderungen an eine moderne Sozialisationstheorie (vgl. Kap. 2.1.3) versteht sich Hurrelmanns „umfassendes Modell" einer „kontextualistischen" Sozialisationstheorie der „produktiven Realitätsverarbeitung durch das Subjekt".[136] Eine Betrachtung seines Modells soll einen repräsentativen Strang[137] der sozialisationstheoretischen Diskussion in der Bundesrepublik skizzieren und mit zwei Einwänden konfrontieren.

Hurrelmanns *„kontextualistische Sozialisationstheorie"* geht von einem Modell der Persönlichkeitsentwicklung aus, das den Menschen als einen „produktiven Verarbeiter" der äußeren und inneren Realität auffaßt.[138] Das Modell knüpft an die handlungs- und interaktionstheoretische Sichtweise von George Herbert Mead, die psychodynamischen Erkenntnisse von Erikson sowie weitere entwicklungspsychologische Ansätze zum Thema Identitätsbildung und Selbstkonzept an,[139] die es aber mit gesellschaftswissenschaftlichen Erkenntnissen ergänzen will. In Hurrelmanns Sozialisationsmodell stehen sie für die Erklärung der „inneren Realität". Aber auch die zweite Seite, die bisher nach Meinung von Kritikern vernachlässigte *Reflexion* der sozialen Inhalte der Kommunikation (vgl. Kap. 2.2.1/2.3.2), nimmt Hurrelmann in sein „kontextualistisches" und „umfassendes Modell" auf. Er will damit den Mangel überwinden, daß die Analyse von Persönlichkeitsprozessen

---

135 Dabei ist zur Vermeidung von *„eklektizistischer Flickschusterei mit zweifelhafter theoretisch-analytischer Kraft"* (Hurrelmann 1978, S. 534) zu beachten, daß die kombinierten Ansätze eine *„vollständige Erfassung des hier ausgebreiteten Problemfeldes"* sicherstellen. Während *Hurrelmann* das Vorliegen eines gemeinsamen erkenntnisleitenden Interesses für die Bildung theorieverbindender Ansätze nicht für unbedingt notwendig hält (vgl. Hurrelmann 1995, S. 84), hat *Rolff* ergänzend gefordert, daß die Ansätze untereinander durch ein gemeinsames erkenntnisleitendes Interesse transformierbar sein müssen, wozu er auch *„ineinander transformierbare Paradigmen"* für erforderlich hält (vgl. Rolff 1977, S. 66; ähnlich Tillmann 2000, S. 191 f).

136 Vgl. Hurrelmann 1983 und 1995, S. 62 ff: *„Ein umfassendes Modell: Sozialisation als produktive Verarbeitung der inneren und der äußeren Realität"* (S. 69). Zu einem ähnlichen Ansatz führen *Helmut Fend* die Konstanzer Forschungen zur *„Sozialisation in Bildungseinrichtungen"*, d.h. sozialpsychologische Untersuchung der Persönlichkeitsentwicklung unter den Mustern von Schule (vgl. Fend 1991, S. 24 f). Dieser Ansatz steht auch im Zentrum des Sozialisationsverständnisses des *Pädagogik-Lexikons* 1999 (S. 483 f).

137 *Hurrelmanns* einführendes Lehrbuch in die Sozialisationstheorie ist in der wissenschaftlichen Ausbildung stark nachgefragt, was sich auch daran zeigt, daß es kapp zehn Jahre nach dem ersten Erscheinen im Jahr 1986 bereits seine 5. überarbeitete und ergänzte Auflage (1995) erreichte.

138 Hurrelmann 1995, S. 69.

139 Hurrelmann 1995, S. 174 ff.

bei der bloßen Behauptung von Wechselwirkungen mit sozialen Bedingungen stehen bleibt, „ohne den sachlogischen Charakter der Interaktion aufzuklären".[140] Gerade durch die Reflexion des sozialen Kontextes will Hurrelmann ein einseitiges Verständnis von Persönlichkeitsentwicklung vermeiden, die sich stets durch „Auseinandersetzung" und „Verarbeitung" der äußeren und inneren Realität als „Arbeit an sich selbst" vollziehe.[141]

Doch wirklich konsequent führt Hurrelmann dieses Programm in seinem Lehrbuch nicht durch. Im Unterschied zu seinen früheren Studien[142] reflektiert er die benannten „gesellschaftlichen Strukturen" gerade nicht in ihren spezifischen Eigenarten und Funktionen, die sie *unabhängig* von ihren sozialisatorischen Effekten in der Gesellschaft erfüllen. Damit verkürzt er die „äußere Realität" unvermeidlich auf unspezifische „Gegebenheiten" und „Rahmenbedingungen" eines Sozialisationsvorganges, der sich auf Basis dieser theoretisch *ungeklärten* Voraussetzungen abspielt. Diese Strukturen beschreibt er dann häufig noch direkt aus der Perspektive ihrer *sozialisatorischen Verarbeitung* durch die Subjekte, die die „Realität" dabei oft vorurteilsbeladen unter Alltagstheorien ihres Zurechtkommens betrachten. So werden die unterschiedlichsten gesellschaftlichen Strukturen qualitativ allesamt zu „Handlungsanforderungen" an die Persönlichkeit umdefiniert und die Forschungsperspektive auf eine einzige Fragestellung reduziert, nämlich die der „Passung" oder der „fehlenden Passung" von Bedürfnissen, Fähigkeiten und Handlungskompetenzen des Subjekts mit den Anforderungen der äußeren Umwelt: „Befinden sich die individuellen Kompetenzen und Anforderungen an das individuelle Handeln nicht in einem Zustand der Passung, so ist eine Konstellation gegeben, die für das Individuum als 'belastend' klassifiziert werden muß."[143]

Dieses theoretische Manko läßt sich exemplarisch an Hurrelmanns Darstellung der *Bedeutung von Schulschwierigkeiten für die Sozialisation* aufzeigen. Hier vollzieht er in seiner Darstellung selbst, was er zuvor bei anderen beklagt. Er beklagt, daß die Analyse von sozialökologischen Bedingungsgefügen des Schulversagens „lediglich zu einer Erweiterung des Variablenkranzes" führe, mit dem ein problematisches Verhalten erklärt werden soll. Selbst bestimmt er „Schulschwierigkeiten" dann aber „als Resultat einer unzureichenden Passung zwischen lebenslagenspezifischen Lernvoraussetzungen und institutionellen Lernanforderungen der Schule".[144]

Inwiefern die „unzureichende Passung" ihre Grundlage in der Beschaffenheit und Zweckbestimmung der „äußeren Realität" haben könnte, wird von Hurrelmann an den hier diskutierten Passagen seines Lehrbuches nicht eigens herausgearbeitet. Es klingt in der Formulierung von den „institutionellen Anforderungen" der Schule allenfalls an. In diesem Sinne unvermittelt bleibt daher die Behauptung Hurrelmanns, daß die zweite Seite bei Schulschwierigkeiten „bisher zu wenig geklärt" sei, nämlich die „lebenslagenspezifischen Sozialisationsbedingungen", die vorrangig ursächlich sein sollen für den nicht angemessenen Erwerb sozialer und kognitiver Kompetenzen der Schülerinnen und Schüler. Diese würden „im wesentlichen in der familialen Sozialisation" erworben oder eben nicht. So

140 Hurrelmann 1995, S. 67.
141 Vgl. Hurrelmann 1995, S. 72 f, 158.
142 Vgl. Hurrelmann 1971; AG Schulforschung 1980.
143 Hurrelmann 1995, S. 183; ähnlich ders. S. 80, 170 f, 182.
144 Hurrelmann 1995, S. 142.

verläßt Hurrelmann durch die Art seiner Fragestellung überraschend schnell die offizielle institutionelle Ebene und gelangt argumentativ ebenso unvermittelt an die „privateste" Stelle im „Variablenkranz" der Sozialisationsfaktoren, an der schon der struktur-funktionale Soziologe Shmul N. Eisenstadt[145] den wesentlichen Grund aller fehlgeschlagenen Sozialisationsprozesse ansiedelt: beim Versagen der *Familie*.

Weshalb aber die staatlich gesteuerten und *einheitlichen* „institutionellen Anforderungen" der Schule seit Jahrzehnten so wenig zur Kompetenzförderung in den Familien „passen", kann m.E. nur eine vorrangige Analyse der Struktur dieser „institutionellen Lernanforderungen" der Schule selbst zu Tage fördern, bevor man sich dann den vergleichsweise *zufälligen* und *unterschiedlichen* Voraussetzungen in den Elternhäusern mit ihrem sozialen Gefälle zuwendet, um daraus begründete Feststellungen zum Verhältnis beider Seiten der „Passung" zu treffen. Eine Fragestellung nach der Eigenart und den Effekten der schulischen Anforderungen an die Schülerinnen und Schüler oder nach ihrer Überforderung grenzt Hurrelmann in seinem Lehrbuch einfach aus. Aus seinem handlungstheoretischen Verständnis folgert er stattdessen: „Schulschwierigkeiten sind in diesem Sinne eine - wenn auch für die Betroffenen problematische - Form der produktiven Auseinandersetzung mit den schulischen Gegebenheiten."[146] Damit löst Hurrelmann die *Schulschwierigkeiten* handlungstheoretisch in den jeweiligen subjektiven *Umgang* mit ihnen auf, was ihre institutionen-spezifische Eigenart zwar unterstellt, aus der Analyse aber ausklammert, indem ihre Eigenart auf den Status von indifferenten „Gegebenheiten" verkürzt wird.

An einer anderen Stelle seines Lehrbuches rufen Hurrelmanns Formulierungen zur schulspezifischen Interaktion eher Unklarheiten hervor, indem sie Alltagstheorie mit tatsächlichen Funktionsbestimmungen von schulischer Bildung vermischen, was sich an folgendem Zitat zeigen läßt:

> „Das Problem für Kinder und Jugendliche in ihren spezifischen Lebensphasen liegt darin, daß ihnen die Verantwortlichkeit für die Selbstregulierung ihrer Schullaufbahn aufgebürdet wird. Nach allgemeinem gesellschaftlichen Verständnis tragen sie den Schlüssel zum Erfolg oder Mißerfolg im schulischen Sektor bei sich. ... Jeder hat es danach in seiner Hand, wie die Schullaufbahn gestaltet wird." [147]

Tragen Kinder und Jugendliche nun den „Schlüssel zum Erfolg oder Mißerfolg im schulischen Sektor bei sich" oder nicht? Steht das herangezogene „allgemeine gesellschaftliche Verständnis" im Zitat für eine zutreffende Einschätzung oder für eine Vorurteilsstruktur? Wird den Schulkindern die „Verantwortlichkeit für die Selbstregulierung ihrer Schullaufbahn" nun zu Recht oder zu Unrecht „aufgebürdet"? Wenn ihnen die Verantwortung aber von dem gesellschaftlichen Verständnis der Erwachsenen „aufgebürdet" wird, werden sie für etwas zuständig erklärt, wofür sie von sich aus nicht zuständig sind. Diese Bürde stellt für die Kinder keine geringe Zumutung dar, denn sie sollen selbstverantwortlich mit ihrer Plazierung im Schulsystem und im schulischen Leistungsvergleich zurechtkommen, was für viele einschließt, sich auch mit einer schlechten Leistungsbeurteilung und damit einer schlechten Platzzuweisung in der Notenhierarchie innerlich zu arrangieren, obwohl sie für

145 Vgl. *Eisenstadt* (1966, S. 318 ff, 328) mit kritischen Bezugnahmen darauf von *Griese* (1977, S. 113), *Richter* (1998, S. 106) und *Tillmann* (2000, S. 202 ff, 208).

146 Hurrelmann 1995, S. 141.

147 Hurrelmann 1995, S. 262.

diese Art von „Schullaufbahn" gar nicht verantwortlich sind. Wenn die Schülerinnen und Schüler für das systematisch in den vorab feststehenden Normalverteilungskurven der Noten vorgesehene Gesamtergebnis des schulischen Erfolges, aber auch des Mißerfolges vieler (vgl. Kap. 5.2), individuell verantwortlich gemacht werden, ist dieses institutionelle Zuordnungssystem selbst nicht in ihren individuellen Schulleistungen begründet, auch wenn Hurrelmann dazu wiederum mehrdeutig formuliert, „Ausgangspunkt der Ausleseentscheidung sind die schulischen Leistungen."[148] Welche Schülerinnen und Schüler die schlechten Noten überwiegend treffen, mag „von der sozialen Herkunft mitbestimmt werden",[149] nur kann auch dies nicht der institutionelle Grund dafür sein, daß die Schule die Schülerinnen und Schüler mit schlechteren Kenntnissen einfach mit einem Abgangszeugnis entläßt, statt sie zielstrebig weiter zu unterrichten, bis auch sie den Kenntnisstand ihrer Mitschüler erreicht haben.

Die vorstehenden Einwände gegen Hurrelmanns Darstellung führen m.E. dazu, die schulische Selektion nicht als Produkt von „allgemeinem gesellschaftlichen Verständnis" und von Einstellungen zu ihr, sondern eher als einen *institutionell* strukturierten Zuschreibungsprozeß zu begreifen, in welchem soziale Herkunft und Schulleistungen Anknüpfungspunkte sind, aber nicht die *maßgebliche* Rolle spielen. Man sollte deshalb die Frage eher andersherum stellen, nämlich *erstens*, wie dieser institutionell organisierte Ausleseprozeß in der Schule als solcher vor sich geht, zweitens, welche Alltagserwartungen von Schülerinnen und Schülern und Eltern ihn begleiten, und drittens, wie sich daher der Umgang von Schülerinnen und Schülern, Lehrern und Eltern mit diesen Voraussetzungen gestaltet.

Genau entgegengesetzt faßt Hurrelmann die „lebenslagenspezifische Sozialisation" einschließlich des Beitrags der Schule insgesamt zusammen: „Die sozialen und materiellen Lebensbedingungen, die die Mitglieder einer Familie vorfinden, wirken als Rahmenbedingungen für den Erziehungs- und Sozialisationsprozeß des Kindes."[150] Zwar repräsentiere dabei beispielsweise die „Stellung im Beruf" (als ein Stück äußere Realität) einen „empirisch sehr erklärungskräftigen Einzelfaktor". Aber dann heißt es wieder: „Jede Familie fungiert als dynamischer und relativ autonomer 'Vermittler' der äußeren Realität für ihre Mitglieder".[151] Wie zuvor der spezielle Beitrag der Schule bleibt hier auch der spezifische Sozialisationsbeitrag der Familie diffus. Vermittelt Familie die „äußere Realität" an die Familienmitglieder, wie sie ist, oder verändert und verzerrt sie deren Eigenart dabei „relativ" oder „autonom" und „dynamisch"?

Aus Bestimmungen dieser Art erwachsen daher grundsätzliche Bedenken, ob Hurrelmanns Modell das eingangs umrissene Defizit einer „interaktionistischen Verengung von Praxis und Identitätsbildung"[152] im Ergebnis überwindet, sondern vielmehr fortschreibt. Wenn man die spezifischen Eigenleistungen gesellschaftlicher Institutionen nicht zuvor aufklärt, läuft die Analyse zudem Gefahr, daß sie gesellschaftliche Institutionen wie die Schule oder andere „soziale und materielle Lebensbedingungen" in ihre privaten und indi-

148 Hurrelmann 1995, S. 262.
149 Hurrelmann 1995, S. 262.
150 Hurrelmann 1995, S. 133.
151 Hurrelmann 1995, S. 133 f, 135 (These 4).
152 Ottomeyer 1980, S. 164.

viduellen Auswirkungen auflöst und - ähnlich wie bei Erikson aufgezeigt - unbesehen als „Gegebenheiten“ legitimiert.

Ein *zweiter Einwand* gegen Hurrelmanns Modell ist, daß das Modell von seinem theoretischen Ausgangspunkt her für eine differenzierte Erklärung von *nicht-angepaßtem* oder *devianten Verhalten* Jugendlicher wenig geeignet erscheint. Dies soll nun in einzelnen Schritten belegt werden.

Im Kapitel „Gelingende oder mißlingende Sozialisation?“ präsentiert Hurrelmann sein *Idealbild* von „gelungener“ Sozialisation mit folgender Anpassungsleistung des Subjekts an gesellschaftliche Vorgaben, deren Beschaffenheit er nicht näher darstellt. In der Bestimmung des optimalen Verlaufes der Persönlichkeitsentwicklung bleibt die Gesellschaft als „äußere Realität“ schlechthin gänzlich unspezifisch: „Einen optimalen Verlauf nimmt die Persönlichkeitsentwicklung, wenn in jeder Lebenssituation und in jeder aktuellen Handlungssituation ein Arrangement mit den Bedingungen der äußeren Realität möglich ist, das im Einklang mit den persönlichen Bedürfnissen und Interessen eines Menschen steht.“[153]

Einen ersten indirekten Rückschluß auf das Profil der unterstellten Gesellschaft erlaubt das Wort „Arrangement“. Würden die gesellschaftlichen Verhältnisse harmonisch zu den „Bedürfnissen und Interessen“ des betreffenden Menschen passen, wie es der Ausdruck „Einklang“ nahelegt, gäbe es keine Veranlassung zu einem „Arrangement“ mit ihnen, was sinngemäß ein kunstvolles Zurechtmachen bedeutet. Die zu solchen Arrangements erforderliche Disziplin muß schon antrainiert werden, wenn sie folgende Anforderungen „kreativ“, „virtuos“ und mit einer „gewissen inneren Distanz“ zugleich bewältigen soll:

> „Die verfügbaren Handlungskompetenzen müssen so beschaffen sein, daß sie eine Anpassung an die situativen Bedingungen und zugleich eine Berücksichtigung der persönlichen Bedürfnisse ermöglichen. Hierzu ist eine gewisse innere Distanz den Handlungsanforderungen gegenüber sowie Virtuosität und Kreativität bei der Ausgestaltung der eigenen Handlung notwendig, um den konkreten situativen Verpflichtungen sowohl nachzukommen als auch sie zugleich autonom und selbstgesteuert erfüllen zu können.“ [154]

Rollendistanz und Ambiguitätstolerenz stehen in Hurrelmanns Modell ganz im Dienste virtuoser Anpassung an „Verpflichtungen“, die aus „situativen Bedingungen“ entspringen sollen, denen so „nachzukommen“ ist, daß der Gehorsam am Ende auch noch *wie* ein Akt der freien Selbstbestimmung („zugleich autonom und selbstgesteuert“) erscheint. Wird diese virtuose Handlungskompetenz handlungstheoretisch etwa durch einen angepaßten Untertanen verkörpert?

Die damit aufkommenden Bedenken bestätigt Hurrelmanns Katalog der „*Entwicklungsaufgaben*“, die er nicht als Katalog offener Themen präsentiert,[155] sondern wie ein abzuarbeitendes *Pflichtenheft* und zudem als Eintrittskarte in die Welt der „Erwachsenen“: „Der Übergang in das Erwachsenenalter ist dann möglich, wenn alle jugendaltersspezifischen

---

153 Hurrelmann 1995, S. 159.

154 Hurrelmann 1995, S. 165.

155 Entwicklungsaufgaben in diesem offenen Sinne als „*Handlungsaufgaben*“ beschreiben Oerter 1987, S. 276, und Ferchhoff 1999, S. 77 ff.

Entwicklungsaufgaben bewältigt ... sind".[156] Als diese „Entwicklungsaufgaben" gelten nach seinem Lehrbuch:

- „Entwicklung einer intellektuellen und sozialen Kompetenz, um selbstverantwortlich schulischen und anschließend beruflichen Qualifikationen nachzukommen, mit dem Ziel, eine berufliche Erwerbsarbeit aufzunehmen und dadurch die eigene ökonomische und materielle Basis für die selbständige Existenz als Erwachsener zu sichern.
- Entwicklung der eigenen Geschlechtsrolle und des sozialen Bindungsverhaltens zu Gleichaltrigen des eigenen und des anderen Geschlechts; Aufbau einer heterosexuellen Partnerbeziehung, die langfristig die Basis für die Erziehung eigener Kinder bilden kann.
- Entwicklung eines eigenen Wert- und Normsystems und eines ethischen und politischen Bewußtseins, das mit dem eigenen Verhalten und Handeln in Übereinstimmung steht, so daß langfristig ein verantwortliches Handeln in diesem Bereich möglich wird.
- Entwicklung eigener Handlungsmuster für die Nutzung des Konsumwarenmarktes und des kulturellen Freizeitmarktes (einschließlich Medien und Genußmittel) mit dem Ziel, einen eigenen Lebensstil zu entwickeln und zu einem autonom gestaltetеten und bedürfnisorientierten Umgang mit den entsprechenden Angeboten zu kommen." [157]

Was Hurrelmann hier als „Entwicklungsaufgaben" beschreibt, ist das Profil der Normalbiographie, deren Auflösung in jugendsoziologischen Abhandlungen gerade als „Entstrukturierung der Jugendphase"[158], „Destandardisierung der Jugendphase"[159] oder als „Enttraditionalisierung jugendlicher Lebensformen"[160] registriert wird. Daß die genannten Übergänge und Entwicklungsziele für erhebliche Teile der jungen Generation an historisch-konkreten gesellschaftsstrukturellen Schranken scheitern, spielt an dieser Stelle seines Lehrbuches analytisch offenbar keine Rolle.[161]

Auch fragt Hurrelmann im Zusammenhang mit seiner Darstellung der Entwicklungsaufgaben" nicht, wie denn die Adressaten als Betroffene zu diesen biographischen Anforderungen stehen. Es lohnt sich aber, zumindest hypothetisch einmal danach zu fragen, was der biographische Angebotskatalog ihnen eigentlich Attraktives bieten würde. In Punkt 1 werden sie als potentielle Erwerbstätige aufgefordert, sich im Schulsystem nicht für sich, sondern für die Arbeitswelt zu qualifizieren. Dazu wird ihnen im gleichen Satz die Illusion nahegelegt, die heute viele Jugendliche nicht (mehr) haben,[162] daß Bildung eine Art „Jobtikket" sei und Erwerbsarbeit eine Existenzsicherung. Punkt 2 erlegt ihnen die berechnende Ausrichtung von Sex und Liebe auf „Heterosexualität" auf und rät zur Partnersuche unter

156 Hurrelmann 1995, S. 164. Vgl. Hurrelmann 2000, wo sein Haupteinwand gegen Drogengebrauch junger Menschen die Vernachlässigung oder die Nichterfüllung von *„Entwicklungsaufgaben"* ist.

157 Hurrelmann 1995, S. 164.

158 Vgl. Olk 1985, zit. nach Richter 1998, S. 105.

159 Vgl. Heitmeyer/Olk 1990, S. 22.

160 Vgl. Zinnecker 1987, S. 311 ff. Zur Kritik an diesem für die aktuelle Jugendentwicklung *„zu enggeführten"* Verständnis von Entwicklungsaufgaben siehe *Ferchhoff* (1999, S. 82).

161 Daß *Hurrelmann* solche gesellschaftlichen Schranken jugendlicher Sozialisation - ohne reflexiven Rückbezug auf das Konzepts der *„Entwicklungsaufgaben"* - an anderer Stelle seines Lehrbuches benennt (vgl. 1995, S. 263 ff), relativiert diesen Aufgabenkatalog nicht. Es unterstreicht eher die unhistorische Festschreibung oder Weltfremdheit und auch den Überforderungscharakter des Aufgabenkatalogs.

162 Vgl. die Befürchtungen der Jugendlichen in Deutschland hinsichtlich der ihnen drohenden Arbeitslosigkeit in der Zusammenfassung der Shell-Jugendstudie von 1997 (Jugendwerk 1997) und ihre angestrengte Zuversicht, sich diesen für sie kaum mehr kalkulierbaren Anforderungen der Berufswelt dennoch zu stellen (vgl .Jugendwerk 2000, Band 1, Hauptergebnisse).

„langfristigen“ Belastbarkeitsgesichtspunkten für die Erziehung „eigener Kinder“. Während die Entwicklungsaufgaben 1 und 2 den jungen Leuten ein ziemlich berechnendes Verhältnis zu Ausbildung und Liebe abverlangen, nämlich Ausbildung fürs Geldverdienen und Liebe und Partnerschaft für die Aufzucht eigener Kinder, sollen sie als dritte Aufgabe daneben eine private Moral ohne jede Berechnung entwickeln. Der Schlußpunkt dieses Menschenbildungskataloges ist dann die doppelte Verwechslung der Konsumbedürfnisse mit der eigenen (meist beschränkten) Kaufkraft sowie der eigenen, „autonomen“ Konsumwünsche mit den Verführungen der Lifestyle-Werbung, wonach ein banales Gebrauchsgut gleich einen ganzen „Lebensstil“ repräsentieren soll.

> „Für eine „gesunde“ Entwicklung der eigenen Persönlichkeit ist demnach eine positiv getönte Selbstbewertung notwendige Voraussetzung. Negative Tönungen sind in der Regel ein Signal für psychische Unsicherheiten und Instabilitäten. Damit ist nicht gesagt, daß weniger positive Seiten der eigenen Person bei der Zusammensetzung des Selbstbildes übersehen werden dürften, sondern nur, daß bei der jeweiligen Bilanzierung aller Bereiche des Selbstbildes die positiven Elemente überwiegen sollten.“[163]

Wenn Hurrelmanns Modell fordert, daß die Person im Interesse ihrer „'gesunden' Entwicklung“ bei der „Bilanzierung aller Bereiche“ stets für ein Überwiegen der positiven Elemente sorgen soll, und zwar unabhängig davon, ob die jeweilige Persönlichkeitsentwicklung in der konkreten Umwelt diese Einschätzung auch rechtfertigt, dann trennt er die modellhafte Persönlichkeitsentwicklung von den sozialen Kontexten ab, die die Person umgeben und an denen sie sich abarbeitet. Die Kontexte werden für eine „‘gesunde’ Entwicklung“ insofern für belanglos erklärt, als die Person getrennt von diesen Umständen, also *psychologisierend*, für eine positiv gefärbte Bilanzierung sorgen soll, was aber dem kontextualistischen Ausgangspunkt des Modells widerspricht. Wenn Hurrelmann ferner eine „positiv getönte Selbstbewertung“, also eine absichtsvoll verzerrende Sichtweise der eigenen Person als Basis des Lebensgefühls einer „gesunden“ Persönlichkeitsentwicklung postuliert,[164] heißt das etwa, daß der Normalfall seiner „gesunden Entwicklung“ des Selbstbildes auf einem kalkulierten Selbstbetrug beruht? Es läßt sich kaum vorstellen, daß man als Konsequenz dieses Ansatzes jemanden, der sich „per saldo“ nicht innerlich bejahend auf die herrschenden Normen bezieht, als eine „krank“ entwickelte Persönlichkeit qualifizieren müßte.[165]

Bezeichnend für den Ansatz ist eine paradoxe immanente Konsequenz, daß Hurrelmann eine absichtsvoll positiv eingefärbte Selbstwahrnehmung bei den Jugendlichen, die diesen Effekt rücksichtslos gegen Gebote der Erwachsenenwelt inszenieren und leben,[166] nicht mehr als die von ihm *selbst* vorgeschlagene Strategie erkennen und anerkennen kann, da er diese Art der Selbstdarstellung und -wahrnehmung zugleich pauschal als *„abweichendes* Verhalten“ einstuft. Mit den Entwicklungsaufgaben als Anforderungen an *Normalität* ist

---

163 Hurrelmann 1995, S. 168 (Hervorhebungen d. Verf.in).

164 Um dieses Thema *„seelische und soziale Gesundheit“* dreht sich auch eine andere groß angelegte Untersuchung über *„Alltagsstreß bei Jugendlichen“* in der Phase des Statusübergangs von *Mansel* und *Hurrelmann* (1991, S. 51 f).

165 Zur Kritik an ähnlichen normativen Vorgaben für eine gelungene Sozialisation siehe *Griese: „ ...d.h. der Gesunde ist der Wohlangepaßte, und der sich abweichend von den Standards verhält, ist krank.* “(1977, S. 67)

166 Vergleiche dazu oben die Darstellung subkultureller Formationen unter Kap. 3.2.1/ 3.2.2.

nämlich die Einschätzung von jeglichem „abweichendem Verhalten" längst normativ *vorgezeichnet:* „Als unnormal, nämlich als auffällig oder abweichend, muß also alles Verhalten gelten, das gesetzlich verboten oder sozial unerwünscht und inakzeptabel ist."[167] Darunter fallen dann aber auch Erscheinungsformen wie rüpelhafte Punks, gewaltbereite Skinheads oder betrunkene, randalierende Fußballfans, die sich gerade infolge ihrer ausgelebten *positiv gefärbten Selbstwahrnehmung* so „supergut" fühlen, während sie in Hurrelmanns Lehrbuch eher als Beispiele für „Abweicherkarrieren" in Betracht kommen.[168] Das ergibt sich auch daraus, daß die „Bedingungen mißlingender Sozialisation" bloß als negatives Spiegelbild der normativ gefaßten Entwicklungaufgaben formuliert sind:

> „Ob die Sozialisation gelingt, entscheidet sich danach, wie angemessen die individuellen Handlungskompetenzen, das Selbstbild und die Identitätsbildung für die jeweiligen situations- und lebensgeschichtlichen Handlungsanforderungen sind: Sind sie in Struktur und Profil *unzureichend* entfaltet, dann *fehlen* die Voraussetzungen und Grundlagen für den Vollzug autonomen und zielorientierten Handelns, und das Risiko besteht, daß psychisch und sozial auffällige und *abweichende* Formen des Handelns und Verhaltens auftreten, die die weitere Entwicklung der Persönlichkeit beeinträchtigen."[169]

Handlungskompetenzen, Identitätsbildung und Selbstbild sind nach dem Zitat nicht authentische Ausdrucksformen der Individualität eines Menschen, sondern stattdessen vor allem Indikatoren einer *erfolgreichen* Sozialisation. Ihre Funktion besteht in der Erfüllung von „Handlungsanforderungen", die laut Zitat nicht aus gesetzlichen Geboten und Verboten oder äußeren Sozialnormen folgen, sondern aus der eigenen Lebensgeschichte. Nur können diese „lebensgeschichtlichen" Anforderungen in der Praxis kaum andere sein als die Anforderungen im „Kontext" des sozial üblichen Lernens, Arbeitens, Familienlebens und Freizeitverhaltens. Verweigert sich jemand, diesen Anforderungen nachzukommen, soll dies nach Hurrelmann einem inneren *Ausstattungsmangel* oder einer „unzureichenden Entfaltung" seiner *Fähigkeiten* geschuldet sein. Das Modell geht folglich davon aus, daß, wenn erst einmal die Handlungskompetenzen zur Anpassung entwickelt sind, es auf die innere Einstellung dazu gar nicht mehr ankommt. Sind diese „Voraussetzungen" voll entfaltet, dann führe das „autonome" Handeln quasi *automatisch* dazu, daß das Individuum sich „normal" verhält, also nach der Definition den offiziellen gesellschaftlichen Normen gemäß.[170] Auch das würde umgekehrt bedeuten: Wer das angepaßte Verhalten nicht erbringt, dem fehlt etwas. Seine Persönlichkeit ist *defizitär* entwickelt. Handelt er auffällig, dann riskiert er in Hurrelmanns sozialisationstheoretischer Perspektive nicht so sehr Kontakte mit der Polizei, sondern eine Selbstbehinderung seiner „gesunden" Persönlichkeitsentwicklung. Die positiven Gründe für abweichendes Verhalten kulminieren damit nach der „kontextualistischen Sozialisationstheorie" in einem einzigen negativen Befund, in der „mißlungenen Sozialisation", der *defizitären Persönlichkeitsentwicklung.*

---

167 Hurrelmann 1995, S. 179.

168 Vgl. Hurrelmann 1995, S. 179 ff, 187, 188, 190.

169 Hurrelmann 1995, S. 178 (kursive Hervorhebungen d. Verf.in).

170 *„Ist das Ergebnis konform mit gesellschaftlichen Normen und Erwartungen, so gilt das Handeln oder Verhalten als normal; ist es nicht konform, gilt es als unnormal."* (Hurrelmann 1995, S. 179) *„Die Handlungskompetenzen der Person entsprechen in diesem Fall (einer 'Risikokonstellation' für das Entstehen von abweichendem Verhalten) nach Profil und Struktur nicht den jeweils durch die institutionellen gesellschaftlichen Normen vorgegebenen Standards."* (Hurrelmann 1995, S. 183)

An dieser Argumentation fällt die unvermittelte *Gleichsetzung* von sozialen Handlungskompetenzen mit normkonformen Werthaltungen auf. Das Modell unterstellt damit implizit doch eine Art *Determinismus*, daß eine gelungene Persönlichkeitsentwicklung zu einer dauerhaften „autonomen" Befolgung aller Sozialnormen führe. Dabei ist der kontrafaktische Automatismus der Normbefolgung bei „gelungener Sozialisation" so wenig begründet wie ein Automatismus der Normabweichung bei nicht vollständig entfalteten persönlichen Handlungskompetenzen von Kindern und Jugendlichen, die sich sonst bis zur „Reifung" alle vorwiegend deviant verhalten müßten. Mit dem Ansatz wird zugleich im Grundsatz behauptet, daß die Normverletzungen Jugendlicher ohne „kontextuelle" Motivation erfolgen würden, sofern eine Normabweichung, gleichgültig in welchem „Kontext", als Nichterfüllung der „Entwicklungsaufgaben" und damit als Ausdruck von Persönlichkeitsdefiziten gilt, die letztlich in eine „Abweicherkarriere"[171] münden können. Hurrelmanns Erklärungsansatz des abweichenden Verhaltens reduziert sich damit auf eine *Parallelisierung* von unvorschriftsmäßigem Verhalten und Persönlichkeitsentwicklung. Die Ausgangsfrage nach der *Entstehung* der persönlichen Handlungsmuster, -motive und Selbstbilder aus dem sozialen *Kontext* ist in dieser Forschungsperspektive nicht mehr sichtbar.

Als *Stärke* ist an Hurrelmanns kontextualistischer Sozialisationstheorie ihr subjektbetonter *Anspruch* hervorzuheben, also die Annahme, daß das Subjekt nicht allein von äußeren sozialen Faktoren determiniert wird, sondern Räume und Potentiale zu eigenständiger personaler Entwicklung hat und nutzt. Dieser Anspruch bleibt als theoretisch sinnvolles, innovatives und ergebnisoffenes Paradigma für sozialisationstheoretische Analysen positiv festzuhalten. Hurrelmanns Ansatz ist auch in den beiden für die Persönlichkeitsentwicklung relevanten Dimensionen angelegt. Er umfaßt ihre wesentlichen Themengebiete und fokussiert die Jugendentwicklung. Die *Umsetzung* des Anspruches weist jedoch *Schwächen* auf. Sie reduziert das „kontextualistische" Modell wieder auf bereits vorliegende Erklärungsmuster von Mead und Erikson, die es gerade überwinden will. Ohne eine Analyse der Eigenart der sozialen Sektoren voranzustellen, behauptet Hurrelmann bestimmte Auswirkungen der sachlich-gegenständlichen Praxis. Er zeigt aber nicht, wie diese Wirkungen aus den betreffenden Praxisstrukturen und ihrer individuellen Verarbeitung erwachsen. Dies wurde am Beispiel der Schulschwierigkeiten nachgezeichnet. Wenig aufschlußreich ist auch die Bestimmung des „abweichenden Verhaltens" durch seine bloße Spiegelung an den traditionellen „Entwicklungsaufgaben". Beides verleiht dem Ansatz einen moralisierenden Anstrich, der auch andere überkommene *Defizitansätze*[172] kennzeichnet. Die in Hurrelmanns Lehrbuch dargebotene *Anwendung* seines Ansatzes erscheint daher als Dechiffrierungscode der inneren Strukturen des postmodernen Selbstverständnisses von Jugendlichen in den entscheidenden Fragen als zu stark *normativ* ausgerichtet und als theoretisch zu wenig offen für neue „produktive Realitätsverarbeitungen".

---

171 Hurrelmann 1995, S. 179 ff, 187 ff.

172 Vgl. Thiem-Schräder 1989.

2.4.3 Zur Bedeutung des Individualisierungs-Theorems für die Analyse der Adoleszenzphase

Ob Ulrich Becks Buch „*Risikogesellschaft. Auf dem Weg in eine andere Moderne*“[173] die meist zitierte sozialwissenschaftliche Veröffentlichung der Zeitgeschichte ist oder nicht,[174] es repräsentiert jedenfalls einen *theoretischen Trend*. Gerade in der jugendsoziologischen Literatur und in der neueren Sozialisationstheorie ist es rezipiert worden.[175] So fungiert Becks *Individualisierungs-Theorem* in Ablösung marxistischer sowie schichtentheoretischer Theoreme als neue gesellschaftstheoretische Hintergrundtheorie zur Beschreibung von vielerlei Erscheinungsformen und Umstrukturierungen der Jugendphase.[176] Nicht zuletzt das (im nächsten Kapitel thematisierte) Desintegrations-Theorem Heitmeyers[177] zur Erklärung der rechtsradikaler Jugendgewalt der 90er Jahre wie auch Baackes Deutung der „Jugendkulturen“[178] leiten sich explizit von Becks Individualisierungstheorem ab.

Beck behauptet, die aktuelle Gesellschaftsentwicklung sei durch Modernisierungsschübe besonderer Art gekennzeichnet, die für die Lebensführung der einzelnen zu Individualisierungsschüben führten. Die „andere Moderne“ habe mit ihren globalisierten atomaren und ökologischen Risiken die tradierten sozialen Klassenunterschiede, die noch bis in die 1950er Jahre das Sozial- und Wirtschaftsleben strukturiert hätten, obsolet gemacht. Bis dahin hätten die Menschen in ständisch und klassenspezifisch geprägten „sozial-moralischen Milieus“ gelebt. Das hätte sie einerseits in den biographischen Abfolgen von Schul- und Berufsausbildung, Berufstätigkeit, Heirat, Familiengründung und Hausbau festgelegt, ihnen aber auch traditionelle Sicherheiten geboten. Die gesellschaftliche Klassenlage sei in der Postmoderne nicht verschwunden, sondern habe sich auf höherem Niveau reproduziert.[179] Infolge dieses allgemeinen „Fahrstuhleffektes“[180] habe das „jenseits von Klasse und Schicht“[181] zu wachsenden Entfaltungsmöglichkeiten auch der unteren Schichten geführt und damit zu vermehrten Gestaltungsmöglichkeiten des eigenen Lebensweges. Das bedeute neue Freiheiten, aber auch neue Anforderungen an den einzelnen:

> „Individualisierung bedeutet in diesem Sinne, daß die Biographie der Menschen aus vorgegebenen Fixierungen herausgelöst, offen, entscheidungsabhängig und als Aufgabe in das individuelle Handeln jedes einzelnen gelegt wird. Die Anteile der prinzipiell entscheidungsverschlossenen Lebensmöglichkeiten nehmen ab, und die Anteile der entscheidungsoffenen, selbst herzustellenden Biographie nehmen zu. Individualisierung von Lebensläufen heißt also hier (...): sozial vorgegebene Biographie wird in selbst hergestellte und herzustellende transformiert, und zwar so, daß der einzelne selbst zum 'Gestalter seines eigenen Lebens' wird und damit auch zum 'Auslöffler der Suppe, die er sich selbst eingebrockt hat'.“[182]

---

173 Vgl. Beck 1986.

174 Vgl. Tillmann 2000, S. 259 und Anmerkung 37.

175 Vgl. Zinnecker 1985; Heitmeyer/Olk 1990; Achter Jugendbericht 1990; Heitmeyer/Möller 1995, S. 204; Schröder 1995, S. 18 ff; Tillmann 2000, S. 260 ff; Holtappels in: Tillmann u.a. 1999, S. 32.

176 Vgl. Tillmann 2000, S. 252 ff, 260 ff; Ferchhoff 1999, S. 9 ff, 49 ff.

177 Vgl. Heitmeyer 1992, 1993, 1994a, 1994b.

178 Vgl. Baacke 1993.

179 Vgl. Beck 1986, S. 141 sowie Beck 1997.

180 Beck 1986, S. 124 f.

181 Beck 1986, S. 121, vgl. auch ebd. S. 209. Zur Kritik siehe exemplarisch Scherr 1992a, S. 24 ff.

182 Beck 1983, S. 58 f; der gleiche Gedanke findet sich auch in Beck 1986, S. 116.

Gerade die „Dialektik“ von Freisetzung und Abhängigkeiten kennzeichne von nun an die biographischen Anforderungen an die Subjekte. Jeder müsse gewissermaßen sich selbst als das Handlungszentrum seines biographischen „Planungsbüros“ begreifen und verhalten.[183]

Die Pointe von Becks gesellschaftlich-historischer Analyse besteht somit in der Behauptung einer subjektorientierten Zuspitzung der sozialen Realität selbst.[184] Man könnte auch sagen, Beck paraphrasiert wortreich den neoliberalen Sinnspruch „Jeder ist seines Glückes Schmied“. Hieran knüpfen manche Sozialisationstheoretiker an, wobei sie die theoretische Vagheit und Mehrdeutigkeit des Individualisierungs-Theorems als seinen besonderen theoretischen Vorzug begrüßen: „Das Faszinierende am Begriff der Individualisierung ist allerdings zugleich seine Unschärfe und vielseitige Verwendbarkeit“.[185] Fragt man sich, worin das hohe Inspirationspotential des Individualisierungs-Theorems für sie liegen könnte, kommen dafür zwei Aspekte in Betracht. Einmal interpretiert Beck die bürgerliche Gesellschaft aus einer *dichotomischen* Perspektive, wonach die neueren Vergesellschaftungsprozesse zu Individualisierungsschüben führen, die ihrerseits wiederum von gesellschaftlichen Standardisierungen bedroht werden. Neue Freiheiten führten zu neuen Überforderungen, so daß sie ihr Gegenteil bewirkten, nämlich neuartige Abhängigkeiten, diese allerdings von ungeahnter Dimension. Was Becks Ausführungen daher zweitens so „faszinierend“ erscheinen läßt, ist möglicherweise die „Brillanz“ ihrer dichotomischen Argumentationsmuster und ihre inspirierenden (Katastrophen-) Szenarien „jenseits von Stand und Klasse“.[186] Jugendliche kommen darin am Rande auch vor in der Dichotomie als “Lebensgestalter“, die „zugleich“ die „Auslöffler“ der selbsteingebrockten Suppe sind. Es ist zu vermuten, daß gerade die *literarischen* Qualitäten des wortschöpfenden[187] Soziologen Beck die überragende Wirkungsgeschichte ausgelöst haben könnten, wovon sich moderne Sozialisationsforscher haben inspirieren lassen.

Was Beck andererseits nicht entwickelt hat, sind die individuellen Bewältigungsstrategien innerhalb der Szenarien, die *psychologischen* Aspekte der Postmoderne.[188] Bevor die Ergänzung dieser Dimension durch andere Sozialisationstheoretiker erörtert wird, soll ein möglicher Grund dafür erwogen werden, weshalb Beck es nicht unternommen hat, die psychologischen Anteile selbst zu entwickeln. Man könnte es mit der soziologischen Perspektive als solcher in Verbindung bringen, die von sich aus nicht sozialpsychologisch orientiert

---

183 Vgl. Beck 1986, S. 116 f, 217.

184 So die Zuspitzung von Becks Pointe bei *Tillmann* (2000, S. 266).

185 Heitmeyer/Olk 1990, S. 12.

186 Beck 1986, S. 68. Ein Beispiel ist Becks Umschreibung der *„Globalgefährdungslagen“* (S. 115) *„Es handelt sich um das absolute und unbegrenzte NICHT, das hier droht, das „Un“ schlechthin, unvorstellbar, unbegreiflich, un-, un-, un-.“* (S. 68).

187 Belege für *Ulrich Becks* Wortschöpfungspotential sind nicht nur die in den elaborierten Code übergegangenen Ausdrücke aus dem gleichnamigen Buch (1986) *„Risikogesellschaft“*, sondern auch *„Modernisierungsschub“*, *„Individualisierungsschub“* oder Worte wie *„Globalgefährdungslagen“* (S. 115), *„Katastrophengesellschaft“* (S. 105), *„Sündenbock-Gesellschaft“* (S. 101), *„Nachklassengesellschaft“* (S. 151), *„Zivilisationsverelendung“* (S. 67) *„Weginterpretation“* (S. 100) oder *„Festdenken“* (S. 117). Sein *„soziologisch ... inspiriertes Denken“* (Beck über Beck, 1986, S. 13) und seine literarische Kreativität sind in Becks nachfolgenden Veröffentlichungen ungebrochen, wenn er im Werk über „Globalisierung“ von 1997 den Bogen spannt von der *„Weltrisikogesellschaft“* und der *„McDonaldisierung der Welt“* über ihre *„Globalisierung“* und *„Ortspolygamie“* bis zur *„transnationalen Zivilgesellschaft“* im *„Transnationalstaat“*.

188 Vgl. zu dieser Kritik: Heitmeyer/Olk 1990, S. 16; Tillmann 2000, S. 266.

ist. Die Leerstelle könnte aber auch eine Schranke in Becks Argumentationsstrategie selbst haben, da er nämlich mit *epochalen* Veränderungen argumentiert. Das Zeitalter der Individualisierung setzt er einmal mit dem Entstehen der bürgerlichen Gesellschaft gleich, dann mit der Entstehung des Kapitalismus im 18. und 19. Jahrhundert.[189] Von „Klassen" spricht er „hier immer wesentlich im Sinne des 19. und beginnenden 20. Jahrhunderts"[190] oder vom Zeitraum der Entwicklung der Bundesrepublik, also der Zeit nach dem Zweiten Weltkrieg.[191] Welchen Zeitraum man davon auch ins Auge faßt, in jedem Falle übersteigt dieser die *epigenetische* Entwicklung Jugendlicher um ein Vielfaches. Wenn aber von Becks epochalen „Kontinuitätsbrüchen" auf das (neue) Bewußtsein von Jugendlichen geschlossen werden soll, ist dies als Erklärung jugendlicher Selbstbilder vom Ansatz her nicht hinreichend. Jugendliche kennen aus ihrem Erleben nur die moralischen, politischen und kulturellen Strukturen ihrer *Jetztzeit*. Sie leiden damit nicht an Verlusten, die man erst wahrnehmen kann, wenn man mehrere Jahrzehnte gelebt hat und sich dadurch größerer Zeiträume und erst recht vergangener Epochen qua Lebenserfahrung oder Studium bewußt wird. Aus diesen Gründen können Jugendliche auch die von Beck behaupteten Traditionsbrüche nicht als solche realisieren. Die Bedeutung epochaler Umbrüche in Becks Theorie begründet daher Zweifel an ihrer Eignung zur Erklärung von aktuellen Adoleszenzproblemen.

In der Fachliteratur zur Sozialisation Jugendlicher werden auch weniger die epochalen Aussagen Becks aufgegriffen als seine Aussagen zur Einordnung von Individualisierungsschüben in der Statuspassage Jugend und zur Beschreibung neuer Dimensionen der jugendlichen Selbstkonstitution.[192]

- Der gestiegene Lebensstandard im Nachkriegsdeutschland wird als Basis auch der Teilnahme Jugendlicher am *Massenkonsum* gewertet. Nachdem darüber bereits die Arbeiterschaft aus der „proletarischen Enge" ausgezogen sei, sei der Massenkonsum auch Grundlage der Pluralisierung jugendlicher Lebensstile. Auch die Jugend habe so eine Emanzipation aus traditionellen klassenkulturellen Milieus erfahren.
- Die von Beck betonte Mobilität der Gesamtbevölkerung durch ökonomische Modernisierung und sozialstaatliche Expansion eröffne vor allem weiblichen Jugendlichen bisher verschlossene berufliche Lebenswege und familiale Arrangements. Daß sie ihr Elternhaus erst bei ökonomischer Selbständigkeit und Eheschließung verlassen, sei aufgelöst. Dies werde individuell unterschiedlich kombiniert, was die Ehe als Lebensform relativiert habe. Früher beginnende sexuelle Aktivitäten und die Verschiebung der *Familiengründung* mit oder ohne Trauschein in das dritte Lebensjahrzehnt verschaffe den jungen Menschen ein völlig neues Jugendmoratorium für individuelle Gestaltungen intensiver sexuell-emotionaler Partnerschaften.[193]

---

189 Vgl. Beck 1986, S. 130 ff.

190 Beck 1986, S. 140.

191 Vgl. Beck 1986: *„In allen westlichen Industrieländern - besonders in der Bundesrepublik Deutschland - hat sich in der wohlfahrtsstaatlichen Modernisierung nach dem Zweiten Weltkrieg ein gesellschaftlicher Individualisierungsschub von bislang unerkannter Reichweite und Dynamik vollzogen. (Es) ... wurden die Menschen in einem historischen Kontinuitätsbruch aus traditionalen Klassenbedingungen und Versorgungsbezügen der Familie herausgelöst ...*" (S. 116); ders. S. 124 ff, 208 ff.

192 Die Zusammenfassung folgt den Aussagen der Arbeitsgruppe Bielefelder Jugendforschung, deren redaktionelle Verantwortung *Heitmeyer* und *Olk* (1990, S. 11 ff) hatten und der angehörten: Dieter Baacke, Klaus-Peter Brinkhoff, Wilfried Ferchhoff, Wilhelm Heitmeyer, Klaus Hurrelmann, Wolfgang Melzer, Kurt Möller, Georg Neubauer, Thomas Olk, Uwe Sander, Gertrud Siller, Frank Strikker, Heinz Sünker, Ingrid Volkmer, Ralf Vollbrecht.

193 Vgl. Zinnecker 1985, S. 38.

- Die *Bildungsexpansion* führe nicht nur zu längerer Verweildauer im Bildungssystem, sondern auch zu ausgeprägteren Selbstfindungs- und Reflexionsprozessen. Die verlängerten Schul- und Berufsbildungsgänge könnten auch als institutionell vorgegebene Rahmengebung des Adoleszenzmoratoriums interpretiert werden. Auch dies verstärke die individuellen Möglichkeiten, sich aus familial vorgegebenen schichtenspezifischen Milieus herauszuentwickeln.[194]

An solchen von Beck übernommenen „Eckpunkten" der sekundären Individualisierung zeigt sich, daß die Veränderungen der Lebenslagen und Pluralisierung der Lebensstile Jugendlicher vor allem *gesellschaftlich* induziert sind. Inwiefern diese Entwicklung dann mit dem Oberbegriff der „Individualisierung" zutreffend charakterisiert ist, bleibt auch in den von Beck inspirierten Arbeiten zweifelhaft. Dabei räumen deren Autoren ein, daß sich das Individuum an den strukturellen Vorgaben oft vergeblich abarbeitet. Ähnlich wie Beck[195] sagen sie, daß junge Leute an den Vorgaben oft mit ihren unmaßgeblichen „biographischen Entwürfen" scheitern und davon überfordert sind. Heitmeyer/Olk überschreiben ihr 6. Kapitel ausdrücklich mit „Individualisierung: 'Sonnen-' und/oder 'Schattenseiten'?"[196] und betonen die „Ambivalenz"[197] der Individualisierungsprozesse. Obwohl ihre Ausführungen oft in die gegenteilige Richtung weisen, messen sie schon im Festhalten an der „Individualisierung" als analytischem Leitbegriff den äußeren Vorgaben einen eher randständigen Status zu und unterschätzen damit ähnlich wie bereits Beck die Bedeutung der strukturell-institutionellen Präformationen. Während Beck von mehrschichtiger Parallelität von zwei Gesellschaftsrealitäten mit unterschiedlicher Sinnhaftigkeit für das postmoderne Individuum spricht,[198] liest sich das in der Rezeption der Bielefelder Arbeitsgruppe zwar einfacher, aber auch plausibler:

> „Zwar wird der einzelne aus traditionalen Bindungen und Versorgungsbezügen herausgelöst, allerdings sieht er sich nun stattdessen mit den Zwängen gesellschaftlicher Institutionen konfrontiert, die er selbst nur wenig beeinflussen kann. Es sind nun vor allem der Arbeitsmarkt, aber auch das Bildungssystem, sozialpolitische Versorgungssysteme etc., die den je individuellen Lebenslauf institutionell kanalisieren. Ereignisse wie der Eintritt bzw. Austritt aus dem Bildungssystem, der Beginn bzw. die Beendigung der aktiven Erwerbsphase und der Eintritt in das Rentenalter erweisen sich nun als institutionengesteuerte Statuspassagen, die sowohl die Abfolge von Lebensaltern als auch die alltäglich zu bewältigenden zeitlichen und sachlichen Probleme und Verhaltenszumutungen vorgeben. Die Widersprüchlichkeit des Individualisierungsprozesses ergibt sich also aus der Gleichzeitigkeit von Individualisierung und Institutionalisierung bzw. Standardisierung ... ."[199]

Wenn die Autoren ihre Umschreibung von Becks Konstruktionselementen ernst nähmen, dann bliebe für eine Individualisierungsthese als dem Charakteristikum der Moderne eigentlich kein Raum mehr. Denn wenn die biographischen Statuspassagen „institutionengesteuert" sind, bewegt sich das Individuum biographisch in einem ziemlich engen „Kanal". Seine individuelle Aufgabe besteht nur noch darin, mit den individuell „nur wenig beein-

194 Darauf verweist besonders *Tillmann* (1996, S. 264).

195 Vgl. Beck 1986, S. 115 ff, 208 ff, 217 ff; der oben zitierte *„Auslöffler"* in: Beck 1983, S. 58 f. - Siehe dazu auch Beck/Beck-Gernsheim 1994: *„Riskante Freiheiten"* (S. 10 ff) in kritischer und verteidigender Auseinandersetzung mit Einwänden gegen das Individualisierungstheorem.

196 Vgl. Heitmeyer/Olk, 1990, S. 23; Heitmeyer 1994b, S. 46.

197 Heitmeyer/Olk 1990, S. 13.

198 Vgl. Beck 1986, S. 158, 209.

199 Vgl. Heitmeyer/Olk 1990, S. 15 f.

flußbaren" „Zwängen" dieser Institutionen „bzw." ihren „alltäglich zu bewältigenden ... Verhaltenszumutungen" zurechtzukommen.[200] Wenn aber das Individuum nur als Anhängsel von institutionellen Zumutungen gefordert ist, erscheint es theoretisch abwegig, es als bestimmende Größe solcher Verhältnisse zu bezeichnen. Dann besteht das Verhältnis auch nicht in einer „Gleichzeitigkeit" von Individualisierung und Institutionalisierung, sondern in der *Unterordnung* des Individuums unter die institutionellen Standards. Standardisierung ist aber das Gegenteil von Individualisierung. Was die Bielefelder Arbeitsgruppe dem Individuum angesichts der institutionellen Vorherrschaft als „Individualisierungsprozeß" zugesteht, ist die Einübung einer bloßen *Überlebens*technik: „Der Prozeß der Diversifizierung von Lebenslagen und Pluralisierung von Lebensstilen unterläuft also das Hierarchiemodell der sozialen Klassen und führt im Ergebnis dazu, daß sich die Individuen selbst - um des eigenen Überlebens willen - zum Zentrum ihrer eignen Lebensplanung und Lebensführung machen müssen."[201]

Eine dialektische Öffnung in Richtung Individualisierung würde der institutionell gesteuerte Standardisierungszwang allenfalls unter der Prämisse von Niklas Luhmanns systemtheoretischer Rekonstruktion des Verhältnisses von moderner Gesellschaft und Individuum erfahren, der behauptet, daß es Teil der gesellschaftlichen *Standardisierungs*anforderungen sei, sich als unverwechselbare, *individuierte* Person zu präsentieren.[202] Demnach sei die gesellschaftliche Forderung die Forderung nach *Selbst*sozialisation: „Sie erfolgt nicht durch 'Übertragung' eines Sinnmusters von einem System aufs andere, sondern ihr Grundvorgang ist die selbstreferentielle Reproduktion des Systems, das die Sozialisation an sich selbst bewirkt und erfährt."[203] Da jede gewählte Einzigartigkeit aber scheinbar bessere Möglichkeiten derselben ausschließen würde, beginne eine endlose Suche nach Identitätsschablonen, die andere kopiere. Die konfektionierte Einzigartigkeit als Standard-Identität sei das paradoxe Resultat. Gegenüber solchen funktionalistischen Vereinnahmungen der Individualität durch Systemtheoretiker wie Luhmann oder Beck beharrt Habermas in der Debatte auf den authentischen Eigenleistungen einer postkonventionellen Ich-Identität, die eigene Wertüberzeugungen bilde (vgl. Kap. 2.3.1).[204]

Die Bielefelder Arbeitsgruppe gesteht diesen gesellschaftsanalytischen Ansätzen, auch wenn sie sich teilweise widersprechen, eine Berechtigung zu, indem sie sie zum „Ausdruck der tatsächlichen Paradoxie der Situation in den individualisierten Gegenwartsgesellschaften" erklärt.[205]

Wie nun die bisher ungeklärte „Binnenperspektive" dazu aussehen könnte, bringen die Autorinnen und Autoren der Bielefelder Arbeitsgruppe in zwei grundlegend verschiedenen Alternativen auf den Punkt, die auch für den Fortgang dieser Untersuchung als die Gegenpole von reellem und konstruiertem Selbstbewußtsein gelten können:

---

200 Ähnlich ist die Kritik an Becks Individualisierungstheorem bei *Nüberlin* (1997, S. 41 ff).
201 Vgl. Heitmeyer/Olk 1990, S. 15.
202 Vgl. Luhmann 1987.
203 Luhmann 1984, S. 327.
204 Vgl. Habermas 1988, S. 238 ff.
205 Vgl. Heitmeyer/Olk 1990, S. 20 f.

- Einerseits erfahre das Individuum seine unverwechselbare und ganz eigene Identität praktisch im Vollzug und der Selbstwahrnehmung seiner praktischen Zwecksetzungen. Je weniger diese ihm als von außen aufgenötigt erschienen und je mehr sie von ihm selbst bestimmt seien, um so mehr erfahre sich der einzelne als individuiert und nicht als „austauschbar“. Identität ergebe sich somit gewissermaßen als „unbeabsichtigtes Nebenresultat von biographischen Aktivitäten“.[206]
- Umgekehrt laufe der krampfhafte Versuch, „sich unmittelbar und intentional als unverwechselbar und einzigartig zu inszenieren“, immer Gefahr, in den Vollzug einer „Standardidentität“ zu münden,[207] etwa durch ein bestimmtes „Outfit“, durch subkulturelle Selbststilisierungen oder Subkulturen wie Rocker, Skinheads etc.

Zusammenfassend überwiegen nach den vorstehenden Erwägungen die Zweifel, Becks Individualisierungs-Theorem als tragfähige analytische Basistheorie von Identitätsbildungsprozessen zu übernehmen, obwohl dies nicht wenige sozialisationstheoretische Arbeiten tun. Zweifel an seinem Ansatz formulieren aus der Bielefelder Arbeitsgruppe auch Sozialisationstheoretiker wie Tillmann oder Ferchhoff. Ferchhoff spricht von einem „soziologischen Modethema“ und einem „massenhaften Megatrend“.[208] Tillmann gesteht zu, daß das Individualisierungstheorem den „zeitdiagnostischen ‘Nerv’“ getroffen haben mag,[209] kritisiert aber auch, daß es durch seine Überzeichnungen möglicherweise selbstkonstruierte Trends analysiere, aber keine realen.[210] Die Faszinationskraft des Konzeptes erscheint m.E. zugleich als seine Schwäche. Beck liefert ein soziologisch inspiriertes *quasi-literarisches Deutungsmuster* mit Betroffenheits-Szenarien und Überzeichnungen als Stilmittel. Wenn gerade dies als „Aufhänger“ oder „Rahmen“ der Analyse von Adoleszenzprozessen samt ihren subkulturellen Ausprägungen attraktiv erscheint, läßt sich aber auch das Verzerrungspotential nicht bestreiten, das darin integriert ist.[211] Selbst wenn das Beck'sche Individualisierungstheorem einen für die Persönlichkeitsentwicklung relevanten makrotheoretischen Rahmen abgäbe, fehlte Becks Ansatz im Hinblick auf die methodischen Anforderungen an

---

206 Heitmeyer/Olk 1990, S. 21; zu dieser Fassung von Selbstbewußtsein siehe Kap. 7 a.E.

207 Ebenda; vgl. dazu Kap. 6.2.2.

208 Ferchhoff 1995, S. 52.

209 Tillmann 2000, S. 279.

210 Vgl. Joas 1988, S. 2 ff; Mackensen 1988, S. 9; Popp/Tillmann 1990, S. 198;Tillmann 1995, S. 183; Tillmann 2000, S. 280.

211 Eine der in der Literatur kritisierten Verzerrungen betrifft Becks These von der *„Entstrukturierung“* der Jugendphase, die er mit folgenden triadischen Individualiserungs-Szenarien (vgl. Beck 1986, S. 206) erläutert: (1) *„Herauslösung aus historisch gegebenen Sozialformen und -bindungen“*, (2) *„Verlust von traditionalen Sicherheiten“ (Entzauberungsdimension)“* und (3) *„neue Art der sozialen Einbindung (Kontroll- bzw. Reintegrationsdimension)“*. Hiergegen stützen die qualitativen Ergebnisse der 1 Pastor *Max Hemprich* formulierte einen ähnlichen Integrationsgedanken schon 1902 auf gut preußisch so: *„Es handelt sich also um das hohe Ziel, viele Tausende Jugendlicher, sittlich unreifer, mit höchst mangelhaften Kenntnissen ausgerüsteter Personen einem verkehrten und für das Vaterland verhängnisvollen Lebensgang zu entziehen und sie zu tüchtigen und (!) zufriedenen Gliedern des Staates zu machen.“* (S. 25). 2. und 13. Studie des Shell-Jugendwerks von 1997 und 2000 den gegenteiligen Eindruck, daß die Jugendbiographie von ihrem Ablauf her wie von ihrem Selbstverständnis weit traditioneller verläuft als ihre postmodenen Trendmelder es anzeigen. Eindrucksvoll bestätigen das die zwar von Krise geprägten, aber doch differenziert und eher traditional reagierenden Jugendliche in der Studie von 1997, speziell die Typologie mit u.a. *den „Gesellschaftskritisch-Loyalen“*, den *„Traditionellen“* und den *„Konventionellen“* (Münchmeier a.a.o. 1997, S. 379 ff).

eine theorieverbindende Sozialisationstheorie (vgl. Kap. 2.1.3) die unverzichtbare *innerpsychische* Dimension. Darüber hinaus fokussiert Beck sein Erkenntnisinteresse zu wenig auf die eigentliche *Jugend*entwicklung.

2.4.4 Zum Erklärungspotential des Desintegrations-Theorems

Das Potential von Becks Individualisierungstheorem zeigt sich in Wilhelm Heitmeyers Forschungsarbeiten, die diesen Ansatz um die Dimension der inneren Persönlichkeitsentwicklung Jugendlicher ergänzen. Besondere Beachtung fand Heitmeyers Erklärungsansatz von auffälligem Jugendverhalten mit Akzent auf den gesellschaftlichen Bedingungen im Jahre 1993, als er ihn auf dem damaligen Höhepunkt fremdenfeindlicher Gewalttaten Jugendlicher veröffentlichte.[212] Infolge der innerfachlichen Wirkungsgeschichte und Verbreitung dieses Ansatzes,[213] aber auch wegen der massiven innerfachlichen Kritik[214] erscheint es sinnvoll, seine Kernaussagen im Hinblick auf die Fragestellung dieser Arbeit zu analysieren.

Ausländerhaß, der sich in Brandanschlägen und Überfällen meist männlicher Jugendlicher auf Flüchtlinge in Deutschland unter der übergreifenden Parole: „Deutschland den Deutschen - Ausländer raus!“ manifestierte und der offiziell als „Rechtsextremismus“ bezeichnet wird,[215] ist nach Heitmeyers Analyse ein Produkt der gesellschaftlich erzeugten „ambivalenten Individualisierungsprozesse“, die sich schließlich in „sozialen, beruflichen und politischen Desintegrationsprozessen“ ausdrückten.[216] Heitmeyers *Desintegrations-Theorem*[217] stützt sich ausdrücklich auf Becks Beschreibung von postmodernen „Auflösungsprozessen“ sozialer Lebenszusammenhänge und sozialmoralischer Milieus. Eine seiner Weiterentwicklungen besteht in der These, daß die Verarbeitung der Desintegrationserfahrungen bei Jugendlichen zu *Desorientierung* führe. Diese Desorientierung schließe die Akzeptanz von privater Gewaltanwendung als Ersatzhandlung ein. Erst nachträglich werde die Gewalt mit Versatzstücken rechtsradikaler Deutungen legitimiert. Rechtsradikale Deutungen seien für Jugendliche deshalb besonderes attraktiv, weil sie ihnen unverlierbare Gruppenidentitäten anbieten würden wie Rasse oder Nation.

Heitmeyers Argumentation basiert insoweit auf einer Gleichsetzung von rechtsradikaler Gewalt mit einem jugendtypischen Identitätsproblem, als er den politischen Rechtsradika-

212 Vgl. zum folgenden Heitmeyers Abhandlung in der Zeitschrift „Aus Politik und Zeitgeschichte“ unter dem Titel: „*Gesellschaftliche Desintegrationsprozesse als Ursachen von fremdenfeindlicher Gewalt und politischer Paralysierung*“ (1993, S. 3-13); ebenso ders. in: Deutsche Jugend 1993; vgl. auch Heitmeyer 1994a, 1994b.

213 Vgl. Schubarth/Melzer 1995; Holtappels/Heitmeyer /Melzer/Tillmann 1997; Tillmann u.a. 1999.

214 Kritik an *Heitmeyers* Ansatz findet sich bei Ackermann 1993, Butterwegge 1993, ders. 1994, Farin/ Seidel-Pielen 1992, Hafeneger 1993, Huisken 1993, Rommelsbacher 1991 („*Rechtsextreme als Opfer der Risikogesellschaft - Zur Täterentlastung in den Sozialwissenschaften*“), Rutschky 1992; Scherr 1992a, S. 17 ff: „*Gegen 'Leggewiesierung' und 'Heitmeyerei' im Antifaschismus? Antikritisches zur Debatte um eine Pädagogik mit rechtsorientierten Jugendlichen*“ (S. 17) = Bonner Initiative Gemeinsam gegen Neofaschismus 1989; Scherr 1992 b; Scherr 1994, S. 27 ff.

215 Vgl. Bundesminister des Innern 1995: Verfassungsschutzbericht 1994, S. 15 f, 76-172.

216 Vgl. Heitmeyer 1993, S. 4. Ebenso bereits Heitmeyer 1987, S. 63 ff.

217 Vgl. Heitmeyer 1993; auch in: Heitmeyer 1994b, S. 29 ff, 44 ff; Heitmeyer/Möller 1995, S. 204.

lismus im wiedervereinigten Deutschland als ein *Jugendproblem* bespricht. Diese Einordnung irritiert, weil Heitmeyer zugleich annimmt, daß die Jugend ihre (rechtsradikalen) Identifikationsmuster in der *Erwachsenenwelt* vorfindet und insofern diese als das Maß ihrer Orientierung in Betracht kommt. Dem widerspricht Heitmeyer jedoch mit dem Hinweis, die Gewaltakzeptanz Jugendlicher ergebe sich „nicht in erster Linie über die Attraktivität von Parolen, (...) sondern" aus ihren alltäglichen Erfahrungen. Damit sei die Gewaltakzeptanz auf „Sozialisationsmechanismen und nicht auf die politischen Ränder" zurückzuführen.[218] Indem Heitmeyer den politischen Rechtsradikalismus so auf ein Alltags- und Entwicklungsproblem - ein „Jugendproblem"- zurückführt, kürze er, so seine Kritiker, die ausländerfeindlichen Inhalte heraus und *entpolitisiere* damit das Verhalten der Aktivisten zu einer sozialpsychologischen *Anfälligkeitstheorie*.[219] Anderseits liefere er, was an sich zu erwarten wäre, keine Analyse, wie der Rechtsradikalismus denn bei sozialisierten *Erwachsenen* zustande kommt. Indem er sie als bloße alterstypische Suche nach einer „Orientierung" einstuft, spricht er den betreffenden Jugendlichen jedenfalls ihre politische Überzeugung ab - ungeachtet ihres brutalen Einsatzes für diese.

Das ausländerfeindliche, angeblich jugendtypische Gewaltverhalten versteht Heitmeyer vielmehr als eine Auswirkung der von ihm angenommenen *Auflösungsszenarios*. Mit Beck faßt Heitmeyer aktuelle gesellschaftliche Veränderungen so unter einer „zentralen Ursache" als „Desintegrationsprozesse zusammen". „Desintegration" als eine negativ gefaßte pauschale Ordnungskategorie integriert bei ihm verschiedene gesellschaftliche Phänomene, geistige wie praktische, unter einem Gesichtspunkt: Es seien alles Vorgänge, die die gesellschaftliche Stabilität bedrohten.[220] Diese Einschätzung überträgt Heitmeyer in Verschlimmerungsspiralen „in einer Zeit ungeheuren Wandlungsdrucks" auf sämtliche Sektoren des „entfesselten Kapitalismus", bis hin dazu, „daß der gesellschaftliche Kitt der sozialen Gerechtigkeit zerbröckelt", und bis zur „Auflösung des Sozialen".[221] Die Quintessenz seiner Betrachtungen lautet, daß die „Desintegrationsschübe" *Ordnungsprobleme* schaffen. Unter die „Paralysierung von Institutionen" fallen nach Heitmeyer gleichermaßen die Wirtschaft, die Gewerkschaften, die Kirchen und Massenmedien sowie staatliche Institutionen wie

---

218 Vgl. Heitmeyer 1993, S. 5.

219 Huisken 1993, S. 497. Vgl. zu der speziellen Kritik der Heitmeyerschen Deutung fremdenfeindlicher Gewalt als „*Jugendproblem*" ferner: Ackermann 1993, S. 283 f; Butterwegge 1993, S. 483 ff; ders. 1994, S. 384 ff. Scherr 1994, S. 27 ff; Findeisen/Kersten 1999. Katharina Rutschky (1992) fragt rhetorisch: *„Warum wird der Rechtsextremismus eigentlich immer dort erforscht, wo Macht und Einfluß notorisch am geringsten sind, bei der Jugend der Unterschicht?"* (S. 12)

220 Vgl. zusammenfassend Heitmeyer 1997, S. 9-12. Unter *Desintegrationserscheinungen* fallen der Wertewandel im Kulturbetrieb, in religiösen Auffassungen oder familialen Lebensformen, aber auch ökonomische Veränderungen auf dem Kapital- und Arbeitsmarkt, soziale Ungleichheit, Skandale in demokratischen Institutionen, Bürgerkriege, globale Systemveränderungen etc.

221 „Bisher dominierende kulturelle, religiöse und familiale Orientierungsmaßstäbe sind ins Schwanken geraten, das Mißtrauen in die Funktionsfähigkeit der Demokratie nimmt stetig zu, Zukunftsangst macht sich in immer stärkerem Maße breit, zumal die soziale Ungleichheit rapide wächst. Der rasante gesellschaftliche Wandel in den letzten Jahren - stichwortartig lassen sich hier die Wiedervereinigung, der Zusammenbruch des politischen Systems im Osten, die Globalisierung von Kapital und Kommunikation, die Massenarbeitslosigkeit sowie die kulturellen, religiösen und ethnischen Aus- einandersetzungen anführen - hat zu einer grundlegenden Verunsicherung und Ratlosigkeit geführt, die alle Bereiche der Gesellschaft durchdringen und deren individuell wie kollektiv zerstörerische Folgen bislang kaum angemessen wahrgenommen und diskutiert werden." (Heitmeyer 1997, S. 10)

Schule, Universitäten, Bundeswehr und Polizei.[222] Aus dieser Perspektive werden dann allerdings die gesellschaftlichen Einrichtungen selbst zum eigentlich bedrängten Objekt, während den Opfern der „Modernisierungsprozesse" einschließlich der Jugend die Rolle von potentiellen Störfaktoren zuwächst. Infolge dieses Perspektivenwechsels geht es dann darum, die Jugend in die Strukturen zu integrieren, die ihnen die „Integrationsprobleme" bereiten.

Dazu wendet sich Heitmeyer erneut der politisch rechts denkenden und stehenden Jugend zu. Da Heitmeyer ihre politischen Auffassungen nicht explizit kritisiert, sondern ihnen die Ernsthaftigkeit ihrer politischen Orientierungen abspricht, wenn er sie als Opfer von „Desorientierung" auffaßt, begreift er ihre politisch *unerwünschten* Orientierungen als *fehlende* Orientierung.[223] Auf einer anderen Ebene entspricht diese Argumentationsfigur ganz dem Devianz-Ansatz Hurrelmanns (vgl. Kap. 2.4.1): Das (politisch) abweichende Verhalten Jugendlicher wird zum Indikator von Sozialisations-*Defiziten* erklärt, als *Un*fähigkeit und *Un*reife *ent*schuldigt, als Entwicklungs*rückstand be*schuldigt und mit diesen zwei Schritten nicht nur entpolitisiert, sondern pädagogisch *vereinnahmt*. Was der rechtsradikalen gewaltbereiten Jugend tatsächlich fehle, seien bestimmte Orientierungsangebote:

> „Negative Auswirkungen haben sich für die politischen Orientierungen vor allem dann gezeigt, wenn instrumentalistische Arbeitsorientierungen wie Geld, Aufstieg/Karriere, Sicherheit im Vordergrund standen, ... (wenn) keine dauerhaft tragfähige Sinnhaftigkeit von beruflicher Tätigkeit mehr präsent ist. Mithin läßt dieser 'Instrumentalismus' allmählich 'Leerräume' entstehen, die gewissermaßen aufgefüllt werden (müssen), wenn der 'Instrumentalismus' versagt oder das erhoffte Geld nicht ausreicht."[224]

Heitmeyer spielt zwar auf materielle Beschränkungen junger Menschen an, wenn er „Geld, Aufstieg/Karriere und Sicherheit" damit in Verbindung bringt, daß „das erhoffte Geld nicht ausreicht". Der Kontext zeigt aber, daß er eine Problemlösung nicht in der Minderung der materiellen Beschränkungen sieht. Die „negativen Auswirkungen" auf politische Einstellungen schreibt er nämlich umgekehrt der „instrumentellen Arbeits*orientierung*" auf materielle Bedürfnisse zu. Nicht daß das „Geld nicht ausreicht", führe zu den besagten „Leerräumen", sondern daß es aus falschem „instrumentellem" Verständnis „erhofft" werde. Was demnach fehle, sei eine „dauerhaft tragfähige Sinnhaftigkeit". Heitmeyers Thema ist damit die Frage einer stabilen, nämlich für die Betroffenen glaubhaften *Sinnstiftung*.[225] Auch wenn diese Diagnose den traditionellen Klagen über den *Werteverfall* ähnelt, begründet Heitmeyer seine Besorgnis anders, nämlich mit den Folgen der postmodernen „Paralysierung", also mit dem Wirken von Gründen, „die sich aus der Entwicklung der ambivalenten Individualisierungsprozesse ergeben: Es handelt sich um die Pluralisierung von Wertvorstellungen. ... Zum anderen werden die Kriterien für die Begründung von Einstellungen immer subjektiver, weil sie immer weniger durch Traditionen, Milieus, Glaubensvorschriften,

---

222 Vgl. Heitmeyer 1994b, S. 50-57.

223 Vgl. Huisken 1993, S. 499. Eine ähnliche Kritik formulieren *Findeisen/Kersten* (1999, S. 12).

224 Vgl. Heitmeyer 1992, S. 34; ders. 1993, S. 11. In einer weiteren Darstellung benennt Heitmeyer *„utilitaristisch-kalkulative Kriterien"* sowie *„instrumentalistisches Kalkül"* im Sozialisationsprozeß als Entstehungsgründe von Sinnkrisen und Orientierungslosigkeit bei Jugendlichen (1994b, S. 57).

225 Vgl. die Ergänzung der Erklärungsmuster in der 4. Auflage 1992 von Heitmeyer 1987, wonach die Forderung *„Hauptsache Arbeit"* zu kurz greife, weil sie nicht mit einer *„realisierbaren Entwicklungschance"* durch Erfahrungen des *„Gebrauchtwerdens"* verbunden sei (S. 224).

Utopien etc. vorweg festgelegt sind. .. Die Chancen gemeinsamer Aktionen sinken. Auch hier ist ein Hinweis auf die Paralysierung zu finden."[226]

Auch diese Analyse erscheint seinen Kritikern wenig überzeugend, sondern eher paradox, wenn Heitmeyer angesichts rechtsradikaler „Wertvorstellungen" mit unheilvollen Traditionen das *Fehlen* von „Traditionen" und „Wertvorstellungen" etc. behauptet. Auch wegen dieser *politischen Legitimationseffekte* gerät Heitmeyers Desintegrationstheorie in die Kritik.[227]

Heitmeyers Analyse beinhaltet zugleich eine *Weiterentwicklung* des *Identitätskonzepts* von Erikson und Habermas. Während jene behaupten, daß eine gelungene Identitätsentwicklung von einer konventionellen zu einer reflektierten postkonventionellen Entwicklungsstufe führe, meint Heitmeyer, daß die Überforderungen aus der „zunehmenden gesellschaftlichen 'Überkomplexität'" die Identitätsentwicklung gewissermaßen wieder zurückwerfe auf eine tendenziell rigide, vereinfachende Rollenidentität.[228] Das sind nach Heitmeyer z.B. autoritär-nationalistische Vorstellungen mit Berufung auf (angeblich) unwiderrufliche und nicht verlierbare „Naturmerkmale" wie Hautfarbe, Rasse und Nation.[229] Solche Muster der Identitätsbewährung seien besonders gefragt, wenn die gesellschaftliche „Überkomplexität" durch zusätzliche individuelle Belastungen wie Deprivations- und Mangelerfahrungen oder Mißerfolgserlebnisse in der Schule oder schlechte Berufsperspektiven verschärft würden. Diese Überlastung fände sich häufig bei Jugendlichen aus der *sozialen Unterschicht,* bei denen sich diese Tendenzen „zu regressiven Bewältigungsversuchen" allzu leicht zeigten.[230]

Daraus zieht Heitmeyer Rückschlüsse auf die *Gewaltakzeptanz* Jugendlicher. Unter „Gewaltakzeptanz" versteht er vor allem Formen *privater* Gewaltausübung. Damit *reduziert* Heitmeyer die Frage „der Gewaltakzeptanz" im wesentlichen auf Erscheinungen von prügelnden Jugendlichen auf Straßen und Plätzen. Mit der Feststellung von privater „Gewaltakzeptanz" suggeriert Heitmeyer zudem, daß die prügelnde Gewalt grundlos als solche hoch eingeschätzt würde, zumal er nicht untersucht, inwiefern die Privatgewalt das *passende* Mittel darstellt für die damit verfolgten Ziele, die möglicherweise maßgeblich sind für die „Gewaltakzeptanz". Da rechtsradikale Fremdenfeindlichkeit beispielsweise stets *gegen* den Willens ihrer Opfer ausgeübt wird, ist private Gewalt „erforderlich", um diesen

---

226 Heitmeyer 1993, S. 6.

227 Die fachpolitische Kritik gegen *Heitmeyer* von *Scherr* 1992a und *Butterwegge* 1994 (S. 384) spricht von Ablenkungsfunktion und Legitimationsfunktion. Ebenso äußert sich in seinem Resümee der gesamten Jugendgewalt-Debatte *Hafeneger* (1996, S. 80). Der fachinterne Vorwurf an *Heitmeyer* geht dahin, daß sich die Sozialpädagogik überhaupt für zuständig und in der Lage erklärt, die von einer bestimmten *Politik* evozierten Gewaltphänomene (Asylrechtsänderung, Wiedervereinigungsprozeß) *pädagogisch* auszugleichen.

228 Vgl. Heitmeyer 1987, S. 77 ff, 124 ff.

229 Vgl. Heitmeyer 1993, S. 5. Bereits in der früheren Untersuchung von 1987 definierte Heitmeyer den jugendlichen Rechtsradikalismus als die alltagsgeprägte Kombination von „Gewaltakzeptanz" und „Ideologien der Ungleichheit". Inwieweit es sich dabei bloß um „*Ideologien* der Ungleichheit" handelt oder vielmehr um *praktische* Modellvorlagen - auch - in der unmittelbaren jugendlichen Lebenswelt der *Schule*, vgl. unten Kap. 5.3.4.5 und 5.4.2).

230 Vgl. bereits Heitmeyer 1987, S. 93. Hiergegen ist anzumerken, daß Heitmeyers Forschungen seine ursprüngliche *Unterschichts-Hypothese* zur Entstehung von jugendlichem Rechtsradikalismus selbst widerlegt haben (vgl. Heitmeyer 1993, ebenso die empirischen Erhebungen von Willems u.a. 1993b).

Widerstand zu brechen. Die Gewaltausübung wäre dann nur eine "technische" Umsetzung des primär akzeptierten *Zwecks*, aber kein eigenständiges Moment, und die *Gewalt*akzeptanz wäre eine Implikation der Zielverfolgung.[231] Wenn Heitmeyer umgekehrt damit recht hätte, daß die Gewaltakzeptanz „nicht in erster Linie über die Attraktivität von Parolen"[232] (d.h. über formulierte Ziele) erfolgt, sondern über „Umformungsprozesse" von desintegrationsbedingten Alltagserfahrungen, die die Gewalthemmungen durch „Ohnmachtserfahrungen", „Vereinzelungserfahrungen" oder „Handlungsunsicherheiten" abbauen, dann bleibt unerklärlich, weshalb die am meisten ohnmächtigen und vereinzelten Menschen dieser Gesellschaft wie die Rentner, aber auch viele junge Arbeitslose, Erwerbsunfähige oder Alleinerziehende keine brutale Gewalt gegen ihre inländischen oder ausländischen Mitmenschen ausüben. Heitmeyers Analyse der rechtsradikalen Gewalt schafft sich mit der theoretischen Ablösung der Gewalttaten von ihrem Ausgangspunkt und Ziel erst das Problem, die getrennten Momente wieder zusammenzuführen. Die künstliche Trennung schafft auch erst das Legitimationsproblem, das rechtsradikale Gewalttäter mit ihrer politischen Überzeugung als Grundlage ihrer Aktionen erst gar nicht bekommen. Offen bleibt bei Heitmeyers Perspektive auch, weshalb die angeblich aus Ohnmacht geformte Gewalt sich nie gegen Mächtige und Reiche richtet, sondern immer gegen andere Ohnmächtige, gegen Flüchtlinge, Asylbewerber und „rechtlose Fremde".[233] Weshalb dieser Zuspruch dann plötzlich in Gewaltexzesse gegen ganz bestimmte Ausländergruppen umgesetzt wird, bleibt innerhalb des Desintegrationstheorems selbst unklar. Wenn der Ausgangspunkt so *allgemeiner* Art ist, wie behauptet (Desintegration und Paralyse aller gesellschaftlichen Bereiche), bleibt die *spezielle* Reaktionsform ohne plausible Begründung.

Die rassistisch-fremdenfeindliche Reaktion erscheint eher als Anzeichen dafür, daß im Erklärungsmuster entscheidende Argumente *fehlen*. Aus der Erklärungslücke zwischen den behaupteten makrotheoretischen Desintegrationserfahrungen und der fremdenfeindlichen Individualgewalt ergibt sich auch, daß Heitmeyer die angekündigte Analyse der subjektiven Verarbeitungsformen der Desintegrationserfahrungen nicht überzeugend gelungen ist.

Dieses Theoriedefizit relativiert auch Heitmeyers Vorschläge zur Abhilfe. Heitmeyer ist der Meinung, daß gegen alle Auflösungserscheinungen pragmatische *Orientierungsstiftung* beispielsweise durch sozialpädagogische Intervention helfe, aber letzten Endes auch Polizeigewalt: „In der zweiten Aktivitätslinie sind die Demonstrationen staatlicher Handlungsfähigkeit als Signal für die Fremden, als Symbol für das Ausland und zur eigenen Selbststärkung nicht gering einzuschätzen."[234]

Nicht zuletzt solche ordnungspolitische Konsequenzen sprechen eher dagegen, das Desintegrationsthorem als emanzipativen Analyseansatz jugendsubkultureller Selbstbilder zu übernehmen. Auch die aufgestellten Integrationskriterien (vgl. Kap. 2.1.3.) erfüllt Heit-

---

231 Damit müßte die *Ziel*akzeptanz im Zentrum der Analyse stehen und nicht die von dieser abhängige, nachgeordnete *Mittel*akzeptanz. Durch eine Analyse der Funktionalität des Mittels für das Handlungsziel läßt sich oft zeigen, inwiefern z.B. ein physisch brutales Vorgehen gegen einen entgegenstehenden Willen des Opfers die *passende* Methode für das rücksichtslos definierte Ziel ist, z.B. eine private Rangordnung mit sich als *„Sieger"* über andere zu etablieren (vgl. Kap. 5.4.3.4 und 6.1.2).

232 Heitmeyer 1993, S. 5.

233 Vgl. Heitmeyer 1987 = 1992[4], S. 6.

234 Heitmeyer 1993, S. 13; vgl. auch Heitmeyer 1994b, S. 65: *„Der Politik drohen die gewaltlosen Mittel auszugehen."*

meyers Erklärungsmuster nur teilweise. Zwar bezieht Heitmeyer die für die Persönlichkeitsentwicklung relevanten Dimensionen ein. Es bestehen aber erhebliche Zweifel, ob das Desintegrationstheorem tatsächlich eine spezifische *Jugend*entwicklung erklärt, zumal Heitmeyer die jugendtypischen Verarbeitungsformen immanent nicht überzeugend nachweist.

2.4.5 Zwischenfazit

Die Auseinandersetzung mit den drei Ansätzen läßt sich unter Bezug auf einen kurzen, aber eindrucksvollen Beitrag von Rutschky zusammenfassen.[235] Rutschky meint, daß gerade die bei Jugendforschern beobachtbare „Fixierung auf Ulrich Becks Theorie von der 'Risikogesellschaft', in der wir leben sollen, ihnen nicht mehr Um- und Seitenwege gestattet hat". Diese Fixierung wirke nicht theoretisch befruchtend, sondern verengend. Dann kritisiert sie die normative Kanalisierung: „Viele der Entwicklungsresümees, die die Forscher erstellt haben, lesen sich nicht anders als sozialtheoretisch angeleitete polizeiliche Führungszeugnisse. Ich kann in Sätzen wie dem folgenden die wissenschaftliche Objektivität und die Klassenneutralität nicht erkennen: 'Die Grundprinzipien des Wirtschaftssystems - insbesondere das Leistungsprinzip - hat er ebenfalls nahtlos verinnerlicht'". Was Rutschky als die Ausstellung „sozialtheoretisch angeleiteter polizeilicher Führungszeugnisse" an Stelle seriöser wissenschaftlicher Motivforschung kritisiert, wurde in der vorliegenden Analyse der drei Ansätze mehrfach als theoretisch unfruchtbare *Defizitorientierung* bezeichnet, weil solche Forschungsperspektiven nur ermitteln, was Jugendliche *nicht* können oder tun, aber nicht, welche *positiven* Impulse ihr Verhalten bestimmen. Die „sozialtheoretische" Störer-Ermittlung ist dann in aller Regel ein Auftakt zur Schuldigensuche. Dieser Gedanke entspricht der von Hafeneger an der gesamten Jugendgewaltdebatte der 90er Jahre bemängelten „Zuständigkeitslogik".[236] Die dritte Frage Rutschkys enthält neben der Kritik an Heitmeyers Bielefelder Rechtsextremismus-Studie[237] eine weiterführende Idee, die auch den Fortgang dieser Untersuchung bestimmt:

> „Heitmeyer will ausdrücklich Rechtsextremismus nicht als psychologisches Merkmal herausgefiltert wissen - ein Erklärungsmodus, der trotzdem nicht vorschnell zu den Akten gelegt werden sollte -, aber dem selbstgewählten Modell des 'produktiv realitätsverarbeitenden Subjekts' wird die Studie schon gar nicht gerecht. Denn Sinn und Nutzen, den fremde, ja abstoßende Meinungen und Verhaltensweisen, gesellschaftliche Deutungen und biographische Zielsetzungen für die Probanden haben, werden nicht gewürdigt, sie werden zensiert."[238]

Diese Idee unterstützt die weitere Suche nach Analysekonzepten, die die Ansprüche an eine „Theorie eines produktiv realitätsverarbeitenden Subjekts" ohne normative und moralisierende Betrachtungsweisen wirklich *einlösen*. Sie sollen die real ablaufenden Sozialisationsprozesse in verallgemeinernder und modellhafter Weise beschreiben und ihre Wirkzusam-

235 Rutschky 1992, S. 10 ff.
236 Vgl. Kap. 1.2 und Hafeneger 1996.
237 Vgl. Heitmeyer 1992.
238 Rutschky 1992, S. 12.

menhänge erklären, was eine kritische Reflexion der gesellschaftlichen Strukturen einschließt.

Ein theorieverbindender Ansatz, der diesen Ansprüchen gerecht werden könnte, besteht nach der Konzeption dieser Arbeit in der Verknüpfung einer modellhaften Fassung gesellschaftlicher Widersprüche, wie sie in der *Anomietheorie* gefaßt sind, und ihren subjektiven Verarbeitungsformen wie sie die *Selbstkonzepttheorien* und den *Subkulturtheorie* entschlüsseln und ausdifferenzieren. Diese Ansätze weden zumindest in dieser Kombination bisher dem etablierten Kanon der Sozialisationstheorien noch nicht zugerechnet. Um so mehr gilt es in dieser Arbeit zu zeigen, inwiefern dieser integrierte Ansatz hilfreich und weiterführend sein kann für eine Erklärung der kontextualistischen Entstehung jugendlicher Selbstkonzepte.

3. Anomietheoretische Ansätze zur Identitätsbildung Jugendlicher

3.1 Der tradierte anomietheoretische Ansatz

3.1.1 Das Konzept Robert Mertons

Einen Anstoß, Anomie als Kategorie einer sozialisationstheoretischen Fragestellung anzunehmen, gibt ein 1997 unter dem Titel: „Was treibt die Gesellschaft auseinander?" erschienener, von Heitmeyer herausgegebener Sammelband.[239] Seine Autoren[240] versuchen, viele bisher unter dem Desintegrations-Theorem erforschten Phänomene gesellschaftlicher Veränderung und Spannungsverhältnisse nach dem Anomiekonzept zu systematisieren:

> „Es mag nun paradox erscheinen, daß für die Erforschung der neueren Entwicklungen auf ein altes Analysekonzept zurückgegriffen wird, nämlich auf das Anomiekonzept. Die integrationsgefährdenden Auswirkungen solcher Spannungen zwischen kulturellen Werten und strukturellen Bedingungen sind von Merton eindringlich dargelegt worden. Seine Überlegungen waren für Sozialforscher über drei Jahrzehnte für verschiedene Teilgebiete der Gesellschaft richtungweisend."[241]

Das Anomiekonzept macht aber nicht nur „als Krisenmetapher Karriere",[242] auch wenn dieser Aspekt der Fragestellung des Herausgebers mehr entspricht. Anomie besagt so viel wie „Regellosigkeit" und Umgang mit ihr. In der Kriminologie wurde das Konzept von Robert Merton als Analysefolie für die Schichtendeterminiertheit von *abweichendem* Verhalten angewandt und als Argumentationsfigur aus materialistischer Perspektive eingesetzt.[243] Mittlerweile sieht man darin sogar einen Erklärungsansatz für die Frage, weshalb soziale Regulationsmodi den Eintritt anomischer Zustände verhindern.[244] Anomie steht somit auch für ein *Integrationskonzept*. Bereits die Multifunktionalität des Ansatzes gibt Veranlassung, ihn für die Fragestellung dieser Arbeit aufzubereiten.

Das Anomiekonzept geht zurück auf soziologische Fragestellungen von Emile Durkheim, die er im Jahre 1893 zu Fragen der gesellschaftlichen Arbeitsteilung entwickelte und in Arbeiten über den Selbstmord fortsetzte. Durkheim schätzte die menschliche Arbeitsteilung - jenseits ihrer ökonomischen Form - als Hauptquelle der sozialen Solidarität des Men-

---

239 Vgl. Heitmeyer 1997.

240 Die Autoren sind: Günter Albrecht, Heiner Barz, Hans Hartwig Bohle, Mathias Bös, Klaus Dörre, Wolfgang Glatzer, Wilhelm Heitmeyer, Eike Hennig, Heinz Günter Holtappels, Sabine Hornberg, Jürgen Friedrichs, Karl-Dieter Keim, Wolfgang Kühnel, Hartmut Lüdtke, Dorothee M. Meister, Rüdiger Peuckert und Uwe Sander.

241 Heitmeyer 1997, S. 13.

242 Vgl. Bohle/Heitmeyer/Kühnel/Sander 1997, S. 30 f. Ähnlich schon Dreitzel 1968, S. 3.

243 Vgl. Bohle/Heitmeyer/Kühnel/Sander 1997, S. 38 ff. *Böhnisch*, der ebenfalls den Anomieansatz aufgreift, sieht in seiner Herkunft aus der Kriminologie das entscheidende Hindernis, daß er bisher kaum für die Analyse allgemeiner sozialer Zusammenhänge weiterentwickelt wurde (vgl. Böhnisch 1995, S. 141).

244 Vgl. Bohle/Heitmeyer/Kühnel/Sander 1997, S. 48 ff.

schen ein, „die seinen Egoismus mäßigt und ihn moralisch macht.“[245] Eine zu weit differenzierte Arbeitsteilung, aber auch ihre „allzu plötzlichen Wandlungen“ führten sektoral und zeitweise zum Verschwinden dieser strukturell und interaktiv verankerten *„organischen“ Solidarität* und damit zu sozial-pathologischen „anomischen Zuständen“. Durkheim schildert hierzu Zeiten der sozialen Deklassierung, aber auch Zeiten der Prosperität als Phasen der Anomie, die mit den Aussichten auf „Beute“ die Leidenschaften und die moralische Disziplin insgesamt affizierten. Es bedürfe daher „noch einer moralischen Disziplin, um die von der Natur weniger Begünstigten ihre schlechte Ausgangssituation hinnehmen zu lassen.“[246] Durkheim sieht das Anomische eng im Zusammenhang mit dem Verlust kollektiver moralischer Orientierungen und setzt Anomie in moralisierender Betrachtung auch mit *Disziplinlosigkeit* gleich.

Der amerikanische Strukturfunktionalist Robert Merton erweitert diese Grundidee im Jahre 1938 in einem Aufsatz über „Sozialstruktur und Anomie“, den er dann in seinem Hauptwerk „Social Theory and Social Structure“ 1957 erneut veröffentlicht, indem er den *individuellen* Zustand der Anomie (anomia) und einen Zustand der *gesellschaftlichen* Strukturen selbst (Anomie) begrifflich unterscheidet. Im Zentrum stehen Differenzen zwischen den von allen geteilten kulturellen Zielen und Werten einer Gesellschaft und demgegenüber nur selektiv institutionalisierten Mitteln, diese Ziele und Werte zu erreichen. Zur *kulturellen Struktur* zählt Merton historisch verfestigte *Ziele*, Zwecke und Interessen, die für *alle* Gesellschaftsmitglieder gleichermaßen gelten und von ihnen anerkannt sind.[247] Hier nimmt Merton nach einer vergleichenden Auseinandersetzung mit primitiven Gesellschaftsformationen zur Illustration explizit Bezug auf die soziale Kultur der USA und nennt deren Zentralwert „Erfolg“ im Sinne von finanziellem Erfolg, Wohlstand und persönlichem Sozialprestige.[248] Zugleich enthalte bereits die kulturelle Struktur grundsätzliche Vorgaben über erlaubte - und somit auch unerlaubte - Normen und Wege zur Erreichung dieser Ziele.[249] So könne man daran denken, daß beispielsweise das Sozialprestige redlich durch Leistung zu erstreben ist, damit es dem kulturellen Ziel auch wirklich entspricht, und nicht etwa durch betrügerisches Verhalten. Die *soziale Struktur* repräsentiere gegenüber der kulturellen die faktische Dimension der gegebenen Gesellschaft, in die die Gesellschaftsmitglieder nicht gleichmäßig, sondern unterschiedlich einbezogen sind. Die Sozialstruktur beschreibt im Kern die ungleiche Verteilung der gesellschaftlichen *Mittel* zur Erreichung der Ziele der kulturellen Struktur auf legitimen Wegen und gemäß den offiziellen Normen. Mit Einbeziehung der Sozialstruktur erhält die Anomie eine schichten- und gruppenspezifische Differenzierung. Beide Dimensionen können sich mehr in einem Gleichgewicht oder einem Ungleichgewicht befinden. Darauf bezieht sich nun die *Basishypothese* Mertons:

245 Durkheim 1977, S. 444 f.

246 Durkheim (1966), zit. nach Lamnek 1996, S. 112; vgl. Bohle/Heitmeyer/Kühnel/Sander 1997, S. 33.

247 Vgl. Merton 1968a, S. 186. *Bohle* wies darauf hin, daß diese hypothetische Annahme der generellen Gültigkeit und der Akzeptanz bestimmter gesellschaftlicher Werte und Ziele durch alle Gesellschaftsmitglieder in der Literatur kritisiert worden sei, räumt aber später selbst ein, daß *Mertons* Theorie erst mit dieser Hypothese ihre Stringenz und Plausibiltät hinsichtlich der Diskrepanzprobleme wegen fehlender legitimer Mittel in bestimmten Sozialschichten erhalte (vgl. Bohle 1975, S. 9 f).

248 Vgl. Merton 1968a, S. 190 f.

249 Vgl. Merton 1968a, S. 187.

„This is indeed my central hypothesis that aberrant behaviour may be regarded sociologically as a symptom of dissociation between culturally described aspirations and socially structured avenues for realizing these aspirations.“ [250]

Die damit möglichen Diskrepanzen zwischen kulturell-allgemein vorgeschriebenen Bestrebungen und den schichtenspezifisch unterschiedlich „sozial strukturierten Wegen“ sind für Merton die Auslöser abweichenden Verhaltens. Im Fokus seiner weiteren Betrachtung stehen die sozialstrukturell ungleich verteilten Chancen zur Erreichung allgemeiner Ziele, d.h. Strukturen, die einerseits allen Gesellschaftsmitgliedern bestimmte, als erstrebenswert dargestellte (Lebens-) Ziele aufgeben, andererseits relevanten Teilen die erforderlichen Mittel verweigern und ihnen so die Zielerreichung verunmöglichen. Wenn die kulturelle Struktur bestimmte Zielvorstellungen und Motive verlange, die die Sozialstruktur verhindere, „dann folgt daraus“, wie Merton es formuliert, „eine Tendenz zum Zusammenbrechen der Normen, zur Normlosigkeit“.[251] Diese Folgeerscheinungen hat er als *Anomie* bezeichnet.

Die an diese Anomien anknüpfende Frage lautet: Wie reagieren diejenigen Gesellschaftsmitglieder, die durch Mittelknappheit an der Zielerreichung gehindert werden? Geben sie ihre Ziele auf? Verändern sie die Ziele oder wählen sie illegitime Wege zur Zielerreichung? Bereits mit dieser Differenzierung zwischen generellen Zielen und gesellschaftlich-selektiver Mittelverteilung ist eine *sozialstrukturelle* Beschreibung abweichenden Verhaltens möglich, und zwar *ohne* auf das psychologisierende Muster von der *versagenden Kontrolle* als „Ursache“ zurückzugreifen,[252] wie es bei Durkheim noch deutlich ausgeprägt ist und auch bei Hurrelmann und Heitmeyer noch kritisch nachgewiesen werden kann (vgl. Kap. 2.5.2 und 2.5.4). Die naheliegende Frage, wieso gesellschaftliche Strukturen mit systematischen Überforderungen relevanter Bevölkerungskreise überhaupt entstehen, stellt die Anomietheorie nicht. Stattdessen fragt sie, mit welchen Strategien die Überforderten die vorgegebenen objektiv-anomischen Diskrepanzen *individuell* überwinden.

Von weitreichender Bedeutung ist in diesem Punkt Mertons Einschätzung, daß sämtliche Formen der individuellen *Überwindung* der strukturellen Diskrepanzen einschließlich des „abweichenden“ Verhaltens immer nur *„Anpassungen“* an das Auseinanderfallen der beiden Strukturen darstellen.[253] Sie dienten allesamt der *Bewältigung* vorgegebener und vom einzelnen nicht manipulierbarer Strukturen. Es ist demzufolge *nicht* das einzelne Gesellschaftsmitglied, das die jeweilige Abweichung als *Defizit der Persönlichkeits*entwicklung in sich trägt, sondern es sind objektiv konfligierende gesellschaftliche Anforderungen, die den einzelnen im Bestreben nach Anpassung an die Widersprüche zum „Abweichler“ werden lassen. Bekannt sind fünf von Merton klassifizierte individuelle Bewältigungsmuster.

250 Merton 1968a, S. 188.

251 Merton 1968b, S. 292.

252 Auf diesen analytischen Übergang von den traditionellen *Defizitansätzen* zu einer *positiven* Erklärung abweichenden Verhaltens verweist *Lamnek* (vgl. Lamnek 1996, S. 116). Auch *Helmut Richter* sieht darin den entscheidenden Fortschritt des Konzepts von *Merton* gegenüber psychologisierenden Ansätzen zum abweichenden Verhalten (Richter 1998, S. 174); ähnlich Schubarth 1998, S. 38.

253 Vgl. dazu Bohle/Heitmeyer/Kühnel/Sander 1997, S. 42 ff; Lamnek 1996, S. 116 ff.

Abbildung 2: Mertons Typologie der Arten individueller Anpassung [254]

Arten der Anpassung	Kulturelle Ziele	Institutionalisierte Mittel
Konformität	+	+
Ritualismus	-	+
Innovation	+	-
Apathie/Rückzug	-	-
Rebellion	(-/+)	(-/+)

(+) heißt: Bejahung, (-) heißt: Ablehnung, (-/+) heißt Ablehnung mit Ersatz.

Im Falle der *Konformität* werden nach Mertons Typologie vorgegebene Ziele wie auch Mittel bejaht. Konformität sei ein erfolgreiches und zugleich angepaßtes Sozialverhalten.

Bei *Innovation* bejahe jemand die vorgegebenen Ziele, nicht aber die legitimen Mittel zu ihrer Verfolgung. Dieser Typus gelte als charakteristisch für die Bejahung kultureller Ziele der Dominanzgesellschaft bei gleichzeitigem Mangel an Mitteln zu ihrer Verfolgung. In kapitalistischen Gesellschaften seien diese Dominanzwerte ökonomischer Erfolg und Wohlstand gegenüber den relativ knappen Mitteln Arbeitsplätze, Einkommen oder Bildungschancen.[255] Die anomische Spannung aus hoher Aspiration bei knappen legitimen Mitteln provoziere eine Zielverfolgung mit illegitimen Mitteln.[256] Das gleiche Ergebnis ergebe sich aus einer Ablehung der legitimen Mittel. Daher stehe der Innovationstyp für strukturell hervorgerufenes abweichendes Verhalten oder Kriminalität.

Ritualismus beschreibe dagegen ein Anpassungsverhalten, das das Aspirationsniveau durch Modifikation der kulturellen Ziele verändere,[257] sei es durch Verkleinerungen oder andere Veränderungen, bis die Aspirationen zu den gegebenen (knappen) Mitteln passe. Ritualismus bedeute beispielsweise eine Möglichkeit, sich durch Senkung des Anspruchsniveaus den Anforderungen des Konkurrierens zu entziehen. Kulturell sei dieser Anpassungstyp meist akzeptiert.

Apathie ist als *Rückzug* von kulturellen Zielen wie Mitteln beschrieben. Er kennzeichnet nach Merton Aussteiger und sei ein Zeichen von Selbstaufgabe. Auch wenn dieser Typus als Außenseiter perzipiert werde, hätten diese privaten Rückzugsstrategien ihre Ursachen vorrangig in anomischen Situationen, nämlich einem gesellschaftlichen Nichtentsprechungsverhältnis von Zielen und Mitteln.

Der Typus *Rebellion* akzeptiere weder die kulturellen Zielvorgaben noch die legitimen Mittel. Dennoch sei er als „Anpassungstypus" konzipiert. Das bedeute einerseits, daß kollektive Reaktionsweisen wie Bürgerkriege, Revolutionen oder Religionskriege aus einer anomischen Betrachtung ausscheiden, da die Anomietheorie primär *individuelle* Lösungsversuche aufliste. Zum anderen reagiere der „rebellische" Anpassungstypus keineswegs nur negativ, sondern konstruktiv. Er substituiere nämlich beide Dimensionen in Opposition zu

254 Quelle: Merton 1968b, S. 293.

255 Vgl. Lamnek 1996, S. 119.

256 Vgl. Lamnek 1996, S. 119; ebenso Bohle/Heitmeyer/Kühnel/Sander 1997, S. 43. In Mertons Worten: *„So führt der herrschende Druck zur schrittweisen Aufgabe legitimer, aber im großen und ganzen unergiebiger Versuche und zur zunehmenden Anwendung illegitimer, dafür aber mehr oder weniger wirksamer Mittel."* (1968b, S. 292)

257 Nach *Dreitzel* führt diese Ritualisierung zur Entstehung von *„Sozialcharakteren"* (1968, S. 229 ff).

den herrschenden gesellschaftlichen Vorgaben, indem er sich *Ersatz*ziele und -mittel konstruiere: „Dieser Anpassungstypus stellt die Betroffenen außerhalb und in Gegensatz zu der bestehenden Sozialstruktur und läßt sie eine neue, d.h. eine weitgehend geänderte Sozialstruktur suchen und anstreben.“[258] Während Merton diesen Typus den herrschenden Gesellschaftsstrukturen zuordnet, lehne die anomische Gesellschaft selbst diese „Rebellen“ paradoxerweise oft als strukturfremde Erscheinungen ab.

3.1.2 Einwände, Variationen sowie sinnvolle Theorieverbindungen

In der Literatur ist der Ansatz von Merton kritisiert worden, wobei jedoch die Anerkennung seiner Stärken im Ergebnis überwiegt. Ein Einwand lautet, seine „central hypothesis“ liefere eine nur mangelhafte Gesellschaftstheorie. Diese Kritik übersieht, daß Merton gar keinen gesamtgesellschaftlichen Erklärungsanspruch aufgestellt hat. Da er taxonomisch-definitorisch vorgeht, erscheint es auch wenig überzeugend, daß er „empirische Grundannahmen“ vermissen lasse.[259] Hiergegen ist mit Lamnek[260] zu sagen, daß Merton nicht beabsichtigte, empirische Erhebungsbögen vorzubereiten, sondern unter heuristischen Gesichtspunkten bestimmte analytische Trennungen vorgenommen hat. Weshalb seine Annahmen empirisch nur schwer erfaßbar, aber auch nicht leicht widerlegbar sind, könnte daran liegen, daß die anomietypischen Anpassungsreaktionen wie Ritualisierung, Apathie oder Innovation ständig modifizert werden. Darin besteht gerade ihre Entwicklungslogik.

Soweit Merton entgegengehalten wird, seine Anomietheorie sei zu wenig ausdifferenziert, hat die Fortentwicklung seiner Theoreme diesen Mangel sicher behoben. Verwiesen sei dazu auf weiterführende Arbeiten zur Anomietheorie von Cloward und Ohlin, auf die Ausdifferenzierungen von Dubin sowie von Opp und Harary (1974).[261]

Dubin erscheint die Typologie von Mertons Anpassungsreaktionen unvollständig und auch nicht flexibel genug. Er differenziert die Typologie aber nicht nur aus, sondern zeigt auf, wie die Anpassungsstrategien modellartig aus dem anomischen Dilemma heraus erfolgen. Dubins *abstrakt-definitorische Ausdifferenzierung* untergliedert Mertons Grundschema bei der Ablehnung von Mitteln, Zielen und Normen in die aktive Ablehnung, die nach Alternativen sucht, und in die passive Ablehnung wie bei Ritualismus oder Apathie.[262] Weiterhin differenziert er bei Innovation wie Ritualismus, ob diese sich auf Werte oder auf Verhalten beziehen, wobei „Verhalten“ bei Dubin gleichbedeutend ist mit den „Mitteln“ zur Zielerreichung. Das ergibt Kategorien wie Wert-Innovation oder Verhaltens-Innovation etc. Eine dritte Modifikation betrifft die Einführung von „institutionellen Normen“, die „durch die Grenzen *zwischen* vorgeschriebenem und verbotenem Verhalten in einem gegebenen institutionellen Rahmen“ definiert sind. Diese neuen Normen umschreiben Spielräume zwischen dem offiziell konformen Verhalten und dem verbotenen Bereich, in dem sich ein

258 Merton 1968b, S. 310.
259 Vgl. Bohle/Heitmeyer/Kühnel/Sander 1997, S. 44 f; Bohle 1975, S 124; Lamnek 1996, S. 121, 123.
260 Vgl. Lamnek 1996, S. 115, 119.
261 Vgl. bei *Lamnek* (1996, S. 124 ff, 131 ff) und *Bohle/Heitmeyer/Kühnel/Sander* (1997, S. 59).
262 Vgl. Dubin 1967, S. 234 ff.

konventionell-neues und zugleich nicht-verbotenes Verhalten entwickeln kann. Die drei Modifikationen erweitern die Mertonsche Grund-Matrix nach Dubin folgendermaßen:

Abbildung 3: Das anomische Gesamtmodell von Dubin [263]

Typ des abweichenden Verhaltens	*Verhältnis zu ...* ... kulturellen Zielen	... institutionellen Normen und	Mitteln
Verhaltens-Neuerung			
■ Institutionelle Erfindung	+	-/+	-/+
■ Normative Neuerung	+	-/+	-/+
■ Operative Neuerung	+	-/+	-/+
Wert-Neuerung			
■ Intellektuelle Erfindungen	-/+	+	+
■ Organisatorische Erfindungen	-/+	-/+	+
■ Soziale Bewegungen	-/+	+	-/+
Verhaltens-Ritualismus			
■ Nivellierung von Ansprüchen	-	+	+
■ Institutioneller Moralist	-	+	-
■ Organisationsroboter	-	-	+
Werte-Ritualismus			
■ Demagoge	+	-	-
■ Normativer Opportunismus	+	-	-
■ Opportunist der Mittel	+	+	-
Weltflucht	-	-	-
Rebellion	-/+	-/+	-/+

\+ heißt: Bejahung.
\- heißt: Ablehnung.
-/+ heißt: aktive Ablehnung: Ablehnung mit Ersetzung durch eine Alternative.

Was diese Ausdifferenzierung erbringt, läßt sich besser erfassen, wenn man sich die von Dubin entwickelten Charakterisierungen der einzelnen Typen[264] näher ansieht:

1. *Institutionelle Erfindungen*: Kulturelle Ziele werden akzeptiert, nicht aber institutionelle Normen wie Mittel. Letztere werden durch Alternativen ersetzt. Durch neue Maßstäbe der Legitimität werden bisher illegitime Verhaltensweisen zu berechtigten. Beispiel: Entkriminalisierung von Drogengebrauch.
2. *Normative Neuerungen*: Auf Basis anerkannter kultureller Ziele und institutioneller Mittel werden neue Normen eingeführt.
3. *Operative Erfindungen* stellen Verhaltensänderungen innerhalb der Grenzen der bestehenden Werte und Normen dar. Beispiel: Der Einsatz neuer Verkehrsmittel wie Inline-Skates für den Weg ins Büro statt Bus oder Auto.
4. *Intellektuelle Erfindungen*: Sie ersetzen kulturelle Werte für gegebene Normen und Mittel; sie liefern also nur eine neue Legitimation für einen bestehenden Rahmen.
5. *Organisatorische Erfindungen* behalten die institutionalisierten Mittel bei, ersetzen aber kulturelle Ziele und institutionelle Normen.

263 Quelle: Dubin 1967, S. 236.
264 Vgl. im folgenden Dubin 1967, S. 238 ff.

6. *Soziale Bewegungen* ersetzen kulturelle Ziele und streben insofern nach Veränderung der Mittel. Sie bejahen die institutionellen Normen. Als Beispiel nennt Dubin die Emanzipation der schwarzen Bevölkerung von Diskriminierung durch Weiße.
7. *Nivellierung von Ansprüchen* ist schon ein zentrales Thema in Mertons Matrix; es sind Ersatz-Ziele auf niedrigerem, aber individuell erreichbarem Niveau. Sie erfüllen nicht nur die offiziellen Normen, sondern geschehen nur, um sie erfüllen zu können. Beispiele: Ferien auf „Balkonien", Schrebergarten, Kleinwagen.
8. *Institutioneller Moralist*: Höchstes Bestreben gilt der Normerfüllung, und zwar getrennt von ihrem Ziel und ihrem instrumentellen Rahmen. Es ist eine normative Überanpassung im Sinne formeller Tugenden als Selbstzweck: Gehorsam oder Ordnung um ihrer selbst willen.
9. *Organisationsroboter*: Dieser ist rein instrumentell bestimmt und legitimiert sich nur durch den Gebrauch der institutionalisierten Mittel. Dieses Verhalten ist sozial unauffällig und funktional. Es ist unreflektierte Alltagsroutine, das Verhalten von Bürokraten oder auch von solchen Gläubigen, für die das Zeremoniell das Wesen der Frömmigkeit darstellt.
10. Der *Demagoge* ist ein Werte-Ritualist. Was er postuliert, läßt sich in der Praxis kaum umsetzen, ohne Normen und Mittel zu ändern. Ein Beispiel ist der populistische Politiker.
11. Der *normative Opportunist* akzeptiert Ziele und Mittel, aber übergeht beengende Normen.
12. Der *Opportunist der Mittel* lehnt die vorgeschriebenen Mittel ab und benutzt bei grundsätzlicher Akzeptanz der Werte und Normen illegitime Mittel. Darunter dürften alle fallen, die ausnahmsweise eine Regel verletzen, um sich einen Vorteil zu sichern, der den Fortbestand der verletzten Werte und Regeln für alle anderen voraussetzt. Das gilt für Diebe wie für Schülerinnen und Schüler, die bei einer Klassenarbeit schummeln.

Dubin beansprucht mit seiner Taxonomie ausdrücklich nicht, das Warum des entsprechenden Verhaltens erklärt zu haben. Das müsse erst noch geleistet werden. Er hofft allerdings auf ihren „heuristischen Wert":[265] „Vielleicht werden sich diese Typologien als Teilstücke bei derartigen Versuchen als nützlich erweisen."[266] Jedenfalls macht seine Taxonomie die Struktur *möglicher moralischer Stellungen* im anomischen Spannungsfeld von Normgeltung, Normindifferenz und Normnegation transparent. Es läßt sich so beispielsweise daran gut zeigen, daß die Ablehnung bestimmter Mittel keineswegs identisch ist mit der Ablehnung der dazugehörigen Normen und Werthaltungen.

Obwohl Merton wie Dubin explizit gar keine Erklärung des abweichenden Verhaltens liefern wollen, werfen Kritiker dies dem Anomieansatz als Mangel vor. Es gebe kein Kriterium, wann welche Anpassungsreaktion erfolge.[267] Eine der jüngeren Rekonstruktionen der Anomie-theorie[268] scheint diese Frage gelöst zu haben. Der erweiterten Anomietheorie soll es um folgendes gehen: „Als Fazit läßt sich unser Vorschlag einer Erweiterung des klassischen Anomiekonzepts (Mertonscher Prägung) darauf fokussieren, daß gesellschaftsstrukturelle Einflüsse auf der Ebene gesellschaftlicher Funktionsbereiche und der Ebene spezifischer Personengruppen (Bevölkerungssegmente) berücksichtigt werden."[269] Die darin entwickelte „Erweiterung des klassischen Anomiekonzepts" relativiert jedoch die definitorische Klarheit von Mertons Taxonomie zu Lasten von offenen „Disbalancen". Mertons strukturelle Diskrepanzen fassen Bohle/Heitmeyer/Kühnel/Sander lediglich als „gesell-

265 Vgl. Lamnek 1996, S. 131.
266 Dubin 1967, S. 248.
267 Vgl. Lamnek 1996, S. 123.
268 Vgl. Heitmeyer 1997.
269 Bohle/Heitmeyer/Kühnel/Sander 1997, S. 57.

schaftsstrukturelle *Einflüsse*", die anomietheoretisch als „Disbalancen ... zwischen den relativen Aspirationsniveaus gesellschaftlicher Teilgruppen und den darauf eingepaßten Zugangsregelungen und Realisierungsmöglichkeiten" zu „berücksichtigen" sind. Was aber heißt „berücksichtigen" und was meint „Einflüsse"? In dem Ausdruck der „gesellschaftsstrukturellen Einflüsse" sind die begrifflich klaren funktionellen Nichtentsprechungsverhältnisse von Zielen und Mitteln aus Mertons Modell relativiert. In der näheren Bestimmung dieser Einflüsse bleiben Bohle/Heitmeyer/Kühnel/Sander vage.

Überzeugend und theoretisch fruchtbar erscheint dagegen ihre Idee einer Beschränkung der anomietheoretischen Forschungsperspektive auf ausgesuchte gesellschaftliche *Teilbereiche*. Bohle/Heitmeyer/Kühnel/Sander begründen dies damit, daß gesellschaftliche Teilbereiche oft einer „Eigenlogik" unterliegen und ihre Anomien daher nicht zwangsläufig auf andere Teilbereiche übergreifen.[270] Die Idee einer kontextgebundenen Analyse anomischer Tendenzen erfordere sinnvollerweise die Fokussierung auf „relative Aspirationsniveaus gesellschaftlicher Teilgruppen" und dementsprechende Mittelkonstellationen.[271] Eine solche bereichsspezifische Fokussierung auf Funktionsbereiche der Schule wird daher auch in der vorliegenden Analyse begründet und vorgenommen (vgl. Kap. 3.3.3; Kap. 4 und 5).

Was die vermißten Kriterien für die Auslösung von Anpassungsreaktionen betrifft, versucht bereits Opp die Anomietheorie zu präzisieren. So stößt er schließlich auf die Kategorie der - empirisch meßbaren - *Intensität und Häufigkeit*, mit der jemand mit Zielen und entsprechenden Normen konfrontiert ist.[272] Opp folgert beispielsweise, daß abweichendes Verhalten nicht auftreten wird, wenn alle legitimen Normen intensiver sind als alle illegitimen und umgekehrt. Abweichendes Verhalten resultiert nach Opps Intensitätsskalen aus dem Auftreten von fünf Variablen: die Intensität der Ziele, die Intensität der illegitimen Normen sowie der Grad der illegitimen Möglichkeiten - einerseits - und die Intensität der legitimen Normen sowie der Grad der illegitimen Möglichkeiten - andererseits. Was Opp aus seinem Modell heraus nicht erklären kann, ist die Verteilung der Variablen in der Gesellschaft. Ferner gelingt ihm keine qualitative Formulierung einer Prognose.[273] Positiv festzuhalten bleibt aber bei Opp gleichwohl eine Verschiebung der Variablenkonstellation aus einer rein objektiven Ebene wie bei Merton (und Durkheim) hin zu eher individuellen Merkmalen. Den von Opp angesprochenen Schwachpunkt der Anomietheorie thematisiert Lamnek unter anderen Aspekten:

> „Wie man aus empirischen Erhebungen unschwer herauslesen kann (was auch theoretisch vermutbar ist), trifft die Erklärung der Anomietheorie nicht in jedem Falle zu, auch wenn die Bedingungen der unabhängigen Variablen gegeben sind. Es gibt nämlich viel mehr Personen, die den konfligierenden Anforderungen von kultureller und sozialer Struktur unterliegen, als es Kriminelle gibt. Auch die anderen Anpassungsformen dürften quantitativ nicht hinreichen, diese Differenz zu erklären.

---

270 Vgl. Bohle/Heitmeyer/Kühnel/Sander 1997, S. 54 ff.

271 Vgl. Bohle/Heitmeyer/Kühnel/Sander 1997, S. 57.

272 Vgl. Opp 1974, S. 128 f.

273 Vgl. dazu die Zweifel im Hinblick auf „*Meßartefakte*" und mögliche rechnerische „*Manipulationen*", „*bis alles paßt*", bei Lamnek, 1996, S. 140 f.

> ... Es könnte so sein, daß das Modell, das die Anomietheorie unterstellt, unvollständig ist, daß es weitere Variablen außerhalb des Modells gibt, die in die Erklärung einbezogen werden müßten, um wenigstens tendenziell eine vollständige Determination zu erzielen." [274]

Die Erwartung Lamneks an die Anomietheorie ist demnach die Offenbarung eines *Determinismus* von Verhalten durch Strukturen bzw. unabhängige Variablen. Anscheinend meint er eine Art „Wenn-dann-Beziehung" im Sinne von „Immer wenn, dann". Es verwundert, wo Lamnek aus Merton herausliest, daß jeder, dessen Mittel zur Wertrealisierung nicht ausreichen, kriminell werden *müßte.* Dabei spricht Merton von Resignation oder Ritualisierung als gleichermaßen möglichen Anpassungsreaktionen. Aber selbst wenn man Lamneks wissenschaftstheoretische Prämissen so nicht teilt, bleibt doch die Feststellung der Schwachstelle in Mertons Anomiemodell, daß es letztlich nur *Möglichkeiten* der Reaktion auf anomische Strukturvorgaben aufzeigt und kein *Kriterium* benennt, nach der das Individuum in seinem Innern eine Reaktionsmöglichkeit vorbereitet und dann auswählt. Lamneks Fazit enthält insofern einen weiterführenden, aber von ihm selbst nicht weiter entwickelten Hinweis auf die „Persönlichkeit" des Reagierenden:

> „Möglicherweise ist die Persönlichkeit in die Analyse mitaufzunehmen, die als intervenierende Variable dazwischen tritt und die jeweilige Form der Anpassung erklärt. Unter diesen Voraussetzungen könnte die Anomietheorie als unvollständig bezeichnet werden, womit auch die Erklärung selbst unvollständig (nicht aber notwendigerweise unzureichend) wird."[275]

Die erörterten kritischen Einwände gegen die Mertonsche Anomietheorie machen sie ergänzungsbedürftig, bestreiten oder schmälern aber nicht ihre positiven Leistungen.[276] Ohnehin wurde Merton eher als Anreger von Fragen denn als Beantworter von Fragen bekannt. Seine Leistung im Theorievergleich besteht darin, daß er bestimmte Analyseschwächen der oben diskutierten Defizitansätze nicht teilt, sondern überwindet:

- die Charakterisierung abweichenden Verhaltens durch ein *negatives* Verhältnis zur normativ definierten gesellschaftlichen Normalität;[277] Merton spricht dagegen *aktiv-positiv* von *Anpassungs*reaktionen, auch bei Rebellion und Innovation;
- die tautologische und damit grundlose Herleitung des abweichenden Verhaltens erstens aus *fehlenden* Fähigkeiten und zweitens als Wirkung einer *nicht* vorliegenden Ursache; Merton unterstellt bei jeder Anpassungsreaktion ein gesellschaftlich *strukturiertes* Verhältnis zu Mitteln und Normen bei einer *positiven* Zielverfolgung;
- die *moralisierende* Zuschreibung der Nichtentsprechung von Verhalten und Norm zu Defiziten überwindet Merton durch modellhafte Verhaltensoptionen *rational* kalkulierender Subjekte;
- statt sittlicher *Mängel am Subjekt* unterstellt Merton *gesellschaftlich* vorgegebenen Strukturdiskrepanzen als Grundlage des Verhaltens.

---

274 Lamnek 1996, S. 247.

275 Lamnek 1996, S. 248.

276 Letztlich bestreitete diese Verdienste der Anomietheorie kein Kritiker, vgl. Lamnek 1996, S. 249 f.

277 Ebenso *Schubarth* (1998, S. 38), in seiner Würdigung der Anomietheorie unter Bezug auf *Quensel*, der ebenfalls die Überwindung des Devianzansatzes fordert wegen seiner „*historischen Relativität*" bezüglich der gerade gültigen Normen seiner Zeit und der damit unvermeidlichen „*Ideologieträchtigkeit*".

3.1.3 Zwischenfazit

Merton vermeidet mit seinem Anomiekonzept die moralisierende Schuldigensuche sowie die schuldzuweisende Zuständigkeitslogik der Defizitansätze. Stattdessen benennt er mögliche strukturelle Widersprüche in der gesellschaftlichen „Realität" als Grundlage der *Reaktionsweisen* von Subjekten, die diese Widersprüche in ihren Verhaltensstrategien „produktiv verarbeiten". Damit postuliert Merton, daß abweichendes Sozialverhalten sich als *passende* Reaktion auf zu Grunde liegende *Strukturdiskrepanzen* verstehen läßt. Über die meisten Interpretationen von Mertons Ansatz hinausgehend, läßt sich dies als Herausbildungsprozeß von bestimmten Sozialcharakteren bezeichnen, deren Grundtypen sich aus den individuellen Anpassungsreaktionen auf die widersprüchlichen Anforderungen der Sozialstruktur ergeben. Darin besteht ein bisher zu wenig beachteter und ausgearbeiteter Zusammenhang zwischen der Makroebene der Sozialstruktur und der personalen Mikrostruktur. Vermittelt wird das fehlende „Verbindungsstück" zwischen Struktur und Subjekt[278] durch die aktiven und produktiven *Anpassungsleistungen* der sich darüber selbst vergesellschaftenden Individuen. Ungleiche Mittelverteilung bei vorgegebenen und akzeptierten kulturellen Zielen stellen „Gelegenheitsstrukturen" dar, die verschiedene Lebens- und Bewältigungsformen evozieren, von gesellschaftlich angesehenen Formen bis zu alternativen und illegitimen. Merton liefert damit ein Modell plausibler sozialer Gelegenheitsstrukturen für *Devianz,* aber auch ein Modell für die *Affirmation* der gesellschaftlichen Verhältnisse. Mit den Anpassungsreaktionen geht es um die persönliche Bewältigung gesellschaftlicher Vorgaben, also um den Versuch einer *individuellen Harmonisierung* von (Miß-)Verhältnissen von Welt und Ich und damit - unausgesprochen - um eine sozialpsychologische Versöhnung.[279]

Mißt man nun den anomietheoretischen Ansatz insgesamt an den genannten Anforderungen einer *sozialisationstheoretischen Forschungsperspektive* (vgl. Kap. 2.1.3), so ergibt

---

278 Vgl. dazu die Rollenanalyse von *Dreitzel* 1968 (S. 225 ff). In diesem Punkt ist seiner Kritik zuzustimmen: *„Die soziologische Rollentheorie hat den Faktor Persönlichkeit des Rollenspielers bisher völlig unbeachtet gelassen. Sie sieht das Verhalten als ausschließlich von 'äußeren' Umständen beeinflußt, besonders natürlich von den sozialen Normen und den mit ihnen verbundenen Sanktionsdrohungen."* (S. 305). Hieran anknüpfend, entwickelt *Dreitzel* komplexe *„rollenanalytische Schemata von Verhaltensstörungen"* (zusammengefaßt S. 376), z.B. innerpsychische Anpassungstypen an *„Anomie und Entfremdung"* von *„relativ freier Variabilität"* (S. 305 ff, 313), die er als alltagsübliche oder als zwanghafte *„Vertauschung der Relevanzbereiche"* von Haupt- und Nebensache beschreibt (S. 315), die bis zu pathologischen Übergängen z.B. zu *„distanzlosem Engagement"* von Querulanten mit typischen *„Wahrnehmungmängeln"* führten (S. 343 ff, 350 f). Im Kern besteht seine Analyse in einem Gleichgewichtsmodell des Standhaltens von Ich-Identität gegenüber strukturellem Druck. Sein Ansatz vernachlässigt dabei aber die Analyse der *spezifischen Inhalte* der Ziel-Mittel-Diskrepanzen der Anomiestrukturen, d.h. die strukturellen Vorgaben der Reaktionsweisen. Er nimmt lediglich an, daß z.B. die Ritualisierung eine Abwehrreaktion gegen *jede* Art von Distanzverlust sei oder nur durch die Steigerung, d.h. durch die *Quantität,* eines Drucks evoziert werde (S. 347).

279 *Schubarth* 1998 meint dagegen, die *„Botschaft der Anomietheorie"* ginge in die Richtung, daß *„anomische Situationen vermindert werden, d.h. soziale Ungleichheiten durch eine gerechtere Gestaltung der Chancenstruktur abgebaut werden"* sollten. Es läßt sich aber auch anzweifeln, daß die Anomietheorie eine *„Botschaft"* vermittelt. Man kann sie m.E. auch als Erklärungsansatz dafür verstehen, weshalb es unter gesellschaftlichem Anomiedruck nicht noch viel mehr Abweichung unter den *„Benachteiligten"* gibt, nämlich gerade infolge ihrer verschiedenen *„Anpassungsreaktionen"*.

sich, daß er einige Anforderungen optimal erfüllt, andere nicht. Die Idee eines „produktiv die soziale Realität verarbeitenden Subjekts" ist mit dem Ansatz gut verträglich. In den Entscheidungsmöglichkeiten zwischen den Anpassungsreaktionen ist ein solches Subjekt unterstellt. Die anomischen Konstellationen determinieren das Subjekt gerade nicht. Dennoch wird mit dem subjektiven Anpassungsverhalten durch Bejahen, Verneinen oder Ersetzen von vorgegebenen gesellschaftlichen Zielen und Mitteln die postulierte Aufdeckung einer sozialen Strukturierung des Verhaltens deutlich.

Was die Anomietheorie nicht leistet, ist erstens eine inhaltliche Ausfüllung der strukturell beschriebenen Konfliktfelder. Die Inhalte ergeben sich aus dem jeweils untersuchten Bereich der gesellschaftlichen Realität, ebenso die theoretisch geforderte biographische Phasierung. Es müßte ein gesellschaftlicher Bereich sein, der Jugend besonders betrifft. Das Anomiekonzept als Analyse-Instrument sollte also sinnvollerweise eingebettet werden in eine *bereichsspezifische materiale Gesellschaftsanalyse.* Was im strukturfunktionalistischen Anomiekonzept zweitens nicht ausgeprägt ist, sind Übergänge von der objektiven *Struktur zum Subjekt.* Hier fehlt ihm ein Analysekonzept der innerpsychischen Vorgänge, so daß der Ansatz einer weiteren theorieverbindenden Ergänzung bedarf. Hierfür bieten sich, der US-amerikanischen Diskussion und Forschungstradition seit etwa 1950 folgend, *subkulturtheoretische Deutungsmuster* sowie die Ansätze zum *Selbstkonzept* (vgl. Kap. 2.2) an.[280]

3.2 Jugend-Subkulturtheorien als Ergänzung des Anomiekonzepts

3.2.1 Die Forschungsperspektive des Jugendsubkultur-Ansatzes

Eine Theorieverbindung mit der Anomietheorie hat sich bereits in der kriminologischen Erforschung des abweichenden Verhaltens in den USA und in der Bundesrepublik bewährt. Sie betrifft die subjektive Verarbeitungsweise von anomischen Strukturen in *Subkulturen.* Dazu sollen zunächst die spezifischen analytischen Ansatzpunkte und Leistungen der Ansätze zur Jugendsubkultur dargestellt werden.

Subkulturtheorien entstanden aus der theoretischen Befassung mit dem Sozialverhalten krimineller Jugendbanden in den Vereinigten Staaten von Amerika. Am Anfang stand die Chicagoer Schule mit konkreter Sozialarbeit und teilnehmender Beobachtung im lebensweltlichen Milieu der 40er und 50er Jahre des 20. Jahrhunderts. Bahnbrechend war die Arbeit von Albert K. Cohen: „Delinquent Boys. The Cultur of the Gang, New York 1955". Ähnlich wie die Anomietheorie geht die Subkulturtheorie davon aus, daß in komplexen Gesellschaften die Werte, Normen und Symbole nicht für alle Gesellschaftsmitglieder gleich gelten oder gleiche Bedeutungen haben und gleichermaßen verfügbar sind. Daher untergliederten große Konfigurationen sich in Subsysteme, die sich durch unterschiedliche und differenzierte Werte, Normen und Verhaltensmuster auszeichnen und definieren. Aus einer

280 Nach *Schubarth* (1998) macht die Lücke im Verhältnis Struktur-Subjekt die Anomietheorie *„anschlußfähig"* an die Frustrations-Aggressionstheorie oder an psychoanalytische Theorien (S. 38). Diskutiert wird auch ihre interaktionstheoretische Ergänzung (vgl. Holtappels 1987, Holtappels/Hornberg 1997 - vgl. dazu unten Kap. 4.2.2/ 4.3).

solchen Wert- und Normdifferenzierung könnten sich abweichende Verhaltensweisen ableiten oder legitimieren. Die Subkulturforschung erweist sich damit als ein soziologisches Konzept des abweichenden Verhaltens.[281] Von Cohen stammt eine häufig zitierte Definition von Jugendsubkultur. Er bezeichnet sie

> „als ein System von Überzeugungen und Werten, die sich in einem Prozeß kommunikativer Interaktion unter Kindern bildet, die durch ihre Position in der Sozialstruktur in einer ähnlichen Lage sind, als Lösung von Anpassungsproblemen, für die die bestehende Kultur keine befriedigenden Lösungen bereitstellt".[282]

Cohen versucht, die Neu-Entstehung von Subkulturen aus den Lebenssituationen Jugendlicher zu analysieren, während andere Theorien sich eher auf bloße Schematismen wie die Übertragung von schon vorhandenen kulturellen Mustern stützen. Dafür stehen *Kulturübertragungstheorien* oder die Theorie der *„differentiellen Assoziation"* von Edwin H. Sutherland aus der Chicagoer Schule.

Nach Sutherland ist kriminelles Verhalten *erlerntes* Verhalten, also weder anlagebedingt noch ererbt. Delinquent werde eine Person nach dem Prinzip der differentiellen Kontakte, wenn diejenigen Einstellungen, die Normverletzungen begünstigen, die anderen, die bestimmte Normverletzungen negativ beurteilen, überwögen.[283] Damit begründet er das Erlernen wie das Verlernen von normgemäßem wie von abweichendem Verhalten aus äußerlichen Gelegenheitsfrequenzen. Seine Lerntheorie ist damit tendenziell *deterministisch.* Die Kategorie eines eigenen Interesses des Lernenden ist ihr fremd. Eine eigenständige und „produktive Aktivität des Subjekts" ist in Sutherlands Konzept weder erkennbar noch vorgesehen. So ist auch seine Definition von Subkultur statisch und wenig funktional ausgerichtet:

> „Unter Teilkulturen verstehen wir 'relativ kohärente kulturelle Systeme, die innerhalb des Gesamtsystems unserer nationalen Kultur eine Welt für sich darstellen'. Solche Subkulturen entwickeln strukturelle und funktionale Eigenheiten, die ihre Mitglieder in einem gewissen Grade von der übrigen Gesellschaft unterscheiden."[284]

Für Cohen entstehen subkulturelle Gruppen und Normen dagegen in altershomogenen jugendlichen Kleingruppen durch normativ organisierte Verhaltensstrategien, um situativ gegebene Anpassungsprobleme neuartig zu lösen. Cohens *zentrale Hypothese* lautet, daß „die Kultur der Bande ... diese Probleme (löst), indem sie Statuskriterien schafft, nach denen diese Kinder und Jugendlichen zu leben imstande sind."[285] Cohen sieht die Jugendgangs in Großstädten wie Chicago in der Zwangslage, daß sie von den gültigen Normen und Mitteln der amerikanischen Mittelklasse ausgeschlossen sind, obwohl diese für alle als maßgeblich gelten und von allen internalisiert sind. In der Gruppe sind diese Jugendlichen aber in der Lage, einen Teil der Mittelklassemaßstäbe und -normen abzulehnen und sogar ins Gegenteil zu verkehren. Die Banden kehren die offiziellen Normen mehr oder weniger um, damit sie im Ergebnis für sie erreichbar und erfüllbar wurden. Cohen nennt das schichtenspezifische

281 Vgl. dazu insgesamt die ausführliche Darstellung bei Lamnek 1996, S. 142 ff.
282 Cohen 1968, zitiert nach Lamnek 1996, S. 145.
283 Sutherland 1968, S. 396.
284 Sutherland (1952), zitiert nach Baacke 1993, S. 115.
285 Cohen 1961, S. 91.

Gruppenverhalten *„Reaktionsbildung"*, bezeichnet es aber zugleich als „irrationale Reaktion" auf die Diskrepanzwahrnehmungen. Die Reaktion sei nicht-utilitaristisch, das heißt nicht unbedingt auf einen persönlichen Nutzen gerichtet, sondern eher provokativ-bösartig oder auch negativistisch.[286] Ihr Zweck könne auch sein, andere nur zu ärgern. Die positiven Effekte dieser selbstgeschaffenen Statuskriterien für die Gruppe seien der Gewinn eines anderweitig unerreichbaren *Status*, die *Legitimation* von Aggression gegenüber Gegengruppen, die Minderung von Leidens- und Versagensdruck und damit die Herstellung einer gewissen *Erträglichkeit* der wahrgenommenen Situation des eigenen Versagens.

Als Kritik und Gegenkonzept zur subkulturtheoretischen Erklärung von Jugendkriminalität und als Kritik an ihr entwickeln die amerikanischen Soziologen Sykes und Matza etwa im Jahre 1957 die *Neutralisationstechniken.*[287] Sie erklären das abweichende Verhalten so, daß die Legitimität des konformen Verhaltens durch die Neutralisationstechniken zunehmend in Frage gestellt werde, bis die offiziellen Normen dann keine Beachtung mehr fänden. Zu solchen Techniken zur Neutralisierung der herrschenden Normen zählen sie:

- Die *Ablehnung der Verantwortung*: Der Delinquent sieht sich als Spielball unbeeinflußbarer Kräfte, als Opfer der Verhältnisse.
- *Verneinung des Unrechts*: Der „Abweichler" bagatellisiert die schweren Folgen seiner Tat.
- *Ablehnung des Opfers*: Das Opfer wird abgewertet, als eigentlicher Übeltäter stilisiert oder als jemand, dem der Schaden zu Recht geschehen sei.
- *Verdammung der Verdammenden*: Die Kontrolleure werden als Heuchler, als korrupt oder ungerecht dargestellt, was gegen die von ihnen verhängte Sanktion sprechen soll.
- *Berufung auf höhere Instanzen*: Die Abweichung wird als Ausnahme dargestellt, die sich aus höheren, universalistischen Normen ableite (Freundschaft, Gruppensolidarität etc.).

Sykes und Matza meinen, die Neutralisationstechniken seien eine *Voraussetzung* der Verletzung von offiziellen Normen durch Jugendbanden, während sie Cohen für ihre *Folge* hält. Dabei nennen Sykes und Matza keine positiven Gründe für das Entstehen des abweichenden Verhalten, sondern nur die negativen, daß die Neutralisierung von Normen das abweichende Verhalten erleichtere und besser ermögliche. Der Normverstoß finde demnach statt, weil die Normgeltung zuvor relativiert worden sei. Was aber den Ausgangspunkt dafür bildet, daß die Normen überhaupt relativiert werden, klärt die Theorie von Sykes und Matza nicht auf. Ihre Konstruktion ist an diesem wichtigen Startpunkt eher zirkulär: Die herrschenden Normen würden nicht beachtet, weil ihnen die Beachtlichkeit zunehmend fehle. Die angebliche Gegentheorie gegen die Subkulturtheorie bietet daher m.E. in diesem entscheidenden Punkt die schwächere Erklärung und schwenkt in der Argumentationslinie wieder auf Positionen der *Defizitansätze* zurück.

Cohen integriert dagegen die Neutralisationstechniken in seinen Subkulturansatz.[288] Er hält diese Techniken für eine nachträgliche Entschuldigung der subkulturellen Jugendlichen vor Vertretern der offiziellen Normen, nachdem sie erwischt worden sind, aber nicht für den wahren Grund ihres Verstoßes gegen offizielle Normen, den er in dem *Entschluß* zur

286 Cohen 1961, S. 133 ff; dazu eingehend Lamnek 1996, S. 152 ff.

287 Vgl. Lamnek 1996, S. 212 ff.

288 Cohen/Short 1958, zit. nach Lamnek 1996, S. 215.

Bildung und Beachtung eigener subkultureller Normen sieht. Die von Cohen bahnbrechend entwickelte Forschungsperspektive der Subkulturtheorie ermöglicht damit die Formulierung *positiver Motive und Ziele* für das „abweichende" Sozialverhalten Jugendlicher und überwindet zugleich die bloß vergleichende Betrachtung von Jugendverhalten und offiziellen Normen.[289]

Die Jugendsubkulturtheorien stellen damit ein theoretisches *Zwischenglied* dar zwischen globaltheoretischen und mikrosoziologisch-sozialpsychologischen Erklärungsansätzen des als mehr oder weniger auffällig charakterisierten Sozialverhaltens Jugendlicher in modernen Gesellschaften. Sie überwinden mehrere Widersprüche von gemeinhin „unerklärlichem" Jugendverhalten, seien es Gewalthandeln, Modetrends oder „Verrücktheiten", Chaotentum, Aufsässigkeit oder Kriminalität. Sie zeigen nämlich erstens, daß *abweichendes* Verhalten sich auch als sein Gegenteil interpretieren läßt, nämlich als *Anpassung*, wobei die „Anpassung" durch abweichendes Verhalten in einem anderen Normensystem erfolgt als den Normen der Dominanzgesellschaft. Auf der *sub*kulturellen Ebene ist das offiziell *abweichende* Verhalten aber u.U. ein *Normalfall* und insofern eine Anpassung an diese subkulturelle „Normalität". Auch die subkulturelle Anpassung erfolgt durch Werte, Normen und normkonforme Verhaltensmuster, die allerdings von denen der Dominanzgesellschaft prinzipiell abweichen. So läßt sich „abweichendes Verhalten" je nach Bezugsebene der Normen als *konform oder abweichend* verstehen.[290] Nach diesem Ansatz läßt sich zweitens sogar das ganze System der subkulturellen Normen als Produkt von subkulturellen Anpassungsprozessen an Wert- und Verhaltensmuster der Dominanzgesellschaft interpretieren, die zwar prinzipiell geteilt, aber in der konkreten Ausprägung abgelehnt werden.[291] In sozialpsychologischer Hinsicht würde daraus folgen, daß Jugendliche ihre zurückgewiesenen und enttäuschten Teilhabe-Aspirationen bezüglich der Dominanzgesellschaft in ihren subkulturellen Normen kreativ verarbeiten. Subkulturelle Normen wären demnach ein Produkt aus folgenden vier Komponenten:

(1) von erlebten Abweisungen durch die Dominanzgesellschaft,
(2) von tiefen Enttäuschungen darüber,
(3) dem gleichwohl aufrechterhaltenen Willen, dem Druck standzuhalten und
(4) dafür seine eigenen Wege zu suchen oder erst neu auszubilden.

Derartige jugendsubkulturelle Umwertungsleistungen bezieht Erikson entwicklungspsychologisch unmittelbar auf die Konstitution des jugendlichen Selbstbildes. So *konstruierten* Jugendliche durch Auswahl, was für sie im Leben wichtig und bedeutsam ist, *ihr Bild von sich* und festigten damit ihre *„selbstgemachte Identität"*.[292] Im Zuge der krisenhaften Identitätsdiffusionen komme es durchaus auch zu Phasen der Intoleranz und der Überidentifikation, bei denen Erikson aus folgenden Gründen zu Gelassenheit rät:

---

289 Dieses Argument wurde als analytischer Schwachpunkt an den normativ und moralisierend ausgerichteten Defizitansätzen diskutiert (vgl. oben Kap. 2.4.5).

290 Im Kontext der Subkulturtheorie zeigt sich die Eindimensionalität der Defizitansätze (vgl. Kap. 2.4.2/ 2.4.4), die *„abweichendes Verhalten"* alleine aus der Perspektive der Dominanzgesellschaft bewerten und daraus verkürzte Rückschlüsse auf eine angeblich defizitäre Persönlichkeitsentwicklung ziehen.

291 Vgl. Lamnek 1996, S. 253.

292 Vgl. Erikson 1995, S. 110 ff; Ferchhoff/Sander/Vollbrecht 1995.

„Im allgemeinen ist es hauptsächlich die Unfähigkeit, sich für eine Berufs-Identität zu entscheiden, was die jungen Leute beunruhigt. Um sich selbst zusammenzuhalten, überidentifizieren sie sich zeitweilig - bis zu einem Grad scheinbar völliger Aufgabe des Ich - mit den Helden von Cliquen und Massen. Andererseits werden sie bemerkenswert exklusiv, intolerant und grausam gegen andere, die 'verschieden' sind in Hautfarbe oder Herkunft, Geschmack und Gaben, oft auch nur in ganz winzigen Momenten der Kleidung und Gestik, die willkürlich als die Kennzeichen der Gruppenzugehörigkeit gewählt werden. Es ist wichtig, daß man diese Intoleranz als notwendige Abwehr gegen ein Gefühl der Identitätsdiffusion versteht (was nicht heißt, daß man sie billigt oder teilt), als ein Gefühl, das unvermeidlich zu einer Zeit eintreten muß, in welcher (...) die geschlechtliche Reifung den Körper und die Vorstellungswelt mit allerlei Trieben überschwemmt, (...) und in der das Leben mit einer Vielfalt von widersprechenden Möglichkeiten vor ihm liegt, unter denen er wählen soll. So helfen sich die Jugendlichen für eine Weile durch diese unvertraute Lage hindurch, indem sie Cliquen bilden und sich selbst, ihre Ideale und ihre Feinde zu Stereotypen vereinfachen." [293]

Die in diesem Zitat enthaltenen Bemerkungen zur *Jugendsubkultur* zeigen, daß Erikson solche Bestrebungen mit einer gewissen Notwendigkeit in der Adoleszenzkrise ansiedelt, und zwar als Überbrückungshilfen für den eigentlichen Zielpunkt der „Berufs-Identität". Das Ende der Adoleszenz nach dem „psycho-sozialen Moratorium" beschreibt er als den Eintritt in die Erwachsenenwelt, die er mit der „Arbeits- und Rivalitätsordnung" des Berufslebens gleichsetzt.

Das postmoderne Jugendselbstverständnis emanzipiere sich dagegen von dieser bis zum traditionellen Berufseintritt erlebten gesellschaftlichen Bedeutungslosigkeit (Adolezenz-Moratorium als Zeit des *Aufschubs*): Es definiere und werte die Jugendphase von einer bloßen Vorstufe und Vorbereitungsphase des Erwachsenenalters um zu einer Lebensphase *„eigenen Rechts"*.[294] Konsequent werde in der Folge auch das *„Sub-"* ihrer „Kultur" bestritten und das volle Recht oder gar das Vor-Recht der „Jugendkultur" als ihre angemessene Daseinsform in der *Jetztzeit* ihres Lebens gefordert.[295] Ihre selbstgeschaffenen Standards seien für sie zumindest selbst *beherrschbar*. Subkulturell orientierte Jugendliche erlebten sich insofern in ihrem begrenzten Lebensbereich als die maßgeblichen *Subjekte* ihrer Welt, da ihre Normen ein Eigenprodukt und für sie der Beweis ihrer *„Autonomie"* seien (im Wortsinne: *„Selbst-Gesetzgebung")*. Mangelnde Anerkennung durch Erwachsene kompensierten subkulturelle Jugendliche dadurch, daß jede Subkultur sich unabhängig von der Einschätzung Erwachsener oder gerade gegen sie über ihre Exklusivität selbst definiere: „Sie unterwerfen das Handeln ihrem 'Eigen-Sinn'."[296]

---

293 Erikson 1995, S. 110.

294 Diese Pointe geht auf eine Einschätzung von *W. Fuchs* aus dem Jahre 1983 zurück (Fuchs 1983).

295 Vgl. Baacke 1993, S. 114 ff, Sander 1995, S. 44. Kritisch zur Bezeichnung als *„Jugendkultur"* äußert sich *Richter* (1998, S. 130 ff), der vorschlägt, man solle von Jugendstilen oder Jugendszenen sprechen, da dies der passageren und lockeren Mitwirkung Jugendlicher besser entspreche als die Kategorie *„Jugend-Kulturen"*. Siehe dazu auch Ferchhoff 1999, S. 115 ff, 249 ff, S. 275: „Intensive Suche nach Lebensgenuß 'subito' " oder „das Subito-Prinzip".

296 Vollbrecht 1995, S. 27. Hiergegen richtet sich programmatisch ein aus der Anomietheorie abgeleitetes Behandlungskonzept von aggressiven Gang-Jugendlichen im Jugend-Strafvollzug, in den Glenn-Mills-Schools der USA, die konzeptionell auch in Holland und Deutschland partiell adaptiert wurden und werden. Ein Ziel des Behandlungskonzeptes ist es, durch absolute Regelgemäßheit aller persönlichen Regungen ein *„subkultur-freies Milieu"* zu schaffen (vgl. Weidner 1995, S. 130 ff).

Von ihrem kriminologischen Ausgangspunkt hat sich die Jugendsubkulturforschung im Zuge der Fortentwicklung der Jugendkulturen längst gelöst. Ein Meilenstein auf diesem Weg sind die Forschungsarbeiten der Wissenschaftler des „Centre for Contemporary Cultural Studies" (CCC) in Birmingham, die sich mit einer marxistisch orientierten Grundposition auf die Einstellungen der proletarischen Jugend in England der Zeit um 1970 beziehen, weil die Forscher diese Jugendlichen für das künftige revolutionäre Subjekt halten. Dabei stellen sie fest, daß sie mit ihrer Klassenlage keineswegs unzufrieden sind, sondern stolz auf ihre kulturelle Einbindung als Arbeitsjugendliche. Über diese kulturelle Selbstgenügsamkeit versäumen sie sowohl den Einstieg oder den Aufstieg im Bildungssystem als auch eine schichtenspezifische Statusverbesserung. Die CCC ordnen dieses Jugendverständnis daher als soziale Klassenkultur ein. Die Jugendforschung der CCC wurde infolgedessen zunehmend zur Jugendkulturforschung. Sie dokumentiert den kulturellen Widerstandskampf der proletarischen Jugendgangs gegen ihre Integration in das von mittelständischen Standards dominierte Schulsystem. Sie zeigt dabei auf, wie der jugendproletarische Widerstand einerseits die Autoritäts- und Ordnungsrituale der Schule unterläuft und die Arbeiterjugend sich andererseits zunehmend in eine schichtenübergreifende Popkultur integriert. Auch wenn die Jugendlichen so ihre soziale Schicht praktisch nie verlassen haben (Willis), bestanden ihre subkulturellen „Teillösungen", wie Baacke hervorhebt, doch in der „Erhöhung des persönlichen Selbstwerts und der Schaffung eines kollektiv orientierten Identitätsgefühls."[297]

Die deutsche Diskussion über Jugendsubkulturen wurde stark durch den Soziologen Fritz Sack geprägt, der an die Überlegungen der amerikanischen Wissenschaftler, speziell an Cohen, anknüpft. Seine Charakterisierung von Jugendsubkulturen um 1970 enthält noch heute treffende Aussagen. Sack argumentiert hier sozialpsychologisch. Er geht davon aus, daß Jugendliche aus der Unterschicht sich in einer mittelschichtorientierten Gesellschaft nicht so verwirklichen, wie es die gesellschaftlichen Normen verlangen:

> "Die Jugendlichen entwickeln kulturelle Systeme eigener Art und verschreiben sich Zielen, deren Verwirklichung sie kontrollieren können und die ihre Statusprobleme jedenfalls teilweise zu lösen vermögen. Die Teilnahme an der jugendlichen Gangkultur verschafft ihnen den Zugang zu Möglichkeiten der Zielerfüllung, erhält ihnen aber auch den Kontakt und die Verbundenheit mit der umgebenden Kultur. Sie beziehen Ansehen gerade daraus, daß sie in aktiver Weise die Ziele und Werte verletzen, um deren Versagung willen sie in ihr Statusdilemma geraten waren. Was sie einst erreichen sollten, aber nicht erreichen konnten, wird zum negativen Fixpunkt ihrer subkulturellen Welt."[298]

Der Ausgangspunkt von Sacks Bestimmung ist ein *„Statusdilemma"*, in dem Jugendliche sich befinden. Es bestehe im Spannungsverhältnis zwischen der Herkunft der Jugendlichen aus der Unterschicht und der Mittelschichtorientierung relevanter Normen. Selbst wenn man Sacks Einordnung in ein Schichtengefüge so nicht teilt, behält die Ausgangsthese eines *Statusdilemmas* ihre Attraktivität und Erklärungskraft. Welche Statusdilemmata sich auswirken, mag vielfältiger sein, als Sack annimmt, und je nach Lebensbereich variieren. Grundlegend und fruchtbar bleibt sein Gedanke, daß Statusdilemmata die *Basis* einer jugendtypischen subkulturellen Überwindung bilden. Welche Statusdilemmata heute empirisch gestützt identifiziert werden können, wird weiter unten ausgeführt.

---

297 Baacke 1993, S. 135; ähnlich die Zusammenfassung von Schubarth 1998, S. 42.

298 Sack 1973, S. 274; ähnlich Cohen 1961, S. 19, 127.

Zentral ist zweitens die im Zitat enthaltene Behauptung Sacks, daß Jugendliche an ihrem Ausschluß aus der Dominanzkultur nicht ihre Aussperrung kritisieren und für sich nicht Mittel zur Teilhabe einfordern, sondern ihre „Zielerfüllung“ in eine *andere*, selbstgeschaffene „subkulturelle Welt" verlagerten. Mit ihrer „Gangkultur“ blieben sie in „Kontakt“ und „Verbundenheit“ mit „der umgebenden Kultur“. Wenn sie zur abweisenden Welt ein bejahendes Verhältnis pflegen, ist das einerseits das Gegenteil von Gesellschaftskritik. Andererseits setzen sie sich nach Sack Ziele, die negativ gegen die abweisende Umwelt gerichtet sind, indem „sie in aktiver Weise Ziele und Werte“ der sie „umgebenden Kultur“ verletzen, woraus ihnen *„Ansehen“* erwachsen soll. Dieser Widerspruch löst sich auf, wenn man sieht, daß sie auf Ansehen unter ihresgleichen abzielen. Ihre Bewährung erfolgt demnach in ihrem selbstdefinierten und von ihresgleichen geteilten Wertesystem, das durch die Verdrehung der dominanten Normordnung gekennzeichnet ist. Es ist also einerseits ihre *Kopie*, aber mit *verdrehten Vorzeichen*. Es ist damit virtuell und real zugleich. Die erstrebte Anerkennung lebt aus der Dialektik von *Anerkennung* dominanter Normen durch ihre *Verletzung*.[299] Subkulturelle Identität lebt aus dem widersprüchlichen Verhältnis von Verbundenheit und Negativität zur dominanten Kultur (affirmative Negativität). Die subkulturelle Identität bleibt damit als deren negatives Abziehbild auf die Dominanzkultur fixiert. - Das Argument, daß die „abweichende Subkultur“ eine Kopie von offiziellen Wert- und Normvorgaben mit umgekehrten Vorzeichen ist, bildet die *Gegenthese* dazu, daß abweichendes Verhalten auf *Defizite* in den Handlungskompetenzen verweise (vgl. Kap. 2.4.2/ 2.4.4). *Innerhalb* der regelgeleiteten subkulturellen Rituale benötigen und betätigen Jugendliche nämlich die *gleichen* Handlungskompetenzen wie gegenüber offiziellen Regeln.

Hinzu kommt drittens die Erfolgsgarantie der „Ziele, deren *Verwirklichung sie kontrollieren* können“. Dies erfordert nach Sack, daß die Jugendlichen sich den entsprechenden Zielen “*verschreiben*“. Sich einem Ziel zu „verschreiben“, ist aber das Gegenteil einer selbstbewußten Zielsetzung und Zielverfolgung. Über Ziele, die sich ein Subjekt setzt, ist es souverän. „Verschreibt“ es sich aber Zielen, wird es ihr Diener und von ihnen beherrscht. Der paradoxe Preis von Erfolgserlebnissen auf subkultureller Ebene ist demzufolge, daß die Souveränität in der kontrollierten Zielverwirklichung auf der Nichtsouveränität bezüglich der Ziele basiert.

Die in Fritz Sacks These enthaltenen Argumentationsschritte verkörpern bereits drei wesentliche theorieverbindende Vernetzungspunkte der jugendsubkulturellen Ansätze: (1) das Vorliegen eines Statusdilemmas, (2) den über die Mittel ausgeschlossenen Willen zur anerkannten Zielerreichung und (3) den erstrebten Ansehenszuwachs durch autonome Konstitution erreichbarer Ziele (verbunden mit Ablehnung der verweigerten Ziele).

3.2.2 Von der Subkulturtheorie zur Theorie der Jugendkulturen

Die zentralen Argumentationslinien der Theorien zur Jugendsubkultur zeigen im Ergebnis eine ambivalente Verlagerung hin zu Theorien der modernen Jugendkulturen,[300] die nun im

299 So auch die Zusammenfassung von *Schubarth* 1998, S. 42.

300 Siehe zum folgenden die eingehenden Gesamtdarstellungen bei Baacke 1993; Ferchhoff/Sander/-Vollbrecht 1995; Lamnek 1996, S. 152 ff und Ferchhoff 1999; ferner Steinert 1985 und Eckert 1995.

Hinblick auf diese Tendenz zusammengefaßt werden sollen. Dabei hat sich nicht nur die Jugendsubkultur-Theorie, sondern auch ihr Forschungsgegenstand weiterentwickelt.

Das „Centre for Contemporary Cultural Studies" hat seine Orientierung an marxistischen Klassentheorien aufgegeben. Sein Mitglied Paul Willis hat den vormaligen „Überbau" der ökonomischen Basis als eine Produktionsebene von Lebensformen entdeckt. Baacke qualifiziert das als Übergang zu einem genuin *kulturtheoretischen Ansatz*.[301] Die Arbeiten von Willis zeigen die Transformation der Jugendsubkulturen und ihrer Erforschung von einer gruppendynamisch geprägten widerständigen Reibung an sozialen Klassenschranken hin zu einer *schichtenübergreifenden kulturellen Psychologisierung*. Willis verweist darauf, daß die Jugend sich die Trivialkultur produktiv aneigne und daraus Möglichkeiten von oppositionellen und alternativen Symbolisierungen des Selbst erzeuge.[302]

Baacke teilt diese Analyse und offenbar auch die Freude über das „kulturelle Chaos", das allen die Zugänglichkeit zu kulturellen Ausdrucksmustern freistelle, was die kulturelle Emanzipation des Arbeiterjugendlichen zur Altersklasse insgesamt beinhalte. Es gehe auch bei Jugendsubkulturen nicht mehr um die „Arbeiterklasse", sondern herkunftsneutral um „alle Menschen in verschiedenen sozialen Situationen", in denen sie „symbolische Kreativität" als Teil ihres Alltagshandelns einsetzten.[303] Was Baacke hier begrüßt, ist eine Art *jugendsubkulturelle Überwindung* der bürgerlichen Klassen- und Schichtenschranken - unter Fortbestehen ihrer sozio-ökonomischen Grundlagen. Bourdieu bezeichnet diese Neuentwicklung als „kulturelles Kapital". Konventionen, Stereotype, Genres, Moden und Antimoden würden gleichsam eingeschmolzen in eine elementare Ästhetik, die dazu diene, die Langeweile des Alltags der Jugendlichen zu konterkarieren und damit den Alltag selbst zu einem Zentrum neuer kultureller Praktiken zu machen. Durch ästhetisch-symbolische Arbeit würden so ständig neue Bedeutungen produziert: „Auf diese Weise wird die Welt nicht verändert, aber aushaltbar, und Ausdrucks- wie Herrschaftsmuster werden immer wieder gleichsam pointilistisch aufgelöst."[304]

Baackes richtungweisende Arbeit über „Jugend und Jugendkulturen" von 1987 steht für die neue Sichtweise von postmodernen Jugendkulturen mit ihrer Leistung, die Tenbruck Anfang der 60er Jahre bereits als „Sozialisation in eigener Regie"[305] bezeichnet hat und die Baacke als „Jugendkulturen in authentischer Gestalt"[306] charakterisiert. Jugendkulturen sind danach offene Angebote zur „Selbst-Konzeptualisierung von Subjekten",[307] die man „Jugendliche" nennt, die aber nicht einmal mehr notwendig dieser Altersklasse angehören müssen.[308] Die relevante Altersgruppe erstrecke sich über die Phase der Postadoleszenz bis ins dritte Lebensjahrzehnt.

Baacke sieht in den Jugend(sub)kultur-Szenen unterschiedlichster Art ein neues, ein *postmodernes Konzept von Individualität* schlechthin.[309] Individualität werde nicht mehr

---

301 Vgl. Baacke 1993, S. 136; ähnlich Ferchhoff 1999, S. 56 ff.

302 Vgl. Willis 1991.

303 Vgl. Baacke 1993, S. 40 f, 70, 137.

304 Baacke 1993, S. 138.

305 Tenbruck 1962.

306 Baacke, zit. nach Ferchhoff/Sander/Vollbrecht 1995, S. 8.

307 Baacke 1993, S. 44.

308 Baacke 1993, S. 112 f.

309 Vgl. Baacke 1993, S. 238 ff. Ähnlich Ferchhoff 1999, S. 9-19, S. 238 (*„Patchwork-Jugend"*).

biographisch entwickelt und gelebt, sondern „angeeignet", adaptiert, *konstruiert und inszeniert*. Was zähle, sei die „Wahrheit der Oberfläche". *Identität* sei eine *Bastelarbeit*, eine *Bricolage*, geworden.[310] Ihr Medium der Selbstdarstellung und ihre selbstinszenierte Bestätigung zugleich finde sie in den Accessoires der Jugendszenen, den Musikstilen und der Mode, den Attitüden und den Freizeit-Events und zusammengefaßt in Lifestyles als den vielfältigen Stilisierungen von Lebensgefühl. Die besagten Lebensstile seien nun gewissermaßen die ganzheitliche Antwort auf die postmoderne Sinnfrage der Altersklasse. Michailow bezeichnet jugendkulturelle Lifestyles in diesem Kontext wohl zutreffend als „Chiffren für Identitätssuche und Individualitätsideal".[311]

Daß die wachsende Pluralität „jugendkultureller Individualisierungen und Stildifferenzierungen"[312] ein mögliches „Ende der Jugendkulturen"[313] signalisiere, läßt sich aus mehreren Gründen bezweifeln:

- Eher werden die lebensstilbetonten Jugendkulturen, weil sie *äußerliche* Formen der Identitätsstilisierung sind, in einer marktwirtschaftlichen Ökonomie als *Waren* behandelt. Die Identitätsmuster von der Stange unterliegen damit einer wachsenden Kommerzialisierung. Die Geschäftswelt wird diese Lifstyle-Produkte schon mit allen modernen Werbemitteln pflegen.
- Weil Identitätsstilisierungen *Anerkennungserfolge* verbürgen sollen, werden sie leicht zu *Moden*. Als exklusive Stilisierungskonzepte entwertet sie das. Der einzelne Konsument kommt sich „vermasst" vor, wendet sich enttäuscht ab und sucht nach neuen Geheimtips, die wirklich „mega-in" sind. Ob die diversen Geheimtips aber wirklich als erfolgversprechende Selbststilisierungen gelten, ist erst bewiesen, wenn sie massenhaft Bewunderung und Anerkennung auslösen. Kaum haben sie aber die Massen ergriffen, taugen sie nicht mehr, sich damit von diesen Massen abzuheben etc.
- Daß die *Massenmedien* ihre Chance als Katalysatoren der Selbststilisierungen wittern, liegt ebenfalls in der „Logik" dieser Identitätsstilisierungen und an dem ökonomisch unterfütterten *Quoteninteresse* der Funk- und Printmedien einschließlich Internet.
- Daß Musik in fast allen Jugendkulturen als das identitätsstiftende Medium integriert ist, liegt daran, daß das jeweils ausgesuchte Self-esteem als inneres, *positives und doch abstraktes Lebensgefühl* darin seinen angemessen emotionalisierenden Ausdruck findet.

Demnach ist angesichts bleibender sozialstruktureller Grundlagen eher mit einem beständigen Stilwandel der Jugendkulturen im organisierten Zugriff von Markt und Massenmedien, von Mode- und Musikmachern zu rechnen als mit ihrer Auflösung.

Plausibel erscheint auf dieser Grundlage die Tendenz des Entwicklungsgangs der Jugendkulturen, die die Shell-Jugendstudie von 1997 herausgearbeitet hat.[314] Danach erreichen Jugendkulturen mit einer politisch-konservativen Enthaltung von politischem Engagement im Zeitreihenvergleich seit 1981 und 1991 die höchsten Identifikationswerte, während die

---

310 Ähnlich argumentieren Ferchhoff/Sander/Vollbrecht (Schwendter) (1995, S. 21) in ausdrücklicher Anlehnung an *Lévi-Strauss* und das CCC Birmingham.

311 Michailow 1994, S. 107.

312 Vgl. Ferchhoff 1995 und Ferchhoff 1999, S. 115 ff, 280 ff.

313 Sander 1995, S. 45.

314 Vgl. Fritzsche 1997, S. 368 ff.

sozialen Protestbewegungen wie etwa Dritte-Welt-Initiativen, Kernkraftgegner oder Ökobewegung rückläufig sind. Die größten Sympathieverluste hatten (bis 1997) in den alten Bundesländern die Punks und Skins, in den neuen Bundesländern die Hausbesetzer und bei den weiblichen Jugendlichen die Fußball-Hooligans. Wachsende Tendenz weise der musik-, mode- und körperbezogene Bereich der Gruppenstile auf, besonders das Umfeld der bei Schülerinnen und Schülern beliebten Technofans, von denen zwei Drittel unter 20 Jahre alt sind. Einen auffälligen Wandel zeigen auch die Formen des Engagements. Im Vordringen seien situationelle Engagementformen. Der Wunsch, sich auf einen bestimmten Stil fest zulegen, nehme ab gegenüber dem Wunsch, sich gleichzeitig mit mehreren Stilen zu identifizieren.

Wie variantenreich und intensiv die Jugendlichen jugendsubkulturell oder jugendkulturell inspiriert sind, stets leben sie damit mehr oder weniger den Widerspruch einer *Identität,* die sie sich *neben* ihrer Alltagswelt *konstruieren.*[315] Charakteristisch für ihr Selbstbewußtseins ist seine Konstruiertheit wie sein *Ersatz-Charakter.* Daß diese widersprüchliche Existenzweise für die Betroffenen entgegen ihren Behauptungen und entgegen dem ersten Anschein nicht nur "*Fun*", sondern zugleich bitterer *Ernst* ist, zeigt sich daran, welche enormen Emotionen, welche Gewaltausübung, Selbstaufopferung und Selbstschädigung sie dabei und dafür in Kauf nehmen. Für die Betroffenen hängt offenkundig sehr viel, wenn nicht „*alles*" von diesen Schematismen ihrer Selbstdefinition ab.

Wenn dem Anerkennungserfolg dieser Identitäts-Schablonen aber stets die Gefahr gegenübersteht, daß die Inszenierung sich blamiert, wirft dies die Frage auf, wieso Generationen von Jugendlichen bei allen Variationen doch die jugend(sub)kulturellen Identitätsfindungsprozeduren als den *Erfolgsweg* zu sich selbst begreifen. Wieso teilen sie dieses Identitätskonzept, als wäre es eine *Selbstverständlichkeit,* obwohl es nicht leicht ist, sich so schematisch, so schablonenhaft und unter Befolgung methodischer Prinzipien auf sich zu beziehen? Ein Selbstläufer kann die Prozedur kaum sein, denn sie hat ständig den Widerspruch zu bewältigen, daß *inszenierte* modische Attribute die unverwechselbaren *Eigenheiten* eines Individuums ausmachen sollen. Baacke behauptet einerseits, hiermit werde die „Wahrheit der Oberfläche"[316] entdeckt und angeeignet:

> „Individualität, ein angesichts wachsender Vergesellschaftung weiterhin hochgeschätztes Gut, wird zunehmend nicht entwickelt, sondern *angeeignet.* In den Interpretationen zur 'Wahrheit der Oberfläche' war gezeigt, wie dies vonstatten geht. Wilhelm Busch konnte noch, auf dem Grund bürgerlichen Einverständnisses mit den Prinzipien der Ich-Konstruktion, reimen:
>
> Wie wolltest du dich überwinden,
> kurzweg die Menschen zu ergründen,
> du kennst sie nur von außenwärts.
> Du siehst die Weste, nicht das Herz.

315 Zur *Konstruiertheit* von jugendlicher (Teil-)Identität haben *Kersten* und *Steinert* Studien zu den darin kreativ verarbeiteten Männlichkeitsbildern (und Weiblichkeitsbildern) als situative Bewerkstelligung von Geschlecht vorgelegt (vgl. Kersten 1993, 1994; Kersten/Steinert 1997: „*Starke Typen*"; Findeisen/Kersten 1999). Ähnliche Prozesse entschlüsselt eine „*ethnopsychoanalytische*" Studie von *Sven Sauter* („*Wir sind 'Frankfurter Türken'*", 2000), die der Frage „*Ethnizität oder Konstrukt - oder Realität*" nachgeht („*Ich bin als Türkin geboren in Deutschland. Aber es gibt Momente, da sag ich auch, ich bin Deutsche, ich bin Frankfurterin, ich bin Oberräderin*" (S. 124 ff).

316 Baacke 1993, S. 194 ff.

Die Wahrheit dieser Aussage ist jugendkulturell nicht mehr belegbar, da sie dort umgekehrt wurde: Siehst du die „Weste", hast du, was du brauchst. Das ist zynisch ..."[317]

In der 2. Auflage seines Buches räumt er aber - neben seiner Bewunderung der Kreativität der jugendkulturellen Beiträge als Avantgarde der Kulturentwicklung - im Unterschied zur Erstauflage von 1987 ein, daß sich in den real existierenden Jugendkulturen zunehmend

> „Ausreißer, arbeitslose Jungen oder von den Eltern alleingelassene Mädchen, die sich durch Prostitution, Drogen und Drogenhandel durchschlagen und in den jugendkulturellen Randzonen Aufnahme finden. Auch die Zahl alkoholabhängiger Jugendlicher wird immer größer (...) und wieder sind es die jugendkulturellen Szenen, in denen viele dieser halben Kinder Aufnahme finden, denn in bestimmten Cliquen und Milieus ist der Alkoholkonsum (wie andere Drogen) gerechtfertigt durch den Gestus der Verweigerung, wobei die häufig dahinter stehende Verzweiflung leicht übersehen wird."[318]

Während die subkulturelle Identitätsfindung Jugendlicher nach den Ansätzen von Cohen und Sack, CCC und Willis sowie Baacke also zunächst wie eine perfekte und tragfähige Lösung der Statusdilemmata und der aufgezwungenen Moratorien Jugendlicher in der modernen Gesellschaft aussieht, zeigt sich bei näherer Betrachtung, daß diese subkulturellen und imaginierten Lösungen den Jugendlichen teilweise sehr *hohe Preise* abverlangen. Die Preise sind nicht nur Kriminalisierung und soziale Stigmatisierung für die Schäden, die sie anderen mit zum Teil erschreckender Brutalität zufügen. Subkulturelle Lösungen können für den einzelnen auch Selbstbetrug, Oberflächlichkeit und der Glaube an Äußerlichkeiten bedeuten; sie schließen auch die Gefahr ein, Verletzungsopfer anderer zu werden oder lebensgefährliche Risiken einzugehen und sich so selbst zu schädigen. Die Forschungen zur Entwicklung von Jugendsubkulturen in West- und Gesamtdeutschland lassen sich in diesem Sinne auch als Belege für die Bereitschaft Jugendlicher verstehen, diese Preise der Bewährung über subkulturelle Identitätsbildungen gegenüber einer Dominanzgesellschaft zu zahlen:

- In den 80er Jahren waren es jugendliche *Protestkulturen* mit Gewaltneigung gegen Sachen und Personen: Die Hausbesetzer in Berlin/West und Hamburg (Hafenstraße), dann der Prototyp der Jugendsubkultur, die Punks[319] mit ihren Chaostagen in Hannover und anderswo, schwarze Blöcke bei Anti-Demonstationen, ferner Stadtindianer und Streetfighter und am Ende auch Skinheads.
- Anfang der 90er Jahre waren es *Ausschreitungen fremdenfeindlicher und rassistischer Freizeitcliquen* von Jugendlichen gegen Personen und Familien von Asylbewerbern, Arbeitsmigranten, Aussiedlern. Daneben entwickelten sich jugendliche Risikogewalt-Cliquen wie die Auto-Crasher und Air-Baging-Kids sowie die S-Bahn- und Autobahn-Surfer.[320]

---

317 Baacke 1993, S. 240.

318 Backe 1993, S. 185.

319 Bezeichnend für die öffentliche Irritation durch diese neuen Jugendszenen war eine Episode in einer ARD-Fernsehdiskussion mit Berliner Hausbesetzern und Punks. Der provokative Auftritt der Punks im Studio mit dem damaligen CDU-Jugendminister *Heiner Geißler* und dem Psychoanalytiker *Horst-Eberhart Richter* führte zur spontanen Zusage von Fördermitteln, aus denen ein DFG-Projekt einer langjähigen teilnehmenden Beobachtung der damaligen jugendsubkulturellen Szenen entstand, vgl. Bock/Eimnitz/Richter u.a. 1989.

320 Paradigmatisch dafür dürfte der von *Otto* und *Merten* herausgegebene Sammelband zum Thema „Rechtsradikale Gewalt im vereinigten Deutschland" von 1993 sein.

- Mitte der 90er Jahre verlagerte sich der Fokus auf Erscheinungsformen der *Schülergewalt*.[321]
- Im Vorfeld des Bundestagswahlkampfes 1998 standen im Mittelpunkt der Kommentierung jugend(sub)kultureller Verhaltensweisen *gewalttätige und kriminelle Jugendliche* und sogar Kinder („Monster-Kids", „Horror-Kids", „Mehmet").[322]
- Ein exemplarisches Einzelereignis waren die Ausschreitungen deutscher *Fußballfans* bzw. *Hooligans* während der Fußballweltmeisterschaft 1998 in Frankreich, die das gesamte, seit den Massenausschreitungen von 1985 im Brüsseler Heysel-Stadion diskutierte Dauerthema der Fußballfans[323] wieder in den Mittelpunkt öffentlicher Aufmerksamkeit rückten.
- Parallel dazu verlaufen die jugend(sub)kulturellen *Drogenszenen*, zuletzt mit den „Partydrogen".

Eine Frage angesichts dieser Bewegungen ist: Woher nehmen die Jugendlichen die *Sicherheit*, daß sich die hohen Kosten für ihre damit erkauften Selbstbeweise *lohnen*? Die unter Jugendlichen gängige „Kosten-Nutzen-Abwägung" dazu ist nicht unbedingt überzeugend, sofern sich der erstrebte Effekt der Selbstaufwertung vielfach in sein Gegenteil umkehrt und Jugendliche zur abhängigen Variablen der Inszenierung ihres Persönlichkeitsbildes werden. Wenn aber der Einwand, daß die subkulturellen Selbstkonzeptualisierungen ihnen auch erhebliche neue Probleme schaffen können, den Problemlösungscharakter dieser Selbstbehauptungsstrategien in den Augen der Jugendlichen nicht entscheidend relativiert, muß deren Attraktivität eine weit über den Einzelfall und den Augenblick hinaus wirksame Kraft und Stabilität haben. Wodurch wird die enorme *Stabilität* dieses Musters erzeugt und gespeist?

Eine zweite Frage ergibt sich daraus, daß der Fokus der Jugendkulturforschung, aber auch die untersuchte Population selbst, immer umfassender und allgemeiner geworden ist. Bei Cohen war es noch der enge Bereich subproletarischer Jugendgangs. Auch Sack hatte Jugendliche der sozialen Unterschicht im Blick. Die Perspektive der CCC umfaßte erst die Arbeiterjugend und später auch bürgerliche Kreise. Willis und Baacke sprechen schließlich bewußt von Jugendlichen *aller* Schichten und damit von der Altersklasse Jugend als Produzenten der subkulturellen Muster. Mit der Ausweitung der Sozialmerkmale der Gruppen, die ihre Anomien subkulturell verarbeiten, bis zur Ebene der gesamten Jugend „jenseits von Stand und Klasse"[324], muß man nach anomietheoretischen Prämissen auch von einer entsprechenden *Veränderung* der zu Grunde liegenden *Statusdilemmata* selbst ausgehen. Während es bei Cohen der harte Ausschluß von „Underdog"-Jugendlichen von jeder Teilhabe am Geschehen im Wohnquartier war, während die Statusdilemmata bei Sack eher aus kulturellen Differenzen zur bürgerlichen Mittelschichtorientierung entsprangen oder es bei den englischen Jugendlichen ursprünglich ihr Sonderstatus als „Arbeiterklasse" war, kommen solche *partikularen* Statusdilemmata als aktuelle Grundlage nicht in Frage. Auf der erreichten Breite der subkulturellen und jugendkulturellen Identitätsbildung muß also vorrangig nach anomischen Struktur- und Statusdilemmata gefragt und gesucht werden, die die gesamte Altersklasse der Jugendlichen erfassen.

321 Hierfür steht beispielhaft der von *Schubarth* und *Melzer* herausgegebene Sammelband „Schule, Gewalt und Rechtsextremismus" von 1995.

322 Vgl. 10. Jugendbericht 1998, S. 120 ff; Deutsches Jugendinstitut 1999: *„Der Mythos der Monsterkids"*.

323 Vgl. Heitmeyer/Peter 1988/92.

324 Beck 1986, S. 68.

Aus beiden Gründen ist eine nähere Analyse der reaktionsprägenden Eigenart der anomischen *Basisstrukturen* erforderlich, die die Alterskasse Jugend insgesamt erfassen und nicht nur Teile von ihr, und die zudem allen Jugendlichen als so *selbstverständlich* erscheinen, daß sie *als Altersklasse* bestimmte Lösungsstrategien trotz der damit verbundenen Mängel, Nachteile und Schädigungen so übereinstimmend, so eindeutig und fraglos bevorzugen.

3.2.3 Vernetzungspunkte von subkulturtheoretischen Ansätzen mit der Anomietheorie und den Ansätzen zum Selbstkonzept

Inwiefern können Theorien zur Jugendsubkultur nach den vorangegangenen Überlegungen die Analysekonzepte der Anomietheorie und die Ansätze zum Selbstkonzept fruchtbar ergänzen?

Einmal füllen Jugendsubkulturtheorien das Anomietheorem mit lebensweltlicher Substanz. Indem Subkulturtheorien jugendtypische, kollektive Verarbeitungsformen von anomischen Konstellationen rekonstruieren, zeigen sie exemplarisch auf, wie bestimmte Jugendliche anomische Spannungen ihrer spezifischen gesellschaftlichen Lage altersgruppenhomogen und kreativ transformieren, gerade weil ihrem Moratorium bei allen Unterschieden zumindest ähnliche anomische Basisstrukturen zu Grunde liegen. Zwar ist es ein Unterschied, ob man hierarchisch organisierte kriminelle Jugendgangs US-amerikanischer Ausprägung untersucht, schichtspezifisch geprägte Protest-Jugendsubkulturen englischer Art, jugendliche Anti- und Alternativkulturen wie in Deutschland, rassistisch orientierte gewaltbereite Jugendliche oder diverse Lifestyle- und musikbezogene Jugendszenen in ganz Europa. Gemeinsam ist den Varianten von Jugendsubkulturen aber offenbar, daß sie mit ihren subkulturellen Identitäts- und Verhaltensmustern bestimmte gesellschaftliche *Exklusionsverhältnisse* überwinden, an deren Schranken die junge Generation praktisch stößt, wenn sie Ansprüche auf Partizipation geltend macht. Ihre Identitätsmuster lassen sich auf allgemeiner Ebene als kreative und lebensweltliche Antworten eines *enttäuschten Teilhabewillens* der Nachrücker-Generation interpretieren, die sich ihren Ausschluß so nicht gefallen läßt und daher ihre Teilhabewünsche auf symbolische Weise manifestiert. In diesen gelebten *Selbststilisierungen* empfindet sich die Jugend dann auf eigentümliche Weise offiziell anerkannt und zugleich ganz bei sich.

Mit diesen Überlegungen ist zugleich der enge innere Zusammenhang der Subkulturtheorie mit der Theorie der *Selbstkonzepte* offengelegt (vgl. Kap. 2.2). Die gesellschaftlich-materiellen Anomien werden auf einer *anderen* Ebene - nämlich der Ebene des *sozial-psychologischen* Selbstverständnisses - unterlaufen. Hier kommen die oben diskutierten Bedeutungsvarianten des Ausdrucks „Self-esteem" praktisch zum Tragen, die von der Selbstwertzumessung über die reflektierte Selbstwerteinschätzung bis zur gefärbten Selbstwertschätzung reichen. Diese jugendsubkulturelle Selbstkonzeptentwicklung löst einen doppelten Anspruch auf persönliche Erfüllung ein. Sie verbürgt ihnen Selbsterfüllung *in* und zugleich *neben* den lebensweltlichen Situationen, die sie als Altersklasse strukturell in verschiedene „Moratorien" abschieben.

3.3. Ein integrierter Anomieansatz zur bereichsspezifischen Analyse der jugendtypischen Selbstkonzeptentwicklung

3.3.1 Der eigene Forschungsansatz - ein integrativer Anomieansatz

Auf die Fragen nach dem strukturellen *Hintergrund* dieser Methode der Identitätsbildung entwickelt das nächste Kapitel eine Antwort, und zwar mit dem bisher dargestellten Instrumentarium eines theorieverbindenden Ansatzes aus folgenden Elementen, nämlich:

1. dem *Anomie-Theorem* als heuristischem Modell für system- und strukturgemäße Anpassungsreaktionen auf bestimmte Zweck-Mittel-Diskrepanzen,
2. der *Selbstkonzept-Forschung* als intrapsychischer Rekonstruktionsfolie von moderner Identitätsbildung sowie
3. den *Subkultur-Theoremen* als Muster gruppenspezifischer Verarbeitungsformen von anomischen Spannungsverhältnissen durch jugendtypische Selbstkonzeptualisierungen.

Zur Vermeidung der von Hurrelmann genannten Probleme von „eklektizistischer Flickschusterei“[325], die bei einer unreflektierten Kombination von Ansätzen entstehen können, ist zunächst zu klären, ob mit den drei genannten modellhaften Zugängen eine „vollständige Erfassung des hier ausgebreiteten Problemfeldes“ erreichbar erscheint. Zu fragen ist weiterhin, ob die drei Ansätze untereinander durch ein gemeinsames erkenntnisleitendes Interesse transformierbar sind, wie Rolff[326] zusätzlich fordert. Hierzu sind die „ineinander transformierbaren Paradigmen“ offenzulegen.

Die vorgestellten drei Ansätze dürften die methodischen Erfordernisse einer theorieverbindenden Sozialisationstheorie erfüllen.[327] Sie sind in den für die Persönlichkeitsentwicklung relevanten Dimensionen verankert. Die Anomietheorie ist gesellschaftswissenschaftlich ausgerichtet, also der Makro-Ebene zuzuordnen.[328] Die Selbstkonzeptansätze fokussieren die subjektiv-intrapsychischen Prozesse (Mikro-Ebene).[329] Die Subkultur-Ansätze fungieren als Bindeglied zwischen diesen Ebenen. Untereinander sind die Ansätze über folgende gemeinsame erkenntnisleitende Interessen integrierbar:
Die objektiv-strukturfunktionalistisch geprägte *Anomietheorie* thematisiert in ihren fortentwickelten Varianten in den Anpassungstypen zunehmend die *subjektiven* Verarbeitungsweisen und Bewältigungsformen der gesellschaftlich vorgegebenen Spannungsverhältnisse. Ihr Erkenntnisinteresse ist dabei nicht auf die Integrationsfunktionen verkürzt. Mit den Bewältigungsformen von „Rebellion“ oder „Innovation“ schließt sie explizit abweichendes Verhalten in ihr Modell ein.

Die *Selbstkonzeptforschung* wiederum unterstellt in ihren Integrationsmodellen von „personaler“ und „sozialer“ Identität, daß es widersprüchliche gesellschaftliche Rollener-

---

325 Vgl. Hurrelmann 1978, S. 534.

326 Vgl. Rolff 1977, S. 66; Tillmann 2000, S. 192 f.

327 Diese Einschätzung wird gestützt durch die Würdigungen von Anomietheorie und Subkulturtheorie in der Synopse von *Schubarth*, der die beiden Theorien für integrationsfähig hält (vgl. Schubarth 1998, S. 38 f, 42).

328 Vgl. Schubarth 1998, S. 38.

329 Vgl. Schubarth 1998, S. 42 f.

wartungen gibt, die in ein stabiles Selbstkonzept zu integrieren sind. Ihre Theoreme von Frustrationstoleranz, Rollendistanz und Ambiguitätstoleranz leben geradezu von den im Subjekt zu verarbeitenden Spannungen von außen. Es bestehen daher auch in diesem Ansatz Erkenntnisinteressen an der Verarbeitung *gesellschaftlicher* Spannungen in der Subjektentwicklung. Die Ansätze der Selbstkonzeptforschung behaupten darüber hinaus weder Determinismen noch verschließen sie sich abweichendem Verhalten.

Die *Subkulturtheorien* erfüllen hier eine konzeptionelle Brückenfunktion zwischen anomischen Spannungen und subjektiven Verarbeitungsformen. Sie stimmen mit wesentlichen Fragestellungen der Selbstkonzeptforschung überein. Sie füllen die Selbstkonzeptschemata inhaltlich aus und beleuchten die besondere Funktion der Peers. Auf abweichendes Verhalten sind sie geradezu spezialisiert. Ihr Schwerpunkt liegt in einer modellhaften Rekonstruktion von kreativen Reaktionsweisen auf Formen gesellschaftlicher Ausgrenzung. Damit überwinden sie die theoretischen Voreingenommenheiten von Defizitansätzen schon vom Ansatzpunkt her.

Das Erkenntnisinteresse an einer modellhaften Rekonstruktion auch des „abweichenden Verhaltens“ ist demzufolge allen drei Ansätzen eigen. Sie sind offen für kreatives Subjektverhalten und damit verträglich mit der Prämisse eines „produktiv die Realität verarbeitenden Subjekts“. Die Theorien sind teilweise ausdrücklich zur Analyse von Jugendproblemen entwickelt worden beziehungsweise schließen eine Fokussierung auf sie nicht aus. Sie sind auch nicht verengt auf ganz bestimmte gesellschaftliche Integrationserfolge (im Unterschied z.B. zu Parsons, G. H. Mead, zu Eriksons „gesunder Persönlichkeit“ oder zu der „‘gesunden’ Entwicklung der eigenen Persönlichkeit“ nach Hurrelmann). Sie sind positive Erklärungsversuche und keine Defizitansätze (wie z.B. Hurrelmann, Beck, Heitmeyer). Das alles spricht vom Grundsatz her für die Eignung des vorgeschlagenen kombinativen Ansatzes für die Fragestellung dieser Arbeit.

Vor einer analytischen Erfassung und theoretischen Integration jugendtypischer Selbstbilder mit diesem Kombinationsansatz ist jedoch eine bereichsspezifische Konzentration auf einen überschaubaren Sektor anomischer Spannungsverhältnisse im jugendlichen Sozialisationsfeld erforderlich, denn mit der Brücke zu den innersubjektiven Verarbeitungsformen von Anomien ist der zweite oben diskutierte Mangel des Anomieansatzes noch nicht behoben (vgl. Kap. 3.1.3), nämlich die fehlende *inhaltliche Ausfüllung* der Anomiefelder. Die materiale Ausfüllung hängt vom untersuchten Segment der gesellschaftlichen Realität ab, das die Jugendentwicklung spezifisch betreffen muß. Das Anomiekonzept als Analyse-Instrument kann sinnvollerweise erst eingesetzt werden, wenn dieser für die Jugendentwicklung besonders relevante gesellschaftliche Teilbereich inhaltlich definiert ist.

3.3.2 Definition eines Suchrasters für anomische Konstellationen der jugendtypischen Selbstkonzeptentwicklung

Fragt man unter den Voraussetzungen der Anomietheorie, aus welchen Erfahrungsbereichen sich Jugendliche bestimmte Selbstverständnisse aussuchen, um sich in ihnen als Altersklasse identisch mit sich zu fühlen, muß man nach alltagstypischen anomischen Diskrepanzen fragen, deren Spannungszustand diese eigentümliche Formierung des Selbstkonzeptes als Anpassungsreaktion hervorbringen könnte. Was sind also zusammengefaßt diese allgemeinen Strukturmerkmale von möglichen Anomien, aus denen die Jugendlichen ihr spezielles Selbstbewußtsein entwickeln? Folgende drei Merkmale charakterisieren m.E. die *Strukturen* einer anomischen Konstellation, die für eine jugendtypische Selbstkonzeptbildung als konstitutiv angenommenen werden kann und bilden somit das *erste Suchraster:*

- Die gesuchte anomische Konstellation muß prinzipiell *sämtliche* Mitglieder der Altersklasse Jugend erfassen.
- Ihr Einfluß auf die Altersklasse muß von hoher *Einwirkungsintensität* sein.
- Es muß sich um eine ambivalente Konstellation von Anziehungskraft und Ausschlußtendenzen handeln, von *Animation und Ausschluß*. Die Animation muß erfolgreich sein und zu bestimmten Aspirationen und Bestrebungen führen, während die Mittel zur Realisierung demgegenüber systematisch zu knapp ausfallen.

Wenn eine gesellschaftliche Teilstruktur solche Merkmale enthält, muß in einem *zweiten* Schritt nachgewiesen werden, inwiefern daraus von den Jugendlichen bestimmte Selbstkonzepte als *Anpassungsstrategien* entwickelt werden. Dazu sind die bereichsspezifischen kulturellen Werte und Normen herauszuarbeiten. Weiterhin sind die Mechanismen aufzudecken, die strukturell ausgrenzend wirken, sobald Jugendliche versuchen, die bereichsspezifischen Werte auf konforme Weise zu erfüllen, denn gegen sie entwickeln die Jugendlichen nach der Hypothese infolge ihres Scheiterns bestimmte Anpassungsreaktionen. Dieser Nachweis ist letztlich nur auf *empirischer* Ebene zu führen. Er ist an konkreten Erscheinungsformen der Anpassungsstrategien Jugendlicher aus dem betreffenden Lebensbereich zu entwickeln und an ihrem entsprechenden Selbstverständnis. Hierzu sind die Anpassungsreaktionen und Äußerungen Jugendlicher mit Methoden quantitativer und qualitativer Sozialforschung auszuwerten.

3.3.3 Auswahl einer gesellschaftlichen Konstellation als anomische Basis der jugendtypischen Selbstkonzeptentwicklung

Zur Auswahl einer bereichsspezifischen anomischen Konstellation aus der Lebenswelt Jugendlicher kommen verschiedene Segmente der gesellschaftlichen Realität gleichermaßen in Betracht, deren Ensemble erst deren tatsächliche Lebenslage repräsentiert. Jede Auswahl steht daher unvermeidlich in der Gefahr einer Verengung und Vereinseitigung der Perspektive auf die komplexe Lebenslage Jugendlicher. Dennoch kommt die vorliegende Analyse um eine bereichsspezifische Beschränkung und Konzentration nicht umhin, da die strukturfunktionalistische Anomietheorie aber *keine materiale Theorie* ist. Sie *bedarf* einer Ausfüllung mit bestimmten Inhalten der gesellschaftlicher Realität (vgl. Kap. 3.1.3). Vor einer Festlegung auf ein bestimmtes Segment davon erscheint es sinnvoll, eine Reihe möglicher anomischer Konstellationen zu präsentieren, die hohe Relevanz für die Persönlichkeitsentwicklung Jugendlicher haben[330] und daher als anomische Basis jugendlicher Selbstkonzep-

330 Vgl. die Aufstellung der Einflußfaktoren eines Mehrebenen-Modells bei Schubarth 1998, S. 80 f.

tualisierung in Betracht kämen. Auch dabei gilt, daß die einzelnen Lebensbereiche in der Praxis miteinander in vielfältigen Wechselwirkungen stehen:

So wird die Makro-Ebene des gesellschaftlich-ökonomischen Systems vielfach als *kapitalistische Gesellschaft* untersucht, worin die vorherrschenden Kapitalverwertungsinteressen auch Einfluß auf die Sozialisationsprozesse nehmen.[331] In dieser Perspektive lassen sich ganz bestimmte Anomien der Jugendlichen eindrücklich darstellen. Die Jugendlichen sind nämlich einerseits auf dem Arbeitsmarkt von Wirtschaftsbetrieben und Verwaltungen in bestimmten Qualifikationsbereichen, Regionen und Kohortenzahlen als Nachfolgegeneration sehr gefragt. Andererseits ist ihre Integration in den sozio-ökonomischen Bereich angesichts hoher struktureller Arbeitslosigkeit, rasanter Umbrüche in den Qualifikationsanforderungen und anderer Modernisierungsprozesse schwankend und unsicher.

Eine weitere anomische Grundlage von Anpassungsreaktionen ist das *schichtenspezifische* Gefälle innerhalb moderner Gesellschaften, da die Jugendlichen der sozialen Unterschichten besonders unter einer vorherrschenden Mittelschichtzentriertheit der Normen und Werte zu leiden haben, was diese mit jugendsubkulturellen Anpassungsstrategien zu überwinden versuchen. Eine Kernthese dieser schichtenspezifischen Prägung des *Sozialcharakters* hat Rolff über die familialen Vermittlungsleistungen so formuliert:

> „Die Sozialisation durch den Beruf prägt in der Regel bei den Mitgliedern der sozialen Unterschicht andere Züge des Sozialcharakters als bei den Mitgliedern der Mittel- und Oberschicht; während der Sozialisation durch die Familie werden normalerweise die jeweils typischen Charakterzüge der Eltern an die Kinder weitervermittelt; die Sozialisation durch die Freundschaftsgruppen der Heranwachsenden vermag die schichtspezifischen Unterschiede nicht aufzuheben. (...) Sie erlangen häufig nur die Qualifikationen für die gleichen niederen Berufspositionen, die ihre Eltern bereits ausübten.“[332]

Obwohl es zugleich der Einschätzung vieler Jugendforscher entspricht, daß mittlerweile eine kulturell geprägte Identitätsbildung die schichtenspezifische Identitätsbildung überlagert, verfremdet und symbolisch überwunden habe,[333] wird damit die Existenz von schichtenspezifischen Selbstkonzeptualisierungen und Identitätsmustern nicht bestritten. Baacke berichtet, daß es „auch heute noch“ zahlreiche milieugebundene Straßenbanden gäbe, „vor allem Ausländer und Arbeiterjugendliche, Hauptschüler und Arbeitslose“.[334] Auch in den Untersuchungen der „gewaltbereiten“, „rechtsradikalen und fremdenfeindlichen“ überwiegend jugendlicher Gewalttäter Anfang der 90er Jahre wird von Heitmeyer[335] wie Willems[336]

---

331 Vgl. Tillmann 2000, S. 166 ff; Huisken 1996, S. 13 ff, 28 ff. In geradezu umgekehrter Hinsicht hat in den 30er Jahren bereits *Karl Mannheim* das marktwirtschaftliche System als eine Art institutionelle Basiskonstellation der charakterlichen Entwicklung Jugendlicher als soziales Feld des „*Sichdurchsetzens*“ (S. 459) angesehen und begrüßt (Mannheim 1930; dazu Fend 1991, S. 10 f).

332 Rolff 1980, S. 43. Auch das *Pädagogik-Lexikon 1999* betont die Forschungen über intensive Auswirkungen der Berufstätigkeit der Eltern auf die Sozialisationsproblematik Jugendlicher (S. 485 f (Hurrelmann)).

333 Vgl. Ferchhoff 1995, S. 52 ff.

334 Vgl. Baacke 1993, S. 30 f. *Baacke* spricht von etwa 30 derartigen Gruppen allein in Hamburg.

335 Vgl. Heitmeyer 1992.

336 Vgl. Willems 1993a und ders. u.a. 1993b, S. 163 ff; ferner: „*Hinsichtlich sozial-struktureller und biographischer Merkmale unterscheiden sich diese Jugendlichen geringfügig vom vierten Typ, dem rechtsextremistischen oder rechtsradikalen Täter, der nachstehend beschrieben wird: der niedrigste Bildungsabschluß (Hauptschulabschluß) ist öfters vertreten, die Arbeitslosigkeit ist insgesamt etwas*

immer wieder gezielt nach der sozialen Herkunft der Täter gefragt. Damit ist eine schichtenspezifische Prägung ihrer Werthaltungen unterstellt, die auch Fragen sozialer Desintegration berührt.

Armut und Reichtum kommen ebenso als gesellschaftliches Segment einer Anomieanalyse in Betracht, die sich damit eng an Merton anlehnt. Wenn eine Wohlstandsgesellschaft wirtschaftlichen Erfolg zum kulturellen Generalziel für alle erklärt, aber angesichts einer einseitigen Reichtumsverteilung im Sinne einer „Zwei-Drittel-Gesellschaft" relevante Teile der Bevölkerung von der versprochenen Teilhabe an dem gesellschaftlichen Reichtum ausschließt, speziell Familien mit dem „Armutsrisiko" Kinder und Jugendliche,[337] sind die Voraussetzungen für Identitätskonzeptionen gegeben, die darauf reagieren. Nach der nicht unumstrittenen Armutsthese von Christian Pfeiffer[338] ließen sich bestimmte anomische Anpassungsreaktionen Jugendlicher im Sinne von kriminellem Verhalten auf eine wachsende relative Armut Jugendlicher in einer reichen Gesellschaft bei eigener Perspektivlosigkeit zurückführen. *Armut im Reichtum* stelle Jugendliche nicht nur vor Entscheidungen, wie sie darauf reagieren sollen, sondern wie sie das in ihrem Selbstverständnis verarbeiten sollen.[339]

Andere Forscher sehen das *Geschlechterverhältnis* als maßgebliche Grundlage nicht nur für jugendtypische Gesellungsformen, sondern auch für jugendtypische Bewußtseinsformen. Jugendstile seien stark von männlichen Geschlechtsrollenstereotypen geprägt. Das sei bereits als männliche Anpassungsreaktion deutbar, die wiederum neue anomische Teilhabeprobleme für Mädchen provoziere.[340] Ähnliche Probleme von anomischer Attraktion von Werten und von massiven Abweisungstendenzen lassen sich auch auf der Ebene der *multiethnischen Sozialisation* in einer De-facto-Einwanderungsgesellschaft konstatieren.[341]

Auch die Wahrnehmung der Realität über die Darstellung in den *Massenmedien* läßt sich als anomisches Spannungsverhältnis von virtueller Teilhabe und praktischem Ausschluß analysieren. Danach werden Selbstkonzeptmuster als Suggestionen für die „Mediengeneration" eingestuft,[342] auch wenn z.B. Hartmut von Hentig zu den pädagogischen Kritikern dieser Sichtweise zählt.[343] Eine andere Variante der Medienkritik fokussiert die *massenmediale Politisierung* der Jugendlichen, die die politischen Krisengemälde als reelle Bedrohungen

---

höher. Zudem werden häufiger schulische und familiale Probleme und Defizite berichtet." (Willems u.a. 1993b, S. 205)

337 Vgl. 10. Jugendbericht 1998, S. 88 ff (B 6.2), S. 290; Sozialbericht der Arbeiterwohlfahrt 2000: „*Gute Kindheit - schlechte Kindheit, Armut und Zukunftschancen von Kindern und Jugendlichen in Deutschland*", Kurzfassung in: FR-Dokumentation vom 26.10.2000, S. 9; Glatzer/Hübinger 1990.

338 Vgl. Pfeiffer 1996, S. 224 ff; ders. 1998. Der Kölner Kriminologe *Michael Walter* vertrat in einer öffentlichen Kontroverse über diese Armutsthese die Gegenposition (vgl. Walter 1996).

339 Nach der Shell-Jugendstudie von 1997 war die erstrangige Sorge aller Jugendlicher, ohne Geschlechts- und Ost-West-Unterschiede, die Angst vor *eigener Arbeitslosigkeit* (vgl. Jugendwerk 1997, S. 14), eine Bedrohungsangst, die nach der Shell-Studie „*Jugend 2000*" stärker bei Mädchen, in Ostdeutschland und bei Jugendlichen mit türkischem Paß empfunden wurde (ebd. 2000, S. 19 f).

340 Vgl. Rommelsbacher 1993; Meyer 1993, Kersten 1993, Steinert/Kersten 1997; Steinert/Karazman-Morawetz 1993; zusammenfassend: Ferchhoff 1999, S. 220.

341 Vgl. die Befragungsergebnisse der Shell-Jugendstudie „*Jugend 2000*"; Sauter 2000.

342 „*Medien-Generation*" lautete das Motto des 16. Kongresses der Deutschen Gesellschaft für Erziehungswissenschaft. Vgl. Selig 1993; Schubarth/Melzer 1995, Sander/Meister 1997; Holtappels/Hornberg 1997, S. 358 f; Schwab/Stegmann 1999, S. 35 ff. Ferchhoff 1999, S. 227 ff („*Jugend ist Multi-Media-Jugend*").

343 Vgl. von Hentig 1998; ferner Huisken 1996, S. 21 ff.

erlebten und darauf in ihrem Nahfeld mit bestimmten Rassismen und „dumpfem" Ausländerhaß reagierten.[344] Folgendes Zitat aus der hessischen Studie zur Schülergewalt verdeutlicht die für die jugendliche Identitätsbildung möglicherweise relevanten Zusammenhänge von Medien, Lebenswelt und Schule: „Vor allem aber wird vermittelt, daß immer wieder die Schwachen zu Opfern werden und die Stärkeren sich durchsetzen und ihre - legitimen wie illegitimen - Interessen mit physischer und psychischer oder aber struktureller Gewalt realisieren. Kein Wunder also, daß Stärke, Gewalt und Bewaffnetsein mit Erfolg und Sicherheit in Verbindung gebracht wird. Gewaltförmige Medienpräsentationen sprechen besonders solche Kinder und Jugendliche an, die in Lebensalltag und Schule Ungerechtigkeit, Ausgrenzung, Identitätsbedrohung und soziale Zurückweisung erfahren."[345]

Zu den genannten Sozialisationsfeldern liegt das primäre Feld der *familialen Sozialisation* quer; es ist mit ihnen systemisch vernetzt. In der Familie schlagen sich die gesellschaftlichen Determinanten der Sozialisation als private Erscheinungsformen nieder, seien sie kultureller, religiöser, politischer, ethnischer, ethischer, lokaler Provenienz oder bedingt durch soziale Schichtung, Bildungsgrad oder materielle Ausstattung. Hinzu kommen noch individuelle Faktoren des elterlichen Selbstverständnisses, familiale Erziehungspotentiale und -kompetenzen, innerfamiliale Konfliktlösungsmuster etc. Wegen seiner Vielfalt und seiner Überschneidungen mit anderen Faktoren sperrt sich das familiale Sozialisationsfeld einer bereichspezifischen *Begrenzung* der Anomiekonstellationen. Trotz ihrer Komplexität ist die familiale Sozialisation ein mögliches, aber auch ein problematisches Erprobungsfeld für den integrativen Anomieansatz.

Die vorliegende Arbeit stellt das Segment der Institution *Schule* in den Mittelpunkt der Analyse. Dies würdigt ihre Bedeutung für die Jugendphase, geschieht aber auch aus pragmatischen Gründen. Zwar gilt auch für Schule, daß sie mit anderen Lebensbereichen Jugendlicher verwoben ist und von ihnen beeinflußt wird, etwa von der Familiensituation, vom Gleichaltrigenbezug und dem Geschlechterverhältnis, von schichtenspezifischen, sozialökologischen oder ethnischen Belastungen etc. Diese Wechselwirkungen relativieren aber jede bereichsspezifische Analyse, nicht nur die von Schule. Andererseits erscheint die Schule für die vorliegende anomietheoretische Analyse in mehrfacher Hinsicht besonderes gut geeignet zu sein, da sie eine organisatorisch reglementierte und damit relativ homogene Struktur darstellt. Sie ist eine Einheit mit institutioneller Eigenständigkeit gegenüber anderen für Jugendliche relevanten Lebensbereichen, speziell gegenüber der Familie mit ihrer analytisch nur schwer oder kaum entwirrbaren Gemengelage von gesellschaftlichen und persönlichen Merkmalen. Durch ihre relativ einheitliche Strukturierung sind die schultypischen Mechanismen zudem klarer identifizierbar als die oft diffusen Einflußfaktoren in anderen sozialen Milieus. Tillmann faßt dies so zusammen:

> „Weil die Schule die größte, differenzierteste und einflußreichste Einrichtung im Bildungsbereich ist, haben sich Sozial- und Erziehungswissenschaftler seit längerem intensiv mit den dort ablaufenden Sozialisationsprozessen befaßt. Dabei orientierten sich viele dieser Arbeiten an Konzepten, die aus der soziologischen Theorietradition stammen; strukturell-funktionale, marxistische und interaktionistische Ansätze sind hier von besonderer Bedeutung."[346]

344 Vgl. Scherr 1992b, Butterwegge 1993; ders. 1994; Sander/Meister 1997, S. 214 ff.

345 Holtappels in: Tillmann u.a.1999, S. 41.

346 Tillmann 2000, S. 108.

Daher bestehen gute Chancen, mit dem integrativen Ansatz zu weiterführenden Ergebnissen zu gelangen. Die Schule wird zudem von Sozialisationsforschern im schichtenspezifisch geprägten Spannungsfeld von Qualifikations-, Selektions- und Integrationsfunktion ausdrücklich als Lernort auch des abweichenden Verhaltens, der Schülergewalt, verschiedener subkultureller Bewältigungsstrategien sowie als Lernort von jugendtypischen Mustern des Selbstkonzepts bezeichnet.[347] Eine detaillierte Analyse der Institution Schule soll nun entsprechend dem aufgestellten Kriterienkatalog nachweisen, inwiefern die Schule als anomische Grundlage für schüler- und jugendtypische Selbstkonzeptentwicklungen in Betracht kommt.

347 Vgl. AG Schulforschung 1980; Hurrelmann 1971, 1995, 1995a; Holtappels 1987, 1995; Pekrun/Fend 1991; Böhnisch 1995; Melzer/Schubarth/Tillmann 1995; Tillmann u.a. 1999; Tillmann 2000.

4. Zur Analyse der Schule als identitätsrelevante anomische Struktur

4.1 Schulische Sozialisation als anomische Grundkonstellation

Im folgenden wird ausgeführt, inwiefern die Schule die allgemeinen Strukturmerkmale von möglichen Anomien und Statusdilemmata aufweist, aus denen Jugendliche ihre speziellen Selbstkonzepte entwickeln. Dafür kommt es darauf an, daß die Schule *sämtliche* Mitglieder der Alterskasse Jugend erfaßt und von hoher *Einwirkungsintensität* auf die Jugendlichen ist. Danach ist zu fragen, ob Schule auch eine institutionelle Dynamik von *Anziehungskraft und Ausschlußtendenzen* aufweist (vgl. Kap. 3.3.2).

Die enorme Bedeutung „der Schule" im weiteren Sinne, also ohne spezielle Unterscheidung der Schultypen und -zweige, als Strukturvorgabe jugendtypischer Sozialisation ergibt sich alleine daraus, wenn man ihre in den letzten Jahrzehnten noch gestiegene *massive Präsenz in der Alterspassage* bedenkt. Ausgangspunkt dafür ist die in der Bundesrepublik Deutschland herrschende gesetzliche *Schulpflicht*. Der Staat bietet und fordert die Teilnahme am Unterricht, den er - mit Ausnahme der Privatschulen - für die Schülerinnen und Schüler (einschließlich Lernmittelfreiheit in den meisten Bundesländern) unentgeltlich anbietet, staatlich finanziert und behördlich über seine Schulämter und Ministerien sowie die Lehrerausbildung beaufsichtigt. Im föderalen Aufbau der Bundesrepublik ist die Erfüllung dieser öffentlichen Aufgabe Sache der einzelnen Länder. Die Schule ist eine die gesamte junge Wohnbevölkerung ohne Unterschied ihrer Staatsangehörigkeit, ihres Geschlechts, ihrer sozialen Schichtenzugehörigkeit, ihrer finanziellen Ausstattung, der Situation ihrer Familien gleichermaßen erfassende Zwangseinrichtung. Sie ist somit eine öffentliche Einrichtung, die die gesamte Wohnbevölkerung erfaßt. Zwischen dem 6. und 15. Lebensjahr, mit Berufsschule bis zum 18. Lebensjahr, ist der Schulbesuch für alle Kinder und Jugendliche eine unausweichliche, kollektive Pflichtveranstaltung.

99% der deutschen Wohnbevölkerung erlebt im sechsten Lebensjahr ihre Einschulung und verläßt die allgemeinbildenden und beruflichen Schulen erst wieder zwischen dem 16. und 20. Lebensjahr, woran sich dann für viele noch weitere Ausbildungsgänge anschließen. 1996/97 besuchten nach Angaben der Kultusministerkonferenz der Länder in allen Bundesländern 10,05 Millionen Schülerinnen und Schüler allgemeinbildende Schulen, *davon* 3,68 Millionen Grundschulen, 1,12 Millionen Hauptschulen, 1,2 Millionen Realschulen, 529.000 integrierte Gymnasien, 2,18 Millionen Gymnasien und 1,34 Millionen andere Schulformen, und zusätzlich 2,8 Millionen berufsbildende Schulen.[348] Mehr als zehn Millionen junge Menschen gehen alleine nach dieser Zählung täglich zur Schule. Hinzu kommen im Wintersemester 1996/97 noch 1,798 Millionen Studierende an Universitäten und Pädagogischen Hochschulen (1,363 Mio.), Fachhochschulen (4 Mio.) und sonstigen Hochschulen.[349] Verglichen mit den 50er Jahren dieses Jahrhunderts und erst recht mit früheren Entwicklungsphasen läßt sich sagen, daß noch nie so viele Kinder und Jugendliche so lange

348 Vgl. Harenberg 1997, S. 309, Tabelle 310.

349 Vgl. Harenberg 1997, S. 195.

zur Schule gegangen sind. Die Verweildauer und damit das Lebensalter in schulischen Ausbildungen hat sich zudem seit den 60er Jahren erheblich erhöht:

Tabelle 1: *Schülerinnen und Schüler an allgemeinbildenden und beruflichen Schulen der BRD in Vom-Hundert-Angaben (%) der Gleichaltrigen (ohne tertiären Bildungsbereich):* [350]

Alter in Jahren	Jahr	Insgesamt in %
16	1960	93
	1980	97
	1990	99
17	1960	66
	1980	89
	1990	93
18	1960	32
	1980	70
	1990	84
19	1960	17
	1980	41
	1990	58
20	1960	7
	1980	19
	1990	32

Während ihrer intensiv erlebten Entwicklungsjahre haben sämtliche junge Menschen in Deutschland den *gleichen* Sozialstatus: Sie sind Schülerinnen und Schüler. *Jugendzeit* ist für sie alle zwingend *Schülerzeit*. Die beruflichen Ausbildungszeiten führen mit „Warte- und Parkschleifen" leicht zu einer faktischen Gesamtausbildungszeit bis zum 25. oder 30. Lebensjahr, bis der Berufseintritt als definierter Endpunkt der Statuspassage Jugend ansteht, wenn er dann erfolgt.[351]

Zwischen 13.000 und 15.000 Unterrichtsstunden wird heutzutage ein Heranwachsender in der Bundesrepublik alleine im allgemeinbildenden Schulwesen gezielt beeinflußt.[352] Die Schülerinnen und Schüler werden dort von 750.000 Lehrerinnen und Lehrern unterrichtet, die ihnen jährlich über die dabei gezeigten Leistungen allein in Deutschlands Lehranstalten etwa 500 Millionen Noten erteilen.[353] Daß diese Schulstrukturen nachhaltig mit tiefen und bleibenden Eindrücken auf junge Menschen einwirken, ist bereits angesichts des dargestellten umfassenden *quantitativen* Zugriffs von Schule und der damit verbundenen *Einwirkungsintensität* evident. Der Eindruck des schulischen Gesamtgeschehens auf die Persönlichkeitsentwicklung ist sogar durchaus *beabsichtigt*: „Vorrangiger Auftrag von Schule ist die Entwicklung der Persönlichkeit ihrer Schüler".[354] Sozialisationsforscher sind überzeugt, daß das Übergewicht der Schulzeit in der Jugendzeit selbst ohne diese intentionale Einwirkung zwangsläufig tiefgreifende Konsequenzen für die Persönlichkeitsentwicklung hat.[355]

Es fragt sich nun, inwiefern die Schule das dritte Merkmal des Suchrasters erfüllt, nämlich ob sie widersprüchliche Strukturen von Animation zu Werten und Zielen bei gleichzei-

350 Quelle: Bundesministerium Bildung und Wissenschaft 1984 (S. 38) und 1996 (S. 28 ff).
351 Vgl. Zinnecker 1985, S. 38 f; Ferchhoff 1999, S. 183 ff; Tillmann 2000, S. 267 ff, 271.
352 Vgl. Tillmann 2000, S. 114.
353 Vgl. Ziegenspeck 1999, S. 23.
354 Pekrun/Helmke 1991, S. 33.
355 Vgl. Heitmeyer/Olk 1990; Baethge 1996, S. 108 f.

tiger Abweisung durch fehlende Instrumentarien zur Zielerreichung, die als strukturelle Grundlagen von anomischen Anpassungsreaktionen der Schülerinnen und Schüler in Betracht kommen. Die bundesdeutsche Forschung zur schulischen Sozialisation hat hierzu seit dem bildungspolitischen Aufbruch aus dem „Bildungsnotstand“ Ende der 60er Jahre bis zum „Bildungsnotstand“ Ende der 90er Jahre eine Fülle von Analysen hervorgebracht. Die Kernpunkte, um die alle Fachdiskussionen kreisen, sind nach Helmut Fend:[356]

- die *Qualifikationsfunktion* mit der Aufgabe der Wissens-, Kenntnis- und Fertigkeitsvermittlung der Schule im Unterricht,
- die *Selektionsfunktion* durch Prüfungen und Verleihung von Bildungstiteln sowie
- die *Integrationsfunktion* mit der Aufgabe der Wertevermittlung und der Bildung einer integrierten Persönlichkeit, was teils im Unterricht, teils durch anderweitige Rollenerwartungen im System Schule erfolge.

Auf allen drei Funktionsebenen von Schule, die sowohl der gesellschaftlichen Reproduktion wie auch der Subjektentwicklung dienen, können Zweck-Mittel-Diskrepanzen und entsprechende Statusdilemmata auftreten, wenn gesellschaftliche Reproduktionsanforderungen mit den individuellen Bedürfnissen in Kollision geraten.[357] Befragt man diese drei Funktionen nach einer institutionellen Verankerung von Tendenzen in der Schule, sticht hier insbesondere die Selektionsfunktion hervor, die mit ihrer Aufgabe der „Verleihung von Bildungstiteln“ als Kehrseite den *Ausschluß* von Bildungstiteln für bestimmte Teile der Schülerinnen und Schüler enthält. Die Ausschlußfunktion wirkt aber auch in die Qualifikationsfunktion hinein, indem sie bestimmte Schülerinnen und Schüler von weiterer Wissens-, Kenntnis- und Fertigkeitsvermittlung ausschließt. Daß dies auch negative Auswirkungen auf die Integrationsfunktion und damit die Persönlichkeitsentwicklung der Schülerinnen und Schüler haben muß, liegt nahe. Zumindest zeigen *interaktionistische* Betrachtungen des Rollenhandelns der Schülerinnen und Schüler auf, wie sie mit den Widersprüchen der drei Dimensionen im Spannungsfeld von Anpassung und Widerstand, von Erfolgs- und Mißerfolgserlebnissen ihre eigenen Identitätskonzepte entwickeln, modifizieren und verteidigen.[358]

In welcher gesellschaftlichen Größenordnung die schulische Selektionsfunktion des Schulwesens auch noch am Ende des 20. Jahrhunderts eine schichtenspezifische Auslese hervorbringt, läßt sich in Zahlen nachweisen. Zwar besuchen nicht mehr, wie in den 20er Jahren, 80 Prozent aller Kinder die Volks- und Hauptschulen, sondern nach den Zahlen für 1995 noch etwa 25 bis 30 Prozent, während der Besuch „höherer“ Schulen sich von einem Privileg von Eliten zu einem Normalfall für rund 40 Prozent aller Schülerinnen und Schüler gewandelt hat. Diese Veränderungen werden jedoch von der *schichtenspezifischen* Zusammensetzung konterkariert:

356 Vgl. Fend 1981; ebenso Arbeitsgruppe (AG) Schulforschung 1980, S. 10 ff.

357 Vgl. Fend 1981, S. 6, 17, 377 ff.

358 Vgl. die Ergebnisse der AG Schulforschung 1980 zu Verarbeitungsmustern von Hauptschülern, (S. 40, 112, 184) und zu Gymnasialschülern (S. 71 ff, 167 ff).

„Während 1990 etwa 61 Prozent aller Beamtenkinder und 44 Prozent aller Angestelltenkinder ein Gymnasium (7. Klasse) besuchten, schafften nur 13 Prozent der Arbeiterkinder den Sprung in diese Schulform. Auf der anderen Seite besuchte die Mehrheit aller Arbeiterkinder (55 Prozent) die Hauptschule, während nur 13 Prozent aller Beamtenkinder in diese Schulform gingen. Daß die offensichtlich werdende Diskriminierung von Arbeiterkindern weder durch berufliche Bildungsgänge noch durch den zweiten Bildungsweg ausgeglichen wird, zeigt die Hochschulstatistik: Mitte der 80er Jahre studierten weniger als zehn Prozent aller Arbeiterkinder; wissenschaftliche Hochschulen (ohne Fachhochschulen) besuchten lediglich vier Prozent von ihnen. ... Der Klassencharakter des Bildungssystems macht sich somit vor allem in der ungleichen Behandlung der verschiedenen Schichten fest."[359]

Daß die Segregationsprozesse, die diesen Resultaten vorausgehen, *alle* Schülerinnen und Schüler gleichermaßen unter hohen psychischen Erwartungs-, Erfolgs und Leistungsdruck setzen, wird in der Forschungsliteratur nicht bestritten, sondern bestätigt. Schon die „Klassiker der modernen pädagogischen Diagnostik" (Ziegenspeck) bemängeln, daß Ziffernzeugnisse erhebliche und „ethisch bedenkliche Nebenwirkungen" haben: Die große Bedeutung von Schulzensur und Zeugnis wirke stark auf das „Gefühls- und Willensleben" von Schülern.[360] Fritz Gülland spricht bereits Ende der 20er Jahre des 20. Jahrhunderts von den Schulnoten als der „Geißel der Schule": Ihretwegen werde „gelogen, betrogen, geschoben, verbogen und geklatscht. Sie sind die Wurzeln aller Unmoral im Schulbetrieb. Sie lösen die Arbeitsgemeinschaft auf in eine Konkurrenzhetze."[361] Pekrun und Fend gaben 1991 einen Forschungsband heraus zum Thema „Schule und Persönlichkeitsentwicklung", in dem zwar festgestellt wird, daß es „die" Theorie zum Verhältnis von Schule und Persönlichkeitsentwicklung nicht gebe, in dem aber eindrucksvolle Befunde dazu vorgelegt und interpretiert werden, daß deutliche Korrelationen bestehen zwischen schulischen Leistungsrückmeldungen und den Fähigkeits-Selbstkonzepten und dem allgemeinen Selbstwertgefühl von Schülerinnen und Schülern, kurz, *„daß schulische Bewertungen also auf den 'Kern der Persönlichkeit' (Fend) durchschlagen."*[362]

Mit ihrer Berechtigungs- und Selektionsfunktion nimmt die Institution Schule massiven Einfluß auf die Beantwortung der alterstypischen Frage *„Wer bin ich?"*. Dafür spielen die schulischen Erfolgs- und Mißerfolgserlebnisse sowie andere informelle Prozesse innerhalb der Schulklassen eine prägende Rolle. Das gleiche gilt für die Frage: *"Wer oder was werde ich einmal sein?"*[363] Auch das wird institutionell über erteilte oder verweigerte Bildungstitel vorentschieden. Auf Grund dieser Vorgaben kommt es zu sehr unterschiedlichen „Verarbeitungsformen"[364] oder „Bewältigungsstrategien"[365] der institutionell aufgezwungenen Rollenkonflikte und Statusdilemmata. Nicht zufällig wird schulischer Sozialisation in der

---

359 Tillmann 2000, S. 181; ebenso vgl. Holtappels/Hornberg 1997, S. 344 f. Siehe ferner diverse bei *Ziegenspeck* wiedergegebene Untersuchungsergebnisse zur schichtenspezifischen schulischen Selektion (Ziegenspeck 1999, S. 152 ff).

360 Vgl. Göller 1968, S. 146 ff; ferner Ziegenspeck 1999, S. 19 f.

361 Gülland 1929, S. 787.

362 Pekrun/Helmke 1991, S. 33 (41).

363 Vgl. von Streit 1997, S. 95.

364 Vgl. Tillmann 2000, S. 151 ff.

365 Vgl. Hurrelmann 1995, S. 184, 190 f, 262 f.

Literatur neben der Leistung der „Persönlichkeitsbildung" zugleich die Potenz zugesprochen, daß sie *„beschädigte Identitäten produziert"*.[366]

Resümiert man nach dieser Skizze den Problem- und Forschungsstandes zum Sozialisationsfeld Schule, ist das Suchraster (vgl. Kap. 3.3.2) in mehrerer Hinsicht erfüllt:

- Die Schule erfaßt faktisch *sämtliche* Mitglieder der Altersklasse Jugend. Sie tut dies aufgrund der staatlichen Schulpflicht. Damit läßt sich Schule als eine die Jugend *generell* erfassende Struktur charakterisieren.
- Schule hat eine relativ hohe *Einwirkungsintensität* innerhalb der alterstypischen Lebenswelt, erstens durch ihre zeitliche Ausdehnung im Leben Jugendlicher, zweitens vom besonderen Eindruck her, dem sich kein Jugendlicher entziehen kann. Schule ist in der Lebensphase Jugend omnipräsent wirksam. Jugend sein *heißt* Schülersein, Jugend *ist* eine schulische Lebensform.[367] Die Schule ist der permanente Ernstfall des Jugendlebens.
- Modellgemäß muß es sich dabei drittens um eine Konstellation von *Anziehungskraft und Ausschlußtendenzen* zugleich handeln, wobei die Attraktionskraft zu entsprechenden Aspirationen seitens der Jugendlichen führen muß, während die *Mittel* zu ihrer Realisierung demgegenüber strukturell relativ *zu knapp* sind. Dafür gibt die Vorprüfung genügend Anhaltspunkte. Die Kombination der drei zentralen Funktionen von Schule - Qualifikation, Selektion, Integration - führt jeweils zur Segregation von Teilgruppen der Schülerinnen und Schüler, die die Funktionen erwartungsgemäß annehmen, und anderen, die daran scheitern.

Die Frage nach den Anziehungs- und Abweisungsmechanismen von Schule bedarf deshalb einer eingehenden Analyse. Nach der Arbeitshypothese dieser Arbeit soll aus diesen Strukturen die Besonderheit der Reaktionsformen und damit die strukturelle Eigenart der jugendtypischen Selbstkonzepte entwickelt werden.

4.2 Analyse von zwei Ansätzen zu Schulanomien

In jüngerer Zeit wurden zwei Ansätze zum Schülerverhalten veröffentlicht, die ausdrücklich auf die Aufdeckung anomischer Strukturen im schulischen Bereich angelegt sind. Der eine ist die Konzeption von Böhnisch aus dem Jahr 1995,[368] der andere ein Beitrag von Heinz Günter Holtappels und Sabine Hornberg aus dem Jahre 1997.[369] Wegen der thematischen und methodischen Nähe zur Fragestellung in dieser Arbeit sollen die beiden Analysen zunächst daraufhin ausgewertet werden, *inwiefern* die Schule danach die Entstehung jugendtypischer Selbstkonzeptualisierungen induziert.

366 Tillmann 2000, S. 157.

367 Vgl. Böhnisch 1995, S. 146.

368 Vgl. Böhnisch 1995 unter der Überschrift: *„Schule als anomische Struktur"*.

369 Vgl. Holtappels/Hornberg 1997 unter der Überschrift: *„Schulische Desorganisation und Devianz"*.

4.2.1 Die Schule als anomische Struktur nach Böhnisch

Lothar Böhnischs Skizze basiert ausdrücklich auf der Verwendung des Anomiebegriffs von Merton als fruchtbarem „strukturanalytischem Begriff". Obwohl der Anomiebegriff aus der Kriminalitätstheorie stammt, möchte Böhnisch Schule damit nicht als „kriminogene" Struktur ansehen, sondern „als gesetzte, institutionell verfaßte Struktur, die in ihrer Entwicklung (...) Prozeßanforderungen ausgesetzt ist, die in ihr Konflikte und Diskrepanzen erzeugen, auf die die unmittelbar Schulbeteiligten - Schüler, Lehrer, Eltern - in einer spezifischen Weise reagieren."[370] Als sozial-anomische Struktur unterscheidet Böhnisch die Schule als funktionales und als soziales System. Dem funktionalen System Schule komme das Lernen und die Leistungs- und Auslesefunktion zu. Insofern sei Schule ein geschlossenes System. Aus dieser Perspektive realisiere und integriere Schule systemtheoretisch Schülerverhalten nur als Beitrag zu oder als Störung von Lernleistungen. Nach Böhnisch funktioniert Schule als dieses „funktional geschlossene institutionalisierte Ziel-Mittel-System" „leidlich". Das *soziale* System Schule umfasse neben dem *Schul*alltag auch den darüber hinausgehenden *Schüler*alltag und damit das gesamte Beziehungsgefüge des Schülers. Zum sozialen System Schule gehöre die gesamte schulisch geprägte Lebensform, worin die Institution Schule eine bisher unklare Rolle spiele als „diffuser Sozialraum".

Böhnischs *These*[371] lautet, daß das geschlossene funktionale System Schule durch das offene soziale System Schule zunehmend in den „Sog der Anomie" gerät. Die Steigerung des anomischen Problemdrucks der Schule durch wachsende soziale Bewältigungsprobleme der Schülerinnen und Schüler stellt er in drei Stufen dar.

Das *traditionelle Anomieproblem* für jeden *einzelnen* Schüler bestehe darin, daß die Schule „ihre soziale Seite" voraussetze, ohne sie als solche wahrzunehmen und sinnvoll auszugestalten. Das verdeutlicht Böhnisch an dem Spannungsverhältnis von Schüler*rolle* und Schüler*sein*. Die Schule beanspruche die Schülerinnen und Schüler durch „Lerngeschwindigkeitsnormen", „Stoffmengen" und „Zeiteinheiten" im Hinblick auf das Bildungsziel, also zukunftsorientiert. Die Kinder dagegen seien gegenwartsorientiert. Die Schule ignoriere das Alltagsleben und die Erfahrungen der Schülerinnen und Schüler, indem sie sich alleine an der von ihr über Lehrpläne und Leistungsstandards künstlich definierten Schülerrolle orientiere: „In der Schülerrolle sind die Kinder, die sonst in ihrem Eigenleben so unterscheidbar sind, austauschbar. Für die Schule ist diese Rollenperspektive funktional: Kinder werden dadurch vergleichbar und - im Sinne des Leistungs- und Auslesesystems Schule in der Konkurrenz - mit anderen bewertbar."[372] Die Schule verlange den Schülerinnen und Schülern damit eine disziplinierte Lebensführung am Maßstab eines gedachten „guten Schülers" ab, überlasse es aber ganz den „Möglichkeiten der Kinder und Jugendlichen", ob sie die soziale Reproduktion ihres Schülerseins bewältigen.[373]

Das zweite moderne Anomieproblem betreffe die *Altersklasse*, indem die Schule im Zuge ihrer Extensivierung und Intensivierung die gesamte *Lebensform Jugend* in eine schulische Lebensform verwandelt habe, ohne jedoch den erforderlichen sozial-kulturellen

370 Böhnisch 1995, S. 141.

371 Vgl. Böhnisch 1995, S. 143 ff.

372 Böhnisch 1995, S. 145.

373 Böhnisch 1995, S. 146.

Bezugsrahmen anzubieten. In früheren Zeiten sei Jugendsein noch auf „die Eingebundenheit in die Arbeitsbezüge des Aufeinanderangewiesenseins" angelegt und Schulbildung ein Mittel zum Eintritt in die Arbeitswelt gewesen. Die moderne Bildungskonkurrenz dagegen vermittele nur noch die „individualistischen Prinzipien der Leistung, Konkurrenz und Auslese" ohne traditionelle Solidaritätserfahrungen. Mit ihrem Streben nach Bildungstiteln stelle sie eine Art Selbstzweck des Jugendalters dar. Aus der früheren „Übergangsjugend" sei eine „*Bildungsjugend*" geworden mit sinnhaftem Zentrum alleine im Schulerfolg, der die Schule die Mittel zur sozialen Bewältigung von schulischen Mißerfolgen vorenthalte: „Schulisches Scheitern gilt - trotz des selbstbewußten Umgangs der Jugendlichen mit der Schule - als wesentlicher jugendkulturell wahrgenommener Faktor sozialer Problembelastung".[374] Die Schule biete der ganzen Altersklasse keinen sozialen Ausgleich für das, was sie als funktionales System von ihr erzwinge. „Ihre soziale Blindheit ist also systemfunktional", lautet Böhnischs Resümee dieser „anomischen Spirale".[375]

Auf einer dritten Ebene diskutiert er die Rückwirkungen der „schulisch induzierten Individualisierung der Lebensform Jugend auf die Schule selbst". Einige Schülerinnen und Schüler bauten eine schülerbezogene Mischkultur, eine „Peer- und Schulklassenkultur" auf mit sozialen Treffs auf dem verlängerten Schulweg. Bedenklich erscheint Böhnisch das Sozialverhalten von Schülerpopulationen mit einer größeren Trennung von schulischem und außerschulischem Bereich. Dazu zählt er „Hauptschüler" und „zu heterogene" Schüler aus urbanen Ballungsgebieten. Ihnen fehlten „verstetigte Gruppenbeziehungen". Die abrupte Auflösung traditionaler Schulmilieus sowie ihre jugendkulturelle Unerfahrenheit treffe die „ostdeutsche Jugend" besonders hart. Solche „Entstrukturierungen" führten zur „sozialen Aufladung des Jugendalters". Ihre „anhaltende Sehnsucht nach Gruppenzugehörigkeit" mache die Schule als „eines der wenigen (wenn auch erzwungenen) Sozialkollektive", das ihnen als „sozialräumliche Verheißung" erscheine, zum „*diffusen Sozialraum*". Wenn aber Schülerinnen und Schüler ihre Schule dann sozial in Anspruch nähmen, zeige sich, daß sie weder strukturell noch personell darauf vorbereitet sei. Die Schule verspüre diesen sozialen Druck als eine „Suche" der Schülerinnen und Schüler nach der Erfüllung ihrer eigenen sozialräumlichen Verheißungen „z. B. durch das unspezifische, d.h. aus den direkten schulischen Interaktionen nicht unmittelbar nachvollziehbare innerschulische Gewaltverhalten".[376]

Die „überforderten Lehrer und Lehrerinnen" reagierten mit „'systemischem' Rückzug auf die funktionale Eindeutigkeit der Schule", was die anomische Diffusität keineswegs auflöse. Als Beispiel für ihre ritualisierten Reaktionsformen verweist Böhnisch auf durch störendes Schülerverhalten überforderte Lehrer, die vor den aufgedrängten sozialen Anforderungen immer mehr in das funktionale System ihrer „Lehrerrolle" flüchten. Stattdessen müsse sich die Schule sozial an das Anpassungsverhalten der Schülerinnen und Schüler anpassen und sich der Tatsache stellen, daß sie sich „'unter der Hand' längst zur sozialräumlichen Szenerie" entwickelt habe. Sie müsse sich sozialräumlich öffnen mit sozialen Schulreformen, mit Ganztagesschule und mit integrierter Sozialarbeit.[377]

---

374 Böhnisch 1995, S. 146.
375 Böhnisch 1995, S. 147.
376 Böhnisch 1995, S. 149.
377 Vgl. Böhnisch 1995, S. 147-151.

Die soziale Anomie der Schule besteht für Böhnisch also im Kern in einer Diskrepanz zwischen der Bildungskonkurrenz der Schülerinnen und Schüler im „funktionalen System Schule" und ihren dafür nicht ausreichend geförderten sozialen Bewältigungsangeboten. Wenn die überforderten Schülerinnen und Schüler am Ort ihrer Überforderung soziale Abhilfe einforderten, würde sie ihnen verweigert. Die angesprochenen Lehrer realisierten diese Herausforderungen als ständige Disziplinprobleme, fühlten sich „überfordert" und „ohnmächtig" und „verschanzen" sich deshalb. Die größten Randalierer und Unterrichtstörer sind anscheinend die Hauptschüler. Gerade für diese sozial überforderten Opfer der Bildungskonkurrenz fehle es an sozialer Betreuung.

An Böhnischs anomischen Analyse von Schule erscheinen einige Aspekte fragwürdig. Nach seiner Analyse besteht ein Anomieproblem, also eine Ziel-Mittel-Diskrepanz, darin, daß das „funktionale System" Schule für das Ziel „Schulerfolg" mehr Sozialbeziehungen, Erfahrungen, Lern- und Leistungsfähigkeit und Lernmotivation verbrauche, als es reproduziere. Obwohl nie ausdrücklich behauptet wird, daß die Schule den Schülerinnen und Schülern diese sozialen „Mittel" zur Erreichung des „Schulerfolgs" überhaupt zur Verfügung stellt (sie sei in diesem Punkt sogar mit „Blindheit"[378] geschlagen), wird ihr diese Leistung doch unterstellt, nämlich dadurch, daß sie dies in zu geringem „Ausmaß" tue. Böhnischs diesbezügliche Formulierung lautet: „Die Schule ist also in der Regel nicht in der Lage, das Ausmaß der Lern- und Leistungsfähigkeit wiederherzustellen, zu reproduzieren, das sie verbraucht: Erfahrung, soziale Beziehung, Motivation für Leistungen und Sozialverhalten."[379] In diesem Zitat bleibt ungeklärt, ob die Schule diese „verbrauchte" „Leistungsfähigkeit" der Schülerinnen und Schüler nun gar nicht, „in der Regel nicht" oder grundsätzlich doch, aber in zu geringem „Ausmaß" reproduziert. Merkwürdig ist daran, daß das „soziale System" ein Teil von Schule sein soll, obwohl sich die Schule auf „ihre" eigene zweite Seite dauerhaft mit „Blindheit", also mit Nichtbeachtung, bezieht. Wenn Böhnisch der Schule vorhält, daß sie einer sozialen Reproduktionsfunktion nicht nachkäme,[380] unterstellt er aber, daß die Schule diese Aufgabe hätte. Daß die Schule diese Aufgabe aktuell nicht hat, zeigt sich in der institutionell verfaßten Abweisung dahingehender Ansprüche der Schülerinnen und Schüler. Als ein schulpädagogisches *Postulat* wäre es zwar nachvollziehbar, daß Schule sich mehr um soziale Bewältigungsbelange der Schülerinnen und Schüler kümmern sollte, aber nicht als Beschreibung der bestehenden *Schulrealität*.

Böhnisch thematisiert in seiner Skizze im Grunde ein Kompensationsverhältnis, wenn das soziale System Schule bestimmte Mängel ausgleichen soll, die das funktionale System Schule hervorbringt. Dabei bespricht er aber die *Kompensation* so, als sei sie die *Lösung* des fortbestehenden ursächlichen Grundproblems. Dies erstaunt um so mehr, als er auf jeder seiner drei Ebenen anspricht, welche struktur-immanenten Mechanismen im funktionalen System Schule den Problemdruck bei *allen* Schülerinnen und Schülern aufbauen. Auf der ersten Ebene - „Schülerrolle und Schülersein" - ist es offenkundig das Regime von „Lerngeschwindigkeitsnormen", dem die Schule die Schülerinnen und Schüler für ihre restliche Kinder- und Jugendzeit unterwirft, so daß deren gesamtes übriges Schülerdasein

378 Böhnisch 1995, S. 147.

379 Böhnisch 1995, S. 146.

380 Böhnisch 1995, S. 146. *Böhnisch* sagt, die Schule sei dazu *„nicht in der Lage"*, oder an anderer Stelle, daß die Schule soziale Ressourcen *„nicht selbst ausreichend wiederherstellen kann"*.

diesem Regime zwangsläufig subsumiert ist, wenn sie den „Schulerfolg" wollen. Das soziale Schülersein ist demzufolge eine *abhängige Variable* der mit den Lerngeschwindigkeitsnormen definierten Schülerrolle. Die Schule überfordert ihre Schülerinnen und Schüler demnach in einer Weise, daß diese den „funktional" erzeugten Druck weder einzeln noch als Altersklasse ohne massive Kompensationsanstrengungen aushalten können. Weshalb Böhnisch die *ursächliche* Erzeugung dieses durchgängigen *Überforderungsdrucks* einer ganzen Altersklasse *im* „funktionalen System Schule" aus seiner Kritik ausklammert und ihm stattdessen sogar beiläufig das Gütesiegel ausstellt, es funktioniere „leidlich", ist nur schwer nachzuvollziehen.

Den Grund der Überforderung von Schülerinnen und Schülern sieht er nicht in den funktionalen Systemprozessen der Schule, sondern in den „zu schulabgewandten" Familienmilieus.[381] Nur: Der kompensatorische Umgang damit unterstellt das Fortbestehen der Lernüberlastungen. Eine Lösung des Problems läge im Abbau der „Lerngeschwindigkeitsnormen", nicht aber im Gegenteil, die schulischen *Zumutungen verkraftbar* auszugestalten und so dauerhaft festzuschreiben. Hier unterschätzt Böhnisch vermutlich die von ihm selbst erwähnte Tendenz, die einer sozialeren Ausgestaltung der Schule entgegensteht: „Ihre soziale Blindheit ist also systemfunktional". Die Schule unterstützt damit nämlich genau das, was sie mit den Lerngeschwindigkeitsnormen leistet, nämlich Unterschiede herzustellen nach dem Schema von „Leistung, Konkurrenz und Auslese". Dabei macht die Schule nicht „*Kinder*" vergleichbar und bewertbar, sondern Schulleistungen. Leistungsdruck und Überlastung gehören dazu. Die Lerngeschwindigkeitsnormen stören nur dann, wenn ihre sozialen Auswirkungen ihre Funktion in der Bildungskonkurrenz stören.

Genau dieser Punkt ist auf der dritten Analyseebene, der Schule als „diffuser Sozialraum", anscheinend erreicht. Vom funktionalen System überforderte Schülerinnen und Schüler kehren mit „unspezifischem Gewaltverhalten" in die Schule zurück. Daher muß dem „funktionalen System Schule" und seinen darin „verschanzten" Lehrern vermittelt werden, daß sie zu *sozialer* Kompensation bereit sein müssen, *damit* sie ihr *funktionales* Dienstgeschäft mit genügend Erfolgsaussichten überhaupt fortführen können. Diese Schlußfolgerung ist zugleich eine Kritik der Thesen von Böhnisch über schulische Anomie.

Böhnischs Herleitung, inwiefern und weshalb die Anpassungsreaktionen ausgerechnet in *Gewalthandeln* von Schülern bestehen sollen, überzeugt jedoch wenig. Böhnisch sagt, Schülergewalt stelle den

> „Versuch dar, sich selbst bemerkbar zu machen, Unübersichtliches und Überforderndes 'in einem Akt' übersichtlicher und für einen - wenn auch nur kurzzeitig - überschaubar zu machen. Bewältigungshandeln ist die Suche nach Handlungsfähigkeit in diffusen und durch diese Diffusität belasteten Sozialsituationen, und Gewalt gilt als die extremste Form des Bewältigungshandelns."[382]

Schülergewalt zählt ohne Zweifel zu den Bewältigungsreaktionen auf soziale Anomie. Aber Böhnisch weist hier nicht schrittweise *aus* den anomischen Strukturen des funktionalen und sozialen Systems Schule selbst nach, weshalb gerade die Variante des gewalttätigen Bewältigungshandelns daraus erwächst und nicht ebenso gut eine andere, friedliche Form des

381 Böhnisch 1995, S. 148 f.

382 Böhnisch 1995, S. 149.

Bewältigungshandelns von Schülerinnen und Schülern auf soziale Anomien. Wenn er von Problemen der „Diffusion" und „Unübersichtlichkeit" spricht, ist dies nicht gleichbedeutend mit Anomie, die durch das *Fehlen* von Mitteln oder Normen für vorgegebene Ziele gekennzeichnet ist, aber nicht durch fehlenden *Überblick* („Unübersichtlichkeit", „Diffusität") über Sozialsituationen.

Zuzustimmen ist seiner Analyse demgegenüber in der Bedeutung, die er den Bildungstiteln für das Verständnis wie das Selbstverständnis der *„Bildungsjugend"* zumißt. Aus der Übergangsjugend ist eine institutionell gesteuerte Bildungsjugend geworden. Damit hat sie auch ihren Erfolgsmaßstab, ihre Wertkategorie und ihre daraus ableitbare persönliche Wertzumessung im „Erfolg im Bildungssystem" und in dessen Bildungstiteln. Das betrifft nicht nur ihre künftige berufliche Verwendbarkeit. Es geht ihnen auch um den „gegenwartsorientierten Erwerb von Bildungstiteln". Wenn die Schülerinnen und Schüler dieses System annehmen, liegt damit auf der Hand, daß Schulerfolg wie Schulmißerfolg zum Gegenstand Nummer eins ihrer persönlichen Selbstbeurteilung aufsteigt.

Die Analyse mündet in Forderungen nach integrierter Sozialarbeit oder Ganztagesschule. Böhnischs Ansatz zur Schule als anomische Struktur berührt damit ein relevantes *Umfeld* des schulischen Geschehens und der Schülerreaktionen. Am funktionalen *Kerngeschehen* von Schule geht er jedoch vorbei. Es bleibt danach die Frage offen, ob sich Anomie nicht auch aus der *immanenten* Struktur der Schule rekonstruieren läßt. Hier verspricht die Arbeit von Holtappels und Hornberg Erkenntnisfortschritte.

4.2.2 Die Schule als anomische Struktur nach Holtappels/Hornberg

Holtappels und Hornberg diskutieren in ihrem Beitrag ebenfalls die Anomiepotentiale von Schulstrukturen, aber mit anderen Schwerpunkten als Böhnisch. Da ihre Vorgehensweise den anomietheoretischen Annahmen dieser Arbeit weitgehend entspricht, erscheint es sinnvoll, ihre Ergebnisse zunächst detailliert nachzuzeichnen und dann die Differenzen zu kennzeichnen. Holtappels/Hornberg entwickeln das Anomieproblem von Schule in drei Gliederungsschritten. „Im ersten Teil werden anomische Strukturen der Schule offengelegt."[383] Hier übertragen sie die Kategorien der Anomietheorie auf den Bereich Schule, um so schulimmanente Ziel-Mittel-Diskrepanzen aufzuzeigen. Im zweiten Teil besprechen sie Auswirkungen gesamtgesellschaftlicher Modernisierungsprozesse auf anomische Tendenzen im Schulsektor und abschließend die Produktion devianter Verarbeitungsmuster im innerschulischen Kontext.

Holtappels und Hornberg übertragen die Kategorien der Anomie-Theoreme von Durkheim und von Merton - Werte/Ziele, Normen und Mittel - auf den Kernbereich der Schule. Das Zentrum anomischer Spannungsverhältnisse sehen sie in der Übertragung beider Theorie-Varianten in den schulischen *Selektionsmechanismen* und ihren Auswirkungen. In Anlehnung an Durkheims Anomie-Parameter sichten Holtappels/Hornberg die Störpotentiale der sozialen Ordnung in der Schule. „Zensuren und Zeugnisse" stufen sie so als mögliche Auslöser von „Desintegration" im Durkheim'schen Sinne ein, ebenso „Bindungen an am

383 Holtappels/Hornberg 1997, S. 328.

Lernkollektiv orientierte Leistungsbewertungen (z.B. anhand von Normalverteilungskurven)",[384] aber auch überstarke Kollektivbindungen in Schulen diktatorischer Systeme. Der dritte Diskrepanz-Parameter Durkheims könne durch Noten und Zeugnisse erfüllt werden, die für *alle* als hohe Werte gelten, aber nicht von allen erreicht werden. Folge sei eine Gefährdung der „organischen Solidarität" im Schulklima und der darin eingeschlossenen „Disziplinierung" mit Auswirkungen auf die psychosoziale Identitätsbalance.

Ähnliche Charakteristika heben Holtappels/Hornberg in ihrer Rekonstruktion anomischer Schulstrukturen nach Merton hervor, präzisieren sie aber noch weiter:[385]

- Das zentrale *Schulziel* sei der über leistungsabhängige Zertifikate erreichte *Schulerfolg*. Dieser Schulerfolg verleihe nicht nur aktuelles Sozialprestige, z.B. den Schülerstatus als Gymnasiast, sondern entscheide spätere berufliche Optionen vor. Er sei dadurch mitbestimmend für künftige Zugänge zu legitimen Mitteln für die Erfüllung kultureller Ziele und Werte und wirke so auf die Entwicklung sozialer Disparitäten ein. Daraus ergebe sich die hohe *Verbindlichkeit* und der entsprechend hohe *Druck* der Zielerreichung auf alle Lernenden.
- Zur Erreichung dieses Ziels biete die Schule *institutionell geregelte Normen.* Das Schulziel sei aber auch unter Umgehung dieser Normen erreichbar.
- Die Wege der Zielerreichung seien die *legitimen Mittel*, nämlich die fachbezogenen und in ganz bestimmter Zeit und Form mit den erlaubten Hilfsmitteln zu erbringenden *Schulleistungen.* Hinzu kämen bestimmte nicht-leistungsbezogene Handlungsweisen sozialer Konformität.

Holtappels/Hornberg meinen, man kann die von Anomie betroffenen bzw. nicht betroffenen Schülergruppen nicht „dichotom" einteilen. Die anomische Betroffenheit unterliege vielmehr „dynamischen Veränderungen"[386]: In einer pluralen und ausdifferenzierten Gesellschaft seien die normkonformen Erfolgsmittel für die meisten Sozialgruppen vorhanden. Es gebe aber auch Gruppen, die zum Teil illegitime Mittel anwenden müßten. Daneben würden deviante Mittel trotz der Verfügbarkeit von normkonformen Mitteln dann angewendet, wenn sie als die effektiveren, einfacheren oder bewußt als „lustvolle" Mittel erscheinen. Die Einstellung zu den devianten Mitteln könne sich beim einzelnen im Ablauf seiner Statuspassage ändern.

Mit diesen Aspekten bestätigt Holtappels' und Hornbergs Übertragung der Anomietheorie auf Schule zwei Annahmen dieser Arbeit, nämlich erstens die Annahme, daß anomische Ziel-Mittel-Diskrepanzen Schülerinnen und Schüler zur Anwendung *illegitimer* Mittel herausfordern. Zweitens wird ihre Übertragung der Annahme eines *„produktiv* die Realität verarbeitenden *Subjekts*" gerecht, da die Anpassungsreaktionen relativ frei erfolgen: Sie erfolgen nicht deterministisch zwingend und andererseits auch schon in frühen Stadien, wenn die Schülerinnen und Schüler noch keinem unerträglich großen anomischen Druck unterliegen. Das Spektrum der Auslöser der Anpassungsreaktionen von Schülerinnen und Schülern

384 Holtappels/Hornberg 1997, S. 335.
385 Vgl. Holtappels/Hornberg 1997, S. 339-342.
386 Vgl. Holtappels/Hornberg 1997, S. 341.

reiche vom Fehlen objektiv-angemessener Mittel über subjektive Effektivitätserwägungen bis zu bloßem subjektiven Gefallen („lustvolle" Mittel).

Ausführlich diskutieren Holtappels/Hornberg zwei besondere Konstellationen schulischer Anomie, nämlich ihre Effekte bei sozialschichtspezifischen und ethnischen Unterschieden von Schülerinnen und Schülern.[387] In beiden Fällen verweisen sie darauf, daß diese Schülergruppen wegen ihrer familial begründeten defizitären Mittelausstattung in der Schule verschärft unter sozialschichtspezifischer oder ethnischer *Chancenungleichheit* leiden.[388]

Auf der anderen Seite benennen Holtappels/Hornberg einen verblüffenden Ausweg aus den Dilemmata der Bewältigungsreaktionen auf die (schulischen) Ziel-Mittel-Diskrepanzen. Sie nennen ihn *„gegensteuernde Strukturbildungen"*.[389] Sie meinen damit innerschulische Veränderungen, die die anomischen Tendenzen reduzieren. Eine Möglichkeit bestehe in einer Annäherung der Ziele, d.h. was als „Schulerfolg" gilt, an die beschränkten Mittel der Schülerinnen und Schüler, worunter sie deren „Lern- und Leistungsvermögen" verstehen. Zugleich räumen Holtappels/Hornberg ein, daß diese Art der „Neutralisierung" von anomischen Tendenzen „zur Beschränkung und Abkühlung von Lernbedürfnissen und Bildungsaspirationen (führt)".[390] Alternativ verweisen sie auf „Tendenzen der Innovation" als eine Konsequenz der neueren Institutionenkritik an Schule, die auch zu verstärkter Schülerorientierung, größerem Lebensweltbezug der Bildungsinhalte und Lernformen und zu einer „besseren Förderungsarbeit" geführt habe. Auch einen möglichen Ausbau des „sozialen Systems der Schule" über den Unterricht hinaus sprechen sie dabei an.

So zeigen Holtappels/Hornberg am Beispiel Schule, wie durch Herabsetzung der Ziele oder durch Verbesserung der Mittel, das heißt durch Förderung des Lernens und der Lernbedingungen, anomische Diskrepanzen durch *strukturelle Eingriffe* entschärft werden können. Die Pointe davon ist, daß mit der strukturellen Veränderung der anomischen Spannung auch die unerwünschten *Anpassungsreaktionen entfallen* können.[391] Mit der Abnahme des strukturellen Bewältigungsdrucks werden auch bestimmte subjektive Bewältigungsreaktionen funktionslos und entbehrlich. Wenn es aber so ist, daß Anomiepotentiale durch „gegensteuernde" Strukturveränderungen reduzierbar sind und so dem Bewältigungshandeln der Handlungsdruck entzogen wird, kommt es sehr auf eine präzise Analyse der Anomiestrukturen an, um die richtigen Anknüpfungspunkte für strukturelle Lösungsansätze herauszuarbeiten. Nach Holtappels/Hornberg können die beschriebenen systemexternen Mechanismen nämlich auch zu *anomieverstärkenden* Wirkungen innerhalb von Schule führen. So ließen die gesellschaftlichen Destabilisierungstendenzen die grundlegende Existenzsicherung

387 Vgl. Holtappels/Hornberg 1997, S. 343-351.

388 *Holtappels/Hornberg* verweisen dazu jeweils auf oben bereits referierte Zahlen, wonach der Anteil der Arbeiterkinder an den Gymnasialschülern nur etwa 13 % gegenüber dem von Beamtenkindern mit 61% sei. 1989 besuchten von allen ausländischen Schülerinnen und Schülern unabhängig von der Schichtenzugehörigkeit ihrer Eltern 63,8% die Hauptschule, wobei 71% der Ausländerkinder zugleich Arbeiterkinder, ca. 9% Kinder von Angestellten, nur 4% Kinder von Selbständigen und 17,5% Kinder von arbeitslosen Familienvorständen sind (a.a.O. 1997, S. 350).

389 Vgl. Holtappels/Hornberg 1997, S. 350-351.

390 Holtappels/Hornberg 1997, S. 350.

391 Ähnliche Konsequenzen wie sie hier formuliert sind, zieht *Schubarth* in seiner Würdigung der Anomietheorie unter dem Aspekt von Gewaltprävention (1998, S. 38).

breiter Bevölkerungsschichten infolge der Massenarbeitslosigkeit labil erscheinen. Als gesellschaftlich verstärkende Einwirkungen auf anomische Schulsituationen nennen Holtappels/Hornberg:[392]

- Der zentrale *Wert des Schulerfolges* werde diffus und widersprüchlich.
- *Materielle Einbußen und Statusverschlechterungen* führten in Familien von Modernisierungsverlierern, die das ungerecht empfinden, einerseits zu Neidgefühlen gegenüber Minoritäten und zur Abnahme von Lernunterstützung.
- Die schulischen *Qualifikationsanforderungen* erhöhten sich infolge der Arbeitsmarktlage bei gleichzeitig sinkenden Erfolgsaussichten. Der Ausbildungsstellenmarkt werde zum *Verdrängungswettbewerb.*
- Hauptschulabschlüsse verlören auf dem Ausbildungs- und Arbeitsmarkt am meisten an Wert. Ausländische Schulabgänger rangierten durch *ethnische Diskriminierung* hinter den deutschen.
- Rückwirkungen der beruflichen Wettbewerbssituation verschärften den Konkurrenzkampf um schulische Erfolge, weshalb die schulische *Konkurrenzorientierung* zunehme.

Anomietheoretisch kulminiere diese gesellschaftliche Entwicklungstendenz im schulischen Sektor darin, daß sich die *Ziel-Mittel-Diskrepanzen verstärken,*

> „weil das Schulerfolgsziel hochgesetzt wurde, gleichzeitig aber die Zugangschancen zu legitimen Mitteln gleichbleiben oder sogar - aufgrund belastender Sozialisationsbedingungen und psychoemotionaler Streß-, Angst- und Unsicherheitsfaktoren - absinken. Letzteres dürfte in erhöhtem Maße untere soziale Schichten und ethnische Minoritäten treffen, da sie sowohl von der ökonomischen Krise ungleich stärker betroffen sind als auch im schulischen Wettbewerb unterliegen. (...) In diesen Gruppen der Verlierer und Chancenlosen wird einerseits das Selbstwertgefühl am massivsten in Frage gestellt, so daß eine Verteidigung der bedrohten Identität mit normkonformen, aber auch mit devianten Mitteln notwendig erscheint."[393]

In diesem Zitat entwickeln Holtappels/Hornberg nicht nur die Mechanismen anomischer Aufschaukelungseffekte, sondern sprechen explizit die *identitätsrelevante Dimension* der objektiven Strukturdiskrepanzen an. In dieser Stärke ihrer Analyse liegt aber zugleich eine Schwäche, weil die theoretische Zerlegung der als identitätsrelevant behaupteten Mechanismen von Schule letztlich vage bleibt und den erforderlichen Nachweis aus den anomischen Schulstrukturen und an den subjektiven Verarbeitungsmodi der Schülerinnen und Schüler nicht liefert.

Soweit Holtappels/Hornberg jedoch in dem Beitrag einen ganz speziellen Verarbeitungsmodus von Schulanomie, die *Schülergewalt,* thematisieren, sprechen sie diese für die Anomieanalyse entscheidenden Zusammenhänge an. Schülergewalt führen sie auf *externe* Verstärkungen *schulimmanenter* anomischer Spannungszustände durch die massenmediale „Normalisierung von Abweichung durch alltägliche Devianzpräsentation" zurück.[394] Dies löse bei Schülern verhängnisvolle Reaktionen aus: „Um Stärke und Ich-Balance wenigstens scheinbar zurückzugewinnen, wenden die Opfer struktureller Gewalt nicht selten ihrerseits Gewalt gegen Schwächere oder gegen Sachen an oder lehnen sich mit anderen illegitimen

392 Vgl. Holtappels/Hornberg 1997, S. 352 ff.
393 Vgl. Holtappels/Hornberg 1997, S. 355.
394 Vgl. Holtappels/Hornberg 1997, S. 358 f.

Mitteln gegen die - zumindest aus ihrer Sicht - anomischen Verhältnisse auf."[395] Holtappels/Hornberg erklären Gewalt von Schülern also durch Verweis auf ihre strukturell definierten anomischen Lebenslagen als *Motiv* zu einer Anpassungsreaktion, die bestimmten *Mustern* folge. Inwiefern sich die von Anomiedruck bedrängten Schüler dann praktisch *entschließen*, sich dieses Musters auch zu bedienen, hänge letztlich von ihnen ab. Die Autoren fühlen sich dabei an Momente struktureller Gewalt erinnert, weil die Schüler häufig Zwang, Fremdbestimmung und Unterdrückung erlebten. Die Schule selbst lebe ihnen vor, daß Interessen notfalls mit Gewalt durchgesetzt würden.

Bis zu diesem Punkt ist zustimmend festzuhalten, daß Holtappels und Hornberg mit ihrer anomietheoretischen Transformationsleistung eine weitgehende Konkretisierung des Anomietheorems als schulisches Problem geleistet haben. Ihre Arbeit hat das oben unter Kapitel 3.3.2 entwickelte *erste Suchraster* in den Grundzügen *erfüllt* und auf die Frage, inwiefern die Institution Schule die Schülerinnen und Schüler verbindlich unter einen identitätsrelvanten Anomiedruck von Anziehungskraft und Ausschlußtendenzen setzt, folgende Antworten erbracht:

- Ihre Ausführungen machen erkennbar, daß die *Selektionsstruktur* das Zentrum der anomischen Spannungszustände der Schule darstellt.
- Ihre Ausführungen bestätigen, daß der schulische Anomiedruck neben identitätsfördernden auch *identitätsbedrohende* Auswirkungen haben kann, da der schulische Anomiedruck die Schülerinnen und Schüler fundamental betrifft. Er hat für sie objektiv und subjektiv biographische Dimensionen, denn er berührt nicht nur ihre aktuelle Statuszuweisung innerhalb der Schulklasse, sondern auch ihre potentielle Plazierung im Erwerbsleben. Der Schulabschluß entscheidet so über Voraussetzungen eines lebenslangen Zugangs zu oder eines Ausschlusses von Mitteln zu kultureller Wertrealisierung.
- Was die Schule damit vorgibt, hat für die Schülerinnen und Schüler nicht nur hohe objektive *Verbindlichkeit*, sondern verlangt ihnen auch subjektiv hohen Respekt ab. Ihre institutionelle Ausgestaltung entspricht dieser Doppelbedeutung von objektiver und subjektiver Verbindlichkeit.
- Daß Kinder und Jugendliche angesichts dieses institutionellen anomischen Settings aus „devianten Reaktionsmustern der Auflehnung, des Widerstands oder der Rebellion" für sich *neuartige* „Orientierungs- und Identifikationsmuster" entwickeln, arbeiten Holtappels/Hornberg ebenfalls prägnant heraus: „Um Stärke und Ich-Balance wenigstens scheinbar zurückzugewinnen, wenden die Opfer struktureller Gewalt nicht selten ihrerseits Gewalt gegen Schwächere oder gegen Sachen an oder lehnen sich mit anderen illegitimen Mitteln gegen die - zumindest aus ihrer Sicht - anomischen Verhältnisse auf."[396]

Dennoch bleiben in ihrer Arbeit einige wichtige Fragen *ungelöst*, was an zwei Stellen ihrer Analyse aufgezeigt werden soll. Zur empirischen Überprüfung ihrer Hypothese über die Herkunft des Gewalthandelns von Schülerinnen und Schülern aus innerschulischen Anomien schlagen Holtappels/Hornberg zum einen folgende fünf *Leitthesen* vor:[397]

---

395 Vgl. Holtappels/Hornberg 1997, S. 359.

396 Holtappels/Hornberg 1997, S. 359.

397 Vgl. Holtappels/Hornberg 1997, S. 360. Ähnliche Faktoren führt auch *Helsper* für die mangelnde pädagogische Unterstützung an und noch mehr für die durch institutionelle Handlungsvorgaben geradezu

1. In ihren *Bildungsinhalten* biete die Schule nur entfremdendes Auseinanderfallen des Lernstoffes und der Lebenswelt der Schülerinnen und Schüler.
2. Die gesamte *Unterrichtsorganisation* verstärke diese Entfremdungssituation.
3. Hoher *Leistungsdruck* und negative Leistungszuschreibungen bewirkten Streß- und Spannungssituationen und könnten deviante Problemverarbeitungsmuster hervorrufen.
4. *Partizipationsdefizite* der Schülerinnen und Schüler verstärkten die innere Distanz zur Schule.
5. *Fehlendes Schulleben* und ausgleichende Freizeitaktivitäten förderten die Beziehungslosigkeit der Kinder und Jugendlichen zur Lehranstalt.

Da es auch in dieser Arbeit um eine empirische Überprüfung des Zustandekommens schülertypischer Selbstkonzepte aus schulimmanenten Spannungszuständen geht (nicht nur von gewaltorientierten Varianten davon), wären diese Leitthesen von Holtappels/Hornberg an sich so zu übernehmen. Analysiert man aber den Zusammenhang dieser Leitthesen, lassen auch sie sich ohne Substanzverlust auf die These 3 zusammenführen. Umgekehrt lassen sich die anderen vier Thesen aus der These 3 ableiten, denn die Selektionsfunktion der Schule dominiert die übrigen Elemente von Schulunterricht und charakterisiert sie als seine abhängigen Variablen. Wenn Bildungsinhalte (1) nämlich zu bloßem Selektionsstoff für Zensuren funktionalisiert werden, sind sie das Gegenteil eines lebensweltlichen Bildungsgutes für Schülerinnen und Schüler. Indem die Unterrichtsorganisation solche Entfremdungseffekte (2) „verstärkt", entspricht sie zugleich dem Selektionsziel. Wo ein Gegeneinander der Schülerinnen und Schüler als Konkurrenten die maßgebliche schulische „Partizipationsform" ist, paßt „Partizipation" der Schülerinnen und Schüler (4) als demokratische Teilhabe nicht mehr dazu, denn sie würde das Gegeneinander nur stören. Kompensationsangebote (5) kaschieren das kompensationsbedürftige Problem (3) nur. Daraus folgt für das weitere Vorgehen in dieser Arbeit, daß aus den fünf Leitthesen von Holtappels/Hornberg die Leitthese (3) das Zentrum der Herleitung bilden müßte.

Die fünf Leitthesen beruhen in ihrer Analyse auf der Darstellung der Anomiepotentiale schulischer Strukturen, die Holtappels/Hornberg als eine Zusammenfassung der schulbezogenen Institutionenkritik seit den 70er Jahren in folgender Weise vorstellen:

1. Die *Bildungsinhalte* der Schule hätten zu wenig Bezug auf die Lebenswelt der Schülerinnen und Schüler. Nach dem „Tauschwert" der Schulabschlüsse in der Berufswelt sinke so auch ihr persönlicher „Gebrauchswert" und ihr Sinn in der Schülerperspektive.[398]
2. Die *Organisation* der schulischen Lernprozesse sei gekennzeichnet durch unflexible Zeitrhythmen, den Monofunktionalismus der Schulräume sowie die Begrenztheit von Lernorten, die den Schülerinnen und Schülern vielerlei nicht-kognitive Erfahrungen verunmöglichen. Lebenszusammenhänge würden in Unterrichtsfächer und abstrakte Wissensbestände aufgesplittet. Statt Förderungs- und Stützungsmaßnahmen zur Vertiefung,

---

unvermeidliche Gefährdung der psychischen Integrität von Schülerinnen und Schülern durch zu geringe Unterstützung in solidarischen Anerkennungsformen (Helsper 1995, S. 146).

398 Vgl. Holtappels/Hornberg 1997, S. 329.

Übung oder Wiederholung von Unterrichtsstoff würde lehrerzentrierter Frontalunterricht praktiziert.

3. Die Kritik an der schulischen *„Leistungsauslese"* bestehe darin, daß letztlich Zensuren und Zeugnisse die gesamte schulische Szenerie „beherrschen", d.h. alle Äußerungen von Schülerinnen und Schülern würden im Rahmen von Konkurrenz und Rangordnungen innerhalb der Klassen alleine diesem Ziel „unterworfen", was bei Absteigern bis zu identitätsbedrohenden Versagenserlebnissen führe.[399]
4. *Schulklima und schulische Interaktionsformen* würden durch „den formellen und leistungsbezogenen Charakter des Unterrichts und die hierarchische Rollenstruktur geprägt" mit negativen Konsequenzen: Der Schulalltag „reduziere" sich auf kognitive Unterrichtsprozesse. Eine „Schulkultur" im sozial-kreativen Bereich sei „unterentwickelt". Das Lehrer-Schüler-Verhältnis sei „allzu oft allein durch Leistungs- und Verhaltenserwartungen" geprägt. Die Schule vernachlässige ihre Öffnung zum sozialen Umfeld. Partizipatives und demokratisches Verhalten würden damit ebenso erschwert wie Kooperation und Solidarität.
5. Die *funktionalen Bauten* behinderten Wohlbefinden und Identifikation mit der eigenen Lehranstalt und begünstigten Vandalismus.[400]

Auch gegen diese Aufgliederung der Schulkritik bestehen Einwände. Während die fünf Punkte und ihre Zusammenfassung *„systemimmanente* Widersprüche" der Schule sein sollen, ergibt sich ein erheblicher Teil davon gar nicht „immanent" aus der Institution Schule, sondern erst aus einer Konfrontation der vorhandenen Schule mit reformpädagogischen Vorstellungen von einer besseren Schule. Erst unter dieser *externen* Voraussetzung lassen sich diese Schulstrukturen als anomisch einstufen. Ein Beispiel dafür aus Punkt 4: Der „formelle und leistungsbezogene Charakter des Unterrichts und die hierarchische Rollenstruktur" erschwere die Öffnung der Schule zum sozialen Umfeld, partizipatives wie demokratisches Verhalten, Kooperation und Solidarität. Zusammengefaßt: „Soziale Lernziele wie Solidarität und Teamfähigkeit sind im Rahmen des konkurrenzorientierten Prinzips der individuellen Leistungserbringung schwer haltbar".[401] Solidarität und Kooperation sind in der Tat das Gegenstück zum Gegeneinander der Schülerkonkurrenz. Wer beides zugleich von der Schule erwartet, deckt aber nicht ihre „strukturimmanenten Widersprüche" auf, sondern stellt einen *Vergleich* der Schule mit *seinen* pädagogischen Erwartungen an Schule an. Ebenso müßte man immanente Schulanomien, an denen Schülerinnen und Schüler scheitern, sinnvollerweise auch aus der *Schülerperspektive*[402] analysieren. „Anomien", die sich erst aus Perspektiven und Wunschvorstellungen von Reformpädagogen ergeben, sind dafür nicht geeignet. Eine *vermischte* Bestandsaufnahme verzerrt so die Ausgangspunkte der analysierten Schülerreaktionen.

Der zweite Einwand entspricht den Bedenken gegen die Leitthesen. Er besteht darin, daß auch die fünf Kritikpunkte sich letztlich alle aus Punkt 3 ergeben und sich daher auf diesen

---

399 Holtappels/Hornberg 1997, S. 330.

400 Vgl. Holtappels/Hornberg 1997, S. 332.

401 Holtappels/Hornberg 1997, S. 332.

402 Auf diesen Punkt wird die weitere Analyse dann zurückkommen und sich konzentrieren, und zwar unter Auswertung von eingehenden empirischen Untersuchungen von Holtappels zur Schülerperspektive, vgl. Holtappels 1987 und Kapitel 5.3.

zusammenkürzen lassen. Eigentlich müßten Holtappels/Hornberg selbst dieser Meinung sein, wenn sie formulieren: Es „*beherrschen* Zensuren und Zeugnisse die Szenerie". Wenn es im Kern um Zensuren geht, reduziert das die Funktion aller Bildungs*inhalte* in Punkt 1 auf bloßes *Material* zur Leistungsbenotung, wozu jeder Lernstoff gleichermaßen taugt. Schulimmanent ergibt das keine Veranlassung, lebensweltliche und soziale Kenntnisse mühsam als „Gebrauchswert" für Schülerinnen und Schüler zu entwickeln. Das Selektionssystem beweist zudem, daß es um brauchbares Wissen für die Schülerinnen und Schüler *nicht* geht, sonst dürfte die Schule sie nicht systematisch aus dem Erwerb von Wissen herausselegieren. Die „Monofunktionalität der Schulräume" und die „Begrenztheit von Lernorten" in Punkt 2 *entspricht* der Monofunktionalität des Selektionszwecks durchaus. Welche Unterrichtsform wäre für die „Herrschaft von Zensuren und Zeugnissen" angemessener als ein „lehrerzentrierter Frontalunterricht"? Punkt 4 beklagt, daß die schulische Konkurrenz und Selektion keinen Raum für ihr Gegenteil ließen, für partizipative, demokratische oder solidarische Verhaltensweisen. Damit verweist auch Punkt 4 auf die Leistungsauslese und die Schülerkonkurrenz als Kern des Problems. Zu Punkt 5: In einer Einrichtung, die ihre Besucher sogar „identitätsbedrohenden psychischen Versagenserlebnissen" aussetzt (3), sind Einwände gegen architektonische Schwächen obsolet. Bezieht man zur Gegenprobe die Punkte 1, 2, 4 und 5 analytisch auf den Problembrennpunkt 3, dann fügen sich alle schlüssig zusammen, nämlich als ein *Grund* und vier *Folgeerscheinungen.* Das spricht gegen eine Zergliederung in fünf eigenständige Kritikpunkte an Schule und stützt zugleich die Annahme, daß das schul-organisatorische Kernproblem in der „Herrschaft von Zensuren und Zeugnissen" liegt.

Ein dritter Einwand ergibt sich aus Holtappels/Hornbergs Zusammenfassung der tradierten Schulkritik, wonach die gleichen schulorganisatorischen Strukturen eine „*förderliche* Persönlichkeitsentfaltung der Individuen" bewirkten, aber auch „*beschädigte* Identitäten" hervorbrächten.[403] Es erscheint zunächst wie ein Rätsel, daß die gleichen Schulmechanismen so entgegengesetzte Auswirkungen wie Schädigung und Förderung hervorbringen sollen. Was soll das für eine Schüler-Persönlichkeit bedeuten, wenn sie mit belastenden Konkurrenzmechanismen und „leistungsbezogenen Stigmatisierungsprozessen" gefördert wurde? Zeichnet sie sich etwa dadurch aus, daß sie dem Konkurrenzdruck der „beherrschenden Zensuren und Zeugnisse" standgehalten hat? Ob Holtappels/Hornberg wirklich vertreten, daß Härte und Durchsetzungsfähigkeit im Konkurrenzkampf durch das Überstehen von identitätsbedrohenden *Gefährdungen* als institutionelles Ziel der schulischen *Förderung* zu begreifen ist, dazu fehlt an dieser Schlüsselstelle eine klärende Stellungnahme.

Die fünf Leitthesen wie die fünf Kritikpunkte aus der Institutionenanalyse der Schule kulminieren m.E. jeweils im dritten Punkt als entscheidender Grundlage des Schülerverhaltens, während die übrigen Punkte davon abgeleitete Folgeerscheinungen beschreiben. Es kommt daher für das weitere Vorgehen in dieser Arbeit entscheidend darauf an, ob die von Holtappels/Hornberg jeweils in Punkt 3 ausgeführte Schulkritik und ihre daran anknüpfende Leitthese Nr. 3 eine konsistente und überzeugende Beschreibung des anomischen Kern-

403 Vgl. Holtappels/Hornberg 1997, S. 333. Die gleiche von schulstrukturellen Widersprüchen vorgegebene Paradoxie formuliert *Helsper* in seinem Aufsatz „*Zerstört die Schule Identität?*": Schule „*zerstöre*" *und fördere* Identitätsbildung zugleich, ohne daß diese Paradoxie durch engagierte oder sozialpädagogisch geschulte Lehrer ohne weiteres aufzuheben sei. (Helsper 1993, S. 65 ff)

problems von Schule beinhalten oder nicht. Speziell an der *„Leistungsauslese"* im zentralen Punkt 3 der Schulkritik soll daher nun der Nachweis geführt werden, inwiefern hier vor einer empirischen Überprüfung der Anpassungsreaktionen von Schülerinnen und Schülern eine weitere analytische Ausdifferenzierung der Annahmen von Holtappels/Hornberg zu den institutionellen Selektionsmechanismen von Schule erforderlich ist.

Holtappels/Hornberg behaupten, daß die schulische „Leistungsauslese" gar nicht durch wirkliche Lernleistung, sondern durch fragwürdige „Leistungs*zuschreibungen*" erfolge und zu negativen Etikettierungen und moralischen Diskriminierungen führe. Es scheint, als handele es sich hierbei um einen *mobbingähnlichen* Prozeß. Die schulischen „Leistungszuschreibungen" führten schließlich zu den genannten „identitätsbedrohenden psychischen Versagenserlebnissen" von Schülerinnen und Schülern, zur Segregation, zur Klassenwiederholung und/oder einem sonstigen innerschulischen „Abstieg". Diese Transformationsleistung beschreiben Holtappels/Hornberg so:

> „Da schulische Lernprozesse vorwiegend der Zielorientierung auf formelle Leistungsnachweise untergeordnet sind, ***beherrschen Zensuren und Zeugnisse die Szenerie.*** Alle Äußerungen und Lernhandlungen der Schüler/innen sind Beurteilungen und Bewertungen unterworfen mit dem Ziel der Vorbereitung und Legitimierung offizieller Leistungszuschreibungen. ***Leistungsauslese*** führt insbesondere zu einer sozialschichtspezifischen Chancenungleichheit. Die Erfolgs- bzw. Mißerfolgszuschreibungen sind für Schüler/innen mit Lernproblemen nicht selten mit Degradierungszeremonien und leistungsbezogenen Etikettierungen verbunden. Da Leistungszuschreibungen zugleich faktisch über die Rangordnung innerhalb der Klasse entscheiden, werden Schüler/innen in Konkurrenz zueinander gesetzt. Der Erfolg der einen bestimmt letztlich auch den Mißerfolg der anderen mit und umgekehrt. Dabei korrespondiert der Leistungsstatus in hohem Maße mit dem sozialen Status und dem Sympathiestatus auf der informellen Ebene der Gruppenbeziehungen und des Lehrer-Schüler-Verhältnisses. Überdies verfestigen sich Lernprobleme in beständigem Leistungsversagen, was schließlich in entsprechende Verfahren der Segregation mündet, als Klassenwiederholung und/oder Abstieg in niedrigere Leistungsgruppen. (...) diese Prozesse haben beiläufig identitätsbedrohende psychische Versagenserlebnisse zur Folge."[404]

Kein Zweifel besteht zunächst an Holtappels/Hornbergs grundlegender schulkritischer Einschätzung, daß Zensuren und Zeugnisse keine wirklichen Leistungsnachweise und Dokumente des individuell erreichten Wissensstandes[405] der Schülerinnen und Schüler sind. Es trifft daher auch ihre Feststellung zu, daß die schulischen Lernprozesse den „formellen Leistungsnachweisen" „untergeordnet" sind. Das unterstreicht auch ihre weitere Formulierung, daß nicht nur alle „Lernhandlungen", sondern „alle Äußerungen" von Schülerinnen und Schülern „Bewertungen unterworfen" sind, also offenbar auch solche, die mit dem Lernstoff unmittelbar nichts zu tun haben. Eine solche Dauerbewertung aller möglicher „Äußerungen" von Schülerinnen und Schülern wäre völlig überzogen, wenn es nur darum ginge, ihnen sinnvolle Rückmeldungen über ihre Lernerfolge und ihren Wissensstand zu geben, womit die Autoren indirekt die Orientierungs- und Berichtsfunktion von Noten hinterfragen. Hieraus ergibt sich, daß Lernen und Zertifizieren in der Schule in einem Spannungs-

---

404 Holtappels/Hornberg 1997, S. 330 (Hervorhebungen von der Verf.in).

405 Diese Qualität haben die „Berichte zum Lernvorgang" der Bielefelder Laborschule, die Hartmut von Hentig ausdrücklich von Ziffernnoten abgrenzt: „Es ist aus theoretischen Gründen nicht zu erwarten, daß die Noten aus den Berichten 'ableitbar' sind; dies widerspräche der Funktion der Berichte." (v. Hentig 1983, S. 104)

verhältnis zu stehen scheinen. *Wie entstehen* die so eigentümlich bestimmten Zensuren und Zeugnisse nach Meinung von Holtappels/Hornberg aber dann, wenn sie nicht als eine sachliche Beurteilung der Lernleistungen gelten können?

Wenn „alle Äußerungen und Lernhandlungen" der Schülerinnen und Schüler nur deshalb „Bewertungen unterworfen" werden, um damit „offizielle Leistungszuschreibungen" „vorzubereiten" und zu „legitimieren", dann erscheint die Unterordnung aller möglicher Schüleräußerungen unter ständige „Bewertungen" wie ein Vorwand dafür. In dem Sinne sprechen Holtappels/Hornberg zu recht von einer „Legitimierung" des offiziellen Zuschreibungsaktes, der das offenbar nötig hat, denn er erscheint als ein *Willkürakt.* Bestärkt wird diese Interpretation durch die Konnotation des Fachausdrucks „Zuschreibung". Er bedeutet nach dem Labeling Approach eine äußerliche und unsachliche Verknüpfung.[406] Eine ähnliche Tendenz enthält die Passage, daß Schülerinnen und Schüler mit „Mißerfolgszuschreibungen", also dem grundlosen Nachsagen von Mißerfolgen, nicht nur willkürlich schlechte Noten für Leistungen erhalten würden, sondern zusätzlich mit „Degradierungszeremonien" ihrer Person und mit Sympathieentzug demoralisiert würden. Nach diesen Formulierungen von Holtappels/Hornberg enthält die „Leistungsauslese" tatsächlich Elemente eines Mobbingprozesses, der letztlich auf Segregation, Klassenwiederholung oder Abstieg in niedrigere Leistungsgruppen hinausliefe: Wer durch Leistungszuschreibung schon unten stehe, verliere zusätzlich Respekt und Sympathie im schulischen Umfeld, so daß ihm am Ende gar nichts mehr gelingt. Identitätsrelevanz sollen solche Formen „psychischer Versagenserlebnisse" vor allem für die Verlierer haben, nämlich als Identitätsbedrohung. „Leistungsauslese" führt damit nach Holtappels/Hornberg zu einer Art self-fulfilling prophecy.

Wenn aber die Notengebung nicht durch Leistungen, sondern durch „Leistungszuscheibungen" und Etikettierung zustande kommt, wie soll das damit zusammenpassen, daß dabei „Schüler/innen in Konkurrenz zueinander gesetzt werden"? Die Schwierigkeit liegt darin, daß die Schülerinnen und Schüler bei Zuschreibungsprozessen der Lehrer eher Objekte sind, während sie in einer Konkurrenzsituation als aktive Subjekte gefordert sind. Es fragt sich auch, um welches Ziel und mit welchen Mitteln die Schülerinnen und Schüler überhaupt gegeneinander konkurrieren sollen. Nach dem Zitat konkurrieren sie um positive Leistungs-Zuschreibungen. Dann wäre ihre Konkurrenz aber keine *Leistungs*konkurrenz, wie es der Ausdruck „Leistungsauslese" nahelegt, sondern eine Konkurrenz um *Etikettierungen* der Lehrer. Daß der „Erfolg" der einen „auch den Mißerfolg der anderen" bestimme, hebt diese Doppeldeutigkeit nicht auf, weil es darauf ankommt, was hier mit „Erfolg" gemeint ist. Ist es die erfolgreiche Lernleistung oder eine erfolgreiche Etikettierung? Wenn damit der Lernleistungserfolg gemeint wäre (der vom Lehrer nach Holtappels/Hornberg gar nicht exakt registriert wird), dann fragt sich, wie der Lernerfolg eines Schülers den Lernerfolg eines anderen ausschließen soll. Wissen ist doch kein knappes Gut, das nur einmal zu verteilen wäre. Wäre mit dem Erfolg des einen Schülers, der den Mißerfolg des anderen bestimmt, dagegen der Leistungs-Zuschreibungs-Erfolg gemeint, spricht dagegen, daß die Schülerinnen und Schüler diesen Erfolg gar nicht in ihrer Hand haben, da dies laut Zitat ein künstlich legitimierter Zuschreibungsakt der Lehrer ist. Ginge es also um eine echte Lernleistung, kann ein Schüler einen anderen nicht davon ausschließen, den gleichen Lernstoff

---

406 Vgl. Hargreaves/Hester/Mellor 1981, S. 134 ff.

ebenso gut zu verstehen wie er selbst. Ist es dagegen ein Zuschreibungsakt des Lehrers, dann können Schülerinnen und Schüler nicht darum konkurrieren. Eine schulische Lernleistungskonkurrenz im Sinne einer *„Leistungsauslese"* wäre das jedenfalls in beiden Fällen *nicht.* Dann fragt sich allerdings, weshalb die Schülerinnen und Schüler oder wenigstens ihre Eltern einen so offenkundigen und willkürlich inszenierten Zuschreibungsmechanismus nicht längst als unseriös durchschaut haben sollen.

Vielleicht liegt das einfach daran, daß Selektion in der Schulpraxis doch *sachlich* strukturiert abläuft, nämlich wirklich über die *Leistung* des einzelnen, auf die es dabei allerdings in eigentümlicher Weise ankommt. Jedenfalls dürfte nach dieser Erörterung nachvollziehbar sein, daß die identitätsrelevante Problematik der Prozesse der schulischen Selektion mit der vorliegenden anomietheoretischen Erfassung noch nicht befriedigend aufgeklärt ist.

Die Untersuchung von Holtappels/Hornberg endet mit *konzeptionellen Einwänden* gegen den objektiv-strukturellen Ansatzpunkt der Mertonschen Anomietheorie insgesamt. Die Autoren formulieren Zweifel an der „uneingeschränkten Gültigkeit der Anomietheorie hinsichtlich der auf zentrale schulische Werte bezogenen Annahmen".[407] So gäbe es nicht *„die* Schulziele". Schulziele würden vielmehr gruppenspezifisch oder je nach Familienmilieu sehr unterschiedlich interpretiert. Ihr zweiter Einwand geht dahin, daß für das Entstehen von Bewältigungstechniken der Schülerinnen und Schüler nicht unbedingt eine *objektive* Störung der sozialen Ordnung ausschlaggebend sei. Es komme vielmehr auf die *subjektive* Wahrnehmung und Interpretation der sozialen Gefüge in der Schule aus dem persönlichen Gerechtigkeitsempfinden heraus an. Schülerinnen und Schüler handelten nach dem, wie sie ihre Welt *verstehen,* was nicht das gleiche sein müsse, wie sie *ist.* Hierzu verweisen Holtappels/Hornberg ausdrücklich auf die analytischen Leistungen des *interaktionistischen Ansatzes.*[408] Für das Schülerhandeln komme es darauf an, welche Bedeutungen die Schulsituationen *für sie* hätten. *Handlungsrelevant* sei nicht das objektive, sondern das *subjektiv* perzipierte Beziehungsgefüge. Die Reaktionsformen hingen zudem von „situationsspezifischen Interpretationen" ab. So seien bestimmte anomietheoretisch als „deviant" eingestufte Anpassungsreaktionen auf Schulsituationen interaktionistisch ganz anders, nämlich „als Versuche der Problemlösung zu verstehen", wenn nicht gar als Aneignung und Gestaltung der Lebenswelt Schule.[409] Dies führt Holtappels/Hornberg zu der Feststellung, ob nicht die Anomietheorie angesichts der Probleme der subjektiven Perzeption anomischer Zustände *„entschieden zu kurz greift"*.[410] Sie fordern daher eine Ergänzung der Anomietheorie durch *interaktionistische* Theorieelemente, speziell hinsichtlich der subjektiven Verarbeitungs- und Handlungsmuster.[411]

---

407 Vgl. Holtappels/Hornberg 1997, S. 342.

408 Vgl. Holtappels/Hornberg 1997, S. 362 f; *Schubarth* sieht das ebenso (1998, S. 38).

409 Vgl. Holtappels/Hornberg 1997, S. 363. Schließlich sei dabei auch zu prüfen, welche ungenutzten Mittel Jugendliche in verfestigten Devianzrollen hätten und welche Chancen zur offiziellen Zielerreichung ihnen noch offenstünden.

410 Holtappels/Hornberg 1997, S. 364. Diese Position vertrat *Holtappels* mit ausführlicher Begründung bereits in seinen früheren Schriften. (vgl. Holtappels: *„Schülerprobleme und abweichendes Verhalten aus der Schülerperspektive"* 1987, dort S. 20)

411 Vgl. Holtappels/Hornberg 1997, S. 364. In diese Richtung geht auch *Lamneks* Kritik am Anomie-Konzept (vgl. 1996, S. 247 ff) sowie der rollenanalytische Ansatz von *Dreitzel* (1968, S. 305 ff).

4.2.3 Zwischenfazit und eigene Forschungsperspektive

Mit den zuletzt genannten Einwänden von Holtappels/Hornberg gegen den objektiven Ausgangspunkt der Anomietheorie Mertons schließt sich der Kreis der objektiven und subjektiven Konstitutionsmerkmale von Selbstkonzepten an einer entscheidenden Stelle. Am Ende des 2. Kapitels dieser Arbeit lautete ein Einwand gegen die interaktionistisch geprägte Theorieentwicklung,[412] daß Selbstkonzepte, die lediglich intersubjektiv definiert sind, auf Konstrukte von inhaltlich-struktureller Beliebigkeit hinausliefen (vgl. Kap. 2.3.2). Das hob die Beachtung der sozialstrukturellen Vorgaben der Interaktionen hervor. Im 3. Kapitel standen objektive Strukturanomien im Mittelpunkt verschiedener subjektiver Reaktionsweisen. Nicht ausreichend bedacht wurde dabei aber die Möglichkeit von subjektiv verzerrenden Wahrnehmungen der objektiven Strukturanomien. Von dem strukturfunktionalistisch denkenden Soziologen Merton wurde eine „subjektive Perzeption" von gesellschaftlichen Anomiestrukturen nicht angesprochen; auch seine Kritiker fragten nur nach der Zwangsläufigkeit bestimmter Anpassungsreaktionen, aber nie nach einer verzerrten Wahrnehmung von Anomien durch die Betroffenen. Um so dringlicher ist daher an dieser Stelle zu fragen, wie sich die Problematik einer *subjektiven Perzeption von objektiven Anomien* auf das bisher vorgeschlagene integrierte Analysekonzept aus Anomie- und Selbstkonzepttheorie auswirkt (vgl. Kap. 3.3.1).

Die Frage einer *subjektiven Perzeption* von Problemlagen ist für die Fragestellung dieser Arbeit von großer theoretischer Relevanz. Deshalb wurde sie bereits im Rahmen der Selbstkonzeptforschung diskutiert, und zwar an der ambivalenten Kategorie des „Self-esteem" unter Bezug auf Rogers (vgl. Kap. 2.2.3) und Hurrelmann (vgl. Kap. 2.4.2). Die Selbstkonzeptforschung betont, daß das Individuum seine soziale Umwelt stets mit dem Willen zur Selbstbewährung innerhalb seines Selbstkonzeptes wahrnehme. Das Streben nach einem möglichst *stabilen* Selbstkonzept führe zu Techniken der Dissonanz-Reduktion, nämlich zur Wahrnehmung der objektiven sozialen Realität im Interesse der Selbstkonzeptbestätigung. Je besser das Selbstkonzept auf die objektiven Strukturen der Realität ausgerichtet ist, desto stabiler sei es. Hurrelmann spricht dabei von „positiver Tönung". Ob aber in der Idee einer „Tönung" oder bei der Selbstkonzeptkorrektur im Spannungsfeld von Idealselbst und Realselbst, stets gehört zur Selbstkonzeptbildung auch eine Reflexion auf *objektive* Strukturen.

Vergleicht man nun im Hinblick auf die eingangs postulierte Integrationsfähigkeit von Analyseansätzen (vgl. Kap. 2.1.3/3.1.3) die Selbstkonzepttheorien mit den anomietheoretischen Anpassungsreaktionen, dann ergeben sich im Hinblick auf objektive und subjektive Anknüpfungspunkte frappierende *Übereinstimmungen*:

In beiden Konzepten geht es um Probleme der subjektiven Bewältigung von schwer vereinbaren Anforderungen der sozialen Realität. Der Dissonanz-Reduktion geht es wie der Anpassungsreaktion um eine Art *Harmonisierung* von bestehenden Divergenzen in oder mit der Welt durch Strategien der *individuellen Uminterpretation.* Ziel der Betroffenen ist es in beiden Konzepten, die eigene Position als *Subjekt* der Szenarien möglichst günstig zu wahren. An dieser Zielbestimmung wird aber in beiden Fällen nicht starr festgehalten.

412 Vgl. dazu Richter 1998, S. 110; Tillmann 2000, S. 158 f; Ottomeyer 1980, S. 164.

Wenn sich das Idealselbst nämlich nach eigener Einschätzung mit dem als davon abweichend erlebten Realselbst nicht mehr plausibel zur Deckung bringen läßt, hilft zur Aufrechterhaltung des Selbstkonzepts eine gewisse Selbstbildkorrektur in Richtung Realselbst, also eine *Korrektur ins Objektive*. Im Reaktionsschema der Anomietheorie bestehen mehrere Möglichkeiten, die Objektivität der unerfüllbaren Anforderungen durch persönliche „Anpassung" von Mitteln, Normen, Werten oder Zielen zu harmonisieren. Es findet damit eine *Korrektur ins Subjektive* statt.

Die Übereinstimmungen beider Konzepte geht aber noch weiter. Denkt man nämlich die anomischen Anpassungsreaktionen *prozeßhaft* weiter, schlagen sie letztlich in eine *subjektive Perzeption* der Realität um. Solche Übergänge in eine subjektive Perzeption der Strukturen ergeben sich wie von selbst, wenn man sich das, was bei einer „Ritualisierung" geschieht, Schritt für Schritt als Prozeß denkt. Der Ausgangspunkt ist ein objektiv-struktureller Anomiedruck. Wenn als Anpassungsreaktion eine rituelle Ziel- oder Wertveränderung gewählt wird, dann „betrachtet" der Betreffende die Anomie im dritten Schritt bereits aus der ritualisierten Perspektive, also schon subjektiv verzerrt, nämlich harmonisierend gefärbt. Als Beleg für diesen Vorgang läßt sich auf die von Holtappels/Hornberg selbst genannten Schulziele verweisen, die schichten- und gruppenspezifisch unterschiedlich definiert werden. Solche Interpretationen von subjektiv erstrebenswerten Schulzielen sind selbst schon längst *Produkte* anomischer Anpassungsreaktionen, nämlich von Werte-Ritualisierungen oder von rituellen Modifikationen von Zielen, die infolge dieser verzerrten Perspektive mit den vorhandenen knappen Mitteln (z.B. geringe individuelle Bildungsmotivation) erreichbar erscheinen (vgl. Kap. 3.1.1/3.1.2). Wie das Erfolgsziel eines „Eigenheims" durch ein „Schrebergarten-Häuschen" rituell ersetzbar ist, ist auch ein „Abiturzeugnis" ersetzbar durch einen „ordentlichen Realschulabschluß" oder durch das Schulziel „Hauptsache überhaupt ein Schulabschluß".[413] Mit solchen Modifikationen des Schulziels tritt ohne objektive Strukturveränderung eine anomische Entspannung ein. Ab dann bestimmt der rituell ersetzte Wert die weitere „Wahrnehmung" der Schulrealität: Eine schlechte (Gymnasial-) Schülerin wird eine gute (Real-) Schülerin. Sobald ein Realschulabschluß subjektiv als „gute Schulleistung" akzeptiert ist, gilt ein Versagen im Gymnasium nicht mehr als Schulversagen, sondern als nur „halb so schlimm".

Das gleiche läßt sich für die Anpassungsreaktion der „Innovation" durchspielen. Eine normwidrige Handlung wird meist für ein persönlich als legitim eingeschätztes Ziel begangen. Subjektiv dient die Devianz dann einer „Problemlösung". Entsprechend solchen Umwertungen offizieller Normen aus der Betroffenen-Perspektive[414] „sehen" Normverletzer die Dinge dann auch anders als andere. Der Klassenstreber hat dann aus der Perspektive seiner Mitschüler zu recht „was auf die Mappe" gekriegt.[415]

Denkt man die Mertonsche Anpassungsreaktionen prozeßhaft als mehraktiges Geschehen, führt das im interaktionistischen Sinne vielfach zu einer zunehmend subjektiv gefärbten Ausdifferenzierung von Ziel- und Mitteldefinition. Damit, daß sich die Auswahl, welchen Wert oder Erfolg jemand für sich persönlich für entscheidend hält, ganz im Sinne

413 *Holtappels/Hornberg* sprechen auch von der *„Absenkung des Aspirationsniveaus"* (1997, S. 342).

414 Vgl. Holtappels 1987 zu diesem Grundgedanken, allerdings noch ohne Bezugnahme auf die Anomietheorie.

415 Vgl. Interview 17.

Mertons als Ritualismus oder Rebellion interpretieren läßt, wäre widerlegt, daß die Anomietheorie „entschieden zu kurz greift", wie Holtappels/Hornberg meinen.[416] Daraus folgt, daß die vorgeschlagene Kombination von Anomie- und Selbstkonzpttheorie das Problem einer subjektiven Wahrnehmung anomischer Strukturen theoretisch integrieren kann. Daß die Berücksichtigung dieser Perspektive unumgänglich ist, hat die Auseinandersetzung mit den Einwänden von Holtappels/Hornberg bestätigt. Eine Aufnahme von interaktionistischen Schematismen in die Anomietheorie ist dagegen nicht erforderlich. Der Anomieansatz und die Selbstkonzept-Theorie empfehlen sich hier sogar als die differenzierteren Analysekonzepte:

Einerseits sind im Selbstkonzept-Ansatz interaktionistische Momente integriert. Andererseits verliert der rein interaktionistische Ansatz durch seine primär interpersonellen Situationsdefinitionen leicht den systematischen Bezug auf objektiv-gesellschaftliche oder institutionell vorgegebene Strukturen, so daß seine Anwendung in inhaltlicher Beliebigkeit enden kann. Im Selbstkonzept-Ansatz wie in der Anomietheorie bleibt dagegen der reflexive Bezug auf objektive Strukturen der Lebenswelt thematisch stets aufrechterhalten. Ohne eine vorherige Erfassung objektiver Anomien sind schon begrifflich Charakterisierungen wie „subjektive Perzeption" oder „Färbung", „kognitive Verzerrung" oder „anomische Anpassungsreaktion der Betroffenen" nicht möglich. Der theoretische Nachweis einer subjektiven Verschiebung unterstellt nämlich erstens objektive Anhaltspunkte oder Maßstäbe, wovon abgewichen wird, und zweitens Feststellungen, wie die Betroffenen die Anomien im Vergleich dazu subjektiv wahrnehmen - oder wahrhaben wollen.

Daß man nach diesen Überlegungen die Möglichkeit subjektiver Perzeption in ein integriertes Anomiekonzept aufnehmen muß, hat erhebliche Konsequenzen für den Aufbau und den Fortgang der Analyse. Um die bisherigen Ergebnisse in eine konsistente Synthese einzubringen, wie sich ein Grundmuster der Selbstkonzepte von Schülerinnen und Schülern (und verallgemeinernd von Jugendlichen) aus der subjektiven und produktiven Verarbeitung des anomischen Anforderungsprofils von Schule entwickelt, muß die weitere Analyse im Sinne eines hermeneutischen Verfahrens zwischen der objektiv-strukturellen Vorgabe und ihrer subjektiv-kreativen Verarbeitung ausdifferenziert werden. Daraus ergibt sich eine Aufgliederung in zwei entsprechende Ebenen, die in einem dritten Schritt hermeneutisch auszuwerten und zu synthetisieren sind:

- Eine *Institutionenanalyse* schulischer Anomien. Hierzu sind die schulisch vorgegebenen Anforderungen an die Schülerinnen und Schüler, ihre Werte, Normen und Abläufe, das heißt die funktionalen Strukturen von Schule, zu rekonstruieren und auf anomische Diskrepanzen zu untersuchen.
- Eine *subjektiv-anomische Perzeptionsanalyse*. Diese Untersuchung fragt aus der Schülerperspektive, wie die Schülerinnen und Schüler die institutionellen Werte, Normen und Prozeduren für sich wahrnehmen, interpretieren und annehmen, denn ihre innere Einstellung dazu ist die handlungsrelevante Grundlage ihrer Anpassungs- und Bewältigungsreaktionen und ihrer entsprechenden Selbstkonzeptualisierungen, mit denen sie die für ihr Selbstverständnis wichtigen Ziele anstreben.

416 Holtappels/Hornberg 1997, S. 364.

- Eine *reflexive Auswertung beider Perspektiven* müßte dann erweisen, inwiefern man nicht nur von Analogiebildung oder Strukturkorrespondenzen sprechen kann,[417] sondern von einer institutionell-strukturellen Vorzeichnung bzw. einer bereichsspezifischen Induktion der Selbstkonzeptualisierung der Betroffenen, d.h. inwiefern Anomien der Schule sich *strukturell leitbildhaft* in der Selbstbilddefinition von Schülerinnen und Schülern niederschlagen und sich daher dort wiederfinden lassen.

Eine Beantwortung der Leitfrage dieser Arbeit nach einer strukturellen Induktion der Identitätsbilder von Schülerinnen und Schülern hängt nach diesen Überlegungen entscheidend von einer Detailanalyse der objektiven Abläufe sowie der subjektiven Perzeption der schulischen Selektionsprozesse ab. Erkenntnisleitend für beide Dimensionen, die objektive wie die subjektive, ist dabei die bisher gewonnene *Arbeitshypothese*, daß das Grundmuster jugendtypischer Identitätsbildung im schulischen *„Kerngeschäft" von Lernleistungsdruck und Notengebung* vermittelt wird, deren spezifischer Anomiedruck die Schüler zu ihren *Bewältigungsreaktionen* und dabei zum Aufbau entsprechender Selbstkonzepte veranlaßt.

417 Die Feststellungen bloßer Strukturanalogien wurde bereits in früheren bildungs-ökonomischen Debatten angesichts von Analogien zwischen Schule und Fabrik als theoretische Schwäche und als *"Reduktionismus"* kritisiert, verbunden mit der Forderung, an Stelle von unhinterfragten Analogiethesen gehaltvolle Aussagen zu den inhaltlichen Übereinstimmungen zu machen (vgl. Baethge 1984, S. 35 f; Tillmann 2000, S. 183 f).

5. Die Schule als anomisches Bewährungsmuster, Anpassungsreaktionen der Schülerinnen und Schüler und ihre damit vorstrukturierten Selbstkonzepte

5.1 Überblick über die Argumentationslinie

Ziel dieses Kapitels ist es, Hurrelmanns Sozialisationskonzept des „produktiv die Realität verarbeitenden Subjekts" an einer abgrenzbaren sachlich-gegenständlichen Praxis zu konkretisieren, nämlich an dem stark institutionalisierten Sozialisationsfeld Schule. Dabei soll die Anomietheorie, die hier um Ansätze zum Selbstkonzept und zur Jugendsubkultur ergänzt wurde (vgl. Kap. 3.3), als integratives Analysekonzept *erprobt* werden. Mit ihm sollen institutionelle Diskrepanzen zwischen vorgegebenen Zielen und subjektiv verfügbaren Instrumentarien aufgespürt und als identitätsrelevante anomische, d.h. ungeregelte Zwangslagen, beschrieben werden, in denen die davon Betroffenen ihren Selbstwert mit verschiedenen Bewältigungsreaktionen verteidigen. Die zu Grunde liegende Forschungsperspektive geht dabei nicht vom Postulat eines institutionell bedingten Verhaltens- oder Reaktions*determinismus* aus, sondern davon, daß es Schülerinnen und Schülern letztlich offen steht, wie sie auf die institutionellen Zwangsvorgaben von Schule reagieren. Dies entspricht dem Modell der „produktiven Realitätsverarbeitung": „Weil im Sozialisationsprozeß aktiv-aneignende Subjekte agieren, wirken Sozialisationsbedingungen nie durchgängig und nie eindeutig. Gleiche Bedingungen (etwa in einer Schulklasse) können von verschiedenen Menschen durchaus unterschiedlich verarbeitet werden und zu unterschiedlichen 'Sozialisationseffekten' führen."[418] Gerade deshalb gilt das Forschungsinteresse dem in solchen institutionell formierten Zwangslagen besonders heraus geforderten Selbstverständnis der betroffenen Schülerinnen und Schüler, von dem angenommen wird, daß die Betroffenen es aus ihrer Perspektive so geschickt ausgestalten, daß es den schulischen Anforderungen möglichst standhält und dadurch dem Ziel ihrer Selbstbewährung an den Strukturen dient. Wenn sich dabei Strukturgleichheiten *und* Interdependenzbezüge nachweisen lassen zwischen den institutionellen Herausforderungen der Schule und den individuellen Verarbeitungen der Anpassungsreaktionen im Selbstbild der Betroffenen, soll dies als *strukturelle Induktion von Selbstkonzepten* bezeichnet werden.

Der erste Komplex ist daher eine detaillierte Analyse der Strukturen schulischer Anforderungen, ihrer Herausforderungen oder Überforderungen der Schülerinnen und Schüler, also eine programmatische und prozedurale *Institutionenanalyse* von Schule, was Schule ihren Besuchern verspricht und wie ihr Unterricht abläuft. Gemäß den Vorüberlegungen konzentriert sich diese Analyse auf ihr Kerngeschäft von Wissensvermittlung, Benotung von Lernleistungen und Selektion. Daran soll dargestellt werden, wie die Schule alle Schülerinnen und Schüler mit Lernen unter institutionell erzeugtem Zeitdruck herausfordert, aber nicht jeden, der sich auf diese Weise zu lernen bemüht, mit Wissen belohnt. Der Schulunterricht als verpflichtende Lernleistungskonkurrenz erzeugt oder verstärkt zwangs-

418 Tillmann 2000, S. 158.

läufig Lernleistungs*unterschiede* zwischen den Schülerinnen und Schülern, die die Notengebung dann festschreibt. Die Notengebung nutzt dazu die Wissensunterschiede aus, um sie durch die sogenannte Notennormalverteilung in Ziffernnoten und damit in Rangpositionen der Schülerinnen und Schüler innerhalb einer Schulklasse zu verwandeln. Von dieser Bezifferung ihrer Leistungsdifferenzen hängt der Fortschritt der Schülerinnen und Schüler im Bildungswesen ab, aber auch ihre sukzessive Aussortierung. Am Ende des schulischen Bildungsprozesses steht eine Hierarchie von Zeugnissen. Über ihre schulisch festgestellten „Begabungsunterschiede" wird jede Schülergeneration für das Arbeitsleben vorsortiert, ohne daß damit eine Zusicherung begehrter Positionen verbunden wäre.

In einem zweiten Komplex geht es um die Rekonstruktion dieser Mechanismen aus der *Schülerperspektive.* Diese Analyse stützt sich auf einen Fundus empirischer Daten aus repräsentativen Schülerbefragungen und aufwendigen Untersuchungen, die unter den für die vorliegende Arbeit maßgeblichen Fragestellungen neu interpretiert werden. Hieran läßt sich zeigen, daß Schülerinnen und Schüler sich den Anforderungen der schulischen Notenzwänge stellen, aber keineswegs nur, weil sie es *müssen*, wegen des Schulzwanges oder aus moralischem und konventionellem Druck. Hauptsächlich tun sie es *ihretwegen*, wegen ihrer hohen positiven Erwartungen an das, was Schule ihnen an Wissen und Fertigkeiten für ihr Leben verspricht, und wegen ihrer beruflichen Zukunft, die sie davon abhängig wissen. Gerade weil die Schülerinnen und Schüler sich den schulischen Anforderungen wegen ihres persönlichen Fortkommens stellen, um sich daran als Person zu bewähren, bedeuten die Schulnoten für sie auch mehr als bloße Ziffern für Lernleistungen. Daß sie ihrer Benotung den *„Wert" ihrer Person* entnehmen, hat erhebliche Auswirkungen auf ihr Selbstkonzept. Diese von den schulischen Abläufen suggerierte Vertauschung gilt für alle Schülerinnen und Schüler. Die guten nehmen die Noten als angemessenen und gerechten Ausdruck ihrer besonderen Persönlichkeit und bestehen auch ihren Mitschülerinnen und Mitschülern gegenüber auf der Anerkennung dieser Auszeichnung. Schlechte Noten werden als persönliche Abwertungen empfunden, mit denen sich die Betroffenen keineswegs abfinden. Sie entwickeln daher nicht nur schülerspezifische Überlebenstechniken *im* Unterricht, z.B. Tricksen, Täuschen, Abschreiben, sondern behaupten ihren Selbstwert auch *gegen* die schulischen Rangzuschreibungen, indem sie verschiedene sozialpsychologische Selbstbehauptungsstrategien mit eigenen Wertigkeitsskalen entwickeln. Um den schultypischen Mißerfolgserlebnissen standzuhalten, rüsten sie ihre Selbstkonzepte so um, daß sie die Leistungsauslese subjektiv unterlaufen und auf ihre Weise stets „Gewinner" bleiben.

Die vorliegenden empirischen Daten erlauben Folgerungen auf die inneren Zusammenhänge von institutionellen Bewährungsanforderungen und ihrer produktiven individuellen Verarbeitung in der Selbstkonzeptualisierung von Schülerinnen und Schülern. An ihnen läßt sich nachweisen, *inwiefern* ihre Bewältigungsreaktionen und ihr Selbstverständnis strukturell zu dem schulischen Anfordungsprofil passen und in dem Sinne von ihm „induziert" sind: Weil die Schülerinnen und Schüler die Leitwerte der Schule meist als persönliche Bewährungsziele teilen, suchen sie zu deren Erfüllung strukturell naheliegende Reaktionsformen gegen deren institutionellen Anomiedruck. Die Analyse präpariert so ein Grundmodell des Konstruktionsplans der Selbstkonzepte heraus, die dabei entstehen (vgl. Kap. 5.4).

Damit wird zugleich die *weiterführende Forschungshypothese* vorbereitet, daß der „heimliche Lehrplan“ der Schule der postmodernen Schuljugend ein Grundschema der Selbstkonzeptualiserung aufdrängt, wovon diese als sozialpsychologische Methode ihres Persönlichkeitserfolges auch außerschulisch umfassend Gebrauch macht.

5.2 Eine Analyse von Schule als anomische Institution

Die folgende Analyse knüpft an die oben bereits diskutierten Ergebnisse der institutionenkritischen Schulanalysen an (vgl. Kap. 4) und versucht, die Schulanalysen unter den Aspekten des bisher entwickelten theorieverbindenden Ansatzes aus Anomie-, Subkultur- und Selbstkonzept-Theoremen im Hinblick auf die Frage nach dem *Zustandekommen* jugendtypischer Selbstkonzepte zusammenzuführen.

Dieses Kapitel dient der Analyse der *institutionellen Ziel- und Funktionsbestimmung von Schule*. Die Rekonstruktion der innerschulisch organisierten Abläufe dient der Erfassung und Abgrenzung ihrer anomischen Strukturelemente und damit einer Bestimmung der objektiven Grundlagen, auf die Schülerinnen und Schüler sich mit ihren Anpassungsreaktionen beziehen. Hierzu knüpft die Analyse an die Grundidee des *„heimlichen Lehrplans“* von Zinnecker, Tillmann und anderen an.[419] Nach diesem Konzept des „hidden curriculum“ lernen Schülerinnen und Schüler nicht nur im Rahmen der offiziellen Lehrpläne, also das, was Lehrerinnen und Lehrer ihnen als den Lernstoff intentional vermitteln. Der heimliche Lehrplan vollziehe sich demgegenüber quasi hinter dem Rücken der Lehrer durch die Art der schulischen Unterrichtsorganisation und -abläufe und die institutionell geschaffenen Beziehungsmuster im Lehrer-Schüler-Verhältnis und im Schüler-Schüler-Verhältnis. Für den „heimlichen Lehrplan“ gilt der Grundgedanke, den Siegfried Bernfeld bereits im Jahre 1925 so ausdrückte: „Die Schule - als Institution - erzieht“.[420] Gemeint sind damit rituelle Handlungszwänge, die sich aus den schulischen Organisationsabläufen von Unterrichtseinheiten unter Zeitdruck, von Stofflernen für Klassenarbeiten und nicht zuletzt durch die Konkurrenz der Schülerinnen und Schüler um Zensuren ergeben und bei ihnen unwillkürlich bestimmte sozialisatorische Nebeneffekte bewirken, die schul-strukturell bedingt, aber nicht offiziell intendiert sind. Diese Effekte können den vom Lehrpersonal angestrebten schulischen Erziehungszielen sogar teilweise widersprechen.

Die schrittweise Analyse solcher schulorganisatorischer Abläufe soll daher im folgenden mit einer weiteren Entschlüsselung des „heimlichen Lehrplans“ zugleich objektive Anhaltspunkte für die Konstitution jugendlicher Selbstkonzepte liefern. Wie Schülerinnen und Schüler speziell diese institutionellen Vorgaben des Schulunterrichts aus ihrer Perspektive wahrnehmen, wie sie praktisch darauf reagieren und mit ihnen unter Wahrung und Verteidigung ihres Selbstverständnisses umgehen, ist nach Erarbeitung dieser objektiv-anomischen Grundlagen dann Thema im folgenden Kapitel 5.3.

---

419 Vgl. Zinnecker 1975, 1978; Fend 1973; J. Beck 1974; Jackson 1968; Tillmann 1976, Tillmann 2000, S. 175 ff. Da die hier versuchte Analyse dem Konzept eines produktiv die Realität verarbeitenden Subjekts folgt, hält sie Distanz zu einem einseitigen Prägungsbegriff, der als kritischer Einwand gegen ein bestimmtes politökonomisches Verständnis des *„heimlichen Lehrplans“* angeführt wird.

420 Bernfeld 1967, S. 28.

5.2.1 Die Schule - eine Institution der Wissensvermittlung?

Die Schule wird hier als die Institution analysiert, die nach dem anomietheoretischen Konzept in ihrer kulturellen Struktur den gesellschaftlichen „Wert" des „Rechts auf Bildung" verwirklichen soll. Das Recht auf Bildung steht zwar nicht in den verfassungsrechtlichen Grundrechtsgarantien. Artikel 7 des Grundgesetzes vom 23.5.1949, das im Jahre 1990 überarbeitet und neu beschlossen wurde, regelt nur die Grundsätze der staatlichen *Schulaufsicht.* Nach der Definition von Schule in der Gesetzeskommentierung versteht man die Schule als eine Einrichtung, die der „planmäßigen und organisierten Wissensvermittlung"[421] dient. Zuständig für das „Recht auf Bildung" sind die einzelnen Bundesländer. Der Deutsche Bildungsrat rief die Bundesländer Anfang der 70er Jahre in programmatischen Erklärungen zur Verwirklichung des „Rechts auf Bildung" auf.[422] Dreißig Jahre später, am 5.11.1997, sagte der damalige Bundespräsident Roman Herzog in einer stark beachteten Rede zum Thema „Aufbruch in der Bildungspolitik" vor dem Berliner Bildungsforum, Bildung gehöre zu den Wettbewerbsvoraussetzungen des globalisierten Standortes Deutschland.[423]

Paradigmatisch und aufschlußreich für zentrale Bestandteile des „Rechts auf Bildung" ist seine Formulierung in der weltweit anerkannten und von der Bundesrepublik Deutschland angenommenen UNO-Kinderrechtskonvention von 1989:[424]

> **Artikel 28, Absatz 1, UNO-Kinderrechtskonvention**
> „Die Vertragsstaaten erkennen das Recht des Kindes auf Bildung an; um die Verwirklichung dieses Rechts auf der Grundlage der Chancengleichheit fortschreitend zu erreichen, werden sie insbesondere a) den Besuch der Grundschule für alle zur Pflicht und unentgeltlich machen; b) die Entwicklung verschiedener Formen der weiterführenden Schulen allgemeinbildender und berufsbildender Art fördern, sie allen Kindern verfügbar und zugänglich machen und geeignete Maßnahmen wie die Einführung der Unentgeltlichkeit und die Bereitstellung finanzieller Unterstützung bei Bedürftigkeit treffen, ... c) ... d) Maßnahmen treffen, die den regelmäßigen Schulbesuch fördern und den Anteil derjenigen, welche die Schule vorzeitig verlassen, verringern."
>
> **Artikel 29, Absatz 1 a):**
> „Die Vertragsstaaten stimmen darin überein, daß die Bildung des Kindes darauf gerichtet sein muß, a) die Persönlichkeit, die Begabung und die geistigen und körperlichen Fähigkeiten des Kindes voll zur Entfaltung zu bringen ..."

Auffällig an dieser Regelung sind Widersprüchlichkeiten, die ein inneres Spannungsverhältnis des „Rechts auf Bildung" ausdrücken. Auffällig ist, daß die Vertragsstaaten die Anerkennung des „*Rechtes* des Kindes auf Bildung" als Schul*pflicht* der Kinder organisieren. Die Auferlegung ihres *Rechtes als Gebot* belegt, daß die *Staaten* selbst ein Interesse daran

---

421 Heckel 1967, S. 218; vgl. Model/Müller 1996, Artikel 7, Rand-Nr. 1.

422 Vgl. Deutscher Bildungsrat 1970, S. 25, 29.

423 Vgl. Herzog 1997, S. 1001 ff = Herzog 1998, S. 67 ff; vgl. auch die lexikalische Definition von Bildung, wonach Bildung als „*vierte Produktivkraft*" einzustufen ist (vgl. Böhm 2000, Stichwort: „Bildung").

424 Übereinkommen über die Rechte des Kindes vom 20.11.1989, in der Bundesrepublik als Gesetz in Kraft seit dem 17.2.1992 (Bundesgesetzblatt 1992, Band II, S. 121). Eine eingehende Analyse zum Beitrag dieser UN-Kinderrechtskonvention aus pädagogischer Sicht zur Kategorie des Kindeswohles speziell unter dem Bildungsaspekt hat *Klaus Rehbein* vorgelegt (Rehbein 2000).

haben, daß das „Recht auf Bildung" auch unabhängig vom partikularen Interesse der Kinder oder ihrer Eltern auf jeden Fall wahrgenommen wird.[425] Diese Annahme wird unterstützt durch die Regelung in Ziffer d) des Artikel 28, wonach der regelmäßige Schulbesuch eigens gefördert werden soll. Dieser staatlichen Förderverpflichtung läßt sich andererseits entnehmen, daß ein regelmäßiger Schulbesuch keine Selbstverständlichkeit ist, was der Text auch damit bestätigt, daß viele Kinder „die Schule vorzeitig verlassen". Die Konvention unterstellt also offenbar Faktoren, die der Verwirklichung des „Rechts auf Bildung" entgegenwirken. Ein weiterer Widerspruch liegt darin, daß die Verwirklichung des Rechts auf Bildung nach der Konvention in einem gegliederten Schulsystem zu organisieren ist, dessen weiterführende Schulen weder einer Schulpflicht noch einem Unentgeltlichkeitsgebot unterliegen wie die Grundschulen. Bei weiterführenden Schulen verzichten die Staaten also ggf. auf „regelmäßigen Schulbesuch" und akzeptieren offenbar einen nennenswerten „Anteil derjenigen, welche die Schule vorzeitig verlassen". Fragt man nach der Zielbestimmung, die die Konvention mit der Schulpflicht verbindet, benennt sie in Artikel 28 und 29 zwei verschiedene Zielvorgaben für das Recht auf Bildung. Während im organisatorischen Teil des Artikel 28 von „Schulen ... *berufsbildender* Art" gesprochen wird, womit die Herstellung der Berufstauglichkeit das Ziel ist, nennt Artikel 29 die volle Entfaltung von *Persönlichkeit*, Begabung und Fähigkeiten des Kindes als Ziel des „Rechts auf Bildung".

Bereits der Blick auf diese offizielle Umschreibung des „Rechts auf Bildung" zeigt, daß es voller innerer *Spannungen* zu sein scheint, und zwar im Hinblick auf 1. seine *Nutznießer*: Gelten hier Kindesinteressen oder staatliche Interessen? 2. seinen *Umfang:* Gilt es für alle Kinder (in der Grundschule) oder nur für eine bestimmte Auswahl von ihnen (in den weiterführenden Schulen)? 3. sein *Ziel*: Geht es um Tauglichkeit für einen ökonomischen Bedarf oder um eine persönliche Allgemeinbildung?

Was die UNO-Kinderrechtskonvention als weltweiten Standard der Organisationsform von Schule fordert, ist in der Bundesrepublik bei aller Kritik im einzelnen[426] im Kernbereich verwirklicht. Es gibt die allgemeine Schulpflicht bis zum neunten bzw. zehnten Schuljahr, ein gegliedertes Schulsystem, einen ersten, zweiten und dritten Bildungsweg, Gebührenfreiheit der staatlichen Schulen, nach Bundesland verschiedene Lernmittelfreiheit und bei Bedürftigkeit staatliche Ausbildungsförderung für Schülerinnen und Schüler (Schüler-BAföG).

---

425 Vgl. Rehbein 2000, S. 292 f. - Ein schulgeschichtlicher und -theoretischer Hintergrund dieses modernen Bildungsrechts von Kindern waren z.B. in Deutschland Auseinandersetzungen um die Etablierung der Schulpflicht sowie der Art und des Umfangs der staatlichen Zuständigkeit für das Schulwesen. In der Kontroverse um das Verhältnis von Staat und Schule vertrat Humboldt im Interesse einer möglichst umfassenden Bildung der Individualität die Position, daß der Staat nur als schützender Rahmengesetzgeber für ein pädagogisch freies Bildungswesen in Betracht komme (vgl. Roth 1966, S. 287 ff; Menze 1985). Herbart votierte gegen Staatsschulen und eher für Hauslehrerpädagogik (Vgl. Roth 1966, S. 276 ff; Benner 1977), während Hegel, dessen Position sich organisatorisch durchsetzte (vgl. Menze 1985, S. 313 ff), für eine weitgehende staatliche Reglementierung der Schule als Bindeglied zwischen den partikularen Familien und den Leistungsanforderungen der bürgerlichen Gesellschaft argumentierte (vgl. Benner 1977; Wigger 1993).

426 Vgl. Rehbein 2000, S. 286 ff.

Auch der bundesdeutsche Staat organisiert das „Recht auf Bildung“ als Schul*pflicht*. Er macht aus dem Recht auf Schule eine „Pflichtveranstaltung“[427] und verleiht dem Recht damit einen unübersehbaren „Zwangscharakter“.[428] Was veranlaßt den Staat dazu? Mit der allgemeinen staatlichen Schulpflicht und der Einrichtung allgemeinbildender und weiterführender Schulen und Ausbildungseinrichtungen verschiedener Art trägt der Staat der Tatsache Rechnung, daß die Individuen in der modernen bürgerlichen Gesellschaft ein bestimmtes Maß an Kenntnissen und Fertigkeiten benötigen, um den sich wandelnden gesellschaftlichen *Anforderungen* in der *Berufswelt* überhaupt nachkommen zu können.[429] Ein weiterer staatlicher Gesichtspunkt für Bildung ergibt sich aus der Staatsform selbst, der parlamentarischen Demokratie. Die Wahrnehmung demokratischer Rechte und „politischer Verantwortung“ unterstellt informierte und *mündige Bürger*.[430] Sein Interesse an entsprechenden Kompetenzen seiner jungen Bevölkerung für ihren späteren „Dienst am Volk und der Menschheit“ formuliert der Staat durch ihre entsprechende *Inpflichtnahme* in Bildungsfragen, die er definiert. Dieses staatliche Eigeninteresse an gebildetem Nachwuchs kommt in älteren Formulierungen des schulischen Erziehungsziels, „den jungen Menschen zur sittlichen Persönlichkeit zu bilden“, sehr deutlich zum Ausdruck. So lautet Artikel 56 der Hessischen Verfassung vom 1.12.1946 bis heute:

> **Artikel 56 Hessische Verfassung**
> „Es besteht allgemeine Schulpflicht. Das Schulwesen ist Sache des Staates. ... Ziel der Erziehung ist, den jungen Menschen zur sittlichen Persönlichkeit zu bilden, seine berufliche Tüchtigkeit und politische Verantwortung vorzubereiten zum selbständigen und verantwortlichen Dienst am Volk und der Menschheit durch Ehrfurcht und Nächstenliebe, Achtung und Duldsamkeit, Rechtlichkeit und Wahrhaftigkeit.“

Im Sinne dieser Zielbestimmungen ist die Schule in vielfältiger Weise auf Wissensvermittlung ausgerichtet, die in mehreren Stufen erfolgt. In der Grundschule werden die Elementarstufen der Bildung vermittelt, nämlich die grundlegenden Kulturtechniken wie Lesen, Schreiben, Rechnen, Bedienung von Computern etc. In den höheren Schulstufen wird der Nachwuchs vorgebildet für den Umgang mit Technologien sowie für Dienstleistungs- und Herrschaftsfunktionen und es wird ein Reservoir für Fortschritte der Wissenschaft gebildet. Auf allen Ebenen integriert sind moralische Unterweisungen der „sittlichen Persönlichkeit“ in bestimmten Sichtweisen der gesellschaftlichen Verhältnisse, vornehmlich in den „Gesinnungsfächern“[431] Deutsch, Geschichte, Sozialkunde, Religion oder Ethik, aber auch in Kunst oder Biologie. Sorgt nun der Träger des Schulzwanges mit diesen Grundsätzen für eine

---

427 Vgl. Tillmann 2000, S. 111. Zu den offiziellen Zwangsmitteln zur Durchsetzung der Schulpflicht vgl. Hammer 2000, S 33 f: *„Maßnahmen zur Sicherstellung des Schulbesuches“*.

428 Holtappels 1987, S. 18: *„Aufgrund der Schulpflicht und Anwesenheitspflicht hat die Schule für Schüler Zwangscharakter.“* Auch Ferchhoff (1999, S. 189) nennt Schule eine *„Zwangs- resp. Pflichtveranstaltung“*.

429 Vgl. Fend 1981, S. 17 ff; Tillmann 2000, S. 134 ff. Die öffentlichen Debatten über Defizite in der beruflichen und Bildungsqualifikation des schulischen Nachwuchses reißen nicht ab (*„Bildungsnotstand“*, *„Abiturientenberg“*, *„Medizinerschwemme“*, *„Facharbeitermangel“*, *„IT-Spezialistenlücken“* bis zu Analphabetismusklagen von Industrie- und Handelskammern über die Auszubildenden).

430 Vgl. AG Schulforschung 1980, S. 11.

431 Vgl. Rolff 1980, S. 132 ff; Tillmann 2000, S. 176 ff.

möglichst große *Gleichmäßigkeit* in der Weitergabe des gesellschaftlichen Wissensschatzes?

Die Antwort liegt in der *Organisationsform* der schulischen Wissensvermittlung. Bereits die Regelschule bringt im Ergebnis bei den Schulabgängern recht *ungleiche* Wissensstände hervor. Das Spektrum reicht von Siegern im Schülerwettbewerb „Jugend forscht" bis zum funktionalen Analphabetismus: „Die Schulpflicht gilt auch dann als erfüllt, wenn kein Schulabschluß erreicht werden konnte. So werden auch diejenigen aus der Schule entlassen, die nicht über elementare Kenntnisse im Lesen, Schreiben oder auch Rechnen verfügen."[432] In den Schultypen mit dem einfacheren Wissensangebot befindet sich die Mehrzahl aller Schülerinnen und Schüler. Weniger als die Hälfte besucht die „weiterführenden" oder „höheren" Schulen. Nur in diesen erwirbt man aber die Berechtigung zur Aneignung weiteren Wissens in Fach- und Hochschulen. Das Schulsystem selbst schließt aber die Mehrzahl der Schülerinnen und Schüler von solchen Bildungsgängen aus. Für viele endet die institutionelle Vermittlung von Wissen nach zehn Jahren, bei anderen erst nach 15, 20 oder mehr Jahren. Die Mehrdeutigkeiten des „Rechts auf Bildung" (Berufsbildung, Persönlichkeitsbildung, demokratische Bürgerbildung) und seine Widersprüchlichkeiten in der Umsetzung veranlassen zu kritischen Nachfragen:

- Welche schulischen Mechanismen führen zu der ungleichen Wissensvermittlung?
- Ist es eine zweckmäßige Form, jungen Menschen Bildung zu vermitteln, indem man eine Vielzahl von ihnen davon systematisch ausschließt?
- Wie verträgt sich ein Ausschluß von Bildung mit der Erfüllung des „Rechts auf Bildung"?
- Welche Funktion könnte ein System von gestaffeltem Ausschluß von Bildung haben?

Die Fragen verdanken sich den *Prozeduren*, wie die Schule in ihrem Bildungsauftrag verfährt. Wenn die optimale Weitergabe von Wissen an die nächste Generation der systematische und institutionalisierte Zweck der innerschulischen Abläufe nicht ist, welcher Zweck ist es dann? Die Antwort auf diese Fragen soll durch die folgende *Organisationsformanalyse* schulischer Wissensvermittlung und schulischen Lernens ermittelt werden.

5.2.2 Die schulische Wissensvermittlung als „Lernen pro Zeit"

Schulkritische Literatur geht davon aus, daß das gesamte Unterrichtsgeschehen von einem bestimmten *Zeitdruck* geprägt wird. So ist bei Böhnisch davon die Rede, daß die Schule die Schülerinnen und Schüler durch Vorgaben wie „Lerngeschwindigkeitsnormen", „Stoffmengen" und „Zeiteinheiten" beansprucht.[433] Holtappels nennt als erstes von fünf Problemfeldern der „Organisation schulischer Lernprozesse": „Schulische Lernprozesse sind erstens dadurch gekennzeichnet, daß sie zeitlich starr vorausgeplant sind und Unterrichtsthemen bestimmten Zeit- und Aufgabeneinheiten untergeordnet werden. Der starre Zeitrhythmus

432 Vgl. Döbert/Hubertus 2000, S. 42 f, 46 f. - Nach Angaben des Statistichen Bundesamtes in Wiesbaden verließen im Schuljahr 1997/98 insgesamt 82.968 Schülerinnen und Schüler die Schule ohne Hauptschulabschluß. (zitiert nach Döbert/Hubertus 2000, S. 42 f)

433 Vgl. Böhnisch 1995, S. 144 ff; Tillmann 2000, S. 148.

setzt enge Grenzen für komplexe Lernprozesse und die Unterrichtsplanung."[434] Schulunterricht ist demnach als Stofflernen in vorab definierten Unterrichtseinheiten organisiert. In der Schule wird Wissensvermittlung mit einem im Vorhinein definierten *Zeitmaß* verbunden und ihm unterworfen. Das spezifisch schulische Lernen heißt damit: *Lernen pro Zeit*.

Das *Kriterium* der Aufgliederung der Wissensvermittlung in Unterrichtseinheiten ist demnach weder die vollständige Vermittlung des Themas noch dessen vollständiges Verständnis, also der allseitige *Lernerfolg*, sondern ein abstraktes *Zeitquantum*. Wo Zeit als Maß gilt, ist nicht zu erwarten, daß sie großzügig gewährt wird. Die Lernzeit für den Lernstoff wird vielmehr *knapp* bemessen. Wäre diese Zeit für alle Schülerinnen und Schüler ausreichend, wäre sie als das bestimmende und bedrängende Maß der Lehr-Lernprozesse gar nicht wirksam.

Diese Kombination von Lernen mit einer vorgegebenen Zeit läßt sich als eine irrationale und sachfremde Verbindung kritisieren. *Irrational* ist „Lernen Pro Zeit", denn erlernt ist etwas nicht dann, wenn eine vorher definierte Zeit abgelaufen ist, sondern dann, wenn eine Schülerin oder ein Schüler ein verständlich vermitteltes Wissensgebiet verstanden hat. Beim Lernen geht es um richtiges und sicheres Erfassen des Themas und nicht um sein schnelleres oder langsameres Erfassen. Die Verknüpfung eines vorab definierten Zeitmaßes mit einem individuellen Lernvorgang ist ein Stück Willkür. Hat ein Schüler eine Rechenoperation richtig durchgeführt, ist es für sein richtiges Verständnis des mathematischen Gedankengangs gleichgültig, ob er für die Lösung 15 Minuten länger benötigt als ein Mitschüler oder nicht. Schnell hat mit rationellem Lernen so wenig zu tun wie langsam. Für die Erteilung von Schulnoten dagegen ist eine richtige Antwort außerhalb der Prüfungszeit eine falsche Antwort.

Sachfremd ist die Verknüpfung von Lernen mit knapper Zeit ebenso, wie es ein Lernvorgang unter Lärmeinwirkung oder unter extremer Hitze oder Kälte wäre, weil solche Bedingungen für jeden Lernenden neben der Konzentration auf den Lernstoff eine *künstliche Zusatzbelastung* bedeuten, die das eigentliche Lernen *stören*. Für Schülerinnen und Schüler erweist sich das Lernen unter Zeitvorgaben als ein Lernen *gegen* die Zeit, die sie *individuell* benötigen.[435] Lernen pro Zeit bedeutet damit „Lernen unter *Zeitdruck*". Es verlangt die Paradoxie, unter sachfremden Bedingungen zu lernen, die das Lernen behindern, erschweren oder verunmöglichen. Für den schulischen Lernprozeß macht sich dieser Zeitdruck in jedem Stadium *destruktiv* bemerkbar.

Eine unmittelbare Konsequenz der Unterordnung der Unterrichtseinheiten unter künstliche Zeiteinheiten ist, daß der Unterrichtsstoff in der Regel nur *einmal* durchgenommen wird. Hat eine Schülerin oder ein Schüler in diesem ersten Schritt entscheidende Informationen verpaßt, dann hat sie oder er den Anschluß an den weiteren Unterricht bereits verloren. Auch die Vertiefung und Einübung des Stoffes behebt dieses Verständnisdefizit kaum

---

434 Holtappels 1995, S. 120.

435 Auch *Holtappels* sieht aufgrund des Unterrichts nach Zeitplan *„die Gefahr eines zu hohen Lerntempos und einer zu geringen Individualisierung der Lernprozesse"* (1987, S. 85). V*on Hentig* sieht in der Berücksichtigung der besonderen Individualität und der Entwicklung der besonderen Person jedes einzelnen das maßgebliche Kriterium für eine individuelle Leistungsbeurteilung (v. Hentig 1983, S. 103). Seine *„Berichte zum Lernvorgang"* in der Bielefelder Laborschule wenden sich ausdrücklich gegen eine zu sehr auf zeitlich fixierte Ergebnisse gerichtete Beurteilungspraxis (vgl. Lübke 1996, S. 84 f).

mehr, weil bei der Einübung nicht bekannt ist, worauf eigentlich genau zu achten ist. Da auch die Einübungsphase des Stoffes zeitlich-abstrakt definiert[436] ist und nicht durch den jeweiligen Verständnishorizont der Schülerinnen und Schüler, können nur diejenigen sinnvoll üben, die den Anschluß geschafft haben und denen die definierte Übungszeit ausreicht. Mit dem zeitlich definierten Ende der Unterrichtseinheit wird die Stoffvermittlung ganz *abgebrochen*, und zwar ohne jede Rücksicht darauf, daß nicht alle Schülerinnen und Schüler den Stoff verstanden haben. Wer so einzelne *Lernschritte* verpaßt hat, dem fehlt bald der Anschluß im betreffenden *Fach*.

Das Maß von Unterricht, Einübung und Vertiefung des Lernstoffes ist so per definitionem *nie* diejenige Zeit, die der *einzelne* Schüler individuell benötigt, um sich das Thema anzueignen.[437] Das schulische Lernen pro Zeit prägt und verunstaltet den gesamten Charakter des schultypischen Lernens auf vielfältige Weise:

- Wissens*inhalte* werden zum bloßen *Material* der Unterrichtseinheit, mit denen die allein maßgebliche Unterrichts*zeit* ausgefüllt wird. So wird jedes Wissensgebiet in *Unterrichtsstoff* verwandelt. In der Praxis zeigt sich das so: Wenn die Zeit knapp wird, dann wird der „Stoff" gestrafft, damit der Lehrer mit der Zeit hinkommt - auf Kosten der Inhalte und ihrer Verständlichkeit für die Schülerinnen und Schüler.
- Da der Zeitdruck auf sämtlichen schulischen Lernvorgängen lastet, erscheint in der Schule das Lernen unter Zeitdruck als die einzig *normale* Form der Wissensaneignung. Zeitdruck erscheint als *Naturbestandteil* von Lernen überhaupt. Indem der Zeitdruck in das Lernen integriert wird, wird Lernen zu *Lerndruck*.
- Es geht bei der inszenierten Doppelbelastung des Lernens pro Zeit also nicht um optimales Lernen, sondern um die damit institutionalisierte Testfrage: *Schafft* ein Schüler das Lern- oder Prüfungspensum *trotz* des Zeitdrucks oder nicht? Im Lernen unter Zeitdruck wird ein Leistungsvergleich von Individuum und vorgegebenem Zeitmaß hergestellt. Die künstliche Verbindung mit einer definierten Zeitvorgabe lanciert eine neue Qualität in den Lernprozeß. Es erscheint so, als gäbe es ein zeitliches „Normalmaß" für den jeweiligen Lernvorgang. Dieses Maß wird durch das inszenierte Lernen unter Zeitvorgaben zu einer Realität gemacht und führt zu weitreichenden und eigentümlichen *Qualitätsveränderungen* von schulischem Lernen.
- 'Gute' Schülerinnen und Schüler zeichnen sich unter diesen Voraussetzungen neben ihrer schnellen Auffassungsgabe auch durch ihre *Druckresistenz* beim Erlernen und Wiedergeben aus. 'Schlechte' Schülerinnen und Schüler können unabhängig von ihrem Wissensstand schon daran scheitern, daß sie den *Zeitdruck* als solchen nicht aushalten und deshalb weniger verstehen.

---

436 *Holtappels* bezeichnet als *„kennzeichnende Strukturmerkmale schulischer Lernprozesse"* unter anderem *„die zeitliche Rhythmisierung des Schulablaufs"* und *„die Standardisierung des Lernens bzw. der Lernformen"* (vgl. Holtappels 1987, S. 84).

437 Diese Lern- und Wissensdefizite *potenzieren* sich zwangsläufig mit der Steigerung der Lernzielstufen, von der Reproduzierbarkeit des Gelernten (1) über die selbständige Verwendung des Gelernten (2), seinen Transfer auf andere Fragestellungen (3) und die Neuleistungen beim problemlösenden Denken (4) - mit entsprechender Zunahme der *„Wertigkeit"* dieser Lernleistungen für die Benotung (vgl. Ziegenspeck 1999, S. 325 f).

- Indem der Zeitdruck beim Lernen *jedem* Lernerfolg mehr oder weniger schadet, stellt er das *Interesse* der Schülerinnen und Schüler am Lernstoff sowie ihre *Lernfreude* und ihren *Lerneifer* auf eine ungute *Zerreißprobe*. Wer dieser *Zumutung* standhält, der ist in der Schule an der richtigen Adresse. Wem das aber nicht liegt oder nicht gelingt, dem muß Wissensaneignung wegen des permanenten Zeitdrucks ganz unabhängig vom Fach als eine durchweg unangenehme Sache vorkommen. Ein Lernen ohne Druck, ein Lernen als eine interessante Sache, die *Spaß* macht, erlebt sie oder er in der Schule erst gar nicht mehr. Unbeschwerte Wißbegier und Interesse am Stoff fallen daher nicht zufällig in der Grundschule häufiger an als später.[438] Interessierte Schülerinnen und Schüler sind der Idealfall der Schule, weil sie - unbeirrt vom künstlichen Zeitdruck - aus Interesse am Unterricht mitmachen.

Was dem *Anspruch* nach eine Veranstaltung zur *Vermittlung* von Bildung ist, erweist sich in der Durchführung alleine wegen des ständigen Zeitdrucks als sein Gegenteil, nämlich eine systematische *Verhinderung* von gleichmäßigen Lernerfolgen der Schülerinnen und Schüler. Anderenfalls dürfte sich der Fortgang und die Intensität des Unterrichts nicht an einem vorab gesetzten abstrakten Zeitmaß orientieren, sondern müßte Rücksicht nehmen auf den Lernfortschritt der langsamsten Schülerinnen und Schüler. Ein solches Vorgehen würde systematisch gleichmäßige und gesicherte Wissensfortschritte bei allen Schülerinnen und Schülern hervorbringen. Der Umstand, daß das Lernen unter Zeitvorgaben das Gegenteil bewirkt, erlaubt den Schluß, daß es mit allen Konsequenzen eine schultypische Methode ist, Wissens*unterschiede* zu provozieren. Daß den Schülerinnen und Schülern, die aufgrund ihrer offenkundigen Verständnisprobleme noch *mehr* Erklärung, Erläuterung und Einübung des Lernstoffes benötigen würden, solche Unterstützung aus Zeitgründen systematisch *vorenthalten* wird, beweist, daß die Struktur des Schulunterrichtes auf die Verstärkung, wenn nicht auf die *Herstellung* von Lernleistungsunterschieden angelegt ist und auf deren *Verfestigung*.

> Der institutionelle Effekt des Lernens pro Zeit besteht darin, an den Schülerinnen und Schülern *Unterschiede* im Wissen *herzustellen* oder vorhandene *zu verstärken*.

Für das Verständnis nützlich erscheint am Ende dieses Analyseschrittes eine Erläuterung, weshalb das hier entwickelte Ergebnis, daß die Schule der *Produzent* der Wissens- und Leistungsunterschiede der Schülerinnen und Schüler ist, in der Praxis *nicht* offenkundig ist, obwohl Schülerinnen und Schülern, Eltern und Lehrern die hier ausgewerteten Fakten durchaus bekannt sind. Es geht um die Frage, weshalb diese Momente eventuell Teile eines „*heimlichen* Lehrplanes" sind, d.h. einer organisierten Struktur, aber nicht der Intentionen der betroffenen Lehrer. Dem liegen mehrere strukturtypische Ambivalenzen zu Grunde.

- Die Schule ist einerseits der Erzeuger des Lerndrucks und die dadurch hervorgerufenen und verfestigten Wissensunterschiede und -lücken der Schülerinnen und Schüler sind ein *Produkt* der Schule. Andererseits erzeugt der Umstand, daß jede Lehrerin und jeder Leh-

438 Vgl. Bartnitzky: „*Nirgendwo ist der Lerneifer so groß wie in den Anfangsklassen.*" (1998, S. 5); ähnlich Herz 1998.

rer den Stoff mit schuldidaktischen Methoden an sämtliche Schülerinnen und Schüler vermittelt, den gegenteiligen Eindruck. Der Unterrichtsaufwand ist die Grundlage für den Anschein, als seien primär die unterschiedlichen *Aufnahmekapazitäten* der Schülerinnen und Schüler und nicht die Unterrichtsstruktur der Grund ihres unterschiedlichen Wissens.

- Trotz des strukturell auf die Herstellung und Verfestigung von Wissensunterschieden angelegten Unterrichts erscheinen die Wissensunterschiede auch deshalb *in* individuellen und zufälligen Lernstärken oder Lernschwächen der Betroffenen begründet, weil sich die notwendigen Resultate des Lernens unter Streß *unterschiedlich an* ihnen ausprägen. Die Erscheinungsformen dieses Lernens *an* den Schülerinnen und Schülern werden dann mit dem *außer* ihnen liegenden strukturellen Grund im zeitlichen Lerndruck verwechselt.
- Auch die Rolle der Lehrerinnen und Lehrer ist damit zumindest nach dem ersten Anschein vertauscht. Sie erscheinen als Wissens*vermittler* und nicht als Wissens*verweigerer*, weil sie sich im Unterricht die gesamte knappe Zeit über um die Vermittlung des Lernstoffes bemühen und nicht um seine gezielte Vorenthaltung. Wenn sich sogar die Produzenten des Lerndrucks als Opfer der Stofffülle und der völlig überfrachteten Lehrpensen beklagen,[439] bestätigt dies nur die *strukturelle* Dimension des Lerndrucks, der letztlich über ministerielle Rahmenrichtlinien und Dienstpflichten angeordnet wird.

Wenn es in der Logik des institutionalisierten Lernens unter Zeitdruck liegt, das Ergebnis dieser schulischen Bemühungen an *einzelnen* Schülerinnen und Schülern festzustellen, es exklusiv an ihnen zu zertifizieren und damit als ihre *persönliche* Qualität *festzuschreiben,* ist der Übergang vom Lernen unter Zeitdruck zur Benotung der Wissensdifferenzen vorbereitet.

5.2.3 Einigkeit im pädagogischen Streit um das Leistungslernen

Beim Thema Lerndruck verspüren Lehrerinnen und Lehrer häufig das ungute Gefühl, daß sie die Schülerinnen und Schüler mit ihren Leistungsanforderungen überfordern. Die *Legitimation* ihres pädagogischen Wirkens gehört insofern zur Komplettierung des „geheimen Lehrplanes“, als sie den Eindruck einer möglichst unverfälschten und damit wirklich leistungsgerechten Benotung festigt, an der dann nichts mehr auszusetzen ist.

Was hier als Lernen unter Zeitdruck analysiert wurde, wird in der Schulliteratur als das „pädagogische Problem der Leistung“ erörtert.[440] Ziegenspeck beginnt seine Darstellung in seinem im Jahre 1999 erschienenen „Handbuch Zensur und Zeugnis in der Schule“ mit Reflexionen über den Leistungsbegriff in der Arbeitswelt der „heutigen Industrienationen“. Sein ausführlicher Gang durch einzelne Anwendungsfelder endet in der Feststellung, daß sein Versuch der Begriffsklärung nur „die Mehrdeutigkeit des Begriffes klar“ gemacht habe. Gleichwohl hält er als allgemeines Ergebnis fest: „1. Leistung hat etwas mit Arbeit und Zeit zu tun. 2. Leistung meint Arbeitsvollzüge und -ergebnisse ...“.[441] In seiner Andeu-

439 Vgl. Glötzl 1979; AG Schulforschung 1980.
440 Vgl. Furck 1971; Glötzl 1979, S. 17 ff.
441 Ziegenspeck 1999, S. 49.

tung des nicht näher ausgeführten Zusammenhanges - „hat ... zu tun mit" - liegt aber am Ende doch eine Aussage. Sie suggeriert zumindest, daß „Zeit" ein konstitutiver Bestandteil von „Leistung" sei. Damit gilt nach Ziegenspeck entgegen der oben kritisierten unsachlichen Verbindung von Lernen und Zeit trotz der „Mehrdeutigkeit" des „Leistungsbegriffs" eines eindeutig: Die Verbindung von Lernen mit Zeit scheint also erstens so unsachlich gar nicht zu sein.

Unter dem „Begriff 'Leistungsgesellschaft'" zitiert Ziegenspeck dann zustimmend Klafki, der mit Leistung folgende den ganzen Gesellschaftstyp kennzeichnende Aussagen verbindet:

> „Die Rede von der Leistungsgesellschaft schließt also die Vorstellung ein, daß die Verteilung von Einkommen, Besitz, sozialen Positionen, wirtschaftlich-politischen Einflußmöglichkeiten in unserer Gesellschaft im wesentlichen 'leistungs-gerecht' erfolge.
> Drittens: Eine weitere Voraussetzung aber besagt folgendes: Von Ausnahmen abgesehen - etwa bei schweren körperlichen oder geistigen Schäden eines Menschen -, habe jeder in dieser Gesellschaft prinzipiell die gleiche Chance, die Leistungen, die zu erbringen, und die sozialen Positionen, die einzunehmen er befähigt ist und gewillt ist, auch tatsächlich vorzuweisen bzw. zu erreichen. Die Rede von der Leistungsgesellschaft meint in diesem Sinne also, daß in dieser Gesellschaft im wesentlichen die soziale Chancengleichheit gelte." [442]

Leistung ist demzufolge das gesellschaftstypische und zugleich dem Menschen angemessene *Zuteilungskriterium* bzw. Ausschlußkriterium von sozialen Positionen. Diese seien zuteilungsbedürftig, da sie offenbar von allen angestrebt werden, aber nicht für alle in befriedigendem Umfang vorhanden sind. Da die unterschiedlichen Zuteilungen nach den Annahmen der Leistungsgesellschaft das Ergebnis der Anstrengung von Wille und Befähigung eines jeden sind, seien sie *„leistungs-gerecht"* und insofern unanfechtbar verteilt: Schließlich sei *Chancengleichheit aller* der Ausgangspunkt. - Damit ist das zweite Merkmal von „Leistungsanforderungen" umschrieben: Sie tragen zur gerechten Verteilung knapper Güter bei.

Die Frage der Chancengleichheit steht im Zentrum der schulischen Leistungskritik seit Ende der 1960er Jahre,[443] in denen man noch unbekümmert „Erziehung zur Leistung" forderte.[444] Es wird damit immer wieder gefragt, ob die „Leistungsanforderungen" der Schule die Schülerinnen und Schüler nicht nur herausfordern, sondern *über*fordern, ob sie ihre wahren Leistungen verzerren und damit Effekte hervorbrächten, die unerwünscht und *kontraproduktiv* seien. Die das Fach begleitenden Selbstzweifel[445] zerstreut Göller z.B. mit folgender Überlegung: Schülerinnen und Schüler würden

---

442 Klafki 1996, S. 222; vgl. dazu Ziegenspeck 1999, S. 43 f.

443 Vgl. Dahrendorf 1965; Hurrelmann 1971, S. 2 f; Ingenkamp 1977; vgl. dazu zusammenfassend Lübke 1996, S. 16 ff.

444 Vgl. Deutscher Bildungsrat 1970, S. 35: *„Das pädagogische Leistungsprinzip gewährleistet zudem, daß der Lernende am Ende seiner Schul- und Ausbildungszeit den harten gesellschaftlichen Leistungsanforderungen nicht unvorbereitet gegenübersteht";* ähnlich die Bund-Länder-Kommission für Bildungsplanung 1973, S. 6.

445 Vgl. Ziegenspeck 1999, S. 13 ff, 52 ff.

„immer gute und weniger gute Lehrer haben. Darin liegt eine fundamentale, nicht zu beseitigende Ungerechtigkeit, die schon vor der Zeugniserteilung gegeben ist, die aber die Zeugnisse stark beeinflußt. Alle Bemühungen um eine gerechte Zeugnisgebung vollziehen sich auf diesem schwankenden Boden und sind so, streng betrachtet, von vornherein zum Scheitern verurteilt. ... Für pädagogische Versäumnisse sollte der Schüler, wenn überhaupt, nicht mehr in seinem Zeugnis büßen müssen als aus sachlichen Gründen unvermeidbar."[446]

So „streng" kann das Problem des „weniger guten" Lehrers in der Praxis aber wohl doch nicht „betrachtet" werden, wenn man an die etwa 500.000.000 Schulnoten denkt, die in Deutschland jährlich vergeben werden,[447] ohne daß die *Schule* daran „scheitert". Göllers Selbstmahnung läßt sich auch als moralische Entlastung der Zeugnisgebung verstehen. Wenn sie den Schüler nämlich „nicht mehr in seinem Zeugnis büßen" läßt, „als aus sachlichen Gründen unvermeidbar", dann läßt sie ihn auf Grund der reinen Schülerleistung durchaus „unvermeidbar büßen".

Eher institutionenkritisch orientierte Untersuchungen belegen mit Befragungen von Lehrern, daß Schülerinnen und Schüler häufig nach positiven wie negativen *Vorurteilen* über ihre angebliche Leistungsfähigkeit geprüft und benotet werden. In die Vorurteile von Lehrern mischten sich *Sympathiegesichtspunkte*, Gesichtsverlustängste und schichtenspezifische Ressentiments ein, was schließlich zu sich selbst erfüllenden Vorhersagen über die Schülerleistungen führe: Weil Schülerinnen und Schüler sich häufig so verhielten, wie sie gesehen werden, werde die Sichtweise ihrer Lehrerinnen und Lehrer allmählich zu „Tatsachen".[448] - Hinterfragt man solche mit aufwendigen empirischen Untersuchungen untermauerten Bedenken, die den Nachweis des kritisierten Etikettierungsverhaltens erbracht haben, was denn im Kern ihr Einwand gegen das Leistungslernen ist, reduziert sich dieser Einwand leicht darauf, daß die *wirkliche* Leistung der Schülerinnen und Schüler *unverzerrt* zur Geltung kommen sollte und nicht ihre von Vorurteilen der Lehrer verzerrte Sicht. Auch so ergibt sich ein unkritisches Einverständnis mit „reiner" Schülerleistung als schulspezifischem und *gerechtem* Zuteilungskriterium von Chancen.

Wolfgang Klafki stellt demgegenüber im Jahre 1976 einen Forderungskatalog auf, der sich mit einer reformpädagogischen Neubestimmung schulischer Leistungskriterien gegen das existente schulische Leistungsverständnis wendet. Er enthält u.a. folgende Vorschläge:

„Relativierung des bisher vorwiegend individualistischen, auf den Wettbewerb zwischen den Einzelschülern angesichts normierter Forderungen gerichteten Leistungsverständnisses zugunsten eines an gemeinsamer Aufgabenlösung und Solidarität orientierten Leistungsbegriffs: Lernen und Leisten in der Gruppe, Orientierung der individuellen Leistung an ihrem Beitrag zur Lösung gemeinsamer Aufgaben und zum Lernfortschritt aller Mitglieder einer Gruppe." [449]

---

446 Göller 1968, S. 15.

447 Diese Zahl nennt *Ziegenspeck* (1999, S. 23).

448 Vgl. Ingenkamp 1977; Glötzl 1979. *Ziegenspeck* (1999) zählt in seinem *„Handbuch Zensur und Zeugnis in der Schule"* unter systematischen Beurteilungsfehlern u.a. den Überstrahlungseffekt, die Perseverationstendenz, den Kontrasteffekt, den Projektionsfehler, den *„Wissen-um-die-Folgen-Fehler"* sowie die Erwartungseffekte, darunter den Pygmalion-Effekt, auf (S. 173-186) und schießt dann noch 50 Seiten bestätigende empirische Untersuchungsergebnisse dazu an (vgl. S. 205 ff). Ähnlich lautet die Zusammenfassung der Kritik an den Ziffernzeugnissen als zweifelhaftem Instrumentarium der Leistungsmessung von *Lübke* (1996, S. 22 ff).

449 Klafki 1976, S. 38. Ähnliche Forderungen erhob unter dem Aspekt der schul-organisatorischen Produktion schichtenspezifischer Ungleichheit *Hurrelmann* in seiner Studie von 1971 (S. 230 ff).

Fünfundzwanzig Jahre später sind diese Vorschläge in den deutschen Regelschulen teilweise didaktisch umgesetzt worden, aber nicht als *Ersatz* für die Einzelbewertung, sondern als ihre *Vorbereitung*. Was dieses „vorwiegend individualistische ... Leistungsverständnis" betrifft, fordert Klafki auch gar nicht seine Abschaffung, sondern, wie es im Zitat heißt, nur seine „Relativierung". Ähnlich lautet im Jahre 1968 auch eine Forderung von Hartmut von Hentig: „Die Leistungsgesellschaft ist nicht von der Schule her zu heilen. Aber ... die Schule kann vermeiden, daß sie an der Verabsolutierung des Leistungsprinzips mitschuldig wird".[450] Fragt man, wie die Problematisierung des schulischen Leistungsbegriffes in der Ausbildungsliteratur für Lehrer dreißig Jahre später aussieht, findet man dazu beispielsweise folgende Kritikpunkte im Reflexionsteil des „Handbuch Zensur und Zeugnis":

- „daß jede objektive Leistung stets vom Subjekt abhängig ist, gerade dort nämlich, wo Einfallsreichtum, kritisches Urteilsvermögen und Phantasie wesentlich die Leistung bestimmen und über einzelne abrufbare und zählbare Fakten hinausgehen;
- daß die „Leistungsschule" mit ihren Merkmalen der
    - Normierung der schulischen Anforderungen,
    - Entstehung des Berechtigungswesens,
    - Jahrgangsklassen,
    - Orientierung an der Wirtschaft usw.

  dem Anspruch nach individueller Förderung nur in äußerst geringem Maße gerecht zu werden vermag;
- daß deshalb das einseitige Vorherrschen des Leistungsprinzips in der Schule 'nicht nur die erzieherisch sinnvollen Leistungsanforderungen und Leistungen, sondern auch den Charakter und die Funktion der Aufgabe in der Schule weithin verfälscht' (Furck)." [451]

Wenn man demgegenüber feststellen muß, daß die existierende Schule in ihren Strukturen nach wie vor einen *funktionsbezogenen Leistungsbegriff praktiziert*, dann hat sich mittlerweile anscheinend ein hermetisches und dadurch funktionales *Nebeneinander* von einer Kritikliste am „schulischen Leistungsbegriff" für Lehrerausbildung und Lehrergewissen einerseits und eine davon unangefochtene Leistungspraxis andererseits herausgebildet.

5.2.4 Die schulische Wissensvermittlung als „Lernen für Noten"

5.2.4.1 Ziffernnoten - festgeschriebene Lernleistungsdifferenzen

Jede Notengebung in der Schule beruht auf der praktischen Gewißheit, daß das Unterrichten pro Zeitvorgabe mit abrupten Abbrüchen der Stoffvermittlung bei *allen* Schülerinnen und Schülern zu erheblichen Verständnis- und Lerndifferenzen und verbliebenen Unklarheiten führt. Diese schulisch hergestellten oder verstärkten Differenzen werden durch ständige Benotung *festgeschrieben*.[452] Die Festschreibung in Noten drückt den schulischen Lernpro-

---

450 v. Hentig 1968, S. 101.

451 Ziegenspeck 1999, S. 57 f. Ähnlich nüchtern oder deprimierend ist die Bilanz reformpädagogischer Fortschritte bei der Beurteilung von Lernfortschritten der Schülerinnen und Schüler bei *Lübke* (1996, S. 29-31).

452 Was hier *außerschulische* private Kompensation durch Elternhilfe oder Nachhilfeunterricht bewerkstelligt, wird von der Schule übergangen. Die Leistungen dieses wachsenden Geschäftszweiges in die Schule aufzunehmen, wäre eine institutionelle Selbstkritik, an der offenbar niemandem gelegen ist.

zessen einen weiteren Stempel auf: „Schulische Lernprozesse sind vorwiegend der Zielorientierung auf formelle Leistungsnachweise der Schüler untergeordnet, Zensuren und Zeugnisse beherrschen die schulische Szenerie".[453] Die Benotungsrituale *beweisen*, daß das Unterrichtsziel *nicht* die optimale Förderung des *Wissensfortschrittes* der Schülerinnen und Schüler ist, sondern ein anderes. Welches das ist, soll nun herausgearbeitet werden.

Die Klassenarbeit z.B. wird als Wissensprüfung für die Benotung erneut unter Zeitdruck geschrieben. Es kommt also darauf an, Wissen *schnell* aufzuschreiben, auch wenn das gerade zu *besonders vielen Fehlern* führt, statt das Wissen in Ruhe, dafür aber möglichst fehlerfrei wiederzugeben oder anzuwenden. Dabei ist es bei Klassenarbeiten so wenig vernünftig wie zuvor beim Lernen, etwas *schnell* aufzuschreiben statt *richtig*. Die Prüflinge wissen von vornherein, daß die Bearbeitungszeit knapp bemessen ist, was ihre Konzentration auf die Fragestellung belastet. Die Prüfungsleistung ist also eine *Wissensreproduktion unter Zeitdruck*. Eine richtige Lösung ist demzufolge ein „Fehler", wenn eine Schülerin oder ein Schüler für sie *länger* als die angesetzte Bearbeitungszeit benötigt.

Klassenarbeiten sind zugleich die abrupten *Endpunkte* der Vermittlung des betreffenden *Lern*stoffes, der damit als *Prüfungs*stoff seinen innerschulischen Dienst getan hat. Folge: „Das Lernen wird zum Anhäufen abstrakter Wissensbestände, wobei der erlernte und geprüfte Stoff als erledigt gilt und 'dem Vergessen geopfert wird'"[454] Ausnahmen von dieser Regel sind lediglich die systematisch aufbauenden Fächer wie Mathematik. Sollte dagegen eine Unterrichtseinheit in Geschichte oder Geographie bis zum Test sachlich nicht abgeschlossen gewesen sein, bleibt sie in der Regel unvollendet. Weshalb sollte die Vermittlung einer Thematik auch fortgesetzt werden, wenn der ganze Zielpunkt der Wissensvermittlung die „Abprüfbarkeit" war. Die Vermittlung von Sachwissen dient so in vielen Fällen bloß ihrer Reduktion auf Notenziffern. Sollten Schülerinnen und Schüler nach dem Test noch weitergehendes Interesse am Lernstoff haben, ist das ihre außerschulische Privatsache. Eignen sich Schülerinnen oder Schüler das im Unterricht vorenthaltene Wissen später anderweitig an, wird ihnen dies jedenfalls in Noten nicht mehr anerkannt.

In ihren Benotungsritualen erweist sich die Schule andererseits als ausgesprochen *nachtragend*. Wenn eine Schülerin oder ein Schüler am Anfang einer Unterrichtseinheit schlechter war und sie oder er am Ende besser geworden ist, zählt die schlechte Anfangsleistung in diesem Schuljahr ständig mit. Schulische Leistungsmessung ist also nicht etwa die Messung von Lern*ergebnissen*, sondern Messung eines Leistungs*durchschnitts* innerhalb eines definierten Zeitraumes.[455] In jedem Schuljahr zählen damit solide Lernerfolge genauso wie Mißerfolge oder wie rein zufällige „Ausreißer". Das Benotungssystem kann zwischen Zufällen und echten Lernerfolgen nicht unterscheiden.[456] Trotz des pädagogischen Wider-

---

453 Holtappels 1987, S. 19.

454 Holtappels 1987, S. 84, unter Verweis auf *Gierich* 1980. *Lübke* dazu: *„Auf diesem Wege wird, so die kritischen Stimmen, das kostbare gut 'Bildung' zum Punkteerwerb instrumentalisiert"* (1996, S. 22); vgl. Herz 1998, S. 5; Bambach 1998, S. 5.

455 Von daher erscheint die Kritik am schulischen Leistungsbegriff unzutreffend, es sei ein überwiegend produktorientierter Leistungsbegriff statt ein prozeßhafter (vgl. Glötzl 1979, S. 18 f).

456 In der Theorie gibt es dazu eine komplette Lehre von der richtigen Leistungsmessung bei Schülerinnen und Schülern nach den Kriterien Objektivität, Reliabilität (mit Wiederholungsmethode, Halbierungsmethode oder Parallelmethode) und Validitätsmessung (Inhalts-, Prognose-, Übereinstimmungs- und Konstruktvalidität), vgl. Lübke (1996, S. 23 f); Ziegenspeck (1999, S. 133 ff).

sinnes behandelt es beide gleich. Gute individuelle Leistungen löschen frühere schlechte Fachnoten nicht, obwohl diese gar nicht mehr stimmen, also inzwischen eigentlich Fehlbeurteilungen sind. Die schlechten Anfangsnoten werden durch Lernfortschritte lediglich *relativiert.*[457] Nach dem „geheimen Lehrplan" erfordert eine gute Zensur am Schuljahresende also die *Kontinuität* der Leistung. Verlangt ist folglich die *ständige Unterwerfung* unter die Bewertungsrituale, die im Notenergebnis mehr zählt als ein echter Lern*fortschritt* am Ende bei schwachen Einstiegsnoten.

5.2.4.2 Leistungsabstandsmessung

Diese Art der Leistungsbeurteilung mutet den Schülerinnen und Schülern einiges zu. Obwohl die Schule jeder Schülerin und jedem Schüler *individuelle* Anstrengungen abverlangt, zählen diese nie als ihre persönlichen Leistungen, sondern *immer nur im Vergleich* mit den Leistungen *anderer* Mitschüler einer Klasse. Eingehende kritische Untersuchungen von Ingenkamp dazu haben ergeben:

1. „Die Lehrer orientieren sich bei der Zensurenvergabe am Leistungsniveau der jeweils unterrichteten Klasse; ...
2. Innerhalb einer Klasse werden die Schüler durch Lehrer und Tests in eine relativ übereinstimmende Rangordnung gebracht.
3. In verschiedenen Klassen der gleichen Klassenstufe entsprechen der gleichen objektiv erfaßbaren Leistung aber ganz unterschiedliche Zensuren.
4. Die Zensuren haben über den Rahmen einer Klasse hinaus überhaupt keinen Vergleichswert." [458]

Für die Notenzuteilung entscheidend sei also der *Zufall* der Zusammensetzung der Mitschüler im Zwangsverband einer Schulklasse. Der Autor kritisiert mit seiner Untersuchung letztlich die *Benotungswillkür* innerhalb verschiedener Klassen und deren Auswirkungen auf eine eventuelle Nichtversetzung in der einen Klasse, während derselbe Schüler mit den gleichen Leistung in der Parallelklasse noch das Versetzungsziel hätte erreichen können. Die Untersuchung belegt aber noch mehr. Infolge ihrer Benotung im Klassenverband werden *alle* individuellen Anstrengungen durch die Leistungsbenotung der zufälligen Klassenkameraden *relativiert,* und zwar auf allen Notenstufen. Zugleich werden die Leistungen damit in ein *Schema von Gewinnern und Verlierern eingeordnet.* Erst die Art der Leistungsbeurteilung in Noten *setzt* die Schülerinnen und Schüler innerhalb der Klasse in ein *Konkurrenzverhältnis* zueinander:

> „Über schulische Leistungsbeurteilungen werden die Schüler zudem in Konkurrenz zueinander gesetzt, indem Leistungszuschreibungen faktisch über den Status jeden Schülers und damit über die Rangordnung entscheiden. Der Erfolg des einen bestimmt letztlich auch den Mißerfolg der anderen mit und umgekehrt." [459]

457 Vgl. Huisken 1992, S. 60 ff.

458 Ingenkamp 1969, S. 13.

459 Holtappels 1987, S. 19. Diesen Zusammenhang formulieren auch *Brusten/Hurrelmann* in ihrer Untersuchung zum Thema Notenkonkurrenz (1973, S. 14 f) sowie *Tillmann* (2000, S. 148 f).

Es zählt also gar nicht die vom einzelnen erbrachte Leistung als solche. Stattdessen zählen die Leistungs*unterschiede* und damit die *Zwischenräume* zwischen den einzelnen Leistungen innerhalb der Klasse. *Individuelle* Anstrengungen werden im Klassenverband durch die *zufälligen* Abstände zum relativen Wissen oder Nichtwissen der anderen „beurteilt“. Nicht das Können, Wissen und die Leistung bestimmen damit den schulischen Erfolg oder Mißerfolg, sondern der *Schematismus* ihrer notenmäßigen Sortierung. Durch die Klassenprüfungen definiert die *Schule* den notenrelevanten Vergleichsrahmen, nämlich eine *Leistungsrelativierung* zwischen den Leistungen der Mitschülerinnen und Mitschüler innerhalb einer Schulklasse. Schulische Leistungsmessung ist damit eigentlich *Leistungsabstandsmessung*.

Wie wird diese Leistungsabstandsmessung mit Noten vorgenommen? Dazu gibt es einerseits komplexe Theorien zum „pädagogischen Leistungsbegriff“ und zur Problematik einer gerechten „Leistungsbewertung“, die aber weniger auf praktische Notengebung ausgerichtet sind als auf legitimatorische Effekte (vgl. Kap. 5.2.3). Praxisbezogener liest sich dagegen die amtliche Notendefinition in einem Beschluß der Kultusminister vom 3.10.1968:

> „Den Noten werden folgende Definitionen zugrunde gelegt:
> *sehr gut (1)*
> Die Note 'sehr gut' soll erteilt werden, wenn die Leistung den Anforderungen in besonderem Maße entspricht.
> *gut (2)*
> Die Note 'gut' soll erteilt werden, wenn die Leistung den Anforderungen voll entspricht.
> *befriedigend (3)*
> Die Note 'befriedigend' soll erteilt werden, wenn die Leistung im allgemeinen den Anforderungen entspricht.
> *ausreichend (4)*
> Die Note 'ausreichend' soll erteilt werden, wenn die Leistung zwar Mängel aufweist, aber im ganzen den Anforderungen entspricht.
> *mangelhaft (5)*
> Die Note 'mangelhaft' soll erteilt werden, wenn die Leistung den Anforderungen nicht entspricht, jedoch erkennen läßt, daß die notwendigen Grundkenntnisse vorhanden sind und die Mängel in absehbarer Zeit behoben werden können.
> *ungenügend (6)*
> Die Note 'ungenügend' soll erteilt werden, wenn die Leistung den Anforderungen nicht entspricht und selbst die Grundkenntnisse so lückenhaft sind, daß die Mängel in absehbarer Zeit nicht behoben werden könnten.“ [460]

Sechs mal *„Anforderungen“* der Schule an die Schülerinnen und Schüler. So ist das *amtliche Maß* von Leistung und ihrer Bewertung definiert. Wie soll man aber feststellen, wann eine Arbeit den Anforderungen „voll“ statt „in besonderem Maße“ entspricht? Und was bedeutet es für die Benotung, wenn viele oder alle Arbeiten den Anforderungen gleichermaßen „voll“ entsprechen? Wozu taugen dann die sechs Notenstufen?

Einerseits gehen die zitierten Notendefinitionen wie selbstverständlich von der unterschiedlichen Erfüllung der „Anforderungen“ aus, die sie andererseits selbst aber nicht mit definieren, sondern offen lassen. Für diese Eigenart der Notendefinition bieten sich verschiedene Erklärungen an. Möglicherweise gibt es nämlich für diesen Mangel an definitori-

---

460 Beschluß der Ständigen Konferenz der Kultusminister der Länder in der Bundesrepublik Deutschland vom 3.10.1968: Erläuterung der Notenstufen bei Schulzeugnissen und Einzelergebnissen in staatlichen Prüfungszeugnissen, Absatz II. In: Kultusministerkonferenz (Öffentl. A. Ergänzungslieferung Nr. 12 vom 21.4.1969, Nr. 671, S. 1, zitiert nach Ziegenspeck 1999, S. 78).

scher Bestimmtheit der „Anforderungen" gar keine theoretische Antwort, weil ihr Inhalt von dem bestimmt werden soll, der in der Schule die Amtsmacht hat. Gegenüber den Schülern ist das der Lehrer. Innerhalb der hierarchischen Schulverwaltungen ist er zwar an Vorgaben der Lehrpläne, der Schulkonferenzen und der Rahmenrichtlinien aus den Kultusministerien etc. gebunden, die das Profil der schulischen „Anforderungen" festlegen. Dennoch erfolgt deren Umsetzung im individuell, interaktiv und situativ geprägten Unterricht und obliegt daher doch wieder dem einzelnen Lehrer, der damit letztlich definiert, was konkret „Anforderung" heißt. Dieses Erklärungsmuster würde den Vorwurf der *Benotungswillkür* bestärken.

Aus der Analyse der Herstellung von Wissensunterschieden durch Lerndruck (vgl. Kap. 5.2.2) ergibt sich jedoch eine andere Einschätzung des blinden Flecks in der Notendefinition. Danach gibt es in der Notenschule kein „verbindliches" Maß, was die „Anforderungen" an das Wissen jedes einzelnen Schülers sind, weil die Feststellung der vollständigen Beherrschung des Lernstoffes und damit der *Erfüllung* der „Anforderungen" im Wissen gar nicht das Ziel der Notengebung ist.[461] Nach der bisherigen Analyse geht es der Benotung vielmehr um die Festschreibung von unterschiedlichen *Abweichungen* der Schülerleistungen von den Anforderungen an Fächerwissen und -verständnis. Entscheidend für die Notendefinition ist daher nicht, was unter „Anforderungen" zu verstehen ist, sondern *daß* es davon genügend Abweichungen gibt. Der angebliche Definitionsmangel ist demnach funktional.

Ziegenspeck beantwortet die Frage in seinem „Handbuch Zensur und Zeugnis in der Schule" genau umgekehrt: „In keinem Bundesland ist der Begriff „Anforderungen" durch genaue Lernziele amtlicherseits konkret bestimmt worden. Da also ein verbindlicher Bezugspunkt, an dem Leistungen gemessen werden können, fehlt, ist der einzelne Lehrer in der Regel nach wie vor darauf angewiesen, sich weiterhin am klasseninternen und möglicherweise schulinternen Maßstab zu orientieren."[462] Aufgrund des - scheinbaren - definitorischen Mangels des Begriffs „Anforderungen" sei die Schulpraxis „nach wie vor darauf angewiesen", dies mit einer Art Hilfskonstruktion zu kompensieren. Diese Hilfskonstruktion bestätigt aber nur erneut die hier analysierte Funktion der Noten: Die Benotungspraxis schließt die Definitionslücke durch die Anwendung eines bestimmten Verfahrens, nämlich die Anwendung einer *Normalverteilungsformel* der Noten innerhalb der einzelnen Schulklasse.[463]

Die „Häufigkeitsverteilung" ist die eigentliche Geheimformel der schulischen Notenerteilung. Zwar schwanken Fachdiskussion und Notenpraxis zwischen der berühmten

---

461 Das ist umgekehrt bei Schulungen, deren *Ziel* die vollständige Beherrschung des Stoffes und damit die *Erfüllung* der *„Anforderungen"* ist und nicht die relative Abweichung bzw. die Festschreibung von Wissenslücken. Das Ergebnis einer solchen Prüfung ist dann *„bestanden"* oder *„nicht bestanden"*. Ein Beispiel dafür ist die Führerscheinprüfung.

462 Ziegenspeck 1999, S. 79.

463 Während *Ziegenspeck* (1999) es im pädagogischen Reflexionsteil seines Handbuches auf Seite 79 begrüßt, daß der Begriff der *„Durchschnittsleistung"* mittlerweile *„fallengelassen"* wurde, diskutiert er auf Seite 121 die ziffernmäßige Festschreibung des fallengelassenen Phänomens wieder lebhaft als *„Häufigkeitsverteilung"* der Schulnoten einer Klasse.

„Gauß'schen Normalverteilung"[464] und anderen Verteilungskurven der Schulnoten. Im Ergebnis leisten sie alle die gleichen Dienste: Sie sind Zuordnungsverfahren von Noten, die der *sachlichen* „Notenwillkür" mangels verbindlicher Definition der „Anforderungen" einen *Schematismus* auferlegt, *innerhalb* dessen sich der Lehrer zur Notenermittlung nach *strengen Regeln* bewegt, wenn er die Schülerleistungen der feststehenden Notenkurve unterordnet. Gleichgültig, wie die Schülerinnen und Schüler sich bemühen, der Notenspiegel ihrer Arbeiten steht grundsätzlich schon *vorher* fest: Der mittlere Schwerpunkt einer „Normalleistung" ergibt sich aus der Aufreihung der relativ besseren und relativ schlechteren Leistungen. Das Benotungsverfahren geht so ganz praktisch von der Annahme einer Normalleistung der Schüler aus, die mit dem Instrument der Verteilungskurve gemessen und zugleich bewiesen wird. Tatsächlich verhält es sich genau umgekehrt: Das Meßinstrument der Normalverteilungskurve stellt die zu messende Größe erst her. Da die Durchschnittsleistung ein Produkt der Normalverteilungskurve ist, ist ihr Existenzbeweis zirkulär. Mit diesem praktizierten Zirkel kann man das Grunddogma der Ziffernbenotung dann leicht „beweisen". Es lautet: „Der größte Teil der Schüler zeigt durchschnittliche Leistungen und ein ganz kleiner Teil überragende bzw. sehr schlechte Leistungen."[465] Beispiele für diese Noten-Verteilungsschemata aus dem Handbuch für Lehrer sind folgende:

Note 1 = 10 %	Note 1 = 3 %
Note 2 = 20 %	Note 2 = 24 %
Note 3 = 40 %	Note 3 = 46 %
Note 4 = 20 %	Note 4 = 24 %
Note 5 = 10 % (Hauser 1953)	Note 5 = 3 % (Ribesell 1911)
Note 1 = 5 %	Note 1 = 2 %
Note 2 = 15 %	Note 2 = 14 %
Note 3 = 30 %	Note 3 = 34 %
Note 4 = 30 %	Note 4 = 34 %
Note 5 = 15 %	Note 5 = 14 %
Note 6 = 5 % (Bartel 1961)	Note 6 = 2 % (Weingardt 1964)[466]

Die Schemata lassen dechiffrieren, wie sich die Notenverteilung praktisch vollzieht:

- Vorab steht bereits die Häufigkeitsverteilung der Noten fest, d.h. das ziffernmäßige Gesamtergebnis der Klassenarbeiten und sonstigen Leistungen der Schülerinnen und Schüler: überwiegend durchschnittliche, wenige besonders gute und besonders schlechte.
- Offen ist nur, welche Leistung wo einsortiert wird bzw. wer welche Note erhält.
- Dafür wird der *Inhalt* der Leistungen zur Kenntnis genommen, aber lediglich, um die konkrete Fachleistung in abstrakte Plus- oder Minuspunkte *aufzulösen*.
- Über die vergebenen Punkte werden die individuellen Leistungen *quantitativ* vergleichbar gemacht, indem alle unterschiedlichen Fachleistungen in Pluspunkte- oder Fehlerpunkte-Kolonnen *gleichgeschaltet* werden.

---

464 Die Gauß'sche Normalverteilungskurve ziert links neben dem Portrait von Carl Friedrich Gauß (1777-1855) die letzte Version des 10-DM-Scheins.

465 Ziegenspeck 1999, S. 122.

466 Vgl. Ziegenspeck 1999, S. 122-124.

- Die so hergestellten Punktesummen pro Arbeit werden miteinander abgeglichen und daraus eine entsprechende *Reihenfolge* der Arbeiten gebildet.
- Dann wird die eigentliche Notenzuteilung ausgetestet. Die Punkte werden in der Praxis nicht vorab und fix bestimmten Noten zugeteilt. Vielmehr wird die Verbindung von Punkten mit Noten im Hinblick auf das Gesamtergebnis taxiert. 22 Punkte können demnach eine durchschnittliche, vielleicht aber auch eine etwas bessere Note „verdient" haben, je nach dem, was der Punktestand der anderen Arbeiten zuläßt. Ziel dieser geheimen Prozedur ist es, daß sich am Ende eine möglichst exakte *Normalverteilung* der Noten ergibt.
- Erst dann werden die restlos *verfremdeten* Klassenarbeiten endgültig *benotet.*

So *schematisch* „streng" erfolgt die „Bewertung" der *individuellen* Lernleistungen von Schülerinnen und Schülern mit Noten. Indem den Schülerleistungen Notenwerte zugeschrieben werden, erfolgen eigentümliche Verwandlungen: Die Quantifizierung der Schülerleistungen in Ziffernnoten bringt die Leistungsinhalte zum Verschwinden. Was von den Einzelleistungen übrig bleibt, ist eine reine Bezifferung. Daraus lassen sich weitere Rückschlüsse zur Beantwortung der Ausgangsfragen ziehen (vgl. Kap. 5.2.1), worauf es beim Lernen für Noten offenbar nicht ankommt bzw. ankommt und wie das Lernen für Noten damit die Kriterien des Lernprozesses vorprägt:

- Die Benotung *abstrahiert* von der unterschiedlichen *individuellen* Leistung, indem sie eine Leistung an allen anderen Leistungen der Mitschüler relativiert und mit jeder anderen Leistung der gleichen Notenstufe gleichsetzt. Individuelles Wissen und Können wird so für die Bewertung praktisch als gleich-gültig und inhaltlich als belanglos erklärt.
- Indem sie alle Fehlerarten quantifiziert, abstrahiert die Benotung von der *Fehlerqualität.* Sie setzt so Flüchtigkeitsfehler mit Verständnisfehlern oder mit Lernlücken, Irrtümern oder Formfehlern gleich.
- Mit der notenmäßigen Übersetzung der Fehlerqualität in eine abstrakte Fehlerhäufigkeit werden sämtliche Leistungen *rücksichtslos* gegen ihre *Inhalte* bewertet.
- Die Benotung von Hauptfächern mit dem doppeltem Wert oder mancher Fehler als halbe Fehler ist nur ein schulinternes Eingeständnis der Gleichschaltung der Fächer und signalisiert einen rein *fiktiven* Rückbezug zu den ersetzten Lerninhalten und Schulfächern.

Die übliche Bewertung der reinen Fehlerzahl klammert das pädagogisch Wesentliche am Lernprozeß aus. Für ein rationelles Lernen zeigt nämlich gerade die Fehler*qualität* an, was der einzelne noch nicht verstanden hat. Wollte man einem Schüler aufzeigen, worin seine Verständnismängel bestehen, und wollte man ihn bei ihrer Behebung unterstützen, müßte man ihm das an inhaltlichen Einzelheiten seiner Wiedergabe des Lernstoffes aufzeigen. Da sich eine fachliche Beurteilung also am *Inhalt* der Schülerleistung festmachen müßte, ist die Benotung, die diese Inhalte quantifizierend auslöscht, keine rationelle „Beurteilung" der Lernleistung. Anstatt seine Fehler zu addieren, müßte man das Prinzip seiner einzelnen Fehler analysieren, um seinen konkreten Verständnisproblemen auf den Grund zu gehen. Auch das bloße Anstreichen von Fehlern im Heft und ihre Bezeichnung der Gattung nach als O = Orthographie, G = Grammatik, K = Konstruktionsfehler und die pauschale Besprechung einer richtigen Lösung konfrontiert Schülerinnen und Schüler nur pauschal mit ihren

Fehlern.[467] Ähnliches gilt, wenn man die individuellen Lernfortschritte eines Schülers wirklich „beurteilen" möchte. Dazu müßte man seine aktuellen Schulleistungen inhaltlich mit *seiner* früheren Leistung vergleichen, aber doch nicht mit Arbeiten irgend welcher Mitschülerinnen oder Mitschüler, die wieder ganz andere Stärken und Schwächen haben.

Eine ähnliche pädagogische Kritik am Lernen für Ziffernnoten wurde zur konzeptionellen Grundlage von Reformschulen wie z.B. der „Bielefelder Laborschule". Sie kritisiert ausdrücklich, daß das Lernen für Noten in der Praxis ausgerechnet diejenigen Momente aus dem Lehr- Lernprozeß verdrängt oder ausklammert, die den Lernfortschritt des einzelnen fördern, nämlich erstens Maßnahmen der individuellen Förderung und Ermutigung und zweitens die konkrete inhaltliche Befassung mit den Stärken, Schwächen, Fehlern und Fortschritten des jeweiligen Schülers.[468]

Die Vergabe von Ziffernnoten bedeutet also nach der einen Seite hin eine praktizierte *Gleichgültigkeit und Ignoranz* gegenüber den aufgefächerten Lern*inhalten* sowie den konkreten *Lernfortschritten* der Schülerinnen und Schüler. Mit dieser Art, wie die Schule ihr „Kerngeschäft" betreibt, setzt sie die Schülerinnen und Schüler dem Widerspruch aus, daß sie persönlich zum Erlernen ganz bestimmter Inhalte angehalten werden, auf die es der Schule für die Bewertung ihrer Lernresultate weder als ihr persönliches Können noch als die speziellen Themen ankommt, mit denen sie sich abgemüht haben. Die *Lernfreude* und das *Interesse* an den Lerninhalten werden einer erheblichen Belastungsprobe ausgesetzt, „weil die Noten leistungsfeindliche Nebenwirkungen haben: Sie verlagern das Interesse der Kinder von Lernaufgaben und Sachproblemen auf das Belohnungssystem Noten hin; sie machen Leistungsstarke genügsam ... und Leistungsschwache mutlos (...). Solche verheerenden Nebenwirkungen sind x-mal nachgewiesen."[469]

---

467 Solche pädagogisch bedenklichen Konsequenzen der Ziffernbenotung benennt und kritisiert der Reformpädagoge Zeidler schon 1928: „Dem Ziffernzeugnis liegt eine Auffassung vom Wesen der Bildung und des Unterrichts zugrunde, die man als mittelalterliche Geisteshaltung bezeichnen kann: ein dem Inhalte nach unbestrittener und unbestreitbarer Lehrgehalt wird durch gedächtnismäßige Aneignung übertragen, und der Grad der Bildung und Gelehrsamkeit ist direkt meßbar an der Quantität des auf dem Wege des memorierens Erworbenen. Das Messen nach Qualitäten kommt nicht in Frage, da der Gehalt bei allen der gleiche ist, und Menschenwert und -wertschätzung hängt nicht ab von der Beschaffenheit, sondern von der Menge des geistigen Inhaltes." (Zeidler 1928, S. 177). Auch Ziegenspeck gibt in seinem Handbuch seine dahin zugespitzte Notenkritik wieder, „daß Lern- und Leistungsverhalten von Kindern sich eben nicht nur rein quantitativ als objektiver Zahlenwert darstellen läßt, weil qualitative und subjektiv unterschiedliche Prozesse eine ungeheuer große, entscheidende Rolle spielen." (1999, S. 58)

468 Um die Förderung des einzelnen Schülers zu gewährleisten, hat die 1974 gegründete *„Bielefelder Laborschule"* eine prinzipielle Kritik an den Ziffernnoten entwickelt, mit denen quantifizierende Schülervergleiche auf Kosten der individuellen Prozeßqualität des Lernens verbunden sei, und dies durch notenfreie Beurteilungsverfahren in die Schulpraxis umgesetzt: *„Es soll eine äußerste Anstrengung gemacht werden, der Einzelleistung und der Entwicklung der besonderen Person gerecht zu werden (d.h. im Bericht oder Urteil tritt der Vergleich mit den anderen Schülern sowohl seiner Gruppe wie des gesamten Altersjahrgangs hinter die besonderen Anstrengungen, Schwierigkeiten, Chancen und Merkmale dieses Kindes zurück)"* (v. Hentig 1983, S. 103). Vgl. eine ähnliche Kritik der Schulnoten aus jugendpsychiatrischer Sicht bei *Lempp* (1978, S. 17 f).

469 Bartnitzky 1998, S. 5; ähnlich argumentiert *Heide Bambach* (1998). Der ehemalige Bundespräsident *Herzog* suggeriert dagegen zumindest in seiner Berliner bildungspolitischen Grundsatzrede, daß gerade die Noten die Grundlage von Lernanstrengungen in der Schule sind: *„Es gibt keine Bildung ohne Anstrengung. Wer die Noten aus den Schulen verbannt, schafft Kuschelecken, aber keine Bildungsein-*

Die Ziffernzensur bewährt sich nach der anderen Seite hin aber durchaus, nämlich als ein sachgerechter Ausdruck der klassenweisen Festschreibung von Ergebnissen der Lernkonkurrenz: inhaltsleer, quantifizierend und relational. Für die schulische Leistungs*abstands*messung interessieren tatsächlich nur die Leistungs*unterschiede* innerhalb einer Klasse. Gut sein im Lernen heißt für diese Benotung nicht, *etwas bestimmtes* zu können, sondern irgendetwas *mehr* zu können als andere in der Klasse. Nicht Qualitäten zählen, sondern *Komparative*: mehr, besser, schneller als andere. Die Ziffernbenotung beweist, daß es statt auf die Sicherung von Wissen auf die Herstellung einer *Rangordnung* der Schülerinnen und Schüler untereinander ankommt. Die Benotung von Schulleistungen mit Ziffernnoten ist nicht nur das *Gegenteil* einer individuellen „Bewertung" der Lernleistung.[470] Noten produzieren vielmehr aus den qualitativen Einzelleistungen etwas völlig *Neues*: Aus ihnen werden von allen individuellen und inhaltlichen Merkmalen gereinigte *Materialien* für die Bestückung eines *abstrakten Schemas von Rangstellen*.[471] Die permanente Benotung in allen Fächern[472] löst damit die *verschiedenen* Schulfächer praktisch auf in ein einziges Schulfach: In das *Fach „Lernen für Noten"*. Die schulische Beurteilung bezieht sich damit auf Größen, Verhältnisse und Ergebnisse, die sie zwischen den Schülerleistungen erst *konstruiert* und die insofern an der einzelnen Schülerleistung gar nicht existieren.

> Der institutionelle Effekt der Ziffernzensur besteht darin, individuelles Wissen und Können durch Zuteilung von Zahlen von seinen *sachlichen Qualitäten* zu *trennen* und so als *reines Rangverhältnis* zu den Mitschülern *anzuerkennen*.

Da die Beurteilung der Schülerleistungen ganz von den konkurrierenden Beiträgen aller Mitschüler abhängt, also wegen der wechselseitigen und unentrinnbaren Relativierung, ist das einzige Mittel, sich im Schulunterricht mit guten Fachleistungen zu bewähren, nur bedingt ein Mittel der einzelnen Schülerin oder des einzelnen Schülers. Dennoch ist es ihr einzig offiziell zulässiges Mittel. Ein Jugendpsychiater wie Lempp ist wegen der zwangsläufigen sozialpsychologischen Belastungseffekte der Ziffernnoten ein Kritiker des Notensystems insgesamt:

---

richtungen, die auf das nächste Jahrtausend vorbereiten." (1997, S. 1003) Kritisch dazu auch: Herz 1998 und Wigger 2001.

470 Diese Abstraktionsleistungen von den individuellen Qualitäten des Lernvorganges sollen nach dem Konzept der *„Bielefelder Laborschule"* die dortigen *„Berichte zum Lernvorgang"* explizit vermeiden: *„Die Vokabel 'Bericht' steht für die sprachliche Qualität und die darin mögliche Differenzierungsleistung. Das Wortglied 'Lernen' verweist auf die an das Individuum gebundene Qualität des Lernens. Daß schließlich von einem Vorgang gesprochen wird, betont folgerichtig die Prozeßqualität des Lernens ...* " (Lübke 1996, S. 84).

471 Vgl. Lübke 1996, S. 26.

472 *„Die Dominanz des Leistungsprinzips ist in der Schule unverkennbar. Schüler sind ständig dem Druck ausgesetzt, erworbene Kenntnisse und Fertigkeiten unter Beweis stellen zu müssen. ... Heinze spricht von der 'Dominanz der Wertung im Unterricht'.*" (Holtappels 1987, S. 93); vgl. dazu bereits Heinze 1980, S. 28 f.

„An dieser Stelle sei eine grundsätzliche Bemerkung zum Problem der Noten und Zeugnisse eingeschaltet. Die Schulnote stellt die Leistung eines Kindes stets in Relation zu den Leistungen seiner Mitschüler. Sie kann keine objektive Beurteilung sein, sondern immer nur eine relative im Verhältnis zu anderen Kindern. Damit wird beständig eine Leistungshierarchie in der Klassengruppe hergestellt, die für viele Kinder definitiv und ausweglos erscheinen muß. Das Erlebnis, stets zu den Schülern zu gehören, die eine geforderte Leistung bewältigen können, oder aber zu denen, die dies in der Regel nie tun, muß prägend sein für die Einstellung zum Leben, zum Beruf, zur Umwelt überhaupt. Zu fragen wäre, ob nicht unter voller Korrektur der geleisteten Arbeit eine Abstufung nach dem Notensystem besser unterbleiben sollte und könnte.“ [473]

Solche Überlegungen eines erfahrenen Kenners der Auswirkungen von Notenerfolg und Schulversagen veranlassen an dieser Stelle zur Bildung von *Hypothesen* zu möglichen Reaktionsweisen der Schülerinnen und Schüler, die zu der hier dargestellten institutionellen Struktur von schultypischem Lernen für Noten passen könnten.

Angenommen, ein Schüler würde einen *kalkulierenden* Standpunkt zum Lernstoff als Notenstoff einnehmen, dann würde ihm die Zwangsstruktur der schulischen Notenkonkurrenz neben den beschriebenen Dilemmata auch *neue Perspektiven* bieten, seine Vorteile zu suchen und seinen Schaden zu vermeiden. Die punktuelle Reproduzierbarkeit des Wissens in Prüfungssituationen könnte bei „mitdenkenden“ Schülerinnen und Schülern einen *taktischen* Bezug auf das Fächerwissen auslösen, nämlich als reines Prüfungswissen. Ihre Einschätzung des Lernstoffes würde dann nicht lauten: „Was finde ich daran interessant?“, sondern: „Was muß ich davon für die Prüfung wissen?“ Der Umstand, daß die Wissensvermittlung der Schule nicht auf Können hinausläuft, sondern das Können nur ein flüchtiges Durchgangsstadium für die Ummünzung in Noten ist, *ermöglicht* es zumindest, das Können durch andere notenrelevante Effekte zu *ersetzen*. Dazu könnte beispielsweise eine gelungene Simulation oder das bloße Vortäuschen von Wissen vor dem Prüfer als geeignet erscheinen. Infolge des instrumentellen Bezugs der *Schule* (nicht zuerst der Schüler) auf ihre Lerninhalte rangieren *Sein und Schein* passagenweise *gleichwertig* nebeneinander. Daß der Schule die Effekthascherei ihrer Anforderungsstrukturen sehr wohl bekannt ist, beweist sie damit, daß sie bestimmte objektiv taugliche Mittel zur Erreichung von Noten zu *unerlaubten* Mitteln erklärt und Klassenprüfungen für Lehrer zu einer einzigen *Kontrollaufgabe* macht.[474] Mit ihren Verboten antizipiert sie zumindest ein von ihr selbst provoziertes Verhalten von Schülerinnen und Schülern, Konkurrenzerfolge durch Vortäuschen von Notenwissen anzustreben. Möglicherweise provoziert das schultypische Anforderungsprofil des Lernens für Noten die Schülerinnen und Schüler nicht nur zu einem taktierenden Bezug auf den Lernstoff, sondern auch gegenüber ihren Lehrern und Mitschülern, also zu einem um-

473 Lempp 1978, S. 65.

474 Die Überforderung der Schülerinnen und Schüler mit den Anforderungen des Notenlernens läßt sich auch als Überforderung der Lehrer mit der *„Komplexität schulischer Leistungsmessung“* problematisieren: *„Der Lehrer ist an der Herstellung der zu messenden Größe, da die bemessenen Schülerleistungen auf seinem Unterricht beruhen, unmittelbar beteiligt. Dem Lehrer obliegt die Bestimmung, was gemessen werden soll. Der Lehrer fertigt das Meßinstrument selbst an. In der Regel fällt die Verantwortung der Durchführung (der Messung) auf den Lehrer selbst. Der Lehrer liest die Meßergebnisse selbst ab, indem er die Korrektur bzw. die Protokollierung der Leistung vornimmt. Der Lehrer bewertet schließlich das Ergebnis der Leistungsmessung, indem er eine bestimmte Zensur für die erbrachte Leistung erteilt.“* (Ziegenspeck 1999, S. 130) Andererseits ist die Aufgabe doch nicht überkomplex, wenn man bedenkt, daß der Lehrer den gesamten Benotungsprozeß fest in seinen ordnenden Händen hält und die entsprechende Amtsmacht hinter sich hat.

fassenden *taktierenden Konkurrenzstreben*. Inwiefern diese *Hypothesen* über strukturell provozierte Schülerreaktionen zutreffen, läßt sich nur am empirischen Schülerverhalten selbst verifizieren. Diese Fragestellung wird in Kapitel 5.3 aufgegriffen.

5.2.4.3 Das Zeugnis - sortierte und beglaubigte Begabung

Das Ziffern*zeugnis* geht in entscheidenden Punkten über die Einzel- oder Fachnoten hinaus. Insbesondere ein Abschlußzeugnis reduziert das Schülerindividuum auf das, worauf es der Schule alleine ankommt, indem es die Summe der Einzelnoten in ein schulisches Gesamturteil über den Schüler überführt. Aus der Hierarchie der bewerteten Schüler*leistungen* wird im Zeugnis eine Hierarchie der Leistungs*träger*.[475] Diese Prozedur belegt erneut, daß alles schulische Wissen lediglich *Material* der Lernkonkurrenz ist. Worauf es ankommt, ist die *Einsortierung* der Schülerinnen und Schüler in die *abstrakte Notenhierarchie des Jahrganges*.

Die Summe aller Fachnoten im Zeugnis drückt nach Glötzl - jenseits der wissenschaftlichen Begabungs*theorien* - das von der Schul*praxis* herstellte *Begabungsprofil* der Schülerpersönlichkeit aus: „In der täglichen Unterrichtspraxis wird durch Vergleich bestimmter erwarteter und erbrachter bzw. nicht erbrachter Schüler-'Leistungen' (...) auf die 'Lern- und Leistungsfähigkeiten' dieser Schüler geschlossen, die im Alltagsverständnis als 'Begabungen' definiert werden."[476] Der Rückschluß von erbrachten oder nicht erbrachten Schülerleistungen auf ihre dahinterstehenden, dem jeweiligen Leistungsprofil entsprechenden „Lern- und Leistungsfähigkeiten" konstituiert den institutionell-praktischen „Begabungsbegriff" der Schule, der dem laienhaften, außerschulischen „Alltagsverständnis" von Begabung zu Grunde liegen mag, aber nicht mit ihm identisch ist. In der Schulpraxis gilt das Notenprofil des Zeugnisses jedenfalls nicht nur als Bilanz der *erbrachten* Leistungen, sondern auch als Ausdruck der geistigen Leistungs*fähigkeit* der Schülerinnen und Schüler für die Zukunft. Einem „Einser-Schüler" wird via Zeugnisnoten zugleich hohe Begabung zugesprochen, einem „Vierer-Schüler" dagegen wird eine nennenswerte Begabung abgesprochen. Mit diesem prozeduralen oder institutionell-impliziten „Begabungsbegriff" deutet die Schule das von ihr an Schülerinnen und Schülern *hergestellte* Selektionsergebnis jedenfalls in einen Ausdruck ihrer *inneren* Qualitäten um. Daß es dabei nicht nur um das Hineindeuten kognitiver Qualitäten geht, sondern auch um personal-moralische Eigenschaften, formuliert Ziegenspeck in seiner praxisorientierten Analyse unter Bezugnahme auf Dohse so: „Darüber hinaus werden freilich nicht nur Fachleistungen zensiert, sondern nach wie vor 'erfolgt letztlich mit Hilfe der Zensur eine *personale* Einstufung des Schülers selbst' (Dohse). Im Begriff des 'schlechten Schülers' kommt eine negative Gesamtbeurteilung oder -verurteilung der Person zum Ausdruck."[477] Der Schüler gilt im Verständnis des Schulbetriebes danach als Verkörperung seiner Schulnoten.

---

475 Vgl. Huisken 1992, S. 220 ff.

476 Glötzl 1979, S. 54. In ähnlicher Weise entwickelten eine *schulpraktische Alltagstheorie der Begabung* Rosenthal/Jacobson (1971), Hurrelmann (1971, S. 13 ff) und die AG Schulforschung (1980, S. 37 ff).

477 Ziegenspeck 1999, S. 97.

Die schulische *Sortierleistung* erscheint infolgedessen zugleich als ihr *Gegenteil*, als Bemühung um eine individuelle *Förderung* nach dem Maß, das in den Schülerinnen und Schülern festgelegt ist, nach ihrer inneren Anlage als „Naturmaß" ihrer „Begabung". Diese prozedural vorgezeichnete Interpretation von Begabung suggeriert zugleich an Stelle des gesellschaftlichen Selektionsauftrages der Schule eine quasi natürlich vorgegebene Grenze der Aufnahmefähigkeit bestimmter Schülerinnen und Schüler für schulische Lernangebote und damit ihrer Förderbarkeit.

> Der institutionelle Effekt der Zeugnisse besteht darin,
> die abstrakte Hierarchisierung der Fach*leistungen*
> als Fähigkeitshierarchie der Leistungs*träger* auszudrücken
> und so als *„Begabung"* der Schülerinnen und Schüler zu beglaubigen.

Die selektive schulische Förderung *kreiert* mit ihrer Erstellung von Notenskalen mit schematischen „Häufigkeitsverteilungen" zunächst das (fiktive) Maß einer „Durchschnittsleistung" und *postuliert* damit eine dahinterliegende Normalverteilung von angeblich reellen Fähigkeiten und ein mittleres Maß von Begabung. Schülerinnen und Schüler mit einer solchen „Normalbegabung" seien - womit sich die Perspektive umdreht - den schulischen Leistungsanforderungen gewachsen und könnten ihnen daher problemlos gerecht werden. Das Problem der Überforderung der Schüler wäre damit zumindest rein definitorisch gelöst: Zeigen sich in der Schule Lernschwierigkeiten, könne dies konsequenterweise nur noch an unterdurchschnittlicher Begabung oder unzureichender Anstrengung liegen, also in jedem Falle an den Schülerinnen und Schülern.[478] Wegen solcher *legitimatorischer* Effekte vertreten nach Glötzl

> „viele Lehrer naturalistische Alltagskonzepte", weil sie „durch die Annahme umweltstabiler, unveränderlicher genetischer Anlagen Leistungsschwächen und Versagen von Schülern durch individuelle, naturgegebene Begabungsmängel erklären, ohne eigenes Handeln, Alltagstheorien, Auswirkungen des hierarchisch strukturierten Schulsystems mit seinen administrativ-verordneten Zielsetzungen auf ihre Mitverantwortlichkeit kritisch reflektieren zu müssen. Die Zuschreibung genetisch bedingter Begabungsmängel ist nicht zu widerlegen, eben weil sie als genetisch fixiert definiert werden."[479]

Die Summe der Schulnoten sagt demzufolge zwar alles über die Rangstelle der Schülerin oder des Schülers innerhalb eines Klassenverbandes aus, aber weder etwas über den tatsächlich erreichten *Wissensstand* noch darüber, welche *Fähigkeiten* und Fertigkeiten sie oder er bei optimaler individueller Förderung hätten ausbilden können. Worin die Begabungspotentiale der benoteten Schülerinnen oder Schüler tatsächlich liegen, darüber sagt

---

478 Vgl. zu den legitimierenden *Alltagstheorien* der Hauptschul- und Gymnasiallehrer zu Schulerfolg und Schulversagen die Untersuchungen der AG Schulforschung 1980, S. 164 ff, 180 ff, 187 ff. Im Vordergrund stehen neben schulexternen Faktoren die *„Persönlichkeitsdefizite"* der *schlechten* Schülerinnen und Schüler: *„Will man die Dynamik der ... zugrundeliegenden Perspektiven auf einen Nenner bringen, kann man sagen: Die Lehrer bevorzugen ein Erklärungsmuster, in dem ihre Verantwortung für den Leistungsstand ihrer Schüler (auch der erfolgreichen) fast gleich Null ist"* (S. 183).

479 Glötzl 1979, S. 57.

dieser institutionell praktizierte „Begabungsbegriff" der Zeugnisnoten wenig oder gar nichts aus.

Exkurs

Auf einer völlig *anderen* Ebene liegen demgegenüber die wissenschaftlichen Begabungstheorien,[480] auch wenn sie sich in manchen Annahmen mit dem decken, was hier unter dem prozeduralen Begabungsbegriff der Schule umschrieben wurde. Dies gilt noch am ehesten beim *statischen* Begabungsbegriff, dessen Vertreter Begabung als durch eine festgelegte Erbanlage determiniert ansehen. Begabung ist danach das Ergebnis von endogen vorprogrammierten Entfaltungsprozessen. Der *milieutheoretische* Begabungsbegriff sieht dagegen allein die menschliche Umwelt als maßgeblich für die Ausgestaltung der Leistungsfähigkeit an; als einer seiner ersten Vertreter wird der Behaviorist B. J. B. Watson genannt. Der in der Begabungsforschung derzeit vorwiegend vertretene Begabungsgriff ist der in der Bundesrepublik Deutschland ursprünglich vor allem von Heinrich Roth[481] verfochtene *dynamische*, der erbliche Dispositionen als Potenzen berücksichtigt, die zu ihrer Verwirklichung der Anregung und Förderung aus der Umwelt bedürfen. Der dynamische Begabungsbegriff schließt somit auch einen durch Begabungsförderung bewirkten individuellen Begabungswandel ein.

Die Annahmen des dynamischen Begabungsbegriffes stehen den alltagstheoretischen Begabungsvorstellungen der Benotungspraxis eher entgegen, der dann nämlich eine Schlüsselfunktion für die Entfaltung der Begabungsdynamik der Schüler zukäme. Zwar entzieht sich nach Auffassungen von Vertretern des dynamischen Begabungsbegriffs das Ergebnis optimaler Förderung einer empirischen Überprüfung, weil das, was als anlagebedingte „Begabung" beobachtbar ist, immer schon ein kombiniertes Produkt eines konkreten Erziehungs- und Sozialisationsprozesses sei.[482] Dennoch wollten nach Heid viele Lehrer in ihrem Routinehandeln nicht einsehen,

> „daß das, was wir als 'Begabung' oder 'Leistungsfähigkeit' erfassen, ein nur sehr begrenzter, eben soziokulturell 'eingeengter' und systematisch zugunsten herrschender Gruppennormen verzerrter Ausschnitt der menschlichen Leistungsfähigkeit sein dürfte, und daß wir solange nicht sagen können, was ein Mensch wirklich zu leisten vermag, solange wir keine Vorstellung davon haben, wie optimale Lernumgebungen aussehen."[483]

Selbst wenn Auffassungsgabe und Lerngeschwindigkeiten wie alle Talente eines Menschen unterschiedlich sind, seien sie jedenfalls keine quasi-natürliche Grenze ihrer Förderung,[484] wie es - scheinbar - die Anhänger eines naturalistischen oder statischen Begabungsbegriffes

---

480 Vgl. Böhm 2000 zum Stichwort „Begabung"; Reinhold/Pollak/Heim 1999 zum Stichwort „Begabung".

481 Vgl. Roth 1966; Roth 1968.

482 Vgl. Heid 1969, S. 566; Rolff 1980, Mollenhauer 1970; Glötzl 1979, S. 56 f; Herrlitz 1998; aus der Entwicklungspsychologie zu nennen wäre exemplarisch der kognitive Entwicklungsprozeß als subjektbetonter progressiver Äquilibrationsprozeß von Piaget (vgl. Trautner 1991, 157 ff , 161 ff) oder der sozialökologische Ansatz auch zur Begabungsentwicklung von Bronfenbrenner 1976.

483 Heid 1969, S. 571.

484 Vgl. Heid 1969, S. 574 f; ähnlich Herrlitz 1998, S. 6; Herz 1998.

propagieren.[485] Die individuelle Auffassungsgabe sei vielmehr Ausgangspunkt und Bezugspunkt aller pädagogischen Bemühungen um eine möglichst umfassende Förderung.[486] Wie weit und wie schnell die Förderung in theoretischen, praktischen und musischen Themen vorankomme, hänge von diesen individuellen Voraussetzungen ab - und auch vom Willen und Interesse der Betroffenen, die erforderliche Energie zum Lernen aufzubringen.[487]

Bezeichnend ist im Kontext bildungspolitischer Diskussionen, daß dort je nach Standpunkt häufig Anleihen aus den verschiedenen wissenschaftlichen Begabungsbegriffen funktionalisiert werden. So entdecken einmal Bildungspolitiker im Wege von verblüffenden Ferndiagnosen brachliegende „Begabungsreserven" ganzer Jahrgangskohorten von Schülerinnen und Schülern im Sinne des dynamischen Begabungsbegriffes, wenn sie ohnehin eine Bildungsoffensive beschlossen haben.[488] Zu anderen Zeiten begründen sie beim beabsichtigten Umbau des Bildungswesens ihre Zweifel mit Anleihen aus einem statischen Begabungsbegriff, ob nämlich die als zu hoch empfundene Abiturientenzahl und die zu geringe Zahl von Hauptschülern wirklich den „unterschiedlichen Begabungen" entspreche.[489]

*

Es ist noch zu erläutern, weshalb sich in schulischen Ausbildungsgängen letztlich immer das *Ziffernzeugnis* durchsetzt. Jahrzehnte lange pädagogische Kritik am Ziffernzeugnis hat auch andere Zeugnisformen hervorgebracht, die schriftliche Beurteilung, das Berichtszeugnis oder die ergänzende Beurteilung. Dennoch verdrängen bei den einschneidenden Selektionsentscheidungen, beim Schultypwechsel oder im Abschlußzeugnis, die Ziffernzeugnisse

---

485 Für einen eher 'naturalistischen' Begabungsbegriff steht in der Anfang der 70er Jahre darüber geführten Debatte auch *Schiefele* (1971, S. 31 f, 94 ff), vor allem aber *A. Jensen*, der den Anteil der Vererbung an der „Begabung" mit rund 80% angegeben hat (vgl. Jensen 1971, 1973, 1975); vgl. dazu Böhm 2000, Stichwort: „Begabung" . - Einschränkend dazu ist nach Lenz zu bemerken, daß nach dem neueren Forschungsstand die 'naturalistischen' Positionen in der damaligen Debatte häufig überzogen dargestellt waren (vgl. Lenz in: Tillmann 2000, S. 42 ff).

486 Hieran knüpft z.B. *Herrlitz* (1998, S. 6 f) seine pädagogische Kritik in Anlehnung an die Unterscheidung zwischen *„Begabung"* und *„Begaben"* am statischen Haben einer Begabung an und votiert für einen *dynamischen* Begabungsbegriff, der Pädagogen vom Ansatz her daran hindere, wie es Herzog in seiner Berliner bildungspolitischen Rede postulierte, *„gute Schüler gut und schlechte Schüler schlecht zu nennen"* (Herzog 1997, S. 1005).

487 Vgl. Wigger (2001): *„Das allgemeine Wissen um die immer notwendige Anstrengung bei der Aneignung von Wissen oder Fertigkeiten hat zunächst nichts mit der schulischen Alternative von Ziffernzeugnissen und Lernberichten (...) zu tun."*

488 Vgl. Glötzl 1979, S. 55; Grauer/Zinnecker 1978, S. 289; AG Schulforschung 1980, S. 153 ff.

489 Vgl. Herzog 1997. Dafür einige Belegzitate: *„Menschen sind Individuen. Sie haben unterschiedliche Begabungen. Wer das leugnet, vergißt einerseits die herausragenden Talente, die unser Bildungssystem oft genug behindert, und andererseits die weniger Begabten (...) Wir müssen ehrlich fragen: Welche Schule sichert welchem Kind die beste Förderung? Das ist nicht immer die Schule mit dem höchstmöglichen Abschluß. Deshalb darf die Hauptschule nicht immer mehr zur Restschule verkümmern. (...) Akzeptieren wir endlich, daß auch hinter gleichen Abiturdurchschnittsnoten unterschiedliche Begabungen stecken ...* "(S. 1003 ff). - Zur kritischen Diskussion der bildungspolitischen Postulate Herzogs einschließlich der Rolle von Schulbildung und Noten, vgl. auch Herrlitz 1998; Herz 1998; Rutz 1998 (Sammelband); Ruhloff 1998, Wigger 2001.

diese reformpädagogischen Errungenschaften,[490] da es bei der Selektion letztlich alleine auf die Rangordnung ankommt. Daß die klassischen sechs Ziffernnoten in manchen Bundesländern mittlerweile in 16 oder 18 Notenpunkte ausdifferenziert wurden (mit und ohne Kommentar), ändert daran nichts. Ein Blick auf die scheinbar vielfältige Zeugnislandkarte der Bundesrepublik ergibt dazu ein eindeutiges Bild (vgl. Tabelle 2). Die von Ziegenspeck zusammengestellte Tabelle läßt zumindest folgendes erkennen:

- In den ersten drei Schuljahren hat sich die reformpädagogische Form des Zeugnisses (ohne Noten) durchgesetzt.
- Spätestens im vierten Schuljahr herrscht das Ziffernzeugnis vor, also genau dann, wenn es um die erste Selektionsentscheidung innerhalb der Schultypen geht.
- Die ergänzenden Beurteilungen verlieren sich mit den Schuljahren zunehmend.

490 Das gilt auch für die erwähnte „*Bielefelder Laborschule*", in der ab der 10. Klasse, beim vorzeitigen Schultypwechsel, im Abschlußzeugnis und im Abgangszeugnis Notenzeugnisse ausgestellt werden (vgl. Ziegenspeck, 1999, S. 380).

Tabelle 2: Zeugnisregelungen in der Primarstufe der Bundesländer der Bundesrepublik Deutschland[491]

	Klasse 1		Klasse 2		Klasse 3		Klasse 4	
	1. Halbjahr	2. Halbjahr	1. Halbjahr	2. Halbjahr	1. Halbjahr	2. Halbjahr	1. Halbjahr	2. Halbjahr
Baden-Württemberg	—	Berichtszeugnis	Berichtszeugnis	Berichtszeugnis mit Noten	Notenzeugnis	Notenzeugnis	Notenzeugnis	Notenzeugnis
Bayern	Berichtszeugnis	Berichtszeugnis	Berichtszeugnis	Berichtszeugnis mit Noten	Notenzeugnis mit Kommentar	Notenzeugnis mit Kommentar	Notenzeugnis mit Kommentar	Notenzeugnis mit Kommentar
Berlin	—	Berichtszeugnis	—	Noten- oder Berichtszeugnis	Noten- oder Berichtszeugnis	Noten- oder Berichtszeugnis	Noten- oder Berichtszeugnis	Noten- oder Berichtszeugnis
Brandenburg	—	Berichtszeugnis	—	Berichtszeugnis	Notenzeugnis mit Kommentar oder Berichtszeugnis	Notenzeugnis mit Kommentar oder Berichtszeugnis	Notenzeugnis mit Kommentar oder Berichtszeugnis	Notenzeugnis mit Kommentar oder Berichtszeugnis
Bremen	—	Berichtszeugnis	—	Berichtszeugnis	Noten- oder Berichtszeugnis	Noten- oder Berichtszeugnis	Noten- oder Berichtszeugnis	Noten- oder Berichtszeugnis
Hamburg	Elterngespräch	Berichtszeugnis	Elterngespräch	Berichtszeugnis	Noten- oder Berichtszeugnis	Noten- oder Berichtszeugnis	Noten- oder Berichtszeugnis	Noten- oder Berichtszeugnis
Hessen	—	Berichtszeugnis	—	Berichtszeugnis	Noten- oder Berichtszeugnis	Noten- oder Berichtszeugnis	Notenzeugnis	Notenzeugnis
Mecklenburg-Vorpommern	Berichtszeugnis	Berichtszeugnis	Berichtszeugnis	Notenzeugnis mit Kommentar	Notenzeugnis mit Kommentar	Notenzeugnis mit Kommentar	Notenzeugnis mit Kommentar	Notenzeugnis mit Kommentar
Niedersachsen	—	Berichtszeugnis	Berichtszeugnis	Berichtszeugnis	Notenzeugnis	Notenzeugnis	Notenzeugnis	Notenzeugnis
Nordrhein-Westfalen	—	Berichtszeugnis mit Elterngespräch	—	Berichtszeugnis mit Elterngespräch	Notenzeugnis mit Kommentar und Elterngespräch	Notenzeugnis mit Kommentar und Elterngespräch	Notenzeugnis mit Elterngespräch	Notenzeugnis mit Elterngespräch
Rheinland-Pfalz	Berichtszeugnis	Berichtszeugnis	Berichtszeugnis	Berichtszeugnis	Noten- oder Berichtszeugnis	Noten- oder Berichtszeugnis	Noten- oder Berichtszeugnis	Notenzeugnis
Saarland	Elterngespräch	Berichtszeugnis mit Elterngespräch	Berichtszeugnis mit Elterngespräch	Berichtszeugnis mit Elterngespräch	Notenzeugnis	Notenzeugnis	Notenzeugnis	Notenzeugnis
Sachsen	Berichtszeugnis	Berichtszeugnis	Berichtszeugnis	Berichtszeugnis und Noten im Fach Deutsch und Mathematik	Notenzeugnis	Notenzeugnis	Notenzeugnis	Notenzeugnis
Sachsen-Anhalt	Berichtszeugnis	Berichtszeugnis	Berichtszeugnis	Notenzeugnis mit Kommentar	Notenzeugnis mit Kommentar	Notenzeugnis mit Kommentar	Notenzeugnis mit Kommentar	Notenzeugnis mit Kommentar
Schleswig-Holstein	Elterngespräch	Berichtszeugnis	Berichtszeugnis	Berichtszeugnis	Berichtszeugnis	Berichtszeugnis	Notenzeugnis	Notenzeugnis
Thüringen	Berichtszeugnis	Berichtszeugnis	Berichtszeugnis	Notenzeugnis mit Kommentar	Notenzeugnis mit Kommentar	Notenzeugnis mit Kommentar	Notenzeugnis mit Kommentar	Notenzeugnis mit Kommentar

491 Quelle: Ziegenspeck 1999, S. 83.

Die handfesten Auswirkungen dieser institutionell im Ziffernzeugnis dokumentierten „Begabungstheorie" der Schule werden auf Lehrerkonferenzen durch die amtlichen Notenentscheidungen *beschlossen.* Einen Höhepunkt erfährt diese Begabungszuschreibung, wenn der Nichtversetzungsbeschluß[492] der Notenkonferenz das definitive persönliche Versagen vor dem gesamten Schulstoff des Schuljahres festschreibt.[493] Die betroffenen Schülerinnen und Schüler erhalten dann die „Gelegenheit" zur Klassenwiederholung. Dazu werden sie nochmals unterschiedslos dem gesamten Jahrgangsstoff ausgesetzt, an dem sie bereits einmal gescheitert sind. Daß das keine gezielte Unterstützung, sondern eine Zumutung ist für die Repetenten, scheint nicht allen Pädagogen evident zu sein: „Auch A. Gaupp stellte an Gymnasien in der Bundesrepublik Deutschland fest, daß das Repetieren nur selten eine Leistungssteigerung hervorrufe. Das ist um so erstaunlicher, als diese Schüler doch in der Regel älter, reifer sind und den Jahresstoff bereits kennen sollten."[494] Einen individuellen Förderunterricht zur Behebung ihrer Schwachstellen in einzelnen Schulfächern hat die Schule für ihre „Sitzenbleiber" eben grundsätzlich nicht vorgesehen.[495] Unter solchen kontraproduktiven Voraussetzungen können sie (nicht zuletzt sich selbst) dann endgültig beweisen, ob ihre „Begabungsreserven" ihre weitere Beschulung tatsächlich rechtfertigen oder ob sie - dann aber scheinbar wirklich zu recht - als Verlierer der schulischen Konkurrenz abgeschrieben werden.

In den angesprochenen Entscheidungen der Notenkonferenzen kommt die weitreichendste, gewichtigste und am meisten „nachwirkende" der drei üblicherweise diskutierten Funktionen der Schulzensur zum Ausdruck - neben der Orientierungs- und der pädagogischen Funktion (einst: Anreiz- und Zuchtfunktion) -, nämlich die *„Auslese-, Rangierungs- und Berechtigungsfunktion"* der Zensur.[496] Schulnoten entscheiden über Fortkommen oder persönlichen Ausschluß im hierarchisch gegliederten Bildungssystem, indem sie die dazu erforderlichen Rechte als *Berechtigungen* zuteilen oder versagen: „Sechs Ziffern sind es in Deutschland, die biographisch und gesellschaftspolitisch in erheblichem Maße nachwirken: (...) als 'Siegel', durch das pädgogische Einschätzungen in rechtsverbindliche Feststellungen von amtswegen umgemünzt werden ..."[497] Klafki bezeichnet das Schulwesen insgesamt als „Berechtigungswesen".[498] Vor dem Hintergrund der tradierten schultheoretischen Dis-

492 Auch hieran setzt die reformpädagogische Zeugniskritik von *Hartmut von Hentig* an, wenn er sich seit den sechziger Jahren des 20. Jahrhunderts bemüht hat, *„die Funktion des Zeugnisses zu wandeln: von einem Versetzungsinstrument und -dokument zu einem pädagogischen Mittel"* (1983, S. 100).

493 In den Grund- und Hauptschulen traf das schulspezifische *„Schicksal"* des Sitzenbleibens im Schuljahr 1969/70 insgesamt 197.240 Mädchen und Jungen, im Schuljahr 1984/85 insgesamt 77.013. Nimmt man die Realschulen und Gymnasien der dieser Jahre hinzu, addieren sich die Repetentenzahlen für 1969/70 auf 334.035 und für 1984/85 auf 167.397. Vgl. Einsiedler/Gumper, 1989, S. 252 f.

494 Ziegenspeck 1999, S. 199; vgl. Gaupp 1963, S. 55 ff.

495 Dies bestätigt ein Umkehrschluß aus der entsprechenden Forderung des Forschungsprojekts an hessischen Schulen, wonach Schulversagen durch stärkere Förderung von Schülerinnen und Schülern mit Lernschwierigkeiten gezielt *„in einzelnen Fächern"* vermieden werden soll (vgl. Tillmann u.a. 1999, S. 303). Kritisch zum schulischen Umgang mit den Repetenten äußert sich auch *Holtappels* (1987, S. 280).

496 Vgl. Lübke 1996, S. 16 ff; Ziegenspeck 1999, S. 97 ff und S. 111 ff.

497 Ziegenspeck 1999, S. 21.

498 Klafki 1985, zitiert nach Lübke 1996, S. 17.

kussionen darüber nennt Ziegenspeck folgende Berechtigungsarten innerhalb „der hierarchisch gegliederten Ausbildungsleiter“:

- „So wird das Abschlußzeugnis der 4. Klasse zum Ausweis für den Übergang zu weiterführenden Schulen oder für das Versagen des Zuganges zu diesen,
- so ist das Volksschulabschlußzeugnis der Nachweis der abgeschossenen Volksschulzeit, die Erfüllung der gesetzlich vorgeschriebenen Schulpflicht und eine Voraussetzung für den Eintritt in das Berufsleben,
- so ermöglicht das Abschlußzeugnis der Realschule den Eintritt in höher qualifizierende Ausbildungsstätten und Berufe,
- so eröffnet das Reifezeugnis in der Regel die Studienmöglichkeiten an Hochschulen (...),
- so erschließt das Staatsexamen spezifische berufliche Laufbahnen,
- so erlauben akademische Abschlüsse das Führen von Titeln und gelten als wissenschaftliche Qualifikationen.“ [499]

Ihre selektiven Wirkungen haben Schulzeugnisse bereits für die Berechtigung zum Besuch der nächst höheren Schulklasse (Versetzungsbeschluß), aber auch über die Schule hinaus in Richtung Berufswelt, Arbeitsmarkt, Einkommensbezug und Sozialstatus: „Alle Zeugnisse sind in unserer gegenwärtigen Gesellschaft Unterlagen für Aufstiegsmöglichkeiten und wahren oder verringern die Chancen des Weiterkommens.“[500] Was hier in Worten wie „Aufstieg“ und „Weiterkommen“ ausschließlich positiv formuliert wird, ist für den überwiegenden Teil der Schülerinnen und Schüler das Gegenteil. Es ist ihre mittelmäßige Plazierung im Bildungssystem oder gar ihr Ausschluß aus ihm. Für sie sind die entsprechenden Zeugnisse „Unterlagen für“ *versperrte* „Aufstiegsmöglichkeiten“ und *Behinderungen* ihres „Weiterkommens“.

Daß Ziffernzensuren unter Schulpädagogen kritisch reflektiert werden, bedeutet für die Schul*praxis* offenbar wenig. So kennt der Autor des Handbuches „Zensur und Zeugnis in der Schule“ durchaus „einige Gründe, die für die Ziffernzensur als schulisches Bewertungsmittel sprechen“ und dabei die entwickelte Kritik als belanglos übergehen:

> „Die Ziffernzensur ist der einfachste und bequemste Ausdruck für den Wert einer Leistung im Verhältnis zu andern Leistungen. Sie hält nüchtern und rationell verdichtete Tatbestände fest. Sie ist allgemein verständlich und eine konzentrierte Form der schulischen Beurteilung. Der Wert der Note erweist sich besonders in seiner zweckdienlichen Eigenschaft als Berechtigungs- und Auslesefaktor. Das Mittel der Zahl gilt hierbei als relativ schnell, handlich und gerecht.“[501]

Auf *moralisierende Konsequenzen* von Ziffernzensuren und Zeugnissen als schultypische Taxierungen und Rangierungen der Schülerpersönlichkeiten macht dagegen ein Zitat von Kurt Zeidler aufmerksam, das bereits aus dem Jahre 1928 stammt:

> „So folgen die Menschen in ihren Wertigkeiten skalenmäßig aufeinander, und die Einteilung in wertvolle, minder wertvolle und geringwertige Individuen vollzieht sich nach den einfachsten Gesichtspunkten. Dabei ist für diese ganze Betrachtungsweise charakteristisch, daß jede Minderleistung als eine Art Verschulden, für das man den Menschen verantwortlich macht, empfunden wird, als eine Undankbarkeit der Gnade, Mensch sein zu dürfen (das geistige Gut liegt

---

499 Ziegenspeck 1999, S. 111.
500 Ziegenspeck 1999, S. 111; vgl. Rolff 1994.
501 Ziegenspeck 1999, S. 128.

> ja auf der Hand; man braucht es ja nur sich einzuverleiben). So ergibt sich eine sehr bezeichnende Annäherung oder Identifizierung der Begriffe 'wissend' und 'gut', 'unwissend' und 'schlecht'." [502]

Zeidler zeichnet hier einen ganzen Bogen von Wertzuschreibungen des Ziffernzeugnisses. Der Bogen reicht von der Konstruktion einer Rangordnung von Minderleistungen, die unter der Annahme von Chancengleichheit („man braucht es sich ja nur einzuverleiben") am Ende zur moralischen Wertigkeit und dann zur Beschuldigung von Menschen führen. Die „Minderleistung" ergebe so über die Notenskala den moralisierenden Schuldvorwurf, ein undankbarer und ein schlechter Mensch zu sein. Die im Schulzeugnis institutionell vorbereitete oder angelegte sozialmoralische Zuschreibung des moralischen Werts einer Schülerin oder eines Schülers findet sich ähnlich in ganz aktuellen Beschreibungen. Ziegenspeck schreibt im Jahre 1999 Zensuren und Zeugnissen eine „lang wirksame" sozialmoralische Stigmatisierungsfunktion zu, jedoch nicht den Zensuren und Zeugnissen einer fachlich gelungenen Schule. Er kritisiert damit vielmehr ein „zunehmend" mißlungenes, nämlich bürokratisiertes und „entpädagogisiertes" System Schule, das sich aber „mehr und mehr" zu verbreiten scheint:

> „Doch im zunehmend verrechtlichten, bürokratisierten, hierarchisierten und entpägdagogisierten 'System Schule' bilden sie (Zensur und Zeugnis) mehr und mehr den entscheidenden Zeiger zwischen Gut und Böse, Oben und Unten, Eingang und Ausgang, Ein- und Ausstieg, Sitzenbleiben und Versetzung, Freude und Verzweiflung, Lob und Tadel, Belohnung und Strafe, Segregation, Integration und Isolierung, Stolz und Scham, letztlich und häufig auch zwischen einem Leben lang wirksamen und - mehr oder minder manifest - internalisierten Grundempfinden des persönlichen und sozialen Eigenwerts oder des ausgegrenzten und stigmatisierten Selbstverständnisses."[503]

Am Ende des Zitates deutet die Reihe der Konsequenzen zunehmend in Richtung einer sozialpsychologischen Dimension, die Zensur und Zeugnis für die Schülerinnen und Schüler bekommen, wenn Ziegenspeck von „sozialem Eigenwert" spricht und dem „Selbstverständnis", das von den Zeugnissen als Zeiger auf einer Skala (negativ) angezeigt wird. Festzuhalten bleibt damit, daß die Zeugnisse selbst eine sozialmoralische Etikettierung vorbereiten, wenn sie sie auch nicht explizit aussprechen. Andererseits ist es kein großer Schritt mehr von dem offensichtlich *unterschiedlichen (Noten-)Wert der Berechtigung* und der gesellschaftlichen Verwendbarkeit bestimmter *Zeugnisse* auf den damit ausgedrückten moralischen Wert des Zeugnis*inhabers* als *Person* zu schließen,[504] deren Ansehen und Fortkommen in der Gesellschaft tatsächlich in erheblichem Maße von seinen Bildungstiteln abhängt.

Der institutionelle Effekt des Lernens für *Ziffernnoten* besteht darin, dass die gesellschaftliche *Wertgeltung* einer Schülerin oder eines Schülers von ihrem bzw. seinem quantifizierten Konkurrenzerfolg gegen die Mitschüler bei der Erfüllung der *Anforderungen* der Schule abhängt.

502 Zeidler 1928, S. 177.
503 Ziegenspeck 1999, S. 21.
504 Vgl. Tillmann 2000, S. 175.

Mit ihrem darin angelegten und vielfältig angedeuteten Übergang von der Lernleistungsmessung in Form von Ziffernzeugnissen in vergleichende sozialmoralische Bewertungen der Schülerpersönlichkeiten bildet die schulische Zeugnisvergabepraxis eine richtungweisende institutionelle Vorgabe für die „produktive Verarbeitung" in den schülertypischen Selbstkonzepten (vgl. Kap. 5.3).

5.2.4.4 Zur schichtenspezifischen Selektion und anderen Lernbarrieren

Nicht in die Analyse einbezogen wurde bisher der verbreitete schulkritische Einwand der schichtenspezifischen Selektion (vgl. Kap. 3.3.2 und 4.3). Daß die schulische Selektion erhebliche schichtenspezifische und neuerdings auch migrationsspezifische[505] Auswirkungen hat, ist als Faktum bekannt und wird seit Jahren durch diesbezügliche Untersuchungen bestätigt.[506] Für das hier thematisierte Kerngeschäft der Schule bedeutet dies, daß sich das *Sortierungspotential* der Schule in seinen Auswirkung zwangsläufig *verstärkt*, sobald es auf Schülerinnen und Schüler von unterschiedlicher Sozialisation in verschiedenen sozialen Schichten trifft. Gemeint sind sozialschicht-typische Unterschiede im Vorwissen, in den Bildungsaspirationen, den mitgebrachten Sprach- und Kommunikationskompetenzen und dem sonstigen Lernverhalten, aber auch im schichtenspezifischen Sozialverhalten und den Konfliktbewältigungstechniken, auf die der Lerndruck des Lernens für Noten in der Konkurrenz eines Klassenverbandes ohne besondere Rücksicht auf die unterschiedlichen Voraussetzungen angewandt wird.

Manche reformpädgogische *Kritik* an den Effekten der schichtenspezifischen Schulsozialisation läßt sich aber auch als eine Variante der *Befürwortung* von Leistungsselektion einordnen, wenn man die Kritik so versteht, daß sie es lediglich für ungerechtfertigt hält, wenn in der Leistungsselektion die soziale Herkunft *an Stelle* der inneren Begabung oder der persönlichen Anstrengung zur Geltung kommt. Herkunftsbedingte Unterschiede sollen nach dieser Kritik im Unterricht keine ausschlaggebende Rolle spielen, damit sich alleine die innerschulisch produzierten Unterschiede als „Begabungsunterschiede" darstellen lassen.[507] Die vorherrschende Schulpraxis kann dagegen kaum auf eine 'Sortenreinheit' der Leistungsauslese achten. Sie vollzieht ihr alltägliches Kerngeschäft vielmehr mit gemischten Selektionsvoraussetzungen seitens der Schülerinnen und Schüler. Praktisch betrachtet, erscheinen für die Selektion neben der unterschiedlichen Begabung, Vorbildung und Leistungsbereitschaft auch andere mitgebrachte Voraussetzungen als geeignet, die für eine Notenvergabe erforderlichen Leistungsunterschiede entstehen zu lassen, wenn man die Schülerinnen und Schüler dem typischen Lern- und Leistungsdruck aussetzt. Ob sich die Sortierung nach Leistung pro Zeit daraus ergibt, daß ein Schüler schneller rechnet oder schreibt als ein anderer oder aus unterschiedlichem Interesse am Lernstoff, wegen unterschiedlicher Aufmerksamkeit oder Auffassungsgabe, wegen Übermüdung, Fehlernährung oder Hypermotorik oder eben auf Grund spezieller sozialschichtbedingter oder migrations-

505 Vgl. Holtappels/Hornberg 1997, S. 345 ff.

506 Vgl. Hurrelmann 1971, S. 214 ff; Tillmann 1976; Rolff 1980 und 1994; Tillmann 2000, S. 180 ff; Lübke 1996, S. 18 f; Ziegenspeck 1999, S. 199 ff, 231 ff.

507 Vgl. Huisken 1992, S. 234.

bedingter Handicaps oder ebensolcher Sondervorteile wie etwa privater Nachhilfe,[508] spielt für die Mechanismen der schulischen Gleichbehandlung gar keine wesentliche Rolle. Letztlich befördern und erleichtern *alle* von den Schülerinnen und Schülern in die Schule mitgebrachten, für sie zwar oft zufälligen, für die Gesellschaft dagegen charakteristischen Unterschiede, die Stärken wie die Handikaps, das schulische Kerngeschäft.

Gerade weil die *Organisationsstruktur* des Lernens für Zeugnisnoten als solche alle persönlichen wie sozialen Voraussetzungen am Schüler *gleich* behandelt, sind äußerliche, bürokratische Eingriffe erforderlich, ab wann eine Lernvoraussetzung die *Ungleichbehandlung* des betreffenden Schülers erlaubt oder erforderlich macht. Solche definitorische Eingriffe legen fest, ab wann eine mitgebrachte Lernvoraussetzung nicht mehr in diese Gleichbehandlung einzubeziehen ist und damit als dysfunktional für ein gerechtes Benotungswesen gilt. Beispiele für solche Ausnahmen sind die Feststellung der Schulunreife bei der Einschulung, die Berücksichtigung einer drohenden (von Legasthenie oder Dyskalkulie ausgelösten) oder anerkannten Behinderung, die angeordnete Überführung in einen besonderen Schultyp (Schule für Lernhilfen, Schulen für gehandicapte Schüler wie Blindenschulen, Gehörlosen-Schulen u.a.) oder die Einweisung von Migrantenkindern in besondere Klassen mit herkunftssprachlichem Unterricht oder sonstigem elementaren Förderunterricht. Eingegriffen wird auch bei Hochbegabten durch die Möglichkeit, eine Klasse zu überspringen oder in besondere Förderklassen zu gelangen. Erlaubnisbedürftig sind daher auch Privatschulen,[509] in denen eine Minderheit von Schülerinnen und Schülern durch optimale Begabungsförderung auf ein entsprechendes Abschlußzeugnis vorbereitet wird.

Eingriffe besonderer Art in die schulische Selektion erscheinen auch dann als erforderlich, wenn das Sozialverhalten von Schülerinnen und Schülern den Lehrern die Vermittlung abprüfbarer Lernleistungen offensichtlich verunmöglicht. Individuelles Sozialverhalten dieser Art wird als Unterrichtsstörung behandelt und mit disziplinarischen Eingriffen vom Klassenbucheintrag bis zum Schulverweis unterbunden. Kollektives Störverhalten gegenüber der Selektion nach Lernleistungsnoten wird als Schülerdevianz oder -gewalt problematisiert, praktisch kurzfristig mit disziplinarischen Mitteln verfolgt und perspektivisch als

---

508 Wie hoch der Anteil von Schülerinnen und Schülern ist, die mit Unterstützung ihrer Elternhäusern und/oder durch Nachhilfeunterricht für die Schule präpariert werden, besagen Untersuchungen: *„Von allen Schülern in allgemeinbildenden Schulen erhalten knapp 29% aktuell Nachhilfe. ... Jeder Nachhilfeschüler erhält im Monat durchschnittlich rund 8 Stunden privaten Unterricht."* Der hochgerechnete jährliche Aufwand für Ausgaben und Zeitaufwand für Nachhilfeunterricht liege in Deutschland bei rund 4,5 Milliarden DM (Kramer/Werner 1998, S. 7) Nach einer Zeitungsmeldung (dpa) unter der Überschrift *„Teuerer Schulstress"* meldet ein Psychologenverband: Eltern gäben in Deutschland *„Woche für Woche 35 Millionen für Nachhilfe"* aus (Frankfurter Rundschau vom 24.01.2000).

509 Das schreibt bereits das deutsche Grundgesetz vor, wenn es in der Regelung der staatlichen Schulaufsicht einerseits *„das Recht zur Errichtung von privaten Schulen ... gewährleistet"*, gleichzeitig aber festlegt: *„Private Schulen als Ersatz für öffentliche Schulen bedürfen der Genehmigung des Staates und unterstehen den Landesgesetzen. Die Genehmigung ist zu erteilen, wenn die privaten Schulen in ihren Lernzielen und Einrichtungen sowie in der wissenschaftlichen Ausbildung ihrer Lehrkräfte nicht hinter den öffentlichen Schulen zurückstehen und eine Sonderung der Schüler nach den Besitzverhältnissen der Eltern nicht gefördert wird. ... "* (Artikel 7 Absatz 4 des Grundgesetzes). Mit dem Verbot einer *„Sonderung der Schüler nach den Besitzverhältnissen der Eltern"* hat der Gesetzgeber seine Befürchtung bezüglich deren Privilegierung in Privatschulen gegenüber den öffentlichen Schulen klar ausgedrückt.

Aufgabe sozialpädagogischer Prävention mit Betreuungsaufgaben der Lehrer, mit Schulsozialarbeit oder Ganztagsschulen diskutiert.[510]

Der hier kurz umrissene Umgang mit definierten *außergewöhnlichen* Barrieren im Umgang mit den schulischen Anforderungen *bestätigt* als Ausnahme die schulische *Regel*: Alle übrigen persönlichen oder sozialen Belastungen der Lernvoraussetzungen werden von der Schule hinsichtlich der Benotung ignoriert. Ihre Auswirkungen sind daher von den Schülerinnen und Schülern hinzunehmen. Die dadurch mit schulischer Selektion stets einhergehende *Sortierung auch nach der sozialen Schichtung* wird gerade nicht durch einen generellen Ausschluß bestimmter sozialer Schichten von der Schulbildung vollzogen, sondern umgekehrt durch ihre verbindliche und unterschiedslose *Einbeziehung* in den schulischen Leistungsvergleich aller Kinder und Jugendlicher ihrer Jahrgänge. Das Messen am gleichen Maß trotz ungleicher Start- und Durchhaltebedingungen eröffnet Schulkindern aus sozialen Randgruppen die fast unglaubliche Chance eines Aufstiegs, den die gleichen Mechanismen den meisten von ihnen verwehren. Drastisch gesagt: „Da bei gleichen Chancen unter ungleichen Bedingungen diejenigen gewinnen, die aus ihren außerschulischen 'Anlagen' das Beste machen können, darf es nicht verwundern, daß der Nachwuchs mehrheitlich dort wieder landet, wo er von der Schule abgeholt worden ist."[511] Damit ist gerade durch die schichten- und migrationsspezifischen Komponenten der Schülerschaft eine Reproduktion der gesellschaftlichen Schichtung und Hierarchie in der nächsten Generation vorgezeichnet.[512]

5.2.5 Die institutionalisierten Aufgaben der Schule: Herstellung und Beglaubigung einer abstrakten Begabungshierarchie

Wozu ist eine solche Schulausbildung als Herstellung und notenmäßige Festschreibung von Wissensunterschieden funktional? Was soll daran nützlich sein für „das Leben" im Sinne der über Schulportalen eingemeißelten Sentenz: „Non scholae, sed vitae discimus", wenn Schülerinnen und Schüler am Ende über kein gesichertes Grundwissen verfügen, dafür aber ziffernmäßig exakt auf eine bestimmte Rangstelle innerhalb einer Schulklasse eingeordnet sind? „Schulwissen" sichert bekanntlich weder einen Beruf noch eine Erwerbsquelle noch späteres Ansehen oder sonstigen Erfolg „im Leben".

Die analysierten Abläufe in der Schule belegen vielmehr, daß dort Konkurrenzlernen als ein von der übrigen Gesellschaft abgetrennter *Selbstzweck* zur Herstellung einer *Rangordnung innerhalb jedes Jahrganges* junger Menschen organisiert ist, was mit Abgangszeugnissen amtlich *etikettiert* wird. Insofern stimmt nicht die moralisierende Umkehrung des Seneca-Spruches, sondern das Originalzitat. Tatsächlich hat Seneca (4 vor Chr. bis 65 nach Chr.) im 106. Brief an seinen Freund Lucilius mit Bedauern über die damaligen Philosophenschulen festgestellt: „Non vitae, sed scholae discimus".[513]

---

510 Vgl. Holtappels 1987, S. 257 ff; Böhnisch 1995, S. 149 f; Melzer/Schubarth/Tillmann 1995; Holtappels/ Hornberg 1997, S. 363 ff; Tillmann u.a. 1999.

511 Huisken 1992, S. 84.

512 Vgl. Tillmann 1976, S. 134 ff; Tillmann 2000, S. 180 ff; Rolff 1980.

513 Vgl. Duden, Band 12, 1993, S. 332.

Wenn auch unmittelbar nur „für die Schule" gelernt wird, hat das Lernen für Schulnoten doch *indirekte* Auswirkungen „für das Leben". Dem Absolventen des staatlichen Bildungswesens bietet die Schule einen vagen Grundbestand von Kulturtechniken, Sach- und Fremdsprachenkenntnissen sowie moralischen Bildungselementen, dessen Verflüchtigung oder Pflege seine Privatsache ist. Darüber hinaus liefert ihm seine gesamte Schulzeit den unvergeßlichen *Beweis*, daß er sich seine *Plazierung* in der Hierarchie der Noten und Zeugnisse aufgrund von Begabung und Fleiß, und damit ganz persönlich, *verdient* hat.[514] Das schulische Selektionsergebnis muß ihm schon aufgrund der institutionellen Abläufe als das Gegenteil einer bloß schematisch an ihm vorgenommenen Zwangszuschreibung vorkommen. Gerade weil mancher Schulabsolvent auch eine persönlich chancenlose Plazierung sein Leben lang ertragen muß, spielt dieser institutionell erzeugte *falsche Anschein* eine bedeutende Rolle für die Stiftung von Akzeptanz der späteren gesellschaftlichen Position. Das läßt sich als die *ideologische Befriedungsfunktion* des Notenzeugnisses bezeichnen.[515] Dem *Arbeitsmarkt* bietet die Schule durch die Ausstattung mit attestierten Rangunterschieden eine *Vorsortierung* der Nachfolgegeneration an, an der Arbeitgeber sich nach wechselndem Bedarf bedienen können. Dabei garantieren schulische Qualifikationen auch der Nachfrageseite auf dem Arbeitsmarkt weder ein bestimmtes Wissen noch definierte Fähigkeiten oder Fachkompetenzen. Ein Schulabgangszeugnis ist lediglich ein abstraktes Rangabzeichen in einer Jahrgangshierarchie, aber kein Arbeitsplatz-Berechtigungsschein noch ein Einkommens-Bezugsschein. Ein positiver Anspruch auf eine bestimmte Position in der Hierarchie der Erwerbsberufe verbindet sich mit ihm nicht. Das Schulzeugnis ist nur eine *negative* Bedingung für einen Berufseintritt: *Ohne* ein gutes Schulzeugnis hat man, falls die Zugänge nicht durch private Beziehungen gesichert sind, praktisch keine Zugangschancen zu den „interessanteren" oder den „besser bezahlten" Berufen, deretwegen wohl die meisten die Schule besuchen. Die schulische Selektion ist damit eine gerade durch ihre *Abtrennung* von der beruflichen Konkurrenz *nützliche abstrakte Kopie* der Hierarchie der Berufe zur *unverbindlichen* Vorbereitung ihrer Besetzung mit der nächsten Generation.[516]

Exkurs:

Eine ähnliche Analyse von institutioneller Verdinglichung von Interaktionsverhältnissen liegt dem Konzept von Johan Galtung zugrunde. Mit seinem Konzept der *„strukturellen Gewalt"* macht er darauf aufmerksam, daß und inwiefern gesellschaftliche Zwangsmechanismen in versachlichten Formen institutionalisiert werden und darüber in verdeckter Weise als Herrschaftsstrukturen wirksam sind. Galtung eröffnet damit in verschiedenen gesellschaftlichen Bereichen eine Gesellschaftskritik als Gewaltkritik, indem er nach institutionellen Formen der Interessenbeschränkung fragt.[517] Nach diesem Analysemuster wurden auch die schulischen Selektionsvorgänge als Formen der Schulgewalt kritisiert.[518] Dies ist insofern plausibel, als die direkten und indirekten Folgen der schulischen Selektion mit dem

---

514 Vgl. AG Schulforschung 1980, S. 13.

515 Vgl. Tillmann 1976; Zinnecker 1975; AG Schulforschung 1980, S. 11 f: *„Soziale Integrationsfunktion"*.

516 Vgl. AG Schulforschung 1980, S. 12; Tillmann 2000, S. 172 ff.

517 Vgl. Galtung 1975.

518 Vgl. Melzer/Schubarth/Tillmann 1995, S. 20 f; Holtappels/Hornberg 1997.

Ausdruck der “strukturellen Gewalt“ nicht unzutreffend beschrieben sind. Die Folgen der schulischen Sortierung junger Menschen richten sich nämlich unmittelbar und mittelbar gegen die Entfaltungsinteressen der Betroffenen und beschneiden sie empfindlich.[519] Negative schulische Selektionsergebnisse wirken durch den praktischen Ausschluß der Betroffenen von Bildung als unmittelbare Beschränkung ihrer Persönlichkeitsentfaltung in der Jugendzeit.[520] Mittelbar verschließen sie den Zugang zu bestimmten Berufsausbildungen und Berufen, die über das damit verbundene höhere Einkommen eine komfortablere materielle und sonstige gesellschaftliche Teilhabe ermöglichen. Auch zum Erstaunen von Entdeckern des „heimlichen Lehrplans“ der Schule[521] hat hier zwischenzeitlich eine bemerkenswerte Perspektivenverschiebung stattgefunden: „Während (...) in den siebziger und auch in den achtziger Jahren (...) die wissenschaftliche Diskussion um Schule und Gewalt eng mit der Thematisierung von Schul- und Erziehungsgewalt, also der strukturellen Gewalt verbunden war, liegt in der aktuellen Diskussion der Schwerpunkt bei der Gewalt, die vom Schüler ausgeht oder im aggressiven Verhalten der Schüler.“[522] Erstaunlich ist, daß trotz so bedrükkender Befunde, daß die Schule *„beschädigte Persönlichkeiten“* produziere und der Druck der Selektionsmechanismen der Schule in den 90er Jahren noch zugenommen habe,[523] nicht etwa die Gründe und Folgen einer strukturellen und selektiven *„Schulgewalt“* als virulentes Problem diskutiert werden, sondern stattdessen eine ganz andere Problemkonstellation, nämlich die *„Schülergewalt“*. Das Thema Schülergewalt wurde in den früheren Fachdiskussionen als ein Nebenpunkt der strukturellen Schulgewalt diskutiert.[524] In der aktuellen Problemsicht tauchen zwar die gleichen Beteiligten auf, aber mit vertauschten Opferrollen: Die Schülerinnen und Schüler erscheinen als Opfer ihresgleichen und die Inhaber der Amts- und Notengewalt als wehrlose Opfer ihrer Zöglinge.

*

5.2.6 Die institutionalisierte Zweck-Mittel-Anomie der Schule

Nach den bisherigen Überlegungen, fällt die Antwort auf die Frage nach anomischen Ziel-Mittel-Diskrepanzen des institutionell gefaßten Ziels von Schule nicht leicht. Die Kenntnisunterschiede der Schulabgänger wie auch das Schulversagen vieler Schülerinnen und Schüler sind nach der bisherigen Analyse nämlich ein organisierter Bestandteil dieser Schulbildung und kein Widerspruch zu ihr. Wenn schulische Selektion und damit die Produktion von Schulverlierern integrale organisatorische Bestandteile von Schule sind, läßt sich das nicht als ein Widerspruch zu ihr bezeichnen. Die Institutionenanalyse hat keine Anhaltspunkte dafür erbracht, daß die Schule eigentlich als eine Lern-Konkurrenz *ohne* Verlierer konzipiert wäre. Anomietheoretisch müßte man daher die Herstellung und Fest-

---

519 Vgl. Galtung 1978, S. 17 f.
520 Vgl. Tillmann 2000, S. 172, 174 ff.
521 Vgl. Tillmann 1976, S. 134 ff.
522 Melzer/Schubarth/Tillmann 1995, S. 20.
523 Vgl. Tillmann 2000, S. 157; 172 ff.
524 Vgl. Grauer/Zinnecker 1978, S. 282 f; kommentierend dazu: Melzer/Schubarth/Tillmann 1995, S. 20.

schreibung aller Kenntnis- und Notendifferenzen als eine „Nomie" der Schule, als ihre Regelhaftigkeit, fassen und nicht als eine „Anomie".

Worin besteht dann eine institutionelle Anomie von Schule? Nach Merton besteht die Anomie aus einem Widerspruch zwischen 1. einem generellen Wert in der kulturellen Struktur und 2. dem begrenzten Zugang zu ihm in der sozialen Struktur. Eine solche Anomie enthält die Schule durchaus: 1. Der „generelle Wert" sind die *Bildungsversprechen* im Recht auf Bildung. 2. Die „Sozialstruktur" der Schule besteht im Kern in der *Notenselektion.* Sie *macht* aus der versprochenen Bildung ein knappes Gut. Für viele bedeutet sie den tendenziellen Ausschluß von Bildung. Dieser Ausschluß steht in einem anomischen Widerspruch zum schulischen Bildungsversprechen. In diesem Sinne verkörpert die Schule in ihrem *Kerngeschäft* ein elementares Spannungsverhältnis von Bildung und Selektion.[525] Im Auseinanderfallen des weitreichenden Bildungsversprechens und seiner selektiven Erfüllung durch die Schule besteht eine grundlegende *Wert-Mittel-Disproportionalität* oder die *Anomie* der Schule.[526]

Die anomische Zweck-Mittel-Diskrepanz im „Kerngeschäft" wirkt auf Schülerinnen und Schüler *stets* massiv ein, nicht nur auf die Schulverlierer.[527] Der schulische Anomiedruck entfaltet seine *eigenständigen* Wirkungen noch vor den darauf aufbauenden *Verstärkungen* durch Faktoren wie die soziale Schichtenzugehörigkeit, die ethnische Herkunft, die innerfamilialen Problembelastungen oder persönlichkeits- und entwicklungsbedingte Problematiken. Die Anomie im schulischen Kerngeschäft samt ihrer biographischen Weichenfunktion[528] belastet die Schuljugend in ihrem Selbstverständnis und fordert sie institutionell zur persönlichen „produktiven Verarbeitung" der widersprüchlichen Zumutungen heraus.

Die Frage nach der strukturellen Basis schulischer Anomien erstreckt sich auch auf die Faktoren, die den Anomiedruck der Schule in den 90er Jahren als *besonders groß* erscheinen lassen, so daß auch das Bewältigungshandeln der Schülerinnen und Schüler intensiver ausfällt als zuvor. Es spricht vieles dafür, daß der anomische Druck in der Schule vom Bildungsversprechen wie von seiner restriktiven Erfüllung her zugenommen hat. Die Bedeutung von Bildungstiteln in ihrer Berechtigungsfunktion für den Berufseinstieg hat zugenommen.[529] Auf dem Ausbildungsmarkt hat der Trend zu anspruchsvollen Schullaufbahnen und Schulabschlüssen zu einem Verdrängungswettbewerb geführt.[530] Das schlägt erhöhend auf den schulischen Leistungsdruck durch und damit auf die innerschulische Polarisierung der Schülerschaft in Gewinner und Verlierer. Die schulische Produktion von Verlierern und

---

525 Ähnlich auch Tillmann 2000, S. 172.

526 Mit diesem Ergebnis wird hier der Feststellung von Holtappels und Hornberg widersprochen, daß das zentrale Schulziel der über leistungsabhängige Zertifikate erreichte *„Schulerfolg"* sei (vgl. Holtappels/Hornberg 1997, S. 339-342; vgl. Kap. 4.3.2.) Daß die Schule *allen* Schülerinnen und Schülern gute Noten versprochen hätte, trifft als ihr *institutionalisierter* Wert oder Zielpunkt gerade *nicht* zu. Ob Schulerfolg und gute Noten allseitige Erwartungen der Schülerinnen und Schüler sind, ist anderer Frage. Auf der Ebene einer immanenten Institutionsanalyse stellt sie sich aus systematischen Gründen so jedenfalls nicht.

527 Eher auf die Schülergruppe der Schulverlierer begrenzt sehen es Holtappels/Hornberg (1997, S. 355).

528 Das stellt bereits Helmut Schelsky über die Bedeutung der Schule für die Sozialisation Jugendlicher fest, wenn er die Schule *„als primäre, entscheidende und nahezu einzige soziale Dirigierungsstelle für Rang, Stellung und Lebenschancen des einzelnen"* bezeichnet. (Schelsky 1957, S. 18)

529 Vgl. Ferchhoff 1999, S. 185 ff; Tillmann u.a. 1999, S. 35 f, 181; vgl. auch oben Kap. 4.1.

530 Vgl. Holtappels/Hornberg 1997, S. 352 ff; Ferchhoff 1999, S. 197-200; Kap. 4.2.

Gewinnern sortiert sich ihrerseits nochmals in Schultypen.[531] Darin zeigt sich auch, daß der Druck des Arbeitsmarktes mit abnehmenden Normalarbeitsplätzen auf die Schule zugenommen hat. Beides erhöht das schulische *„Qualifikationsparadoxon“*[532], daß ein möglichst hochrangiger und guter Schulabschluß seine Funktion als 'Eintrittskarte' ins Berufsleben in dem Maße verliert, je mehr Schülerinnen und Schüler danach streben.[533] Geht für Schülerinnen und Schüler aber der Zusammenhang von Schulleistung und der Erreichung künftiger Ziele tendenziell verloren, verlieren damit auch die Stützen der aufgeschobenen Belohnung - „deferred gratification pattern“[534] - an Bedeutung und Tragkraft. Die strukturelle Ungleichung heißt: Verschärfter innerschulischer Leistungsdruck bei ungesicherter Belohnung. Dies belegt, daß der anomische Druck der Institution Schule auf die Schülerinnen und Schüler enorm gewachsen ist - mit weitreichenden Folgen für das damit induzierte Schülerverhalten, dessen Analyse nun ansteht.

5.3 Die Schule als subjektiv-anomisches Bewährungsmuster

5.3.1 Vorüberlegungen und Arbeitshypothesen zur Rekonstruktion von schultypischen Anpassungsreaktionen der Schülerinnen und Schüler

Die Analyse in diesem Kapitel betrifft die Rezeption der untersuchten Doppelstruktur von Schule durch die betroffenen Schülerinnen und Schüler, also ihre Rezeption des umfassenden Bildungsversprechens und seine nur selektive Verwirklichung in den organisatorischen Abläufen des Schulunterrichts. Ziel dieses Kapitels ist damit eine Rekonstruktion der *subjektiven Perzeption* der herausgearbeiteten *institutionellen Anomiestrukturen.*

Über die mögliche subjektive Perzeption werden aus der Institutionenanalyse bestimmte Arbeitshypothesen entwickelt, die dann unter erneuter Auswertung von empirischen Erhebungen und Befragungsergebnissen aus der schulischen Begleitforschung zu ähnlichen Fragestellungen überprüft werden sollen. Zur Überprüfung dienen Materialien und Ergebnisse aus drei Studien, in denen eingehende Schülerbefragungen und Schülerstichproben der Altersstufen von 12 bis 16 Jahren zu bestimmten Leitfragen vorgenommen werden. Im Zentrum der Untersuchungen stehen Fragen des abweichenden Schülerverhaltens und von

---

531 Vgl. Tillmann u.a. 1999, S. 150. *Huisken* bezeichnet sogar das Gymnasium als *„Die Schule für die Gewinner“*, die Hauptschule als *„Die Schule für die Verlierer“* und die Realschule als *„eine reale Alternative für Verlierer.“* (1992, S. 88 f)

532 Vgl. Schubarth 1998, S. 81; Ferchhoff 1999, S. 186.

533 Eher als eine staatliche Bildungssteuerung betrachtet dagegen *Lütgert* diesen Effekt: *„Herrscht eine zu große Bildungsnachfrage, werden Zensuren schlechter, wird die Bildungsnachfrage zu knapp, bessern sich die Zensuren ... Wie mit dem Geld kann der Staat auch mit Zensuren Inflation betreiben: Sie werden dann weniger wert.“* (Lütgert 1992, S. 389). Ein Beispiel dafür wäre die bildungspolitische Forderung von *Roman Herzog* von 1997: *„Wenn heute bis zu 40 Prozent eines Jahrgangs studieren, ist es unrealistisch zu erwarten, jedem stünde die klassischen Akademikerlaufbahnen offen ... Wir können es uns nicht mehr leisten, jährlich Tausende von hochintelligenten Menschen am Arbeitsmarkt vorbei auszubilden. ... Deshalb darf die Hauptschule nicht immer mehr zur Restschule verkümmern. ... Wir sollten wieder den Mut finden, gute Schüler gut und schlechte Schüler schlecht zu nennen.“* (Herzog 1997, S. 1004/1005); kritisch dazu vgl. Wigger 2001.

534 Vgl. Lamnek 1996, S. 159; ähnlich Tillmann u.a. 1999, S. 36.

„Schülergewalt", aber auch der Entwicklung des Selbstwertgefühls. Da die in den Studien gestellten Fragen im Kern von ähnlichen institutionellen Einschätzungen von Schule ausgehen wie diese Arbeit, erweisen sich auch ihre Befragungsergebnisse als sehr ergiebig für die Hypothesenbildung dieser Arbeit.

Die Studie der „Arbeitsgruppe Schulforschung" (Klaus Hurrelmann (Leitung), Heike Elskemper, Heide Gaidzik-Tremel, Günther Robert, Bärbel Schön, Cornelia Seewald und Monika Springer) mit dem Titel "Leistung und Versagen. Alltagstheorien von Schülern und Lehrern", 1980, wurde von der DFG gefördert. Ihr empirischer Teil wertet über 30 (teils wiedergegebene) Schülerinterviews, häufig von Klassenwiederholern, aus Hauptschule und Gymnasium sowie Lehrer-Interviews dieser Schultypen qualitativ aus.[535]

Die von der DFG geförderte Studie von Heinz Günter Holtappels stützt sich auf Befragungen von 28 Schulklassen mit insgesamt 759 Schülerinnen und Schülern des 7. bis 9. Jahrgangs aus acht Schulen verschiedener Schulformen und 79 Schülerinterviews aus den Jahren 1981 bis 1985 in NRW. Sie erschien 1987 unter dem Titel: „Schulprobleme und abweichendes Verhalten aus der Schülerperspektive. Empirische Studie zu Sozialisationseffekten im situationellen und interaktionellen Handlungskontext der Schule".[536]

Die dritte Studie wurde von 1993 bis 1998 am Bielefelder Sonderforschungsbereich 227 „Prävention und Intervention im Kindes- und Jugendalter" angefertigt und von der DFG gefördert. Der Forschungsbericht erschien 1999 unter den Namen der Autorinnen und Autoren *Klaus-Jürgen* Tillmann (Projektleitung), Birgit Holler-Nowitzki, Heinz Günter Holtappels, Ulrich Meier und Ulrike Popp unter dem Titel: „Schülergewalt als Schulproblem. Verursachende Bedingungen, Erscheinungsformen und pädagogische Handlungsperspektiven". Der Untersuchung im Bundesland Hessen, im Rhein-Main-Gebiet und in Stadt und Landkreis Kassel, lagen zugrunde: Die Befragung von 430 Schulleitern, von 3.540 Schülerinnen und Schülern im Alter von 14 und 15 Jahren aus 167 Klassen aller Schulformen und Einzelinterviews.[537]

Die aufwendige Studie von Tillmann und seinem Team überprüft in Hessen mit ihren Befragungen die „These, daß die pädagogische Qualität im 'Kerngeschäft' der Schule - also beim Arrangement der Lehr-Lernprozesse - auch Auswirkungen auf das abweichende Verhalten von Schüler(innen) ausübt".[538] Die Forschergruppe betont ausdrücklich, hinter der Untersuchung der Einflußfaktoren auf Schülergewalt stehe eine

> „Annahme, die für unser Forschungsprojekt von besonderer Bedeutung ist: Wir sehen die Schule nicht nur als einen *Austragungsort von Gewalt*, wo andernorts produzierte Aggressivität ausgelebt wird - sondern auch als einen Ort, der durch seine Strukturen, durch die pädagogischen Praktiken und die alltäglichen Abläufe als *Quelle von Gewalt* infrage kommt. Kurz: Es gibt in der Schule nicht nur 'importierte', sondern auch 'hausgemachte' Gewalt."[539]

Von ähnlichen Annahmen geht Holtappels bereits in seiner 1987 veröffentlichten Studie aus:

> „Negativ ausgeprägte schulstrukturelle Bedingungen sind für die Produktion von Schülerverhaltensweisen, die in der Schule in der Regel als Normverstöße eingestuft werden, mitverantwortlich. (...) Die Schule selbst ist also an der Entstehung bzw. Verschärfung von Devianz kei-

---

535 Vgl. AG Schulforschung 1980.
536 Vgl. Holtappels 1987, S. 47 ff.
537 Vgl. Tillmann u.a. 1999, S.13 ff, 61 ff.
538 Tillmann u.a. 1999, S. 58.
539 Tillmann u.a. 1999, S. 60.

neswegs unbeteiligt. Wenn auch Schüler - aufgrund spezifischer außerschulischer Sozialisationseinflüsse - teilweise bereits solche Einstellungs- und Verhaltensmuster in die Schule 'mitbringen', die ein erhöhtes Konfliktpotential in bezug auf schulische Normen darstellen mögen, so verdeutlichen die referierten Ergebnisse dennoch, daß schulstrukturelle Defizite durchaus devianzfördernde Wirkungen nach sich ziehen können."[540]

Die beiden Studien von Holtappels von 1987 sowie Tillmann u.a. von 1999 unterstellen dabei genauso wie diese Arbeit die Gegenbehauptung, daß problematisches Schülerverhalten selbstverständlich *auch von außen*, also aus Herkunftsfamilien, Gleichaltrigengruppen oder Mediengesellschaft, in die Schule hineingetragen wird, als keineswegs unbegründet. Holtappels wie Tillmann u. a. benennen in ihren Interpretationen wie in ihren Fragen und Korrelationstabellen immer wieder andere Konfliktfelder der Persönlichkeitsentwicklung Jugendlicher, die relevant sind für ihre Konfliktlösungsmuster und Identitätskonzepte.[541] Daß Schule der *einzige* Lernort von Identitätsmustern Jugendlicher sei, wäre auch ein falsch verstandener Gegensatz zum Analyseansatz dieser Arbeit. Hier geht es um den Nachweis, daß und inwiefern das Kerngeschäft von Schule ein *besonderer* Lernort für das Grundmuster jugendlicher Selbstbilder ist, aber nicht der einzige.

Daß der Schwerpunkt des Forschungsinteresses der hier im Sinne einer *Sekundäranalyse* erneut ausgewerteten drei Studien nicht völlig mit den Fragestellungen der vorliegenden Arbeit übereinstimmt, sollte keine methodischen Bedenken dagegen hervorrufen, die Materialien auszuwerten. Auch die genannten Forscher stützen sich auf frühere Untersuchungen mit leicht abweichenden Fragestellungen und integrieren sie so in ihre Fragestellungen, daß sie daraus sogar Längsschnittergebnisse ableiten.[542] Was sie dabei für wichtig halten, sind ergänzende Interpretationen. Das geschieht auch hier. Ähnlich verfährt Glötzl in seiner 1979 erschienenen Studie mit dem Titel: „Das habe ich mir gleich gedacht: Der Einfluß von Lehrerverhalten und Schulsystem auf die Ausprägung und Verfestigung abweichenden Verhaltens." Der Autor referiert empirische Daten anderer Untersuchungen und wertet sie dann selbst zusammenhängend aus.[543]

Wenn sich die Materialauswahl überwiegend auf Schüleräußerungen beschränkt und die Wiedergabe von Kontrollaussagen aus Lehrer- oder Schulleiterbefragungen, die die betreffenden Studien auch enthalten, ausklammert, geschieht dies wegen der hier angelegten speziellen Forschungsperspektive, nämlich der Schülerperspektive. Zudem wird ergänzend auf Lehrerbefragungen verwiesen, auf die Glötzl und Tillmann sich (auch) stützen.

Die hier zu Grunde gelegten *Arbeitshypothesen* knüpfen an die der zitierten Studien an. Sie konzentrieren sich aber nicht darauf, wie die schulstrukturellen Faktoren „abweichendes Schülerverhalten" oder „Schülergewalthandlungen" hervorbringen, sondern wie sie die *Grundstruktur der Selbstkonzeption* der Schülerinnen und Schüler insgesamt beeinflussen, hervorrufen oder vorformen. Die Arbeitshypothesen lauten:

540 Holtappels 1987, S. 269; ähnlich die Einschätzung auf S. 174.

541 Vgl. Tillmann u.a. 1999, S. 153 ff; 186 ff, 298/299.

542 *Tillmann* u.a. (1999, S. 136 f) übernehmen so die Studie von *Brusten/Hurrelmann* 1973 zum Thema „*Abweichendes Verhalten in der Schule*" als Basis für vergleichende Längsschnitt-Aussagen.

543 Vgl. Glötzl 1979, S. 5 ff. Das Vorgehen in dieser Arbeit ist ähnlich wie das von Glötzl, nur werden hier die übernommenen und ausgewerteten Untersuchungstabellen und Interviews vollständig im Text wiedergegeben.

1) Daß es zu einer subjektiven Perzeption der anomischen Spannungsverhältnisse in der Schule überhaupt kommt, unterstellt, daß die Schülerinnen und Schüler die von der Schule verkörperten *Werte und Ziele* für sich als maßgeblich *annehmen*. Es muß also einerseits bei ihnen eine persönliche *Akzeptanz* des institutionellen *Bildungsversprechens* nachweisbar sein (vgl. Kap. 4.3.2).
2) Nach der anderen Seite muß sich zeigen lassen, daß die Schülerinnen und Schüler die *selektive* Umsetzung des Lernangebotes durch Lernen unter dem Leistungsdruck infolge von Zeitmangel und Notenkonkurrenz als eine persönliche *Schranke* und *Enttäuschung* bei der Zielverfolgung wahrnehmen (vgl. Kap. 4.3.3 - 4.3.4).
3) Ist beides nachweisbar, ist die entscheidende Frage, wie die Schülerinnen und Schüler aus ihrer *Schülerperspektive* über bestimmte Anpassungsreaktionen ein *Bewältigungshandeln* des schulischen Anomiedrucks entwickeln (vgl. Kap. 4.3.5).
4) Dabei fragt sich, ob sich als Folge der produktiven Anpassungsreaktionen auf den schulischen Anomiedruck bestimmte Strukturkorrespondenzen und wechselseitige thematische Bezüge nachweisen lassen zwischen den institutionellen Strukturen der Schule einerseits und den Grundstrukturen eines *schülertypischen Selbstkonzeptmodells* andererseits und wenn ja, welche (vgl. Kap. 4.4).

5.3.2 Das schulische Bildungsversprechen als Ziel- und Wertvorgabe in der Wahrnehmung von Schülerinnen und Schülern

Nach der vorangegangenen kritischen Analyse der institutionellen Abläufe der Notenschule ist es keineswegs eine Selbstverständlichkeit, daß sich die Schülerinnen und Schüler der Schule jedes Schuljahr erneut mit der erforderlichen Lernbereitschaft zur Verfügung stellen, da diese Institution sie hinsichtlich ihrer innerschulischen und außerschulischen Zukunftschancen durch ihre organisierten Abläufe in nicht geringem Maße stigmatisiert, diskriminiert und vom Fortkommen ausschließt. Von Standpunkt der Institutionenanalyse wäre es nicht einmal unplausibel, wenn es ganze Schülerjahrgänge von Kritikern der schulischen Ausleseverfahren und dagegen protestierende Schulverweigerer gäbe.[544]

Auch wenn es aus der Erfahrung wie eine Selbstverständlichkeit erscheint, ist die Schule zur Erfüllbarkeit ihrer institutionalisierten Aufgaben *abhängig* von den Schülerinnen und Schülern. Sie ist angewiesen auf die ständige innere *Bereitschaft* der Schülerinnen und Schüler, sich auf die *objektiven Nötigungen* der Schule, das heißt auf ihre Beschulung einzulassen. „Eine bloße Anwesenheit der 'Klienten' in der Schule etwa kann dem pädagogischen Ziel dieser Institution ebensowenig gerecht werden wie eine einseitige Befehls-Gehorsams-Hierarchie im Rahmen rigider Zweck-Mittel-Verfahren."[545] Mit der bloßen Verordnung des *Schulzwangs* ist das noch nicht getan, obwohl dieses staatliche Zwangsmittel offenbar unentbehrlich bleibt.[546] Beharrliche Schulschwänzer und Schulverweigerer bewei-

544 Solche Befürchtungen finden sich bei Holtappels 1995, S. 124; Hurrelmann 1995, S. 48 ff; vgl. auch dazu Baacke 1993, S. 136; Willis 1991, S. 167 f.

545 AG Schulforschung 1980, S. 15.

546 Nachdem in bundesdeutschen Zeugnissen Kopfnoten wie Fehltage nicht mehr eingetragen wurden, ging der *Freistaat Sachsen* nach der Wiedereinführung der Kopfnoten über das Betragen im Unterricht

sen, daß selbst Bußgeldbescheide und die in allen Schulgesetzen der Länder gesetzlich geregelte „zwangsweise Zuführung zur Schule“[547] alleine die unverzichtbare Schul*motivation* nicht hervorrufen. Schon im Jahre 1970 benennt der Deutsche Bildungsrat besorgt die Mitarbeit der Schülerinnen und Schüler als die grundlegende Voraussetzung für ein erfolgreiches Funktionieren der Schule; sie gelinge nur, “wenn der einzelne zu Leistungen bereit und fähig ist“.[548] Das Mitmachen erfordert letztlich einen *individuellen Beschluß:* „Denn Lern- und Entwicklungsprozesse sind auf eine spontane und aktive Beteiligung des heranwachsenden Individuums angewiesen und können nicht formal-bürokratisch durchgesetzt werden.“[549]

Dennoch läßt sich vermuten, daß viele Schülerinnen und Schüler ihre aktive Beteiligung am Unterrichtsgeschehen nicht für ihren *freien* Entschluß halten, weil er als unausweichliche *Lebenslage* organisiert ist. Infolgedessen muß ihnen der Schulbesuch als konventionell vollkommen üblich und praktisch unhintergehbar erscheinen. Immerhin wird der Beschluß von allen am Sozialisationsprozeß Beteiligten, den Eltern, Geschwistern, der Verwandtschaft, im Kindergarten, von Respektspersonen, Nachbarn, sämtlichen Medien etc. unisono vorbereitet und vielfach bestärkt: „Gehst du schon zur Schule?“ Die erste Aufgabe der Schülerinnen und Schüler wäre es demnach, diesen feststehenden Beschluß über sie, daß sie *beschult werden*, zu *akzeptieren*, *ohne* genau zu wissen, worauf sie sich damit einlassen. Der Schuleintritt wird ihnen daher *schmackhaft* gemacht, nicht zuletzt mit den Versprechen, die Schule sei „interessant“ und sie werde ihnen „Wissen beibringen“, für das „spätere Leben“ und auch „für sie selbst“.

Die *konkretisierte erste Hypothese* lautet daher, daß ein normaler Schüler über diese allseitige Werbung subjektive Bildungsaspirationen entwickelt, über die er sich dann bereitwillig auf die Schule und ihren Unterricht einläßt. Dazu muß er die ihm *abverlangten* schulischen Bemühungen *subjektiv* irgendwie als *seinen* Weg des *Vorankommens* interpretieren. Damit entwickeln Schülerinnen und Schüler als Benutzer von Schule alleine aus ihrem gefaßten Willen, mit ihr *zurechtzukommen,* die Einstellung, der Schule für sich persönlich etwas *Positives* abzugewinnen. Befragt über ihre *Erfolgschancen* in der Schule ergibt die Befragung von 3.304 Schülerinnen und Schülern in Hessen dazu folgendes Bild:

---

im Jahr 2000 „*auf Wunsch der Lehrer, Eltern und Ausbildungsbetriebe*“ dazu über, auch die Fehltage der Schülerinnen und Schüler wieder in die Zeugnisse zum Halbjahr und Schuljahresende aufzunehmen, nicht jedoch in Abgangszeugnissen. Dabei wird zwischen entschuldigtem und unentschuldigtem Fehlen unterschieden (FR (dpa) vom 26.4.2000, S. 4*): „Geschwänzte Schultage tauchen im Zeugnis auf“.*

547 Vgl. Hammer (2000), dessen Darstellung über die behördlichen Zwangsmittel „*zur Sicherstellung des Schulbesuchs*“ zugesteht, daß die zwangsweise Herstellung von Anwesenheit im Schulunterricht die erzieherische Einwirkung der Schule und anderer Instanzen zur Herstellung einer Lernbereitschaft nicht entbehrlich macht, sondern damit auch gesetzlich stets verbunden ist. Der „*zwangsweisen Zuführung zur Schule*“ nach § 19 Schulpflichtgesetz NRW (i. d. Fassung vom 2.2.1985, BASS 1-4) oder nach Art. 118 Abs. 1 des Bayerischen Gesetzes über das Erziehungs- und Unterrichtswesen (i. d. Fassung vom 7.7.1994; http://www.stmukwk. bayern.de/schule/bayeug/eug16.html) gehe stets die Frage voraus, „*ob zuvor alle anderen Mittel zur Durchsetzung der Schulpflicht ausgeschöpft sind*“ (a.a.O. S. 35) als da sind Beratung und Elternarbeit sowie das gesamte Instrumentarium der Jugendhilfe nach dem Kinder- und Jugendhilfegesetz.

548 Deutscher Bildungsrat 1970, S. 35 f.

549 AG Schulforschung 1980, S. 15.

Tabelle 3: **Mittelwerte der Einschätzung ihrer Erfolgschancen aus der Schülerperspektive** [550]

Itemformulierung	Antwort-vorgaben			n = 3.304
	stimmt ganz genau	stimmt überwiegend	teils - teils	stimmt überwiegend nicht	stimmt gar nicht
171. Unsere Lehrer(innen) beurteilen uns und unsere Schulleistungen äußerst gerecht.	13%	29%	44,2%	9,5%	4,2%
172. Bei etwas Anstrengung hat in unserer Schule jeder eine gute Chance durchzukommen.	26,6%	38,9%	28,5%	4,4%	1,6%

Ergänzen lassen sich die Äußerungen zu den schulischen Erfolgschancen durch die Bildung von Mittelwerten für einzelne Schultypen, wie in der hessischen Studie vorgenommen.

Tabelle 4: **Mittelwerte der Erfolgschancen-Einschätzung aus der Schülerperspektive nach Geschlecht und Schulformen** [551]

Lernkulturmerkmal	Gesamt	Geschlecht		Schulform			
		Mädchen	Jungen	HR	KGS	IGS	GYM
Erfolgschancen	3,61	3,60	3,62	3,73	3,62	3,57	3,52

HS= Haupt- und Realschule, KGS= Kooperative Gesamtschule, IGS= Integrierte Gesamtschule, GYM= Gymnasium

Die befragten Schülerinnen und Schüler schätzen danach *ohne* Unterschied der Schultypen und ihrem Rangverhältnis ihre schulischen Erfolgschancen tatsächlich überwiegend *positiv* ein. In der Mittelwerttabelle (Tab. 4) liegen die Einschätzungen alle über der rechnerischen Mitte der Skala von 3,0 im positiven Bereich, am höchsten sogar in der Haupt- und Realschule (HR). Die Ergebnisse der Tabelle 3 zeigen, daß die Schülerinnen und Schüler dabei überwiegend das Schulziel „durchzukommen" akzeptieren, die Lehrer als legitime Bewerter ihres Schulerfolges akzeptieren und die Beurteilungsprozeduren als sachgemäß, nämlich „äußerst gerecht". Nur 6% (1,6% + 4,4%) haben starke Zweifel an den schulischen Erfolgschancen, während 65,5% (26,6% + 38,9%) sie eindeutig bejahen. Daß Lehrer „ungerecht" zensieren, nehmen zwar 13,7% an, aber 42 % (13% + 29%) denken auch hier das Gegenteil, was mit 44,2% ein ebenso großer Teil zumindest mit Einschränkungen gelten läßt („teils-teils"). Sie sehen daher überwiegend einen günstigen Zusammenhang zwischen „etwas Anstrengung", eigenen „guten Chancen" und „gerechter Beurteilung".

Das Verhältnis der Schülerinnen und Schüler zum *Lernstoff* läßt sich den Untersuchungen aus den Fragen zum „Lebensweltbezug der Lerninhalte" als einem Faktor der Lernkultur entnehmen. Hierzu ergibt die hessische Schülerbefragung folgendes Ergebnis:

550 Quelle: Tillmann u.a. 1999, S. 212, aus Tabelle 6.10 (Lernkulturdimension).

551 Quelle: Tillmann u.a. 1999, S. 214, aus Tabelle 6.12; Abkürzungen der Schultypen a.a.O. S. 66.

Tabelle 5: **Lebensweltbezug der Lerninhalte aus der Schülerperspektive (1999)** [552]

Itemformulierung	Antwort-vorgaben			n = 3.389
	stimmt ganz genau	stimmt überwiegend	teils - teils	stimmt überwiegend nicht	stimmt gar nicht
64. Mit dem, was wir im Unterricht lernen, kann ich außerhalb der Schule zur Zeit wenig anfangen.	9,2%	20,7%	42,5%	17,1%	10,5%
66. Der Unterrichtsstoff interessiert mich meistens sehr.	8,5%	23,9%	50,4%	13,1%	4,1%
122. Das meiste, was man in der Schule lernt, kann man später doch nicht gebrauchen.	7,0%	12,7%	33,5%	24,2%	22,6%

Immerhin ein gutes Viertel der befragten 3.389 Schülerinnen und Schüler (17,1% + 10,5% = 27,6%) gewinnt dem Lernstoff Relevanz für sein aktuelles Leben außerhalb der Schule ab (Frage 64). Etwa ebenso groß (29,9%) ist allerdings der Anteil, der das bezweifelt. Daß der Unterrichtsstoff generell - „meistens sehr" - interessant sei, beantwortet die Hälfte der Schülerinnen und Schüler ambivalent (50,4%), ein Drittel bejaht die Frage. Größer ist der Anteil der Schülerinnen und Schüler, der die *Relevanz des Schulstoffes für das spätere Leben* durch Verneinung der negativ formulierten Frage indirekt bejaht, nämlich 24,2% + 22,6% = 46,8%. Der Anteil der Unentschiedenen ist hier am kleinsten (33,5%) und der Anteil derer, die das bezweifeln, ist noch kleiner (19,7%). Ähnlich lassen sich die Ergebnisse in der Studie von Holtappels von 1987 interpretieren. Hierzu einige Belegstellen aus Holtappels Befragungen:

552 Quelle: Tillmann u.a. 1999, S. 209, Tabelle 6.7.

Tabelle 6: **Lebensweltbezug der Lerninhalte aus der Schülerperspektive (1987)**[553]

Antwortvorgaben und Punktwerte bei positiven/negativen Items:

Stimmt ganz genau	= 1 (+) / 5 (-)
Stimmt so ziemlich	= 2 (+) / 4 (-)
Teils / teils	= 3 (+) / 3 (-)
Stimmt eigentlich nicht	= 4 (+) / 2 (-)
Stimmt überhaupt nicht	= 5 (+) / 1 (-)

Var.Nr.	Items	x	Zustimmung (+) bzw. Ablehnung (-) (Wert 4 + 5) in %
V 158	Es gibt viele interessante Themen, die sich leider in keinem Unterrichtsfach unterbringen lassen. (-)	3,75	64,8 (+)
V 156	Der Unterricht in der Schule ist oft nicht wirklichkeitsnah genug. (-)	2,99	31,6 (+)
V 132	Der Stoff, den wir in der Schule durchnehmen, interessiert mich meistens sehr. (+)	2,90	24,5 (-)
V 136	Ich habe das ungute Gefühl, wir lernen in der Schule viele Dinge, die man im Berufsleben gar nicht braucht. (-)	3,06	42,7 (+)
V 148	Ich glaube, daß der Lernstoff uns gut auf das spätere Leben vorbereitet. (+)	2,51	16,8 (-)

Wenn zwei Drittel der befragten Schülerinnen und Schüler (64,8%) interessante Themen kennen, die sich im Schulunterricht „leider" nicht unterbringen lassen, läßt sich dies jedenfalls als *hohe Aspiration* interpretieren, die sie der Schule für diese Themen an sich entgegenbringen, also als ihre positiven, aber von der Schulpraxis *enttäuschten Hoffnungen* auf Schule (vgl. V 158). Als Beleg für eine enttäuschte Hoffnung deutbar ist auch die Klage darüber, daß die Schule nicht „wirklichkeitsnah" genug sei, was von ihr offenbar erwartet wurde.

Die in Tillmanns u.a. wie in Holtappels' Befragungen gemachten Schüleräußerungen über die *mangelnde „Berufstauglichkeit"* des schulischen Lernstoffes sind m.E. zwar nicht als sachkundige Einschätzungen einzustufen, da die Schülerinnen und Schüler gar nicht wissen können, was man in den betreffenden Berufsbereichen später wirklich wissen muß. Dafür lassen sich ihre Antworten aber als ein auf die Zukunft projiziertes *Bild* für ihr positives Interesse am schulischen Lernen interpretieren,[554] das sie überwiegend positiv festhalten (vgl. Tab. 5, Item 122/ Tab. 6, V. 148) oder als Skepsis (vgl. Tab. 6, V. 136), also als enttäuschte Erwartung, vorbringen.

Als indirekte Belege für eine ursprünglich positive Einstellung zum schulischen Wissenserwerb können die vielfach belegten Antworten von Schülerinnen und Schülern auf die *Sinnfrage* des Unterrichtsstoffes gelten:

---

553 Quelle: Holtappels 1987, S. 86 (Tab. 7: Rhythmisierung und Standardisierung der Lernprozesse) und S. 89 (Tab. 8: Lebensweltbezug von Lerninhalten). *Holtappels* hat hier nur die stark zustimmenden oder ablehnenden Antworten der Punktwerte 1./2 bzw. 4./5 einbezogen, nicht dagegen die schwächeren Antworten (*„eigentlich nicht"* oder *„teils/teils"*).

554 *Holtappels* hat die Aussagen demgegenüber wohl *sachlich* statt symbolisch genommen und äußerte sich daher erstaunt (S. 88), daß die Schülerinnen und Schüler die berufsbezogene Nützlichkeit des Unterrichts einerseits gering einschätzten (Item 136), sich aber gleichwohl gut auf *das „spätere Leben"* vorbereitet fühlten (Item 148) mit nur 16,8% Ablehnung, also 83,2% positive bis neutrale Stellungnahmen.

Tabelle 7: **Sinn des Unterrichtsstoffes aus der Schülerperspektive (1999)** [555]

Itemformulierung	Antwortvorgaben n = 3.389				
	stimmt ganz genau	stimmt überwiegend	teils - teils	stimmt überwiegend nicht	stimmt gar nicht
67. Bei einem großen Teil des Unterrichtsstoffes weiß ich nicht, welchen Sinn das haben soll.	8,6%	18,4%	34,9%	28,3%	9,8%

Tabelle 8: **Sinn des Unterrichtsstoffes aus der Schülerperspektive (1987)** [556]

Var.Nr.	Items n = 759	x	Zustimmung (+) bzw. Ablehnung (-) (Wert 4 + 5) in %
V 144	Bei einem großen Teil des Unterrichtsstoffes kann ich mir wirklich nicht vorstellen, welchen Sinn das haben soll. (-)	3,07	38,5 (+)

Die hessische Schülerbefragung ergibt bei 27% stark bejahte Zweifel und bei 34,9% („teils-teils") immer noch gewisse Zweifel an der Sinnhaftigkeit des gebotenen Unterrichtsstoffes; zusammen hegen damit knapp zwei Drittel (61,9%) der Schülerinnen und Schüler mehr oder weniger ihre Zweifel am Sinn des Lernstoffes.[557] In Holtappels Befragungen sind es sogar 38,5%, die die Zweifel an der Sinnfrage mit „stimmt genau" oder „stimmt ziemlich" bejahen. Dies läßt einerseits auf eine in der Schülerschaft verbreitete Enttäuschung vom Unterrichtsangebot zurückschließen,[558] die wiederum voraussetzt, daß sie zuvor *hohe positive Erwartungen* an ein durchschaubares und *sinnhaftes* Lernangebot der Schule hatte, die dann nicht in Erfüllung gingen. Wenn die Schülerinnen und Schüler sich dann unverdrossen weiter nach dessen Sinnhaftigkeit fragen, drückt sich darin andererseits aus, daß sie eines sicher *nicht* annehmen: Daß der *institutionelle Sinn* erheblicher Teile des Schulstoffes sich in seiner *Selektionsfunktion* als Stoff für Zensuren erschöpft haben könnte, wie die Institutionenanalyse ergeben hat (vgl. Kap. 5.2.4.2 und 5.2.4.3). Also suchen sie den Sinn weiter, indem sie die Sinnfrage stellen. Schlußfolgerung: Die Schülerinnen und Schüler *sind und bleiben* bezogen auf die für sie positive Sinnhaftigkeit des Unterrichtsstoffes *gutgläubig*.

555 Quelle: Tillmann u.a. 1999, Tabelle 6.7, S. 209.

556 Quelle: Holtappels 1987, S. 89, Auszug aus Tab. 8: „Lebensweltbezug von Lerninhalten".

557 Wüßten die Schüler einen eindeutigen Sinn des Unterrichtsstoffes anzugeben (etwa aus der institutionellen Perspektive: daß er primär Material der Benotung ist), gäbe es keine vernünftige Begründung dafür, daß ein Drittel hier unentschieden bleibt und *„teils-teils"* antwortet. Daher scheint es gerechtfertigt, diese Antworten hier den Zweiflern am Sinn des Unterrichtsstoffes zuzuordnen.

558 Die hier mehrfach gezogenen *Umkehr- und Rückschlüsse* in der Interpretation der Befragungsergebnisse sind m. E. aus zwei Gründen unvermeidlich. Erstens werden die Items zitiert, die aus einer etwas anderen Forschungsperspektive entwickelt werden als der hier formulierten, also zum Beispiel aus dem Schulklima-Parameter der Schülergewaltforschung. Andererseits lassen sich die gesuchten Antworten direkt und quasi lupenrein gar nicht erhalten, da die befragten Schülerinnen und Schüler nicht in einer Laborsituation in die Schule gehen, sondern stets schon in der Auseinandersetzung mit den Anomien der schulischen Realität und ihrem Erfolgsstreben darin verstrickt sind. Man wird sie also in der Schulpraxis nie idealtypisch in den hier analytisch getrennten Stadien antreffen: 1. positive Erwartungen an Schule, 2. Enttäuschung und Leiden unter schulischem Anomiedruck, 3. Bewältigungsreaktionen darauf.

Fragt man, wie die Schülerinnen und Schüler zur *Form* des schultypischen Lernens stehen, zu seinen Grundregeln, den Noten und der Konkurrenz, belegen die Schülerbefragungen zum Schulklima überwiegend eine positive Einstellung. Holtappels' Untersuchung enthält eine ganze Reihe Items zur Einstellung der Schülerinnen und Schüler zu schulischen Normen. Hier einige markante Beispiele aus der Studie von 1987:

Tabelle 9: Akzeptanz von Schulnormen zu Ordnung und Fairneß durch Schülerinnen und Schüler [559]

Item n = 759	Stimmt	Stimmt nicht
Schul- und Hausordnungen muß man beachten. (+)	70,9%	29,1%
Ich finde es nicht richtig, andere Schüler zu ärgern. (+)	68,5%	31,5%
Ich finde, daß man sich den Lehrern gegenüber ruhig etwas respektvoll benehmen sollte. (+)	71,8%	28,2%
Ich finde, man sollte den Lehrern immer die Wahrheit sagen. (+)	55,0%	45,0%
Ich finde, es ist nicht zuviel verlangt, im Unterricht immer aufpassen und mitarbeiten zu müssen. (+)	60,1%	39,9%
Ab und zu kann man ruhig mal die Schule schwänzen. (-)	24,4%	75,6%
Warum soll man sich für die Schule groß anstrengen? Hauptsache man kommt über die Runden. (-)	23,6%	76,7%
Die Schüler sollten möglichst den Unterricht nicht stören; eine gewisse Disziplin muß schließlich sein. (+)	74,2%	25,8%

Die Mehrheit der befragten Durchschnittspopulation der Schülerinnen und Schüler bejaht die schulspezifischen Normen, und zwar sowohl die rein disziplinarischen Normen (Hausordnung) als auch die sozialen (Mitschüler nicht ärgern) als auch die auf die Lernprozesse unmittelbar bezogenen (Unterricht nicht stören) Normen. Umgekehrt und damit bestätigend wird den verneinenden Fragen nur von der Minderheit eines Viertels der Schülerinnen und Schüler zugestimmt. Insgesamt werden die normativen Rahmenbedingungen des Unterrichtes damit überwiegend akzeptiert.

Die beiden Erhebungen zum Thema Schulklima stellen keine gezielten Fragen zu den *Zensuren*. Deshalb erfolgt hier ein Rückgriff auf Interview-Fragmente, die die Arbeitsgruppe Schulforschung im Jahre 1980 mit 40 Schülerinnen und Schülern unter dem Titel „Leistung und Versagen. Alltagstheorien von Schülern und Lehrern" veröffentlicht hat. Danach üben nach Meinung versagender Hauptschülerinnen und -schüler die Zensuren eine Art *notwendigen Zwang* aus.[560] Auf die Frage nach der Vorstellung einer freien Schule:

> **Interview 1:** [561]
> „Das kann ich mir sehr schlecht vorstellen. Weil, man ist jetzt so gewöhnt an diesen Typ von Schule. Ich kann mir vorstellen, daß das ganz prima ist, daß man dann aber vielleicht nicht das Leistungsziel erreicht, was man hier erreicht."

559 Quelle: Holtappels 1987, S. 218, Tabelle 40: Normdistanz.

560 Vgl. AG Schulforschung 1980, S. 49 f.

561 Quelle: AG Schulforschung 1980, S. 50.

Auf die Frage, was ist schlimm an der Schule?

Interview 2: [562]

„Hauptsächlich die Zensuren. Hängt ja immer davon ab, ob man 'n Schuljahr weiterkommt und an dem Beruf später ... Is nicht gut, aber muß sein, wie soll man et sonst machen, sonst würde ja jeder einmal in der Ecke sitzen und einer macht Quatsch. Ja, is klar, beschissen findets jeder. Aber das wird man dann später bereuen, wenn man keinen Beruf kriegt oder so."

Gute Hauptschülerinnen und -schüler beantworten die Frage nach einer Schule ohne Noten so:

Interview 3: [563]

„Ja, dann hat die Schule ja keinen Sinn mehr, wenn et keine Noten mehr gibt, dann würden se alle nur da rumhängen und lesen oder malen oder quasseln oder sonst wat."

Interview 4: [564]

„Nee, was nützt das, wenn man keine Klassenarbeiten mehr schreibt und keine Zensuren kriegt, da braucht man ja gar nicht erst in die Schule zu gehen, da hat man ja nichts von. (...) Wenn es jetzt keine Zensuren gibt, dann lohnt es sich ja gar nicht, überhaupt in die Schule zu kommen."

Erfolgreiche Hauptschülerinnen und -schüler sehen nach Auffassung der AG Schulforschung den Sinn der Schule schlechthin in den Noten als Belohnung aller Anstrengungen.[565] Versagende Gymnasiasten antworteten auf die Frage nach einer Schule ohne Noten oder was schlimm an der Schule ist beispielsweise:

Interview 5: [566]

„Ich finde das nicht schlecht. Keine Zensuren ... Trotzdem, da wird man ja richtig gereizt, nichts zu tun, wenn man nichts dafür bekommt. Ja zum Beispiel Kunst ..."

Versagende Gymnasiasten haben nach Einschätzung der Forschungsgruppe das Konzept von Leistungsbewertung überwiegend verinnerlicht, auch wenn sie selbst die gesetzten Leistungsziele nicht erreicht haben.[567] Verinnerlicht haben das Konzept aber auch die guten Schülerinnen und Schüler. Dafür steht zur Frage nach einer Schule ohne Zensuren und Klassenarbeiten die folgende Äußerung der 14-jährigen Angelika, die nach Meinung der Forscher repräsentativ ist für eine erfolgreiche Gymnasiastin:

Interview 6: *„Da gibt es ein Für und Wider ..."* [568]

„Ja, da gibt es ein Für und Wider. Für: Also da werden schlechten Schüler eben nicht mehr so schlecht, und Wider: Man kann nicht mehr die Leistungen bringen wie vorher, weil man eben ... der Lehrer weiß zwar in etwa, wie die Leistungen sind, aber das kann genauso gut eben nur stures Auswendiglernen sein während man in der Arbeit, da kann man manchmal echt beweisen, was man kann. So ... wenn man dann Arbeiten so ohne Zensuren macht oder so, dann wer-

---

562 Quelle: AG Schulforschung 1980, S. 42.
563 Quelle: AG Schulforschung 1980, S. 54.
564 Quelle: AG Schulforschung 1980, S. 60.
565 Vgl. AG Schulforschung 1980, S. 60.
566 Quelle: AG Schulforschung 1980, S. 66.
567 Vgl. AG Schulforschung 1980, S. 68.
568 Quelle: AG Schulforschung 1980, S. 71.

den die nachher alle auf einen Stand gesetzt, alle Schüler, jedenfalls in etwa, nicht so nach Leistungen, Zensuren ... und dann hat man nicht mehr die Möglichkeit, später mal das zu werden, was man eigentlich könnte, wenn man die Fähigkeiten dazu hat."

Obwohl sie an der Spitze der Hierarchie des dreigliedrigen Schulsystem steht, betont diese Schülergruppe nach der AG Schulforschung die Selektionsfunktion der Noten am meisten: „Diese Schüler stehen vor dem Widerspruch, einmal die negativen Auswirkungen von Zensuren kritisch zu reflektieren, aber andererseits ziehen sie einen Teil ihrer persönlichen Bestätigung aus dem Erfolg in der Schule."[569] Offenbar sehen sie in der Festschreibung und Fortschreibung ihrer schulischen Notenerfolge eine Sicherung künftigen Berufserfolge.

Inwiefern das grundsätzlich positive Verhältnis der Schülerinnen und Schüler zur schulischen *Notenkonkurrenz* auch ihr *Selbstbewußtsein* beeinflußt, läßt sich mit Befragungen und Studien zur Entwicklung des Selbstbewußtseins im Verhältnis zu den erlangten Noten und Positionierung in der jeweiligen Klasse belegen. Hierzu werden in der hessischen Studie die Aussagen von „Schulversagergruppen" mit Aussagen von „Nicht-Versagern" verglichen:

Tabelle 10: Mittelwertvergleiche über die psychosoziale Situation von verschiedenen „Schulversager-Gruppen" im Vergleich zur Schüler-Normalpolulation: Signifikanz auf 5%-Niveau[570]

Item	Schulform-absteiger A n = 127	Klassenwie-derholer B n = 382	Versetzungs-gefährdete C n = 261	übrige Schüler D n = 2.274	Signifikanz zwischen den Gruppen
Soziale Etikettierung	2,06	2,12	2.23	1,80	D-ABC
Schulunlust	2,95	2,93	3,00	2,76	D-ABC
Schulangst	2,87	2,97	3,19	2,82	C-A/D-C
niedriges Selbstvertrauen	2,25	2,42	2,65	2,26	C-B/D-BC
Außenseiter	1,91	1,98	1,99	1,81	D-BC
Selbstwertgefühl	3,71	3,59	3,44	3,73	C-A/D-BC
Mangelnde Selbstbe-herrschung	2,60	2,60	2,76	2,41	D-BC

Die Antworten bestätigen, was auch andere Forschungsergebnisse belegen,[571] daß die innerschulische Noten- bzw. Leistungsentwicklung für die Ausbildung von *allgemeinen* und *speziellen Fähigkeits-Selbstkonzepten* der Schülerinnen und Schüler von besonderer Bedeutung ist. Eine wichtige Rolle scheint dabei zu spielen, daß „Abweichungen in den Leistungsan-

---

569 AG Schulforschung 1980, S. 81.

570 Quelle: Tillmann u.a. 1999, S. 251, Tab. 7.4: Mittelwertvergleiche über die psycho-soziale Situation verschiedener Schulversagergruppen und Nichtversagern (einfaktorielle Varianzanalyse) im arithmetischen Mittel. Es wurde hier die Reihenfolge der Items geändert. Zur Erläuterung der Berechnungsweise: Die Skala *„Schulunlust"* besteht aus sechs Items (Cronbachs Alpha .74), die Skala *„Schulangst"* aus fünf Items (.81), die Skala *„niedriges Selbstvertrauen"* aus drei (.53), die Skala *„Selbstwertgefühl"* aus neun (.81). Die Skala beruht auf Unterskalen, die in der Studie unter Tab. 7.5 und 7.6 wiedergegeben sind (S. 256/257) und im Anhang unter *„Individuelle Persönlichkeitsmerkmale"* (S. 362-364) und unter Hinweisen auf Wolny 1983, Todt/Busch 1994, Fend u.a. 1976 und Wieczerkowski u.a. 1975. Hinweise zu den benutzten Auswertungsverfahren finden sich dort in Kap. 3.2.3.3.

571 Vgl. Hurrelmann 1971, S 197 ff; Brusten/Hurrelmann 1973, S. 150 ff; 214 ff; Pekrun 1985 und 1987; Faber 1989, Buff 1991; Tillmann 2000, S. 150 ff.

forderungen (...) demnach bei einem Großteil der Betroffenen auch soziale Diskriminierungen und Stigmatisierungen nach sich (ziehen).“[572]

Dann zeigt sich, daß das Selbstvertrauen, aber auch das Selbstwertgefühl von Klassenwiederholern oder Versetzungsgefährdeten signifikant geringer ist als das der Gruppe der ungefährdeten Schülerinnen und Schüler.[573] Auffällig ist aber noch mehr, daß die auf das Selbstkonzept verweisenden Werte bei Schulformabsteigern, also den *objektiven Schulverlierern*, und den „Nicht-Versagern“ fast *gleich* sind. Tillmann u.a. deuten dies doppelt: Entweder stütze der neue „Bezugsgruppeneffekt“ und die relativ besseren Leistungen in dem neuen Schultyp die psychische Stabilisierung oder aber diese Schülerinnen und Schüler stabilisieren ihre Identität durch oppositionelles Verhalten zur schulischen Kultur, da nämlich ihre Gewalt- und Devianzwerte sehr hoch seien.[574] Für die zweite Deutung könnte sprechen, daß die Selbstbeherrschungswerte sämtlicher „Schulversager-Gruppen A, B und C“ in Tab. 10 signifikant geringer sind als die der Nichtbetroffenen“.[575]

Matthias Jerusalem und Ralf Schwarzer[576] wie auch Alex Buff[577] haben unter der Fragestellung von „Schule und Persönlichkeitsentwicklung“ speziell zur *Selbstkonzep entwicklung* in verschiedenen Lernumwelten geforscht, insbesondere zum Bezugsgruppenwechsel. Jerusalem/Schwarzer stellten dabei einen „wachsenden Einfluß des Leistungsrangplatzes auf die Selbstkonzeptentwicklung“ fest.[578] Buff differenziert aus, daß die dafür bedeutende *Vergleichsgruppe* in den ersten Schuljahren vorwiegend die *eigene Schulklasse* ist. Dies erkläre, weshalb das Fähigkeits-Selbstkonzept von *positiv* selegierten Schülerinnen und Schülern, die von der Grundschule in neu kombinierte Gymnasialklassen wechseln, erst einmal sinkt, während es bei den *negativ* Selegierten, das heißt den verbliebenen Hauptschülerinnen und -schülern, *steigt*, weil sie nach dem Ausscheiden der besseren Mitschüler auf höhere Schultypen nun frei von deren Konkurrenzdruck lernen können. Andererseits gibt Buff zu bedenken, daß sich diese gestiegenen Fähigkeits-Selbstkonzept-Werte als ein „kurzfristiges Phänomen“ erweisen könnten, wenn sich mit zunehmendem Alter die Vergleichsperspektive erweitere und etwa „Realschüler zu merken beginnen, welche Zukunftsoptionen ihnen verschlossen sind“.[579]

Zusammenfassend läßt sich mit diesen Forschungsergebnissen jedenfalls belegen, daß die Schülerinnen und Schüler überwiegend eine *positive und erwartungsvolle Schüler perspektive* zur Schule, zum Lernstoff sowie zu den institutionalisierten Regeln einnehmen und

---

572 Tillmann u.a. 1999, S. 251 f.

573 Ähnlich sind die Ergebnisse einer Studie von *Hurrelmann "Unterrichtsorganisation und schulische Sozialisation. Eine empirische Untersuchung zur Rolle der „Leistungsdifferenzierung" im schulischen Selektionsprozeß"*, die im Jahre 1971 erschien, vgl. S. 197 ff. Die Studie basiert auf Befragungen von 712 Schülerinnen und Schülern der 7. Klassen an acht Hauptschulen in NRW, zur Hälfte mit und zur Hälfte ohne Leistungsdifferenzierung. Benutzt wurde u.a. ein Fragebogen zur Erfassung des Selbstwertgefühls.

574 Vgl. Tillmann u.a. 1999, Tab. 7.3 und 7.4, S. 251.

575 Die Veröffentlichung (S. 215) stellt in der Tabelle 7.4 hier entgegen den wiedergegebenen Werten nur eine Signifikanz zwischen D mit BC fest, obwohl die Werte der Gruppe A mit denen der Gruppe B identisch sind. Ein Schreibfehler?

576 Vgl. Jerusalem/Schwarzer 1991.

577 Vgl. Buff 1991.

578 Vgl. Jerusalem/Schwarzer 1991, S. 121.

579 Buff 1991, S. 112.

sich von alledem ihren Nutzen versprechen. Am eindrucksvollsten belegen dies die Antworten aus Tabelle 3, wonach 94% der 3.304 befragten Schülerinnen und Schülern jedem bei „etwas Anstrengung"„guten Chancen" zum Durchkommen zusprechen. Überwiegend positiv sind auch die übrigen Schülererwartungen an sinnvolle Lernangebote (vgl. Tab. 4, 5, 6, 7, 8).

Vergleicht man nun die empirisch belegten positiven Schüleraspirationen mit den analysierten institutionellen Abläufen in der Schule (vgl. Kap. 5.2), lassen sich die Aspirationen sogar als eine *positiv voreingenommene* Schülerperspektive zum schulischen Lernen bezeichnen. Das Schülerbild von Schule ist offenbar optimistisch *gefärbt.*[580] Im Hinblick auf die erhebliche Differenz zwischen meist hohen Schülererwartungen und dem selektiven schulischen Lernangebot kann man auch sagen, daß die Schülerinnen und Schüler ein sachlich nicht adäquates Bewußtsein von Schule haben. Aus ihrer Schülerperspektive erwarten sie jedenfalls nicht, was auf sie zukommt, nämlich die schematische Unterordnung ihrer Lernleistungen unter die Noten-Normalverteilung. Für das Auseinanderfallen von selektiver Behandlung durch die Schulstrukturen und dem persönlichen Optimismus gegenüber der Schule als „guter Chance" bei der Mehrzahl der Schülerinnen und Schüler liefern die genannten Untersuchungen zu den Fähigkeitsselbstkonzepten, aber auch die Befragungsergebnisse zum Selbstwertgefühl eine plausible Auflösung (vgl Tab.10). Die Untersuchungen besagen, daß das Bezugsfeld der Entstehung dieser Teil-Selbstkonzepte primär die eigene *Schulklasse* ist und nicht die ganze Realität der verschiedenrangigen Schultypen. Dieser subjektiv stark verengte Horizont führt dazu, daß das Selbstwertgefühl von Schulformabsteigern ebenso hoch ist wie das der „übrigen" Schüler,[581] obwohl sie einen schulischen Abstieg verkraften müssen. Dieser Befund korrespondiert mit dem Absinken des Fähigkeitsselbstkonzepts bei den Schulformaufsteigern. Tabelle 10 zeigt auch den engen zeitlichen Horizont, in dem Schüler ihre Verlierer-Position realisieren: Die schulisch akut 'Gefährdeten' (Gruppe B und C) reagieren mit mehr Angst, niedrigerem Selbstvertrauen und geringerem Selbstwertgefühl als die wirklich 'geschädigten' Schulformabsteiger (Gruppe A). Bestätigt werden solche paradoxe Selbsteinschätzungen der Schülerinnen und Schüler auch, wenn nach Tabelle 4 die real eher chancenlosen Haupt- und Realschüler ihre „Erfolgschancen" erkennbar höher einschätzen als sämtliche Gymnasialschüler. Die schülertypisch verkürzte Perspektive erleichtert es ihnen offenbar, sich von der Schule entgegen allen praktischen Erfahrungen eine gerechte Anerkennung ihrer *individuell* erbrachten *Lernleistungen* in Noten zu erwarten, so daß ihr subjektives Schulziel, nämlich ihr persönlicher *Schul*erfolg in guten Noten, insoweit unbeirrt bestehen bleibt.

Insgesamt führt diese verengte Schülerperspektive dazu, daß die meisten Schülerinnen und Schüler ihre jahrelang erfahrene schulorganisatorische Einbindung und pädagogische *Vereinnahmung* einerseits und ihre erbrachten Anstrengungen, ihr „diszipliniertes" Lernen und *Mitmachen* andererseits (vgl. Tab. 9) als eine einzige Bestärkung dafür registrieren, daß die Schule insgesamt doch ihrem *persönlichen Nutzen* dient. So werten sie Vorgänge in ih-

---

580 Vgl. die Doppelfunktion der Kategorie des „Self-esteem" (unten Kap. 2.2.3) und bei Hurrelmann (unten Kap. 2.4.2).

581 Dies gilt hier noch ungeachtet der Frage, ob sie dieses Selbstwertgefühl aus ihren relativ besseren Leistungen ohne den Konkurrenzdruck der besseren Schüler oder durch kompensatorische Aktivitäten gewinnen (vgl. Tillmann u.a. 1999, S. 251).

rem Sinne um, die aus der Perspektive der Institutionenanalyse die Einordnung ihrer Lernleistungen und damit die Unterordnung ihrer Chancen unter die Benotungs-Schematismen darstellen. Als Hintergrund für diese optimistische Perspektive läßt sich die Schulpflicht erschließen, die die Schule für junge Menschen zur alternativlosen Instanz macht, aus sich und ihrem späteren Leben etwas zu machen. Weil sie nach den Befragungsergebnissen in der Schule ihren Erfolg für sich, für ihr Leben außerhalb der Schule und für ihr späteres (Berufs) Leben suchen (vgl. Tab. 5, Item 64, 122, und indirekt Tab. 6, Var. 136, 148), fühlen sie sich durch ihre ständige Beschulung und Benotung in ihrer Auffassung *bestärkt*, daß die Schule grundsätzlich auch eine auf sie zugeschnittene Institution der *Beförderung* ihres Fortkommens sei. Der dominante Eindruck von Schule auf sie zeigt sich auch darin, daß Schülerinnen und Schüler ihre *innerschulische* Bewertung in eine Bewertung ihres *Personenwertes* umdeuten, indem sie ihre Leistungsrangplätze nicht nur in spezielle Fähigkeits-Selbstkonzepte übersetzen, sondern in ihr *generelles „Selbstwertgefühl"* als Person. Schlechte *Schul*leistungen werden im gleichen Sinne zu *sozialen* Diskriminierungen und Stigmatisierungen verdoppelt und gute umgekehrt zur „gerechten", also persönlich *verdienten* Zuteilung von Noten und Chancen (vgl. Tab. 3, Item 171, 172 mit Tab. 4).

Wenn sie also die Schule besuchen, dann tun sie das überwiegend mit verzerrten Aspirationen, für deren Einlösung sie ihre Kraft und ihr alltägliches praktisches Streben als Schülerinnen und Schüler einsetzen.[582] Dieses Streben, das ihre schulpflichtige Kindheit und Jugendzeit dominiert, ist zugleich ihr vorgegebenes *und* akzeptiertes praktisches Lebensziel. Ihre subjektive Perzeption des Wertes „Bildung" ist für sie damit nicht nur ihr persönlicher Erfolg *in* der Schule, also ihr *Schul*erfolg. Ihr *subjektives* Schulziel ist letztlich ihr durch Schule erstrebter *persönlicher* Erfolg.

5.3.3 Lernen unter Zeit- und Notendruck als subjektiv-anomisches Anforderungsprofil

Die genannten Befragungen belegen, daß die Schülerinnen und Schüler auch die schultypischen Prozeduren der Erfolgsmessung als für sich *geeignet* einschätzen und sie grundsätzlich bejahen. Auf der anderen Seite sind diese Prozeduren nach der Institutionenanalyse Instrumente der Selektion, also der etikettierenden Auf- und Abwertung der Schülerleistungen unter Zeit- und Notendruck (vgl. Kap. 5.2.2/5.2.4). Es fragt sich daher, *inwiefern* Schülerinnen und Schüler die sie beschränkende, selektive Umsetzung des schulischen Lernangebotes durch Lernen unter dem Leistungsdruck durch Zeitmangel und Notenkonkurrenz wahrnehmen, *obwohl* ihnen die Schule grundsätzlich als ein nützliches Vehikel ihres Persönlichkeitserfolges gilt.

Die genannten Untersuchungen befragen die Schülerinnen und Schüler zum Themenkomplex Lernen mit schematischem Zeitdruck, Leistungsdruck, Lernstreß etc. unter den Oberbegriffen „Schulklima"[583] oder „Lernkultur"[584]. Aus Holtappels' Befragungen zur Schülerwahrnehmung von schulischem Leistungsdruck folgen nun einige Ergebnisse:

---

582 Vgl. Hurrelmann 1995, S. 167; Thomas/Swaine (1970): *„If men define a situation as real, it is real in its consequences."*

583 Vgl. Holtappels 1987, S. 81 ff, 168 ff.

Tabelle 11: **Leistungsdruck aus der Schülerperspektive (in Mittelwerten (x) und Prozentanteilen)** [585]

Antwortvorgaben und Punktwerte bei positiven/negativen Items:

Stimmt ganz genau	= 1 (+) / 5 (-)
Stimmt so ziemlich	= 2 (+) / 4 (-)
Teils / teils	= 3 (+) / 3 (-)
Stimmt eigentlich nicht	= 4 (+) / 2 (-)
Stimmt überhaupt nicht	= 5 (+) / 1 (-)

Var.Nr.	Items	x	Zustimmung (+) bzw. Ablehnung (-) (Wert 4 + 5) in %
V 149	Ich finde, man muß sich kaum anstrengen, um in der Schule mitzukommen. (+)	4,02	79,1 (-)
V 160	Mir macht es nicht viel aus, daß man laufend Tests schreiben muß. (+)	3,63	61,6 (-)
V 129	In unserer Schule kann man sich kaum leisten, krank zu werden, da man sonst den Anschluß verpaßt. (-)	3.30	50,5 (+)
V 161	Viele Fächer machen keinen Spaß mehr, weil man doch nur für Prüfungen lernen muß. (-)	3,13	44,1 (+)
V 133	Oft schafft man es gar nicht, alle Hausaufgaben zu machen. (-)	3,06	44,1 (+)
V 157	Nach Erledigung der Hausaufgaben bleibt noch genügend Freizeit. (+)	2.90	36,5 (-)
V 137	Wenn man nicht am Wochenende lernt, schafft man kaum das, was verlangt wird. (-)	2,85	36,1 (+)
V 159	Mir macht es zu schaffen, daß man dauernd damit rechnen muß, im Unterricht abgeprüft zu werden. (-)	3,18	45,3 (+)
V 145	Die Prüfungen kommen oft zu überraschend und unerwartet. (-)	2.23	16,7 (+)

Holtappels wertet die in der Tabelle 11 dokumentierten Befragungsergebnisse als Bestätigung seiner Hypothese zur „Dominanz des Leistungsprinzips in der Schule", wonach die Schulsituation subjektiv für die Schülerinnen und Schüler zur „*Streß*-Situation" werde: „Die schulischen Leistungsanforderungen nehmen die Schüler tendenziell als Leistungsdruck war."[586] Seine Untersuchungen ergeben: 79,1% aller befragten Schülerinnen und Schüler, also zwangsläufig auch erhebliche Teile der „guten", verneinen die Aussage entschieden, daß es keiner Anstrengung bedürfe, in der Schule „mitzukommen". Die Antworten auf Item 133 bestätigen, daß sich 44,1% mit ihren Hausaufgaben überfordert fühlen. 50,5% der Befragten bejahen in Item 129 sogar, daß man sich aus Angst, „den Anschluß" zu verpassen, „kaum leisten kann", krank zu werden. Zwar zeigt die Antwort auf Item 145, daß das Überraschungsmoment von Prüfungen als solches nicht das Problem der meisten Schülerinnen und Schüler ist (16,7%), möglicherweise, weil sie aus Erfahrungen wissen oder ahnen, wann Prüfungen anstehen. Item 159 wird dagegen von 45,3% der Schülerinnen und Schüler bejaht, d.h. daß die Kalkulation auf notenrelevante Prüfungsfragen für knapp die Hälfte der Befragten eine andauernde Belastung beim Lernen darstellt. Sogar 61,6% macht es nach den Antworten auf V 160 etwas aus, laufend Tests schreiben zu müssen. Die schulische Wissensvermittlung nehmen Schülerinnen und Schüler damit nicht nur als eine *Heraus*forderung ihrer vorhandenen Lernbereitschaft wahr (vgl. Kap. 5.3.2), sondern als

584 Vgl. Tillmann u. a. 1999, S. 204 ff.
585 Quelle: Holtappels 1987, S. 96, Tabelle 11 (Leistungsdruck) Auszug.
586 Holtappels 1987, S. 95.

ihre permanente *Über*forderung mit dem Gefühl, dem Unterrichtsstoff ***hinterherzulaufen.*** Die Verwandlung ihrer „Freizeit" und „Wochenenden" in Lernzeit, also in Schulzeit, bestätigen immerhin über ein Drittel (vgl. V 137). Nach diesen Antworten verwundert es kaum, daß 44,1% der Schülerinnen und Schüler in V 161 angeben, daß das Lernen auf Prüfungen den „Spaß" am Lernen verderbe. Aufschlußreich hierfür sind Befragungsergebnisse von Holtappels zur „Rhythmisierung und Standardisierung der Lernprozesse" und zum „Lehrerengagement":

Tabelle 12: Zeitdruck im Unterricht aus der Schülerperspektive (Mittelwerte (x) und Prozentanteile) [587]

Var.Nr.	Items	x	Zustimmung (+) bzw. Ablehnung (-) (Wert 4 + 5) in %
V 138	Wenn wir als Schüler mal bestimmte Ideen einbringen wollen, bleibt oft keine Zeit, weil der Lehrer seinen Stoff durchziehen muß. (-)	3,45	54,7 (+)
V 126	In so einer kurzen Unterrichtsstunde versteht man oft den Stoff gar nicht richtig. (-)	3,08	39,7 (+)
V 122	In 45 Minuten haben die Lehrer kaum Zeit, sich überhaupt mit einem zu befassen, wenn man Fragen oder Schwierigkeiten mit den Aufgaben hat. (-)	3,07	40,5 (-)
V 316	Auf Schüler, die nicht mitkommen, wird bei uns wenig Rücksicht genommen. (-)	2,52	22,5 (+)

Der schulisch produzierte Zeitdruck beim Lernen beziehungsweise der Umstand, daß das Kriterium ihrer Unterrichtung nicht darin besteht, daß sie den Stoff richtig verstanden haben, wird von den Schülerinnen und Schülern als „Sachzwang" interpretiert, dem auch der Lehrer, also der Produzent dieses Zwangsverhältnisses, unterliege. Dessen Aufgabe sei es nach Auffassung der Mehrheit aller befragten Schülerinnen und Schüler, „seinen Stoff durchzuziehen", womit sie als gegeben hinnehmen, daß ihr individueller Lernerfolg weder das Maß noch das Ziel des Unterrichts ist. Speziell zur subjektiv empfundenen Überlastung mit *Hausaufgaben* stellt Holtappels verschiedene Fragen. Eine Fragerichtung betrifft - unter dem Aspekt „selbstberichtete Normverstöße" - die Häufigkeit dieser Belastung:

Tabelle 13: Normwidriger Umgang mit Hausaufgaben durch Schülerinnen und Schüler [588]

Normverstöße-Item n = 759 Liste 1	Anteil der Schüler mit Normverstoß *)	*davon:* wenige Male im Monat	mehrmals pro Woche/ jeden Tag
Hausaufgaben nicht machen oder abschreiben.	81,2%	44,5%	36,7%
Im Unterricht Hausaufgaben für ein anderes Fach machen.	71,4%	39,7%	31,7%

*) Der jeweils auf 100% fehlende Prozentanteil umfaßt die Schülerinnen und Schüler, die angeben, den jeweiligen Normverstoß nicht bzw. kein Mal begangen zu haben.

587 Quelle: Holtappels 1987, S. 86 (Tabelle 7) und S. 99 (Tabelle 12 = Var. Nr. 316).

588 Quelle: Holtappels 1987, S. 229, Auszug aus Tabelle 41: „Selbstberichtete Normverstöße".

Fragen zur Hausaufgabenbelastung stellt Holtappels zusätzlich nach Schülergruppen differenziert, nämlich nach Schülerinnen und Schülern mit niedriger und hoher schulbezogener Problembelastung. Unter „schulbezogener Problembelastung" faßt er schlechte Noten, Versetzungsgefährdung, Klassenwiederholung zusammen. Daraus zwei Ergebnisse:

Tabelle 14: Umgang mit Hausaufgabenbelastung nach Problembelastung der Schülerinnen und Schüler [589]

Normverstöße-Item n = 452 Liste 1	**Individuelle schulbezogene Problembelastung** niedrig (n = 196)	 hoch (n = 256)	**Signifik.** p <
Hausaufgaben nicht machen oder abschreiben	21,4%	49,6%	0.001
Im Unterricht Hausaufgaben für ein anderes Fach machen.	14,3%	44,9%	0.001

In der Interpretation der Tabellen 13 und 14 geht es hier nicht um Fragen von Normverstößen, sondern darum, daß das Nichtanfertigen von Hausarbeiten ein Beleg dafür ist, daß die Schülerinnen und Schüler das Lernangebot der Schule, zu dem das Einüben und Vertiefen in Hausaufgaben dazugehört, nicht optimal wahrnehmen. Wenn nach Tabelle 13 über ein Drittel (36,7%) von ihnen „mehrmals pro Woche/jeden Tag" ihre Hausaufgaben nicht machen oder abschreiben und dies bei 81,2% mindestens mehrfach monatlich der Fall ist, dann ist das Nichtanfertigen von Hausaufgaben für sie keine Ausnahme. Wenn etwa ein Drittel (31,7%) der Befragten täglich und weitere 39,7% mehrfach monatlich ihre Hausaufgaben für ein bestimmtes Fach im Unterricht eines anderen Faches zu machen versuchen, wo sie dann den Stoff verpassen, dokumentiert diese Art des Umgangs mit Hausaufgaben das „*Hinterherlaufen*" hinter dem Stoff. Wenig hilfreich für den eigenen Lernfortschritt ist es auch, eigene Lernbemühungen zu umgehen, indem man Hausaufgaben bei anderen „abschreibt". Beide Umgangsformen mit dem Leistungsstreß sind zwar weit verbreitet, aber bei problembelasteten Schülerinnen und Schülern in ungleich höherem Maße, nämlich beim Abschreiben doppelt so häufig, bei Hausaufgaben im Unterricht drei Mal so häufig. Speziell für Schülerinnen und Schüler, die ohnehin mit Schulproblemen belastet sind, wird daraus ein sich verstärkender Zirkel des Lernrückstandes.[590]

Holtappels bringt schließlich ein Interview-Fragment, das eine weitere Konsequenz aus dem sachfremden Zeitdruck bei der Wissensreproduktion bestätigt, nämlich eine daraus entstehende Selbstblockade der Schülerinnen und Schüler:

Interview 7: *„Dann kommt man gar nicht weiter"* [591]

> **Markus**: „Und dann guckt man auf die Uhr und denkt: 'Mensch du hast nicht mehr viel Zeit, beeil dich' und wenn man sich das selbst so einredet, dann kommt man gar nicht weiter."

Zehn Jahre später, Ende der 90er Jahre, scheint sich der Leistungsstreß des Lernens eher noch verschärft zu haben. Hierzu einige Untersuchungsergebnisse aus der hessischen Schülerbefragung zu entsprechenden Themen der „Lernkultur", nämlich Items der Skalen „Schülerorientierter Unterricht" (72-74) und „Leistungsdruck" (169, 170).

---

589 Quelle: Holtappels 1987, S. 275, Auszug aus Tabelle 53: „Schulbezogene Problembelastung".
590 Vgl. Brusten/Hurrelmann 1973, S. 22 f; ähnlich Holtappels 1987, S. 317 ff, 329 f.
591 Quelle: Holtappels 1987, S. 240.

Tabelle 15: **Zeit - und Leistungsdruck im Unterricht aus der Schülerperspektive** [592]

Itemformulierung	Antwortvorgaben		n = 3.392/ 3.323		
	Stimmt ganz genau	stimmt überwiegend	teils - teils	stimmt überwiegend nicht	stimmt gar nicht
72. Die meisten Lehrer(innen) machen den Unterricht nicht anschaulich, so daß man keinen guten Durchblick bekommt.	5,6%	17,7%	40,5%	27,8%	8,5%
73. Im Unterricht gehen die Lehrer(innen) oft viel zu schnell vor, man kommt gar nicht mit.	9,4%	18,5%	35,2%	26,5%	10,5%
74. In den meisten Unterrichtsstunden kommt bei den Schülern(innen) Langeweile auf.	18,8%	29,5%	36,3%	12,8%	2,6%
169. Mir macht es zu schaffen, daß man dauernd damit rechnen muß, im Unterricht abgeprüft zu werden.	11,3%	19,7%	39,8%	19,7%	9,6%
170. Oft schafft man es gar nicht, für alle Fächer zu lernen und auch die Hausaufgaben zu machen.	17,8%	22,6%	32,0%	17,3%	10,2%

Erhebliche Überlastungsprobleme durch Hausaufgaben haben nach Item 170 der Tabelle 15 insgesamt 40,4% der Schülerinnen und Schüler (17,8% + 22,6%); völlig verneint wird die Frage lediglich von 10,2% und größtenteils verneint von weiteren 17,3% der Befragten. 70,8% der Schülerinnen und Schüler räumen auf Item 169 mehr oder weniger ein, daß der Prüfungsdruck ihnen „zu schaffen" mache. Nur ein Drittel der Befragten verneint, daß der Unterricht einem „keinen guten Durchblick" vermittele. Das heißt umgekehrt, daß zwei Drittel verschieden große Schwierigkeiten mit dem Kernelement von Schulunterricht einräumen, nämlich den Stoff zu begreifen. Der Mehrzahl der Schülerinnen und Schüler werden offenbar Lernerfolgserlebnisse vorenthalten. Auf Item 73 antworten 9,4% + 18,5% = 27,9% bejahend, daß das Vorgehen im Unterricht *„viel zu schnell"* erfolge, während dies nur 10,5% eindeutig verneinen. Ein weiteres Drittel (35,2%) steht zu der Frage mit „teils-teils" unentschieden. Indem sie *„zu* schnell" in Item 73 bejahen, unterstellt das, daß die Schülerinnen und Schüler ein Maß dafür kennen und das kann hier nur ihr individuelles Auffassungsvermögen als Betroffene sein, das der Unterricht bei einem erheblichen Teil ignoriert („man kommt gar nicht mit"). Daß vor diesem Hintergrund 48,3% (Item 74: 18,8% + 29,5%) der Schülerinnen und Schüler „Langeweile" im Unterricht empfinden, ist möglicherweise auch eine *Folge* dessen, daß die „meisten Unterrichtsstunden" - also Unterricht ganz unabhängig vom jeweiligen Fach - an ihnen vorbei gehen. Sie folgen den Unterrichtsthemen nicht mehr. Der Lernvorgang hat sie *„abgehängt"*.

Daß sich dieser innerschulisch erzeugte Problemdruck bei denjenigen Schülerinnen und Schülern *verstärkt* aufbaut, die wegen ihres Sozialverhaltens oder ihrer schwachen Lernleistung zu den „Abweichlern" zählen, bestätigen Holtappels' Befragungen in eindrucksvoller Weise:

---

592 Quelle: Tillmann u.a. 1999, S. 210, Tabelle 6.8 (Items 72, 73, 74 = *„Schülerorientierter Unterricht"*), S. 211, Tabelle 6.9 (Items 169, 170 = *„Leistungsdruck"*).

Tabelle 16: Schulprobleme aus der Schülerperspektive im Vergleich von Normalpopulation und „Abweichlern“ [593]

Item: „Mit folgenden Dingen habe ich Probleme in der Schule“	„Normal population“ n = 538	Extremgruppe „Abweichler“ n = 174	Signifik. p<
Problemfeld Lernen:			
Es gibt zu wenig Unterricht in Fächern und Themen, die ich kann und gerne mache.	58,5%	72,5%	0,01
Den schwierigen Lernstoff kann ich nicht verstehen.	36,6%	53,0%	0,001
Ich habe kein Interesse an den Unterrichtsthemen.	16,6%	38,3%	0,001
Problemfeld Leistung:			
Prüfungen und Klassenarbeiten können mir Angst machen.	46,1%	44,9%	-
Der hohe Leistungsstreß macht mir zu schaffen.	38,6%	62,0%	0,001
Ich habe zu viele und zu schwierige Hausaufgaben.	24,7%	44,3%	0,001
Meine Chancen, einen guten Schulabschluß zu bekommen, sind gering.	22,9%	42,8%	0,001
Ich habe wenig Chancen, trotz Anstrengungen gute Noten zu bekommen.	17,5%	40,1%	0,001
Ich fühle mich während des Unterrichts unsicher oder habe Angst im Unterricht.	12,2%	19,2%	0,05
Problemfeld Sozialbeziehungen:			
Es gibt für mich zu viel Wettbewerb um gute Noten unter den Schülern.	26,9%	38,3%	0,01
Die Lehrer geben mir zu wenig Hilfestellung im Unterricht.	15,6%	31,3%	0,001

Wenn über die Hälfte der stigmatisierten Schülerinnen und Schüler (53,0%) angibt, den „schwierigen Lernstoff“ nicht zu verstehen, dann ist das ein Beleg für die Rücksichtslosigkeit des Unterrichts gegenüber ihrem individuellen Verständnishorizont, eine Rücksichtslosigkeit, die sie systematisch vom Lernerfolg ausschließt. Immerhin hat die „Normalpolulation“ der Schülerinnen und Schüler das gleiche Verständnisproblem zu einem Drittel (36,6%). Die hohe Quote des *Interesseverlustes* an den Unterrichtsthemen läßt sich bei beiden Schülergruppen als Folge interpretieren, wenn man die hohen Quoten des Leidens am Leistungsstreß (38,6% und 62,0%) ansieht.[594] Belastend hinzu kommen bei den stigmatisierten Schülerinnen und Schülern noch die wesentlich geringeren Hoffnungen auf einen guten Schulabschluß „trotz Anstrengungen“ (40,1% gegenüber 17,5%).

Die unter Tabelle 11 bis 16 wiedergegebenen empirischen Untersuchungsergebnisse bestätigen die Hypothese, daß die Effekte des Lernens unter Zeit- und Leistungsdruck aus der Schülerperspektive nicht nur ihr Begreifen des Lernstoffes vielfach behindern, sondern auch ihr *Interesse* am Lernstoff und am Lernen systematisch überfordern und eventuell sogar zum Erlöschen bringen. Zu einer ähnlichen Einschätzung kam nicht nur Holtappels,[595] sondern kamen auch andere Untersuchungen.[596]

---

593 Quelle: Holtappels 1987, S. 332, Auszug aus Tabelle 66: Problemwahrnehmung der Schüler im Vergleich zur Normalpopulation mit der Extremgruppe der „Abweichler“ (= hoch-kontrollbelastete und hoch-etikettierte Schüler).

594 Schon Fend bemerkte aufgrund seiner empirischen Arbeit zum „Schulklima“ dazu: „Leistungsdruck schlägt sich ... in affektiven Erlebnisformen, was Angst, Erfolgszuversicht, Gefühl des Ausgeliefertseins und Selbstwertgefühl angeht, nieder.“ (Fend 1977, S. 202)

595 Vgl. Holtappels 1987, S. 93 ff.

596 Vgl. AG Schulforschung 1980, die dies aus der Lehrerperspektive bestätigt; Lempp 1978, S. 19 f, 64 f.

Es fragt sich weiter, wie Schülerinnen und Schüler die auf den Lerndruck aufbauende *Notenkonkurrenz* wahrnehmen. Aussagekräftig sind hierzu die Befragungsergebnisse aus Hessen. Die Tabelle „Schüler-Schüler-Beziehung: Konkurrenz" enthält die Antworten von 3.326 Schülerinnen und Schülern zu folgenden Items:

Tabelle 17: **Konkurrenzprobleme unter den Mitschülern aus der Schülerperspektive** [597]

Itemformulierung	Antwortvorgaben n = 3.392/ 3.323				
	stimmt ganz genau	stimmt überwiegen d	teils - teils	stimmt überwiegend nicht	stimmt gar nicht
257. In unserer Klasse sieht jeder nur auf seinen eigenen Vorteil, wenn es um die Noten geht.	12,5%	21,2%	39,9%	18,8%	7,6%
258. Viele Schüler(innen) sind hier manchmal neidisch, wenn ein anderer bessere Leistungen hat als sie.	13,5%	20,7%	38,9%	18,9%	8,0%
259. In unserer Klasse versucht unter den Schüler(innen) jeder besser zu sein als der andere.	10,1%	14,6%	38,8%	24,8%	11,7%

Die eindeutig formulierten Konkurrenzfragen nach verbreiteten Noten-Egoismen, nach Konkurrenzneid und den Versuchen des wechselseitigen Übertrumpfens im Klassenverband in Tabelle 17 werden von 33,7% (Item 257), 34,2% (Item 258) und 24,7% (Item 259) der 3.392 befragten Schülerinnen und Schüler bejaht und nur von einem Viertel (Item 257/258) beziehungsweise einem Drittel (Item 259) verneint, und das nur zu sehr geringen Teilen mit der Entschiedenheit „stimmt gar nicht". Ein gutes Drittel antwortet mit „teils-teils" und bestätigt Konkurrenzdruck und Konkurrenzneid zumindest teilweise. Item 259 formuliert einen extremen Konkurrenzanspruch: Wenn „jeder besser sein möchte als der andere", dann gönnt genau genommen kein Mitschüler einem anderen irgendeinen Vorrang vor sich. Daß eine so hochgesteckte Anspruchshaltung massenhaft „Verlierer" definiert, liegt auf der Hand, denn danach gilt jeder Nicht-Beste bereits als Verlierer. Man sieht auch hier: Das Gegeneinander vor dem Lehrer im Konkurrenzkampf um die *obersten* Rangstellen ist vielen Schülerinnen und Schülern bewußt und wird von ihnen *positiv angenommen.* Kategorisch bestritten wird die Aussage nur von etwa einem Zehntel (11,7%). Im Bewußtsein der Mehrzahl der Schülerinnen und Schüler zählt *alleine die Rangfolge* in der Klasse und dabei vor allem der Spitzenplatz. Die darin notwendig eingeschlossenen Niederlagen werden nach Item 258 von einem großen Anteil (13,5% + 20,7% = 34,2%) eindeutig und einem weiteren Drittel (38,9%) teilweise mit dem Gefühl des Neides quittiert. Wenn „viele Schüler(innen)" „manchmal neidisch" sind auf ihre Konkurrenten, teilen sie die Einschätzung, daß den anderen die positive Leistungsbewertung nicht zu gönnen ist. Das Leiden an den Konkurrenzniederlagen bestätigt sich so als ein das Schülerempfinden prägendes Neidgefühl.

---

597 Quelle: Tillmann u.a. 1999, S. 223, Auszüge aus der Tab. 6.21: „Schüler-Schüler-Beziehung: Konkurrenz".

Analog zum vorangegangenen Abschnitt soll nun eine Interviewäußerung zur Illustration herangezogen werden. Auf die Frage der AG Schulforschung, „Was ist am schlimmsten an der Schule?", wird oft der Notendruck bei Klassenarbeiten genannt.

Interview 8: *„Der Druck des Zensierens drückt auf einen ..."* [598]

Schüler: „Ja in der Schule am schlimmsten ist immer mit den Diktaten ... Dann soll man schön schreiben, keine Fehler machen, die Kommas beachten, dann gibt es Flüchtigkeitsfehler, weil bei mir, dieselben Texte, können Sie drauf Gift nehmen, daß da zu Hause bloß 3 oder 5 Fehler drin sind. Also daß überhaupt in der Schule so ein Druck ist, das versteh ich nicht ...
Interviewer: „Was könnte man dagegen machen?"
Schüler: „Ja, wenn man die Arbeiten nicht zensieren würde, der Druck des Zensierens drückt auf einen vielleicht ein bißchen, denn ... man muß ja Angst haben, wenn ich jetzt eine Fünf habe, mein Gott, was erzählt mir meine Mutter dann wieder zu Hause. Ja, ich kriege hinterher ein Verbot oder Taschengeld gestrichen oder vielleicht sogar Prügel."

Die Auskünfte in den Tabellen 11 bis 17 sowie den Interviews 7 und 8 belegen, daß die Schülerinnen und Schüler die Unterrichtssituation sowie den Notendruck als *persönliche* Belastung erleben. Ihre persönliche Belastung besteht darin, daß der Druck des Lernens zwar zu wachsendem *Desinteresse* am Lernstoff führt, während ihr *Interesse* am Leistungserfolg in der Notenkonkurrenz unabhängig davon fortbesteht. Das Auseinanderfallen von Lerninteresse und Noteninteresse verstärkt ihren spezifischen „Schulstreß", da sie mit allen Mitteln versuchen, mit den schulischen Notenanforderungen zurechtzukommen, auch wenn ihr Wissen dafür nicht ausreicht. Erst dieses Spannungsverhältnis macht ihr persönliches Schulziel zu einem echten „Bewältigungsproblem" und einer Herausforderung für entsprechende „Anpassungsreaktionen", die ihren gesuchten Notenerfolg trotz und eventuell gegen den erlebten Lerndruck in der Schule sichern sollen.

Was objektiv-anomisch eine *organisierte* Selektion durch Anwendung der Notennormalverteilung auf die schulisch hergestellten Leistungsunterschiede ist, erscheint aus der *subjektiven* Schülerperspektive als *singuläres* Scheiternserlebnis. Gute und schlechte Schülerinnen und Schüler „scheitern" in Klassenarbeiten, schlechte „scheitern" endgültig in Versetzungskonferenzen, ganze Schülerjahrgänge „versagen" an der marktwirtschaftlichen Entwertung ihrer jahrelangen Bemühungen um gute Schulabschlüsse.[599] Die Reaktion ihres Selbstwertgefühls belegt, daß Schülerinnen und Schüler sich das, was die Schule und die Gesellschaft an schulisch bestandenen Bewährungsproben wieder für belanglos erklärt, zunächst überwiegend als *persönliches* Versagen zuschreiben. Hierzu einige Befragungsergebnisse von Holtappels aus den Tabellen „Leistungsdruck", „Lehrerengagement" und „Konformität vs. Solidarität der Mitschüler":

598 AG Schulforschung 1980, S. 50.

599 Siehe das dominante Lebensgefühl der Schülergeneration in der Shell-Studie *„Jugend '97"*, bei der im Unterschied zu vorangegangenen Generationen die Beklemmung vor der Massenarbeitslosigkeit und die Angst um ihre eigene künftige Arbeitplatzsituation das gesamte Lebensgefühl junger Menschen dominiert (vgl. Jugendwerk 1997).

Tabelle 18: Zusammenhänge von Leistung mit Anerkennung und Sympathie aus der Schülerperspektive[600]

Antwortvorgaben und Punktwerte bei positiven/negativen Items:

Stimmt ganz genau	= 1 (+) / 5 (-)
Stimmt so ziemlich	= 2 (+) / 4 (-)
Teils / teils	= 3 (+) / 3 (-)
Stimmt eigentlich nicht	= 4 (+) / 2 (-)
Stimmt überhaupt nicht	= 5 (+) / 1 (-)

Var. Nr.	Items	x	Zustimmung (+) bzw. Ablehnung (-) (Wert 4 + 5) in %
V 259	Schüler, die einen schlechten Ruf haben, sind bei den meisten Lehrern unten durch. (-)	3,26	48,0 (+)
V 275	Bei den Lehrern zählen oft nur die Lieblingsschüler und die besonders angepaßten Schülerinnen und Schüler. (-)	2,89	34,9 (+)
V 271	Wer schlechte Leistungen hat, ist bei den meisten Lehrern unbeliebt. (-)	2,48	20,4 (+)
V 269	Des öfteren werden Schüler, die auffallen oder falsche Antworten geben, von anderen ausgelacht. (-)	3,38	54,0 (+)
V 324	Wenn es um Noten geht, sieht in unserer Klasse jeder nur auf seinen eigenen Vorteil. (-)	3,26	46,1 (+)
V 310	Durch den übertriebenen Ehrgeiz einiger Schüler geraten die anderen oft in Schwierigkeiten und Leistungsstreß. (-)	2,96	32,7 (+)
V 314	Das Verhältnis unter den Schülern ist auch deshalb nicht so gut, weil sich viele so verhalten, wie die Lehrer es wollen. (-)	2,63	26,0 (+)

Liest man in Tabelle 18 die Fragen V 271 mit V 259 und V 275 zusammen, bestätigt sich daran der eigentümliche Zusammenhang von *Leistung und Sympathie*, der oben bereits als Vorurteilsstruktur von Lehrern erörtert wurde[601] und der sich hier umgekehrt als Annahme der Schülerinnen und Schüler gegenüber den Lehrern nachweisen läßt. Immerhin bejahen knapp die Hälfte der Befragten (48,0%), daß es Schüler gibt, die „bei den Lehrern unten durch sind", also jedenfalls nicht nur wegen ihrer Leistungen keine Chance mehr auf eine gute Beurteilung haben (V 259). Umgekehrt bejahen 34,9%, daß die Sympathie beim Lehrer ausschlaggebend ist („Lieblingsschüler") oder Konformität mit dessen nicht-leistungsbezogenen Erwartungen (V 275). Daß Unbeliebtheit bei Lehrern direkte Folge schlechter Leistungen sei, bejahen nur 20,4% (V 271). Zugleich akzeptieren die befragten Schülerinnen und Schüler den Ansehensverlust von Mitschülern beim Lehrer durch auffälliges Verhalten oder „falsche Antworten". So läßt es sich interpretieren, daß über die Hälfte der Befragten bejaht, daß der negative Eindruck beim Lehrer durch das (hämische) Auslachen der betroffenen Mitschüler positiv verstärkt wird (vgl. V 269). Ähnlich wie die in anderen Untersuchungen aufgedeckten Mißerfolgszirkel[602] läßt sich die Anerkennung von Lehrern als

600 Quelle: Holtappels 1987, S. 96, Auszüge aus Tab. 11 „*Leistungsdruck*" (V 259), S. 99, Tab. 12 „*Lehrerengagement*" (V 275, 271), S. 101, Tab. 13 „*Konformität vs. Solidarität der Mitschüler*" (V 269, 324, 310, 314).

601 Vgl. Kap. 4.2.2 und Kap. 5.2.3; ferner Ziegenspeck 1999, S. 205 ff.

602 Vgl. Brusten/Hurrelmann 1973, S. 20 f, 55 ff; Glötzl 1979, S. 75-107; Lübke 1996, S. 28 f; Ziegenspeck 1999, S. 199 ff.

eine Mischung aus *Leistung, Wohlverhalten und Sympathiewerten* interpretieren, die in der Schüler-Perzeption des Zensierens Relevanz für den persönlichen Schulerfolg hat.

Einerseits bejaht es knapp die Hälfte der Schülerinnen und Schüler, daß in der Klasse der Egoismus der Konkurrenz ausbricht, wenn es um Noten geht (vgl. V 324). Dies hält aber ein Drittel (32,7%) nicht für eine Folge des Lernens für Noten, sondern wertet das Entstehen von „Leistungsstreß" individualisierend als Auswirkung von persönlichen Unarten („übertriebener Ehrgeiz") ihrer Konkurrenten (vgl. V 310). Auch das relativ gespannte Schüler-Schüler-Verhältnis führen 26% nicht auf *strukturelle* Vorgaben, sondern auf *persönliche* Konformitätsbestrebungen ihrer Klassenkameraden zurück (vgl. V 314).
Das belegt die bereits von Brusten und Hurrelmann belegte Interdependenz von schulischem Leistungsstatus mit einem bestimmten *Sympathiestatus* der betreffenden Schülerinnen und Schüler vor dem Lehrer und untereinander.[603] Die Leistungsbeurteilungen durch die Lehrer werden von den Schülerinnen und Schülern zugleich als Sympathiebeweise registriert bzw. als persönliche Etikettierungen wahrgenommen. Schülerinnen und Schüler wollen offenbar nicht nur die Anerkennung ihrer Lernleistungen in Noten, sondern auch Anerkennung auf persönlicher, menschlich-sozialer Ebene. Vor diesem Hintergrund sind sie umgekehrt auch geneigt, strukturelle Zuschreibungsprozesse nicht als solche zu registrieren, sondern eher als individuell-menschliche Stigmata, positive wie negative. Analog zum institutionellen Übergang von der Benotung von Leistungen zum Begabungspotential der Person im Zeugnis scheinen die Beurteilungen der Lehrer in der Schülerperspektive auch als personenbezogene Sympathieurteile zu gelten. Exemplarisch soll diese inhaltliche Interdependenz nun an den Selbstwahrnehmungsmustern von Klassenwiederholern überprüft werden.

Tabelle 19: Zusammenhänge von Leistungsversagen mit sozialmoralischer Etikettierung aus der Schülerperspektive im Vergleich Regelschüler/Klassenwiederholer * (Prozentwerte der Zustimmung)[604]

Ausgewählte Items n = 756	Klassen-wiederholer n = 207	Regel-Schüler n = 549	Signifik. p <
Ich glaube, die Lehrer haben mich schon abgeschrieben.	9,2%	4,4%	0,05
Ich glaube, die meisten Lehrer und Schüler betrachten mich als Störenfried.	20,5%	11,2%	0,01
Ich kann mich so gut benehmen, wie ich will, man glaubt immer nur Schlechtes von mir.	14,0%	8,4%	0,05
Ich glaube, gerade mir traut man immer wieder Dummheiten zu.	35,7%	20,9%	0,001
Ich habe das Gefühl, die Lehrer behalten mich dauernd im Auge.	33,3%	20,0%	0,001
Ich glaube fast, ich bin immer dabei, wenn Strafen verteilt werden.	24,6%	10,8%	0,001
Ich glaube, die Lehrer geben mir keine Chance mehr, mich in den Noten zu verbessern.	14,0%	7,5%	0,01
Ich habe das Gefühl, die Lehrer übersehen meine Fähigkeiten und wirklichen Leistungen.	38,8%	27,5%	0,01
Gerade mich stellen die Lehrer vor der Klasse oft bloß.	7,7%	3,6%	0,05

*) Klassenwiederholer heißt hier: Die Schüler haben in ihrer Schulzeit mindestens einmal ein Schuljahr wiederholt.

603 Brusten/Hurrelmann 1973, S. 22.
604 Quelle: Holtappels 1987, S. 329, Auszug aus Tab.64: Wahrnehmung der Typisierung als Abweichler.

Zu dieser Tabelle 19 bemerkt Holtappels, daß Sitzenbleiber nicht nur sichtbar aus ihrer bisherigen Lerngruppe ausgegliedert werden. Sie fühlten sich auch häufiger als Regelschüler „in selektiver Weise Verdächtigungen, Kontrollen und Strafen ausgesetzt, als „Störenfried" angesehen, von Lehrern bloßgestellt und im Leistungsbereich benachteiligt."[605] Doppelt so häufig wie „Regelschüler" fühlen sich „Klassenwiederholer" nach der Tabelle von Lehrern 'abgeschrieben', als Störenfried betrachtet oder in ihrer wahren Leistungsfähigkeit unterschätzt (die sie sich im Umkehrschluß also selbst durchaus zutrauen). Daraus läßt sich folgern, daß die typisierten „Abweichler" diese Etikettierungen und Benachteiligungen als *ungerecht* empfinden, da ihre „Fähigkeiten und wirklichen Leistungen" von den Lehrern „übersehen werden" und bei Lehrern wie bei den Mitschülern nicht mehr zählen: „Man glaubt immer nur Schlechtes von mir" (vgl. Tab. 19). Sie fühlen sich also nicht nur wegen schlechter Leistungsbenotung benachteiligt, sondern in ihrer *sozialen Existenz* als Schüler. Hierin spiegelt sich in der Schülerperspektive wider, was in der Analyse der Schulstruktur als Qualität des Zeugnisses als Begabungs- und Persönlichkeitsprofil herausgearbeitet wurde (vgl. Kap. 5.3.4.3). Aufgrund ihrer empirischen Erhebungen bestätigen Brusten/Hurrelmann dieses Ergebnis: „Wer den schulischen Leistungsstandards nicht nachkommt, ... zieht die Erwartung auf sich, auch in den nicht-leistungsbezogenen und nichtschulbezogenen Verhaltensbereichen ein Abweichler zu sein."[606] Die Erweiterung von (negativen) Etikettierungen über den Schulleistungsbereich hinaus in die *soziale* Dimension der Schülerexistenz wirkt nicht nur als Verstärkung des stigmatisierenden Effektes der Notenselektion. Es ist eine qualitative Ausweitung der Notenselektion mit weitreichenden sozialpsychologischen Konsequenzen: Die sozial-moralische Qualität schulischer Etikettierungen eröffnet die *soziale Anerkennung* als das - „heimliche" oder informelle - sekundäre Maß der Lernbemühungen für Schülerinnen und Schüler und fungiert so als sozialpsychologische Verstärkung der Notenhierarchie.

Exemplarisch für die fatale Verschränkung dieses schulischen Doppeleffekts von Leistungs- und Sozialstatus mit familialen Faktoren läßt sich an dieser Stelle auf Untersuchungen von Lempp verweisen, der die Auswirkungen von Notendruck und Zeugnisangst auf die sozialmoralische Wertschätzung im familialen Kontext beschrieben hat:

> „Die Schulangst kristallisiert sich oft in einer einfachen Zeugnisangst, wobei die Zeugnisnoten als ein Urteil angesehen werden, von dem die Wertschätzung und damit die Liebe der Eltern mehr oder weniger abhängig ist. Eine schlechte Note, eine verpfuschte Klassenarbeit, kann für ein auf diese Weise unsicher gewordenes Kind zur scheinbaren Entscheidung über Erhalt oder Verlust der Elternliebe werden. ... Kinder, die sich sehr stark mit ihren ehrgeizigen Eltern identifiziert haben oder die vielleicht aus einer Geschwisterrivalität heraus, eine übertriebene Selbstwerthaltung damit verbinden, geraten in dieselbe Panik, wenn sie fürchten müssen, das selbst gesteckte Ziel nicht zu erreichen."[607]

---

605 Holtappels 1987, S. 329.

606 Brusten/Hurrelmann 1973, S. 22 f. Dieses Ergebnis bestätigen die Untersuchungen von *Tillmann* u.a. (1999, S. 251 f) wie die Einschätzungen von *Lempp* 1978, S. 19 f: *„Das gängige Notensystem vermittelt ein Erfolgsgefühl nur demjenigen, der es nicht mehr nötig hat und vermittelt ständige Mißerfolgsgefühle mit deutlicher negativer Verstärkung gerade an diejenigen, die auf ein Erfolgsgefühl zur Steigerung ihrer Leistungsfähigkeit besonders angewiesen wären. Der circulus vitiosus des erfolglosen Kindes findet sich in unzähligen Fällen wieder."*

607 Lempp 1978, S. 64.

In beiden Richtungen, als positive oder negative Verstärkung, erhöht die *sozialmoralische Verdoppelung* der Leistungsbenotung die Chance, daß die Schülerinnen und Schüler die gute wie die schlechte schulische Etikettierung in ihr *Selbstbild* übertragen. Nach David H. Hargreaves Untersuchungen wird diese Verinnerlichung von vier Faktoren begünstigt:

- von der Häufigkeit der Etikettierungen,
- von dem Ausmaß, in dem die Schülerin oder der Schüler den Lehrer als „signifikanten anderen" sieht und anerkennt, dessen Meinung zählt,
- von den Ausmaß, in dem andere (Lehrer, Mitschüler, Eltern) die Etikettierung stützen
- und von dem Grad der Öffentlichkeit der Etikettierungen.[608]

Der Doppelcharakter als *leistungsbezogene* und als *sozialmoralische* Etikettierungen, den schulische Beurteilungen aus der hier nachgezeichneten Schülerperspektive erhalten, fungiert für gut benotete Schülerinnen und Schüler als Grund, sich nicht nur auf ihre Schulleistungen, sondern auch auf die sozialmoralische Auszeichnung als Persönlichkeit etwas zugute zu halten. Für schlechtere Schülerinnen und Schüler wirkt die Doppelbelastung durch Notendruck und sozialmoralische Abstempelung doppelt belastend.[609] Beides erzeugt in ihrer Schülerperspektive den Anomiedruck, der sie veranlaßt, zunächst innerhalb der Schulstrukturen in spezifischer Weise aktiv zu werden: Sie werden *anpassungsre-aktiv*.

5.3.4 Der Schülerberuf - eine einzige anomische Anpassungsreaktion

5.3.4.1 Schülertypisches Bewältigungshandeln ersten Grades

Welche Formen und Konzepte des Bewältigungshandelns Schülerinnen und Schüler entwickeln, um dem subjektiv erlebten schulischen Anomiedruck im Hinblick auf ihre innerschulische Selbstbewährung standzuhalten, soll eine Überprüfung der nachfolgenden Hypothesen durch eine sekundäranalytische Interpretation von Schülerbefragungen ergeben. Als schülertypisches Bewältigungshandeln *ersten Grades* gelten dabei Anpassungsreaktionen, die sich funktional oder dysfunktional auf das schulische Kerngeschäft von Lernleistung und Notenkonkurrenz sowie die Unterrichtsdisziplin beziehen.

Holtappels (1987) wie auch die Untersuchung von Tillmann u.a. (1999) gehen davon aus, daß die pädagogische Qualität beim Arrangement der Lehr-Lernprozesse Auswirkungen auf das abweichende Verhalten der Schülerinnen und Schüler hat.[610] Daher interpretieren beide Studien die auffälligen Verhaltensweisen von Schülerinnen und Schülern als Be-

---

608 Vgl. Hargreaves 1979, S. 141 ff. Zu einem ähnlichen Ergebnis kommt man, wenn man von pragmatischen Persönlichkeitskonzepten ausgeht (vgl. Höhn 1967; Hofer 1969; Witzel 1969), wonach Lehrer wie Mitschüler moralisierende Alltagstheorien zur Erklärung des Leistungsstandes von Schülerinnen und Schülern heranziehen und demgemäß auch pragmatische Devianz- und Kontrollkonzepte anwenden (vgl. Brusten/Hurrelmann 1973; Tornow 1978).

609 Diese absehbaren Effekte für *alle* Schülerinnen und Schüler veranlassen in besonderem Maße Grundschulpädagogen, Noten abzulehnen, weil sie keinen humanen Sinn darin sehen, *daß „schon Achtjährige lernen sollen, ihr Selbstbild danach auszurichten, ob sie ihren Altersgefährten leistungsmäßig hinterherhinken oder vorauseilen."* (Bambach 1998, S. 5)

610 Vgl. Tillmann u. a. 1999, S. 58; Holtappels 1987, S. 18, 235 ff.

wältigungshandeln des institutionellen Problemdrucks. Sie bestätigen und verlängern damit Analysen dieser Schülertaktiken von Zinnecker, Glötzl und Heinze,[611] wenn auch mit Akzentverschiebungen, da ihre Fragestellungen unter den Obertiteln „Schülerdevianz" bzw. „Schülergewalt" stehen. Insbesondere die begleitenden Schüler-Interviews zeigen nach Auffassung von Holtappels,

> „daß Schüler neben den notwendigerweise zu erlernenden Kenntnissen und Fähigkeiten, die der offizielle Lehrplan vorgibt, eine Reihe von Taktiken und Tricks lernen, die ihnen ermöglichen, die Vielzahl schulischer Regeln zu umgehen, gegen sie zu verstoßen und trotzdem 'ihr Gesicht zu wahren'. Bemerkenswert scheint hier, daß sich Schüler im Schulalltag offensichtlich gezwungen sehen, selbst bei unbedeutenden Regelverstößen die erwünschte Konformität vorzutäuschen. Hier stellt sich die Frage, inwieweit die Institution Schule - ausgerechnet über ihr komplexes und widersprüchliches Regelsystem selbst - Schüler zu taktischer Anpassung erzieht."[612]

Diese Einschätzung kommt der hier entwickelten Hypothesen sehr nahe. Sie bestätigt zugleich die Idee der subjektiven Harmonisierung von Rogers (vgl. Kap. 2.2.3) bzw. der positiven Selbstbildfärbung von Hurrelmann (vgl. Kap. 2.4.2) im spezifischen Anwendungsbereich der Schule. Der schulische Anomiedruck läßt die Schülerinnen und Schüler lernen, nach guten Noten auch unter Umgehung der schulischen Regeln zu streben und dabei „ihr Gesicht zu wahren". Die hier zu überprüfende Hypothese geht davon aus, daß die diversen Anpassungsreaktionen ersten Grades zweierlei leisten: Sie dienen der Erreichung des Notenziels unter „schwierigen" Bedingungen sowie der Bewahrung und Bewährung des Selbstkonzeptes dabei. Das „Bewältigungshandeln" der Schülerinnen und Schüler dient ihrer Bewährung vor dem *Notenbuch* der Lehrer wie auch ihrer *Selbstkonzeptbewährung*. Die vorliegende Analyse hält jedoch nicht, wie Holtappels, die „Vielzahl" oder die „Komplexität" der schulischen Regeln oder eine zu kleinliche Registrierung auch „unbedeutender" Regelverstöße für den Fokus des schulspezifischen Problemdrucks. Den sieht sie vielmehr in dem institutionellen *Anomiedruck* von geweckten Bildungsaspirationen samt den Zeugnissen als Passierscheinen in attraktive berufliche Ausbildungsbahnen gegenüber der selektierenden Notenkonkurrenz. Mit ihren davon ausgelösten kompensatorischen Anpassungsreaktionen verarbeiten die Schülerinnen und Schüler den schulischen Anomiedruck einerseits selbständig und „produktiv" und andererseits ganz nach dem internalisierten Muster der Benotungsrituale.

Die vorliegende Analyse kommt daher zu einer *anderen Systematisierung* der schülerspezifischen Anpassungsreaktionen als die Forschungsperspektive der „Schülergewalt". Da es hier um den Nachweis der *Entstehung der Selbstkonzepte* aus dem schulischen Kerngeschäft geht, werden die Entwicklungsschritte so verfolgt, daß sie bei Reaktionen mit weitgehender *Affirmation* des Unterrichtsgeschehens beginnen, also mit „situationsbezogenen Taktiken"[613], die das Regelwerk der Schule nicht anzweifeln, sondern „heimlich unterlaufen", um als Schülerin oder Schüler das „Gesicht zu wahren". Dann wird schrittweise die *Ablösung* von diesem Ausgangspunkt nachgezeichnet. Dazu gehören produktive Fortentwicklungen der Reaktionsformen mit der Verschiebung ihres Koordinatensystems, wer je-

611 Vgl. Zinnecker 1978, S. 94 ff; Glötzl 1979, S. 117 ff; Heinze 1980, S. 83 ff.

612 Holtappels 1987, S. 264.

613 Vgl. Holtappels 1987, S. 260; ähnlich die Ausführungen bei Tillmann 2000, S. 150.

weils als „signifikanter Dritter" gilt und was als Leistungs- und Bewertungskriterium gilt. Es geht darum, wie sich die Reaktionen aus dem *Unterricht* als dem Zentrum von Lernen unter dem Druck der Notenkonkurrenz fortentwickeln in den *Klassenraum* hinter dem Rükken des Lehrers, in die *Pausen*, in das *Schulumfeld* und dann bis in die außerschulische *Freizeitwelt*. Diese Stationen markieren den *Induktionsweg* der schülertypischen Selbstkonzepte.

5.3.4.2 Die Erzeugung des Scheins von Lernen

Als erste Formation von Bewältigungshandeln kommt aufgrund dieser Vorüberlegungen der Übergang vom institutionell erwünschten Lernen für Noten zur Erzeugung des bloßen *Scheins* von Lernen in Betracht. Erzeugt wird dieser Schein nach dem hier verfolgten Ansatz[614] durch eine *Fortentwicklung* der gleichen Methode, die die Schule ganz *offiziell* praktiziert. In der Analyse der institutionalisierten Konkurrenz um Noten wurde herausgearbeitet, daß die *Schule* ihren Schülerinnen und Schülern durch den *instrumentellen* Umgang mit dem Wissensstoff einen taktisch-kalkulierenden Standpunkt zum Lernstoff als „vernünftig" nahe legt, weil der Lernstoff als Prüfungs- und Notenstoff fungiert. Schulkritiker formulieren das so: „Wo für Noten gelernt wird, da regiert ein eigentümlich *instrumentelles* Interesse an der Aneignung von Kenntnissen. Schüler lernen, um eine gute Zensur einzuheimsen".[615] Kritische Aussagen über die schulisch vermittelte Schülerhaltung zum Lernen finden sich bereits bei einem Reformpädagogen der Weimarer Demokratie: Bernfeld führt solche Effekte ausdrücklich auf die autoritär-rituellen Handlungszwänge der *Konkurrenzstruktur* des Lernens im Schulunterricht zurück:

> „Das sind schließlich die Geschwister Schulkameraden, nach Sitte und Recht alle einander völlig gleichgestellt, aber freie Bahn ist dem Tüchtigen offen; der volle Betrieb der freien Konkurrenz ist durchgeführt; man kann nach oben gelangen auf den ersten Platz in der Klasse und in der Liebe der Lehrerin, wenn man tüchtig ist, tüchtig im Wissen oder im Schwindeln, im Schmeicheln oder in der Energie."[616]

Die Analyse der Benotungspraxis hat ergeben, daß nur die dauerhafte Lernleistungserbringung zu Schulerfolg als Notenerfolg führt, denn jede schlechte Einzelnote drückt die Zeugnisnote (vgl. Kap. 5.2.4.1). Ständige Aufmerksamkeit ist eine notenrelevante Leistungsanforderung in den „Kopfnoten" und jedenfalls integriert in den Fachnoten. Wäre aber die tatsächliche Aneignung des unterrichteten Wissens das Ziel der Schule, wäre jedes „So-tun-als-ob" hinsichtlich Aufmerksamkeit, Lernen oder Wissen weder sinnvoll noch erfolgversprechend. Der Mittelcharakter des schulischen Lernens und Wissens zur Erzielung von Noten verschafft den Schülerinnen und Schülern demgegenüber erst die Spielräume, daß sich Schulnoten auch *anders* erzielen lassen als durch wirkliche Aufmerksamkeit, ernsthaftes Lernen und solides Wissen. Erst auf dieser Grundlage zählt auch der erzeugte *Schein* als

---

614 Es entspricht der Vorgehensweise dieser Arbeit, die Schülerreaktionen zunächst *hypothetisch* aus den Schulanomien zu formulieren und diese Hypothesen dann anhand der empirischen Befunde zu diskutieren.

615 Huisken 1992, S. 225.

616 Bernfeld 1925/1967, S. 104; ähnlich Bernfeld 1928/1969; vgl. dazu Tillmann 2000, S. 172 f.

ein möglicher Weg zum Schulerfolg. Dann haben Schülerinnen und Schüler erst reelle institutionelle Erfolgschancen, Aufmerksamkeit zu „spielen" oder Interessiertheit am Stoff, Verständnis, Einsicht, Nachdenklichkeit, Zustimmung zum Lehrer etc. zu „mimen".

Die instrumentelle Stellung zum Lernstoff als Notenstoff müßte bei den Schülerinnen und Schülern zweitens zu einer kalkulierten Sortierung und Gewichtung des Lernstoffes selbst führen: Wenn sie begreifen, daß der Unterrichtsstoff nur das *Material* ihrer Bewährung vor dem Lehrer ist, müßten sie auch bald merken, daß nur das zählt, was der Lehrer hören will. Jedes fachliche Interesse, das über die vom Lehrer verlangte Befassung mit dem Unterrichtsstoff hinausgeht, erweist sich dafür als *belanglos* und sogar als *störend.* Ob die Auffassungen des Lehrers überzeugend oder zutreffend sind, spielt für den Unterricht ohnehin keine Rolle. Also ist zu vermuten, daß es auch für seine geistig folgsamen Schüler nicht von nachhaltigem Interesse ist. Ein selbständiges Lerninteresse an den Themen zu entwickeln, ist dann eben nicht „rationell". Den Stoff wirklich zu begreifen ist weniger wichtig, als ihn vielleicht begriffslos, dafür aber zum richtigen Zeitpunkt memorieren oder aufsagen zu können. Also wird er, wie es im Schuljargon nicht zufällig heißt, für den *„Pauker" „eingepaukt"*. So wird gemäß der Logik des Anforderungsprofils schließlich jedes schulische Bildungselement *taktisch* begutachtet, inwiefern es zum notenrelevanten Prüfungsstoff werden könnte oder nicht. Die „erkenntnisleitenden" Fragestellungen von Schülerinnen und Schülern lauten demzufolge: „Muß ich das wissen" oder „Kommt das in der Prüfung dran"? Damit erhält jeder Lernstoff durch seine Notenrelevanz ein *neues*, ihm äußerliches, ihm künstlich aufgesetztes oder, anders gesagt, ein *methodisches* Kriterium, das ihn für die Schülerinnen und Schüler erst *„interessant"* macht oder aus dem gleichen berechnenden Grund eben „uninteressant" erscheinen läßt.

Eine weitere Seite dieses geistigen *Instrumentalismus* wäre nach den hypothetischen Überlegungen drittens die Entwicklung von *Präsentationstechniken* bis hin zu den entsprechend ausgefeilten *Schülercharakteren:* den gelebten *schülertypischen Selbstkonzepten.* Was beispielsweise die Streber-Figuren verkörpern, ist nicht ein besonderer Fleiß oder Lernerfolg, sondern daß sie das zur Attitüde ihrer Selbstdarstellung vor der Klasse machen. Solche von der Schule hervorgebrachten Schülercharaktere „personifizieren" identitätsrelevante Einstellungen zur Notengebung. Das dürfte es gewesen sein, was Holtappels bei seinen Schulbesuchen zu den Befragungen so beeindruckt hat: „Gleicht das Schulalltagsgeschehen nicht vielfach eher einem Theaterspiel? Funktioniert Schule eigentlich nur deshalb noch, weil die beteiligten Akteure - Lehrer und Schüler - so perfekt ihre Rolle zu spielen gelernt haben? Jedenfalls fällt auf, daß die Akteure sich allzu oft hinter Masken verstecken, ihr wahres Gesicht nicht preisgeben oder auch nicht verlieren wollen."[617]

Diese bisher nur *hypothetisch* formulierten Erscheinungsformen einer scheinbaren Lernleistungserbringung als Bewältigungshandeln des schultypischen Leistungsdrucks *bestätigen* zahlreiche Untersuchungen zumindest im zuletzt genannten Punkt, den Präsentationstechniken und Taktiken, der jedoch die beiden vorangegangenen Schritte einer instrumentellen Stellung der Schülerinnen und Schüler zum Lernstoff zur Voraussetzung hat und sie insofern „sachlogisch"[618] einschließt. Solche schülertypischen Formen des Vorspielens hat

617 Holtappels 1987, S. 10.

618 Vgl. den diesbezüglichen Erklärungsanspruch des zu Grunde gelegten Modells der produktiven Realitätsverarbeitung (Hurrelmann 1995, S. 67); Kap. 2.4.2.

Glötzl aus zahlreichen empirischen Erhebungen herausinterpretiert: „Ein Versuch des Abbaus von Leistungsdruck und des 'Überlebens' in der Schule trotz schlechter Leistungen stellt das 'Maskieren' dar. Es ist eine Form konformer Anpassung an die vom Lehrer im Unterricht erwartete Aufmerksamkeit und die Verhaltensweisen, um von Unwissen und Leistungsschwäche abzulenken.“[619] Glötzl bezieht sich dabei auf entsprechende Studien und Befunde von Jackson, der den „interessierten Blick“ der Schülerinnen und Schüler beschreibt oder wie sie die "Stirn in Falten legen",[620] um den Lehrer von Wissenslücken abzulenken. Zu diesen Präsentationstechniken von scheinbarem Lerninteresse zählen auch taktisch ausweichende Antworten oder Komplimente an den Lehrer.[621] In Holtappels Untersuchung findet sich ein Gesprächsausschnitt, der die Schülerperspektive dazu verdeutlicht:

Interview 9: *„So tun, als wenn man sich unheimlich anstrengt“* [622]

Jürgen: „Da gibt es ja auch genügend Wege, daß irgendwas gemacht wird, daß es die Lehrer nicht sehen ...“
Interviewer: „Wie ist das zu verstehen?“
Peter: „Man hat das Buch auf dem Tisch stehen und kann dahinter was machen. Oder man kann einfach so tun, als guckt man die Lehrer dauernd an. Dann sehen se, daß man anscheinend fleißig mitmacht und da kann man mal weggucken, dann denken die 'Och, der macht ja noch mit'“.
Interviewer: „Und wenn man drankommt?“
Jürgen: „Ja, he ..., dann entweder muß man beim Spielen so nebenbei 'n bißchen mithören, wenn man nicht' dran is' oder so ... und dann überlegen und sagen 'Ich weiß nich' ganz genau'“.
Ralf: „Oder man sagt dann irgendwas so in der Art, was da so in etwa hinkommt, was in die Richtung geht. Und wenn man das auch genau nicht weiß, dann kann man ja wirklich so überlegen und so tun, als wenn man sich unheimlich anstrengt und dann weiß man nix. Das darf man natürlich nicht drei, vier Mal machen, dann fällt's auf.“

Die Schüler verhehlen demnach nicht ihren Stolz, daß sie ihre Mühe im Unterricht nicht auf den Kenntniserwerb richten, sondern auf die Erzeugung des Scheins, daß es so wäre. Damit machen sie sich den Unterricht keineswegs leichter. Die Konstruktion von Alibis für ihr fehlendes Interesse am Unterrichtsstoff ist eine Anstrengung eigener Art, die sie auf sich nehmen, weil es die schulische Anforderung gibt, auf jeden Fall Lerninteresse zu zeigen, ob man es hat oder nicht. Dabei kommen sie sich nicht als Schüler vor, die vom Unterrichtsablauf abgehängt sind, sondern umgekehrt als diejenigen, die die Situation im Griff haben. In ihrem taktischen Schülerselbstbewußtsein bleiben sie kontrafaktisch 'Herr der Lage'. Darin besteht offenbar der *psychologische (Augenblicks-)Erfolg* dieses Bewältigungshandelns[623] und ihr entsprechendes Teil-Selbstbild.

---

619 Glötzl 1979, S. 117. *Glötzl* hat derartige Schülertaktiken eingehend beschrieben (vgl. S. 114-130).
620 Vgl. Jackson 1968, S. 21 f.
621 Vgl. Jackson 1968, S. 21.
622 Quelle: Holtappels 1987, S. 263, Beispiel 29.
623 Psychologen diskutieren die *„Bewältigungsstrategien“* von familialen, partnerschaftlichen oder schulischen Problemlagen Jugendlicher als *„Coping-Strategien“*, vgl. Oerter 1987, S. 294 f. Im Bereich der Mobbing-Analyse findet sich der Begriff der *„Coping-Strategie“* z.B. bei *Leymann*: *„In der Psychologie gibt es die Begriffe 'coping' und 'coping resources'. Damit meint man die psychische Bewältigung von Ereignissen und die dazu benötigten Bewältigungs-Hilfsmittel. Menschen haben in verschiedenen Situationen verschiedene Hilfsmittel, die sie gewohnheitsmäßig anwenden.“*(1993, S. 69)

5.3.4.3 *Die Erzeugung des Scheins von Wissen*

Von der Ersetzung der offiziellen Lernanstrengung durch andere Bemühungen für das gleiche Ziel, das nicht Wissen, sondern Noten heißt, ist es nur ein kleiner Schritt zu *Mogeltechniken* aller Art. „Sinnvoll" und erfolgversprechend sind solche „Mogeltechniken" nur unter Ausnutzung des instrumentellen Charakters des Lernstoffes im Rahmen der institutionellen Abläufe der Schule. Eine gute Schülerleistung besteht danach stets darin, sich im *richtigen Augenblick* vor dem Lehrer in der von ihm erwarteten Weise erfolgreich *darzustellen*. Der maßgebliche Bezugspunkt der Schülerberechnungen ist daher der kurze Moment der Benotung, denn nur dann zählt die Reproduzierbarkeit des Wissens[624] und vorher und nachher nicht. Wenn es also gelingt, in diesem entscheidenden Augenblick auf irgendeine Weise den Schein von Wissen zu erzeugen, kann dies ebenso zu einer positiven Benotung führen wie wirkliches Wissen, das jederzeit abrufbar ist, weil die oder der Betreffende es beherrscht.

Wer dann z.B. Hausaufgaben abschreibt,[625] tut so, als habe er sie selbst gemacht und habe also auch wirklich verstanden, was bei der Lehrerkontrolle im Heft steht. Wer in Klassenarbeiten abschreibt, durchbricht das Prinzip der Exklusivität des angeeigneten Schulwissens als Konkurrenzbedingung der Mitschüler gegeneinander zu seinen Gunsten. Er täuscht so den Lehrer über die geistige Urheberschaft seiner Leistung. Untersuchungen von Brusten/Hurrelmann ergaben bereits 1973, daß 51% der befragten Hauptschüler der 9. und 10. Klassen bei Klassenarbeiten mogeln.[626] Holtappels Studie bestätigt die weite Verbreitung von Schülertäuschungen im Unterricht:

Tabelle 20: Täuschungshandlungen von Schülerinnen und Schülern im Vergleich von hoch und niedrig problembelasteten Schülerinnen und Schülern[627]

Items zu Normdistanz	Individuelle schulbezogene Problembelastung niedrig (n = 196)	hoch (n = 256)	Signifik. P <
Man kann ruhig mal mogeln, wenn es einem weiterhilft. (-)	77,4%	83,2%	-

Holtappels stellt die Einstellung von Schülern mit und ohne besondere schulische Problembelastung (schlechte Noten, Versetzungsgefährdung, Klassenwiederholung) zum Mogelverhalten bei schulischer Leistungsmessung gegenüber. Dabei zeigt sich, daß die Mehrheit aller Schüler - rund 80% - das Mogeln zum eigenen Vorteil akzeptiert. Die Steigerung innerhalb der beiden Schülergruppen von 5,8% ist demgegenüber nicht signifikant. Umgekehrt bestätigt das, daß das Mogeln nicht nur eine Taktik von weniger erfolgreichen Schülerinnen und Schülern ist, sondern ebenso von den erfolgreichen.

---

624 Der Lehrerkommentar zu durchschauten Taktikern, die sich an einem bestimmten Punkt übereifrig melden und dann doch die richtige Antwort verpassen, lautet auf höheren Lehranstalten zum Beispiel: *„Si tacuisses, philosophus mansisses" - „Hättest du geschwiegen, wärst du ein Philosoph geblieben."*

625 Vgl. Brusten/Hurrelmann 1973, S. 125 f; Glötzl 1979, S. 117/118.

626 Vgl. Brusten/Hurrelmann 1973, S. 125 f.

627 Quelle: Holtappels 1987, S. 277, Auszüge aus Tabelle 54: *„Normdistanz nach Schülern mit niedriger und hoher individueller schulbezogener Problembelastung (Extremgruppenvergleich)"*.

Tabelle 21: Täuschungshandlungen von Schülerinnen und Schülern nach Schüleranteilen und Häufigkeitsverteilung [628]

Normverstöße-Items n = 759 Liste 2	Anteil der Schüler mit Normverstößen	davon: 1-5 mal in 6 Mon.	mehr als 5 mal in 6 Mon.
Bei Arbeiten oder Tests mogeln oder von anderen abschreiben.	86,0%	54,3%	31,7%
Den Lehrer belügen (z. B. bei Hausaufgaben oder Klassenarbeiten).	58,4%	42,8%	15,6%
Tests oder Arbeiten vor den Eltern verheimlichen oder verschwinden lassen.	43,1%	35,0%	8,1%

Von allen befragten 759 Schülerinnen und Schülern akzeptieren demnach 86,0% für sich den „Normverstoß" der Täuschung bei Prüfungsleistungen. Von diesen 86,0% praktizieren zwei Drittel diese Taktik bis zu fünf mal im Schulhalbjahr und ein Drittel sogar mehr als fünf mal im Halbjahr. Weit über die Hälfte aller Befragten (58,4%) „belügen" den Lehrer bei „Hausaufgaben oder Klassenarbeiten", also bei notenrelevanten Leistungen. Knapp die Hälfte verheimlicht einzelne Schulnoten auch gegenüber den Eltern. Die Schülerbefragung in Hessen Ende der 90er Jahre bestätigt dieses Bild. Dort wurde nach einzelnen Schülerjahrgängen differenziert gefragt, wobei Mogeln unter der Rubrik „Schuldevianz" erfragt wurde:

Tabelle 22: Täuschungshäufigkeit nach Schülerjahrgängen [629]

Selbstreporte von Schülerinnen und Schülern: Schuldevianz nach Schülerjahrgang In den letzten 12 Monaten habe ich mindestens alle paar Monate ...			
Gewalthandlungen	6. Jg. n = 1.136	8. Jg. n = 1.207	9./10. Jg. n = 1.144
bei Klassenarbeiten erheblich gemogelt	18,3%	47,0%	59,3%

Von insgesamt 3.487 befragten Schülerinnen und Schülern mogeln, rechnet man die Prozentzahlen der drei Jahrgangsgruppen der Tabelle 22 in absolute Zahlen um, 1.455 „erheblich" in Klassenarbeiten. Alleine in den 9. und 10. Klassen mogelt danach jede(r) zweite. Insgesamt mogeln dort 680 Schülerinnen und Schülern oder eben 59,3%. Angesichts dieser Häufigkeit ist Mogeln offenbar eher die Regel als die Ausnahme. Und noch eines ergibt die Aufgliederung. Der Einsatz von Mogeltechniken nimmt mit den Schuljahrgängen nicht ab, sondern er nimmt erheblich zu. Grund dafür könnten altersbedingte Entwicklungsfortschritte oder institutionelle Erfahrungen sein (dazu Tab. 33 und 40). Nimmt man den Schultypenvergleich aus der hessischen Studie zu dieser Frage hinzu, lassen sich weitere Folgerungen ziehen:

628 Quelle: Holtappels 1987, S. 230, Auszug aus Tabelle 41: *„Selbstberichtete Normverstöße der Schüler"*.

629 Quelle: Tillmann u.a. 1999, S. 108, Auszug aus Tabelle 4.13.

Tabelle 23: **Täuschungshäufigkeit im Schultypenvergleich**[630]

Selbstreporte von Schülerinnen und Schülern: Schuldevianz nach Schulform In den letzten 12 Monaten habe ich mindestens alle paar Monate ...					
Gewalthandlungen	SfL n = 116	HR n = 703	KGS n = 1110	IGS n = 671	GYM n = 888
bei Klassenarbeiten erheblich gemogelt	33,3%	37,9%	44,9%	41,5%	41,7%

Bei Klassenarbeiten alle paar Monate „erheblich" zu täuschen ist in der „Schule für Lernhilfe" mit 33,3% auch üblich, aber im Schultypenvergleich am wenigsten verbreitet, während es unter „höheren" Schülerinnen und Schülern der Gymnasialtypen mit 41,7% bis 44,9% eine weit stärker verbreitete Taktik ist. Erfolgsstreben durch Täuschung scheint eine Taktik von erfolgreichen Schülerinnen und Schülern zu sein, die wissen, worauf es in der Schule letztlich ankommt. Welche Einstellung dahinter stehen könnte, läßt sich aus folgender Fragekombination von Holtappels dazu erschließen:

Tabelle 24: **Täuschungshäufigkeit, Normverstöße, Unterrichtsdisziplin im Vergleich von hoch und niedrig problembelasteten Schülerinnen und Schülern**[631]

Items Normdistanz	**Individuelle Problem** niedrig (n = 196)	**schulbezogene belastung** hoch (n = 256)	**Signifik.** p<
Man kann ruhig mal mogeln, wenn es einem weiterhilft. (-)	77,4%	83,2%	-
Ich finde, man sollte den Lehrern immer die Wahrheit sagen. (+)	65,8%	46,7%	0.001
Schul- und Hausordnungen muß man beachten. (+)	79,6%	60,0%	0.001
Ich finde, daß man sich den Lehrern gegenüber ruhig etwas respektvoll benehmen sollte. (+)	79,0%	62,9%	0.001
Schüler sollten möglichst den Unterricht nicht stören; eine gewisse Disziplin muß schließlich da sein. (+)	83,6%	64,0%	0.001

Zunächst scheint es ein Widerspruch zu sein, wenn die befragten Schülerinnen und Schüler mit niedriger Problembelastung überwiegend bejahen, daß man Lehrern ehrlich (65,8%) und respektvoll (79,0%) begegnen soll, und dann die gleiche absolute Mehrheit (77,4%) zugleich das Gegenteil bejaht, nämlich Lehrer durch „mogeln" zu täuschen und zu hintergehen. Bei den Größenordnungen von über 50 Prozent müssen es vielfach die gleichen Schülerinnen und Schüler sein, die die Einhaltung wie die Verletzung der gleichen Regeln bejahen. Wie ließe sich dieser Wertungswiderspruch auflösen?

Einerseits erleben gute Schülerinnen und Schüler die schulischen Konkurrenzregeln als Mittel ihres Vorteils (auf Kosten ihrer Mitschüler), weshalb sie sie bejahen. Wenn auch sie sich dagegen von einer Verletzung der Regel durch Mogeln einen größeren Vorteil versprechen, befürworten sie den Regelbruch. Ob sie also eine Konkurrenzregel bejahen oder ver-

---

630 Quelle: Tillmann u.a. 1999, S.109, Auszug aus Tabelle 4.14.

631 Quelle: Holtappels 1987, S. 277, Auszüge aus Tabelle 54: *„Normdistanz nach Schülern mit niedriger und hoher individueller schulbezogener Problembelastung (Extremgruppenvergleich)"*.

letzen, ergäbe sich nach dieser Interpretation aus dem erhofften Vorteil - für das Notenziel. In beiden Fällen stünde die Erzielung der bestmöglichen Note im Mittelpunkt. Nun bejahen aber auch die schlechteren Schülerinnen und Schüler bestimmte Konkurrenzregeln überwiegend (60% Bejahung der Schulordnung, 62,9% für respektvolles Verhalten zum Lehrer, 64,0% für Unterrichtsdisziplin). Noch häufiger bejahen sie aber mit 83,2% den Bruch der Regeln zu ihrem Vorteil. Das Ergebnis dieser Deutung wäre: *Alle* Schülerinnen und Schüler haben ein *taktisches* Verhältnis zu den schulischen Konkurrenzregeln. Sie sind für sie Mittel zum Zweck. Ihr Ziel ist ein möglichst hoher Platz in der Notenskala. Bestätigen läßt sich diese Interpretation mit Interviewpassagen, in denen Schülerinnen und Schüler ihre Sicht vom Leistungsdruck und Taktieren darstellen.

Interview 10: *"Alles kann man ja auch nicht wissen ..."* [632]

Interviewer: „Wie kommt's denn eigentlich, daß Schüler mogeln oder daß man was abgucken muß?"
Sven: „Vorher üben ja die meisten und vielleicht haben sie eins nicht geübt, weil da müßte man ja fast das ganze Heft durchüben und das kommt dann grade in der Arbeit vor. Und dann weiß man das nicht und dann will man nur gucken, wie das sozusagen, wie der Rechenweg geht. Oder was anderes."
Ilona: „Alles kann man ja auch nicht wissen, ne, und wenn der Nachbar das nun gerade weiß und man sieht das dann, dann guckt man dann eben ab."
Werner: „Wenn man abguckt und man weiß das ja nicht 100%ig genau, also man kann ja nicht 100%ig genau üben, was in der Arbeit vorkommt. Wenn die uns jetzt 'en Text zum Üben gegeben haben, dann wird der ja sowieso wieder umgewandelt und anders geschrieben und so. Da kann man überhaupt nicht genau üben und dann muß man schon mal ein Wort oder was wissen."
Markus: „Und dann guckt man auf die Uhr und denkt: 'Mensch du hast nicht mehr viel Zeit, beeil dich' und wenn man sich das selbst so einredet, dann kommt man gar nicht weiter."

Holtappels sagt zu Interview-Auszug 10, er zeige, „daß illegale Methoden der Leistungserbringung aus der Sicht der Schüler als mögliche problemlösende Strategien angesehen werden, um den Leistungsabforderungen der Schule nachzukommen. (...) Aus der Sicht der Schüler rechtfertigt die notwendige Erfüllung der (wichtigeren) Leistungsnorm diese Regelüberschreitungen."[633] Zusätzlich zu Holtappels' überzeugender Einschätzung kommt es hier auf den *inneren Zusammenhang* von institutioneller „Leistungsabforderung" und der Reaktion mit „illegalen Methoden ... der problemlösenden Strategie" an. Die Äußerungen von Sven, Ilona und Werner spielen auf das Zufallsmoment der Prüfungen an. Dieses Zufallsmoment der Prüfungen erfüllt nach der Institutionenanalyse die Funktion, *Leistungsunterschiede* an den Schülerinnen und Schülern hervorzubringen (vgl. Kap. 5.2.4.1). Diese institutionelle Funktion setzt Schülerinnen und Schüler unter einen schwer verkraftbaren Leistungsdruck und genau das bringt sie auf die Idee, „das ganze Heft durchzuüben". Zugleich belegt diese Strategie, daß ihnen der Lehrer das maßgebliche Wissen vor der Prüfung nicht ausreichend begreiflich gemacht hat. Insofern ist bereits „das ganze Heft durchzuüben" als eine Bewältigungsstrategie anzusehen. In der Bemerkung von Markus spielt zusätzlich die Selbstblockade durch die knappe Prüfungszeit eine Rolle, gegen die der Spickzettel gerade als „Problemlösung" gedacht war.

---

632 Quelle: Holtappels 1987, S. 240, Beispiel 21.
633 Holtappels 1987, S. 240/241.

Interview 11: *„In der Hintertasche noch einen Spickzettel haben"* [634]

Interviewer: **„Wie kommt es eigentlich zu diesem Mogeln? Ein bißchen kriegt man ja doch immer zustande in 'ner Arbeit. Oder ist das doch so, daß das Fächer sind, wo man was total nicht kapiert hat?"**
Schüler: **„Ja einmal sind es die Fächer, wo man nicht für geübt hat (I.: „Hm") oder weil man zu faul war oder was auch immer. Ich war auf jeden Fall zu faul. (I.: „Hm") Ich hatte einfach auch keine Lust. (I.: „Hm") Dann ist es so, dann macht man sich vorher 'nen Spickzettel oder was weiß ich und versteckt den gut. Und während der Arbeit packt man den aus, ganz versteckt und fudelt. Dann ist es so, daß man in den Fächern ist, wo man eben sehr stark unter Druck steht. (I.: „Hm") Dann ist es sowohl ein Risiko als auch unbedingt nötig. (I.: „Hm") Neben dem Lernen und neben dem Üben eventuell in der Hintertasche noch einen Spickzettel zu haben, den man dann auspackt, wenn man da sitzt und mal 'nen totalen Blackout hat. (I.: „Hm") Wenn man soviel sich vollgepackt hat, daß man nichts mehr weiß. Und dann gibt es eigentlich nur noch die Möglichkeit, entweder schreibst du 'ne Eins *) in der Arbeit oder 'ne Zwei, dann kannst du auch das Risiko eingehen mit dem Spickzettel eventuell sogar 'ne Vier oder Fünf zu schreiben. Oder die Arbeit abgenommen zu kriegen und dann vielleicht nur ein oder zwei Noten schlechter als sonst zu bekommen."**

(*) Bewertungsstufen der Gesamtschule: 1= niedrigste, 8 = höchste Note)

Auch dieser Ausschnitt bestätigt die durch Überforderung hervorgerufene Angst vor einem „Blackout" als Grund für das Taktieren mit einem „Spickzettel in der Hintertasche". Daß der Schüler seine Verständnisdefizite nicht auf den Unterrichtsablauf und die Schulstruktur zurückführt, sondern auf seine Einstellung dazu, ist dabei als überzogene Selbstbeschuldigung erkennbar. Während er sich als zu „faul" und „ohne „Lust" bezeichnet, gibt er zugleich zu, daß er lernt und übt („neben dem Lernen und Üben ...") und obendrein noch Spickzettel anfertigt. Er tut aber so, als ob das alles für ihn kein Aufwand sei. Sämtliche Momente seiner Schadenskalkulation belegen dagegen, daß ihn tatsächlich nur der institutionelle Notendruck zu seinem 'cool' vorgetragenen Taktieren treibt. Sein so präsentiertes Selbstbewußtsein ist eindeutig eine Konstruktion: Es ist positiv eingefärbt in dem Sinne, daß er 'cool' und erfolgreich über den Schulproblemen steht, die er hat. Holtappels hat 739 Schülerinnen und Schüler auch unmittelbar zu ihren „Anpassungsorientierungen und Anpassungsstrategien" befragt mit folgendem Bild:

634 Quelle: Holtappels 1987, S. 241, Beispiel 22.

Tabelle 25: **Zustimmung zu Schülertaktiken und Anpassungsstrategien** [635]

Items Um in der Schule gut klarzukommen, ...	Stimmt	Stimmt nicht
Anpassung aufgrund von Diskrepanzwahrnehmungen:		
1) ... muß man sich in der Schule anders benehmen, als man es bei Freunden oder in der Jugendclique gewöhnt ist.	79,6%	20,4%
2) ... muß man sich in der Schule anders benehmen, als man es zu Hause gewöhnt ist.	64,6%	35,4%
Anpassung durch Konversion:		
3) ... muß man unbedingt bessere Leistungen bringen als im Durchschnitt verlangt werden.	41,1%	58,9%
4) ... muß man sich genauso benehmen wie die Lehrer es wünschen.	40,6%	59,4%
Anpassung durch scheinbare Normerfüllung:		
5) ... muß man gute Taktiken einsetzen, um sich bei manchen Dingen nicht erwischen zu lassen.	77,4%	22,6%
6) ... muß man nicht unbedingt gute Leistungen bringen, sondern nur zeigen, daß man sich Mühe gibt.	64,1%	35,9%
7) ... muß man bei den Lehrern so tun, als wäre man mit allem einverstanden.	25,1%	74,9%
Anpassung durch Widerstand:		
8) ... darf man sich in der Schule nichts gefallen lassen.	57, 9%	42,1%

Holtappels unterstreicht in seiner Anmerkung zu den in Tabelle 25 enthaltenen Ergebnissen, daß ein hoher Anteil der Schülerinnen und Schüler auch Widerstand als Bewältigungsstrategie nennt, und resümiert: „Taktiken, die im Unterricht angewendet werden, dominieren allerdings; dabei kristallisieren sich bestimmte Grundmuster heraus: Die offizielle Lernarbeit wird oftmals nur vorgetäuscht.“[636] Die große Zustimmung von 79,6% und 64,6% zu den Fragen 1) und 2) nach den Anpassungsstrategien belegt zunächst, daß sich die Schülerinnen und Schüler in der Schule nach *anderen* Maßstäben richten als privat, selbst wenn sie die reale Bedeutung von „guten Taktiken“ in ihren Antworten überschätzen sollten: Zwei Drittel der Befragten (64,1%) bejahen Frage 6), daß es auf die „scheinbare Normerfüllung“ ankomme, auf die *Präsentation.* 77,4 Prozent stimmen Frage 5) zu, daß man als Schüler Geschick benötige, sich bei normwidrigen Dingen im Unterricht nicht erwischen zulassen. Der „geheime Lehrplan“ lehrt sie demzufolge, daß Taktiken und demonstrierter Leistungswille noch wichtiger sind als Lernleistungen. Mit 74,9% überwiegend zurückgewiesen wird dagegen die Behauptung in Frage 7), man müsse volles Einverständnis mit dem Lehrer vorheucheln. Zurückgewiesen wird mit 59,4% auch, man müsse sich nach dem Lehrerwunsch benehmen (Frage 4). Die Antworten der Fragen 4) bis 7) zusammengenommen zeigen damit, daß das Taktieren eine *selbstbewußte* Haltung der Schülerinnen und Schüler ist: Taktieren stufen sie als persönlichen Erfolgsweg ein, nicht als Selbstverleugnung oder Unterwürfigkeit gegenüber den Lehrern.[637] In diese Interpretation paßt dann auch

635 Quelle: Holtappels 1987, S. 255, Auszüge aus Tabelle 48: *„Anpassungsorientierungen und Anpassungsstrategien bei Schülern“*.

636 Holtappels 1987, S. 263.

637 Es erscheint daher zweifelhaft, ob die von *Glötzl* berichtete Taktik noch aktuell ist, nämlich dem Lehrer nach dem Munde zu reden (Glötzl 1979, S. 117). Denkbar ist auch, daß heute *alle möglichen* Taktiken praktiziert werden, das Wohlwollen des Lehrers getrennt von der Leistung zu erlangen, also Taktiken der Anpassung, der Schmeichelei, aber auch des Widerstandes.

in Frage 8) ihr „Widerstand" - sich in der Schule nichts gefallen zu lassen - als Anpassungsstrategie: Schülerinnen wie Schüler halten offenbar ihre *opportunistischen* Taktiken für eine *selbstbewußt-überlegene* Einstellung. Rolff und Tillmann kritisieren anläßlich von solchem Schülerverhalten seit den 70er Jahren aber nicht die Schüler, sondern die Schule, deren „heimlicher Lehrplan" auf eine *Erziehung zur Unterordnung* hinausliefe.[638]

Anknüpfend an die Diskussion über die *soziale Schichtenzugehörigkeit* als überlagerndes Kriterium der Stellung der Schülerinnen und Schüler in der Schule enthält eine weitere Tabelle aus Holtappels' Untersuchung aufschlußreiche Daten, in der er die Fragen seiner Tabelle 48, hier Tabelle 25, nach Antworten gemäß der beruflichen Stellung des Vaters zuordnet:

Tabelle 26: Bewertung von Schülertaktiken und Anpassungsstrategien nach sozialer Stellung des Vaters[639]

Items Um in der Schule gut klarzukommen ...	Soziale niedrig n = 193	Herkunft mittel n = 312	 hoch n = 134
Anpassung aufgrund von Diskrepanzwahrnehmungen:			
1) ... muß man sich in der Schule anders benehmen, als man es bei Freunden oder in der Jugendclique gewöhnt ist.	82,8%	80,3%	72,9%
2) ... muß man sich in der Schule anders benehmen, als man es zu Hause gewöhnt ist.	68,6%	67,3%	54,1%
Anpassung durch Konversion:			
3) ... muß man unbedingt bessere Leistungen bringen als im Durchschnitt verlangt werden.	51,0%	37,6%	34,3%
4) ... muß man sich genauso benehmen wie die Lehrer es wünschen.	44,8%	37,0%	35,1%
Anpassung durch scheinbare Normerfüllung:			
5) ... muß man gute Taktiken einsetzen, um sich bei manchen Dingen nicht erwischen zu lassen.	73,3%	80,4%	77,6%
6) ... muß man nicht unbedingt gute Leistungen bringen, sondern nur zeigen, daß man sich Mühe gibt.	65,6%	63,0%	63,2%
7) ... muß man bei den Lehrern so tun, als wäre man mit allem einverstanden.	32,8%	22,5%	21,8%
Anpassung durch Widerstand:			
8) ... darf man sich in der Schule nichts gefallen lassen.	63,0%	57,1%	48,1%

Zum einen macht sich nach Tabelle 26 die soziale Schichtenzugehörigkeit in den Antworten zu den schülerspezifischen Anpassungsstrategien kaum signifikant bemerkbar. Dies unterstützt die These dieser Arbeit, daß das schichtenübergreifende Hauptthema die schulischen Strukturen sind, die die Einstellungen und Verhaltensweisen der Schülerinnen und Schüler prägen. Die Antworten bestätigen aber auch, daß auf dieser Grundlage die *soziokulturelle* Herkunft bestimmte *Akzente* setzt:

638 Vgl. Tillmann 1976, S. 134 ff; Rolff 1980; ferner Tillmann 2000, S. 172 ff.

639 Quelle: Holtappels 1987, S. 257, Auszüge aus Tabelle 49: „*Anpassungsorientierungen und Anpassungsstrategien bei Schülern nach beruflicher Stellung des Vaters*" (Die Signifikanzwerte der Tabelle wurden hier nicht übernommen).

- Geschicktes Taktieren, „demonstrative Mühe“ und „scheinbare Normerfüllung“ halten Schülerinnen und Schüler *aller* sozialer Schichten für ein wichtiges Mittel, mit schulischen Anforderungen zurechtzukommen, siehe Fragen 5) mit 73,3% - 80,4% - 77,6% und Frage 6) mit 65,6% - 63,0% - 63,2% bejahenden Antworten. Diese opportunistische „Einsicht“ wäre demnach ein schichtenübergreifender Erfolg des „heimlichen Lehrplans“ der Schule und weniger eine schichtspezifisch unterschiedliche Einwirkung der Elternhäuser auf die Einstellung der Schülerinnen und Schüler.
- Schülerinnen und Schüler niedriger sozialer Herkunft registrieren dagegen eher die konventionellen Verhaltensunterschiede zwischen ihrem Herkunftsmilieu und der Schule (Fragen 1) und 2)). Auch glauben sie häufiger, man müsse sich den Lehrerwünschen gegenüber sehr konform geben, als ihre Mitschüler aus gehobeneren Elternhäusern (vgl. Fragen 4) und 7)). Der größte Unterschied liegt in dem Bewußtsein der sozialen Aufsteiger-Gruppe. Schülerinnen und Schüler aus niedrigen sozialen Herkunftsmilieus bejahen in Frage 3) zu 51,0%, daß man *hart* konkurrieren muß, um in der Schule zu bestehen, während Kinder erfolgsgewohnter Eltern aus höheren Sozialmilieus dies mit 34,3% deutlich *gelassener* sehen (können). Bei der Bejahung von „Widerstand“ in Frage 8) sind umgekehrt die Schülerinnen und Schüler aus der sozialen Unterschicht mit 63,0% gegenüber 48,1% offensiver. Möglicherweise müssen sie sich schon zu Hause von ihren Eltern mehr gefallen lassen als Kinder von Eltern mit gehobenen Berufen.

Insgesamt lassen sich damit die bisher erörterten Bewältigungsreaktionen ersten Grades als offensive Taktiken von Schülerinnen und Schülern einschätzen, trotz Problemen mit dem Lernstoff im Unterricht auf verschiedene Weise ‘trickreich’ zu bestehen. Ihre für Außenstehende vielleicht krampfhaft erscheinenden, aber subjektiv als selbstbewußt, überlegen und ‘cool’ empfundenen Anstrengungen dienen der Erzeugung des falschen, aber institutionell erwarteten Eindrucks, daß sie den Anschluß nicht verloren hätten und daher gute Noten verdient hätten. Mit ihrem Taktieren bestätigen sich die Schülerinnen und Schüler zugleich ihre entsprechenden Selbstdefinitionen als dem ganzen Schulbetrieb *überlegene 'Trickser'*.[640] Dazu schreibt Holtappels in Anlehnung an Zinneckers Studien:[641]

> „Diese Taktiken weisen darauf hin, daß sich in der Schule ein ‘Unterleben’ bzw. eine ‘Hinterbühne’ für das subkulturelle Engagement der Schüler etabliert hat. Die Schüler führen quasi ein ‘Doppelleben’ in der Schule: Die Formen der Regelbefolgung sind oft nur noch rein äußerlich oder scheinbar, begleitet von subversiven Aktionen und Strategien, die mit der Zeit offenbar immer mehr verfeinert werden. Dabei können die - zumeist regelwidrigen ‘Nebenengagements’ der Schüler in gar nicht so seltenen Fällen zum ‘Hauptengagement’ werden, die ‘Vorderbühne’ des offiziellen Unterrichts wird zur ‘Hinterbühne’ verwandelt.“ [642]

Der eigentliche Entstehungsgrund der *Hinterbühne* ist demnach der anomische Druck auf der schulischen *Hauptbühne*. Aus den Antworten der befragten Schülerinnen und Schüler ergibt sich als gemeinsamer Nenner „im ganzen Theaterhaus“ Schule: An erster Stelle steht der *persönliche* Erfolg. Um dieses Ziel in anomischen Schulsituationen zu erreichen, gibt es verschiedene Wege: Die offiziellen durch fleißiges Pauken und daneben oder *ersatzweise*

640 Vgl. zu dem Ergebnis auch *Tillmann* (1996, S. 146 f).

641 Vgl. Zinnecker 1975 und 1978, S. 29 ff.

642 Holtappels 1987, S. 262.

durch taktisches Bewährungshandeln verschiedener Art. Es gibt auf die Überforderungen des Lernens unter den Bedingungen der Notenkonkurrenz auch die umgekehrte Reaktionsform, nämlich in andere Themen der Selbstbewährung innerhalb der Schule umzusteigen oder aus Gründen der Selbstbewährung aus dem schulischen Leistungskontext auszusteigen.

5.3.4.4 Schülertypisches Bewältigungshandeln zweiten Grades

Ab diesem Punkt erhält die „produktive Realitätsverarbeitung" der Schülerinnen und Schüler eine andere Ausrichtung. Wenn sich die von der Schule durch schlechte Noten oder aus Interesseverlust enttäuschten Schülerinnen und Schüler aus der geforderten Leistungskonkurrenz um Noten tendenziell (ganz oder zeitweise) zurückziehen, bedeutet das keineswegs eine Selbstaufgabe ihres Anspruchs auf *persönliche Beachtung und Anerkennung.* Ihre innere Distanz zum offiziellen schulischen Leistungskriterium erfordert jedoch zur Aufrechterhaltung eines positiv gefärbten Selbstbildes einen *Ersatz* der schulischen Erfolgskriterien und entsprechende Veränderungen ihrer Selbstdefinition.[643] Die hier diskutierte Suche nach neuen persönlichen Erfolgsbestätigungen erfolgt zwar im schulischen Kontext, bezieht sich aber nicht mehr ernsthaft auf eine erfolgreiche Mitwirkung am Unterrichtsgeschehen. Das Bewältigungshandeln zweiten Grades steht seiner Art nach zum Unterricht neutral oder parodistisch, negativ oder gezielt destruktiv.[644] Aus der Lehrerperspektive erscheint es in fast allen Varianten als störend.[645] Die Störung besteht darin, daß die Schülerinnen und Schüler ihren persönlichen Anerkennungserfolg in der Schule auf „Umwegen" anstreben statt in Schulnoten. Ob diese Ersatzstrategien harmlos ausfallen oder aggressiv, wird sicher von zahlreichen Faktoren beeinflußt und gefärbt (vgl. Kap. 2.2.3). Die *Hypothese* ist hier, daß auch die Anpassungsreaktionen zweiten Grades und die damit verbundenen Selbstkonzeptionen von der schulischen Unterrichtsstruktur evoziert und vorgezeichnet sind. Daß diese Anpassungshandlungen an ihrem sozialen Entstehungsort besonders häufig vorkommen, läßt sich durch die Befragungsergebnisse untermauern.

Ausgangspunkt auch für die Anpassungsreaktionen dieses Typs ist der instrumentelle Charakter der Unterrichtseinheiten zur Vermittlung von Notenstoff. Bei einigen Schülerinnen und Schülern belastet wohl eher die Unterrichtskultur oder der Abruch der Unterrichtseinheiten ihr Interesse und ihre Lernlust, bei anderen tut dies das Problem, den Anschluß zu verlieren (vgl. Tab. 5, 6, 15, 16) oder die Angst vor Prüfungen. Im gleichen Maße, in dem Lernlust und Interesse zurückgehen, beginnen sie an ihrer Zwangsanwesenheit in einem Unterricht zu leiden, der ihnen wenig oder nichts mehr bringt. Sie *langweilen* sich in den betreffenden Fächern und ab einem bestimmten Punkt sogar unabhängig vom Fach.[646] Hol-

643 Vgl. zu diesem Anpassungserfordernis der Selbstdefinition generell: Tillmann 2000, S. 150 ff.

644 Diese Charakterisierung dient der definitorischen Unterscheidung der Reaktionstypen. In der Praxis wird sicher jede Mischung und auch ein Hin- und Herwechseln der Schülerinnen und Schüler zwischen diesen Anpassungstypen vorkommen, zumal sie in ihrer Perspektive letztlich alle dem gleichen Ziel dienen: der Absicherung ihres persönlichen Erfolgs im schulischen Kontext.

645 Holtappels 1987, S. 22.

646 Vgl. Tillmann u.a. 1999, S. 210; siehe Tabelle 15, Item 74.

tappels kommt zu dem Ergebnis: "In fast sämtlichen Interviews finden sich zahllose Schüleräußerungen, in welchen die 'dauernde Langeweile' in der Schule artikuliert wird. Langeweile ist offenbar für viele Schüler ein hervorstechendes Merkmal für die Beschreibung ihrer Erfahrungen mit dem Schulalltag."[647] Hierzu ein Interview-Beispiel von Holtappels:

Interview 12: *„Das zeugt von Langeweile irgendwie"* [648]

Schüler: „Alles vollgekritzelt, jede Bank. Alles dicht vollgeschrieben. Dicht an dicht. Keine freie Stelle mehr, is alles vollgekritzelt."
Interviewer: „Müßte man ja eigentlich mal fotografieren."
Schüler: „Ja, das sieht ganz lustig aus. Alles vollgeschrieben. Wirklich alles bis zum letzten. Nur die Stühle sind blank. Da is noch makellos, aber Tische, alles voll. Sicher, daran sieht man, wie interessant Physik doch sein kann. Daß da also jeder direkt reinritzt. Das zeugt von Langeweile irgendwie."
Interviewer: „Also aus Langeweile ..."
Schüler: Jaja, oder innen Tisch Punkte bohren, dann is der Tisch gepunktet, das macht natürlich auch Spaß, ne, neue Kreationen."

Mit einer gewissen Belustigung charakterisiert in Interview 12 ein Schüler das bekritzelte Schulmobiliar als ein einziges Dokument für die Bewältigung von Langeweile im Unterricht. Sowohl in Holtappels Befragung als auch in der hessischen Schülerbefragung kommen unter den Rubriken „Normverstöße" oder „Schuldevianz" Items vor zu *Strategien* der Schülerinnen und Schüler, ihren Anwesenheitszwang im Unterricht auf andere Weise als durch die offiziell erwünschte Unterrichtsbeteiligung zu bewältigen. Sie belegen, daß das Bewältigungshandeln, sich geistig oder praktisch, kurzfristig oder ganze Tage aus dem Unterrichtsgeschehen zu *entfernen*, unter Schülerinnen und Schülern weit verbreitet ist.

Tabelle 27: Träumen, Verspäten, Umherlaufen im Unterricht nach Schüleranteilen und Häufigkeit [649]

Normverstöße-Items n = 759 Liste 1	**Anteil der Schüler mit Normverstoß *)**	***davon:* wenige Male im Monat.**	**mehrmals pro Woche/ jeden Tag**
Mich im Unterricht allein beschäftigen, wie spielen, lesen, etwas essen oder trinken, Briefe schreiben, träumen u.s.w.	71,7%	36,1%	35,6%
Zu spät zum Unterricht kommen.	44,4%	31,1%	13,3%
Ohne Erlaubnis den Klassenraum verlassen, im Unterricht umherlaufen oder Plätze wechseln.	33,5%	19,0%	14,5%

647 Holtappels 1987, S. 236.

648 Quelle: Holtappels 1987, S. 238, Beispiel 18; das gleiche Beispiel wertet *Holtappels* nochmals aus in: Holtappels 1995, S. 131.

649 Quelle: Holtappels 1987, S. 229 f, Tabelle 41: *„Selbstberichtete Normverstöße der Schüler"*.

Tabelle 28: Schule-Schwänzen, Unterricht verhindern nach Schüleranteilen und Häufigkeit [650]

Normverstöße-Items n = 759 Liste 2	Anteil der Schüler mit Normverstoß *)	davon: 1-5 mal in 6 Mon.	mehr als 5 x in 6 Mon.
Unterricht oder ganze Tage schwänzen.	35,6%	28,6%	7,0%
Den Unterricht oder Arbeiten versuchen zu verhindern.	32,7%	27,4%	5,3%

*) Der jeweils auf 100% fehlende Prozentanteil umfaßt die Schüler, die angeben, den jeweiligen Normverstoß kein Mal begangen zu haben.

Tabelle 29: Schule-Schwänzen nach Häufigkeit im Schultypenvergleich [651]

Selbstreporte von Schülerinnen und Schülern: Schuldevianz nach Schulform. In den letzten 12 Monaten habe ich mindestens alle paar Monate ...					
Gewalthandlungen	SfL n = 116	HR n = 703	KGS n = 1110	IGS n = 671	GYM n = 888
die Schule unentschuldigt geschwänzt.	36,8%	21,1%	23,4%	22,4%	19,0%

Etwa ein Drittel (35,6%) der nach Tabelle 27 von Holtappels befragten Schülerinnen und Schüler schweift fast *täglich* geistig vom Unterricht ab, indem sie sich mit Dingen beschäftigen, die sie an Stelle des Unterrichts interessieren. Sie spielen, träumen, schreiben Briefchen etc.[652] Ein weiteres Drittel (36,1%) tut dies gelegentlich. Danach würde nur knapp ein Drittel der Schülerinnen und Schüler dem Unterricht überwiegend aufmerksam folgen. Rund ein Drittel der Befragten ist es nach den drei Tabellen 27, 26, 29 auch, das den Unterricht durch Abwesenheit umgeht, sei es durch zu spätes Erscheinen, durch unerlaubtes Verlassen des Klassenzimmers oder durch „Schwänzen" des Unterrichts.

Ich möchte diese Reaktionen als schulanomisch evozierten *Absentismus* bezeichnen.[653] Dieser Absentismus ist eine schulspezifische Anpassungsreaktion auf den unter Notendruck stehenden Anwesenheitszwang gegen das eigene Interesse. Mit dieser Charakterisierung lassen sich verschiedene Erscheinungsformen des Sich-dem-Unterricht-Entziehens als konsequente Reaktionen auf den anomischen Ausgangspunkt im schultypischen Kerngeschäft und zugleich als eine schulisch induzierte Eskalation dieser Anpassungsreaktion einstufen: Am Anfang stehen Formen der psychischen Abwesenheit durch Abschalten, Tagträumen, Kritzeln, Spielen, dann folgen Formen des physischen Absentismus durch Verspätungen,

---

650 Quelle: Holtappels 1987, S. 229 f, Tabelle 41: „*Selbstberichtete Normverstöße der Schüler*".

651 Quelle: Tillmann u.a. 1999, S. 109, Auszug aus Tab. 4.14: „Schultypenvergleich".

652 Ähnliche Verhaltensweisen benennt *Glötz*: „*Abschalten, träumen, aus dem Fenster schauen, auf einen Punkt an der Tafel oder der Wand starren, schlafen, gähnen, mit dem Stuhl schaukeln*", oder: „*mit dem Nachbarn .... flüstern, reden, summen; mit dem Nachbarn Karten oder Land-Fluß-Stadt spielen, Schiffchen versenken, den Mitschülern Briefchen, Mitteilungen zusenden*" (1979, S. 116).

653 Phänomene dieser Art werden von klinisch-psychiatrisch orientierten Nichtkennern von anomischen Anpassungsreaktionen von Schülerinnen und Schülern als alters- oder entwicklungsbedingte „*Absencen*" diagnostiziert und symptomatisch-medikamentös behandelt. Dabei ist es erschreckend, aber nicht unerklärlich, daß die identitätsrelevanten Anpassungsreaktionen sich somatisch ausdrücken und auch (meßbar) verselbständigen können, daß sie sich am Ende tatsächlich psychosomatisch und pathologisch verfestigen.

unerlaubtes Verlassen des Unterrichts, Schwänzen von Stunden und Schultagen. Am Ende steht die gezielte Schulverweigerung. Auffallend häufig versuchen nach den Untersuchungen Schülerinnen und Schüler auch, den Unterricht zu verhindern. Man könnte sagen, daß sie den Unterricht „abwesend" sein lassen, und es als sachlichen Absentismus bezeichnen.

Daß das Schwänzen häufiger bei den Verlierern der schulischen Konkurrenz in der „Schule für Lernhilfen" mit 36,8% vorkommt, wie die hessische Untersuchung (vgl. Tab. 29) zeigt, verwundert so wenig wie das weniger häufige Schwänzen an Gymnasien mit 19,0%. Gymnasiasten täuschen dafür häufiger als Sonderschüler.[654] Beides läßt sich so deuten, daß sich 'höhere' Schüler offenbar mehr davon versprechen, *in* der Schule offensiv um ihre persönlichen Vorrangstellen zu *kämpfen,* als drohenden Niederlagen *auszuweichen.* Schülerabsentismus und Schulverweigerung lassen sich nach den Untersuchungen keineswegs nur auf Langweile zurückführen, sondern häufig auf mehr oder weniger massive Schulangst, auf Versagensängste, Lernblockaden und ähnliche psychisch sehr bedrückende Zwangsempfindungen. Deshalb kommt Schülerabsentismus auffällig häufig bei stigmatisierten Schülern, bei Klassenwiederholern oder Versetzungsgefährdeten vor, also bei Schülerinnen und Schülern, auf denen ein hoher identitätsbedrohender Problemdruck lastet.[655]

Interview 13: *„ ... dann wünscht man sich am liebsten innen Erdboden. "* [656]

Interviewer: „Wie ist das eigentlich, wenn die Lehrer so reagieren, so mit Strafen so, machst du dir da was draus? Wenn die dich mal erwischt haben, oder is das so ne ganz schlimme Situation, so ne peinliche Situation?"
Schüler: „Ja, manchmal isset immer blöd, wenn wir vor der Klasse fertiggemacht werden, also dat find' ich echt blöd so, die P., die macht einen auch öfters vor der Klasse fertig. Also, mich hat se auch schon'n paar Mal fertig gemacht, also dann bin ich ganz weggetreten so für'n Augenblick, da lachen se dann überall oder so, dann is dat richtig peinlich da, wenn man da, dann wünscht man sich am liebsten jetzt innen Erdboden oder sowas."

Die Schüleräußerung illustriert eindringlich: Schulstrukturell erzeugte Zwangslagen dürften sich auf das Selbstbild sehr restriktiv auswirken, nämlich bis hin zu psychischem Absentismus. Nach Forschungen von Blackham sind dann auch Lernblockaden, Prüfungsängste, Antriebsschwäche, Interesselosigkeit, Rückzug, Kontaktscheu, mangelndes Selbstvertrauen und daraus entstehende allgemeine Entwicklungs- und Persönlichkeitsstörungen zu befürchten.[657] Geht ein Schüler hingegen dazu über, dem Unterricht praktisch fernzubleiben, *überwindet* er möglicherweise damit die quälerischen Selbstblockaden. Indem er den An-

---

654 Vgl. Tabelle 23. - Einer Zeitungsmeldung zufolge waren unter den im Schuljahr 1998/99 erfaßten *„beharrlichen Schulschwänzern"* in Nürnberg vierzig Prozent Hauptschüler, fünfzig Prozent Förderschüler, die restlichen zehn Prozent höhere Schüler, 85 Prozent Jungen und: *„die Hälfte spricht Deutsch nicht als Muttersprache. "* (Frankfurter Rundschau vom 14.6.2000)

655 Vgl. Holtappels 1987, S. 24, 296 f; Holtappels 1995, S. 136; Glötzl 1979, S. 118 f.

656 Quelle: Holtappels 1987, S. 297, Beispiel 37.

657 Vgl. Blackham 1971. Ebenso Rieder (1990, S. 21): *„Psychischer Streß, ausgelöst durch das System der Notengebung, besetzt, besonders bei weniger begabten Schülern, Lernen und Schule mit Angst oder Abneigung. Bei negativer Beurteilung tritt zum Erleben des eigenen Versagens auch die Furcht vor dessen Folgen hinzu. So manifestiert sich eine wesentliche Komponente von Schulangst oder Schulunlust in der Angst vor schlechten Noten, die Prozesse der Verdrängung, Resignation oder Aggression nach sich ziehen. "*

wesenheitszwang *subjektiv* überwindet und für sich praktisch als belanglos behandelt, löst er bei seinen Klassenkameraden eventuell sogar Bewunderung aus.[658] Mit dem Übergang zum Schulschwänzer oder Schulverweigerer hätte er sich paradoxerweise durch Annahme seiner Abweichlerrolle wieder zu einer neuen Selbstdefinition der Überlegenheit befreit.

Einen wichtigen Übergang in der hier entwickelten Interpretation der Anpassungsreaktionen mit weitreichenden Konsequenzen für das Selbstkonzept stellt der Umstand dar, daß Schülerinnen und Schüler aus Notendruck und Langeweile nicht nur Methoden des Absentismus entwickeln, sondern den Anomiedruck des Unterrichts *positiv, produktiv und kreativ* überwinden. Auch wenn sie im Unterricht „nur" ihren Phantasien nachgehen, wenn sie Tagträumen oder Spielen und andere *unterrichtsfremde* Betätigungen betreiben,[659] entfalten sie ja kreative Aktivitäten, die sich als „produktive Realitätsverarbeitung" begreifen lassen. Bereits Glötzl hat die Aktivitäten auf der Grundlage von schulischen Langeweilesituationen unter Anwesenheitszwang als „Versuche eigener Situationsdefinitionen" der Schülerinnen und Schüler charakterisiert, wenn zum Beispiel der Unterricht durch Träumen und Schaukeln auf dem Stuhl als „Möglichkeit zur Erholung" umgedeutet werde oder durch „Schiffchen versenken" als „Möglichkeit zu spielerischer Beschäftigung".[660] Ähnlich deutet auch Holtappels diesen Übergang aus der schulisch erzeugten Langeweile: „Den als langweilig empfundenen 'grauen' Schulalltag eignen sich die Schüler auf ihre Weise an: Sie definieren den offiziellen Charakter schulischer Situationen um, zum Beispiel in Kommunikations- oder Spielsituationen, wo Spaß und Spannung Platz greift, die Schüler haben sich längst die Bedingungen geschaffen, die sie im Schulalltag vergeblich suchen. (...) Denn der mangelnden Sinnbestimmung von Schule aufgrund von Langeweile setzen die Schüler - neben einer passiven Verarbeitungsform - vor allem überaus aktive Formen der Aneignung und Umformung schulischer Situationen entgegen."[661] Hervorzuheben ist dabei, daß die zitierte „mangelnde Sinnbestimmung von Schule" als Grundlage dieser Anpassungsreaktionen zwar eine illusionäre Hoffnung der Schülerinnen und Schüler auf Schule ist und insofern ihr Wunschdenken. Da die Illusion aber letztlich von dem schulischen *Sinn- und Bildungsversprechen* ausgelöst wird, liegt der subjektiven Verzerrung als Auslöser doch eine objektiv-institutionelle Anomie von Schule und nicht eine grundlose innersubjektive Wahrnehmungsstörung zu Grunde.

Ein möglicher Übergang von unterrichtlich erzeugter Langeweile zur produktiven Verarbeitung hört sich in den Worten betroffener Schülerinnen und Schüler so an:

Interview 14: *„Wir machen das unter dem Tisch ...* "[662]

Interviewer.:	„Was macht ihr denn, wenn es so langweilig wird?"
Bernd:	„Schlafen ... Schiffe versenken, spielen ... „
Ralf:	„Reden, wir versuchen uns selbst zu unterhalten."
Interviewer.:	„Und das sieht keiner?"
Ralf:	„Wir machen das unter dem Tisch, da sieht das keiner" (...)

658 Das erwähnte *„Nürnberger Programm gegen Schulschwänzen"* richtet sich ausdrücklich gegen die *„negative Vorbildwirkung des Schwänzens."* (vgl. Frankfurter Rundschau vom 14.6.2000)

659 Vgl. oben Tab. 27, Liste 1, Frage 1.

660 Vgl. Glötzl 1979, S. 116 f.

661 Holtappels 1987, S. 237.

662 Quelle: Holtappels 1987, S. 263, Beispiel 29.

Interview 15: *„Da muß man sich ja unterhalten ...“* [663]

Interviewer: „Wie kommt es, daß Schüler im Unterricht einfach sprechen?“
Ralf: „Vielleicht Langeweile, wenn der Unterricht zu langweilig ist, oder so.“
Frank: „Also wenn man sich jetzt so lange meldet und man kommt nicht dran, dann labert man mit dem Nachbarn.“
Jutta: „Wenn man dann zum Beispiel, was mich betrifft, man hat jetzt da vorne echt so 'nen Lehrer, also der läßt nicht mit sich reden und er erklärt einem das nicht ein paar Mal ... dann fragt man auch seinen Nachbarn, also, was da überhaupt vorgegangen ist und der Stoff, der geht ja auch immer weiter und dann kriegt man das halt alles mit. Dann schickt man sich halt auch mal Briefchen, wo Aufgaben draufstehen, oder was über sein Privatleben ...“

Andere Strategien aus der Gruppe der Anpassungsreaktionen zweiten Grades finden sich in Holtappels Untersuchung unter „Normverstößen“ und in der hessischen Schülergewalt-Studie unter „Gewalt“ eingeordnet:

Tabelle 30: Unterrichtsstörungen nach Schüleranteilen und Häufgkeitsverteilung [664]

Normverstöße-Items n = 759 Liste 1	**Anteil der Schüler mit Normverstoß*)**	*davon:* wenige Male im Monat	mehrmals pro Woche/ jeden Tag
Im Unterricht mit anderen heimlich Spiele spielen, Briefchen austauschen oder dergleichen.	66,1%	32,8%	33,1%
Im Klassenraum mit irgendwelchen Dingen werfen (z.B. mit Kreide, Schwamm).	64,6%	36,2%	28,4%
Tische bemalen oder reinschnitzen.	46,6%	24,9%	21,7%

*) Der jeweils auf 100% fehlende Prozentanteil umfaßt die Schüler, die angeben, den jeweiligen Normverstoß kein Mal begangen zu haben.

Tabelle 31: Unfug mit Beschädigung von Schulinventar nach Schüleranteilen und Häufigkeitsverteilung [665]

Normverstöße-Items n = 759 Liste 2	**Anteil der Schüler mit Normverstoß*)**	*davon:* **1-5 mal in 6 Mon.**	**mehr als 5 x in 6 Mon.**
Unfug machen und dabei versehentlich was an der Einrichtung der Schule beschädigen oder beschmutzen (z.B. Wände, Teppich, Heizkörper, Fenster).	34,1%	29,6%	4,5%

*) Der jeweils auf 100% fehlende Prozentanteil umfaßt die Schüler, die angeben, den jeweiligen Normverstoß kein Mal begangen zu haben.

Die hier genannten Varianten von nicht mehr auf Lern- oder Notenerfolg gerichteten Bewältigungsstrategien haben für die Schülerinnen und Schüler eher Unterhaltungswert. Man könnte sie fast im Wortsinne als „Zeitvertreib“ bezeichnen.

Im gleichen Kontext nennt Glötzl aber auch „Bewährungsreaktionen“, die die Selbstkonzeptualisierung von Schülerinnen und Schülern erheblich betreffen: Den „Klassenclown“,

663 Quelle: Holtappels 1987, S. 241 f, Beispiel 23.
664 Quelle: Holtappels 1987, Tabelle 41, S. 229 Liste 1.
665 Quelle: Holtappels 1987, Tabelle 41, S. 230 Liste 2.

der Faxen macht, Grimassen schneidet und Witze erzählt.[666] Hierzu passen ähnliche immer wieder angenommene Schülerrollen wie der „Pausenclown", die „Wichtigtuerin", der „Weiberheld", der „Kraftprotz", der „Kautzige" etc. Solche Rollen repräsentieren nicht nur im Schulalltag bekannte Verhaltensformen, sondern *Schülercharaktere*, deren Eigenart oft in den Unterrichtspausen zur Entfaltung kommen, während sie im Schulunterricht unsichtbar bleiben. Hinter diesen Bezeichnungen stehen schülertypische Identitätskonzepte, denen anzusehen ist, daß sie für die Betroffenen als *Ersatzhandlung* für den Notenerfolg fungieren und deshalb ganz nach dem *Strukturmodell* der Notenkonkurrenz konzipiert sind. So erringt der „Pausenclown" nicht durch die richtige Beantwortung von Lehrerfragen persönliche Anerkennung und seinen „Schulerfolg", sondern durch die Belustigung seiner Klassenkameraden *zwischen* den Unterrichtsstunden oder *im* Unterricht mit *unterrichtsfremden* Themen. Sein Forum und sein „signifikanter Dritter" sind die Mitschüler, seine „Leistungen" sind die Späße. Darin ist er aber erkennbar „Spitze" und „super", steht also im Rang innerhalb seiner Klasse jenseits der Notenskala ganz oben. Wäre er bloß ein lustiger Mensch mit witzigen Einfällen, dann könnte er das auch in seiner Unterrichtsbeteiligung ausdrücken oder in seiner außerschulischen Freizeit. In welchem Zusammenhang dieser Schülercharakter stattdessen typischerweise in Erscheinung tritt beweist: Seine Art von Anerkennungsstreben ist eine Anpassungsreaktion gerade auf Schulanomien, die seiner positiv gefärbten Selbstdefinition offenbar nicht den Entfaltungsraum bieten, den er sich wünscht, auf den er aber im schulischen Kontext nicht verzichten will.

Ein weiterer Übergang besteht darin, daß sich die Anpassungsreaktionen *gegen* die Mitschüler richten können, indem diese auf verschiedene Weise „herabgesetzt" werden.[667] Dann werden sie „gehänselt" oder man macht sich „über sie lustig". Massiv herabgesetzt werden sie durch bösartiges „Beschimpfen" mit „gemeinen Ausdrücken" (vgl. Tab. 32 und 34). Das wechselseitige Beschimpfen der Schülerinnen und Schüler läßt sich im Hinblick auf das Selbstkonzept als *ideelle* Form interpretieren, den Mitschülern ihre offiziellen Leistungsrangstellen in der Klasse zu bestreiten und damit *neben* der Notenhierarchie für die offiziellen Schulleistungen „produktiv" eine zweite Hierarchie von persönlicher Geltung in der Klasse aufzubauen. Gerade diese Anpassungsreaktionen der Schülerinnen und Schüler knüpfen an dem herausgestellten eigentümlichen Doppelcharakter von Schulleistungen an, wonach ihnen neben der Notenbewertung unter der Hand eine sozialmoralische Bewertung zukommt, was sich den Schülerinnen und Schülern vermittelt. Auf dieser in die schulische Bewertungspraxis von Lehrerseite subkutan eingeführten *sozialmoralischen* Ebene fungieren die beschimpfenden Herabsetzungen der Schülerinnen und Schüler einerseits als kompensatorischer Ausgleich der offiziellen Notenhierarchie und der entsprechenden Selbstbilder schlechterer Schüler. Die Methode der sozialmoralischen Herabsetzung von Mitschülern eignet sich ebenso als sozialpsychologisches Erfolgsprogramm erfolgreicher Schüle-

666 Vgl. Glötzl 1979, S. 119. *Dreitzel* hat diesen Reaktionstypus als anomisches Abwehrmuster beschrieben und als „*Originalitätszwang*" bezeichnet, „*bei dem der Rollenspieler die Stärke seiner Ich-Leistungen sich selbst und den anderen demonstriert*" (1968, S. 360 f). Da aber *Dreitzel* diese Reaktion nicht auf Besonderheiten des institutionellen Anomiedrucks „organisationsbezogener Rollen" zurückführt, sondern umgekehrt auf das *Fehlen* eindeutigen Rollenverhaltens, ist seine Defizit-Analyse hier nur bedingt hilfreich.

667 Vgl. Glötzl 1979, S. 120 f.

rinnen und Schüler, die ihre Notenerfolge in Persönlichkeitserfolge umdeuten und sich darin auch auf sozialmoralischer Ebene explizit und offensiv bestätigt sehen wollen - beispielsweise auf Kosten ihrer „zum Spaß“ nochmals herabgesetzten Klassenkameraden. Das heißt also für die Winner wie die Looser im Klassenzimmer: In jedem Falle führt die *Herabsetzung* eines Mitschülers durch Beschimpfung zur sozialmoralischen *Selbsterhöhung* dessen, der andere herabsetzt. Helsper führt solche sozialpsychologischen Selbstwert-Mechanismen ausdrücklich auf schulstrukturelle Vorgaben zurück: „Vielmehr verstärkt die Schule *implizit* eine individualisierende *Wertschätzungshierarchie* aufgrund von Leistungsdivergenzen, mit den *daraus* folgenden Selbstwertverletzungen durch herabsetzende Handlungen anderer und damit einhergehenden Gefühlen von Scham und Sozialangst.“[668] Die Logik dieser Selbstwertprozesse ergibt sich aus dem Konkurrenzprinzip, wonach auch der Sieger wird, der einen Verlierer produziert. Es geht damit also - wie bei Noten, aber mit anderen Mitteln - strukturell um Plazierungsfragen in einer persönlichen Rangordnung.

Ist dieses schultypische Plazierungsstreben erst einmal von den Unterrichtsthemen und den Noten abgelöst, lassen sich solche Selbstwerteffekte auch durch *körperliche* Attacken gegen die Konkurrenten in der Klasse erzeugen. Vom Effekt her betrachtet, ist Schlagen nichts anderes als Beschimpfen, wenn man beide Interaktionstypen als aktives Ranking begreift. Da sie funktionell austauschbar sind, kann man sogar relativ frei auswählen, was einem besser liegt oder mehr Effekte verspricht. So betrachtet, dienen Beschimpfungen ebenso wie die „Spaßkloppe“[669] bis zum brutalen Zusammenschlagen eines Mitschülers zusammen mit anderen gleichermaßen der autonomen Reproduktion und gegebenenfalls der Umkehrung der offiziellen schulischen Geltungshierarchien in Notenform durch Schülerinnen und Schüler. Ihr Effekt ist eine sozialmoralische Neuzuweisung von Rangstellen in der Klasse oder Schule, und sei es auch nur für wenige Augenblicke oder nur in einem Teilbereich. Die sozialmoralische „Überlegenheitsdemonstration“ wäre damit auch die Hintergrundstruktur des ‘unerklärlichen’ Phänomens der „*Schülergewalt*“[670] und würde zugleich den eigentümlichen Nutzeffekt erklären, den Gewaltakte für das Selbstkonzept der betreffenden Schüler haben.

Die eben diskutierten autonomen Ersatzhandlungen sind durch einen hohen Symbolwert charakterisiert. Sie reproduzieren und spiegeln die offiziellen institutionellen Rangzumessungsrituale, die sie zugleich symbolisch umwerten. Mit dem Ansatz des „symbolischen Interaktionismus“ im Wortsinne läßt sich sogar der irrationelle Übergang einer „Schülergewalt gegen *Sachen*“ plausibel machen. Voraussetzung ist, daß zuvor die Objekte von Schülervandalismus zu *Insignien* der verhaßten Institution Schule uminterpretiert worden sind, dann als diese ‘wiedererkannt’ und symbolisch vernichtet werden.[671] So läßt sich systematisch die „Schülergewalt gegen Sachen“ in diesen Kontext einfügen, sei es als „versehentliche“ Beschädigung von Inventar“ (vgl. Tab. 31), durch schulspezifischen „Übermut“ (vgl. Tab. 30), also aus kompensatorischem Interesse an Spaß und „Action“ im räumlich-zeitlichen Schulumfeld, in angeblich „blindem“ Vandalismus gegen Schulinventar aus Wut

668 Helsper 1995, S. 146; ähnlich Helsper 1993.

669 Vgl. dazu Popp in: Tillmann u.a. 1999, S. 90 ff.

670 Schülergewalt sei auch „*als Form der Aneignung und Gestaltung der Lebenswelt Schule*“ zu sehen, sagen *Holtappels/Hornberg* (1997, S. 363).

671 Vgl. Tillmann u.a. 1999, S. 20.

und Frust aus Unterrichtssituationen[672] oder als offene „Zerstörungswut" gegen Schulinventar oder Sachen von Mitschülern (vgl. Tab. 33, 39, 40). Hierzu einige bestätigende Schüler-Äußerungen aus Interviews von Holtappels.

Interview 16: *„Da wird dann halt die Wut an den Toiletten ausgelassen."* [673]

Ulrike: „Oder wenn man eine Arbeit wiederbekommt, einmal hatte ich auch 'ne 6 bekommen und da hab ich alles auseinander genommen, was mir in die Quere kam."
Jörg: „Also, die Wut, die staut sich auch im Unterricht dann auf. Wenn der Lehrer zum Beispiel schlechte Laune hat, oder so, dann hat man selber auch schlechte Laune und kriegt auch Wut auf den Lehrer und dann wird halt am Ende der Stunde, oder in der Pause, da wird dann die Wut halt an den Toiletten oder halt im Klassenraum oder an den Gegenständen, die rumstehen, ausgelassen."
Monika: „ ... oder auch an den Mitschülern."
Michael: „Ich find, daß man manchmal auch Aggressionen hier auch auf'm Tisch ausläßt, wenn man sauer ist oder so, daß man hier überall draufmalt und die Löcher draufmacht. ... Aber das macht dann einfach Spaß, die Sachen irgendwie zu zerstören."

Wenn die Interpretation zutrifft, daß das Herabsetzen von Mitschülern eine Art kompensatorische oder auch vergeltende *Reproduktion* der Anerkennungsstruktur der schulischen Notenkonkurrenz ist,[674] dann müßte sich auch diese *Hypothese* durch eine besondere Häufigkeit im Schülerverhalten bestätigen lassen. Die entsprechende Frage richtet sich also darauf, ob das innerschulische Vorkommen dieser offiziell normwidrigen Verhaltensweisen von Herabsetzungen häufig bejaht wird. Danach haben Holtappels 1987 und das Team von Tillmann 1999 aus ihren Aspekten heraus gefragt. Die Ergebnisse beider Schülerbefragungen bestätigen die hier entwickelte Interpretation wie folgt:

Tabelle 32: Hänseleien und Raufereien unter Mitschülern und Provokationen gegenüber Lehrern nach Schüleranteilen und Häufigkeit [675]

Normverstöße-Items n = 759 Liste 1	Anteil der Schüler mit Normverstoß *)	*davon:* wenige Male im Monat.	mehrmals pro Woche/ jeden Tag
Mitschüler im Unterricht ärgern, bewerfen oder beschießen.	62,1%	34,8%	27,3%
Andere hänseln oder sich über sie lustig machen.	52,7%	29,9%	22,8%
Den Lehrer ärgern oder provozieren.	47,6%	28,2%	19,4%
Sich mit Mitschülern raufen, schlagen.	31,9%	19,8%	12,1%

*) Der jeweils auf 100% fehlende Prozentanteil umfaßt die Schüler, die angeben, den jeweiligen Normverstoß kein Mal begangen zu haben.

672 Vgl. zum Interpretationsspektrum von Schülergewalt gegen „Sachen": Holtappels 1995, S. 131 f.
673 Quelle: Holtappels 1995, S. 130 f.
674 Vgl. dazu speziell Helsper 1995, S. 136, 146.
675 Quelle: Holtappels 1987: S. 229, Auszug aus Tabelle 41: *„Selbstberichtete Normverstöße der Schüler".*

Tabelle 33: Aggressive Handlungen von Schülerinnen und Schülern gegen Mitschüler, Schulinventar und Sachen von Mitschülern nach Schüleranteilen und Häufigkeitsverteilung [676]

Normverstöße-Items n = 759 Liste 2	Anteil der Schüler mit Normverstoß*)	*davon:* 1-5 mal in 6 Mon.	mehr als 5 x in 6 Mon.
Mit anderen einen Mitschüler verprügeln (z.B. in der Pause, auf dem Heimweg, im Bus)	25,3%	20,4%	4,9%
Im Schulgebäude etwas absichtlich beschädigen oder kaputtmachen (z.B. Wände beschmieren, Türen, Stühle, Toiletten, Geräte beschädigen oder dergleichen).	17,3%	13,8%	3,5%
Sachen von Mitschülern absichtlich kaputtmachen.	10,4%	9,7%	0,7%

*) Der jeweils auf 100% fehlende Prozentanteil umfaßt die Schüler, die angeben, den jeweiligen Normverstoß kein Mal begangen zu haben.

Tabelle 34: Selbstreporte von Schülerinnen und Schülern über psychisch-aggressive Handlungen gegen Mitschüler und Lehrer nach Schülerjahrgängen [677]

Selbstreporte von Schülerinnen und Schülern: Psychische Gewalt nach Schülerjahrgang In den letzten 12 Monaten habe ich mindestens alle paar Monate ...			
Gewalthandlungen	6. Jg. n = 1136	8. Jg. n = 1207	9./10. Jg. n = 1144
andere Schüler gehänselt	43,0%	62,7%	65,6%
mit gemeinen Ausdrücken beschimpft	49,5%	57,5%	54,9%
andere im Unterricht geärgert	35,5%	57,8%	60,0%
andere mit Sachen beworfen	27,6%	47,1%	46,2%
einen Lehrer geärgert	20,7%	38,0%	43,7%

Vergleicht man die Untersuchungsergebnisse, dann steht unter den Rubriken „Normverstöße“ oder „Gewalthandlungen“ das „Hänseln“, „Ärgern“ und „Beschimpfen“ von Mitschülern an oberster Stelle von Anpassungsreaktionen im unmittelbaren Umfeld des Schulunterrichts (vgl. Tabelle 32 und 34). Aggressive Formen[678] erreichen nahezu die gleiche Häufigkeit: Sie werden von rund zwei Dritteln praktiziert. Nach Tabelle 32 beträgt der Anteil derer, die ihre Mitschüler „ärgern, bewerfen oder beschießen“, 62,1%. Über ein Viertel aller Schülerinnen und Schüler oder fast die Hälfte derer mit Normverstößen (27,3%) tun dies nach Holtappels nahezu täglich. Nach Tabelle 34 „hänseln“ ihre Mitschüler im 8. Jahrgang 62,7% und im 9./10. Jahrgang 65,6% aller Schülerinnen und Schüler. Zur Schule zu

676 Quelle: Holtappels 1987: S. 229, Tabelle 41, Liste 2.

677 Quelle: Tillmann u.a. 1999, S. 105, Tabelle 4.11.

678 Bezüglich dieser Einschätzung *schwankt* die Interpretation von *Popp*. Während sie die Hänseleien etc. in der späteren Veröffentlichung als *„psychische Attacken und Beleidigungen“* einordnet (Popp in: Tillmann u.a. 1999, S. 90, 105, 106) und aufgrund von (fragwürdig interpretierten, nämlich erkennbar „cool“ gefärbten) Schüleräußerungen dazu eher verharmlosend als *„freundschaftlich“* oder als *„Spaß“* interpretiert (vgl. 1999, S. 90/91, 112), hat *Popp* die gleichen Äußerungen in der Vorveröffentlichung von 1997 als aggressiver eingestuft (vgl. Popp 1997, S. 212).

gehen und sich beschimpfen ist für sie offenbar ein Lebenszusammenhang. Die Schultypenverteilung dieses Verhaltensmusters zeigt folgende Tabelle:

Tabelle 35: Selbstreporte von Schülerinnen und Schülern über psychisch-aggressive Handlungen gegen Mitschüler und Lehrer im Schultypenvergleich[679]

Selbstreporte von Schülerinnen und Schülern: Psychische Gewalt nach Schulform In den letzten 12 Monaten habe ich mindestens alle paar Monate ...					
Gewalthandlungen	**SfL** n = 116	**HR** n = 703	**KGS** n = 1110	**IGS** n = 671	**GYM** n = 888
andere Schüler gehänselt	58,3%	54,9%	59,0%	54,8%	58,6%
andere mit gemeinen Ausdrücken beschimpft	58,5%	52,6%	57,0%	57,1%	48,6%
andere im Unterricht geärgert	49,1%	49,0%	52,1%	54,2%	50,2%
andere mit Sachen beworfen	47,8%	41,9%	42,1%	44,8%	33,1%
einen Lehrer geärgert	45,7%	31,6%	34,2%	38,9%	31,3%

Psychische Konkurrenzattacken und das Schikanieren von Mitschülern sind danach in allen Schultypen verbreitete Alltagsphänomene.[680] Beim allseitigen Herabsetzen spielen die Schülerinnen und Schüler je nach Schulzweig ihre „Stärken" gegeneinander aus. So ergeben sich Differenzierungen hinsichtlich der groben Beschimpfungen, die sich mit 58,5% mehr in Schulen für Lernhilfen finden als in Gymnasien (48,6%), die mit den „Hänseleien" ihrer Schülerschaft mit 58,6% an der Spitze liegen gegenüber 54,9% an Haupt- und Realschulen. Auch plumpes Bewerfen mit Gegenständen findet an „Schulen für Lernhilfen" häufiger statt (47,8%) als unter den verbal versierteren 'höheren' Schülerinnen und Schülern (33,1%). „Psychisch-aggressive Verhaltensweisen - Verspotten, Auslachen, Beschimpfen, gemeine Ausdrücke, Gesten und Zeichen - scheinen unter Schülerinnen und Schülern normale Kommunikationsformen und weitgehend an der Tagesordnung zu sein", faßt es Popp zusammen.[681]

5.3.4.5 Gegengruppenbildung, Geschlechterverteilung, Etikettierungsprozesse

Die durchgehenden und wechselseitigen[682] Beschimpfungen der Schülerinnen und Schüler führen schließlich zur Bildung von Untergruppen innerhalb einer Klasse, wobei die offizielle Hierarchisierung der Kristallisationspunkt für eine *Gegengruppenbildung* ist. Dieser gruppendynamische Zusammenhang läßt sich aus Befragungsergebnissen zur „Konformitätssanktionierung durch Mitschüler" in Holtappels Studie von 1987 herauslesen:

679 Quelle: Tillmann u.a. 1999, S. 106, Tabelle 4.12.

680 Zu ähnlichen oder noch drastischeren Ergebnissen kommen auch Lehrerbefragungen zum Thema „*Beschimpfungen, gemeine Ausdrücke, gemeine Gesten*", vgl. Popp in: Tillmann u.a. 1999, S 82 ff; Popp 1997, S. 213; Schwind/Roitsch/Gielen 1997, S. 86 ff.

681 Popp 1997, S. 212.

682 Vgl. die Ergebnisse von *Popp* (Popp in: Tillmann u.a. 1999, S. 124 ff, dort die Tabellen 4.27, 4.28 und 4.29), wonach - speziell in den Schulen für Lernhilfen - die *Täter* von psychischer und physischer Gewalt unter Schülern überwiegend zugleich auch *Opfer* solcher Angriffe sind.

Tabelle 36: Gegengruppenbildung und Konformitätssanktionen unter Schülerinnen und Schülern nach Mittelwerten (x) und Prozentanteilen der Negativurteile[683]

Antwortvorgaben und Punktwerte bei positiven/negativen Items:
Stimmt ganz genau = 1 (+) / 5 (-)
Stimmt so ziemlich = 2 (+) / 4 (-)
Teils / teils = 3 (+) / 3 (-)
Stimmt eigentlich nicht = 4 (+) / 2 (-)
Stimmt überhaupt nicht = 5 (+) / 1 (-)

Var.Nr.	Items	x	Zustimmung (+) bzw. Ablehnung (-) (Wert 4 + 5) in %
V 323	Die besten Schüler unserer Klasse werden oft als „Streber" beschimpft. (-)	3,25	51,3 (+)
V 257	Wenn man manchen Unfug nicht mitmacht, wird man von den anderen Schülern schief angesehen. (-)	3,08	41,7 (+)
V 311	Ohne es zu wollen, ist man oft gezwungen, zu den Schülerinnen und Schülern zu halten, die den Unterricht stören oder den Lehrer ärgern. (-)	2,91	34,7 (+)
V 274	Hält man mal zum Lehrer, bekommt man gleich Ärger mit der Klasse. (-)	2,75	27,6 (+)

Die klasseninterne Subkultur steht mit ihrer Herabsetzung der „Streber" in einem Oppositionsverhältnis zur offiziellen Wertungsskala des Lehrers. Dessen Favoriten oder den, der es gerne wäre, setzt die Schülersubkultur mit dem Mittel der Beschimpfung gezielt herab. Diese Prozedur bestätigen nach Tabelle 36, Var. 323, immerhin 51,3% aller befragten Schülerinnen und Schüler.[684] Ähnlich hoch ist die Bejahung des Items, daß man innerhalb des Klassenverbandes „schief angesehen" wird, wenn man sich an „Unfug" nicht beteiligt. Innerhalb der Klasse gilt es demnach als *Regelerfüllung* und damit als anerkennenswert, bestimmte offizielle Regeln zu *verletzten*. Diese Logik entspricht einer *subkulturellen Umwertung* der institutionellen Werte für Anerkennung (Noten).[685] Man sieht daran, daß innerhalb der Schulklassen aktiv Wertungsstrukturen entwickelt werden, die der offiziellen Notenhierarchie mit umgekehrten Vorzeichen nachgebildet sind, deren Regelungsinhalte außerhalb des offiziellen Koordinatensystems von Lernen und Noten liegen und deren Kontrolleure die Betroffenen selbst sind, allerdings als Gruppe, als subkulturelle Clique. Hierzu ein Interview-Beispiel mit Schülern aus einer späteren Studie von Holtappels:

Interview 17: *„Dann sagen wir dem: 'Dann gibt's was auf die Mappe oder so'."*[686]

Schüler: „Ich finde, einige Mädchen, das sind Schleimerinnen, die sind echt immer nur am Büffeln und so, das finde ich ja nicht gut und die machen beim Mogeln nicht mit. Und manchmal sollen sie auch petzen oder so, dann drohen wir denen ab und zu, daß die bloß den Mund halten sollen, damit die anderen auch mal mitkommen sollen. Nur weil die immer am Büffeln

683 Quelle: Holtappels 1987, S. 103, Auszug aus Tab. 14: *„Konformitätssanktionierung durch Mitschüler"*. *Holtappels* hat hier nur die stark zustimmenden oder ablehnenden Antworten der Punktwerte 1./2 bzw. 4./5 einbezogen, nicht die schwächeren (*„eigentlich nicht"* oder *„teils/teils"*).

684 Bekannt ist, daß die Figur des *„Strebers"* ihrerseits von Generationen von Schülerinnen und Schülern mit herabsetzenden Schimpfwörtern belegt wird wie *„Schleimer"*, *„Öler"*, *„Wichser"* u.a.

685 Vgl. Kap. 3.2.1 zur Subkulturtheorie am Ende.

686 Quelle: Holtappels 1995, S. 129 f.

sind, weil die das vielleicht von den Eltern eingepaukt bekommen, da müssen die anderen ja nicht drunter leiden, dann gibt es manchmal Druck."
Interviewer: „Und wie reagieren die dann dadrauf?"
Schüler: „Ja, die wollen dann meistens zum Klassenlehrer gehen und dem das sagen, und dann sagen wir denen direkt, wir haben auch einen Jungen in der Klasse, der ziemlich schleimt, dann sagen wir dem direkt, ja wenn du dahingehst, treffen wir uns nach der Schule, dann gibt's was auf die Mappe oder so. Dann traut der sich das auch schon mal nicht mehr."

Wenn die Mechanismen der rangmäßigen Selbstaufwertung des eigenen Selbstbewußtseins durch verschiedenartige Herabsetzung von Konkurrenten tatsächlich eine universelle Anpassungsreaktion innerhalb der konkurrenzorientierten Schülerselbstkonzepte ist, ist die Frage nach der *Geschlechterverteilung* bei dieser Selbstbehauptungsstrategie von besonderem Interesse, da die Schüler beiderlei Geschlechts den Herausforderungen der Notenkonkurrenz *gleichermaßen* ausgesetzt sind. Nach der übergreifenden *Hypothese* dieser Arbeit müßte ihre Reaktion wegen der identischen strukturellen Induktion sehr *ähnlich* ausfallen. Reagieren beide Geschlechter ähnlich, spräche dies zugleich für ähnliche Selbstkonzept-Strukturen. Popp resümiert die Beteiligungsquoten von Schülerinnen und Schülern an physischer und psychischer Gewalt so: „Aufgrund der hier festgestellten Beteiligungsquoten läßt sich jedoch nicht wie bei der physischen Gewalt der Schluß ziehen, daß es sich hierbei ausschließlich um ein Jungenphänomen handelt. Vielmehr sind bei psychischer Gewalt auch die Mädchen in erheblichem Maße beteiligt."[687] Hintergrund davon sind folgende Selbstreporte zur Gewaltausübung unter Schülerinnen und Schülern:

Tabelle 37: Selbstreporte von Schülerinnen und Schülern über körperlich-aggressive Handlungen gegen Mitschüler und Sachbeschädigungen nach Häufigkeit und Geschlecht[688]

Selbstreporte von Schülerinnen und Schülern: Physisch Gewalt nach Geschlecht In den letzten 12 Monaten habe ich mindestens alle paar Monate		
	Jungen n = 1.770	Mädchen n = 1.704
mich mit anderen geprügelt	47%	15%
gewaltsam etwas weggenommen	29%	13%
Schuleigentum beschädigt	24%	12%
mit anderen jemanden verprügelt	20%	8%
Schulsachen absichtlich zerstört	19%	9%
Sachen anderer kaputtgemacht	19%	8%
Waffen mitgebracht	17%	5%
andere bedroht	16%	6%

687 Popp in: Tillmann u.a. 1999, S. 105.
688 Quelle: Tillmann u.a. 1999, S. 100: Die dortige Abbildung 4/6 wird hier in Zahlen ausgedrückt.

Tabelle 38: Selbstreporte von Schülerinnen und Schülern über psychisch-aggressive Handlungen gegen Mitschüler oder Lehrer nach Häufigkeit und Geschlecht [689]

Selbstreporte von Schülerinnen und Schülern: Psychische Gewalt nach Geschlecht In den letzten 12 Monaten habe ich mindestens alle paar Monate		
	Jungen n=1.770	**Mädchen** n = 1.704
andere gehänselt	63%	51%
andere beschimpft	63%	44%
andere im Unterricht geärgert	59%	43%
andere mit Sachen beworfen	48%	33%
eine(n) Lehrer(in) geärgert	40%	28%

Bereits 1997 stellte Popp erste Ergebnisse der hessischen Schülerbefragung zusammen und veröffentlichte folgende Ergebnisse der Wahrnehmung aggressiver Handlungen je nach Geschlecht:

Tabelle 39: Fremdwahrnehmung psychisch-aggressiver Schülerhandlungen nach Geschlecht [690]

Geschlecht	Mädchen	n = 1722		Jungen		n = 1796
So etwas habe ich beobachtet:	„fast nur bei Jungen“	„bei Jungen und Mädchen“	„fast nur bei Mädchen“	„fast nur bei Jungen“	„bei Jungen und Mädchen“	„fast nur bei Mädchen“
Beschimpfen, Beleidigen von Lehrkräften, Telefonterror	1,4	7,5	0,4	3,5	9,3	0,8
Psychische Aggressionen gegen MitschülerInnen	8,4	67,2	1,7	12,4	64,0	1,7

Die Tabelle 37 über physische Gewalthandlungen zeigt, daß sehr wohl auch Schülerinnen in der Schule körperliche Gewalt ausüben, wenngleich in deutlich geringerem Maße als Jungen. Während sich knapp die Hälfte (47%) der befragten Jungen ein Jahr vor der Befragung mit andern mehrfach geprügelt haben will, behaupten dies zwar nur knapp 15% der Mädchen. Unter den 1.704 befragten Schülerinnen sind damit aber immerhin 255 prügelnde Mädchen. Zu den prügelnden Jungen stehen die Mädchen im Verhältnis 1:3. Bei den übrigen erfragten körperlichen Gewalthandlungen liegen die Beteiligungsquoten der Mädchen im Verhältnis zu den Jungen zwischen 1:3 und 1:2. Als ein ausschließliches Jungenphänomen läßt sich physische Schülergewalt mit diesen Daten jedenfalls nicht charakterisieren.[691]

Bei „psychischen Aggressionen“ gegen Mitschüler zeigt der hessische Selbstreport in Tabelle 38 sogar eine recht hohe Beteiligungsquote von Mädchen, wenngleich auch hier Beteiligungsdifferenzen zwischen den Geschlechtern bestehen. An Hänseleien waren im-

689 Quelle: Tillmann u.a. 1999, S. 105. Die dortige Abbildung 4/8 wird hier in Zahlen ausgedrückt.

690 Quelle: Popp in: Holtappels, Heitmeyer, Melzer, Tillmann 1997, S. 211, Tab. 1: Zwei ausgewählte Items aus „*Wahrnehmung aggressiver Handlungen nach Geschlecht aus der Sicht der Schülerinnen und Schüler in Prozent*“.

691 „*Weitgehend ein Jungenphänomen*“ faßt Popp zusammen (in: Tillmann u.a. 1999, S. 111).

merhin die Hälfte (51%) aller befragten Mädchen beteiligt gegenüber zwei Dritteln (63%) der befragten Jungen. Bei vergleichsweise schwerwiegenderen Beschimpfungen sinkt die Beteiligungsquote der Mädchen auf 2:3 gegenüber den Jungen, umfaßt aber immer noch 44% oder 750 der befragten Mädchen. An den anderen Akten psychischer Gewalt bleiben die Mädchen mindestens in Höhe der Hälfte der Häufigkeitsquote von Jungen beteiligt. Die Tabelle 39 aus dem Jahr 1997 bestätigt diese Ergebnisse, wenn 67,2% der weiblichen und 64% der männlichen Jugendlichen angeben, daß die beobachteten psychischen Aggressionen von Jungen und von Mädchen ausgegangen seien.

Damit ist zumindest bei den psychischen Aggressionen unter den Schülern kein wesentlicher Beteiligungsunterschied zwischen den Geschlechtern feststellbar, während Mädchen an den aggressiven körperlichen Handlungen seltener, aber doch noch häufig beteiligt sind. Für das Selbstkonzept der Beteiligten bedeuten diese Bewältigungsreaktionen der verbalen Gewalt, daß Schülerinnen wie Schüler ihr Selbstbewußtsein gleichermaßen auf Kosten ihrer Mitschüler *stärken*, indem sie diese auf verschiedene Weise *herabsetzen*, nämlich durch Verspotten, Auslachen oder Beschimpfen, sei es mit gemeinen Ausdrücken, mit Zeichen oder mit Gesten. In dieser Konstruktion eines überlegenen Selbstbildes durch Gemeinheiten gegenüber Konkurrenten in der Klasse scheint es eine *Annäherung der Geschlechter* zu geben. Die geschlechtsübergreifende Selbstbehauptungsstrategie verweist auf ihre gemeinsame Herkunft aus dem institutionellen Anomiedruck. Daß Schülerinnen dabei härtere psychische Aggressionen oder körperliche Gewalt weniger häufig ausüben als Schüler, widerspricht der Interpretation nicht, da im Hinblick auf die Effekte für die Selbstbildstabilisierung von einer funktionellen Gleichwertigkeit einer psychischen Herabsetzung mit körperlichen Aggressionen auszugehen ist. So gesehen wäre es sogar unsinnig, wenn Schülerinnen die für sie weniger effektiven körperlichen Überlegenheitsstrategien wählen würden, wenn bereits psychische Aggressionen für sie als weibliche Jugendliche die erstrebten Wirkungen ausreichend erzielen.

Das weitere Ergebnis, daß Beschimpfungen von Mitschülern untereinander sehr viel häufiger vorkommen als Beschimpfungen von Lehrern (vgl. Tab. 39 und 40), spricht dagegen, daß es sich dabei um zufällige Häufigkeitsunterschiede eines sozial indifferenten psychischen Überdrucks namens „Aggressionen" handelt. Der unterschiedliche Einsatz je nach Adressat spricht vielmehr dafür, daß es zwar um emotional aufgeladene, aber auch um sehr *absichtsvolle* symbolische *Korrekturen* von Konkurrenzergebnissen primär unter Mitschülern geht und nicht um einen Ausstieg aus der schulischen Konkurrenz. Wer sich rabiat mit dem Lehrer anlegt, setzt dagegen kaum mehr auf die schulspezifischen Konkurrenzmittel als Mittel seines Fortkommens.

Nach dem Anomie-Theorem müßten herabsetzende und aggressive Anpassungsreaktionen bei denjenigen eher oder zumindest häufiger vorkommen, die unter stärkerem Anomiedruck leiden, also bei den vom offiziellen Schulsystem besonders Benachteiligten. Holtappels hat diesbezügliche Fragen gestellt und im „Extremgruppenvergleich" von „*Abweichlern*" tabelliert:

Tabelle 40: **Herabsetzende, aggessive oder andere normwidrige Handlungen von Schülerinnen und Schülern gegen Mitschüler, Lehrer oder Schuleinrichtungen im Häufigkeitsvergleich von Schüler-Normalpolulation und der Gruppe der „Abweichler“** [692]

Normverstöße-Items: Liste 1	**„Normal-population“** n = 538	**Extremgruppe „Abweichler“** n = 174	**Signifik. P <**
Laut in die Klasse rufen.	31,2%	71,8%	0,001
Mitschüler im Unterricht ärgern, bewerfen oder beschießen.	19,9%	47,1%	0,001
Andere hänseln oder sich über sie lustig machen.	17,3%	40,8%	0,001
Den Lehrer ärgern oder provozieren.	11,3%	44,8%	0,001
Sich mit Mitschülern raufen, schlagen.	8,9%	22,4%	0,001

Normverstöße-Items: Liste 2	**„Normal-population“** n = 538	**Extremgruppe „Abweichler“** n = 174	**Signifik. P <**
Den Lehrer beschimpfen oder freche Antworten geben.	5,4%	31,0%	0,001
Unterrichtsstunden oder ganze Tage schwänzen.	3,9%	16,7%	0,001
Mit anderen einen Mitschüler verprügeln (z.B. in der Pause, auf dem Heimweg, im Bus).	2,0%	13,8%	0,001
Andere Schüler unter Druck setzen.	1,7%	7,5%	0.001
Im Schulgebäude etwas absichtlich beschädigen oder kaputtmachen (z.B. Wände beschmieren, Türen, Stühle, Toiletten, Geräte beschädigen oder dergleichen).	0,9%	12,1%	0,001
Sachen von Mitschülern absichtlich kaputtmachen.	0,0	2,3%	0,001

Die Signifikanzen der Antworten sind allesamt deutlich und geben Einblicke in das Bewältigungshandeln von Schulverlierern und ihre darin ausgedrückten Selbstkonzepte:

71,8% der „Extremgruppe Abweichler“ rufen nach Tabelle 40 (Liste 1) „laut in die Klasse“, während sie entsprechend ihrem Gruppenmerkmal vermutlich seltener erfolgreich Wissensfragen des Lehrer beantworten als die „Normalpopulation“ ihrer Mitschüler. Was sie da rufen, teilt die Befragung zwar nicht mit, aber als „Normverstoß“ ist es jedenfalls eine Unterrichtsstörung. Der angestrebte Effekt dieser „lauten“ Rufe dürfte demnach darin bestehen, daß die Zwischenrufer damit *gegen* den Unterrichtsablauf auf sich aufmerksam machen. Sie „verdienen“ sich diese Aufmerksamkeit einfach durch die ungefragte Unterrichtsstörung als solche. Sie fordern also Aufmerksamkeit ohne eine Leistung außer der, daß sie auf ihrer Beachtung bestehen, indem sie den Unterricht unterbrechen. Sie provozieren so grundlosen Respekt, wann es ihnen paßt, also rücksichtslos gegen das, was die anderen gerade tun oder interessiert. Alleine das „laut in die Klasse rufen“ zeigt demnach: Sie definieren rücksichtslos gegen andere ihre *Beachtung zu ihrem Anspruch*, dessen Einforderung sie ganz in ihrer Hand haben.

Wenn Schulverlierer ihre Klassenkameraden mehr als doppelt so häufig „ärgern, bewerfen, beschießen“ und „hänseln“ als andere Schülerinnen und Schüler, ist ihnen diese Art ungefragter Einmischung und Demonstration von Überlegenheit über die offiziell erfolgreicheren Konkurrenten in der Klasse ein Dauerthema. Es fungiert offenkundig als Ersatz für

692 Quelle: Holtappels 1987, S. 335/336, Auszüge aus Tabelle 69: „*Extremgruppenvergleich: Normverstöße im Vergleich der Normalpolulation mit der Extremgruppe 'Abweichler'*“ (= hoch-kontrollbelastete und hoch-etikettierte Schüler).

die ihnen institutionell verweigerte Anerkennung in Noten und dient ihnen dazu, ihre Mitschüler wenigstens in der sozialen Anerkennung zu mindern oder als Ausdruck ihrer Neidgefühle gegenüber den erfolgreicheren Mitschülern oder schlicht als Racheakt. Was sonst nur dem Kerngeschäft der Schule mit ihrem Notenkonkurrenzdruck gegenüber allen Schülerinnen und Schülern vorbehalten ist, tut nach den Befragungen (vgl. Tab. 40, Liste 2) eine Minderheit von ihnen (7,5%), wenn sie „andere Schüler unter Druck“ setzt. Neben der Parallele zum institutionellen Handeln ist der entscheidende Unterschied, daß sie sich mit der Ausübung von Druck an die Stelle des Lehrers setzen und die Anforderung diktieren, wann, von wem und was zu leisten ist. Sie definieren sich so mit allen Attributen in die Rolle des „signifikanten Dritten“, was aus ihrer Identitätsperspektive jedenfalls eine Art *Überlegenheitsgarantie* einschließt. 22,4% der „Abweichler“ gegenüber 8,9% der „Normalpolulation“ geben an, ihre Mitschüler zu verprügeln (vgl. Tab. 40, Liste 1). Fast nur die „hoch-kontrollbelasteten“ und „hoch-etikettierten“ Schüler, mit 13,8% sieben Mal häufiger als die übrigen Schüler mit 2,0%, verprügeln ihre Mitschüler zusammen mit anderen, also mit der organisierten Überlegenheit der Schulverlierer (vgl. Tab. 40, Liste 2). Die Herabsetzung ihrer Mitschüler praktizieren Schulverlierer damit nicht nur ideell, sondern auch praktisch durch körperliches Kräftemessen bzw. körperliches Spürenlassen ihrer Überlegenheit. Mit diesen schlagenden Reaktionen gelten sie in ihrer Perspektive dann doch wieder mehr als die Mitschüler, die sie mit institutionenkonformen Schulleistungen ‘schlagen’.

Konsequenterweise lassen Schulverlierer auch die Autorität des Lehrers nicht ohne weiteres gelten. Nicht, daß sie ihn kritisieren würden, sie „ärgern und provozieren“ ihn vielmehr zu 44,8% innerhalb ihrer Gruppe und damit vier mal häufiger als die Gruppe der „Normalpopulation“ (11,3%). Sie beschimpfen ihn zu 31%, während sich die „Normalpopulation“ dies nur zu 5,4% herausnimmt. So messen sich die „Abweichler“ häufiger unmittelbar am Lehrer als dem offiziellen ‘signifikanten Dritten’. Sie demonstrieren mit dieser für Schüler gewagten Gleichstellung, wer in ihren Augen die Maßstäbe setzt: Nicht der von ihnen herabgewürdigte offizielle Notengeber, der Lehrer, sondern sie selbst an Stelle des Lehrers, und sei es nur für die Dauer ihrer ‘ungebührlichen’ Antwort. Auch dies läßt sich als Indiz werten für eine Selbsteinschätzung, die sich ungeachtet ihrer tatsächlichen Nachteile im Notenbuch hauptsächlich durch ihre *situative Überlegenheit* gegenüber den *Schulautoritäten* charakterisiert. Schulverlierer zerstören nach den Ergebnissen der Tabelle 40 (Liste 2) auch das Schulinventar zwölf mal häufiger als „normale“ Schüler (0,9% gegenüber 12,1%). Sie zerstören auch „Sachen“ ihrer schulkonformen Mitkonkurrenten, was jene nach der Befragung überhaupt nicht tun. Diese Destruktion ist offenbar ihre *Vergeltung*. Gerade das erlaubt aber den Rückschluß, daß ihnen die Schule überhaupt nicht völlig gleichgültig ist, sondern daß sie von ihr *tief enttäuscht* sind und sich von ihr *ungerecht* behandelt fühlen. Schüler der Gruppe „Abweichler“ verlassen den Unterricht, der ihnen offenbar nichts zu bringen scheint, vier mal häufiger als andere Klassenkameraden.

Holtappels interpretiert derartige identitätsrelevante Bewältigungsstrategien speziell der Gruppe der „Abweichler“ in Anlehnung an Brusten/Hurrelmann (1973) als „sekundäre Devianz“.[693] Dahinter steht die Überlegung, daß soziale Etikettierungen Auswirkungen auf die

693 Vgl. Holtappels 1987, S. 24 f; 333 ff; Brusten/Hurrelmann 1973, S. 50 ff, 97 ff, 112 ff; dies bestätigen auch die Forschungsergebnisse von *Hargreaves/Hester/Mellor* 1981 (1975), S. 134 ff.

Selbstdefinition von Schülerinnen und Schülern und ihre weitere Handlungsorientierung haben. Etikettierte entwickelten mit der Zeit ein 'abweichendes' Selbstbild und erfüllten mit ihrem Verhalten immer mehr die Erwartung, „Abweichler" zu sein.[694] Die aus diesem Selbstbild herrührenden stigmabezogenen Lösungsversuche würden dann von den Lehrern und Mitschülern als weitere Bestätigung der Typisierung des „Abweichlers" aufgefaßt, so daß die Etikettierung sich als *„Self-fullfilling prophecy"* erweise, was das abweichende Selbstbild nur verfestige. Daß die Schülerinnen und Schüler auf Grund der Etikettierungsmechanismen in solchen Stigma-Fallen landen *können*, ist damit zwar nachvollziehbar begründet. Sofern Holtappels' Interpretation jedoch eine Art *Zwangsläufigkeit* der Verstrikkung in dem destruktiven Stigma-Management (Goffmann) andeutet, unterliegt dies erheblichen Zweifeln:

Rückschlüsse auf die hinter den Normverstößen stehenden Selbstdefinitionen der „Schulverlierer" verweisen allesamt auf *Umwertungsprozesse* der Unterlegenen in verschiedene Positionen von *Überlegenheit*. Dank dieser Selbstkonzeptionen erleben sie ihre Niederlagen nach anfänglicher Enttäuschung dann als *subjektive Überwindung* der zugrunde liegenden Schulprobleme, so daß die „Verfestigung ihres abweichenden Selbstbildes" in ihrer Perspektive die Verfestigung einer überlegenen Identitätsdefinition ist, der die Schule, die Lehrer und Mitschüler, nicht mehr viel anhaben können. Zum anderen geht die Selbstkonzeptforschung von der Möglichkeit einzelner Teil- und Unterkonzepte in unterschiedlichen Lebensbereichen und nach sozialer Gruppenzugehörigkeit aus (vgl. Kap. 2.2.2), also beispielsweise von einem Familienselbst oder einem Cliquenselbst neben dem Schulselbst. Diese verschiedenen Konzepte erlauben und erfordern untereinander ein reflektierendes Verhältnis zur jeweiligen Rolle.[695] So kann sich das maßgebliche Teil-Selbstbild insgesamt aus dem identitätsbelastenden innerschulischen Themenkreis von Anerkennung durch Noten heraus verlagern und beispielsweise *subkulturelle Erfüllung* suchen, womit der Zirkel der sekundären Devianz ebenfalls durchbrochen wäre.[696]

Was sich *individuell* an einem „Extremgruppenvergleich" der „Abweichler" zeigen läßt, müßte sich auch auf der Ebene eines *Schultypenvergleiches* bestätigen lassen, da die Konzentration von problembelasteten Schülerinnen und Schülern in Hauptschulen auch ein Selektionseffekt innerhalb der Schultypen selbst ist: „Die meisten dieser Jugendlichen haben ihre bisherige Schullaufbahn als eine Aneinanderreihung von Niederlagen erlebt".[697] Zur *Schultypenverteilung* von körperlichen Gewalthandlungen und Schülervandalismus ergeben die Schülerbefragungen in Hessen folgende Ergebnisse:

694 Vgl. Holtappels 1987, S. 24 f; Hargreaves 1979, S. 150 ff.

695 Vgl. Kap. 2.2.2./3; Goffmann 1967, S. 132 ff; Habermas 1973, S. 131 ff; Krappmann 1971, S. 10.

696 Näheres dazu in Kapitel 4.4 und 5. Da es außer (psychischem und physischem) aggressivem Verhalten zahlreiche *andere* Bewältigungsstrategien auf den anomischen schulischen Konkurrenzdruck gibt, besteht nach meiner Interpretation der Anomietheorie ebenfalls kein Grund zur Annahme eines *Determinismus*, daß hoher Leistungskonkurrenzdruck speziell *gewalttätige* Schülerreaktionen verursache. Insofern widersprechen meiner Interpretation auch die Untersuchungen nicht, die das Fehlen dieses Zusammenhangs betonen und belegen (wie Olweus 1997, S. 281 ff).

697 Tillmann u.a. 1999, S. 150.

Tabelle 41: **Körperliche Schülergewalt und Schul-Vandalismus im Schultypenvergleich** [698]

Selbstreporte von Schülerinnen und Schülern: Physische Gewalt nach Schulform In den letzten 12 Monaten habe ich mindestens alle paar Monate ...					
Gewalthandlungen	**SfL** n = 116	**HR** n = 703	**KGS** n = 1110	**IGS** n = 671	**GYM** n = 888
mich mit einem (einer) anderen geprügelt	57,9%	33,5%	33,1%	30,2%	23,8%
anderen gewaltsam etwas weggenommen	36,1%	19,6%	23,9%	22,6%	14,4%
im Schulgebäude etwas absichtlich beschädigt	31,0%	17,8%	19,1%	21,2%	12,4%
Schulsachen (Bücher, Stühle) absichtlich zerstört	23,3%	13,4%	16,5%	14,8%	11,2%
mit andern einen Jungen/ ein Mädchen verprügelt	37,3%	16,5%	15,7%	15,5%	6,5%
Sachen von anderen absichtlich kaputtgemacht	24,3%	16,3%	15,6%	15,2%	6,4%
anderen aufgelauert, sie bedroht	31,3%	14,8%	10,9%	13,5%	5,1%
Waffen mit in die Schule gebracht	24,6%	12,6%	11,7%	12,7%	6,4%

Prügeleien an Schulen für Lernhilfen von 57,9% der Befragten stehen nach Tabelle 41 an Gymnasien nur 23,8% gegenüber. Bei üblen körperlichen Attacken von mehreren überlegenen Schülern zusammen gegen einen einzelnen schwächeren Mitschüler oder eine Mitschülerin ist der Unterschied noch größer: 37,3% zu 6,5%, ebenso beim „Auflauern“ und „Bedrohen“: 31,3% zu 5,1%. Dies wiederholt sich ähnlich beim Vandalismus gegen Sachen von Mitschülern und zuletzt beim Waffentragen in der Schule: 24,6% an Schulen für Lernhilfen zu 6,4% an Gymnasien. Haupt- und Realschüler wie Schüler von integrierten Gesamtschulen liegen in der Mitte, tendieren aber eher zum Verhalten der Gymnasialschüler. Das bedeutet einerseits: *Schülergewalt ist vorwiegend Sonderschülergewalt*. Das heißt aber nicht, daß Gymnasiasten in der Schule keine *Waffen* einsetzen würden, da die zitierten Befragungen etwa in Tabelle 35 zeigen, daß sie sich gegenseitig in kaum überbietbarer Häufigkeit mit ihren *geistigen* Waffen der „Beschimpfung“, der „Hänselei“ und „Mogelei“ provozieren, herabsetzen und verletzen. Daß ihre Waffen für diesen Verwendungszweck nichts taugen würden, läßt sich zur Neutralisierung ihres Tuns nicht behaupten. Das meint auch Popp: „Anzunehmen ist, daß diese Form der Gewalt dem gymnasialen Habitus eher entspricht als physische Gewalt“[699] und: „Physische Gewalt an Schulen ist zwar weitgehend ein Jungenphänomen. Doch durch die Einbeziehung psychischer Ausdrucksformen von Gewalt sowie schuldevianter Verhaltensweisen konnte der Nachweis erbracht werden, daß auch Mädchen daran erheblich beteiligt sind. In dieser Perspektive zeigt sich dann, daß sich Gewalthandlungen auch an Gymnasien abspielen. Gymnasiasten greifen andere zwar selten körperlich an, aber sie weisen ihre Mitschüler(innen) zum Teil häufiger als die Jugendli-

698 Quelle: Tillmann u.a. 1999, S. 102, Tabelle 4.10.
699 Popp in: Tillmann u.a. 1999, S. 106.

chen der anderen Schulformen mit verbalen, abwertenden und provozierenden Verhaltensformen zurecht."[700]

Es fragt sich in diesem Kontext noch, inwiefern sich zeigen läßt, ob diese Anpassungsreaktionen der Schülerinnen und Schüler bestimmten *Lernfortschritten* unterliegen. Hierzu finden sich in Holtappels' Untersuchung von 1987 wie in der hessischen Studie von 1999 aussagekräftige Tabellen:

Tabelle 42: Diverse innerschulische Normverstöße nach Schülerjahrgängen[701]

Normverstöße-Items Liste 1 und Liste 2	Jahrgangsstufe 7 (n = 240)	8 (n = 258)	9 (n = 261)	Signif. P <
Mich im Unterricht allein beschäftigen, wie spielen, lesen, etwas essen oder trinken, Briefe schreiben träumen u.s.w.	23,3%	41,9%	40,6%	0.001
Im Unterricht Hausaufgaben für ein anders Fach machen.	22,9%	35,7%	36,0%	0.01
Mitschüler im Unterricht ärgern, bewerfen oder beschießen.	20,8%	24,0%	36,4%	0.001
Andere hänseln oder sich über sie lustig machen.	17,5%	22,5%	28,0%	0.05
Tische bemalen oder in Tische reinschnitzen.	13,7%	22,5%	28,4%	0.001
Bei Arbeiten oder Tests mogeln oder von anderen abschreiben.	22,1%	31,0%	41,4%	0.001
Den Lehrer belügen (z. B. bei Hausaufgaben oder Klassenarbeiten)	10,8%	15,1%	20,3%	0.05
Unterrichtsstunden oder ganze Tage schwänzen.	3,7%	6,3%	10,7%	0.01

Holtappels' Folgerung zu Tabelle 42 aus der signifikanten Häufigkeitssteigerung der bisher diskutierten Anpassungsreaktionen mit zunehmenden Schuljahrgängen lautet: „Das Ausmaß an Normverstößen nimmt von Jahrgang 7 bis 9 kontinuierlich zu. Mit zunehmender Schulzeit weichen Schüler demnach offenbar immer stärker von Verhaltenserwartungen der Schule ab. ... Ein signifikanter Unterschied zwischen Jungen und Mädchen zeigt sich insgesamt jedoch nicht."[702] Zum Vergleich sei hier nochmals die Tabelle 34 widergegeben:

700 Popp in: Tillmann u.a. 1999, S. 111.

701 Quelle: Holtappels 1987, S. 233, Auszug aus Tabelle 43: "Normverstöße mit häufig begangenen Normverstößen" („mehrmals in der Woche"/„eigentlich jeden Tag").

702 Holtappels 1987, S. 234.

Tabelle 34: Selbstreporte von Schülerinnen und Schülern über psychisch-aggressive Handlungen gegen Mitschüler und Lehrer nach Schülerjahrgängen[703]

Selbstreporte von Schülerinnen und Schülern: Psychische Gewalt nach Schülerjahrgang. In den letzten 12 Monaten habe ich mindestens alle paar Monate ...			
Gewalthandlungen	**6. Jg.** n = 1.136	**8. Jg.** n= 1.207	**9./10. Jg.** n = 1.144
andere Schüler gehänselt	43,0%	62,7%	65,6%
mit gemeinen Ausdrücken beschimpft	49,5%	57,5%	54,9%
andere im Unterricht geärgert	35,5%	57,8%	60,0%
andere mit Sachen beworfen	27,6%	47,1%	46,2%
einen Lehrer geärgert	20,7%	38,0%	43,7%

Auch die hessische Schülergewalt-Studie (vgl. Tab. 34) zeigt auf, daß die „Kompetenzen" der Schülerinnen und Schüler im Hänseln, Beschimpfen und Ärgern von Mitschülern mit den Jahrgängen deutlich zunehmen: Bei den 12-jährigen im 6. Jahrgang sind es 35,5%, die „andere im Unterricht ärgern", bei den 16-jährigen im 10. Jahrgang beherrschen und praktizieren dieses 'geheime Schulfach' nahezu zwei von drei Schülerinnen und Schülern (60,0%). Daß die Methoden der Herabsetzung von Mitschülern *Lernfortschritten* unterliegen, zeigt die hessische Studie beispielsweise bei der Häufigkeitsentwicklung der Beschimpfung mit „gemeinen Ausdrücken". In der 6. Jahrgangsstufe tun dies 49,5%, in der 8. Stufe sogar 57,5% und im 9./10. Jahrgang dann 54,9%. Das „Hänseln" von Mitschülerinnen und Mitschülern steigt von einer Verbreitung von 43,0% bei den 12-jährigen auf 62,7% bei den 14-jährigen an und dann auf 65,6% bei den meist 16-jährigen Schülerinnen und Schülern des 9./10. Schuljahres. Damit gewinnt dieses Bewältigungshandeln in drei bis vier Schuljahren um 50% an Häufigkeit.

Welche *Inhalte* die verbalen Herabsetzungen prägen, hat Popp in der hessischen Untersuchung in ihrem Bericht aus einer Mittelstadt-Schule zunächst qualitativ und dann in den Tabellen 43 und 44 quanitativ belegt:

Interview 18: ***„Du Arschloch"***[704]

Dirk (8. Realschulklasse): „So Wortauseinandersetzungen gibt es hier auch. Das ist also so 'Du Arschloch', 'Du Ficker', 'Du Hurensohn' und so, das gibt es hier auch."

Frau Urban wird dort als Lehrerin zitiert, die etwa „*Motherfucker*" vor allem bei türkischen Schülern als schlimmes Schimpfwort einstuft oder „Hurentochter" und „Hurensohn".[705] Bei dieser Auswahl handelt sich stets um sozialmoralische Platzzuweisungen auf der untersten für Schüler denkbaren Rangstufe. Andere Inhalte der schülertypischen Herabsetzungen ergeben sich aus Häufigkeitsangaben im Vergleich der Selbstreporte von Jungen und Mädchen aus der 1997 vorveröffentlichten hessischen Schülerbefragung:

703 Quelle: Tillmann u.a. 1999, S. 105, Tabelle 4.11.
704 Quelle: Popp in: Tillmann u.a. 1999, S. 91.
705 Vgl. Popp in: Tillmann u.a. 1999, S. 90 ff (94).

Tabelle 43: Schüler-Fremdwahrnehmung ausländerfeindlicher Sprüche bei Mitschülern nach Geschlecht [706]

Geschlecht	Mädchen	n = 1722		Jungen	n = 1796	
So etwas habe ich beobachtet	„fast nur bei Jungen“	„bei Jungen und Mädchen“	„fast nur bei Mädchen“	„fast nur bei Jungen“	„bei Jungen und Mädchen“	„fast nur bei Mädchen“
Ausländerfeindliche Sprüche	17,4%	38,2%	0,9%	22,2%	31,8%	1,2%

Die Angaben decken sich in etwa mit den Kontrollbefragungen der Lehrerinnen und Lehrer, die Popp in den folgenden Tabellen 44 und 45 aufzeigt:

Tabelle 44: **Lehrer-Fremdwahrnehmung ausländerfeindlicher und sexistischer Sprüche bei Schülern nach Geschlecht** [707]

Wahrnehmungen der Lehrerinnen und Lehrer n = 448			
So etwas habe ich beobachtet	**„fast nur bei Jungen“**	**„bei Jungen und Mädchen“**	**„fast nur bei Mädchen“**
Ausländerfeindliche Sprüche	25%	47%	-
Sexistische Anmache	25%	45%	-

Tabelle 45: **Lehrer-Fremdwahrnehmung ausländerfeindlicher und sexistischer Sprüche bei Schülern nach Schultypen** [708]

Psychische Gewalt in der Wahrnehmung von Lehrerinnen und Lehren nach Schulform So etwas ist an meiner Schule in den letzten 12 Monaten (mehrmals wöchentlich/fast täglich) vorgekommen					
Schulform **Wahrg. Gewalthandlungen**	**SfL** n = 30	**HR** n = 69	**KGS** n = 121	**IGS** n = 70	**GYM** n = 130
Ausländerfeindliche Sprüche	40%	14%	20%	17%	7%
Sexistische Anmache	47%	13%	25%	33%	8%

Die Zahlen der Tabelle 43 belegen, daß *„ausländerfeindliche Sprüche“* nicht nur von Jungen, sondern überwiegend von Schülern beiderlei Geschlechts „an Schulen eine häufige Form der aggressiven Handlung zu sein scheinen“, wie Popp resümiert.[709] Daß sich mit „ausländerfeindlichen Sprüchen“ Schüler beiderlei Geschlechts bemerkbar machen, bestätigen auch die Lehrerbefragungen in Tabelle 44. Nimmt man die Schulformverteilung in Tabelle 45 hinzu, dann dominiert verbale Ausländerfeindlichkeit an Schulen für Lernhilfen,

---

706 Quelle: Popp in: Holtappels, Heitmeyer, Melzer, Tillmann 1997, S. 211 (Tab. 1: Ausgewähltes Item aus „Wahrnehmung aggressiver Handlungen nach Geschlecht aus der Sicht der Schülerinnen und Schüler (in Prozent)“.

707 Quelle: Popp in: Holtappels, Heitmeyer, Melzer, Tillmann 1997, S. 213 (Tab. 2 : Zwei ausgewählte Items aus „Wahrnehmung aggressiver Handlungen von Schülern aus der Sicht der Lehrerinnen und Lehrer (in Prozent)“.

708 Quelle: Tillmann u.a. 1999, S. 86, Auswahl aus Tabelle 4.5.

709 Popp in: Holtappels, Heitmeyer, Melzer, Tillmann 1997, S. 212. Wesentlich drastischer sind dazu noch die Zahlen und Befunde in der Jugendstudie *„Jugend 2000“* (vgl. Jugendwerk 2000, Band 1, S. 254 ff, speziell die Skalen 1-10), die aber in der Zusammenfassung verharmlosend dargestellt werden (vgl. S. 19 f), was fachliche Kritik erfahren hat (vgl. Scherr in: Frankf. Rundschau vom 11.4.2000).

findet sich relativ stark an Gesamtschulen und am wenigsten an Gymnasien. Analysiert man den Gehalt dieser Äußerungen, lassen sie sich als herabsetzende Beschimpfungen durch private Berufung auf ein von den Schülerinnen und Schülen angenommenes Rangverhältnis von Nationalitäten einstufen. Diese Schülerinnen und Schüler berufen sich mit „ausländerfeindlichen Sprüchen" implizit zunächst positiv auf ihre jeweilige eigene Staatsangehörigkeit, als ob sie diese wie ein Verdienst persönlich aufwerte. Erst auf Basis der Einnahme dieser parteilichen Position fungieren ausländerfeindliche Äußerungen aus ihrer Perspektive als Abwertungen der betreffenden Menschen. Solche Formen des privaten Chauvinismus sind im Schülermilieu offenbar als 'Argument' für die Berechtigung bestimmter Rangordnungen unter Menschen sehr gebräuchlich. Der sozialpsychologische 'Reiz' dieser Argumentationsfigur könnte darin liegen, daß sie den von Heitmeyer beschriebenen Widerspruch eines unverlierbaren Konkurrenzvorsprunges[710] bebildert. Die Interpretation, daß der Einsatz dieser Sprüche eine *sozialpsychologische* Deklassierungsfunktion hat, und zwar als Ausdruck einer krampfhaft konstruierten positiven Selbstbildfärbung,[711] läßt sich damit stützen, daß eine andere Art chauvinistischer Deklassierung im Schülermilieu noch häufiger vorkommt, nämlich die *„sexistische Anmache"*. Gemeinsam ist den beiden Rassismen, daß sie bestimmte, angeblich der persönlichen *Natur* von Menschen innewohnende *Rangpositionen* bebildern. Wie aber erklärt sich, daß solche Kategorien der Ungleichwertigkeit so penetrant in den Schulen traktiert werden? Der Interaktionskontext legt nahe, daß sie als eine sozialmoralische Gegenposition zur schulischen Notenhierarchie fungieren, die ja implizit auch so etwas wie eine Hierarchie *„natürlicher Begabungen"* abbildet (vgl. Kap. 5.2.4.3). Die Parallele ist jedenfalls auffällig. Sie veranlaßt zu der Vermutung, daß Schulstrukturen fatalerweise auch hier *Leitbildfunktionen* für die damit korrespondierenden Schülerreaktionen haben.

5.3.5 Zwischenfazit zu den Arbeitshypothesen

Die Häufigkeitsverteilung und Analyse der Antworten der Schülerinnen und Schüler zu verschiedenen Anpassungsreaktionen hat die eingangs formulierten *Hypothesen* im wesentlichen *bestätigt*. Schülerinnen und Schüler fassen das Angebot der Schule als ihr persönliches Bewährungsfeld auf. Sie leiden unter den anomischen Diskrepanzen von Lernen unter Zeitdruck und notenbedingtem Konkurrenzdruck, lassen sich aber persönlich von diesem schultypischen Leistungsdruck möglichst nicht unterkriegen, sondern halten ihm, wenn schon nicht (nur) mit erwünschten Lernleistungen, dann zumindest mit ihren Selbstbildern stand. Ihre Selbstkonzepte sind ihre psychologischen Durchhalte- und Überlebenstechniken im Schüleralltag, weshalb ihre daraus entwickelten selbstwertbezogenen Anpassungsreaktionen der Grundstruktur des institutionellen Anomiedrucks entsprechen.[712]

---

710 Vgl. unten Kap. 2.5.3; Heitmeyer 1987; Heitmeyer 1993, S. 5.

711 Auch darin bestätigen sich die Aussagen der Selbstkonzepttheorie zur Doppelfunktion des Self-esteem als *„Selbstschätzung"* (vgl. Kap. 2.2.2/2.2.3) sowie die Theorie von *Hurrelmann* zur möglichst *„positiven Tönung"* des Selbstbildes einer *„gesunden"* Persönlichkeitsentwicklung (vgl. dazu Kap. 2.4.2).

712 *Holtappels* bezeichnete dieses Entsprechungsverhältnis des Bewältigungshandelns der Schüler mit den schulischen Anforderungen als *„schulstrukturelle Effekte"* (vgl. 1987, S. 267).

Das sind zunächst die schulleistungsbezogenen Taktiken gegenüber Zeit- und Notendruck, die als Anpassungsreaktionen ersten Grades bezeichnet wurden. Sie sind Techniken von schulischen Mitmachern, angefangen von kleinen Heucheleien über ausgefeilte Präsentationstechniken und Schmeicheleien bis zur Täuschung der Lehrer und der Erpressung von Mitschülern (vgl. Kap. 5.3.4.1/2/3). Hinsichtlich des darin ausgedrückten Selbstbildes lassen sich diese Reaktionen zusammenfassen als Varianten des *überlegenen Taktierens und Tricksens,* die aus der Schülerperspektive zu dem Eindruck führen, letztlich doch über den Dingen zu stehen, die ihnen im Unterricht so sehr zu schaffen machen.

Bestätigt haben die Schülerbefragungen ferner diverse Bewältigungshandlungen zweiten Grades, also Anpassungsreaktionen *neben* dem eigentlichen Unterricht. Das Spektrum dieser Bewältigungshandlungen spannt sich von Absentismen über den „Pausenclown" bis zu massivem Störverhalten, „Schülergewalt" gegen Mitschüler und Schülervandalismus. Schon rein quantitativ im Zentrum dieses Reaktionstyps stehen die alltäglichen Beschimpfungen, Hänseleien, gemeine und bösartige Herabsetzungen, willkürliche Schlechterstellungen oder persönliche Beschädigungen der Sachen von Mitschülern, mit denen man in der Klasse oder in der Schule in einem Konkurrenzverhältnis steht. Auch aus diesen Ranking-Handlungen erschließt sich das dahinterstehende Selbstbewußtsein, das in den Interview-Teilen auch explizit bestätigt wird. Stets geht es dabei um Wertigkeiten der Beteiligten. Die Anpassungsreaktionen zweiten Grades erweisen sich noch mehr als die ersten Grades als ein Kampf um Rangplätze, der aber weniger um eine Plazierung in der Notenhierarchie als aus der Perspektive von Schülerselbstbildern geführt wird. Die Geschlechter-, Etikettierten- und Schulformverteilungen bestätigen die Funktionen dieses Kampfes für das Selbstbewußtsein ebenso wie die zuletzt herausgestellten rassistischen Beschimpfungsinhalte im Schulalltag: Die Bewältigungshandlungen erweisen sich meist als *sozialmoralische Deklassierungsbemühungen* der Schülerinnen und Schüler untereinander mit der Funktion einer spiegelbildlichen *Selbstaufwertung* der Akteure in ihrem Selbstbild, mit dem sie sich anderen überlegen wähnen (vgl. Kap. 5.3.4.5). Das sind nach der bisherigen Analyse die 'unheimlichen Lehren' der Hauptlektionen des „heimlichen Lehrplans" der Ziffernnoten-Schule.

Vergleicht man diese Ergebnisse mit den Auswertungen in der Schülergewalt-Studie von Tillmann u.a. von 1999, kommt sie in der Interpretation von einigen Korrelationstabellen zu scheinbar anderen Ergebnissen. Die Schülergewalt-Studie stellt zusammenfassend fest,

1. daß monokausale Erklärungsversuche in die Irre gehen, da es nicht eine Hauptursache für „problematisches Schülerverhalten" gäbe,
2. daß die Frage nach den Quellen schulischer Gewalthandlungen sich nur mit einem „Sowohl-als-auch" beantworten lasse und
3. daß erkennbar sei, welche erhebliche Bedeutung in diesen Problemfeldern den sozialen Beziehungen der Schülerinnen und Schüler zukomme.[713]

Um eine Fehlinterpretation der ersten beiden Punkte hinsichtlich der hier vorgestellten Ergebnisse zu vermeiden, sind die unterschiedlichen Fragestellungen der beiden Arbeiten zu berücksichtigen. Die Fragestellung dieser Arbeit ist *nicht*, wie Schülergewalt entsteht. Sie

713 Vgl. Tillmann u.a. 1999, S. 300.

beschränkt sich auch nicht auf „problematisches Schülerverhalten" oder die Frage „nach den Quellen schulischer Gewalthandlungen". Der vorliegenden Analyse geht es um die Frage, ob und inwiefern schulische Anomien als Muster und Induktionsbasis für die Grundstruktur von Selbstkonzepten Jugendlicher identifizierbar sind. Dabei erwiesen sich „Gewalthandlungen" nur als *eine* von diversen identitätsrelevanten Bewältigungsstrategien des anomischen Drucks der Notenkonkurrenz, die von der Resignation über Absentismen und unterschiedliche Selbstpräsentationstechniken innerhalb, neben und außerhalb des Unterrichts reichen. Die vorliegende anomietheoretische Analyse nimmt dabei weder einen „monokausalen" noch einen Wenn-dann-Determinismus an, daß ein hoher Leistungskonkurrenzdruck ausgerechnet *gewalttätige* Schülerreaktionen verursachen würde. Andererseits bestätigt die Analyse, daß der schulische Leistungs- und Konkurrenzdruck das Selbstverständnis der Betroffenen vor hohe Anforderungen stellt und insofern eine wesentliche Ursache für deren produktive Verarbeitung auf der Ebene ihrer Selbstdefinition ist. Diese Annahme teilt aber auch die Schülergewalt-Studie.[714]

Gleichwohl hält das hier durchgeführte hermeneutische Nachweisverfahren von Strukturkorrespondenzen und thematischen Wechselbezügen zwischen schultypischen Vorgaben und schülertypischen Reaktionen einen *maßgeblichen* Impuls für die Selbstkonzeptualisierung fest. Wie vielfältig die Schülerinnen und Schüler mit ihrer persönlichen Selbstkonzeptualisierung auch reagieren: *Strukturell* spiegeln ihre Reaktionen das schultypische Anforderungsprofil wider. Das wurde durch eine Rekonstruktion aus der Schülerperspektive in Kapitel 5.3. aufgezeigt und deckt sich mit der Strukturanalyse der schulischen Anomien als Bewährungsanforderungen und als Grundlage der damit herausgeforderten Schülerreaktionen. Das zeigt die vorausgehende Analyse der instrumentellen Prozesse von Schule in Kapitel 5.2.

Was den dritten Punkt anbetrifft, die Relevanz der „*sozialen* Beziehungen der Schülerinnen und Schüler", stimmen die Ergebnisse der hessischen Studie von 1999 mit den Hypothesen und Annahmen dieser Arbeit letztlich überein. Dies erfordert jedoch eine Erläuterung. Unter „Lernkultur" kumuliert die Schülergewalt-Studie die Einzelskalen aus „schülerorientiertem Unterricht", „Lebensweltbezug der Inhalte", „förderlichem Lehrerengagement", „Erfolgschancen" und die für die Leitthese dieser Arbeit scheinbar wichtigste Skala „Leistungsdruck".[715] Daher könnte man auf den ersten Blick erwarten, daß die Hypothese dieser Arbeit es erfordere, daß sich ein signifikanter und starker Zusammenhang zeigen müßte zwischen „Leistungsdruck" und „Gewalthandeln". Nach der Schülergewalt-Studie bestehen aber nur schwache Korrelationen von „Lernkultur" und „Gewalthandeln".[716] Daraus könnte man voreilig folgern, daß zwar die Einzelergebnisse der Schülerbefragungen die hier aufgestellten Annahmen bestätigen, daß der Leistungsdruck durch Zeitmangel und Notenkonkurrenz beim Lernen eine bestimmte (Schülergewalt einschließende) Selbstkonzeptualisierung provoziere und strukturell präformiere, aber die korrelativen Zusammenschlüsse der Tabellen diese Annahmen nicht bestätigen.

Diese Folgerung überginge aber das hier erarbeitete Ergebnis, daß die *Schülerperspektive* den unter „Lernkultur" erfragten Druck der Schule gerade nicht als institutionellen

---

714 Vgl. Tillmann u.a. 1999, S. 43, 46, 47, 49.

715 Vgl. Tillmann u.a. 1999, S. 298.

716 Vgl. Tillmann u.a. 1999, Tab. 6.16 - 6.20, S. 221 und S. 237 f.

Druck registriert und ihn auch kaum der Schule als solcher anlastet, denn die Schülerinnen und Schüler sind weder Schulanalytiker noch Schulkritiker. Der *institutionelle* Druck der Schule wird aus der Schülerperspektive eher *individualisierend* wahrgenommen, z.B. als unfaires Verhalten einzelner Lehrer oder Mitschüler. Sie lasten das Konkurrenzverhältnis zu ihren Mitschülern damit gerade nicht der Notennormalverteilungsmethode an, über die sie faktisch eingeordnet und benotet werden (vgl. Kap 5.2.4.2). Damit erweist sich die Schülerperspektive der Schulkonkurrenz als eine *verzerrte* Wahrnehmung der institutionellen Abläufe von Schule, die die *Erscheinungsformen* der Schülerkonkurrenz *nicht* 'sachlogisch' mit ihrer institutionellen *Verursachung* verknüpft. Das heißt nicht, daß die Deutung aus der Schülerperspektive willkürlich erfolgte. Sie korrespondiert durchaus mit den institutionellen Vorgaben. Nur belegt der Umstand, daß sich die Resultate des schulischen Lernleistungsvergleichs in Noten *an* den Schülerinnen und Schülern niederschlagen und dort zuerst wahrgenommen werden, nicht, daß die Notenkonkurrenz auch ihren *Grund* im Gegeneinander der Schuljugend hätte, in das sie der Schulunterricht zur Notenverteilung stellt.

Aus dieser Analyse der Problemwahrnehmung aus der Schülerperspektive folgt, daß man die Wahrnehmung der Verursachungszusammenhänge von „Schülergewalt" in der hessischen Studie weniger in den scheinbar passenden Tabellen zur „Lernkultur" („Leistungsdruck" und „Erfolgsschancen") finden kann als vielmehr in Tabellen zum Faktor „*Sozialklima*: Ausgrenzung". Dieser Faktor repräsentiert nämlich mit seinen Einzelskalen die Schülerperspektive („Soziale Etikettierung", „Außenseiter", „Restriktivität der Regelanwendung", „Desintegration", „Konkurrenz in der Schüler-Schüler-Beziehung").[717] Vergleicht man so die Häufigkeit von Schülergewalt mit den ungünstigen Sozialklimafaktoren, also hauptsächlich mit den interaktionellen Schülerbeziehungen, aber auch mit den Schüler-Lehrer-Beziehungen,[718] zeigen diese in der Schülergewalt-Studie durchweg eine signifikant höhere Gewaltintensität.[719] Die Werte der Unterskalen des übergreifenden Faktors „Sozialklima: Ausgrenzung" werden nach den Ergebnissen dieser Analyse im wesentlichen bedingt durch den Zeit- und Notendruck im Unterricht, weil die Schülerinnen und Schüler den erhöhten *schulischen* Leistungsdruck aus ihrer Perspektive eben als ein schlechtes „Sozialklima" in der *Schüler-Schüler*-Beziehung wahrnehmen. Die Schlußfolgerungen der Schülergewalt-Studie von Tillmann und seinem Team widersprechen der hier entwickelten Hypothese daher nicht, sondern stützen sie.

Was mögliche *praktische Konsequenzen* aus den Analysen betrifft, führt der hier entwickelte duale Anomieansatz aus Institutionenanalyse und Perzeptionsanalyse zu anderen Vorschlägen als die hier ausgewerteten Untersuchungen mit einem interaktionistisch geprägten Mischansatz von Tillmann u.a. in der hessischen Schülergewalt-Studie (1999) und von

717 Vgl. Tillmann u.a. 1999, S. 298.

718 Vgl. Tillmann u.a. 1999, S. 222 ff mit Tab. 6.29 - 6.36, S. 237 f.

719 So lautet ein wesentlicher Teil des Resümees des *Tillmann*-Teams (Tillmann u.a. 1999, S. 53 ff, 294 ff, 298 ff, 303 f); vgl. auch Böhnisch 1995 (Kap. 4.2.1). Zu ähnlichen Ergebnissen hinsichtlich der Auswirkungen von sozial-ökologischen Schulklimafaktoren und zusätzlich von sich selbst verstärkenden (sekundären) Stigmatisierungsprozessen auf *„abweichendes Schülerverhalten"* und ihre Bewältigungsreaktionen kommen in ihren Resümees auch *Holtappels* (1987, S. 326 ff, 349 ff) und in früheren Untersuchungen *Brusten/Hurrelmann* (1973, S. 50 ff).

Holtappels (1987), aber auch die anomietheoretische Abhandlung von Holtappels/Hornberg (1997).

Die hessische Schülergewalt-Studie folgt in ihrer Problemanalyse in weiten Teilen der Problemwahrnehmung aus der *Schülersperspektive,* ohne die darin liegenden Verzerrungsfaktoren, speziell die Personalisierung struktureller Anomien, auf die auslösenden instrumentellen Strukturen von Schule zurückzubeziehen, wie dies hier erfolgt. Das hier angewandte hermeneutische Verfahren versucht nachzuweisen, daß der Notenkonkurrenzdruck sich in der Schülerperzeption der Lernkultur- und Schulklimafaktoren nur sozialpsychologisch verzerrt reflektiert. Indem die Schülergewalt-Studie diverse Verbesserungsvorschläge zur „Lernkultur", aber auch zum „Schulklima" macht, unterstellt sie, daß der „Lernkultur" wie dem „Schulklima" gleichermaßen mitverursachende Funktionen für die Schüler(gewalt)reaktionen zukommen. Tillmann und sein Team kommen damit zu einem gemischten Maßnahmenkatalog gegen Schülergewalt: „Die Lernkultur entwickeln", d.h. „Leistungsdruck vermeiden, gerechte Chancenstruktur schaffen", „Leistungschancen fördern, Schulversagen verhindern" und „das Sozialklima entwickeln", d.h. „Gemeinschaft fördern und soziale Bindungen herstellen", „Konfliktverhalten der Lehrkräfte verbessern", „soziale Kompetenzen der Jugendlichen erweitern" und „Regeln etablieren und Grenzen setzen"[720]. Ausgenommen von sämtlichen Verbesserungsvorschlägen ist nur das schulische „Kerngeschäft" der Notengebung.

Holtappels formuliert in seiner interaktionistisch geprägten Studie von 1987 ein ausgesprochen schulkritisches Fazit:

> „Die vorgelegten Forschungsergebnisse insgesamt berechtigen m.E. eher zu einer grundlegenden und radikalen Institutionenkritik: Die Befunde verdeutlichen, daß Schulprobleme und Devianz in vielfältiger Beziehung zueinander stehen, wobei die Schule selbst einerseits in hohem Maße an der Produktion von Schülerproblemen und unerwünschten Devianzeffekten beteiligt ist, ja über Stigmatisierungsprozesse gar jene Wirkungen erst hervorruft, die sie zu verhindern trachtetet, andererseits aber offenbar nicht in der Lage zu sein scheint, angemessene Problemlösungen bereitzuhalten."[721]

Als „angemessene Problemlösung" offenbare der Schulalltag dann aber doch „ungeahnte Innovations- und Handlungsspielräume", die nur erkannt und genutzt werden müßten. Darunter versteht Holtappels u.a. äußere Schulreformen wie „Gemeinwesenorientierung", „Öffnung der Schulen" oder innere Reformen wie „Entrhythmisierung des Unterrichts", „lebensweltbezogene Curricula" oder „Projektlernen". Ohne „strukturell-organisatorische" Reformelemente bleibe dies jedoch erfolglos. Hier nennt er in einer Reihe: „Leistungsselektion und Differenzierung, ... Offenheit und Durchlässigkeit der Bildungswege sowie ... Einbezug berufsbildender Elemente."[722] Bei den „Problemlösungen" spielt der in der Studie zuvor thematisierte problemverursachende Lerndruck durch das Notensystem offenbar nur noch eine marginale Rolle.

Anomietheoretische Analysen laufen ihrer Problemdeutung gemäß häufig auf eine Kritik von Strukturdiskrepanzen hinaus mit der Konsequenz, die institutionell erzeugten anomi-

720 Vgl. Tillmann u.a. 1999, S. 302 ff.

721 Holtappels 1987, S. 349.

722 Vgl. Holtappels 1987, S. 350.

schen Spannungen strukturell zu vermeiden, zu entschärfen oder zu vermindern.[723] So fordern Holtappels/Hornberg in ihrer anomietheoretischen Analyse von 1997 als Ausweg aus den Problemen der Schülerreaktionen auf die schulischen Ziel-Mittel-Diskrepanzen „gegensteuernde Strukturbildungen" durch innerschulische Veränderungen, die die anomischen Tendenzen reduzieren oder neutralisieren. Konkret verstehen sie darunter dann neben curricular-didaktischen Neuerungen und einer Differenzierung des Schulsystems nach der Leistungsstärke der Gruppen eine stärkere Ausgestaltung des „sozialen Systems Schule"[724].

Die hier entwickelte Schulkritik, die aus der anomietheoretischen Analyse der Unterrichtsabläufe und ihrer Perzeption aus der Schülerperspektive erwächst, betrifft demgegenüber den institutionellen Kern des schulischen Anomiedrucks, nämlich das schulische Benotungssystem selbst. Diese Kritik richtet sich nicht gegen die lohnenden Mühen von Lernen, Wissensvermittlung und möglichst umfassender Bildung, also gegen die schulischen Werte und Ziele.[725] Die Einwände betreffen vielmehr die selektierenden, lernbehindernden und bildungshemmenden Effekte gegenüber allen Schülerinnen und Schülern, die letztlich zu der hier thematisierten schülertypischen Selbstkonzeptstruktur führen, die nun in drei Analysefolien systematisch entfaltet werden soll.

5.4 Strukturmodelle schulisch induzierter Selbstkonzepte Jugendlicher

Die bisher analysierten „Anpassungsreaktionen" von Schülerinnen und Schülern erfolgen primär am sozialen Entstehungsort des Anomiedrucks, im Unterricht. Sie zeigen sich dann neben dem Unterricht, in den Pausen, auf dem Schulhof und dem Schulweg. Daran wird deutlich, daß ihre Erscheinungsformen sich ständig ausdifferenzieren, variieren und zunehmend verselbständigen. Die Beispiele belegen die *Verlagerung* des schülertypischen Bewältigungshandelns vom Kerngeschäft der Schule auf das Schulumfeld bis zur Schülersubkultur. Was ihm bei allen sozialräumlichen Verlagerungen aber eingeschrieben bleibt, ist seine *herkunftsbedingte innere Struktur*, die aus den bisher interpretierten Daten nun unter *drei Leitfragen* systematisch rekonstruiert werden soll:

1) Hinsichtlich ihrer sozialmoralischen *Strukturverwandtschaft* mit Schule,
2) auf ihren Entstehungsprozeß gemäß dem schultypischen *Leistungsschema* und
3) hinsichtlich ihrer anomietheoretischen *Systematisierung* als Anpassungsreaktionen.

5.4.1 Analysefolie 1: Sozialmoralische Ausdeutungen der institutionellen Effekte von Schule

Durch den analytischen Vergleich der Ergebnisse der Institutionenanalyse von Schule (vgl. Kap. 5.2) und deren subjektiver Perzeption durch die Schülerinnen und Schüler (vgl. Kap.

723 Vgl. Schubarth 1998, S. 38, 42 f.
724 Vgl. Holtappels/Hornberg 1997, S. 350 f; vgl. oben Kap. 4.3..
725 Vgl. Herz: „*Wer gegen Noten ist, ist nicht gegen Anstrengung. ... Das Gegenteil trifft zu.*" (1998, S. 5); Wigger 2001.

5.3.) soll nun die *sozialmoralische Ausdeutung der institutionellen Effekte* aus der Schülerperspektive als Grundlage ihrer daraus konstruierten Selbstkonzepte nachgezeichnet werden. Damit werden nicht nur „Strukturkorrespondenzen" zwischen der Institution Schule und ihrer subjektiven Wahrnehmung und Reaktion aufgezeigt, sondern die schülertypischen Selbstkonzepte als eine produktive Synthese aus den strukturellen Vorgaben und ihrer subjektiven Verarbeitung durch die Betroffenen dargestellt. Die entscheidenden Anhaltspunkte dafür lassen sich in den spezifischen Verzerrungen der institutionellen Schulstrukturen in der handlungsorientierten Schülerperzeption finden. Während der institutionelle Zweck der Schule in der Einordnung der Schülerinnen und Schüler in eine abstrakte Jahrgangshierarchie besteht (vgl. Kap. 5.2.5), ist die subjektive Erwartung der Schulkinder überwiegend positiv gefärbt (Tab. 3, Item 172), denn sie sieht die Schule überwiegend als ihre *persönliche Chance* an (Tab. 4). Der *Verzerrungsfaktor* besteht hier in ihren einseitig positiven Erwartungen an ihren Schulbesuch hinsichtlich ihres persönlichen Schulerfolges bis in eine gute berufliche Zukunft hinein (Tab. 5, 6 (Var. 148), 7, 8), positive Aspirationen der Schulkinder, die die Selektionsfunktion der Schule überlagern: „Ihre subjektive Perzeption des Wertes ‚Bildung' ist für sie damit nicht nur ihr persönlicher Erfolg *in* der Schule, also ihr *Schul*erfolg. Ihr subjektives Schulziel ist letztlich ihr durch Schule erstrebter *persönlicher* Erfolg" (vgl. Kap. 5.3.2).

Diese positive Überschätzung der Schule als Eröffnung nicht nur von vagen Chancen, sondern von nahezu sicheren persönlichen Erfolgen hat ihre institutionelle Grundlage weniger in der Schulpflicht als in den schulischen Bildungsversprechen (vgl. Kap. 5.2.1). Die entsprechenden und doch bereits verzerrten Erwartungen konnten anhand der Schülerbefragungen indirekt als deren große Enttäuschung bezogen auf die Sinnhaftigkeit und persönliche Brauchbarkeit des Unterrichtsstoffes nachgewiesen werden. Die Befragten bejahen überwiegend, daß sie aus der Schule etwas *Sinnhaftes* für ihr „späteres Leben", für ihren aktuellen außerschulischen Alltag und für ihre Persönlichkeitsentwicklung erhalten wollen (Tab. 5 (Item 64, 66), Tab. 6 (Var. 158, 156, 148), Tab. 7, 8) oder für ihre berufliche Zukunft (Tab. 6 (Var. 136); Interv. 2 und 6). Diese über den Horizont von Schule hinausführenden persönlichen Erwartungen der Schülerinnen und Schüler machen sie so empfänglich für die Chiffren des „heimlichen Lehrplanes".

Der „heimliche Lehrplan" besteht unter anderem darin, daß die Institution Schule die Schülerinnen und Schüler in sämtlichen Schulfächern beim Lernen und bei der Leistungsabfrage unter einen künstlichen Zeitdruck setzt, so daß unter ihnen notwendig Leistungsunterschiede entstehen (vgl. Kap. 5.2.2). Deren Benotung ist die Festschreibung der institutionell hervorgebrachten, für den einzelnen oft zufälligen Leistungsabstände und Fehlerquoten im Vergleich zu seinen Mitschülern in Ziffern nach dem Muster von vorab feststehenden Normalverteilungskurven. Noten sind also nicht eine qualitative Leistungsbeurteilung, sondern eine Leistungsabstandsmessung, die die Schüler einer Klasse in eine Rangordnung von Ziffernnoten einordnet (vgl. Kap. 5.2.4.2). Die Schülerinnen und Schüler hingegen betrachten die ihnen erteilten Noten als *persönlich verdient* (vgl. Tab. 3, 4), zumal sie ihre bezifferten Schulerfolge unter Beachtung oder Ausnutzung der von ihnen als gerecht eingestuften Konkurrenzregeln (Tab. 9; Interv. 3, 4 und 6) unter höchstpersönlichen Leistungs*anstrengungen* zustande gebracht haben. Diese persönlich erbrachten Anstrengungen animieren sie offenbar zur Ausdeutung der *institutionellen* Wertungskriterien, nämlich gute oder schlechte Noten, zu *persönlicher* Anerkennung. In der subjektiven Schülerperzeption erscheinen die Noten als das Gegenteil dessen, was die Institutionenanalyse ergab, wo sie sich als Leistungs- und Notenunterschiede erwiesen, die nach einem schematischen Verfahren *äußerlich* an den Schülerinnen und Schülern *hergestellt* werden. - Mit ihrer gutgläubigen Sichtweise gegenüber der Schule verhalten sich die Schülerinnen und Schüler auch praktisch nicht als *Objekte* der schulischen Notenkonkurrenz, die dann nicht möglich wäre. Sie begreifen sich vielmehr als *Subjekte,* für deren Fortkommen die Notenschule scheinbar eingerichtet ist.

Das Schulzeugnis ist in der Perspektive des „geheimen Lehrplans" mehr als eine Aufstellung der Fachnoten eines Schuljahres. Es gilt institutionell als Ausdruck des Begabungsprofils des Schülers (vgl. Kap. 5.2.4.3). Das Zeugnis ist damit eine institutionelle *Wertigkeitszuschreibung* zum jeweiligen Schüler, die mit seiner (vergleichsweisen) Lernleistung und der darin angeblich ausgedrückten Lernfähigkeit legitimiert wird. Mit der daran angeknüpften Berechtigungsfunktion erhält das Zeugnis eine zusätzliche Bedeutung mit weitreichenden Konsequenzen für Zugang oder Ausschluß des Zeugnisinhabers innerhalb des Bildungssystems bis hin in seine beruflichen Möglichkeiten. Daß etwas zu wissen oder zu können überhaupt in eine *Wertigkeitsordnung* junger Menschen übersetzt wird, ist die institutionelle Einführung einer Art *Preisform für junge Menschen.* Das Zeugnis sortiert so tatsächlich den *Marktwert* von Schülerinnen und Schülern als Arbeitskräfte vor.

Von den Schülerinnen und Schülern (wie verstärkend von ihren Eltern und der gesamten sozialen Umwelt) wird die schulisch zertifizierte „Begabung" und „Wertigkeit" grundsätzlich positiv angenommen und sogar über die offizielle Berechtigungsfunktion hinaus noch in weitere Dimensionen ausgedeutet. Ihr Schulzeugnis begreifen sie nicht nur als Ausweis ihrer persönlichen Begabung, sondern in sozialmoralischer Perspektive als Charakterausweis und damit als Beglaubigung des *Erfolgspotentials ihrer Persönlichkeit* (vgl. Kap. 5.3.3/ 5.3.4). Eine Schlüsselstelle in diesem Zusammenhang ist der von Schülerinnen und Schülern realisierte Doppelcharakter ihrer schulischen Erfolge oder Mißerfolge als leistungsbezogene und als *sozialmoralische* Etikettierungen. In der Schülerperspektive zählt neben dem Leistungsstatus der Sympathiestatus gleichwertig, wenn nicht sogar mehr gegenüber dem Lehrer oder der Klasse. Jede Schulnote gilt ihnen damit auch als sozialmoralische Auszeichnung oder Abqualifizierung ihrer Persönlichkeit. Beides erzeugt in ihrer Schülerperspektive den Anomiedruck, der sie veranlaßt, um ihrer Person willen in spezifischer Weise aktiv zu werden. Erst auf dieser sozialmoralisch erweiterten Grundlage entwikkeln Schülerinnen und Schüler ihre entsprechenden Fähigkeits-Selbstkonzepte, aber auch ihre allgemeinen Selbstkonzepte, wie es die schulbezogenen Forschungsergebnisse bestätigen (vgl. Tab. 10 und Kap. 5.3.2). In ihren Selbstkonzepten erfolgt eine „*Ummünzung*" ihrer innerschulisch erprobten Bewährungstechniken und Maximen in ihr persönliches Leben. Nicht zu unterschätzen sind dafür die Schulzeugnisse als Grundmuster für entsprechende Moralismen. „Benotete" Schülerinnen und Schüler fungieren danach als Personen mit definierten Wertigkeiten. Man könnte sagen, daß die institutionellen 'Lehren' der Ziffernzeugnisse darin bestehen, daß es in der Schulpraxis tatsächlich eine *Höher- und Niederwertigkeit* von Personen gibt. Diese „Lehre" erteilt hier die Schul*praxis*, indem sie den Schülern Bildungschancen eröffnet, aber auch verweigert, und den Grund dafür jeweils in deren *Begabung* im Sinne ihrer persönlichen Förderungswürdigkeit oder deren Fehlen behauptet.

Dafür gibt auch der übliche innerschulische Sprachgebrauch passende Signale: Die einen „werden versetzt", die anderen läßt man nicht sitzen: Sie „bleiben" offenbar von sich aus sitzen, nämlich aufgrund des minderen Wertes ihrer Begabung. Ist die Rede von „höheren" Schülern nur ein unbedachter *Sprach*gebrauch oder ist der Ausdruck nicht etwa *sachlich* begründet? Sind höhere Schülerinnen und Schüler dann auch 'höhere' Menschen? Wie hieße eigentlich der Gegenbegriff dazu? Wenn man in der Schule vom „Störer" und „Abweichler" spricht, dann bezeichnet man keine singulären Schülerhandlungen, sondern verbindet damit ein negatives Charakterurteil über deren gesamte Persönlichkeit. Ist es ein Kurzschluß, vom „Schulversager" auf einen generellen „Versager" zu schließen?

Daß derartige Transformationen von *Leistungs*profilen in soziale Stigmatisierungen und *Charakter*profile tägliche Schulpraxis sind, bestätigen die Forschungsergebnisse (vgl. Tab. 10, 1. Reihe; Kap. 5.3.2). Nach den von Glötzl und Ziegenspeck präsentierten Untersuchungen übersetzen Lehrer vielfach schlechte Leistungen von Schülerinnen und Schülern oder Unterrichtsstörungen in negative *Charaktereinschätzungen* dieser Schülerinnen und Schüler und dann wieder zurück in deren Fähigkeitsprofil, so daß sie dann gemäß ihrem *moralischen* Vorurteil deren *Lern*leistungen einstufen - und dasselbe umgekehrt zugunsten ihrer Lieblingsschülerinnen und -schüler (vgl. Tab. 18, Var. 259, 275, 271 und Kap. 5.3.3 am Ende). Die gängigen wechselseitigen Schülerbeschimpfungen, ob spaßig oder ernst gemeint, kopieren und verschärfen solche *moralische Herabsetzungen* von Personen noch erheblich (vgl. Tab. 44, 45). Es liegt recht nahe, daß Zusammenhänge bestehen zwischen den schulstrukturellen Begabungsstigmatisierungen und den im Schulalltag allgegenwärtigen diskriminierenden Schülerreaktionen.

Vor diesem sozialmoralisch aufgeladenen Hintergrund lassen sich verschiedene schülertypische Bewältigungsformen von Anomien des „Kerngeschäfts der Schule" in ihrer Ausdeutung zu Lebenswelt-Maximen und damit als weitere *Modellbausteine* schulisch induzierter „jugendtypischer Selbstkonzepte" verstehen und einordnen.

Ein wichtige Lektion des „heimlichen Lehrplans" der Notenkonkurrenz ist die (Über-) Schätzung, als wäre das „So-tun-als-ob" der eigentliche Erfolgsweg (vgl. Tab. 25, Nr. 5, 6, 7 und Tab. 26, Nr. 5, 6, 7). „Gute Taktiken" zu beherrschen und sich beim Täuschen nicht erwischen zu lassen, scheint der Stolz nahezu *aller* Schülerinnen und Schüler zu sein. Sie haben praktisch gelernt, daß man Lernen und Wissen in der Schule erfolgreich ersetzen kann, indem man Lehrer über den wahren Wissensstand geschickt täuscht, Hausaufgaben „abschreibt" (vgl. Tab. 13, 14, 21, 42), bei Tests und Prüfungen „mogelt" (vgl. Tab. 20, 21, 22, 23, 42; speziell Interv. 10, 11). Schülerinnen und Schüler lernen so, daß die redliche Erfüllung der Leistungsanforderungen die gleiche Anerkennung erbringt wie der glaubhaft erzeugte Schein davon oder auch die persönliche Schmeichelei. So werden bestimmte Charaktere institutionell ins Recht gesetzt, wenn auch dem erfolgreichen Heuchler wie dem „Schleimer" am Ende Noten- und Schulerfolg bescheinigt wird. Die institutionelle Grundlage dieser schülertypischen „Anpassungstaktiken" ist, daß der Unterrichtserfolg für sie nicht notwendig im Verstehen des vermittelten Wissens besteht, sondern im Endziel der Benotung.

Wenn sich diese notenorientierte, taktische Selbstdarstellung im Schulunterricht sogar mit dem *Desinteresse* am Lernstoff verträgt (vgl. Tab. 15 (Var. 74), Tab. 16 und Interv. 12), wird damit institutionell eine künstliche *Trennung* der persönlichen Bewährung und Anerkennung von der Befassung mit den Sachthemen und dem praktischen Tun antrainiert. Daß von den Befragungsergebnissen her auffällig viele Schülerinnen und Schüler diese künstliche und an sich absurde Trennung ihres Anerkennungsstrebens von dem, was sie interessiert und tun, kennen und mitmachen, läßt sich nur mit dem *anomischen Schulzwang* erklären, daß sie sich für ihre Notenerfolge auch dann noch interessieren müssen, wenn der Zeit- und Konkurrenzdruck ihnen das Stoffverständnis längst verunmöglicht hat oder sie aus sonstigen Gründen kein Interesse für die Unterrichtsthemen mehr aufbringen. Unter solchen Strukturzwängen verlernen oder verpassen Schülerinnen und Schüler zugleich systematisch, daß die Erlangung von Selbstbestätigung wie von Anerkennung durch andere normalerweise *Begleitumstände* eines praktischen Tuns und Bemühens selbst sind, das soziale Beachtung auslöst. Stattdessen lernen sie, daß sich ihre Selbstbewährung alleine aus einer Überlegenheit über andere definiert. Wer sich so definiert, wählt seine Aktivitäten nicht mehr aufgrund seines Sachinteresses aus, sondern danach, ob sie ihm diesen Überlegenheitserfolg verbürgen. Seine Frage ist nicht mehr: „Was interessiert mich an einer Sache, so daß ich mich dafür auch anstrengen würde?“, sondern umgekehrt: „Was muß ich tun, um andere damit zu übertrumpfen?“ Damit werden Sachbezug und Selbstbezug künstlich auseinander dividiert: [726]

> Wo das „Sich-unterscheiden“ zu dem Erfolgskriterium des Verhaltens wird, verwandelt sich jeder vernünftige *Sachbezug* eines Interesses in ein Vehikel des demonstrativen *Selbstbezuges* vor anderen.

Eine ähnliche 'Lektion' des „geheimen Lehrplanes“ dokumentieren die Anpassungsreaktionen zweiten Grades, die sich auf sozialmoralischer Ebene intensiv um eine *Umwertung* der offiziellen schulischen Rangplätze bemühen. Was Lehrer als Unterrichtsstörung und Disziplinproblem einstufen,[727] ist aus der Schülerperspektive eine „produktive Realitätsverarbeitung“ durch kreative Schaffung selbstbestimmter Rangskalen auf sozialmoralischer Ebene. Diese werden dann mit „Leistungen“ erkämpft, mit denen sie auf ihre Person als Erfolgsfigur aufmerksam machen. Dafür qualifizieren sie sich nach den Untersuchungsergebnissen durch laute Zwischenrufe in die Klasse (vgl. Tab. 40) wie durch andere Unterrichtsstörungen (vgl. Tab. 39, 40), durch Lehrerbeschimpfung (vgl. Tab. 39, 40) wie durch die derben Herabsetzungen oder Hänseleien von Mitschülern vor anderen (vgl. Tab. 26, 29, 32, 34, 35, 38, 39, 40 Liste 1). Das Herabsetzen eines „Strebers“ fällt darunter (vgl. Tab. 36(Var. 323), 40), aber auch das Zusammenschlagen von Mitschülern nach der Schule (vgl. Tab. 33, 40 Liste 2). Solche Aktionen erzeugen Aufmerksamkeit und Respekt vor Mitschülern als „signifikanten Dritten“ und manifestieren den Rang des Akteurs als höherrangig im Vergleich zum Opfer, und sei es nur für Augenblicke. Die geeigneten Handlungen sind *scheinbar wahllos* vielfältig. Entscheidend ist aber, daß sie hinsichtlich Struktur und Effekt dem

726 Dies ist der Anknüpfungspunkt zum Gegensteuern auch der „Bielefelder Laborschule“, deren Leitidee es nach *von Hentig* gerade ist, *„die Menschen stärken, die Sachen klären“* (vgl. Wilhelmi 1996). - Vgl. auch die Kritik an der Interessenverlagerung von Lernaufgaben und Sachproblemen auf das Belohnungssystem bei *Bartnitzky* 1998. Zu den Folgerungen daraus siehe Kap. 7

727 Vgl. Holtappels 1987 zu Unterrichtsstörung: Tab. 47, S. 257.

schultypischen Schematismus entsprechen: Sie müssen funktional sein zur *respektablen* Selbstdarstellung zwecks Anerkennung auf einer *herausgehobenen Rangstelle.*

Aus dem allein für den Anerkennungseffekt bei anderen gelebten *Anschein* relativer Überlegenheit erwächst sehr schnell ein weiteres Problem, nämlich daß der Anschein von anderen *geglaubt* werden muß. So lange der Schein für etablierte Instanzen wie den Lehrer erzeugt wird, kommt es darauf an, diesen nach seinen relativ kalkulierbaren Kriterien zu überzeugen, beziehungsweise zu überlisten (vgl. Interv. 9, Tab. 21, Interv. 11, Tab. 25 (Nr. 5, 6), Tab. 26 (Nr. 5, 6)) Stets geht es im offiziellen wie im inoffiziellen Schulkontext darum, die erforderlichen *Beweise* für ein vorhandenes Können zu erbringen, bis schließlich die Beweiserbringung und damit die Erzeugung von Glaubwürdigkeit des gelebten Scheins zur neuen Haupt- und Dauerbeschäftigung Jugendlicher wird. Bei innerschulischen Bewältigungshandlungen in Form der Erweckung von Aufmerksamkeit durch Unterrichtsstörungen erfordert die Lösung des Glaubwürdigkeitsproblems, durch immer weitere Störungen den Beweis zu erbringen, daß man wirklich ein kompromißloser Unterrichtsstörer ist, als welcher man vor den Mitschülern bisher gut ankam. Dieses Streben nach *Absicherung* ihres alternativen, schüler-subkulturellen Anerkennungserfolges ist die in dieser Arbeit vertretene Deutung für die Häufigkeit, Stabilität und Verfestigung von störenden Verhaltensmustern von einmal stigmatisierten „Abweichlern" (vgl. Tab. 40 Liste 1 und 2). Das gleiche Streben nach einer glaubwürdigen inoffiziellen Überlegenheitsposition dürfte auch der Hintergrund davon sein, daß das „Hänseln", „Beschimpfen mit gemeinen Ausdrücken", „Ärgern" oder „Bewerfen mit Gegenständen" von Klassenkameraden offenbar zu einer *Dauerbeschäftigung* der Schülerinnen und Schüler geworden ist (vgl. Tab. 18 (Var. 269), Tab. 32, 34, 35, 42).

Daß solche *Glaubwürdigkeitsbeweise* dann in gruppendynamischen Prozessen von Mitschülerinnen und Mitschülern in der Rolle als „signifikante Dritte" *eingefordert* werden, ist eine konsequente Weiterentwicklung dieses Bewältigungshandelns (vgl. Tab., 36 Var. 323, 257, 311, 274). Die *aktive Lösung* ihres Glaubwürdigkeitsproblems als Etikettierte, daß sie ihren alternativen Anerkennungserfolg durch ständige Wiederholung ihres abweichenden Verhaltens bewahren wollen, ist damit für mich die innere Triebfeder für den vielfach beschriebenen Mechanismus der „Self-fulfilling-prophecy" von Etikettierungen als „Abweichler". Die „Self-fulfilling-prophecy" erfüllt und verstärkt sich danach nicht „selbst", sondern über Absicherungsversuche der Glaubwürdigkeit des (ausgesuchten oder übernommenen) Selbstbildes, zu denen sich die Etikettierten herausgefordert sehen. Die Glaubwürdigkeitsproblematik verleiht den Hänseleien, Frotzeleien, Kabbeleien und Sticheleien unter Gleichaltrigen ihre eigentümliche Entwicklungsdynamik und läßt sie zu lebensweltlichen Routinen des verbalen oder interaktiven Rankings unter Gleichaltrigen auswachsen. Diese Verhaltensrituale lassen sich daher als lebensweltliche Umsetzungen eines schulisch induzierten Selbstkonzeptmusters interpretieren nach Maximen wie: Jemand sein heißt, anderen überlegen sein. Dasein ist Ranking. „Win or die!" (T-Shirt-Aufdruck). Die gezielte Darstellung von Überlegenheit wird so zur Gewohnheit, die Wahrung eines erfolgreichen Anscheins von Persönlichkeit zur Dauerbeschäftigung. Aus solch befreienden Akten der *Selbst*bestimmung wird allerdings auch leicht das Gegenteil: *Abhängigkeit* von der Anerkennung anderer, also *Fremd*bestimmung durch die als maßgeblich angesehenen Personenkreise und deren Kriterien.

Als sozialpsychologische Konsequenz der *Moralisierung* von schulischen Leistungsurteilen steht in der Schülerperspektive mit der Benotung auf einmal *der sozialmoralische Wert der ganzen Person* auf dem Spiel. Wie sie mit ihrem Selbstbild vor „signifikanten Dritten" dastehen, zuerst vor dem Lehrer, dann aber über ihre Bewältigungsversuche auch vor Mitschülern, Cliquenmitgliedern, Szenenbesuchern oder Zufallsbegegnungen, überhöhen die betroffenen Schülerinnen und Schüler für sich in der Alltagspraxis zu einer Frage ihrer persönlichen Geltung oder ihrer Nichtgeltung, sozusagen von „Sein oder Nichtsein" ihrer Person. Ist die Wahrnehmung von Alltagssituationen erst einmal von derartigen Identitätsfragen durchdrungen, verstärkt das die verletzende Kraft und den schmerzhaften Effekt jeder Schülerbeschimpfung und jedes scheinbar harmlosen Verlachens von Mitschülern vor der Klasse enorm. Für ihren Alltagsbezug heißt diese Überfrachtung von ganz banalen Situationen mit Identitätsfragen: Ihre symbolische Daseinsform dominiert ihre tatsächliche.[728]

Nur bleibt auch hier festzuhalten: Es war der „geheime Lehrplan" der Schule, der es mit den Schülerinnen und Schülern eingeübt hat, daß sie schulische Prüfungssituationen schon so erleben, als stünde dabei ihre Existenz als anerkannte Person insgesamt auf dem Spiel, weil sie die Noten als Wertausdruck ihrer Person ansehen. Von diesem Ausgangspunkt her erleben sie auch andere Situationen prüfungsähnlich, als hinge davon für sie „alles" ab. Wann und worin sie dieses Lehrstück dann von Schule abgehoben reproduzieren, entscheiden sie frei. Haben sie aber erst einmal gelernt, das Sein oder Nichtsein ihres Selbstbildes an solche prüfungsähnliche Situationen zu binden, dann empfinden sie es im Innersten auch so aufwühlend: Sie genießen sich „himmelhochjauchzend" bis zum „Kick" oder vermissen dieses Identitätsgefühl „zu Tode betrübt".

Die Verlagerung von persönlicher Identität auf einzelne Situationen oder in Äußerlichkeiten macht die eigene Anerkennung und Selbstgewißheit ganz von dieser extrem schmalen Basis *abhängig*. Aus dieser Konstruktion des Selbstbewußtseins ergibt sich seine besondere *Angreifbarkeit* und *Labilität.*[729] Die jederzeit mögliche symbolische Vernichtung, die als Tiefschlag und psychischer Zusammenbruch dann im Selbstbild reell erlebt wird, ist nach dieser Interpretation nur die Kehrseite der scheinbar garantierten Anerkennung in den autonom inszenierten Selbstkonzepten. Das mögliche Scheitern eines Anerkennungsanspruchs, den man anderen Personen ungefragt aufdrängt, provoziert so das Erfordernis der *Verteidigung* des Selbstkonzeptes. Ein mögliches Mittel der Behauptung des Selbstkonzeptes in dieser Bedrängnis ist der Einsatz von körperlicher *Gewalt.*

In diesem Sinne lassen sich die sozialmoralischen Ausdeutungen institutioneller Schulanomien durch Schülerinnen und Schüler so zusammenfassen: Der institutionelle Effekt des Lernens für Schulnoten besteht darin, daß der *„Wert" einer Schülerin oder eines Schülers* von ihrem bzw. seinem Konkurrenzerfolg gegen die Mitschüler bei der Erfüllung der *schulischen* Anforderungen abhängt (vgl. oben Kap. 5.2.4.3). In sozialmoralischer Umdeutung bedeutet das:

---

728 Als Pointe der manieristisch-postalternativen jugendkulturellen Lebensmilieus notiert *Ferchhoff* hierzu: *„Design oder Nichtsein"* (1999, S. 273).

729 Die erhöhte psychische Angreifbarkeit infolge solcher Identitätskonstrukte wird offenbar als „mangelnde Selbstbeherrschung" der betreffenden Schülerinnen und Schüler registriert bzw. verkannt (vgl. Tab. 10, 5. Reihe).

Der generalisierte Effekt des Lernens für die Benotung besteht darin, dass die *Wertgeltung* der Person wesentlich von einer *Überlegenheitsposition* gegenüber anderen abhängt.

5.4.2 Analysefolie 2: Schulisch induzierte Selbstkonzepte als kreative Modifikationen des schulischen Anforderungsprofils

Zur Eröffnung eines zweiten Zuganges zur Struktur der Selbstkonzepte Jugendlicher soll nach der ersten Analysefolie nun das Bewältigungshandeln der Schülerinnen und Schüler als eine stufenweise Modifikation der schultypischen Leistungsanforderungen diskutiert werden. Der Konstruktionsplan des Selbstkonzepts läßt sich auch daran aufzeigen, wie Schülerinnen und Schüler einige oder alle Elemente des schulischen *Leistungsschemas* in ihren *Anpassungsreaktionen* sukzessive umbauen, um in dem autonom modifizierten Leistungsschema besser bestehen zu können.

Der Ausgangspunkt davon ist das Anforderungsprofil der Schule. Die von Schülerinnen und Schülern seitens der Institution Schule verlangte Bewährung an Schulleistungen, die der dargelegten Definition der Ziffernnoten (vgl. Kap. 5.2.4.2) zu Grunde liegt, vollzieht sich in einem Leistungsschema in drei Akten:

1. Innerhalb einer Klasse stellt der Lehrer an alle Schülerinnen und Schüler gleiche *Leistungsanforderungen.* Diese bestehen in der Aneignung des von ihm unterrichteten Lernstoffes. Den Maßstab der Leistungsanforderung, das heißt den Inhalt, die Schwierigkeit und das Zeitmaß der Vermittlung des Prüfungswissens, bestimmt der Lehrer.
2. *Die Leistungserbringung* der Schülerinnen und Schüler besteht in der Erfüllung der schulischen Anforderungen in unterschiedlichen Prüfungssituationen, die der Lehrer definiert. Das Schulwissen fungiert dabei als Prüfungsmaterial.
3. Die *Leistungsbeurteilung* erfolgt durch den Lehrer an dem von den Schülerinnen und Schülern gezeigten Können. Dazu quantifiziert der Lehrer die Prüfungsergebnisse (vgl. Kap. 5.2.4.2: „Leistungsabstandsmessung") und sortiert sie innerhalb einer Klasse in eine Rangordnung ein. Das Ergebnis dieser Prozedur wird dann jeder Schülerin und jedem Schüler als die Anerkennung eines persönlichen Lernerfolges, wenn nicht als Ausdruck der Begabung zugeschrieben.

Von den drei Schritten dieser schulischen Leistungsmessung befindet sich allenfalls der zweite Schritt, die Leistungserbringung, in der Hand des Schülers, und auch das nur bedingt. Das Bewältigungshandeln der Schülerinnen und Schüler (vgl. Kap. 5.3.4) kann man als eine Vergrößerung ihres Einflusses auf die einzelnen Momente im Leistungsschema beschreiben. Es dient ihrem Ziel, den Notenerfolg oder auch nur den persönlichen Anerkennungserfolg - zunächst zumindest - innerhalb des schulischen Kontextes zu erhöhen. In allen Varianten geht es aus der Schülerperspektive darum, die Voraussetzungen für den Aufbau und die Bestätigung eines möglichst stabilen Selbstkonzepts zu schaffen, das nicht so leicht in Krisen gestürzt werden kann wie mit den offiziellen schulischen Leistungsanforderungen. Welche Zugriffsmöglichkeiten auf das Leistungsschema dafür in Frage kommen, wird nun an folgenden drei Akten erläutert:

Schülerinnen und Schüler nehmen Einfluß auf die Formulierung der *Leistungsanforderungen.* Damit tauschen sie das *Subjekt* (den Lehrer) und den *Inhalt* (den Lernstoff) der Anforderungen aus, aber *nicht das Prinzip.* An die Stelle der Anforderung des Lehrers setzen sie ihre kreativen Definitionen von „Herausforderungen". Aus persönlicher Bewährung an *Schul*leistungen wird dadurch eine *reine Selbst*bewährung. So *reproduzieren* Schülerinnen und Schüler das schultypische Leistungsprinzip der Selbstbewährung auf einer von ihnen selbst bestimmten Ebene. Wird es völlig im Sinne solcher Schülerinnen und Schüler verändert, besteht es aus folgenden drei Elementen:

(a) Selbstbewährung,	statt Lernleistungsbewährung;
(b) an eigenen Anforderungen,	statt an schulischen Anforderungen;
(c) vor neu definierten „signifikanten Dritten",	statt vor dem Lehrer.

Hierbei sind auch Teilmodifikationen denkbar. Beispielsweise verläuft die bloße Umdeutung von Lernleistungsbewährung in Selbstbewährung (a) innerschulisch unauffällig: Wenn der Schüler seine ohnehin verlangte schulische Bewährung heimlich als seine Selbstbewährung betreibt, ist das funktional und gilt sogar als „normal" und wünschenswert. Sobald ein Schüler aber mit seinem persönlich-autonomen Anforderungsprofil (b) die schulischen Vorgaben inhaltlich überschreitet oder verläßt, wird er auffällig. Das liegt z.B. dann vor, wenn er die geforderte Unterrichtsdisziplin verweigert, wenn ihm die Schulnoten erkennbar gleichgültig werden, wenn er extra unsinnige Beiträge liefert oder bei Klassenarbeiten völlig leere Blätter abgibt. Soweit sich sein autonomes Konzept dagegen mit dem offiziellen Anforderungsprofil deckt, bleibt er konform und „unauffällig". Ein völliger Ersatz des Lehrers als maßgebliche Person wäre eine institutionelle Grenzüberschreitung (c). Der Ersatz könnte aber auch diskret bleiben, wenn den betreffenden Schülerinnen und Schülern die Anerkennung vor ihren Klassenkameraden zwar wichtiger ist als die vom Lehrer, sie dessen Notenanforderungen aber daneben weiterhin erfüllen. Als neu definierter „signifikanter Dritter" (vgl. Kap. 2.2.2) kommt sogar der betreffende Schüler selbst in Betracht. Wenn er das täte, hätte er den gesamten Anforderungsschematismus in sich selbst integriert. Er hätte dann die drei Funktionen als Akteur, Kontrolleur und Claqueur seiner Aktivitäten.

Wenn Schülerinnen und Schüler statt der schulischen Anforderungen des Lehrers ihre eigenen „Anforderungen" (b) im selbst (a) definierten - möglichst auf Erfolg angelegten - Rahmen erfüllen, ist diese Art der Selbstherausforderung davon zu unterscheiden, daß man einfach tut, was man will. Taten werden dann als Erfüllung von zuvor definierten Anforderungen erbracht, also als Anstrengung und unter Anspannung, denn man führt mit ihnen eine *Art Konkurrenzkampf gegen sich selbst* (c). Die Tat ist in dieser Konstruktion das Medium, um das eigene Bestehen oder Nichtbestehen gegenüber einer selbst aufgestellten Anforderung, also der „Selbst-Herausforderung", zu bewältigen. Dann tut man etwas, weil man „es sich selbst schuldig ist". Die ganze Aktion dient als Beweis, was in einem steckt. Man selbst ist infolgedessen auch mehr als ein handelndes Individuum: Man erweist sich über dieses Verfahren als eine *anerkennenswerte Person.* Dazu taugt jede beliebige Tat, wenn sie nur als eine Frage von Sieg oder Niederlage der eigenen Person interpretiert und inszeniert wird. Etwas zu tun, bedeutet dann das Wagnis, sich 'Herausforderungen' zu stellen. Handeln und *Konkurrieren* verschmelzen dabei zu einer Sache. - Eine strukturgleiche Verlagerung der Anforderungen findet auch statt, wenn man die Anforderungen von Peergroups oder von subkulturellen Cliquen erfüllt. „Autonom“ ist daran, daß Schülerinnen und Schüler sich diese außerschulischen Gruppierungen selbst aussuchen, weil sie sich von der Erfüllung von deren Kriterien eine Verstärkung ihres Selbstbewußtseins versprechen.

Die an Stelle des Lehrers entweder selbst oder durch eine frei gewählte Jugendclique als „signifikanter Dritter“ (c) getroffene Feststellung, daß die *Erfüllung* der selbst oder von der Clique gesetzte Herausforderung *gelungen* ist, verschafft den Akteuren ihre gesuchte Selbstbestätigung. Ein selbst bestätigter Erfolg beweist: Mein Ich ist stärker als die (selbst gestellten) Anforderungen, weil das Ich die Anforderungen erfolgreich bewältigt hat. Der Erfolg liegt im Erlebnis, daß Ich und Welt harmonisch zusammenpassen, und zwar genau in der Reihenfolge: Ich beherrsche meine Welt. Daher ist das Selbsterfolgserlebnis auch stark emotional besetzt („Fun“, „Flash“, „Kick“, „high“). Mißlingt der Deckungserfolg von Ich und Welt, entstehen ebenso heftige negativ-depressive Affekte („mega-out“, „down sein“, „durchhängen“, „voll abhängen“). Zu dem erhebenden Gefühl des Erfolges trägt bei, daß man sich durch das Bestehen der einen „Herausforderung“ als ganze Person ausgezeichnet zu haben glaubt. Alleine die beschriebene Prozedur der individuell ausgesuchten „Bewährung“ vor einem Maßstab verbürgt zumindest eine virtuelle Rangordnung von Gewinnern und Verlierern, in der man als mutmaßlicher Gewinner dann automatisch den höheren Rang einnimmt. Die umständliche und objektiv eher lächerliche Prozedur dient am Ende als Glaubwürdigkeitsbeweis zur Bestärkung des Selbstkonzepts des einzelnen. Der eigentliche Handlungserfolg liegt im *Selbstbeweis.*

Die hier dargestellten Modifikationsmöglichkeiten des schulischen Anforderungsschemas sind Momente einer selbst inszenierten Selbstbestätigung, funktionieren aber ganz nach dem *Muster* des schulischen Leistungsprinzips. Die selbst inszenierte Selbstbestätigung entsteht durch Transformation des schulischen Lernens für Noten. Der entscheidende Unterschied zwischen dem Lernen für die Benotung und der Erfüllung selbst gestellter Anforderungen ist der, daß die Schülerinnen und Schüler die drei Momente des Selbstbeweises im Unterschied zur schulischen Leistungskonkurrenz *selbst bestimmen.* Dieses aus dem innerschulischen Konkurrenzmuster transformierte Leistungsschema bildet die Grundstruktur von schulisch induziertem Bewältigungshandeln. Das soll nun an einigen schul- und unterrichtsnahen *Anwendungsbeispielen* aus dem oben diskutierten Datenmaterial veranschaulicht werden.

– Manche Schülerinnen und Schüler (über)erfüllen die originär schulischen Anforderungen aus *anderen* als den institutionalisierten *Beweggründen.* Gute Noten erstreben sie dann nicht als notwendige Bausteine ihres Schulerfolges, sondern als aktuelle Selbstbeweise, daß sie in den Augen des Lehrers, der Eltern oder vor sich selbst als ganz außergewöhnlich „eifrig“ und „begabt“ gelten. Dazu zählt die angestrengte schultypische Charaktermaske des *„Strebers“* (vgl. Kap. 4.3.3.2). Da er bei seinen Mitschülern meist wenig beliebt ist (vgl. Tab. 18 (Var. 310), Tab. 36 (Var. 323)), besteht seine zusätzliche Selbstprüfung darin, den provozierten Anfeindungen der Mitschüler standzuhalten und sich darin bestätigt zu sehen.

- Schülerinnen und Schüler *tauschen den Inhalt* der schulischen Leistungsanforderungen aus, indem sie versuchen, die Sympathie des Lehrers als Grundlage einer positiven Benotung *anders* als durch Lernleistungen zu erringen, indem sie sich als *„Lehrers Liebling"* präsentieren (vgl. Tab. 18 (Var. 275), Tab. 25 (Nr. 4, 7), Tab. 26 (Nr. 4, 7), Tab. 36 (Var. 274)). Da diese Art der Anerkennungssuche bei den Mitschülern als Umgehung der Konkurrenzregeln verpönt ist, wird sie von ihnen durchkreuzt (Tab. 18, Var. 275). Das legt wiederum nahe, diese Anerkennung beim Lehrer so zu suchen, daß es die Mitschüler nicht bemerken.

- Fast alle tabellierten Varianten von *Normverstößen* von Schülerinnen und Schülern lassen sich als *Modifikationen von Leistungsinhalt und Subjekt der Anforderungen* einordnen: Schülerinnen und Schüler, die bei Klassenarbeiten „mogeln", tauschen die Anforderung der Reproduktion des erlernten Stoffes durch die Reproduktion von abgeschriebenen Lösungen aus. Indem sie den Lehrer täuschen, manipulieren sie seine Funktion als Bewerter der Leistung zu ihren Gunsten. Wenn sie dann vor ihren Klassenkameraden prahlerisch von ihrem gelungenen Coup schwärmen, geht das über das Mogeln wegen besserer Noten hinaus (vgl. Tab. 20). Sie genießen *sich* und ihr entsprechendes Selbstkonzept in der „Starrolle" des *trickreichen Falschspielers* (vgl. Tab. 26, Nr. 5). Der Austausch der offiziellen schulischen Leistungsanforderungen durch die Jury der Klassenkameraden ist längst erfolgt bei der Entwicklung der ebenfalls schultypischen Charaktermaske des *„Pausenclowns"* oder des *„Klassenkaspers"* (vgl. Kap. 5.3.4.4). Er möchte mit seinen Späßen bei seinen Klassenkameraden ankommen und gerade nicht (mehr) beim Lehrer, für den die *Erfüllung* seiner modifizierten „Leistungsanforderungen" - Kommentare, „Gags" oder Zwischenrufe in der Klasse - als „Unterrichtsstörungen" gelten, also als *Nichterfüllung* seiner offiziellen Anforderungen. Auch andere Unterrichts-„Störer" erfüllen ihre alternative Leistungserbringung offenbar mit persönlicher Genugtuung und psychischer Befriedigung. Das drücken sie zum Teil explizit aus, wenn sie von dem *„Spaß"* sprechen, den ihnen das Bekritzeln von Mobiliar macht (Interv. 12), wenn sie sich über ihre Mitschüler *„lustig"* machen (vgl. Tab. 32) oder sie ihnen *„Spaßkloppe"* verabreichen (vgl. Kap. 5.3.4.4 nach Tab. 31). Für diese Interpretation als Akte der Selbstbestätigung spricht auch, daß sich derartige Verhaltensmuster hauptsächlich bei stigmatisierten „Abweichlern" finden (vgl. Tab. 40 Liste 1 und Liste 2). Wenn 71,8% der „Abweichler" laut in die Klasse rufen, dann ist in diesem Tun auch ein Selbstkonzept ausgedrückt: Sie provozieren durch ihre penetranten Unterrichtsstörungen ihre Beachtung und eine (negative) Anerkennung.

- Ein spezielle Reproduktion des schultypischen Schemas der Leistungskonkurrenz auf abstrakter, vom schulischen Stoff und Rollenspiel abgehobener Ebene mit dem Ziel des Selbstbeweises ist das Phänomen der ***„Schülergewalt"***. Die Ausübung physischer Gewalt gegen Mitschüler wurde in den Schülerbefragungen überwiegend bei verschiedenen Gruppen von Schulverlierern festgestellt (vgl. Tab. 40 Liste 1 am Ende und Liste 2; Tab. 41 v.a. in Schulen für Lernhilfen), die in der Erfüllung des offiziell geforderten Lernleistungsschemas offenkundig kaum persönliche Selbstbestätigung erzielen. Im Gegenteil: Mit der Erbringung von positiven Leistungen haben sie in der Schule meist schlechte Notenerfahrungen gemacht. Durch solche Beiträge haben sie sich damit schon oft vor anderen blamiert oder sind dieser Art der Beteiligung an der Lernkonkurrenz einfach überdrüssig. Das würde heißen, daß sie nach schlechten Erfahrungen mit ihrem „Schulwissen" sozusagen *mit Gewalt* auf „Nummer sicher" gehen wollen. Oft haben sie aus ihrer Perspektive heraus *nichts besseres* (mehr) einzusetzen, um ihre Rangstufe gegenüber anderen zu behaupten, als zuzuschlagen. Dem Konzept der *produktiven* Realitätsverarbeitung entspricht es aber zugleich, auch anderen Jugendlichen als den Verlierern im Schulsystem den Übergang zur Gewaltausübung als Selbstbehauptungsmittel zuzutrauen. Gewalthandeln kann auch, wie Holtappels/Hornberg betonen, bloß als momentan effektiveres oder gar „lustvolles" Mittel eingestuft werden.[730] Wenn sie ihren persönlichen Anerkennungserfolg dann mit Gewalt und nicht mehr durch Einbringung anderer positiver Beiträge in einen Leistungsvergleich mit grundsätzlich offenem Ergebnis anstreben, bleiben die Jugendlichen immer noch *innerhalb* der Logik des Schemas der Leistungskonkurrenz. Sie wechseln in ihm nur den Standpunkt. Sie sichern sich ihren Gewinnerstatus, indem sie einen Verlierer aktiv und ohne Umwege produzieren. Wer mit körperlicher Gewalt einen Verlierer produziert, erhebt sich alleine mit diesem Akt zum *relativen* Sieger: „Wer dem Prinzip huldigt, daß man Sieger nur wird, wenn man selbst Verlierer produziert, der greift mit erschreckender Selbstverständlichkeit zur körperlichen Gewalt. Ihr - erfolgversprechender - Einsatz stellt die eigene Überlegenheit tatsächlich her, da dem Unterlegenen jede störende Willensäußerung ausgetrieben wird. Das ist das ganze Geheimnis der angeblichen 'Gewaltbereitschaft' von Kindern und Jugendlichen."[731] Schüler, die physische Gewalt gegen ihre Mitschüler ausüben, können sich einer positiven Selbsteinschätzung nahezu sicher sein, weil sie sowohl die Anforderung, als auch die Erbringung und die Beurteilung der für sie maßgeblichen „Leistungsanforderung" auf spezielle Weise fest in ihrer Hand halten.

Die selbst definierte „Leistungsanforderung" von Schülergewalt ist rein formell die gleiche wie in anderen Fällen auch, nämlich die Anerkennung einer herausgehobenen Rangstelle zu erreichen, sei es vor den Mitschülern, vor anderen Personen oder nur vor sich selbst. Erfüllt wird die unfaire und für den anderen möglichst chancenlose Anforderung durch rücksichtsloses Zuschlagen. Dafür werden sogar eigene Schmerzen oder Niederlagen riskiert, wenn nur die eigene höhere Rangposition durch eine erkennbare Niederlage des Opfers oder allein durch das Wagnis, sich der Prügelsituation ausgesetzt zu haben, erreicht wird. Mit alledem geht es aus der Täterperspektive im Kern um eine Werterhöhung seiner Person. Die Schläge haben dabei die Funktion einer „Leistungserbringung" im Sinne der Persönlichkeitsbewährung.[732]

---

730 Vgl. Holtappels/Hornberg 1997, S. 341.

731 Huisken 1996, S. 17. Mit diesem Erklärungsansatz setzt sich *Huisken* bewußt von *Heitmeyer* oder *Hurrelmann* ab, denen er vorhält, mit der Unterstellung zu operieren, daß Kinder für ihre brutalen Taten *keine* für sich selbst gültigen Argumente haben könnten. Erst aus dieser Unterstellung ergäbe sich die ihrerseits fragwürdige Forschungsperspektive, wie bei Kindern und Jugendlichen eine Bereitschaft zu etwas hergestellt wird, was sie im Grunde gar nicht wollen könnten, wozu dann u.a. das Desintegrations-Theorem herangezogen werde.

732 Diesen *sozialpsychologischen Gewinn* von Schlägen in Jungencliquen bestätigen auch Befragungen und ihre Auswertungen von *Rolf Gloel* (1992) im Bereich von Migrantenjugendlichen. Paradigmatisch sind nach seinen Untersuchungen Sequenzen wie diese: Milan beziehe *„Respekt vor sich selbst"*, wenn er den Spieß umdrehe, indem er andere schlage, weil er damit *„etwas zu sagen hat"*: *„Einmal die*

Eine positive „Leistungsbeurteilung" liegt in der sichtbaren Siegerposition. Der Schläger ist dem Opfer körperlich *überlegen*. Das Erlebnis dieser faktischen Überlegenheit macht das Hochgefühl des Siegers aus. Den eigenen symbolischen Triumph in der Vernichtung des Gegners versinnbildlicht gerade das - angeblich - „sinnlose Nachtreten", wenn das Opfer nach den (hier absichtsvoll außer Kraft gesetzten) Kriterien eines „fairen" Kampfes bereits „besiegt" wäre. Auch die oft mit Unverständnis diskutierten „Schläge auf den Kopf" oder die „Tritte ins Gesicht" erschließen sich erst über die identitätsbezogene Dimension der Gewalthandlungen, denn Kopf und Gesicht symbolisieren die Identität des Erniedrigten.[733] Aus der Erniedrigung oder Vernichtung seines Gegners bezieht der Schläger spiegelbildlich seine persönliche Aufwertung. Eine persönliche Aufwertung durch körperliche Gewalt kann aber auch ohne Sieg über ein Opfer je nach Leistungsanforderungsdefinition darin bestehen, sich überhaupt anderen mit Gewalt entgegengestellt zu haben mitsamt dem darin liegenden Risiko und Wagnis.

Der immanente *Mangel* dieser Art von Selbstbewährung liegt darin, daß die erzielte „Anerkennung" körperlich erzwungen und nicht freiwillig erbracht wird, also eigentlich keine ist. Deshalb fordern die Täter die Opfer oft auf, ihren Sieg auch verbal anzuerkennen. Ungewiß ist ferner die Haltbarkeitsdauer der Siegerposition, was aber anderen Konkurrenten ähnlich geht. Die offizielle Normwidrigkeit und Strafbarkeit dieser Art, sein Selbstbild mit Gewaltakten zu stabilisieren, ist fatalerweise kein Hindernis dieser identitätsbezogenen Gewaltpraxis. Wenn nämlich das Risiko der offiziellen Normwidrigkeit und Strafbarkeit als Steigerung des Beweiswertes der Gewalthandlung für die Person umgewertet wird, wirkt es gerade nicht als Abschreckung, sondern eher als Anreiz.

5.4.3 Analysefolie 3: Eine Transskription schulisch induzierter Selbstkonzepte in „Anpassungsreaktionen" nach Robert Merton

Weil die Schülerinnen und Schüler die universellen Wertversprechungen von Schule (Bildung und Qualifikation) so durchgehend annehmen und sich fast alle an ihnen bewähren wollen, während die schulische Selektion ihr aufgeschlossenes Streben mit dem eigentümlichen Zeitdruck, dem Notenkonkurrenzdruck und dem Lernziel „Noten & Zeugnisse" erschwert und durchkreuzt, entstehen angesichts dieser institutionell erzeugten anomischen Diskrepanzen bei den Schülerinnen und Schülern ähnliche „Anpassungsreaktionen", wie sie Merton auf gesamtgesellschaftlicher Ebene formuliert hat (vgl. Kap. 3.1.1). Mertons Anpassungstypen soll nun das schülerspezifische Bewältigungshandeln zugeordnet werden, um daraus die Leistungsfähigkeit des hier ausdifferenzierten Anomieansatzes zur Erfassung

---

Nummer Eins sein! Keiner macht dich mehr an! Da wo du hingehst, macht dich keiner mehr an." (S. 124). Das anomische Druckpotential zu dieser Selbstbewährung ist dabei längst in den Cliquen selbst verortet. Woher sein Mut zum Handtaschendiebstahl komme, kommentiert Milan so: „*Wenn du da nicht mitziehst, bist du out.*" (S. 125).

733 Vgl. die These von *Findeisen/Kersten* (1999): „*Gewalt, und das ist eine Erkenntnis dieses Buches, ist nicht allein Ausdruck ungehemmter Triebhaftigkeit oder hilflosen Protests, sondern Gewalt kann Sinn machen, kann identitätsstiftend wirken, (...), so irritierend diese Vorstellung auch sein mag. Doch nur, wenn man sich dies eingesteht, kann man adäquat mit ihr umgehen.*" (S. 28)

von Problemlagen aus dem Schüleralltag zu belegen und zugleich einen weiteren Analyseschritt vorzubereiten, nämlich Übergänge zum *außerschulischen* Bewältigungshandeln „dritten Grades".

5.4.3.1. *Konformität*

Der Anpassungstypus „konformer Schüler" ist der Schüler, dessen Leistungsstreben sich auf den schulischen Lernerfolg richtet. Am einfachsten fällt das denjenigen, die entweder - trotz Zeit- und Notendrucks - tatsächlich *Interesse* für die jeweiligen Unterrichtsthemen aufbringen und bzw. oder über eine für die schulische Lerngeschwindigkeit ausreichend *schnelle* Auffassungsgabe verfügen, so daß ihnen das Lernen „trotz allem" gelingt. In zweiter Linie konform sind die Schülerinnen und Schüler, die über ausreichende praktische Kompensationsmöglichkeiten von Lernschwächen verfügen. Das sind vorrangig *private Stützsysteme* wie Elternhaus, Nachhilfeunterricht, Internate etc. In dritter Linie kommen zur Wahrung von Konformität bereits versteckte Anpassungsreaktionen zum Einsatz, wenn Schülerinnen und Schüler z.B. institutionell vorgegebene *Klassenziele* durch eine diskrete Übersetzung als ihre ganz persönlichen *Selbstkonzepte* anstreben. Dann definieren sie die Lernziele zu Kriterien ihrer Selbstbewährung um und entwickeln *deshalb* gegen alle anomischen Schranken der Schule persönlichen „Ehrgeiz". Konform ist auch ein Schüler, der für sich das Mithalten im mittleren Leistungs- und Notenbereich oder das bloße Erreichen der Versetzung als ausreichenden „Schulerfolg" akzeptiert.

Solche konformen Schülerinnen und Schüler haben in ihren Selbstkonzepten aber genau genommen bereits latente *Werteritualisierungen* von „Schulerfolg" vorgenommen, also individuelle Verschiebungen, was ihnen als „Schulerfolg" vollkommen genügt, so daß ein offiziell notenschwacher Schüler nach seiner Zieldefinition - „Hauptsache, ich bleibe nicht hängen" - kein schwacher Schüler ist (vgl. Kap. 2.2.3). Daran zeigen sich immanente Übergänge von objektiver zu subjektiver Perzeption der Ziele (vgl. Kap. 4.2.2), was Merton in seinem Modell nicht thematisiert hat. Für ihn war Konformität ohne Reflexion der sozialpsychologischen Hintergrundprozesse, die zur „Konformität" führen können, per definitionem die Erfüllung der vorgegebenen Erwartungen der Dominanzgesellschaft mit konformen Mitteln.

5.4.3.2 *Ritualismus*

Ritualismus heißt institutionenkonforme *Modifikation der Werte*. Ritualisierbar sind die schulischen Wert- und Zielbestimmungen wie etwa die Frage, was als persönlich erstrebenswerter Schultyp gilt, Realschule statt Gymnasium, und was (noch) als „gutes Zeugnis" akzeptabel erscheint, einschließlich einer „Ehrenrunde", also einer Nichtversetzung. Das gilt auch für Schüler, die ihre Stärken in Nebenfächern für wichtiger halten als ihre Schwächen in Hauptfächern, oder wenn sie ihr Theaterspiel im Schul-Ensemble für wichtiger halten als die Zeugnisnoten. Ebenso einzustufen wäre es, die „Kopfnoten" über die „Leistungsnoten" zu plazieren, also Lernfleiß und Sozialverhalten über den fachlichen Lernerfolg zu setzen. Eine Ritualisierung des Schulzieles läge auch vor, wenn Schüler vorrangig danach streben, die Sympathie des Lehrers zu erlangen (vgl. Tab. 18 Var. 275).

Daran läßt sich zeigen, daß auch Ritualisierungen die Tendenz enthalten, durch Abweichung aus dem standardisierten System offizieller schulischer Zielbestimmungen auszubrechen. So brechen die Schülerinnen und Schüler, denen die Anerkennung der Mitschüler wichtiger ist als die des Lehrers, aus dem institutionellen Schema aus, obwohl sie es strukturanalog verlängern (vgl. Tab. 36, Var. 311, 274). Sie behalten das Ziel des Strebens nach Anerkennung innerhalb des schulischen Kontextes bei, ersetzen aber die für sie maßgebliche Autorität der Anerkennung des Lehrers durch die Mitschüler. Solche *Verschiebungen* des schulischen Koordinatensystems lassen sich auch als stufenweise Fortentwicklung ritueller Anpassungsreaktionen *aus* dem schulischen Kerngeschäft beschreiben:

(1) Die Anerkennung durch *Mitschüler* fungiert als *Ersatzritual* für die Anerkennung der Schulleistungen durch Zensuren des Lehrers.
(2) Schlechte Schulzensuren können bereits eine *Folge* des ritualisierten Strebens nach Anerkennung bei den Mitschülern *anstatt* beim Lehrer sein.
(3) Die Anerkennung der Mitschüler wird *auf Kosten* der Zensuren angestrebt, etwa durch Störverhalten *im* Unterricht.
(4) Die Anerkennung der Mitschüler wird durch völlig *außerschulische* „Leistungen" angestrebt, etwa durch demonstrativen Konsum und Geldausgeben, durch provokante Handybenutzung oder als Sportler, Fußballfan, Body-Builder, Techno-Freak oder Love-Parade-Teilnehmer, als jemand, der außerhalb der Schule riskante Dinge tut etc.

Mit der letzten Stufe (4) ist die Basis der gesuchten Anerkennung bereits außerhalb des schulischen Kontextes angesiedelt. Darin liegt eine entscheidende *Emanzipationsstufe* von schulisch induziertem Anerkennungsstreben in den *außerschulischen Freizeitbereich*. Mit diesem inhaltlich weit gehenden, aber immer noch strukturanalogen Übergang ist das gesamte außerschulische Schülerleben als kompensatorisches Feld der ritualisierten schulischen Anerkennung eröffnet.

Die Übergänge liegen in der Verlagerung der maßgeblichen Autoritäten vom Lehrer mit dem Notenbuch in andere Instanzen als „signifikante Dritte", die von nun an für die Anerkennung der persönlichen Rangstelle maßgeblich sind (vgl. Kap. 2.2.2). Umgekehrt heißt das: Auf eine wie immer definierte *„höhere Instanz"* für die persönliche Anerkennung wird *nicht* verzichtet, wenn der „Prüfungsstoff" innerhalb oder außerhalb des schulischen Rahmens auch noch so frei gewählt wird. Dies verweist auf die *strukturelle Herkunft* dieser Ritualisierung aus dem schulischen Setting. Die neue, selbst-bestimmte Autorität kann eine Clique von Gleichaltrigen sein, ein Verein oder eine zufällige Gruppierung im Freizeitsektor. Der Kerngedanke hinter dieser scheinbar komplizierten Ritualisierung kann sich sehr einfach ausdrücken: „Wenn ich 'meine Anerkennung' von den Paukern nicht bekomme, dann hole ich sie mir eben anderswo." Der Kerngedanke muß sich deshalb einfach ausdrükken lassen, weil schon Generationen von Schülerinnen und Schülern mit ihrem Bewältigungshandeln ohne große Umschweife auf diesen Typus von subjektiver Überwindung schulischer Zwangslagen zur Aufrechterhaltung ihres Selbstbildes gekommen sind.

5.4.3.3 Innovation

Innovation der Mittel bedeutet den Einsatz *nicht-institutionalisierter* (bei Merton: krimineller) *Mittel*, um institutionalisierte Werte zu erreichen. Mit ihrem Notenkonkurrenzdruck vermittelt die Schule selbst genügend Motive zur innovativen Bewältigung der Klassenziele. Daß Schule mit innovativem Bewältigungshandeln der Schülerinnen und Schüler rechnet, belegen ihre *Verbote* folgender Anpassungsreaktionen bei Prüfungen: Täuschungshandlungen aller Art vom Vorsagen, über Spickzettel, Mini-Wörterbücher, vorgefertigte Lösungsskizzen bis zu Handy-Konferenz-Schaltungen und Internet-Lösungs-Recherchen sind den Schülern bekannte „innovative" Anpassungsreaktionen der „Wissensgesellschaft" (vgl. Tab. 20, 21, 22, 23, 24 Zeile 1, Tab. 25 (Nr. 5) und Interv. 11).
Innovativ handeln in diesem Sinne auch Schülerinnen und Schüler, die sich Prüfungswissen und Unterlagen durch Bedrohung von Mitschülern verschaffen (vgl. Tab. 17 Item 258, 40 Liste 2, Tab. 41) oder einen „Klassenstreber" verprügeln, weil sie ihm die Erhöhung des Leistungsdrucks in der Klasse anlasten (vgl. Tab. 18 (Var. 310); Tab. 36 (Var. 323, 274)).

5.4.3.4 Sozialer Rückzug und Apathie

Sozialer Rückzug oder Apathie ist die Anpassungsreaktion derer, die das für die Inszenierung schulischer Konkurrenz unentbehrliche Mitmachen nicht mehr aufbringen, weil sie die schulischen Bildungs- oder Zeugnis*ziele ablehnen* wie auch die konformen *Mittel* dafür. Streng genommen stellen diese Schülerinnen und Schüler die größten Problemfälle dar, da sie die schulische Selektionsvoraussetzung Nummer 1 verweigern, das bereitwillige Mitmachen. Das sind Schülerinnen und Schüler, die sich kein Klassenziel mehr zum persönlichen Anliegen machen, weil sie sich davon für sich nichts versprechen. Mit solchen Schülerinnen und Schülern kann die Institution Schule im Prinzip nicht umgehen und nichts anfangen. Sie dienen ihr nicht mehr als bereitwillig-aktive Teilnehmer an der Selektion und Sortierung, sondern ziehen sich im Unterricht als „Träumer" und Fenstergucker oder außerhalb der Schule als Schulschwänzer oder Schulverweigerer zurück (Tab. 27, 28, 29, 40 (Liste 2, Zeile 2); Interv. 13). Für die einen sind gewissermaßen Therapeuten und Apotheker zuständig, für die anderen die Polizei und die Schulsozialarbeit, die sie bis zum Ablauf ihrer gesetzlichen Schulpflicht in die Schule zurückbringen beziehungsweise zurück motivieren.[734]

Eine Extremform der resignativen Anpassungsreaktion repräsentieren diejenigen Jugendlichen, die ihre Rückzugshaltung mit ausgesuchten *psychoaktiven Suchtstoffen* unterstützen oder verstärken (Alkohol, pharmakologische Stoffe, illegale Drogen). Eine andere Extrem-

---

734 Vgl. Hammer 2000. *Hans Wolfgang Hammer* empfiehlt in der Fachzeitschrift „SchulVerwaltung - spezial - Zeitschrift für SchulLeitung, SchulAufsicht und SchulKultur" folgende Maßnahmen ab dem zwanzigsten unentschuldigten Fehltag: Kontakt zu den Erziehungsberechtigten (S. 33), Zusammenarbeit mit dem Jugendamt, dem Gesundheitsamt, der Schulaufsichtsbehörde (S. 34) und sodann mit der Ordnungsbehörde, die folgende Maßnahmen ergreifen kann: Zwangsweise Zuführung zur Schule, Zwangsgeld und Bußgeld (S. 35-38). Als Reformmaßnahme regt er einen kommunalen „runden Tisch" an nach dem Beispiel der Stadt Hamm (S. 39).

form von resignativer Anpassungsreaktion an persönlich als desaströs erlebte schulische Anomien wäre am letzten Ende die Suizidgefährdung. Der *Schülersuizid* läßt sich interpretieren als Selbstexekution einer subjektiv angenommenen verlorenen Existenzberechtigung der eigenen Person aufgrund eines als absolut empfundenen Versagens vor „Herausforderungen“, die der Schüler grundsätzlich bejaht. Nicht zufällig mahnt der Deutsche Kinderschutzbund bei der Zeugnisvergabe alljährlich die Eltern (nicht die Lehrer) zu rücksichtsvollem Umgang und Trost für die Opfer schulischer Selektion, damit die Schülerinnen und Schüler ihr zertifiziertes *Schul*versagen nicht über ihr Selbstkonzept in ein Totalversagen als *Person* überhöhen.

5.4.3.5 Rebellion

Rebellion liegt vor, wenn das Koordinatensystem von schulischen Zielen und Mitteln so weit verschoben ist, daß *andere (abweichende) Ziele und Mittel* eingesetzt werden.

Die Anpassungsreaktion der „Rebellion“ könnte man in Formen des Schülerprotestes der 68er Jahre vermuten. Sie entsprechen aber nicht dem Ansatz der Anomietheorie, da diese ausschließlich *individuelle* Anpassungsstrategien thematisiert, nicht aber kollektives „Bewältigungshandeln“ wie Schülerstreiks, Schulbesetzungen, kooperatives autonomes oder alternatives Lernen etc. Es bleiben nach dem Anomie-Theorem nur individuelle Formen der Rebellion, für die es im Schulleben Beispiele gibt. Hierunter könnte eine individuelle bewußte und aktive Schulverweigerung fallen oder Schülergewalt gegen die Schulziele und Lernhilfen der Schule (vgl. Tab. 40 Liste 2). Wenn für bestimmte Schülerinnen und Schüler die Erreichung der offiziellen Notenziele mittels Lernleistung kein erstrebenswertes Unterrichtsziel mehr ist, sie aber auf die Anerkennung ihrer Überlegenheit im schulischen Umfeld keinesfalls verzichten wollen und daher dazu übergehen, die Instanzen der Anerkennung *und* die Mittel der Überlegenheit *neu* zu definieren, dann kann auch hier der Kreis der Mitschüler an die Stelle des Lehrers treten (vgl. Tab. 32, 34, 36, 40 (Liste 1, 4. Zeile/Liste 2, 1. Zeile)) und ein Schulstreich, eine üble Herabsetzung von Mitschülern oder ein körperlicher Gewaltakt an die Stelle von Prüfungsstoff (vgl. Tab. 32-35, 40, 41, 44, 45). Die Anerkennung durch Respekt der übrigen Mitschülerinnen und Mitschüler ersetzt für sie dann die Schulnoten der Lehrer. Obwohl sie für diese Anerkennung sogar Regelverletzungen riskieren, handeln sie insofern strukturell schulkonform, als sie für die Anerkennung eine (durch die Mitschüler) anerkennenswerte Leistung erbringen. Für die harmlose Variante steht dann die Figur des Pfeiffer „mit drei F, eins vor dem Ei und zwei danach“ aus dem Schul-Kult-Film „Die Feuerzangenbowle“ mit Heinz Rühmann in der Hauptrolle. Es könnte aber auch ein Jugendlicher aus der Abteilung „Schülergewalt“ sein wie beispielsweise der türkische Münchner Schüler Muhlis M. alias „Mehmet.“[735]

735 Vgl. Süddeutsche Zeitung vom 21.4.1998, S. 33; 27.5.1998, S. 3; 16.7.1998, S. 9; 29.7.1998.

Exkurs 1:

Eine alltägliche Pressemeldung soll dies verdeutlichen und zugleich das Potential des oben ausdifferenzierten Analysekonzepts der Anomietheorie zeigen:

> **Kinder unter Konsumzwang - Experte warnt vor Folgen unaufgeklärten Geldausgebens**
>
> BIELEFELD, 4. Juli (dpa/aga). Kinder geraten nach Angaben des Bielefelder Jugend- und Sozialforschers Klaus Hurrelmann schon immer früher unter Druck, wie ihre Eltern oder andere Erwachsene Geld besitzen und ausgeben zu müssen. „Es ist höchste Zeit, dass sie schon im Kindergarten spielerisch über die Bedeutung des Wirtschaftens und Geldausgebens informiert werden," sagte Hurrelmann in einem dpa-Gespräch am Dienstag. „Wer beim Konsum nicht mit den Gleichaltrigen mithalten kann, steht stärker unter Zugzwang als noch vor zehn Jahren. "Sachverständige sollten die Wirkung von Werbung auf Kinder beobachten, schlug der Wissenschaftler vor.
>
> „Bisher war davon auszugehen, dass Kinder eine gewisse Reife erreicht haben mussten, um gedanklich zu verstehen, dass sie Geld gegen Waren tauschen", erläuterte Hurrelmann. In einer weitgehend unbefangen konsumierenden Gesellschaft formulierten inzwischen aber bereits Grundschüler selbstverständlich Kauf-Vorstellungen. Kinder, deren Eltern arbeitslos seien oder von Sozialhilfe lebten, bekämen aber so schon in viel jüngerem Alter das Gefühl, nicht vollwertig zu sein. Dadurch würden viele Kinder psychisch gestört oder sogar krank. Jugendliche könnten versucht sein zu stehlen oder sogar Geld zu erpressen, warnte der Forscher. Jugendliche seien immer stärker verschuldet.
>
> Zunehmend macht auch der Justiz Sorge, dass Jugendliche aus ärmeren Elternhäusern solche Markenprodukte in Kaufhäusern stehlen, die allgemein oder in ihrer Gruppe einen hohen Prestigewert haben, der wiederum den Wert des Gruppenmitglieds bestimme.
>
> Viele Kinder und Jugendliche durchschauten unterschwellige Verlockungen der Werbung nicht, kritisierte Hurrelmann. „Die Werbung gilt häufig weniger dem Produkt, sondern spielt auf ein Lebensgefühl an." Denkbar sei, daß ein Sachverständigenrat solche Art von Werbung regelmäßig öffentlich kritisiere, meint der Jugendforscher. Ein Werbeverbot wäre aber nicht sinnvoll.[736]

Wie erklärt sich das (hier als gegeben unterstellte) Faktum, daß Kinder „schon immer früher unter Druck" geraten, „Geld besitzen und ausgeben zu müssen", Jugendliche „immer stärker verschuldet" sind und Jugendliche „aus ärmeren Elternhäusern" bestimmte „Markenprodukte" in Kaufhäusern stehlen?

Hurrelmanns Argumentation erinnert an seine oben analysierten sozialisationstheoretischen Argumentationsmuster, nämlich die Analyse der Hintergründe „zielorientierten Handelns" mit *Defiziten:*[737] Eine frühe Informationslücke verschweige den Kindern die „Bedeutung des Wirtschaftens und Geldausgebens". Sie erreichten zweitens nicht mehr die „gewisse Reife", „um gedanklich zu verstehen, daß sie Geld gegen Waren tauschen", wenn sie „Markenprodukte" kaufen. Drittens wirkten „unterschwellige Verlockungen der Wer-

---

736 Frankfurter Rundschau vom 5.7.2000, „Aus aller Welt", S. 44.

737 Vgl. Kap. 2.4.1. Das betreffende *Hurrelmann*-Zitat aus seinem Lehrbuch: „Ob die Sozialisation gelingt, entscheidet sich danach, wie angemessen die individuellen Handlungskompetenzen, das Selbstbild und die Identitätsbildung für die jeweiligen situations- und lebensgeschichtlichen Handlungsanforderungen sind: Sind sie in Struktur und Profil *unzureichend* entfaltet, dann *fehlen* die Voraussetzungen und Grundlagen für den Vollzug autonomen und zielorientierten Handelns und das Risiko besteht, daß psychisch und sozial auffällige und *abweichende* Formen des Handelns und Verhaltens auftreten, die die weitere Entwicklung der Persönlichkeit beeinträchtigen." (Hurrelmann 1995, S. 178; Hervorhebungen die Verf.in)

bung". Aber auch den „Eltern oder anderen Erwachsenen" wie der „unbefangen konsumierenden Gesellschaft" weist Hurrelmann unterschwellig eine Mitschuld zu, daß am Ende Kinder von arbeitslosen Eltern oder solchen, die „von Sozialhilfe leben", „psychisch gestört oder sogar krank" oder kriminell würden. Dieser Diagnose entsprechend sucht Hurrelmann die Problemlösung in frühestmöglicher *Prävention* durch eine Vorschulerziehung zum Thema „Bedeutung des Wirtschaftens" und in öffentlicher *Kontrolle* von Lifestylewerbung durch einen Sachverständigenrat.

Eltern, Gesellschaft, Werbung, nur nicht die Schule werden als Lernorte des fatalen Zugzwang-Verhaltens der schulpflichtigen Kinder und Jugendlichen erwähnt, obwohl fast nichts für die von Hurrelmann angeführten Begründungszusammenhänge ihres Geldausgebens spricht, aber vieles für die Schule als Fokus ihres Verhaltensmusters. Natürlich wissen Kids sehr marktbewußt, daß sie Geld gegen Ware tauschen, wenn sie ihre ersehnten „Markenprodukte" kaufen und keine anderen. Ein Informationsdefizit haben sie hierbei nicht. „Die Bedeutung des Wirtschaftens" im Sinne, daß man sich bei beschränkten Mitteln auch im Konsum einschränken müsse, ist dagegen weniger eine *Wissens*frage als eine *Willens*frage. Dafür wären gerade „ärmere Elternhäuser" perfekte *Vorbilder*, ebenso arbeitslose Eltern und erst solche, denen es gelingt, „von Sozialhilfe zu leben". Weshalb verfehlen sie dann aber bei ihren Kindern jede Vorbildwirkung, daß diese „sogar krank" werden? Offenbar beziehen die Kinder ihre Maßstäbe *nicht* aus ihren Elternhäusern, wenn sie sogar ihre Eltern daran messen, ob sie den von *außen* kommenden Maßstäben entsprechen. Daß solche Effekte *alleine* von der Werbung ausgelöst werden, ist zweifelhaft, da Werbung über *jedes* beworbene Produkt behauptet, daß man es unbedingt kaufen soll, ohne daß Jugendliche sich für alles interessieren und verschulden, wofür geworben wird.

Unbeantwortet geblieben ist damit die Kernfrage nach systematischen Ursachen des Phänomens des „Zugzwangs", „beim Konsum mit Gleichaltrigen mithalten" zu müssen. Wo anders als in der schulischen Konkurrenz um Noten lernen aber alle „Gleichaltrigen" über Jahre und Jahrzehnte so systematisch das Grundmuster, daß man als Person nur dann „vollwertig" ist, wenn man im Vergleich mit anderen besser abschneidet? Dieses Muster schulischer Notenselektion haben die Schülerinnen und Schüler längst in ihre sozialen Beziehungen übersetzt und dort ritualisiert. Die Noten sind durch andere Kriterien ersetzt, wonach sich der „Wert eines Gruppenmitgliedes" bestimmt. Hierfür bietet die moderne Werbung zwar Material an. Nur wäre auch ihre Akzeptanz ohne die jahrelange Vorarbeit der Schule bei der Schaffung der Nachfrage von Schülerinnen und Schülern nach Vorrangpositionen schwerer. Immerhin richtet sich die Nachfrage gar nicht auf den käuflichen Konsumwert der „Markenartikel", sondern auf deren „hohen Prestigewert", den sie vor allem „in ihrer Gruppe haben", wo die „Konsumgüter" als sachliche Personenwertzeichen fungieren. Für diese sozialpsychologische Funktion kommen dann aber nur ganz bestimmte „Konsumgüter" in Betracht. Es stimmt also auch nicht die Überschrift, daß „Kinder unter Konsumzwang" stünden, denn sie stehen unter „Selbstdarstellungszwang" mittels bestimmter Prestigeobjekte. Wenn diese ständige Infragestellung als „vollwertiger" Mensch und das Erfordernis, sich deshalb ständig beweisen zu müssen, bestimmte Kinder so überfordert, daß sie „psychisch gestört oder gar krank" werden, dann ist das tatsächliche Thema hier ein Selbstbild, das aus nichts als aus Konkurrenz um Rangpositionen unter Gleichaltrigen besteht.

Wenn Schülerinnen und Schüler aber auf der Ebene von Prestigeobjekten eine sicherlich „zunehmend" erbitterte *Konkurrenz um ihren Wert als Person* in der Gleichaltrigengruppe austragen, dann ist die Beschaffung der Konsumgüter mit hohem Prestigewert in ihrer Gruppe für sie eine Anerkennungsstrategie, ein hoher Wert, der auch mit institutionell nicht erlaubten Mitteln angestrebt wird. Darin besteht das „rebellische" dieser Anpassungsreaktion: Einzelne, für sich banale Gebrauchsgüter werden zu „Prestigeobjekten" um- und hochstilisiert und der Zugriff auf sie erfolgt notfalls auch auf verbotenen Wegen. Die einen verschulden sich dafür, die anderen beschaffen sich die Objekte mit Prestigewert auf kriminellen Wegen. Aus ihrer Perspektive ist das letztlich eine Verteidigung ihres „Wertes als Gruppenmitglied". Deshalb betreiben sie es auch so gezielt, denn andere Sachen als solche Prestigeobjekte stehlen „Jugendliche aus ärmeren Elternhäusern" nach der Zeitungsmeldung nicht.

Exkurs 2:

In letzter Konsequenz läßt sich das Bewältigungshandeln als Rebellion bis zum Eingehen *lebensgefährlicher Risiken als persönliche Herausforderung* steigern. Die sozialpsychologische Dynamik des Selbstbildes besteht hier darin, daß das Maß der gewählten Selbstgefährdung den Wert der darin liegenden (eingebildeten) Selbstbewährung bestimmt, also den Rang des eigenen Selbstbildes, für das man wirklich alles riskiert. Als Muster dafür könnte ein Fall stehen wie dieser:

> **Schüler kletterte aufs Dach des fahrenden Busses**
>
> SAARBRÜCKEN, 6. Juni. Der Tod eines 16-jährigen Schülers aus dem saarländischen Dillingen in der vergangenen Woche bei einer Klassenfahrt von 49 Zehntklässlern in Italien ist aufgeklärt. Mehrere Schüler hatten die Stange einer Lüftungsluke in einem doppelstöckigen Reisebus herausgebrochen, um so während der Fahrt aufs Busdach klettern zu können. Der getötete Schüler prallte dabei gegen eine Brücke, teilte der saarländische Bildungsminister Jürgen Schreier (CDU) mit. Sein Hinterkopf wurde abgerissen. Die begleitenden Lehrer hätten sich im unteren Geschoss des Busses aufgehalten, jedoch in unbestimmten Abständen die Schüler im Oberdeck kontrolliert. Die Schüler hätten dagegen sogar am Aufgang Posten aufgestellt.
> Der Getötete habe „extreme Situationen" gesucht, sagte Schreier. Im Jahr zuvor sei er bei einer Klassenfahrt nach Frankreich trotz Verbots in einen Hochwasser führenden Fluss gesprungen. Von der Möglichkeit, ihn deshalb von weiteren Klassenfahrten auszuschließen, habe die Schule keinen Gebrauch gemacht. Extremes Verhalten bei Klassenfahrten sei nicht ungewöhnlich, sagte Schreier. Man könnte aber nicht damit rechnen, daß Schüler die Luke eines Busses während der Fahrt öffneten, „um sich aufs Dach zu setzen".[738]

Der getötete Schüler hat nicht „extreme Situationen" gesucht, sondern offensichtlich persönliche Anerkennung vor seinen Klassenkameraden durch Inkaufnahme extremer Risiken. Deshalb setzte er sich vor deren Augen extremen Situationen aus wie bereits im Vorjahr in Frankreich. Die „Verbote" und „Kontrollen" der Lehrer wirkten dabei eher als Anreiz der Risikobereitschaft statt als ihre Verhinderung. Auch wenn dem Bildungsminister ein Häufigkeitszusammenhang von „extremem Verhalten und Klassenfahrten" bekannt ist, deutete er den Vorfall nach der Pressemeldung jedenfalls nicht als ein solches Imponierverhalten.

738 Frankfurter Rundschau vom 7.6.2000, S. 40 - Aus aller Welt.

Exkurs 3

Unter Schülerrebellion fällt wohl auch der spektakuläre Einsatz von Waffengewalt von Schülern gegen verhaßte Mitschüler oder Lehrer, denn auch so lassen sich schulische Rangordnungen symbolisch umkehren. Nach den „wahllosen" Schüssen und „Amokläufen" von Schülern berichten die Medien häufig von entsprechenden Vorankündigungen, Beobachtungen und Gerüchten, die auf die Muster und Motive für die Schüsse auf Mitschüler oder Lehrer hindeuten. Diese Meldungen zumindest erlauben die Vermutung, daß die Täter ihre Aktion für sich als Herausforderung definiert haben, bestimmte „signifikante Dritte" (Lehrer oder Mitschüler) physisch auszuschalten, sei es in den USA oder in Mittelfranken oder in Meißen/Sachsen, wenn man an einen 15-jährigen Schüler namens Andreas S. denkt, der am 9.11.1999 seine „verhasste Geschichtslehrerin Sigrun L." wegen ihres „autoritären Unterrichtsstils" in einer Meißener Schule im Unterricht mit 21 Messerstichen tötete:

> „Klassenkameraden hatten Andreas S. angestachelt: 'Wenn du sie in der nächsten Geschichtsstunde umbringst, kriegst du 1000 Mark'. (BILD) - „Die Mordtat, die bundesweites Aufsehen erregt hatte, führte in Sachsen zu einer heftigen Debatte über die Qualität des Schulsystems. Es war insgesamt in die Kritik geraten, weil es angeblich übersteigerten Wert auf Leistung lege und sich zu wenig um die Probleme von einzelnen Schülern kümmere." (Frankfurter Rundschau)[739]

Da der Schuljunge bis zur Tat als „unauffälliger und umgänglicher Schüler mit ordentlichen Leistungen" galt, der nie durch Gewalttaten aufgefallen war, hätte „das Schulsystem" wohl kaum konkrete Veranlassung gesehen, sich um seine „Probleme" als „einzelnem Schüler" zu „kümmern". Wenn aber die durch den Vorfall ausgelösten Debatten über die „Qualität des Schulsystems" tatsächlich Debatten über das „Schul*system*" gewesen wären, wäre es möglicherweise konsequenter gewesen zu fragen, welchen Zusammenhang es zwischen der Tat und dem „angeblich übersteigerten Wert" geben könnte, der „auf Leistung" gelegt wird. Möglichweise ist nämlich nicht das individuelle Problem des Schülers Andreas S. der Fokus des Problems, sondern die sozialpsychologischen Bewältigungsprobleme, die der Leistungsdruck den Schülern - auch den Mitschülern von Andreas, die ihn dazu anstachelten - aufdrängt und die Andreas so desaströs umsetzte.

*

Über den schulischen Rahmen hinaus läßt sich unter der Kategorie der Rebellion ein großer Teil des Spektrums kreativer, oft auch devianter *Jugendsubkultur* fassen: Skinheads wie Punks, „Antifas" wie Anti-Antifas, „Auto-Crasher", „Air-Bager", „S-Bahn-Surfer" sowie „Sprayer", die Techno-Jugendszene wie alle möglichen Musikszenen bis zu den kommerzialisierten Diskoszenen, Fußballfans und Hooligans und viele andere mehr.

---

739 Vgl. Berichterstattung über die Urteilsbegründung (7½ Jahre Jugendstrafe) in der BILD-Zeitung vom 30.3.2000 (S. 7) sowie der Frankfurter Rundschau vom 30.5.2000, S. 40.

5.4.4 Fazit: Jugendliche Selbstkonzepte als schulisch induzierte Konstrukte

Die drei gewählten Analysefolien sollten die schulische Induktion der inneren Struktur jugendlicher Selbstkonzepte unter verschiedenen Aspekten und Zugängen transparent machen.

Folie 1 zeichnet die Lehren des institutionellen, „geheimen Lehrplans" der Schule nach und versucht, daraus sozialmoralische Umdeutungen zu bilden. Danach besteht der generalisierte Effekt der schulischen Notenkonkurrenz in der eingeübten Überzeugung, daß es im Leben primär darauf ankomme, sich gegenüber anderen erfolgreich *herzuvortun*, wofür alles, was man tut, zum Darstellungsmittel wird. Darin entspricht der *Konstruktionsplan jugendlicher Selbskonzepte strukturell* den Abstraktionsschritten des schultypischen Lernens für Noten.

Folie 2 entwickelt den *Prozeß der Selbstkonstitution* dieses Selbstkonzeptes entsprechend dem Schema schulischer Leistungsanforderungen für Noten. Jugendliche verschaffen sich Selbstbestätigung durch das Bestehen selbst definierter „Herausforderungen" vor sich und anderen, die ihnen zumindest einen fiktiven Rang als Gewinner in einer Konkurrenz gegen sich selbst sichern. Die damit inszenierte Bestärkung des Selbstkonzepts ist der gesuchte *Selbstbeweis* mit dem befriedigenden Selbstgefühl in dem als erfüllt erlebten *Selbstkonstrukt.*

Folie 3 zeigt auf, wie die Jugendlichen verschiedene anomie-spezifische Anpassungstechniken von ihren innerschulischen Grundlagen der Unterrichtssituation und des Klassenverbandes abkoppeln und sie *kreativ* zu *privaten* Bewährungsstrategien ihrer Person weiterentwickeln und aus dieser Perspektive auch ihre gesamte Lebensweltdeutung umstrukturieren. Der sozialpsychologische und praktische *Übergang* in die Sphäre von Jugendkultur und Jugendsubkultur läßt sich in Mertons Reaktionstypen als eine konsequente Fortentwicklung schulisch induzierter Selbstkonzepte darstellen. Der Übergang vollendet die Ablösung vom Schulgeschehen als Fokus der Selbstkonzeptentwicklung. Er vollendet die Emanzipation von den abgeforderten Schulleistungen und den erteilten Schulnoten als Maß aller persönlichen Anstrengungen und von der Fixierung auf die Lehrer als den institutionell vorgegebenen „relevanten Dritten". Diese *Emanzipation der Selbstwertkonstruktion* vom *inhaltlichen, personellen und räumlichen Kontext der Schule* hat bei allen kreativen Ausgestaltungen allerdings eines nicht zur Konsequenz, nämlich eine Emanzipation von den hier analysierten schulisch induzierten Selbstkonzept-*Strukturen*.

6. Jugendsubkulturen - konstruierte Milieus für jugendtypische Selbstbildbewährung?

6.1 Jugendsubkulturen als gelebte Selbst-Inszenierungen?

Wenn Schülerinnen und Schüler sich in ihren Anpassungsreaktionen auf die Anomien der Notenselektion bestimmte 'Überlebenstechniken' der Selbstkonzept-Verteidigung erkämpft haben, weshalb sollten sie diese sozialpsychologischen Techniken der Selbstbehauptung, wenn sie sie erst einmal verinnerlicht haben, nicht auch im *außerschulischen* Lebensbereich einsetzen? Dieser außerschulische Anwendungsbereich wäre nach der hier vorgenommenen Einteilung ein Bewältigungshandeln *dritten* Grades. Aus dieser Fragestellung entspringt vor dem Hintergrund der Analyse der innerschulisch induzierten Selbstkonzeptualisierung folgende *weiterführende Hypothese*:

Nach den bisherigen Überlegungen erscheint es als plausibel, daß Schülerinnen und Schüler auch außerhalb der schulischen Entstehungsbasis fortfahren, entsprechend dem in der Schule antrainierten *Muster* ihre Selbstkonzepte *zielorientiert zu konstruieren,* um sich mit ihnen zu präsentieren und positiv zu empfinden. Dies könnte auch erklären, weshalb gerade dieses Muster zu einer vom Herkunftsbereich Schule emanzipierten sozialpsychologischen Technik der Selbstbehauptung gegenüber allen möglichen Anomien des gesellschaftlichen Adoleszenzmoratoriums wird und sich damit zu einem *Grundmuster des postmodernen Adoleszenzverhaltens* verallgemeinert. Diese Annahme schließt ein, daß die Kriterien wie die Ausgestaltung solcher „Selbstherausforderungen" Jugendlicher mindestens so vielfältig und variabel sind wie innerhalb ihres schulischen Einsatzfeldes, ob sie dafür individuell und „autonom" ausgesucht sind oder nach modischen Mustervorlagen. Überwiegend werden sie wohl in Szenen von Gleichaltrigen konstruiert, erprobt und praktiziert, denen die Funktion des „signifikanten Dritten" zukommt. Wie immer die subkulturellen Selbstkonzept-Konstruktionen Jugendlicher aber ausfallen, nach der Hypothese dieser Arbeit müßte das herausgearbeitete schultypische Konkurrenzverhalten an ihrer inneren Struktur nachzuweisen sein. Das postmoderne „jugendtypische" Selbstbewußtsein bestünde danach nicht primär im Selbstbewußtsein davon, was die eigenen Charaktereigenschaften, Fähigkeiten und Interessen sind und wie man seine Lebenserfahrungen darin reflektiert und integriert, sondern vielmehr darin, daß man seinen Selbstwert nur dadurch gewinnen könne, daß man sich in *Überlegenheitspositionen über andere* stellt und sein persönliches Umfeld danach aussucht, arrangiert oder konstruiert. Die Vorrangstellung als Kriterium und Maß von Selbstbewußtsein entspräche dem *Muster* des schulisch induzierten Selbstkonzepts, nur daß die Selbstachtung hier nicht über Schematismen der Notenkonkurrenz erwächst, sondern durch Selbstbewährung an einem außerschulisch konstruierten Selbstbild.

Subkulturell orientierte Jugendliche füllen nach dieser Hypothese die Leerstelle, die die Emanzipation von der Schulnotenskala als dem Maßstab von Anerkennung hinterläßt, durch die *Riten und Regeln ihrer jeweiligen Subkultur*, an denen sie sich mit ihrem subkulturellen Verhalten bewähren und dadurch etwas sind, worauf sie 'stolz' sein können. Dem glaubwürdigen Gelingen dieser subkulturellen Selbstwertbeweise dient dann die Bildung *eigenständiger Bezugswelten.* Das wäre die konstruierte Welt, von der Albert Cohen sagt, daß „die Kultur der Bande ... Probleme (löst), indem sie Statuskriterien schafft, nach denen diese Kinder und Jugendlichen zu leben imstande sind",[740] oder von der Baacke sagt, sie bestehe aus der „Erhöhung des persönlichen Selbstwerts und der Schaffung eines kollektiv orientierten Identitätsgefühls".[741]

Was Baacke als Eigentümlichkeiten jugendlicher Subkulturen oder Jugendkulturen charakterisiert, wenn er sie als „Selbstkonstruktionen" und „Selbstinszenierungen" bezeichnet, die eine Akzeptanz der „Wahrheit der Oberfläche"[742] auszeichne, was Willis und andere als kulturelle Transformation sozialer Klassen in Kulturklassen beschreiben[743] oder was Huisken als jugendlichen „Kult des Selbstbewußtseins" bezeichnet und aus der Konkurrenz der Erwachsenen herleitet,[744] führt der Ansatz dieser Arbeit auf *schulische* Konkurrenzstrukturen zurück. Damit verbunden ist die Annahme, daß die außerschulischen Anpassungsreaktionen strukturgleich funktionieren wie die oben analysierten „Anpassungsreaktionen" auf innerschulische Anomien, nämlich durch subjektive Überwindung der Anomien in Form von kreativer, gelebter subjektiv-deutender *Emanzipation* von den strukturellen Sachzwängen, die sie als solche aber nicht in Frage stellen. Mit der sozialpsychologischen Technik der Selbstkonzeptualisierung würden damit Jugendliche subjektiv eine neue Perspektive in ihre von Schulstreß und anderen lebensweltlichen Anomien belasteten Lebensverhältnisse einführen, indem sie ihre Person via Selbstkonzept subkulturell ausdeuten. Was sie für sich mit ihrer subkulturellen Identität erhoffen und erstreben, ist eine Art garantierte Anerkennung.

Es geht in diesem Kapitel *nicht* um den *empirischen Beleg* dieser Hypothese. Das vermag diese Arbeit nicht zu leisten. Dazu fehlen ihr die empirischen Erhebungen und Daten. Die bisher ausgewerteten Daten lassen sich auf die in der hier aufgestellten Hypothese enthaltenen Korrelationen von schulischen und außerschulischen subkulturellen Selbstkonzepten Jugendlicher nicht übertragen oder uminterpretieren. Dazu wäre ein spezifisches Forschungsdesign erforderlich. Dennoch erscheint es sinnvoll, die Hypothese als weiterführende Fragestellung aus den bisher gewonnenen Ergebnissen nicht nur aufzu stellen, sondern theoretisch zu *unterfüttern* und damit *als sinnvolle Hypothese zu festigen.*

Anhaltspunkte zur *Untermauerung der Hypothese* finden sich nach der bisherigen Analyse auf mehreren Ebenen.

1. Einmal zeigten sich bereits in der Schule bestimmte *Tendenzen zur Emanzipation* der Anpassungsreaktionen vom *schulischen* Kontext sowie auch die Entwicklung subkultureller Formationen, die beide über den innerschulischen Rahmen hinaus weisen (vgl. Kap. 5.3.4.5). Darin läßt sich an die Analyse von Böhnisch anknüpfen, der die Schülerkultur wie die Schülersubkultur ausdrücklich als fließende Übergänge der Bewältigung von innerschulischen Anomien darstellt (vgl. Kap. 4.2.1).

740 Cohen 1961, S. 91.
741 Baacke 1993, S. 135; vgl. auch Schröder/Leonhardt 1998, S. 46: „Jugendkulturen ... sind Übungsfelder für mehr Gegenseitigkeit im intersubjektiven 'Kampf um Anerkennung'".
742 Vgl. Baacke 1993, S. 112 ff.
743 Vgl. Willis 1991, S. 28 ff, 45 ff.
744 Vgl. Huisken 1996, S. 44 ff, 52, 91.

2. Zum anderen lassen sich aus anomietheoretischer Perspektive auch im außerschulischen Raum objektiv-strukturelle Voraussetzungen für sozialpsychologische Anpassungsreaktionen nach dem schulischen Muster benennen. Nicht nur die Schule und die Schule nicht nur während der Unterrichtszeit, sondern auch ihre *außerschulische* Lebenswelt stellen die Schülerinnen und Schüler vor vielerlei identitätsrelevante und identitätsbedrohende Anomien, die sie veranlassen können, die in der Schule erworbenen sozialpsychologischen Überlebenstechniken „produktiv" auch auf diese Felder zu übertragen. Dazu zählen unter anderem:

- der Kompensationsbedarf aus dem anomischen Überdruck der Schule, soweit er in den außerschulischen „Freizeitbereich" hineinwirkt und diesen zum schulischen Reproduktionsraum kolonialisiert, wie es z.B. Böhnisch betont (vgl. Kap. 4.2.1),
- die Anomien zwischen der auf beruflichen Integrationserfolg angelegten Bildungsbiographie und unsicheren oder gar düsteren Berufsperspektiven (vgl. Kap. 2.4.1),
- die Anomien aus schichtenspezifischen oder ethnischen, meist familial vermittelten Restriktionen angesichts vieler auf Wohlstand und bürgerliche Mittelschicht orientierter gesellschaftlicher Standards (vgl. Kap. 3.3.3),
- die Anomien von gesellschaftlichen Teilhabeversprechen an den diversen Angeboten der weitgehend kommerzialisierten Medien- und Freizeitgesellschaft und den unterschiedlich beschränkten Ressourcen Jugendlicher zur Teilnahme (vgl. Kap. 3.3.3),
- insgesamt die für junge Menschen etwa zwei Jahrzehnte lang auszuhaltenden Anomien aus sozio-kultureller Frühreife und ökonomischer Unselbständigkeit und auch sozialmoralischer Abhängigkeit von der Herkunftsfamilie (vgl. Kap. 2.4.1),
- das heißt insgesamt: die charakteristischen Anomien des gesellschaftlich strukturierten postmodernen *Adoleszenzmoratoriums.*

3. Zum dritten soll nun eine *exemplarische Analyse typischer Jugendsubkulturen* strukturelle Parallelen von diesen mit den innerschulischen Anpassungsmustern von Schülerinnen und Schülern aufzeigen und damit bekräftigen, inwiefern die subkulturelle Selbstkonzeptualisierung Jugendlicher zur Lösung, aber auch zur Vertiefung von typischen Problemen einer konstruierten Identität beiträgt. Um die Hypothese der strukturellen Parallelen von Bewältigungs-Selbstkonzepten von Schülerinnen und Schülern und von Jugendsubkulturen an Eigenarten jugendsubkultureller Identitäten zu konkretisieren, wird die Hypothese nun an vier Formationen jugendlicher Subkultur exemplifiziert: Fußballfans und Hooligans, Skinheads, Punks und Graffiti-Sprayer.

6.1.1 Fußballfans und Hooligans

Fußballfans sind nicht, wie es der Wortsinn nahelegt, begeisterte Anhänger des Fußballsports. Zu ihm verhalten sie sich methodisch, d.h. sie sind weder trainierte Fußballspieler noch mit den meisten Stadionbesuchern vergleichbar, die am Spielgeschehen auf dem Rasen heftig Anteil nehmen und die spielentscheidenden Partien auf dem Heimweg verbal nachvollziehen, feiern oder bedauern. Fußballfans unterscheiden sich auch von Millionen von fußballbegeisterten Fußballzuschauern, die die Spiele privat zu Hause an Radio- und

Fernsehgeräten verfolgen. Die persönliche Identifikation mit ihrer Mannschaft läßt Fußballfans vielmehr zu *Fanatikern* eines *fiktiven Rechts auf Sieg ihrer Vereinsfarben* werden, das sie im Stadion, aber auch im Umfeld von Fußballspielen hochhalten, einfordern und verteidigen.

Wenn Fußballfans vor Euphorie halb besinnungslos grölen: „Borussia ist mein Leben!" oder „Schalke unser!",[745] besteht ihr Selbstbild in der persönlichen Identifikation mit dem betreffenden Fußballverein.[746] Ihr Fußballverein ist für sie so etwas wie ihr Lebenssinn. Weil ihr Verein für sie persönlich das Höchste ist, soll er auch in der Fußballwelt das Höchste sein. Im Spiel um Tore ist das der Sieger. Fußballfans fordern so aus ihrer persönlichen Identifikation mit ihrem Verein *Siege*. Weil es ihnen mit diesem Selbstbild aber um mehr geht als um Fußballsiege, nämlich um Sein oder Nichtsein ihrer gewählten Fan-Identität, machen sie sich von dem „zufälligen" Spielergebnis auf dem Rasen nicht abhängig. „Ihren" Sieg fordern sie vom Spiel ihrer Mannschaft, aber auch schon vor dem Spiel und erst recht nach dem Spiel, und zwar unabhängig vom Spielergebnis. Ein Sieg ihrer Mannschaft will für sie im persönlichen Einsatz noch einmal erlebt und verteidigt werden - außerhalb des Spielfeldes. Eine Niederlage ist für Fans auch nach dem Spiel noch umkehrbar. Nicht auf dem Rasen, wo sie als Nicht-Spieler nichts zu suchen haben, sondern eventuell gegen die gegnerische Mannschaft, indem sie Gegenstände oder Raketen auf sie katapultieren, vor allem aber gegen die Fans der gegnerischen Mannschaft, die sie zur Aufrichtung ihres Selbstbewußtseins gnadenlos niederkämpfen und ersatzweise gegen die Polizei, die sie am rabiaten Ausleben ihrer Fan-Identität hindert.[747] Ihre Gegner - v.a. Anhänger anderer Fußballvereine oder die Polizei - und die Verlegung ihrer Hauptaktivitäten in die „dritte Halbzeit"[748] dokumentieren, daß es ihnen entgegen ihrer irreführenden Bezeichnung weder um Fußball noch um das Spiel geht, sondern um ihr Bild von sich als Fans absolut siegreicher Vereinsfarben.

Wie ernst ihnen ihr eingebildetes Recht auf Sieg ist, zeigt sich daran, was sie dafür einsetzen. Sie riskieren dafür Blessuren, bürgerkriegsähnliche Krawalle und dabei sogar ihr Leben. Auch während der Fußball-Europameisterschaft 2000 in Brüssel wurde von Journalisten wiederholt an die tödlichen Gewaltausbrüche vom 29. Mai 1985 im Brüsseler Heysel-Stadion erinnert, als vor dem Europacup-Finale zwischen Liverpool und Juventus Turin 39 italienische Fans zu Tode gejagt wurden. Körperliche Rücksichtslosigkeit gegen sich selbst wie gegen andere sind das Beweisverfahren, welch hohen Wert die Fans der Verteidigung der Farben beimessen. Dahinter steckt die kollektivistische Vorstellung: Ich bin nichts, mein Verein ist alles. Also bin ich im unbedingten Einsatz für den Verein alles.

Sichtbarer Ausdruck davon ist, daß sie sich in den Farben, um die sich alles dreht, kleiden und bemalen, wie das italienische Taffosi schon immer tun. Die „Gewaltbereiten" stufen solche bunten Fans abschätzig als die "braven Kuttenfans" ein, während sie die Kampfkleidung als passende Fanbekleidung wählen. Dazu gehören Alkoholexzesse im Umfeld des

745 Vgl. Ferchhoff 1999, S. 122 f.

746 Zum folgenden vgl. Heitmeyer/Peter 1992.

747 In Stuttgart sprach man in dem Zusammenhang vom „*Bullenjogging*", wenn gewalttätige Fußballfans es darauf anlegten, daß Polizeibeamte ihnen durch die Innenstadt hinterherhetzten (vgl. Findeisen/Kersten 1999, S. 132).

748 Vgl. Farin/Hauswald 1998: „Die Dritte Halbzeit".

Spielgeschehens, Gegröle und Männlichkeitswahn-Erscheinungen: „Wir stehen in einer Front und singen unsere Lieder, wir stehen in unserer Kurve und machen alle nieder." (Böhse Onkelz 1984).[749] Fußballfans agieren trotz ihres scheinbar chaotischen Auftretens streng nach internen Normen, Verabredungen (mittlerweile per Handy), Rollen und Ritualen. Sie belegen, daß es sich keineswegs um wahlloses „Vandalentum" handelt, was sich da entlädt. Innerhalb der Fans zeigen sich beispielsweise Aggro-Leader, die sich durch finstere Drohgebärden auszeichnen, Chant-Leader, die die Schlachtgesänge anstimmen, Heavy-Drinker mit Bierbüchsen in der Hand, Nutter, die die Maskottchen-Typen darstellen. Läßt jemand die Jacke fallen und richtet den starren Blick auf einen gegnerischen Fan, ist eine wüste Schlägerei nicht mehr fern.[750]

Eine Steigerung dazu hinsichtlich der biederen Unauffälligkeit im Alltag einerseits und dem exzessiven Aufleben in Massenkrawallen im Umfeld von Fußballspielen andererseits repräsentiert die verschlagene Variante der Fußballfans, die sogenannten *Hooligans*.[751] Unauffällig privat und zivil machen sie sich am Wochenende auf den Weg zu einem Fußballspiel in der Hoffnung und Absicht, sich bedingungslos mit anderen Hools oder ersatzweise mit Polizisten zu prügeln. Das Schlagen und Prügeln im Massenrausch ist ihr Zweck, das Fußballspiel der Anlaß, ohne den sie nicht antreten oder sich nicht bemerkbar machen. Das zeigte ihre unterschiedliche Präsenz bei der Fußball-Weltmeisterschaft 1998 in Frankreich (im Jargon: der „Frankreichfeldzug") mit extremen Hooligan-Ausschreitungen und bei der Europameisterschaft 2000, bei der die deutsche Nationalmannschaft schon in der Eröffnungsrunde als Gruppenletzter ausschied, woraufhin mit ihr sämtliche deutsche Hools (wie die Fußballfans) verschwunden waren. Die Farben eines bestimmten Vereins sind nicht ihr höchstes Gut. Sie sind keine treuen Anhänger ihres Vereins in guten und schlechten Zeiten. Außerhalb von Fußballspielen sind Hooligans unauffällig vereinzelt und meist nicht in Fanclubs integriert. Offiziell werden sie zwar als besonders rabiate „Fußballfans" eingeschätzt, aber ihrer subkulturellen Selbstdefinition nach sind sie vorrangig *Fans kollektiver körperlicher Gewaltexzesse* im Rahmen von Fußball-Massenveranstaltungen.[752]

Fußballfans wie Hooligans sind im grundsätzlichen Sinne politisch rechts orientiert.[753] Dazu genügt es bereits, daß die Fußfallfans bedingungslos für ihre Farben einstehen und die Hooligans ihre öffentlichen Gewaltexzesse im Stadionumfeld zum „Krieg" erklären. Nationalisten im engeren Sinne werden sie übergangslos, wenn sie bei internationalen Fußballspielen Fans anderer Nationalitäten gegenüberstehen. Daß die national-sportliche Kriegsberichterstattung der öffentlichen Medien verstärkend und aufheizend wirkt, ist dabei keine Frage. Immerhin wird Fußball in zivilisierten Staaten als National-Sport zelebriert und

---

749 Vgl. Farin/Seidel-Pielen 1993, S. 83.

750 Vgl. dazu Baacke 1993, S. 83 ff.

751 Vgl. Buford 1992. Der Kult-Name „*Hooligan*" stammt einem landläufigen Mythos zufolge von einer irischen Familie, die vor 100 Jahren randalierend durch die Pubs zog (vgl. z.B. BILD vom 7.4.2000, S. 24: „*Die Blutnacht im Eurocup").* Sprachlexika bestätigen das nicht, sondern verweisen auf einen Ursprung in der russischen Literatur (chuligan/ chuliganstwo), etwa bei Sergej Jessenin (1895 - 1925): „*Isopwed chuligana*" - „*Die Bekenntnisse eines Hooligans*", 1921 (vgl. www.fr-aktuell.de/fr/spezial/wörterbuch).

752 *Ferchhoff* nennt dies: „*anlaßbezogene Ausschreitungsbereitschaften bis zum risikobereiten und funbezogenen Ausschreitungssport*". (1999, S. 123)

753 Vgl. Fromm 1992, S. 107 f; Gehrmann 1990.

kommentiert. Nur machen Fußballfans wie Hools daraus für sich einen ganz privaten und persönlichen Höhepunkt ihres konstruierten Selbstbewußtseins.

Ihr spezifisches subkulturelles Selbstkonzept umfaßt ihre nach verschiedenen Regeln geordnete Fußballwelt, die bei den Hooligans mehr in der Fußballrandale besteht und bei den Fußballfans mehr im Sieg ihres Vereins, was für sie jeweils ein entscheidendes Stück ihres höchsten Lebenssinnes verkörpert. Die temporäre Erfüllung ihres Lebenssinnes bewirkt ihr inneres Hochgefühl[754] als das garantiert lohnende Gegenstück zum unauffälligen und angepaßten Alltag von Schulstreß, Ausbildung und Job. Im Unterschied zu den dort jederzeit fälligen Konkurrenzniederlagen und hilflosen Rückschlägen verbürgt ihnen ihr Fanatismus etwas einzigartiges: Als Fußballfans wie als Hooligans sind sie jenseits ihrer Alltagsrealität und sogar unabhängig vom Spielergebnis *nie Verlierer*, sondern *immer Sieger, immer Gewinner*, *immer die Größten.*[755] Fehlt die erforderliche Fußballkulisse, tritt ihr gelebtes Selbstkonzept erst gar nicht in Erscheinung.

6.1.2 Skinheads

Skinheads sind jugendsubkulturelle *Fanatiker eines fiktiven Ordnungsgedankens um sich selbst herum.* Das sinnstiftende Selbstbild ihrer Ordnungsmission spiegelt sich im dazu passenden *Störerbild,*[756] über das sie sich als rabiate Aufräumer beweisen. Die in der Fachliteratur dokumentierten Wandlungen des subkulturellen Selbstbildes der Skinheads belegen den Montage-Charakter dieser Selbstbild-Schablone aus verschiedenen Einzelteilen, die aber für die Bricolage einer fiktiven Identität allesamt tauglich sind.

Skinheads entstanden in Großbritannien als Gegenbewegung zu den jugendlichen „Mods" der 60er Jahre.[757] Gegenüber der blasierten Attitüde modisch gekleideter „Mods" aus den „besseren Kreisen" vertraten die Skinheads eine rigide Wertorientierung von proletarischer, männlicher Härte und Ordnung mit starkem sozialräumlichem Bezug. Alleine mit dem spezifischen Revierdenken[758] produzierten sie ständig neue Abgrenzungs- und Verteidigungserfordernisse. Aus derartigen kleinbürgerlich-subkulturellen Ordnungsvorstellungen stifteten Skins ihre Ordnung, speziell in Abgrenzung gegen die verachteten Upperclass-Sprößlinge. Dies taten sie anfangs in solidarischen Kampfgemeinschaften aus allen Jugendlichen des gleichen Wohnquartiers, und zwar unabhängig davon, ob sie schwarz oder weiß waren. Ihrem offensiven Underdogbewußtsein - „Wir hier unten" - entsprach die aggressive Haltung nach außen und nach oben.

---

754 Vgl. Ferchhoff 1999: *„Spaßbereitender, erlebnisorientierter ultimativer Kick"; „geile Gewalt"* (S. 123); Buford 1992: *„Geil auf Gewalt: Unter Hooligans".*

755 Gehrmann 1990: *„Die ganze Grundmotivation des Fußballs, das Gewinnen, der Bessere zu sein, der Kampf Mann gegen Mann, der Wunsch, den Gegner zu besiegen, die Begriffe Niederlage oder Sieg usw. steht der Rechten viel näher als der Linken."* (S. 96)

756 Die Männlichkeitsbetonte *Feinbildkonstruktion* der Skins hat *Kersten* in zahlreichen Veröffentlichungen nachgezeichnet und belegt (vgl. Kersten 1993, S. 227; 1994, S. 125 ff; Kersten/Steinert 1997).

757 Vgl. dazu Farin/Seidel-Pielen 1993, S. 23 ff, 37 ff; Marshall 1993, S. 7 ff.

758 Nach *Findeisen/Kersten* (1999) ist dieser sichtbare Territorialbezug ein generelles Merkmal von temporären Action-Szenen und hat oft symbolische, identitätsstiftende Funktionen (vgl. S. 139 ff).

Anfang der 70er Jahre wechselte das Feindbild vollständig. Englische Skins machten nun Jagd auf Studenten, Hippies, Homosexuelle und rassistisch ausgewählte Gruppen von dunkelhäutigen „Ausländern".[759] Als Auslöser für diesen Wandel im Selbst- und Feindbild wird eine Veränderung im identitätsstiftenden *Musikgeschmack* genannt. Während Skins sich zunächst mit Reggae von den etablierten Jugendlichen abgrenzten, splittete sich die Musik-Szene in schwarze Jugendliche, die sich mit der pseudoreligiösen Botschaft „Back to the roots" des Reggae-Heroen Bob Marley identifizierten. Das trennte sie von ihren weißen Altersgenossen im Quartier. Die weißen Skins griffen die Parole der damaligen britischen Commenwealth- und Migrantenpolitik auf, die - vereinfacht - „Ausländer raus" hieß, und exekutierten die Botschaft auf der Straße gegen ihre Altersgenossen, gegen pakistanische, indische und andere Kinder von Einwanderern. Der neue weiße Chauvinismus der englischen Skins prägte die Oi-Musik aus hämmerndem Marsch-Rock-Rhythmus, verkörpert in dem Polit-Skin Ian Stuart, der Oi-Sänger und zugleich Vorsitzender der National Front-Bewegung war: „Race and nation", „Europe awake", „If you're white - you're allright, if they're black - send'em back", hießen die Titel der englischen Kultband „Skrewdriver" (Schraubenzieher) der „White-Power-Skins".[760]

Ob als Nachahmung der britischen Skins oder als Abgrenzung zu den angeblich zu selbstbezogenen Punks standen die ersten westdeutschen Skins für mehr 'Action' und 'Fun'.[761] In Outfit, Auftreten und geistigem Grundmuster entsprachen sie weitgehend dem englischen Vorbild: Namen gebendes Kennzeichen ist bis heute ihre Glatze („Hautkopf"), der kahl geschorene Kopf, auf dem beim Punk mindestens ein - eventuell grün oder rot gefärbter - Irokesen-Kamm stehen bleibt. Skins sind meist stämmig. Sie tragen Doc-Martens-Stiefel mit Eisenbeschlag,[762] hochgekrempelte Jeans und Lederjacken. Skins bilden eine Männerkultur. Weibliche Skins sind selten, und wenn, dann oft betont maskulin, gewaltbereit, dick, häßlich, mit kurzen Haaren und in Leder, die Renées, oder weibliche Maskottchen als blondierte Skinhead-Bräute: die Torten. In ihrer Vorstellung symbolisieren Skins einen machomäßigen Typus,[763] dessen Selbstgefühl der Mix eines entlaufenen Sträflings, eines einfachen Landsers und eines Sklaven ohne Ketten entspricht:[764] „Dreckig, kahl und hundsgemein", wie es die Skinhead-Band „Störkraft" in einem programmatischen Kultlied zusammenfaßt.

---

759 Vgl. Marshall 1993, S. 35 ff. Ähnlich Ferchhoff 1999, S. 130 ff.

760 Vgl. Niedersächsisches Innenministerium 1994, S. 52.

761 Vgl. Farin/Seidel-Pielen 1993, S. 6 ff.

762 *Dr. Martens* war ein schwäbischer Arbeitsmediziner, der die Stahlkappenstiefel in den 20er Jahren in England als Arbeitsschutzschuhe für Hafenarbeiter entwickelte, vgl. Marshall 1993, S. 17.

763 Das stämmige Aussehen der Skinheads ist wohl eher naturwüchsig, wenn es nicht mit der Zeit von dem exzessiven Bierkonsum kommt. Andere Machokulturen jedenfalls 'builden' ihren Körper absichtsvoll gemäß ihrem rassistischen Selbstbild von überlegener Körperkraft. Daß '*Bodybuilder*' dies weniger ohne als mit medikamentöser Unterstützung tun, belegt, daß alleine der schnelle Effekt und nicht irgendein Gesundheitsbewußsein sie ins „*Fitness-Studio*" treibt. Manche junge Frau stylt sich dort, weil auch sie dem *Schönheitsrassismus* der speckfreien weiblichen Begehrlichkeit in Person frönt. Verschworene Anhänger dieser Körperkulturen erfahren in *Lifestyle-Magazinen*, welche Windung ihres Selbstverständnisses und ihres Bodys gerade angesagt sind. (Vgl. Brettschneider/Brandt-Bredenbeck 1997: „*Sportkultur und jugendliches Selbstkonzept*", S. 65 ff).

764 Vgl. Marshall 1993, S. 17.

Ihre subkulturellen Höhepunkte erleben Skins in ihren Gemeinschaftserlebnissen. Das ist einerseits das Skinheads aller Richtungen *vereinende* Erlebnis der Dröhnung ihrer hämmernden und gebrüllten Oi-Musik und ihr rüder Rempeltanz „Pogo". Zum anderen sind es die „Gemeinschaftserlebnisse", wenn sie ihre recht *unterschiedlich* definierten Ordnungsfanatismen in der Gruppe Gleichgesinnter praktizieren. „Ordnung stiften" sie, indem sie ihre fiktiven Haßgegner bedrohen oder vernichten. Die Austauschbarkeit ihrer kollektiven Haßobjekte belegt, daß es ihnen zumindest bis in die 80er Jahre nicht in erster Linie um ganz bestimmte oder immer die gleichen Haßgegner ging. Vor der Phase ihrer national-politischen Selbstformierung Ende der 80er Jahre verfolgten z.B. rechte Skinheads Ordnungsprinzipien, für die sie ihre traktierten Objekte eher methodisch einkreisten. Der Song „Hitler oder Mussolini" benannte für sie Vorbilder für eine Ordnungsstiftung, ohne daß sie die politische Ideologie der deutschen Nationalsozialisten oder der italienischen Faschisten teilten. „Heil Hitler" fungierte eher als Zitat eines Ordnungsrufes, der einmal etwas gegolten hat. Bis Ende der 80er Jahre hießen ihre Kampfparolen[765] nebeneinander „Punks klatschen", „linke Zecken allemachen", „Jugendhaus aufräumen", „Ausis kloppen", „Spastis kippen", „Türken plattmachen", auch wenn es dann gar keine Türken waren, auch wenn die „Ausländer-raus-Parole" gegen deutschstämmige Übersiedler gebrüllt wurde, der Ruf „Juda verrecke" gegen eine christliche Pfadfindergruppe oder „Rotfront verrecke" gegen Rockfans in einem Jugendhaus gebrüllt wurde. „Ausländer raus" brüllten sie gegen Inländer wie gegen Aussiedler oder gegen Gleichaltrige in Ferienlagern. Daß ihren Aufräumaktionen damals kein stringentes politisches Feindbild zu Grunde lag, belegt auch ihre ansonsten völlig unverständliche Gleichgültigkeit, wenn sie die „falschen" Opfer verletzten.

Intern unterscheiden sich „die" Skinheads in diesem Sinne je nach Feindbild in verschiedene Untergruppen, die sich gegenseitig sogar als „Abweichler" verachten.[766] Red-Skins, deren Kennzeichen die roten Schnürsenkel der schwarzen Stiefel sind, stufen sich als linksradikal ein und machen bei einer Randale auf der Antifa-Seite mit - als antifaschistische Skins.[767] Ähnlich die Sharp Skins.[768] Sie leiten sich von den 1978 entstandenen US-amerikanischen „Skinheads against racial prejudice" (S.H.A.R.P.) ab und kamen 1988 nach Westdeutschland, wo sie seitdem mit antirassistischen Aufklebern auftreten. „Ein echter Skin", so die Sharp-Devise in ihrer Szenenzeitung „Skintonic", „tanzt zu seiner Musik und drischt nicht AusländerInnen den Kopf ein".[769] Wenn es antifaschistisch „zur Sache" geht, steht diese Skinhead-Gruppierung den Autonomen bei.[770]

---

765 Vgl. Ferchhoff 1999, S. 268.

766 Farin/Seidel-Pielen 1993, S. 201 f. - Auswertung von 234 Fragebögen von deutschen Skins zur Einstellung zu SHARPs, Red-Skins, Nazi-Skins, Punks, Homosexuellen etc.

767 Inwiefern auch hier eine eigentümliche Mischung vorliegt, zeigt ein Sticker von Red-Skins in einer Dokumentation des Niedersächsischen Innenministeriums, das lautet: *„Deutsche Skins: kurze Haare - radikal - sozialistisch - national"*.

768 Vgl. Farin/Seidel-Pielen 1993, S. 118 ff; Niedersächsisches Innenministerium 1994, S. 49 f.

769 Flugblatt von S.H.A.R.P.-Skins, verteilt 1997 am Hauptbahnhof in Frankfurt am Main.

770 So hatte eine Ostberliner Glatze Glück, als sie von schwarz vermummten Autonomen mit Knüppeln gestellt wurde. Bevor sie zuschlugen, entdeckten sie gerade noch den schwarz-weißen Aufnäher *„SHARP!"* Sofort ließ das autonome Prügelkommando von ihm und zog davon ... (Seminarbericht, Univ. Frankfurt/M., FB Erz.wiss. WS 1994/95, G.N.).

Daneben gibt es die Oi-Skins, deren Domäne die Heavy-Metal-Musik selbst ist, Oi-Musik, der sie ihren Namen verdanken, und dazu Dosenbier in großen Mengen („Koma-Saufen").[771] Der Name „Oi" soll auf die englische Übersetzung der nationalsozialistischen Freizeitorganisation „Kraft durch Freude" zurückgehen: 'Strength through Joy'. „Er soll signalisieren, daß nicht die politische Agitation an erster Stelle steht, sondern der Spaß."[772]

Medienwirksam verstärkt und als Prototyp der deutschen Skinheads der 90er Jahre bekannt geworden ist die Variante der Nazi- oder Fascho-Skins, die in den 80er Jahren noch eine Randgruppe der Skinhead-Szene darstellte.[773] Zur Ausstaffierung ihrer subkulturellen Identität mit Elementen der deutsch-nationalen Identität war es für sie zu Zeiten der „Wende" und den politisch versprochenen Heilserwartungen aus der nationalen „Wiedervereinigung" kein besonders großer und kein besonderes eigenständiger Schritt.[774] „Ich bin stolz, ein Deutscher zu sein", ist seitdem der positive Leitsatz der Mehrzahl der deutschen Skins. Auch ihr *Störerbild* haben sie im Jahr 1992, in der Zeit vor der Asylrechtsänderung, ihrem Leitbildkollektiv abgeschaut und leicht variiert: „D*oi*tschland den D*oi*tschen - Ausländer raus". Dies verbinden sie als „Weißer arischer Widerstand" mit der Ablehung einer multikulturellen Gesellschaft, die in ihrer rassistischen Perspektive Menschen mit dunkler Hautfarbe oder mit südländischem Aussehen verkörpern.[775]

Der Durchgang durch ihre Entwicklungsgeschichte zeigt einerseits, daß die Haßgegner der Skins häufig wechselten: Erst kämpften weiße und schwarze Skinheads zusammen gegen gleichaltrige Subkulturen, dann weiße gegen schwarze Skins und andere rassistisch definierte Jugendliche in England. In Deutschland gibt es wie in den USA verschiedene Skin-Varianten von Red-Skins bis Nazi-Skins mit nahezu entgegengesetzten Feindbildern, wobei mittlerweile die rechtsradikalen, fremdenfeindlichen dominieren. Bei allem Wechsel oder Nebeneinander von Feindbildern steht eines außer Frage, was die „Böhsen Onkelz" im Refrain ihres Titels „Skinhead" so zusammenfassen: „Skinhead, Skinhead, Du bist stolz. Du bist Skinhead stolz darauf. Du bist Skinhead. Du bist stolz darauf. Du bist Skinhead stolz darauf". Die gleiche Selbstbestätigung als Sticker heißt: „Ich bin stolz ein Skinhead zu sein!" Daß ihr besonderes Selbstgefühl, ihre subkulturelle Identität, im *gewalttätigen Skinhead-Stolz* liegt, läßt sich als gemeinsames Merkmal der verschiedenen Äußerungen von Berliner Skinheads wiedererkennen, die in der Einleitung dieser Arbeit zitiert[776] und deren Signalworte hier kursiv wiedergegeben sind:

---

771 *„Oi ist Rock'n Roll, Bier, Sex, auf Konzerte gehen, zurückzuschlagen, Spaß haben. Es ist unser Leben, unsere Show, unsere Welt, es ist eine Art zu leben."* (Garry Johnson, in: Marshall 1993, S. 107); vgl. Farin/Seidel-Pielen 1993, S. 190.

772 Niedersächsisches Innenministerium 1994, S. 49. Diese *indifferente „Just for Fun"*-Mentalität wird jedoch im nächsten Satz des Dossiers relativiert, weil der scheinbar neutrale *„Spaß"* eine doch ganz bestimmte Pointe hat: *„Dessen ungeachtet bezeichnen sich die 'Oi-Skins' als 'Patrioten' und lassen eine stark reservierte Haltung gegenüber Ausländern erkennen."* (ebenda, S. 49)

773 Niedersächsisches Innenministerium 1994, S. 50.

774 Dieses Ereignis nennen alle Jugendforscher als Katalysator der rechten Jugendsubkultur, vgl. Baacke 1993, S. 86 ff; Farin/Seidel-Pielen 1993, S. 110 ff; Otto/Merten 1993, S. 13 ff; Bergmann/Erb 1994, S. 77 ff, 165 ff; Bohnsack/Loos/Schäffer/Städter/Wild 1995, S. 40 ff;

775 Farin/Seidel-Pielen 1993, S. 73; Frankfurter Rundschau vom 7.8.2000, S. 1: *„Rechtsrock stimmt Skinheads darauf ein, dass 'der Dreck weg muss'"*.

776 Farin/Seidel-Pielen 1993, S. 6 ff.

„*Ehre & Treue*, Zusammenhalt, Freundschaften für die Ewigkeit." C., 17 Jahre
„Saufen, Konzerte, a way of life. Eine *Randgruppe mit Stolz*." H., 21 Jahre
„Zusammenhalt, Spaß, gute Kleidung, gute Musik, gesellige Alkoholvernichtung." C., 22 Jahre
„Viel Spaß, ein Lebensgefühl der Gemeinschaft, *Gewalt gegen Feinde*, Provokationen, die nicht immer ernst gemeint sind." A., 22 Jahre
„Singen, tanzen, trinken, Spaß, Zusammenhalt, schöne Renées, Kanakern und *Linken auf die Schnauze hauen*, MEIN LEBEN!" A., 16 Jahre
„Auffallen, anders als die anderen, *Mut zum Randalieren*! Als Renée alles mitmachen, was die Kerle anstellen." A., 25 Jahre
„Das Gefühl *genießen, gehaßt* zu werden." K., 23 Jahre

Analysiert man den Inhalt des Skinhead-Stolzes, zeigt sich bei allen Skinhead-Varianten, daß es der Stolz auf ihren aussortierenden *Ordnungs- und Ordnerstandpunkt* ist. Dafür fühlen Skins sich aufgerufen (und fraglos legitimiert), rabiateste Mittel einzusetzen, mit denen sie ihre Ordnungsideale durchprügeln. Sie erteilen den jeweiligen Störern in Rollkommandos gewaltsam „Lektionen", wenn sie sie jagen, stellen und zusammenschlagen. Ihrem Selbstgenuß als rabiate Ordner genügt dazu oft ein fiktiver oder in bestimmten Grenzen austauschbarer Haßgegner. Die Überfälle sind für sie ein Erfolg, wenn sie sich dabei ihr Ordner-Selbstbild bestätigen können. Um diesen ehr- und ich-bezogenen Selbstgenuß geht es mit aller Brutalität. Die Vernichtung des Haßgegners durch demonstrativ brutale Stiefeltritte in sein Gesicht als Ausdruck der zu vernichtenden Persönlichkeit bedient ihren rohen Selbstgenuß als Ordnungsstifter. Ihre dabei erlittenen Verletzungen schmälern den Selbstgenuß nicht, sondern steigern ihn, denn sie beweisen ihnen, daß sie mit ihrer ganzen Person für etwas Wichtiges einstehen. Der Skinhead Alex (18) drückt das so aus: „Naja, es kann passieren, daß ich dabei mal draufgehe. Aber dann habe ich auch das voll miterlebt".[777] Ihr erhebendes Stolzgefühl lebt davon, daß sie meinen, *ordnend über* denen zu stehen, die sie in die Schranken weisen, oder wie es die zündende Botschaft der Skin-Kultband „Störkraft" ausgedrückt: „Wir sind Deutschlands rechte Polizei".[778] Sozialpsychologisch gesprochen, wähnen Skins sich damit nicht als irgendeine Partei *innerhalb* der Konkurrenzkämpfe um Anerkennung mit ungewissem Ausgang, sondern stämmig *über* der Konkurrenz stehend, auf der sicheren Seite von wertebewußten 'signifikanten Dritten', die in einem heruntergekommenen und desorientierten Umfeld die schmutzige, aber notwendige Aufgabe der Ordnungsstiftung erledigen.[779] In der Ordnungsidee von Skins fallen Gewalt, Kick und Ehre zu-

777 Farin/Seidel-Pielen 1993, S. 202 (Befragungsergebnis zu gesellschaftspolitischen Forderungen mit offenen Fragestellung an Skinheads in Deutschland).

778 Ähnlich lauten die Botschaften zahlreicher Skin-Lieder. "*Deutschland in ein paar Jahren*" von „*Störkraft*" (Andernach): „ *Früh' in der Bildung, da fing es an. Ein Land voller Dreck, genannt Deutschland. Sie nahmen dir den Stolz, verhöhnten das Land. Doch das hast du damals noch nicht erkannt. In ein paar Jahren haben wir keine Rechte mehr. Unsere Gefühle existieren nicht mehr. Doch wir sind geboren in Deutschland. Wir kämpfen für das Deutsche Vaterland. ... Ja, eines Tages, wacht ihr alle auf, rettet die Rasse, die man einst verkauft, denn ich weiß, in jedem Deutschen, da steckt ein Mann, der das Verderben noch verhindern kann*" (Niedersächsisches Innenministerium 1994, S. 53). „*Retter Deutschlands*" von der Band „*Radikahl*" (Nürnberg): „*Oh armes Deutschland, nun bis du soweit. Und keiner weit und breit, der dich befreit ... Die Retter Deutschlands, das sind wir. Für mein Heimatland kämpf ich wie ein wildes Tier. Treue, Blut und Ehre erhält unseren Stolz, denn wir sind hart, wie deutsches Eichenholz.* "

779 Sie begreifen sich also genau entgegengesetzt, wie *Heitmeyer* sie einordnet (vgl. Kap. 2.4.4. Es scheint eher, daß der jeweilige Ordnungsfanatismus ihre Orientierung als Skinheads *ist* und nicht ihre Ersatz-Orientierung.

sammen. Genau das hämmert ihnen die Musik zu ihrem subkulturellen Selbstgefühl mit den verbotenen Liedtexten von „Stolz“ und „Härte“ nachhaltig ein.[780]

Diese Einschätzung soll abschließend an einer Auswahl von Selbstzeugnissen deutscher Skinheads des Jahres 1992 nachgezeichnet werden, die sich in einer Fragebogenaktion von Farin und Seidel-Pielen zu dem Item äußern sollten: „‘Skinhead sein’ bedeutet für mich ...“.[781] Danach bedeutet „Skinhead sein“ für fast alle Skinheads „keine Mode“, sondern eine „Lebenshaltung“:[782]

> „Protest gegen die Gesellschaft zu demonstrieren, a way of life.“ (R., 26 Jahre)
> „Eine stolzere Form von Punkrock; mein Leben zu führen, ohne auf Zeitgeist oder Trends Rücksicht zu nehmen.“ (M., 27 Jahre)
> „Einer Minderheit anzugehören, dauernd auf Vorurteile zu stoßen, viele Leute zu kennen.“ (M., 23 Jahre)

Skin-Sein bedeutet für sie nach Farin/Seidel-Pielen Abgrenzung gegenüber den normalen Jugendlichen und Erwachsenen, den „Spießern“, und andererseits „Spaß“ zu haben bei ihrer „Ska-Musik“ und Bier.[783] Die Selbstzeugnisse der befragten Skinheads verschiedener Richtungen erlauben aber noch weitergehende und über diese Subkultur aufschlußreiche Interpretationen. Hierzu zunächst folgende Zitate aus den Antworten:

> „Spaß haben mit Freunden Parties haben, selbst (auch gegen die Gesellschaft) denken und eigene Werte über Gesellschaftsnormen stellen.“ (T., 24 Jahre)
> „Gute Musik, stilvolle Kleidung (hart, aber smart), Fußballrandale, keiner politischen Richtung angehören, aber zu allem seine eigene Meinung haben.“ (W., 19 Jahre)
> „Zusammenhalt, Spaß haben, nationales Bewußtsein haben, Politik zum Kotzen finden, gute Konzerte besuchen, saufen, den Alltag vergessen.“ (M., 23 Jahre)
> „Arbeiterklasse, sauber, fair & ordentlich, gegen Kriminelle, Asoziale & Militaristen jeglicher Art, Ich selbst zu sein und für meine Meinung und Ziele ohne zu ducken einzustehen.“ (S., 27 Jahre)
> „Etwas gegen, aber auch für die Gesellschaft zu tun. Den Stolz auf sein Land öffentlich zu zeigen und nicht immer zu ducken vor dem, was die unfähige Regierung einem vorschreibt.“ (H., 24 Jahre)
> „Durch mein Aussehen und Auftreten zu zeigen, daß es in Deutschland noch Leute gibt, denen nicht egal ist, ob hierher immer mehr Ausländer kommen; zu zeigen, daß ich mit der Vergangenheitsbewältigung fertig geworden bin und daß ich mein Vaterland, wenn nötig mit Gewalt, immer und überall verteidigen werde.“ (G., 20 Jahre)
> „Prellbock gegen Ausländer und Rotfrontterror.“ (A., 22 Jahre)
> „Für die Reinheit unserer deutschen Nation zu kämpfen und notfalls auch zu sterben!“ (G., 20 Jahre)

---

780 Vgl. die Liedtexte der *„Böhsen Onkelz“*, die bis 1988 eine Skin-Kultband war: *„Stolz“*, *„Vereint“*, *„Deutschland“*, *„Stolz auf das Vaterland“*; ferner *„Störkraft“*: *„Blut und Ehre“* und das *„Söldner-Lied“*, worin der Skinhead als *„mordender faschistischer Söldner“* idealisiert wird: *„Er ist ein Skinhead und Faschist. Er hat ’ne Glatze und ist Rassist. Moral und Herz besitzt er nicht. Haß und Gewalt zeichnen sein Gesicht.“* (Niedersächsisches Innenministerium 1994, S. 53); die Losung der *„Ruhrpott-Skins“* lautet: *„Einheit, Stärke Stolz“*. Die Berliner Christ-Skins (ARD-Trend-Magazin *„Polylux“* vom 9.4.2001 *„Unser Kreuz braucht keine Haken“)* singen Lieder mit dem Tenor: *„Für Jesus hau’n wir Heiden platt.“*

781 Vgl. Farin/Seidel-Pielen 1993, S. 185 ff; die folgenden Skinhead-Zitate stehen bei Farin/Seidel-Pielen 1993, S. 6, 8, 10, 12.

782 Vgl. Farin/Seidel-Pielen 1993, S. 187.

783 Vgl. ebenda.

Skinheads haben nach diesen Selbsteinschätzungen ein recht offensives *Wertebewußtsein* („Prellbock“, „Ziele ohne zu ducken“, „eigene Werte über die Gesellschaftsnormen stellen“, „durch Aussehen und Auftreten“ Verteidigungsbereitschaft „immer und überall“ zu „zeigen“), mit dem sie zudem noch meinen, moralisch über den herrschenden Normen der Gesellschaft zu stehen, und zwar „ohne Rücksicht“ und „wenn nötig mit Gewalt“ gegenüber dem verachteten „Zeitgeist“ und der „unfähigen Regierung“, die sie spießig, vorurteilsbehaftet und „zum Kotzen“ finden. Einige von ihnen sind sogar regelrechte Höchstwertfanatiker, denen der rassistische Wert einer „Reinheit der Nation“ mehr gilt als ihr Leben, was zeigen soll, daß ihnen ihre Werthaltung alles bedeutet, was sie sind. Das läßt sich wohl als eindrucksvollen Selbstbildbeweis einstufen. Die praktische Umsetzung dieses mit ihrer Identität verwobenen Wertebewußtseins ist ihre Ordnungsstiftung, an der sie ihren eigentümlichen „Spaß“ haben, also ihr positives Selbstgefühl („Way of life“, „mein Leben zu führen“, „Ich selbst zu sein“, „Stolz zeigen“). Eine häufig genannte Ikone ihrer kollektiven Identität ist die „Arbeiterklasse“. Bei genauerem Hinsehen ist sie nicht ökonomisch bestimmt, sondern als Ausdruck von Werten, wenn sie im Umfeld von Werhaltungen und Einstellungen wie „sauber, fair und ordentlich“ bzw. gegen „Kriminelle“ und „Asoziale“ genannt wird. Damit verkörpert die „Arbeiterklasse“ den konservativ-kleinbürgerlichen Tugendkanon der von den Skins verachteten „Spießer“, womit sich der schein-oppositionelle Wertehorizont der Skins rechts von der Mitte der Gesellschaft schließt, wo sie auch ihre stillschweigenden Sympathisanten vermuten oder haben. Ihre „gute Musik“ zu ihrer Lebensart hämmert ihnen ihre Pflicht ein, daß ihre Ehre es gebiete, für ihre rassistischen Werte, aus denen ihre höhere Identität konstruiert ist, persönlich einzustehen. Die Suggestiveffekte ihrer musikalisch und alkoholisch unterstützten gemeinschaftlichen Einbildungen sind entsprechend frappant:

> „Ich fühle mich freier, will mich von Spießern abheben. Zugehörigkeit zur einfachen Schicht.“ (T., 18 Jahre)
>
> „Mein Leben so zu leben, wie ich es für richtig halte, weitgehend frei von gesellschaftlichen Zwängen und Auflagen ...“ (F., 22 Jahre)
>
> „Scheißen auf rote & braune Ideologien, mit anderen Subkulturen auskommen (außer Hippies), frei sein.“ (A., 20 Jahre)
>
> „Fun und sonst nichts“ (A., 25 Jahre)

Solchen persönlichen Befreiungsparolen ist nicht mehr zu entnehmen, ob sie von Schülerinnen und Schülern, Auszubildenden, arbeitslosen oder berufstätigen Jugendlichen stammen. Sie sind gesprochen im Zustand einer ideellen Befreiung von der realen gesellschaftlichen Existenz der Betroffenen. Der persönlich beglückende Befreiungsgrund ist ausdrücklich die geglaubte und gelebte Identität als Skinhead. Dies zeigt, wie weit, aber auch wie umstandslos diese Form des inszenierten Selbstbewußtseins die reale Lebenswelt ausblendet und als persönlich irrelevant ignoriert - und damit eine relativ trostlose gesellschaftliche Realität der Betroffenen vermuten läßt, die sie damit subjektiv überwinden.

6.1.3 Punks

Punks sind die ad personam demonstrierte Imagination und Ästhetisierung als der letzte „Dreck“ dieser Gesellschaft. Ihr Name leitet sich von dem englischen Wort für „Müll“ ab. Punks praktizieren eine oppositionelle Unangepaßtheit als Attitüde.[784] Wenn sie sich als selbstironische Selbst-Inszenierungen vorführen, haben sie etwas Theaterhaftes an sich. Sie geben sich als teils lustig, teils ekelerregend stilisierte Lumpenproletarier. Ihre charakteristischen Selbstzeugnisse sind Sprüche wie „Punks want to be hated!“[785] „Der Punk geht ab.“ „Punk rules. OK!?“ „Punk - no rules!“[786] „No future!“ Punks wollen ihrem Selbstbild gemäß negativ anders sein als die offizielle Normalität. Dazu erschrecken und provozieren sie normale Bürger durch ihre häßliche Art in Outfit, Habitus, Gestus und Sprache.[787] Der Punk tritt auf als Bürgerschreck.

Punks begreifen sich anfangs als links-alternative Jugendsubkultur, wollen aber die Gesellschaft gar nicht verändern,[788] denn im Kern haben sie immer nur *sich selbst* zum Gegenstand. Dabei empfinden sie ihren inszenierten Selbstbezug jedoch stets als Protest gegen den Rest der Gesellschaft. So sind die Punks schon in englischen Städten der 70er Jahre aufgetreten. Sie entstanden am Ende der Ära Wilson als jugendsubkulturelle Gegenbewegung zu den Mods und Teds, die als extravagant gestylte Upperclass-Sprößlinge auftraten. Am berühmten 6. Juni 1977 schipperte die Punk-Kultgruppe „Sex Pistols“ anläßlich des britischen Thronjubiläums auf der Themse und fuhr mit ihrem programmatischen Song vor dem Unterhaus auf: „God safe the Queen, the fascist Regime ... we are the poison in your human machine“. Johnny Blood, der Sänger der „Dead Dogs“, brachte den Punk damals musikalisch auf den Begriff mit der No-Future-Anklage: „Gib mir Tod, ich will nicht leben, also gib mir Tod!“ Dazu passen Punk-Grafittis aus New York, denen die jugendsubkulturellen Selbstbezüge anzusehen sind: „Live fast/die young“. Ähnliche Punk-Parolen kennt man aus Westdeutschland: „Nehmt Euch das Leben, denn es gehört Euch!“ oder „Alles ist Plastik, drum sei auch Du falsch“. Johnny Rotten, der legendäre Sänger der „Sex Pistols“, hat diese Selbstverliebtheit für alle Punks in die Welt geschrien: „You'd better understand, I'm in love with myself, my self, my beautiful self“.

In seiner *gestylten Identität* ist der Punk eine negative Selbst-Ästhetisierung im doppelten Sinne. Die artifizielle Person selbst ist die Botschaft.[789] Selbstbeweis ad personam ist

---

784 Vgl. zum folgenden: Baacke 1993, S. 76 ff; Schröder/Leonhardt 1998, S. 109 ff; Fritzsche in: Jugendwerk 1997, S. 343 ff; Ferchhoff 1999, S. 115 ff, 121.

785 Baacke 1993, S. 78.

786 Vgl. Schröder/Leonhardt 1998, S. 109.

787 Vgl. Schröder/Leonhardt 1998, S. 44.

788 Vgl. Sander 1995.

789 Subkulturell verwandte Selbstwerterlebnisse mit anderen Mitteln und Schwerpunkten, verschaffen sich *Tatoo-Anhänger*, die sich ihren Körper dauerhaft mit Tätowierungen schmücken lassen und sich als persönliches Körperkunstwerk empfinden. In der Entwicklung der modernen Jugendsubkulturen ließen sich vorwiegend die Rocker tätowieren. Nicht weit entfernt davon liegt der Selbstgenuß durch *„permanenten Körperschmuck“*, durch das *Piercing*, wobei Art, Größe und Position der Schmuckringe persönlichen Kitzel, Härte, Schönheit oder Erotik ausdrücken sollen. So gibt es Piercingstecker durch Augenbrauen, Nasenflügel, Lippen, Zunge, Bauchnabel oder Schamlippen und, nicht zu vergessen, den konventionellen Ohrring. Mit ihren Sicherheitsnadeln durch die Wange und Rasierklingen als Ohrringe haben Punks gewisse Vorbildfunktionen für das postmoderne Piercing.

darin wörtlich genommen, daß Punks sich körperlich zurecht machen durch bunt gefärbte oder steif gesprühte Haare, den Irokesen-Haarkämmen auf dem rasierten Schädel. Dazu gehören theaterhaft blasse Gesichter, weiß gekalkt mit schwarzen Lippen und Augenhöhlen, um möglichst gespensterhaft auszusehen. Ihre auto-destruktive Attitüde verlangt nach Sado-Maso-Exzerpten, die durch Sicherheitsnadeln im Ohr, durch die Wange oder Nase ausgedrückt werden und durch weitere Accessoires an der meist zerlumpten, farblosen Kleidung: Gartenschläuche als Gürtel, Ketten, Eisennieten im Leder, Röhrenhosen und ein Leopardenmuster dazwischen. Das Outfit der *gewollten Häßlichkeit* wird als Provokation ergänzt durch eine Ratte auf der Schulter und den ganzen Punk-Habitus. Ihre hervorgekehrte Ekelhaftigkeit macht sich dann noch mit Pöbeleien und Beschimpfungen von Passanten bemerkbar, mit Ausspucken und lautem Rülpsen mit einer Bierflasche in der verdreckten Hand, bei den Punk-Frauen mit schwarz lackierten Fingernägeln. Die autodestruktiven Verwahrlosungstendenzen der Punks steigern sich dahin, daß sie Wunden nicht behandeln lassen, sondern sie öffentlich zeigen, sich nicht um Verletzungen und Erkrankungen scheren und nicht für eine geregelte Nahrungsaufnahme sorgen. Baacke bezeichnet sie als „Penner-Punks“.[790]

Punks waren Ende der 90er Jahre innerhalb der Jugendpopulation eine Minderheit von etwa zwei Prozent,[791] nach Erhebungen der Shell-Studie „Jugend ‘97“ mit sinkendem Sympathieanteil unter Gleichaltrigen wie alle Protestkulturen. Punks sind meist recht junge Leute, zwanzig Jahre oder jünger, beiderlei Geschlechts und zueinander so solidarisch und liebevoll wie zu ihren Haustieren, verzottelten Hunden oder Ratten. Die Geschlechterdifferenz ist bei ihnen kein Thema und innerhalb der Peer-groups praktisch überwunden. Lieber schlafen sie auf der Straße, als daß sie sich durch konventionelle Regeln von Nachtlageranbietern von ihren Freundinnen, Typen oder Tieren trennen lassen. Punks sind oft - unabhängig von den dahinterstehenden und von ihnen meist abgelehnten Elternhäusern - arme und heruntergekommene soziale Existenzen, die den letzten Bier- oder Brotrest miteinander teilen, was ruppige Gewaltattacken untereinander nicht ausschließt, den Zusammenhalt aber nicht stört. Berufsausbildungen abzubrechen und nichts mehr in der Konkurrenz anzustreben, gehört sozusagen zum Selbstverständnis. Geht einer dennoch zur Schule oder macht eine Ausbildung, tut das dem Punk aber auch keinen Abbruch.

Zu allem gehört die Punk-Musik, in der ihre Seele zu Hause ist. Punks sind mit ihrer Musik entstanden und leben wie alle Jugendsubkulturen in und mit ihr. Ihre „Kult-Bands“ sind aus dem ‘Gesamtsubkulturwerk’ des Punk-Daseins nicht wegzudenken mit ihrem harten Rock und Texten, die das negativ-lustvolle Lebensgefühl ausdrücken. Auch das *provokative* Punk-Element ist in ihren Songs enthalten. Die Band „Deutsch-amerikanische Freundschaft“ hat den in Punkerkreisen hoch geschätzten Song „Tanz den Adolf Hitler, tanz den Mussolini“ in ihrem Repertoire. Punks tragen Hakenkreuze und andere Militaria an ihrer Kleidung, womit es ihnen aber nicht um eine Verherrlichung von faschistischen Emblemen geht. Sie tragen sie nur als Abzeichen des politischen Abschaums. Das, ist ihre - von Erwachsenen oft mißverstandene - Schock-Botschaft.[792]

790 Vgl. Baacke 1993, S. 81.
791 Vgl. Schröder/Leonhardt 1998, S. 109.
792 Vgl. Baacke 1993, S. 76.

In der kommerziellen Musikbranche traten ihre Plagiate zeitweise so penetrant auf, daß sie sogar bis in Dieter-Thomas Hecks Hitparade gelangten, der dort „Hansa Plast", „Extrabreit" und „Materialschlacht" für die deutsche Fernsehjugend plazierte.[793] Das Outfit von Punks wurde nicht zuletzt von Schicki-Micki-Kreisen adaptiert, die sich Samstag abends zeitweise in zusammengeflickten Edel-Lederwesten mit Punk-Applikationen und, allerdings echten, Leopardenfellzipfeln gefielen.

Im politischen Spektrum definieren Punks sich als antifaschistisch und negativ gegen Rechts. Eine positive politische Bezeichnung käme ihnen wegen zu viel „Pro" wohl kaum in den Sinn. Ruft die „Antifa" zur Demo, sind sie häufig dabei, ebenso bei den legendären Chaos-Tagen. Trotz gelegentlicher Prügeleien sind Punks prinzipiell gegen Gewalt. Gewalt bei politischer Randale ist für sie etwas anderes, da sie sich gegen den (rechten) Feind richte.[794] Außer gelegentlicher Randale ist Politik für sie auch ein Konzert nach dem Motto „Rock gegen Rechts", vorausgesetzt, es spielen die richtigen Bands. Auch damit läßt sich ihr Bedürfnis nach Anti-Politik wie ihr Lebensgefühl als Punks befriedigen. Ihren Mitmenschen fühlen sich Punks darin *überlegen*, daß sie als personifizierter Protest gegen deren gesamten Lebensstil auftreten, also als personifizierter *Abscheu* gegenüber allen Werten und Stilen der „Spießergesellschaft". Sie sind damit eine subkulturelle Anti-Bewegung, die sich ganz auf ein *negatives Anerkennungsverhältnis* hin stilisiert und präsentiert. Dabei leben Punks den Widerspruch, als letzter Auswurf der Gesellschaft gegen sie zu sein und doch in ihr etwas gelten zu wollen: Von dem verspießerten Rest der Gesellschaft, den sie verachten, verlangen sich nicht weniger als - ihre *Beachtung*.

6.1.4 Graffiti-Sprayer und Tagger

„Die Berühmtheit kommt aus der Dose" überschrieb die Frankfurter Rundschau einen Artikel über jugendliche Sprayer, die sich selbst als „Writer" oder „Tagger" bezeichnen:[795] „'Das kommt famig' sagt einer von ihnen, wenn nämlich das piece (Bild) der Nacht auf den fahrenden Wänden der Züge tags drauf fame (Ruhm) verspricht." Der Gipfel des Ruhms sei dabei „whole cars", ganze Waggons, zu besprühen.

Die „Writer" der New Yorker Szene begannen in den 70er Jahren meist als Ghetto-Gangs. Ihre Jugendkultur faßte sich als Hip-Hop zusammen, wozu Rap, Breakdance, DJ's und Graffities gehörten: „Graffiti ist Breakdance auf U-Bahnen und Zügen".[796] Die Bewegung kam über die Hip-Hop-Kultur nach Europa und zeigte sich ab Mitte der 80er Jahre in deutschen Großstädten. Die Berliner Mauer war die größte Freiluft-Graffiti-Fläche der Welt, die von politischen Sprayern über Protestszenen in die Hände der subkulturellen

793 Vgl. Baacke 1993, S. 79/80.

794 Vgl. Schröder/Leonhardt 1998, S. 128 f. Dort wird der Punk *Ernst* zitiert: *„Ich weiß nur, daß ich Rechte hasse ohne Ende"* (S. 129), was Schröder/Leonhardt als *ein „blindes Um-sich-schlagen gegen ein politisch gefärbtes Feinbild"* einstufen (S. 129).

795 Frankfurter Rundschau vom 17.7.1993 (Michels). Zur Bedeutung des Begriffes „Fame" für die Sprayer vgl. auch Skrotzki 1999, S. 49 f.

796 CREATOR, zit. nach Skrotzki 1999, S. 27.

Graffiti-Sprayer überging. Sprayer sind meistens im Schüleralter. Sie beginnen als 12-jährige und sind selten über 20 Jahre alt.[797]

Sprayer verstehen sich als *Personality- und Risiko-Künstler.*[798] Im Unterschied zu Punks sind jugendliche Sprayer auf die Weise jugendkulturell expressiv, daß sie sich öffentlich hinter ihrem „Werk" verstecken.[799] Die Sprayer haben keine Parolen, d.h. keine über das Spraywerk hinausgehenden Botschaften. Sie „besetzen" die *verbotenen* Wände mit ihren Grafiken und Zeichen, monochrom, bunt („full colour style") oder mit Silberfüllung („silver pieces"). Die Grafiken bestehen im Kern aus ihren Signierworten, und zwar in gestylten Buchstaben. „Die Lesbarkeit ist auch nicht das Entscheidende, sondern der Style".[800] Bewunderte Block-style-Signaturen aus Frankfurt am Main des Jahres 1993 waren: SALO, MANE, YEK, SIK, SNEK; Namen aus der Potsdamer Writer-Szene des gleichen Jahres lauteten: PONZ, KOMA, OPAL, ZOKER, DUEL75, EWOK oder UNOX. Meist zentriert sich das „Piece" nur um das Signierwort des „Writers". Es wertet damit eine Marginalie zur Hauptsache um. Der „famige" Inhalt der meisten Graffitis ist damit nichts als die unverwechselbar stilisierte Signatur des Künstlernamens selbst. Die Vertauschung der Rolle von Werk und Künstlersignet bezeugt den exklusiven Selbstbezug der Sprayer: „Ich will diesen zivilisierten Betondeppen endlich die Augen und Ohren öffnen ... Klar, daß der größte Teil der Nachricht eine gute ist: nämlich 'ICH'!"[801]

Bei ihrer prickelnden Suche nach Sprayer-Ruhm werden die Writer auf ihren nächtlichen Spritztouren regelrecht 'süchtig'. „Ein Piece bei Nacht und Nebel zu machen, ist ein zweistündiger Orgasmus", sagt einer von ihnen, LOOMIT mit Szene-Namen.[802] Die Tatsache, daß Jugend von Räumen wie von Wänden ausgeschlossen ist, um die künstlerisch-kreativen Ambitionen ihrer Persönlichkeit zu entfalten, wird von ihnen im Wortsinne jugend-*sub*kulturell aufgehoben und so zum Bestandteil ihres künstlerischen Selbstwerterlebnisses gemacht, das ohne das 'sub' nicht perfekt wäre. Sie „besetzen" ihre Flächen mittels der Dosen im Dunkel der Nacht gerade *gegen* das Verbot.[803] Der besondere Selbstgenuß liegt dabei erstens in der Produktion ihrer Spraywerke selbst, die unter ständigem Entdeckungsrisiko in höchster Anspannung und in gehetzter Besessenheit stattfindet, und zweitens nach getaner Arbeit in der relaxten Vorstellung vom Effekt ihrer „Pieces" auf Massen von Leuten, die die besprayten Züge sehen, an besprayten Häuserwänden vorbeikommen, vor solchen Aufzugtüren stehen oder durch besprayte Unterführungen kommen und sich ihren Reim auf die Zeichen machen mögen. Durch signierte Anonymität „Berühmtheit" auf verbotenen Wänden zu erlangen, ist in der Tat das jugendsubkulturelle Ziel ihrer kreativ-expressiven, aber auch risikobetonten Selbsterfüllungskultur.

---

797 Vgl. Skrotzki 1999, S. 29 ff, 40 f.

798 Zum folgenden insgesamt vgl. Skrotzki 1999; Ferchhoff 1999, S. 128 ff.

799 Vgl. Skrotzki 1999, S. 48; *Vollbrecht* zur Expressivität als Kennzeichen jugendkultureller Stile (1995, S. 23 ff (26).

800 Skrotzki 1999, S. 31.

801 LOOMIT, zitiert in: „Graffiti Live" 1987, S. 36, zitiert nach Skrotzki 1999, S. 52.

802 LOOMIT, zitiert in „Graffiti-Live" 1987, S. 36 zitiert nach Skrotzki 1999, S. 50.

803 Das Bestrafungsrisiko und auch das Risiko immenser Schadensersatzforderungen ist paradoxerweise zum Bestandteil des gesuchten Reizes geworden. Ein Quadratmeter bespühte S-Bahn wird dem erwischten Sprayer mit 200 DM berechnet, ein ganzer Zug mit etwa 100.000 DM (Frankfurter Rundschau vom 17.7.1993).

Der Münchner Volkskundler und Graffiti-Forscher Peter Kreuzer analysiert ihre Motivation so: „Soziale Anerkennung, Beachtung, Bestätigung und ein daraus resultierendes Ehrbewußtsein haben für jene, die am Rand der Gesellschaft unbeachtet bleiben, einen hohen Stellenwert. ... Writing wird zu einem Mittel sozialer Akzeptanz und Statusverbesserung".[804] Nach dem Analysemuster dieser Arbeit ist „Writer" zu werden für Schüler die Entscheidung, ihren Status in der schulischen Konkurrenz aus einer Grundlage *jenseits* der Lern- und Klassenkonkurrenz zu beziehen und damit auch *im* Klassenverband etwas zu gelten. Das gelungene „Piece", ihr stilisiertes Signet auf verbotenen Wänden verkörpert die Erfüllung dieses Selbstkonzeptes als ihre künstlerisch hergestellte *Selbstversöhnung* mit der als dumpf empfundenen Welt. Für ihre *jugendsubkulturelle Künstlerehre* nehmen die „Sprayer zwischen Kunst und Gesetz" sogar das Risiko der Ruinierung ihrer künftigen bürgerlichen Existenz in Kauf.[805] Das zeigt, wie *ernst* ihnen ihr *Selbstgenuß* im Ruhm als Graffiti-Sprayer ist. Montags, wenn die Klassenkameraden per Bahn in die Stadt fahren, erzählen sie ihrem „Writer", wie oft ihnen unterwegs sein „tag" begegnet ist ...[806]

6.2 Labilitäten und Widersprüche subkultureller Selbstkonzepte

6.2.1 Das Ideal garantierter Anerkennung

Die exemplarische Darstellung von vier jugendsubkulturellen Mustern sollte veranschaulichen, daß jugend(sub)kulturelle Selbstkonzepte mehr sind als die Bewältigungsstrategien von schulisch vorgegebenen anomischen Zwangslagen. Jugendkulturelle Identitätsmuster sind nach der Hypothese davon abgehobene und kreativ weiterentwickelte Selbstinszenierungen von Personen, die sich aber bei aller Vielfalt der Ausgestaltung auf einen methodischen Bauplan zurückführen lassen, in dessen Zentrum eines steht: Das formelle Ziel der Selbstinszenierung oder des „Ego-Placements"[807] ist die Annahme eines *Winner-Looser-Schemas*, in dem die eigene Person in einer angenommenen Konkurrenzsituation allen anderen möglichst *überlegen* dasteht.

Was ließe sich dagegen einwenden, wenn dies eben nun einmal die Art ist, wie Jugendliche ihr Glück schmieden, wurde zu Anfang der Arbeit gefragt. An dieser Stelle lassen sich nun einige Widersprüche und Labilitäten dieser konstruierten Identitätsschablonen auflisten, die zumindest nachdenklich machen können, was mit dieser Form der Selbstdarstellung wirklich gewonnen ist - und was damit vertan ist.

Nach der hier entwickelten Hypothese erscheint die Leistungserwartung an die geglaubten, gelebten, verteidigten und damit als real bewiesenen Selbstbilder als unrealistisch: Die aufgesetzte subkulturelle Identität soll letztlich etwas Unmögliches leisten, nämlich den

---

804 Kreuzer, zitiert nach Frankfurter Rundschau vom 17.7.1993.

805 „*In der Szene aber zeigt der drohende Bankrott, Jahre vor dem ersten Gehalt, bei den Besessenen kaum Wirkung. 'SIK' zum Beispiel, einer der Könner, soll 'den Hals voll Schulden haben'. 'Der Typ ist so am Ende', erzählen sie sich - 'und macht trotzdem weiter'. Warum: 'Weil's ihm egal ist'.*" (Frankfurter Rundschau vom 17.7.1993)

806 Vgl. Frankfurter Rundschau vom 17.7.1993.

807 Vgl. Ferchhoff 1999, S. 173.

Widerspruch einer unter allen Umständen *garantierten Anerkennung*. Was die persönliche oder gesellschaftliche Lebenslage meist auszeichnet, daß die erwünschten persönlichen Beziehungen unbefriedigend verlaufen, ist bei dieser Vorgehensweise von vornherein ausgeklammert. Der erste Widerspruch dieses Verfahrens besteht darin, daß die ersehnte personale Akzeptanz stattdessen *jenseits* der individuellen Persönlichkeit erfolgen soll. Der zweite Widerspruch liegt darin, daß die Anerkennung möglichst *freiwillig* erfolgen soll, aber andererseits auch ganz sicher und garantiert, also quasi *automatisch*. Die künstliche subkulturelle Identität soll damit für manche alles garantieren, was sie sich in ihrer Lebenslage als ungestylte Individuen nicht (mehr) zutrauen: Daß sie im praktischen Umgang mit anderen persönliches Interesse für sich wecken und Beachtung erwerben und darüber persönlich akzeptiert und geschätzt werden, wie sie sind. Andere inszenieren ihre Selbstdarstellung, weil es für sie als der effektivere Weg zur Anerkennung erscheint. Solche Kalkulationen, wie man Aufmerksamkeit und Respekt der anderen möglichst sicher auf sich zieht, prägen die Konstruktionspläne der Selbstbilder wie ihre Darstellungsmethoden. Insofern prägt der kalkulierte Schein das persönliche Dasein dieser Jugendlichen. Was ein Jugendlicher ist, kulminiert dann ganz in seiner Selbstdarstellung als Fußballfan, Hool, Red-, Oi-, Bone- oder Nazi-Skinhead, Punker, Rocker, Sprayer, Raver mit entsprechend tätowiertem, gepierctem oder 'gebuildetem' Body.

Ein weiterer grundlegender Einwand besteht in einer Rückerinnerung an die Grundlagen solcher Selbstbilder in der gesellschaftlichen Realität. Typischerweise ist es ein anomischer Druck aus gesellschaftlichen Werten und Zielen und zu knappen Mitteln zur Verwirklichung dieser Ziele, auf die die Betroffenen mit ihren Selbstbildkonstruktionen reagieren, die sie damit gegen die institutionell-gesellschaftlichen Restriktionen subjektiv zu bewältigen versuchen. Der Ausgangspunkt der Selbstbildkonstruktionen ist damit keineswegs „Fun“. Sie entstammen vielmehr dem „Bewältigungshandeln“ (Holtappels), sind „Anpassungsreaktionen“ (Merton), sind Versuche, in unentrinnbaren institutionalisierten Zwangslagen wie in der Schule „zu überleben“ (Glötzl). Von ihrem Ausgangspunkt her sind sie damit das Gegenteil von Spaßvarianten. In der Arbeit wurde das als Versuch bezeichnet, die Probleme unabhängig von den institutionell vorenthaltenen Mitteln *subjektiv* zu überwinden, während die problemverursachenden Strukturen bestehen bleiben. Bereits in diesem Ansatzpunkt kennzeichnen sich die Selbstbildkonstruktionen als *mittellose Lösungsversuche*, die sich ihre eigenen Mittel schaffen. Sie neigen daher zwangsläufig zu Selbstbetrug und zu Scheinlösungen der zu Grunde liegenden Probleme. Aus analytischer Perspektive erweisen sich die Selbstbildkonstruktionen als *Methoden des opportunistischen Zurechtkommens* und Umgangs[808] mit den Problemen, als deren Lösung sie sich präsentieren. Die Analyse der Widersprüche dieser Selbstbildkonstruktionen Jugendlicher, die der Entwicklungsmotor ihrer postmodernen Selbstbewährung sind, kann auch als deren *Kritik* verstanden werden.[809]

Daß die positiven Inhalte der inszenierten Identitäten rar sind, wenn sich die „Identität“ über ein methodisches Messen an anderen definiert, beweisen nahezu alle Jugendkulturen. Emotional ganz bei sich sind sie nicht zufällig in ihrer Musik, primär in ihren jeweils affek-

808 *Dubin* bezeichnete diesen Anpassungstypus „*Opportunisten der Mittel*“ (vgl. Kap. 3.1.2).

809 Diese Kritik müßte Jugendlichen in geeigneter Aufbereitung als bedenkenswerter Einwand gegen ihr künstliches Verhältnis zu sich selbst vermittelbar sein.

tiv ansprechenden charakteristischen Rhythmen und Melodien, andererseits in den Texten, die ihr Identitätsideal ausmalen. Ihr Identitätsgefühl besteht damit weniger darin, was sie sind, als darin, als was sie sich unter dem Einfluß der Musik von sich vorstellen und darüber fühlen. Ansonsten entwickeln oder bestärken sie ihre kollektive Identität über Konfrontationen mit ihren idealen Haßgegnern. Ihre Selbstgewißheit beziehen sie auch damit noch weniger aus dem, was sie sind, als aus dem, was sie nicht sind, aber verabscheuen nach dem Motto: „*Haßt* Du was, bist Du was".[810] In England entstanden die Teds gegen die Mods und gegen beide die Skinheads, die wieder gegen Gammler, Hippies und andere. Rocker erleben ihre Hochzeiten in Rockerkriegen gegeneinander. Popper verachten „Schmuddelpunks", Punks verachten „Popperärsche". Die „Antifa" definiert sich programmatisch gegen Rechts: Rock oder Randale gegen Rechts ist ihre Politik.[811] Mittlerweile gibt es in Ostdeutschland die rechte „Antiantifa" - gegen die linke „Antifa".[812] Fußballfans des einen Vereins sind gegen die des anderen Vereins, „Hools" gegen „Hools" und gegen „Bullen" und gegen alle übrigen Anwesenden. Skins gegen Punks,[813] Punks gegen Skins, „Red-Skins" und Punks gegen „Fascho-Skins", Punks und Autonome gegen „Bullen", am effektvollsten an den „Chaostagen": Viel Feind, also viel Kick und Ehre?

6.2.2 Dilemmata einer einmaligen und allgemein anerkannten Identität

Die aufgesetzte Identität soll den Jugendlichen eine breite Anerkennung ihrer Besonderheit garantieren. Das scheint am ehesten dann gewährleistet, wenn die betreffende Präsentationsform sich schon überzeugend bewährt hat. Sobald sie aber diesen Erfolgszirkel absolviert hat, ist sie bereits so weit verbreitet, daß sie damit die andere Seite des Erfolgskriteriums wieder verfehlt, nämlich die Einmaligkeit ihres Trägers darzustellen.[814] Bei Insidern ist ihr Kurs längst im Sinken, so daß der Wechsel zur nächsten Marotte ansteht. Welche Marotte das ist, erfährt man am ehesten durch einem „Geheimtip", der sich wiederum schnell herumspricht, womit er seine Exklusivität verliert und schon keiner mehr ist. Mit seiner Selbstdarstellung „mega-in" oder schon „mega-out" zu sein ist ein schier endloses Szenenspiel stereotyper Selbststilisierungen. Diesem Mechanismus entspringt gerade ein Großteil der Dynamik der Subkulturentwicklung: Von den Teds zu den Mods, von den Punks zu den Poppern, von Punks zu Skins, vom Hausbesetzer zum Instandbesitzer, von dem schnellen Stilwechsel in den Disko- und Techno-Szenen zu schweigen. Jugend(sub)kulturen plagen ähnliche Sorgen wie die Damenmode seit jeher schon.[815]

---

810 Pfeiffer 1996, S. 218.

811 Vgl. Schröder/Leonhardt 1998, S. 127 ff.

812 Vgl. Ferchhoff 1999, S. 123 f.

813 Bundesweites Symbol für die brutalen Folgen dieser subkulturell-politischen Gegnerschaft war die Tötung des 17-jährigen Punks Frank Böttcher durch einen Skinhead mit Tritten und Messerstichen im Magdeburger Vorort Olvenstedt im Jahre 1997, dessen noch vielfach in Trauerkundgebungen und mahnenden Demonstrationen („*Nazis raus!*") gedacht wurde (vgl. FR vom 12.2.2001, S. 4).

814 Vgl. Kap. 2.4.3 am Ende: Der Widerspruch einer gesellschaftlichen Standardisierungsanforderung nach Individuierung (nach Luhmann 1987, S. 327).

815 Vgl. Dollase 1995, S. 82 ff.

Eine entwicklungshemmende Auswirkung dieser Mechanismen liegt in der *Selbstbeschränkung* ihrer Interessen, die sich Jugendliche damit antun. Wenn sie ihre Betätigungen auf ihren möglichst sicheren Anerkennungserfolg bei anderen hin kalkulieren, lassen sich viele auf mögliche Unternehmungen, von denen sie sich diesen Effekt nicht sicher und nicht unmittelbar versprechen, erst gar nicht ein. Etwas Neues auszuprobieren und es mühsam und unbeholfen zu erlernen, etwa eine neue Sportart oder ein Musikinstrument zu spielen, läuft dem Anspruch zuwider, längst ein 'cooler' Könner von allem zu sein. Also läßt man es vorsichtshalber lieber sein, sich um die Entwicklung neuer Interessen und der entsprechenden Fähigkeiten und Fertigkeiten zu bemühen, sondern bewegt sich auf schmalem, aber sicherem Boden. Man präsentiert sich in einer Weise, die den Ankommer-Effekt garantiert.

Wenn das Selbstbild heißt, möglichst auf den ersten Blick „anzukommen", liegt es nicht fern, die Signale durch äußerliche Ausstattungsmerkmale auszusenden. Der Widerspruch, daß die *äußerliche* Erscheinung durch Outfit und Habitus die *innere* Eigenart darstellen soll, kennzeichnet mehr oder weniger alle Jugendkulturen. Ihre Kleidung, ihre Haartracht und ihre sonstigen Accessoires (Rasierklingen, Gartenschläuche, Lederteile, Baseballschläger, Stiefel, Fan-T-Shirts, aber auch Kampfhunde, Ratten oder Motorräder, Sonnenbrillen, Piercings, Ghetto-Blaster etc.) sind für sie *Identitätssymbole*. Schon dem Rocker war sein Motorrad sein „Heiligtum", das noch vor der „Braut" rangierte. Kein Wunder, daß das alles Einfallstore für die Kommerzialisierung der Jugendkulturen sind.[816] Die betreffenden Marktsegmente gehören längst zu umsatzstarken Verbrauchermärkten: Szene-Kleidung, Musikvermarktung (CDs, MTV, VIVA), Fanartikelmarkt mit Milliardenumsätzen etc. Der Widerspruch liegt auf der Hand: Es ist die einmalige Identität als konfektionierte Massenware. Dieser Widerspruch läutet jedoch nicht das Ende einer Subkultur ein, sondern führt eher zur Spaltung der Szenen und zur produktiven Überwindung durch Weiterentwicklung. An der rechten Jugendkultur der Skinheads diskutierte dies ein Beobachter der Szene so, daß rechte Ideologie und Nazi-Ikonologie mittlerweile in die Populärkultur eingeflossen seien, was positive wie negative Folgen habe: Einerseits werde die Musik durch die Kommerzialisierung unpolitischer, andererseits Nazi-Gedankengut hoffähiger. Dies wiederum spalte die rechte Musik-Szene. Während das Fanzine „Rock-Nord" den „Mainstream-Rechtsrock" moderat vermarkte, sähen radikalere Neonazis darin die „Gefahr der Verwässerung und einen Verrat des Patriotismus".[817]

Kaum umgeht man den kommerziell okkupierten Erfolgszirkel von äußerer Kollektivität und innerer Individualität, indem man sich wirklich so verhält, wie man von sich meint, eine erfolgreiche Person sein zu sollen, verstrickt man sich schnell in den nächsten Zirkel von *Gruppenzwang als Individualität*. Um seine Individualität erfolgreich zu stylen, greift man zu Identitätsschablonen und Typisierungen, die zugleich Uniformität bedeuten, die als erfolgreiche Individualität erlebt werden soll.[818]

Abweichende Gruppen verlangen intern häufig eine rigide Befolgung ihrer alternativen Normen, also eine Unterordnung unter die Gruppenkonformität, um ganz bei sich selbst zu sein. Ihre Abgrenzung von der herrschenden Erwachsenengesellschaft erfordert dazu häufig

---

816 Vgl. Schröder/Leonhardt 1998, S. 44 f.

817 Vgl. Frankfurter Rundschau vom 7.8.2000, S. 1: *„Experten zählen Ikonen des Nationalsozialismus inzwischen zu den festen Bestandteilen der Populärkultur".*

818 Vgl. Vollbrecht 1995, S. 27; Heitmeyer/Olk 1990 (Bielefelder Arbeitsgruppe), S. 21.

die Erfüllung subkultureller Normen durch Verletzung offizieller Normen. Randale ohne Personen- und Sachschaden, Chaostage ohne Konfrontation mit „Bullen", Sprayen ohne Beschädigung von Gebäuden, Hausbesetzungen ohne Hausfriedensbruch, Auto-Crashing ohne Auto-Diebstahl und Verkehrsdelikte sind praktisch nicht realisierbar. Damit geraten Mitglieder von Gewalt-, Action- und Protestsubkulturen fast zwangsläufig in ein *Normendilemma*, das keineswegs aus einer ihnen oft (fälschlich) nachgesagten Normdistanz oder Normfeindlichkeit entsteht, sondern umgekehrt aus ihrem Bestreben nach Anerkennung durch Normerfüllung innerhalb ihrer Kreise.

6.2.3 Selbstgefährdung und Selbstmanipulation als letzte Identitätsbeweise

Die nach ganz bestimmten Mustern inszenierte Selbsterfüllung ist nicht zufällig eine Sache von kurzen Momenten. Dazwischen liegen die quasi identitätslosen Warteschleifen. Sie heißen im Jargon der Jugendszenen „Punk-Blues", „Scheißegalphase"[819], „Rumhängen, „Durchhängen", „Abhängen" und dauern bis zur nächsten Party („Partyzipation"[820]), „Action" oder „Randale". Der Umstand, daß die inszenierte Identität häufig nur Erlebnisse augenblickshafter Selbsterfüllung bietet, verweist auf die *Künstlichkeit* des gelebten Scheins. Die als sinnentleert erlebten Zwischenphasen zeigen, wie wenig diese Art des inszenierten Selbstbewußtseins mit dem realen Dasein und der Alltagsexistenz der Jugendlichen zu tun hat. Sein Aufleben ist *abhängig* von bestimmten nicht-alltäglichen Settings.

Wachsen die Zweifel an der Echtheit und Glaubwürdigkeit der konstruierten Identität, wächst damit zugleich das kompensatorische Bedürfnis, sie möglichst *intensiv* zu empfinden. Eine Beweisformel dafür lautet: Je mehr man dafür aufs Spiel setzt, um so wahrhafter und wertvoller ist das Selbstbild. Aus dieser Logik wird die *Selbstgefährdung zum Identitätsbeweis*. Dazu taugen Prügeleien wie generell körperliche Brutalität, bewußtes Risikoverhalten[821] bis zur provozierten Lebensgefahr: *„No risk - no fun"*. Daß die meisten Jugendsubkulturen diese Glaubwürdigkeitslücke kennen, beweisen ihre risikobehafteten Selbstbeweise: Skins mit Koma-Saufgelagen und brutalen Ausschreitungen, Fußballfans mit Fußballrandale, Hooligans mit exzessiven Massenprügeleien, Autonome im Straßenkampf, Punks mit alltäglichen Rempeleien und unberechenbaren Reaktionen auf ihre Provokationen, Auto-Crasher und Air-Bager mit dem Aufprall-Kick, Bungee-Springer mit dem Fall-Kick etc. Überdeutlich ist es bei den aus den S-Bahn-Fenstern herausgelehnten S-Bahn-Surfern oder den Risiko-Junkees auf Lawinen-Snowbords mit der Devise: „No risk, no fun", deren Klartext lautet: „Risk *is* fun". Das treibende Motiv dieser Riskosucher ist das im „Kick" bewiesene Identitätsgefühl: Ergo sum.

Weil die Phasen des Selbstgefühls als Hochgefühl der Harmonie von Ich und Welt der Zielpunkt der Selbstinszenierungen und andererseits oft nur sehr kurz sind - Ferchhoff spricht von „Spaß und Kicks auf Zeit" und dem „Subito-Prinzip"[822] -, wird häufig so getan, als erreiche man diese Höhepunkte quasi als Dauerzustand. Ihre Bezeichnungen sind daher

819 Vgl. Schröder/Leonhardt 1998, S. 102.
820 Vgl. Ferchhoff 1999, S. 173; ein Ausdruck dafür aus der Disko-Szene ist das „Saturday-night-fever".
821 Vgl. Baacke 1993, S. 185.
822 Ferchhoff 1999, S. 19, 200.

oft „Empfindungen“ von inhaltsleeren, aber *konkurrenzlosen Superlativen*[823] wie „super“, „supergeil“, „top“, „absolut“, „voll kraß“, „mega“, „brutal“, „total“. Das macht dann den Reiz der Attitüde aus, der die Jugendlichen weltweit erfaßt hat, ihre distanzierte Souveränität in allen Lebenslagen, der Gestus, daß sie unerschütterlich *über* allen Dingen stehen, der sich im Sprachdenkmal *„echt cool“* ausdrückt. In der Kurzfassung genügt dann schon das bloße Vorgeben eines Top-Selbstgefühls als Beweis der Selbstkonzeptbewährung: Das demonstrative „Feeling“, der gezeigte Kick, die zuschauergerechte „Beckerfaust“. „Gut drauf“ zu sein ist Pflicht und Beweis eines überlegenen Selbstbewußtseins, weshalb selbst die Antwort auf die Grußformel „Wie geht's ?“ weniger sachlich als psychologisch begründet ist: „Supergut! - und selbst?“ Daß etwas angeblich „Hauptsache Spaß“ macht, erscheint wichtiger als alles andere in der vorgespiegelten Winner-Welt. Daß die „Ich-Gesellschaft“ die reine „Spaß- und Fun-Gesellschaft“ sei, ist demnach ihre eigene *Lebenslüge*, aber kein deskriptives Urteil über sie.

Der vom gesellschaftlichen Mainstream aufgedrängte Imperativ des *„Enjoy yourself“*,[824] das eigene Vergnügen im gelungenen Selbst(bild)bezug zu finden, stößt aber immer wieder auf entkräftende gesellschaftliche Anomieverhältnisse, die solche euphorischen Effekte versagen oder erschweren. Jede der inszenierten Identitäten bis hin zur virtuellen auf der mühsam erstellten Homepage[825] verlangt dem Subjekt eben ganz besondere *Anstrengungen* ab. Da die Identitätskonstruktion nach dem Muster des Selbstbetruges funktioniert, muß man zudem fest an sie *glauben*. Von diesen Anstrengungen der Einbildung, den Mühen der kontrafaktischen Aufrechterhaltung und den Zufälligkeiten der dazu erforderlichen Umstände emanzipiert sich eine bestimmte Art von Selbst-Erleben und real erlebtem Kick, die weitgehend ohne den Einsatz von persönlicher Fantasie und steuerndem Vorstellungsvermögen auskommt, ja sogar ohne lebensweltliche Grundlage und am Ende noch ohne inszenierten Grund für das Hochgefühl. Ein mehr oder weniger grundloses Hochgefühl läßt sich nämlich auf biochemischem Wege erzeugen oder zumindest spezifisch verstärken. Im „Drogenkonsum als Selbstmanipulation“[826] liegt der eigentliche Reiz für die Entscheidung zur Einnahme psychoaktiver Drogen. So spielen die meist als illegal eingestuften Substanzen längst eine erhebliche Rolle, gerade bei Jugendlichen, die sie nach Hurrelmanns Forschungen gezielt als „Hilfsmittel für die Lebensgestaltung und die Lebensbewältigung (einsetzen)“: „Die Substanzen haben je nach stofflicher Zusammensetzung und Kontext der Nutzung die Funktion der Stimulation, der Beruhigung oder der Dämpfung, entweder um eine interessante Erfahrung und ein starkes Sinneserlebnis zu befördern oder auch, um eine subjektiv unerträgliche Situation nicht mehr in ihrer ganzen Tragweite wahrnehmen zu müssen. Der Drogenkonsum dient subjektiv dem Bestreben eines Menschen, mit der eigenen Lebenssituation umzugehen.“[827]

---

823 Vgl. dazu die Sammlung bei Ferchhoff 1999, S. 120 ff, 269 ff.

824 Ferchhoff 1999, S. 147.

825 Vgl. die empirische Untersuchung dazu von *Noller/Gerd* (1991) sowie darauf aufbauend *Schwab/ Stegmann* (1999) zu *„Computerfans“* der DOS-Zeit und PC-Freaks der Windows-Generation mit dem Resümee: *"Mythos Internet"* (S. 181 ff, 208 ff).

826 Vgl. Hurrelmann in: Frankfurter Rundschau vom 10.8.2000, S. 18 (Dokumentation).

827 Hurrelmann 2000.

Schülerinnen und Schüler nehmen Tranquillizer, um künstlich wieder zu einer inneren Ruhe zu finden. Andere nehmen leistungssteigernde Medikamente. Alkohol und Zigaretten vermitteln neben den biochemischen Effekten von Rausch und Beruhigung soziale Akzeptanz in sonst verschlossen Kreisen oder das Gefühl von Erwachsensein. Entactogene nennt man pharmakologische Stoffe, die im Inneren des Menschen positive Gefühle erzeugen. Dazu wird das vollsynthetische Amphetaminderivat „Ecstasy" gezählt, das deshalb auch als „Stimmungspille" bezeichnet wird.[828] User beschreiben die durch derartige Präparate erzeugten Gefühle als „Ich-Gefühl", das „das Herz öffnet: man 'fährt verstärkt auf andere Menschen ab', auf die man ohne den Stoff vielleicht überhaupt nicht gekommen wäre."[829] Das Gefühl wird auch als „Wärme" oder „Verliebtsein" beschrieben.[830] Lysergsäurediäthylamid (LSD) ist dagegen ein Halluzinogen, dessen Wirkungen je nach den Grundstimmungen des Users vom „Horror-Trip" bis zu angenehmen Visionen mit einem veränderten Körpergefühl bei gedämpftem Raum-Zeit-Gefühl reichen.[831] Wieder anders wirkt Heroin, das anfangs zu einem als orgiastisch empfundenen Kick führt, den User danach für einige Stunden in wohliger Weise abdämmt, bis zunehmend quälende Entzugserscheinungen einsetzen.

Die spezifischen Effekte der unterschiedlichen Rauschmittel belegen, daß die auf pharmakologischem Wege erzeugten inneren Stimmungen sich als Verlängerung der artifiziellen Tendenzen des konstruierten Selbstbewußtsein einordnen lassen. Rein funktionalistisch betrachtet, ersparen sie dem Betroffenen sogar einige Fehlschläge, die den sozialpsychologischen Techniken der Selbstwertbestätigung anhaften, wenn man die gesundheitlichen, psychosozialen und strafrechtlichen „Zusatzrisiken" der Drogen sowie ihr destruktives Suchtpotential ausklammert. Gerade der Übergang von legalen zu illegalen Drogen wird von Hurrelmann nicht vorrangig mit dem physiologischen Hunger nach einer anderen oder stärkeren Substanz erklärt, den es sicher je nach Substanz gibt, sondern vorrangig mit entwicklungspsychologischen Bestrebungen, dem Erwachsenenstatus näher zu kommen oder den eigenen Stellenwert innerhalb einer Gleichaltrigengruppe zu verbessern. Die suggestive Bedeutung des Drogengebrauchs für die Selbstbildkonstruktion siedelt Hurrelmann noch vor dem rein stofflichen Abhängigkeitspotential an: „Auf der psychologischen Ebene kann der Effekt gesucht werden, mit der neuen Substanz auch eine veränderte Selbstdefinition und Selbstwertorientierung zu verbinden. Die biologisch-pharmakologische Wirkungsweise der Substanz kann diesen Prozeß unterstreichen."[832]

Hurrelmanns Einschätzung des sozialpsychologischen Nutzeffekts von Drogen fügt sich theoretisch (wie auch in präventiver Hinsicht) in die hier entwickelten Überlegungen ein, daß ein Abgleiten in die Fremdbestimmung bereits damit beginnt, daß man nach einem künstlichen Ersatz für ein reales, lebensbegleitendes Selbstgefühl sucht, daß man ernsthaft den illusionären Wunsch hegt, eine mechanische oder synthetische Prothese zur Stärkung[833] des eigenen Selbstbewußtseins zu finden.

---

828 Vgl. Wilkens 1995, S. 49.
829 Wilkens 1995, S. 61.
830 Vgl. Wilkens 1995, S. 61.
831 Wilkens 1995, S. 37.
832 Hurrelmann 2000, S. 18.
833 Die Anti-Drogen-Kampagne des *Bundesgesundheitsministeriums „Selbstbewußtsein stärken"* bleibt in diesem zentralen Punkt nebulös, weil gerade nicht angezeigt wird, wie dies in Abgrenzung zum Drogengebrauch geschehen sollte, zumal dieser offenbar häufig dem gleichen Ziel dient und ein Übergang

6.2.4 Sind Jugendsubkulturen politisch oder unpolitisch?

Fragt man vor diesem Hintergrund, ob die häufig sich einander verachtenden und sogar miteinander verfeindeten Jugendsubkulturen als politisch oder unpolitisch zu charakterisieren sind, dann muß man oft feststellen, daß in ihrer Perspektive ihr *sozialpsychologischer Selbstbezug* im Zentrum ihrer Selbsteinschätzung steht und weniger die Auffassung, daß sie politisch wären. Als Höhepunkte ihrer subkulturellen Identität nennen sie bestimmte (Harmonie-) Gefühle wie „voll geil", „supergeil", „Fun", Kick.[834] So fassen sie dann auch gewalttätige Ausschreitungen subkultureller Jugendgruppen als gruppendynamisch aufgeladene 'Action' mit kämpferischen Gemeinschaftsgefühlen auf, deren Höhepunkt häufig die Randale selbst bildet. Für sie steht der emotionale Lustgewinn und das Gruppengeschehen offensichtlich stark im Vordergrund. Eine Problematik der Selbstwahrnehmung mancher politischer Aktion Jugendlicher ist die, daß der emotionale Erlebniswert ihre politische Qualität in der subjektiven Perzeption Jugendlicher tendenziell neutralisiert.[835]

Empfinden sie Selbsterfüllung und positive Emotionen dabei, wenn sie mit ihrer Clique z.B. Menschen dunkler Hautfarbe als „Kanaken" beschimpfen, schlagen oder durch die Straßen jagen oder Asylbewerberwohnheime attackieren, unterstellt das gleichwohl, daß ihre Taten im *Einklang* mit ihren persönlichen *Werthaltungen* stehen. Sie müssen dann den Standpunkt haben, daß die Opfer den zugefügten Schaden und Schmerz verdient haben und daß sie dazu *befugt* seien, diese Menschen so rücksichtslos zu behandeln. Befugt und berechtigt fühlen sie sich zu ihren Taten deshalb, weil sie meinen, damit mehr als einen privaten und partikularen Standpunkt zu verkörpern, nämlich einen *übergeordneten* Standpunkt des *politischen Gemeinwesens*, wie es exemplarisch in der Parole „Deutschland den Deutschen - Ausländer raus!" zum Ausdruck kommt. Daß sie damit ganz grundsätzlich vom heimatlichen, staatlichen oder nationalen Standpunkt aus denken, fühlen und handeln, macht ihre Einstellung politisch. Den Skinheads ist es nach ihren Selbstzeugnissen z.B. durchaus bewußt, daß sie ihr erhebendes Ehrgefühl aus ihrem gegen sich persönlich rücksichtslosen Einsatz für eine höhere Wertegemeinschaft beziehen. Ausschlaggebend für die Einordnung als politisch, rassistisch oder unpolitisch ist demnach der Standpunkt, der den Inhalt der Tat bestimmt. Wie niveauvoll diese Taten legitimiert werden, ist für ihre Qualifizierung als politisch gleichgültig. Die Parole „Doitschland den Doitschen! Ausländer raus!" bleibt auch unter Alkoholeinfluß und reinen „Fun-Gesichtspunkten" ausländerfeindlich und nationalistisch. Auch wenn Jugendliche solche Einstellungen und Handlungen als unpolitisch empfinden,[836] weil sie Politik möglicherweise mit Partei- oder Regierungspolitik gleichsetzen, bleiben sie sachlich politisch.

---

dazu in den anomischen Schwierigkeiten und gescheiterten Versuchen der Selbstbildbewährung ohne Drogen liegt. Nicht auf den Appell zur „Stärkung" von Selbstbewußtsein (ohne Drogen) käme es also an, sondern auf das *Wie*, auf die Inhalte und Ziele dieser „Stärkung".

834 Vgl. Ferchhoff 1999, S. 241 f, 246 f.

835 Brandanschläge auf Synagogen zu verüben, ist sicher eine politische Aktion (vgl. Anschlag auf die Erfurter Synagoge am 20. April 2000 durch einen Jugendlichen und einen Heranwachsenden (Bericht in Frankfurter Rundschau vom 12./14.7.2000)), auch wenn der 18-jährige *Andreas J.* vor Gericht aussagte, er *sei „politisch verblendet*" gewesen, weil es ein *„schönes Gefühl war, dazuzugehören.*"

836 Vgl. hierzu die oben diskutierten Selbstzeugnisse der Skinheads:„Gute Musik, stilvolle Kleidung (hart, aber smart), Fußballrandale, *keiner politischen Richtung angehören*, aber zu allem seine eigene Mei-

Auf eigentümliche Weise *politisch* sind Jugendliche als Altersklasse auch da, wo sie ausdrücklich *unpolitisch* und lediglich freizeitbezogen ganz sie selbst sein wollen. Diese *allen* Jugendsubkulturen gemeinsame politische Dimension sieht scheinbar privat aus und wird auch in der Diskussion über sie leicht als nicht politisch übergangen. Indem alle Jugend(sub)kulturen auf ihre Weise Aufmerksamkeit und Beachtung reklamieren, wie sie sich geben,[837] melden sie damit (ohne Formulare) öffentlich Ansprüche auf ihr Selbstbewußtsein und dessen Selbstdarstellung an.[838] Sie sind damit *politisch*, weil der Adressat dieser Forderung das politische Gemeinwesen ist, der demokratische Rechtsstaat: Die jugend(sub)kulturelle Jugend fordert öffentlich in ihm und von ihm „ihr" *Recht auf ihre Anerkennung.*

---

nung haben." *(W., 19 Jahre)* - „Zusammenhalt, Spaß haben, nationales Bewußtsein haben, *Politik zum Kotzen finden*, gute Konzerte besuchen, saufen, den Alltag vergessen." *(M., 23 Jahre)* - „Etwas gegen, aber auch für die Gesellschaft zu tun. Den *Stolz auf sein Land öffentlich zu zeigen* und nicht immer zu ducken vor dem, was die *unfähige Regierung* einem vorschreibt." *(H., 24 Jahre)* „Durch mein Aussehen und Auftreten zu zeigen, daß es in Deutschland noch Leute gibt, denen nicht egal ist, ob hierher immer mehr Ausländer kommen; zu zeigen, daß ich mit der Vergangenheitsbewältigung fertig geworden bin und daß ich mein Vaterland, wenn nötig mit Gewalt, immer und überall verteidigen werde." *(G., 20 Jahre)* - „Für die *Reinheit unserer deutschen Nation zu kämpfen* und notfalls auch zu *sterben*!" *(G., 20 Jahre)* - Quelle: Farin/Seidel-Pielen 1993, S. 187 (Hervorh. d. Verf.in)

837 Das gilt auch für Punks, denn sie wollen ja verachtet werden, also insofern Beachtung; *„Punks - no rules"*, also daß *„keine Regeln"* gelten sollen, ist auch eine politische Forderung.

838 Vgl. Kap. 3.2.1 sowie Fuchs 1983; ferner Baacke 1993, S. 114 ff, und Sander 1995, S. 44.

7. Schlußfolgerungen mit Ausblick

Die vorliegende Arbeit präsentiert und erprobt ein neues Analysekonzept. Sie ergänzt die Anomietheorie um Analysekonzepte der sozialpsychologischen Innenperspektive des Bewältigungshandelns von anomischen Diskrepanzen und analysiert exemplarisch, inwiefern die identitätsprägenden Effekte der schulischen Lernleistungsselektion ein schülertypisches und schließlich jugendtypisches Selbstbewußtsein hervorrufen.

Der hier entwickelte integrierte Anomieansatz aus Anomietheorem, Selbstkonzept- und Subkulturtheorie versucht, die eingangs kritisierten Beschränkungen von sozialisationstheoretischen *Defizitansätzen* zu überwinden. Die Analyse ergab, daß Defizitansätze „abweichendes Verhalten" im wesentlichen aus dem *Fehlen* von Fähigkeiten zu normgerechtem Verhalten erklären. Ihren Maßstab für gelungene Sozialisation schöpfen Defizitansätze aus Vergleichen mit normativ postulierten Persönlichkeitsentwicklungen. Der dieser Arbeit zu Grunde liegende Ansatz vermeidet dagegen bewußt die mit der Zuständigkeitslogik von Versagensdiagnosen einhergehenden Schuldzuweisungen und moralisierenden Vorhaltungen von Versäumnissen gegenüber den angeblich berufenen Erziehungsinstanzen. Er bemüht sich vielmehr um den immanenten Nachvollzug, wie das Subjekt in strukturellen Zwangslagen die institutionellen Werte und Verfahrensweisen als Herausforderungen seiner Ich-Bewährung annimmt, sie mehr oder weniger verändert und den Anomiedruck damit „produktiv" überwindet. Die hier vorgelegte Rekonstruktion von Bewältigungsstrategien Jugendlicher versteht sich als Beitrag zur Konkretisierung der theoretischen Ansprüche des Modells eines seine Realität produktiv verarbeitenden Subjekts.

Wie man sich diese Rekonstruktion konkret vorstellen kann, wurde an der *Schule* als einem sozialisatorisch relevanten Lebensbereich dargestellt. Hier wurde nach kritischer Auswertung von neueren Ansätzen dazu eine detaillierte anomietheoretische Analyse der institutionellen Effekte von Schule vorgenommen, und zwar durch eine hermeneutische Vermittlung von zwei unterschiedlichen Perspektiven: der Perspektive der äußeren institutionellen Abläufe und dann der Innensicht dieser Abläufe aus der Schülerperspektive. Auf diese Weise wurden die schulstrukturell vermittelten Effekte des Lernens für Noten schrittweise entschlüsselt, die institutionell auf die Herstellung und Festschreibung abstrakter Rangstufen hinauslaufen. Die Analyse aus der Schülerperspektive ergab, daß sich das schulische „Kerngeschäft" der Bildungsauslese auf Kosten der anfangs hochgespannten Bildungserwartungen, der Bildungsinhalte und des Lerninteresses vollzieht; infolgedessen bleibt für die meisten Schülerinnen und Schüler als nachhaltige „heimliche Lehre" der Selektionsfunktion von jährlich 500.000.000 Schulnoten das *abstrakte Vorrangstreben* übrig. Spätestens die ihre schulische Konkurrenz besiegelnden Zeugnisse drängen der Schülerschaft systematisch ein Überlegenheitsstreben über andere als durchgängiges persönliches Bewährungsmuster auf. Die Untersuchungen erlauben die Auswertung, daß die Schülerinnen und Schüler von sich aus die aufgedrängten Mechanismen des institutionell einzig anerkannten Erfolges in Zensuren adaptieren und sich daran bewähren und beweisen wollen. Sie tun dies aber nicht nur für ihren *Schul*erfolg, sondern darüber hinaus für ihren *Persönlichkeitserfolg*. Dazu variieren sie die institutionell vorgegebenen Schemata „produktiv" als

Gerüst ihres Selbstwertgefühls und Selbstbewußtseins. Dieses Identitätsstreben als Adaptionsprozeß eines organisatorisch vorgegebenen Bewährungsmusters bezeichnet die vorliegende Arbeit *als schulische Induktion* einer ganz bestimmten Struktur von Selbstkonzeptualisierung. Die innerschulisch eingeübten Überlegenheitsdemonstrationen benutzen die Schülerinnen und Schüler, wie sich mit den Befragungen ansatzweise belegen läßt, auch als Selbstbehauptungstechnik außerhalb des Bereichs der schulischen Notenkonkurrenz: „... sed vitae dicimus".

Vor dem Hintergrund dieser Interpretationen der einbezogenen Untersuchungen versuchte die vorliegende Arbeit zumindest in der Tendenz aufzuzeigen, wie das *schülertypische* Selbstbewußtsein den *gesamten* Bezug der Jugendlichen auf die praktischen Probleme und Alltagsanforderungen überformt, die das gesellschaftliche Adoleszenzmoratorium ihnen aufdrängt. Zentrale Schlußfolgerungen daraus waren diese: Selbst scheinbar banale Alltagsfragen werden von den Jugendlichen als Material der Selbstdarstellung umstilisiert, an dem sie vor sich und anderen Überlegenheitsbeweise führen, indem sie selbst gestellte Leistungsanforderungen zu erfüllen versuchen. Durch solche Selbstherausforderungen streben sie nach Status und Anerkennung, die die Dominanzgesellschaft vorlebt, deren Erfüllung sie den Noch-nicht-Erwachsenen in ihrem Jugendmoratorium gleichwohl häufig erschwert. Gerade weil die Jugend die Werte und Ziele der Erwachsenengesellschaft schon weitgehend teilt, leidet sie so sehr an den ihr häufig noch versagten Partizipationsberechtigungen und -mitteln. Vor dem Hintergrund der beschränkten Teilhabemöglichkeiten sucht und fordert die Schuljugend aber nicht vorrangig ihre praktische Teilhabe ein, sondern ihre ideelle Teilhabe durch abstrakte Anerkennung. Daß abstrakte Anerkennung als solche einen hohen Wert darstelle und auf welche Weise diese Art der Beachtung erlangt werden kann, haben ihr die konkurrenzorientierten Lehren des „geheimen Lehrplans" der Schule vermittelt. Mit den dort internalisierten Selbstdarstellungstechniken unterlaufen Jugendliche auch außerschulisch manche gesellschaftliche Barriere, indem sie ihre selbstbezogene Sinnerfüllung in der Befolgung subkulturellen Normen autonomer Selbsterfüllung leben.

Mit dieser Art der Selbstkonzeptualisierung wird das Anomieproblem subjektiv *aufgelöst* - aber praktisch auch *reproduziert*. Aufgelöst wird das Anomieproblem dadurch, daß Jugendliche ihre separate, für sie beherrschbare Welt in erster Linie *kulturell* oder *ideell*, also *neben* der Dominanzgesellschaft konstruieren. Der jugendsubkulturellen Reaktion geht es primär um *Sinnveränderung* der eigenen Lebenswelt bzw. der eigenen (Ein-)Stellung zu ihr, wozu Jugendliche sich in der Erwachsenenwelt durchaus auch mit Randale und Graffitis oder nur mit ihrem „Outfit" bemerkbar machen. Die andere Seite solcher Selbstbestätigung durch konstruierte Vorrangstellungen ist die Reproduktion der Widersprüche auf der Ebene ihres Bewältigungshandelns. Das (schüler-)subkulturelle Vorrangstreben erhält dort die Gestalt von Kreisläufen aus Herabsetzungen und Herabgesetztwerden durch andere, von körperlichen Attacken und Geschlagenwerden, von Konkurrenz der Peers um symbolische Selbstbeweise. So erweist sich dieses *konstruierte Selbstbewußtsein* als Prothese für ein Selbstgefühl, das Welt und Ich nur ideell miteinander harmonisiert. Umschreibungen dieses Selbstgefühls sind die eingangs der Arbeit genannten: ein „supergutes" Selbstgefühl, „Spaß", „Fun", „Kick" und „Ehre". Sie bringen den fortentwickelten Jugendlichen Selbstbezug auf den Punkt.

Fragt man nach den fachlichen Nutzanwendungen der Analyse über ihren theoretischen Ertrag hinaus, sind zwei Aspekte zu nennen, einmal die institutionellen Grundlagen der Adoleszenz betreffend und zum anderen die Ebene einer sozialpädagogischen Handlungsorientierung.

Als institutionenbezogene Konsequenz aus dem anomietheoretischen Analyseansatz ergibt sich eine Kritik an den strukturellen Vorgaben und Herausforderungen der problematischen Reaktionen und Selbstkonzeptualisierungen der Betroffenen, also zunächst eine *Institutionenkritik an der Schule.* Das richtet sich nicht gegen die lohnenden Mühen von Lernen, Wissensvermittlung und möglichst umfassender Bildung, also gegen die schulischen Werte und Ziele. Gemeint sind hier auch nicht alleine die vielfältigen Faktoren von Lernkultur und schulischem Sozialklima. Die nach den hier vorgelegten Analyseergebnissen fragwürdige Struktur der Schule ist vielmehr ihr instrumenteller Kernbereich von *Lernleistungsdruck unter Zeitmangel und Notenkonkurrenz*, der zu einer institutionell inszenierten Konkurrenz um Rangplätze führt, die die Sozialcharaktere der dazu vereinnahmten Schülerinnen und Schüler vorstrukturiert. Dies betrifft *alle* Schülerinnen und Schüler, ob sie sich damit leichter tun oder schwerer. Indem die Wissensgesellschaft ausgerechnet Bildung institutionell zu einem verknappten Gut definiert, überfordert sie ihre junge Generation sozialpsychologisch alleine mit dem daraus notwendig folgenden Schul*streß*.

Die Realisierungschancen der Institutionenkritik des Anomieansatzes generell sind allerdings sehr umstritten. Schubarth bescheidet die Chancen des Abbaus von Strukturanomien im Sinne der Anomietheorie so: „Dies erweist sich als unrealistisch“.[839] Ähnlich weist Lamnek derartige Folgerungen aus der Anomiethorie ab: „Eine gesamtgesellschaftliche Veränderung als Abschaffung der Dissonanz zwischen kulturellen und sozialen Anforderungen und Möglichkeiten erscheint absolut illusorisch. Alle solchen Vorschläge haben sich bislang als Utopien erwiesen. ... Das Vermeiden sozialer Ungleichheit wäre aber Voraussetzung für die Abschaffung konfligierender gesellschaftlicher Anforderungen an das einzelne Gesellschaftsmitglied“.[840] Da dies aber weniger innertheoretische als praktische Einwände sind und die Einwände zudem die globalgesellschaftliche Ebene betreffen, kann man ihnen zumindest in Teilbereichen Praxisbeispiele entgegenhalten, die auf einem im Ergebnis ähnlichen Kritikansatz wie in dieser Arbeit beruhen und ihn mit Erfolg praktisch umsetzen. Statt Rangordnungen unter Schülerinnen und Schülern herzustellen, geht es der von Hartmut von Hentig im Jahre 1974 gegründeten und später von Klaus-Jürgen Tillmann wissenschaftlich geleiteten „Bielefelder Laborschule“ organisatorisch und programmatisch darum, *„die Menschen zu stärken und die Sachen zu klären*“.[841] Dies erfolgt unter bewußter Hinwendung auf die Besonderheit der einzelnen Schülerin und des Schülers und unter Würdigung ihrer bzw. seiner individuellen Lernfortschritte und unter bewußter Abwendung vom ständigen Vergleich mit anderen Schülerinnen und Schülern und des ständigen Notendrucks. An Stelle der rangzuschreibenden Ziffernnoten können beispielsweise „Berichte zum Lernvorgang“ die Prozeßqualität des Lernens dokumentieren sowie das individuelle Lernprofil beschreiben.[842] Ähnliche Ansprüche verfolgen auch andere Reform-Schultypen,

839 Schubarth 1998, S. 42.
840 Lamnek 1996 (1979), S. 263.
841 Wilhelmi 1996, S. 82.
842 Vgl. von Hentig 1983 S. 103; Lübke 1996, S. 84 f.

die in der deutschen Schullandschaft aber nur geduldete Ausnahmen sind. Der aus verschiedenen Gründen seit Jahren steigende schulische Leistungs- und Notendruck in allen Schultypen bei gleichzeitiger, durch ihn mitverursachter Abnahme der Lernerfolge gibt meines Erachtens genügend Anlaß, über diese schul- und bildungspolitische Tabufrage erneut nachzudenken.

Möglicherweise würde sich auch vieles ändern durch eine biographische *Umstrukutrierung* des von Schule formierten und durchdrungenen *Adoleszenzmoratoriums*. Ohne die fatale Kombination von schulischer Überforderung mit lebensweltlicher Auszeit - „Jugend ist arbeitsferne Jugend“[843] - würden sich eventuell viele der hier analysierten krampfhaften Selbstbeweiserfordernisse vermeiden lassen oder gar von selbst ergeben, einschließlich der Verdrehungen von Sachbezug und Selbstbezug, des konstruierten Selbstbewußtseins als Selbsttäuschung und des Lebens für diese Einbildungen. Hier wäre zu überlegen, inwiefern eine strukturierte *Integration* von kooperativen Aktivitäten in die Ausbildungsphasen auf pragmatische Weise ein kompetenzförderndes Abhilfeangebot für Jugendliche sein könnte. Zu denken wäre an angeleitete Sozialpraktika oder andere gesellschaftlich-nützliche, angemessen bezahlte alltagspraktische Tätigkeiten in der Jugendzeit, die aus ihren Abläufen heraus, also gewissermaßen unwillkürlich, eine positive persönliche Wertschätzung jenseits der konkurrenzbetonten Prozeduren von Überlegenheitsdemonstrationen vermitteln. Persönlichkeitsstabilisierende Effekte, die eine derartige Umstrukturierung des Adoleszenz-Moratoriums durch die *„Erfahrung von Gebrauchtwerden mit Ernstcharakter“*[844] ausgelösen könnte, könnten in einer Erweiterung der kooperativen Sozialkompetenzen, in einem sozial-integrativen Statuszuwachs oder auch in einer Unterstützung der Verselbständigung gegenüber familialen Einbindungen bestehen.

Aufschlußreich könnte die Abhandlung zweitens für *die alltägliche sozialpädagogische Arbeit mit Jugendlichen* sein. Die Analyse versuchte aufzudecken, wie intensiv das ganze Streben der Jugend letztlich auf die *Anpassung* an die analysierten Anomien und auf ihre Selbstbewährung darin gerichtet ist, selbst wenn es sich im ersten Anschein nicht als Anpassung, sondern als ihr Gegenteil darstellt, wenn die Anpassungsreaktionen widerständig, aussteigerisch, subkulturell oder auch gewaltbereit auftreten. Die Aktivitäten zur glaubhaften Aufrechterhaltung der inszenierten Identitäten überwinden aber die zu Grunde liegenden Selbstzweifel nur sehr bedingt; auf Grund ihrer immanenten Widersprüche verursachen sie bei den Jugendlichen eher neue Formen des *Leidensdrucks*. Nach den Ergebnissen der Arbeit lassen sich weite Teile des jugendtypischen Verhaltens und ihres Selbstverständnisses als *enttäuschte Teilhabewünsche* interpretieren, die sich selbständig gemacht haben. Damit hat die Arbeit sozialpsychologisch eher Anhaltspunkte für fachliche Hoffnungen und sozialpädagogische Zuversicht freigelegt als für Resignation oder Defaitismus. Hier könnte es anderen gehen wie der Verfasserin selbst. Die Auseinandersetzung hat ihr geholfen, die sozialpsychologischen Anknüpfungspunkte sozialpädagogischer Arbeit mit Jugendlichen präziser zu erfassen. Damit läßt sich der scheinbar banale Kernsatz Sozialer Arbeit problem- und subjektbezogener umsetzen, nämlich die Jugendlichen möglichst da anzusprechen und *abzuholen,* wo sie auch in ihrem *sozialpsychologischen* Selbstverständnis stehen. In einem

843 Vgl. Ferchhoff 1999, S. 194 ff.
844 Vgl. Ferchhoff 1999, S. 197.

zweiten Schritt könnten die Ergebnisse samt dem Perspektivenwechsel von anomischen Zwangsstrukturen und ihrer subjektiven Verarbeitung eine *beraterische* oder *therapeutische* Aufarbeitung von Adoleszenzproblematiken unterstützen. Dafür gibt die Arbeit positive Impulse: Die Jugendlichen von ihrem konkurrenzhaften Selbstbezug und dem Ranking in allen Aktivitäten und Einschätzungen behutsam umzuorientieren auf mehr Sachbezug, mit dem die Entdeckung und das Erleben des *Interesses* an Personen und Sachen als eine erfüllende und persönlich bereichernde Größe des konkreten Lebensweltbezuges einhergeht oder zumindest einhergehen kann - ein realistisches und auf das konkrete individuelle Sein, Wollen, Können und Wünschen bezogenes Selbstbewußtsein eingeschlossen.

Verzeichnis der Abbildungen und Tabellen

Verzeichnis der Interviews

Literaturverzeichnis

Achter Jugendbericht 1990: siehe unter: Bundesminister für Jugend.

Ackermann, Heike 1993: Im Grunde unpolitisch, nur verführt? Zur deutschen Debatte über ausländerfeindliche Jugendliche. In: Neue Praxis, Heft 4, S. 383-292.

Albrecht, Günter 1997: Anomie oder Hysterie - oder beides? Die bundesrepublikanische Gesellschaft und ihre Kriminalitätsentwicklung. In: Wilhelm Heitmeyer (Hg.): Was treibt die Gesellschaft auseinander? Frankfurt am Main, S. 506-554.

Arbeiterwohlfahrt - AWO- (Hg.) 2000: Gute Kindheit - schlechte Kindheit. Armut und Zukunftschancen von Kindern und Jugendlichen in Deutschland. Sozialbericht 2000. Institut für Sozialarbeit und Sozialforschung (ISS), Frankfurt am Main

Arbeitsgruppe (AG) Schulforschung 1980: Leistung und Versagen. Alltagstheorien von Schülern und Lehrern. (Leitung: Klaus Hurrelmann) Materialien M 46, München.

Asmus H. J./Peuckert, R. 1979 (Hg.): Abweichendes Schülerverhalten. Heidelberg.

Baacke, Dieter 1993: Jugend und Jugendkulturen. Darstellung und Deutung. 2. Auflage (Erstausgabe 1987), Weinheim/München.

Baethge, Martin 1984: Materielle Produktion, gesellschaftliche Arbeitsteilung und Institutionalisierung von Bildung. In: Martin Baethge/Klaus Nevermann (Hg.): Organisation, Recht und Ökonomie des Bildungswesens. Stuttgart, S. 21-51.

Baethge, Martin 1996: Individualisierung als Hoffnung und als Verhängnis. In: R. Lindner/H. H. Wiebe (Hg.): Verborgen im Licht. Neues zur Jugendfrage. Frankfurt am Main, S. 98-123.

Bambach, Heide 1998: Anstrengung ist wichtig, aber für alle. In: Grundschulverband aktuell, Heft 62, S. 5.

Bartnitzky, Horst 1998: Nirgendwo ist der Lerneifer so groß wie in den Anfangsklassen. In: Grundschulverband aktuell, Heft 62, S. 5.

Beck, J. 1974: Lernen in der Klassenschule. Reinbek.

Beck, Ulrich 1983: Jenseits von Stand und Klasse? Soziale Ungleichheiten, gesellschaftliche Individualisierungsprozesse und die Entstehung neuer sozialer Formationen und Identitäten. In: R. Kreckel (Hg.): Soziale Ungleichheiten. Sonderband 2 der „Sozialen Welt", Göttingen, S. 35-74.

Beck, Ulrich 1986: Risikogesellschaft. Auf dem Weg in eine andere Moderne. Suhrkamp, Frankfurt/M.

Beck, Ulrich 1997: Was ist Globalisierung? Irrtümer des Globalismus - Antworten auf Globalisierung. Frankfurt am Main.

Beck, Ulrich/Beck-Gernsheim, Elisabeth (Hg.) 1994: Riskante Freiheiten. Frankfurt am Main.

Beck, Ulrich/Beck-Gernsheim, Elisabeth 1994: Individualisierung in modernen Gesellschaften - Perspektiven und Kontroversen einer subjektzentrierten Soziologie. In: Ulrich Beck/Elisabeth Beck- Gernsheim (Hg.): Riskante Freiheiten. Frankfurt am Main, S. 10-39.

Bem, T. J. 1979: Theorie der Selbstwahrnehmung. In: Sigrun-Heide Filipp (Hg.): Selbstkonzeptforschung: Probleme, Befunde, Perspektiven. Stuttgart. S. 97-127.

Benner, Dietrich 1977: Was ist Schulpädagogik? In: Josef Derbolav (Hg.): Grundlagen und Probleme der Bildungspolitik. München/Zürich, S. 88-111.

Bergmann, Werner/Erb, Rainer (Hg.) 1994: Neo-Nazismus und rechte Subkultur. Berlin.

Bernfeld, Siegfried 1967: Sysiphos oder die Grenzen der Erziehung. (Erstausgabe 1925 Leipzig), Frankfurt am Main.

Bernfeld, Siegfried 1969: Die Schulgemeinde und ihre Funktion im Klassenkampf. In: Siegfried Bernfeld: Antiautoritäre Erziehung und Psychoanalyse. Band 2, (Erstausgabe 1928 Berlin) Frankfurt am Main, S. 388-467.

BILD-Zeitung, Tageszeitung, verschiedene Ausgaben.

Blackham, G. J. 1971: Der auffällige Schüler. Weinheim.

Böhm, Winfried 2000: Wörterbuch der Pädagogik, begründet von Wilhelm Hehlmann, 15. Auflage, Stuttgart.

Böhnisch, Lothar 1995: Schule als anomische Struktur. In: Wilfried Schubarth/Wolfgang Melzer (Hg.): Schule, Gewalt und Rechtsextremismus. 2. Auflage, Opladen, S. 141-151.

Bock, Marlene/Eimnitz, Monika/Richter, Horst-Eberhard/Thiel, Wolfgang/Wirth, Hans-Jürgen 1989: Zwischen Resignation und Gewalt - Jugendprotest in den achtziger Jahren. Opladen.

Bohle, Hans Hartwig/Heitmeyer, Wilhelm/Kühnel, Wolfgang/Sander, Uwe 1997: Anomie in der modernen Gesellschaft: Bestandsaufnahme und Kritik eines klassischen Ansatzes soziologischer Analyse. In: Wilhelm Heitmeyer (Hg.): Was treibt die Gesellschaft auseinander? Bundesrepublik Deutschland: Auf dem Weg von der Konsens- zur Konfliktgesellschaft. Band 1, Frankfurt am Main, S. 29-65.

Bohle, Hans Hartwig 1975: Soziale Abweichung und Erfolgschancen. Die Anomietheorie in der Diskussion. Neuwied/Darmstadt.

Bohnsack, Ralf/Loos, Peter/Schäffer, Burkhard/Städtler, Klaus/Wild, Bodo 1995: Die Suche nach Gemeinsamkeit und die Gewalt der Gruppe. Hooligans, Musikgruppen und andere Jugendcliquen. Opladen.

Bonner Initiative Gemeinsam gegen Neofaschismus 1989: Gegen Leggewiesierung und Heitmeyerei im Antifaschismus. Streitschrift. (v.i.S.d.P.: Ursel Döhmann, Andreas Garcia und Peter Kratz), Bonn.

Brettschneider, Wolf-Dietrich/Brandl-Bredenbeck, Hans Peter 1997: Sportkultur und jugendliches Selbstkonzept. Eine interkulturell vergleichende Studie über Deutschland und USA. Weinheim.

Bronfenbrenner, Uri 1976: Ökologische Sozialisationsforschung, Stuttgart.

Brusten, M./Hurrelmann, K. 1973: Abweichendes Verhalten in der Schule. Eine Untersuchung zu Prozessen der Stigmatisierung. München.

Buff, Alex 1991: Schulische Selektion und Selbstkonzeptentwicklung. In: Reinhard Pekrun/Helmut Fend (Hg.) 1991: Schule und Persönlichkeitsentwicklung: Ein Resümee der Längsschnittforschung. Stuttgart, S. 100-114.

Buford, Bill 1992: Geil auf Gewalt: Unter Hooligans. München.

Bund-Länder-Kommission für Bildungsplanung 1973: Bildungsgesamtplan. Kurzfassung. Stuttgart.

Bundesminister des Innern 1994: Analyse fremdenfeindlicher Straftäter. Bearbeiter: Willems, Würtz, Ekkert. Bonn.

Bundesministerium des Innern 1995: Verfassungsschutzbericht 1994. Bonn.

Bundesministerium für Bildung und Wissenschaft 1984: Grund- und Strukturdaten 1984/85. Bonn.

Bundesministerium für Bildung, Wissenschaft, Forschung und Technologie 1996: Grund- und Strukturdaten 1995/96. Bonn.

Bundesminister für Jugend, Familie, Frauen und Gesundheit 1990: Achter Jugendbericht der Bundesregierung. Bericht über Bestrebungen und Leistungen der Jugendhilfe. Bonn.

Bundestags-Drucksache 1998: Zehnter Kinder- und Jugendbericht. Bericht über die Lebenssituation von Kindern und die Leistungen der Kinderhilfen in Deutschland mit Stellungnahme der Bundesregierung. Bundestags-Drucksache 13/11.368 vom 25.08.1998, Bonn.

Butterwegge Christoph 1993: Zur modischen Fehldeutung des Rechtsextremismus/Rassismus als Jugendrevolte und soziale Protestbewegung. In: Deutsche Jugend, Heft 11, S. 383-487.

Butterwegge, Christoph 1994: Jugend, Gewalt und Gesellschaft. In: Deutsche Jugend, Heft 9, S. 384-394.

Cohen, Albert K. 1961: Kriminelle Jugend. (Erstausgabe: Delinquent Boys, 1955), Reinbek.

Coopersmith, S. 1967: The Antecedents of Self-esteem. Freeman-Verlag, San Francisco.

Dahrendorf, Ralf 1965: Bildung ist Bürgerrecht. Plädoyer für eine aktive Bildungspolitik. Bramsche.

Dettenborn, Harry/Lautsch, Erwin 1992: Aggression in der Schule aus der Schülerperspektive. In: Zeitschrift für Pädagogik, 39. Jg., Heft 5, S. 745-774.

Deutsches Jugendinstitut München e.V. (Arbeitsstelle Kinder- und Jugendprävention) (Hg.) 1999: Der Mythos der Monsterkids: Strafunmündige „Mehrfach und Intensivtäter". München.

Deutscher Bildungsrat 1970: Empfehlungen der Bildungskommission: Strukturplan für das Bildungswesen. 2. Auflage, Stuttgart.

Dilthey, Wilhelm 1957: Gesammelte Schriften. Band V, 3. Auflage, Stuttgart.

Döbert, Marion/Hubertus, Peter 2000: Ihr Kreuz ist die Schrift. Analphabetismus und Alphabetisierung in Deutschland. Hg.: Bundesverband Alphabetisierung e.V., Stuttgart.

Döbert, Rainer/Habermas, Jürgen/Nunner-Winkler, Gertrud 1980: Zur Einführung. In: Diess. (Hg.): Entwicklung des Ichs. Königstein/Taunus, S. 1 ff.

Döbert, Rainer/Nunner-Winkler, Gertrud 1975: Adoleszenzkrise und Identitätsbildung, Frankfurt/M.

Dollase, Rainer 1995: Jugendkulturen und Mode. Ein Thema zwischen emotionaler Reichhaltigkeit, essayistischer Pracht und wissenschaftlicher Fadheit. In: Wilfried Ferchhoff/Uwe Sander/Ralf Vollbrecht (Hg.): Jugendkulturen - Faszination und Ambivalenz. Einblicke in jugendliche Lebenswelten. Weinheim/München, S. 82-92.

Dreitzel, Hans Peter 1968: Die gesellschaftlichen Leiden und das Leiden an der Gesellschaft. Vorstudien zu einer Pathologie des Rollenverhaltens. Stuttgart.

Dubin, R. 1967: Abweichendes Verhalten und Sozialstruktur. In: H. Hartmann (Hg.): Moderne amerikanische Soziologie, Stuttgart , S. 233-248.

Duden Band 12 1993: „Zitate und Aussprüche": Herkunft und aktueller Gebrauch. Hg.: Wissenschaftlicher Beirat der Dudenredaktion. Bearbeitet von Werner Scholze-Stubenrecht, Mannheim, Leipzig u.a.

Durkheim, Emile 1977: Über die Teilung der sozialen Arbeit. (Original 1893) Frankfurt am Main.

Durkheim Emile 1973: Über den Selbstmord. (Original 1897) Darmstadt.

Einsiedler, Wolfgang/Gumpler Edith 1989: Analyse zur Entwicklung des Sitzenbleibens (unter besonderer Berücksichtigung der Grundschule). In: Die Deutsche Schule, 81. Jg., Heft 2, S. 248 ff.

Eisenstadt, Shmul N. 1966: Von Generation zu Generation. Altersgruppen und Sozialstruktur. München.

Erikson, Erik H. 1995: Identität und Lebenszyklus. 15. Auflage (Erstausgabe 1966), Frankfurt am Main.

Eckert, Roland 1995: Distinktion durch Gewalt. In: Wilfried Ferchhoff/Uwe Sander/Ralf Vollbrecht (Hg.): Jugendkulturen - Faszination und Ambivalenz. Einblicke in jugendliche Lebenswelten. Weinheim/München, S. 186-202.

Faber G. 1989: Fehlerartspezifische Selbsteinschätzungen im Kontext von Schülerselbstkonzepten, Rechtschreibeleistungen und Lehrerurteilen. In: Zeitschrift für Pädagogische Psychologie, S. 181-191.

Farin, Klaus/Seidel-Pielen, Eberhard 1992: Rechtsruck. Rassismus im neuen Deutschland. Berlin.

Farin, Klaus/Seidel-Pielen, Eberhard 1993: Skinheads. München.

Farin, Klaus/Hauswald, Harald 1998: Die Dritte Halbzeit: Hooligans in Berlin Ost. Berlin.

Fend, Helmut 1973: Sozialisationseffekte unterschiedlicher Schulformen. In: Zeitschrift für Pädagogik, 6. Jg., S. 887-903.

Fend, Helmut 1977: Schulklima. Soziale Einflußprozesse in der Schule. Soziologie der Schule III. Weinheim/ Basel.

Fend, Helmut 1981: Theorie der Schule. München.

Fend, Helmut 1991: Schule und Persönlichkeit: Eine Bilanz der Konstanzer Forschungen zur „Sozialisation in Bildungsinstitutionen". In: Reinhard Pekrun/Helmut Fend (Hg.): Schule und Persönlichkeitsentwicklung: Ein Resümee der Längsschnittforschung. Stuttgart, S. 9-32.

Fend, H./Knörzer, W./Nagl, W./Specht, W./Väth-Szusdziara, R. 1976: Sozialisationseffekte der Schule, Weinheim/Basel.

Ferchhoff, Wilfried 1995: Jugendkulturelle Individualisierungen und (Stil)differenzierungen in den 90er Jahren. In: Wilfried Ferchhoff/Uwe Sander/Ralf Vollbrecht (Hg.): Jugendkulturen - Faszination und Ambivalenz. Einblicke in jugendliche Lebenswelten. Weinheim/München, S. 52-65.

Ferchhoff, Wilfried 1999: Jugend an der Wende vom 20. zum 21. Jahrhundert. Lebensformen und Lebensstile. 2. überarbeitete und aktualisierte Auflage, Opladen.

Ferchhoff, Wilfried/Sander, Uwe/Vollbrecht, Ralf (Hg.) 1995: Jugendkulturen - Faszination und Ambivalenz. Einblicke in jugendliche Lebenswelten. Festschrift für Dieter Baacke zum 60. Geburtstag. Weinheim/München.

Filipp, Sigrun-Heide (Hg.) 1979: Selbstkonzeptforschung: Probleme, Befunde, Perspektiven. Stuttgart.

Filipp, Sigrun-Heide (Hg.) 1983: Die Rolle von Selbstkonzepten im Prozeß der Auseinandersetzung und Bewältigung von kritischen Lebensereignissen. In: Zeitschrift für personenzentrierte Psychologie und Psychotherapie, S. 39-48.

Filipp, Sigrun-Heide 1985: Selbstkonzept. In: T. Herrmann/E. D. Lantermann: Persönlichkeitspsychologie. Ein Handbuch in Schlüsselbegriffen. München/Wien/Baltimore, S. 347-353.

Findeisen, Hans-Volkmar/Kersten, Joachim 1999: Der Kick und die Ehre. Vom Sinn jugendlicher Gewalt. München.

Focus 1998: Titelblatt: Schule brutal: Erpressung, Prügel, Terror - an deutschen Schulen ist die Hölle los. Darin: Faustrecht macht Schule u.a., Heft 10 vom 2.3.1998, S. 72-84.

Frankfurter Rundschau (FR), Tageszeitung, verschiedene Ausgaben. Frankfurt am Main.

Fritzsche, Yvonne 1997: Jugendkulturen und Freizeitpräferenzen: Rückzug vom Politischen? In: Jugendwerk der Deutschen Shell (Hg.): Jugend '97. Zukunftsperspektiven, gesellschaftliches Engagement, politische Orientierungen. S. 343-377.

Fromm, Hannes 1992: Möglichkeiten sozialer Arbeit mit Fußballfans. In: Albert Scherr (Hg.): Jugendarbeit mit rechten Jugendlichen. Bielefeld, S. 96-111.

Fuchs W. 1983: Jugendliche Statuspassage oder individualisierte Jugendbiographie? In: Soziale Welt, 33. Jg., Heft 3, S. 341-371.

Funk-Kolleg 1971: Erziehungswissenschaft. Band 1 - 3, Hg.: Wolfgang Klafki u.a., Frankfurt am Main.

Furck, Carl-Ludwig 1971: Das pädagogische Problem der Leistung in der Schule. 4. Auflage, Weinheim.

Galtung, Johan 1975: Strukturelle Gewalt. Beiträge zur Friedens- und Konfliktforschung. Reinbek.

Galtung, Johan 1978: Der besondere Beitrag der Friedensforschung zum Studium der Gewalt: Typologien. In: K. Röttger/H. Sauer (Hg.): Gewalt. Grundlagenforschung in der Diskussion. Basel/Stgt. S. 9-32.

Gaupp, A. 1963: Überlegungen und Tatsachen zur Bewährung der Schülerauslese. In: Karlheinz Ingenkamp (Hg.): Pädagogisch-psychologische Untersuchungen zum Übergang auf weiterführende Schulen. Weinheim, S. 55-80.

Gebhardt, Thomas/Heinz, Andreas/Knöbl, Wolfgang 1996: Die gefährliche Wiederkehr der „gefährlichen Klassen": Der IQ als Indikator sozialer Devianz in der neueren amerikanischen Kriminalitätsdiskussion. In: Kriminologisches Journal, 28. Jg. Heft 2, S. 82-106.

Gehrmann, T. 1990: Fußballrandale. Hooligans in Deutschland. Essen.

Geulen, D. 1987: Zur Integration von entwicklungspsychologischer Theorie und empirischer Sozialisationsforschung . In: Zeitschrift für Sozialisationsforschung und Erziehungssoziologie, Heft 1, S. 1-25.

Geulen, D. 1991: Die historische Entwicklung sozialisationstheoretischer Ansätze. In: K. Hurrelmann/D. Ulrich (Hg.): Neues Handbuch der Sozialisationsforschung. Weinheim/Basel, S. 21-54.

Geulen, D./Hurrelmann, K. 1980: Zur Programmatik einer umfassenden Sozialisationstheorie. In: K. Hurrelmann/D. Ulich (Hg.): Handbuch der Sozialisationsforschung. 1. Auflage, Weinheim.

Gierich, J. 1980: Schafft endlich die Klingel ab! In: Die Zeit, Nr. 45, S. 47.

Glatzer, Wolfgang/Hübinger, W. 1990: Lebenslagen und Armut. In: D. Döring/W. Hanesch/E. U. Huster (Hg.): Armut im Wohlstand. Frankfurt am Main.

Glötzl, Herbert 1979: „Das habe ich mir gleich gedacht": Der Einfluß von Lehrerverhalten und Schulsystem auf die Ausprägung und Verfestigung abweichenden Verhaltens. Weinheim/Basel.

Gloel, Rolf 1992: Gewalt oder Dialog. Grundlagen und Perspektiven Interkultureller Jugendarbeit. Reihe: Studien zur Interkulturellen Kommunikation, Band 10, Saarbrücken.

Göller, Alfred 1968: Zensuren und Zeugnisse. (Erstausgabe 1966), 2. Auflage, Stuttgart.

Goffmann, Erving 1967: Stigma. Über Techniken der Bewältigung beschädigter Identitäten. Frankfurt/M.

Goffmann, Erving 1981: Asyle. (Erstausgabe 1961), Frankfurt am Main.

Goffmann, Erving 1969: Wir alle spielen Theater. Die Selbstdarstellung im Alltag. (Erstausgabe: New York 1959), München.

Grauer G./Zinnecker, Jürgen 1978: Schülergewalt. Über unterschlagene und dramatisierte Seiten des Schülerlebens. In: B. Reinert/J. Zinnecker (Hg.): Schüler im Schulbetrieb. Reinbek, S. 282-348.

Griese, H. 1977: Sozialwissenschaftliche Jugendtheorien - Eine Einführung. Weinheim/Basel.

Gülland, Fritz 1929: Weg mit den Schulzeugnissen. In: Die neue Erziehung, XI. Jg., Heft 10, S. 784-788.

Habermas, Jürgen 1973: Technik und Wissenschaft als „Ideologie". Frankfurt am Main.

Habermas, Jürgen 1988: Individualisierung durch Vergesellschaftung. In: Jürgen Habermas: Nachmetaphysisches Denken. Philosophische Aufsätze. Frankfurt am Main, S. 187-241.

Hafeneger, Benno 1993: Wider die (Sozial-)Pädagogisierung von Gewalt und Rechtsextremismus. In: Deutsche Jugend, Heft 3, S. 120-128.

Hafeneger, Benno 1996: Die Gewalt der Jugend. Eine wissenschaftliche Debatte geht zu Ende, aber die Phänomene bleiben. In: Frankfurter Rundschau vom 6.8.1996 = Sozialmagazin, Heft 7/8, S. 80-82.

Hall, C. S./Lindzey, G. 1978: Theorien der Persönlichkeit. Band 1, München.

Hammer, Hans Wolfgang 2000: Schulpflichtverletzung: Maßnahmen zur Sicherstellung des Schulbesuchs. In: SchulVerwaltung - spezial - Zeitschrift für SchulLeitung, SchulAufsicht und SchulKultur, Nr. 1/2000, Kronach/München/Bonn/Potsdam.

Harenberg, Bodo (Hg.) 1997: Harenberg Lexikon der Gegenwart '98. Dortmund.

Hargreaves, David H. 1979: Reaktionen auf soziale Etikettierungen. In: H. J. Asmus/R. Peuckert (Hg.): Abweichendes Schülerverhalten. Heidelberg, S. 141-154.

Hargreaves, David H./Hester, Stephen K./Mellor, Frank J. 1981: Abweichendes Verhalten im Unterricht. (Engl. Orig.-Ausgabe: Deviance in Classrooms 1975), Weinheim/Basel.

Heckel 1967: Schulrecht und Schulpolitik, Neuwied.

Heid, H. 1969: Soziokulturelle Bedingtheit der „Begabung" in pädagogischer Betrachtung. In: Die Deutsche Berufs- und Fachschule, 65. Jg., Heft 8, S. 561-579.

Heinze, T. 1980: Schülertaktiken. München.

Heitmeyer, Wilhelm 1987: Rechtsextremistische Orientierungen bei Jugendlichen. Empirische Ergebnisse und Erklärungsmuster einer Untersuchung zur politischen Sozialisation. (4. Auflage 1992), Weinheim/München.

Heitmeyer, Wilhelm u.a. 1992: Die Bielefelder Rechtsextremismus-Studie. Erste Langzeituntersuchung zur politischen Sozialisation männlicher Jugendlicher. Weinheim/München.

Heitmeyer, Wilhelm 1992: Arbeit und Instrumentalisierung. In: päd.extra, Heft 9, S. 32-38.

Heitmeyr, Wilhelm 1993: Gesellschaftliche Desintegrationsprozesse als Ursachen von fremdenfeindlicher Gewalt und politischer Paralysierung. In: Aus Politik und Zeitgeschichte, B 2-3, S. 3-13.

Heitmeyer, Wilhelm 1994a: Entsicherung, Desintegrationsprozesse und Gewalt. In: Ulrich Beck/Elisabeth Beck-Gernsheim (Hg.): Riskante Freiheiten. Frankfurt am Main.

Heitmeyer, Wilhelm 1994b: Das Desintegrations-Theorem. Ein Erklärungsansatz zu fremdenfeindlich motivierter, rechtsextremistischer Gewalt und zur Lähmung gesellschaftlicher Institutionen. In: Heitmeyer, Wilhelm: Das Gewalt-Dilemma. Frankfurt am Main, S. 29-69.

Heitmeyer, Wilhelm (Hg.) 1997: Was treibt die Gesellschaft auseinander? Bundesrepublik Deutschland: Auf dem Weg von der Konsens- zur Konfliktgesellschaft. Band 1, Frankfurt am Main.

Heitmeyer, Wilhelm/Olk, Thomas (Hg.) 1990: Individualisierung von Jugend. Gesellschaftliche Prozesse, subjektive Verarbeitungsformen, jugendpolitische Konsequenzen. Hg. im Auftrag der Arbeitsgruppe Bielefelder Jugendforschung, Weinheim/München.

Heitmeyer, Wilhelm/Peter, Jörg-Ingo 1992: Jugendliche Fußballfans. Soziale und politische Orientierungen, Gesellungsformen, Gewalt. (Erstausgabe 1988) 2. Auflage, Weinheim/München.

Heitmeyer, Wilhelm/Möller, Renate 1995: Gewalt in jugendkulturellen Szenen. In: Ferchhoff, Wilfried/ Sander, Uwe/Vollbrecht, Ralf (Hg.): Jugendkulturen - Faszination und Ambivalenz. Einblicke in jugendliche Lebenswelten. Weinheim/München, S. 203-216.

Helsper, W. 1993: Zerstört die Schule Identität? In: Forum Lehrerbildung, Heft 22, S. 65-74.

Helsper, W. 1995: Zur „Normalität“ jugendlicher Gewalt: Sozialisationstheoretische Reflexionen zum Verhältnis von Anerkennung und Gewalt. In: W. Helsper/H. Wenzel (Hg.): Pädagogik und Gewalt. Opladen, S. 113-154.

Hemprich, Max 1902: Die Erziehung unserer männlichen schulentlassenen Jugend. Unter Berücksichtigung der neuesten Verhandlungen vom wirtschaftlichen, nationalen und sittlichen Standpunkt aus entwikkelt. Berlin.

Hentig, Hartmut von 1968: Systemzwang und Selbstbestimmung. Über die Bedingungen der Gesamtschule in der Industriegesellschaft. 1. Auflage, Stuttgart.

Hentig, Hartmut von 1983: Das Beurteilungssystem der Bielefelder Laborschule. In: Becker, Hellmut/Hentig, Hartmut von (Hg.): Zensuren: Lüge - Notwendigkeit - Alternativen. Frankfurt am Main/Berlin/Wien,S. 97-180.

Hentig, Hartmut von 1998: Jugend im Medienzeitalter. In: Zeitschrift für Erziehungswissenschaft, Heft 1, 1.Jg., Opladen, S. 23-22.

Herrlitz, Hans-Georg 1998: Brauchen wir eine neue Elitebildung? In: Die Deutsche Schule 90, H. 1, S. 7 f.

Herz, Otto 1998: Noten zerstören den Anstrengungswillen vieler Kinder. In: Grundschulverband aktuell, Heft 62, S. 5.

Herzog, Roman 1997: Aufbruch in der Bildungspolitik. Rede vom 5. November 1997 in Berlin, Bulletin des Presse und Informationsamtes der Bundesregierung Nr. 87, Bonn, S. 1001 ff.

Herzog, Roman 1998: Aufbruch in der Bildungspolitik. In: Michael Rutz (Hg.): Aufbruch in der Bildungspolitik. Roman Herzogs Rede und 25 Antworten. München, S. 67-87.

Höhn, E. 1967: Der schlechte Schüler. Sozialpsychologische Untersuchung über das Bild des Schulversagers. München.

Hofer, M. 1969: Die Schülerpersönlichkeit im Urteil des Lehrers. Weinheim/Berlin/Basel.

Holtappels, Heinz-Günter 1984: Abweichendes Verhalten oder Schulalltagsbewältigung? Subjektive Deutungsmuster von Schülern zu Problemen im Schulalltag. In: Die Deutsche Schule, H.1, S.18-30.

Holtappels, Heinz-Günter 1987: Schulprobleme und abweichendes Verhalten aus der Schülerperspektive. Empirische Studie zu Sozialisationseffekten im situationellen und interaktionellen Handlungskontext der Schule. Reihe: Sozialwissenschaften Band 3, Bochum.

Holtappels, Heinz Günter 1995: Aggression und Gewalt als Schulproblem - Schulorganisation und abweichendes Verhalten. In: Wilfried Schubarth/Wolfgang Melzer (Hg.): Schule, Gewalt und Rechtsextremismus. 2. Auflage, Opladen, S. 115-140.

Holtappels, Heinz Günter 1997: Sozialwissenschaftliche Theorien und Konzepte schulischer Gewaltforschung,. In: Heinz Günter Holtappels/Wilhelm Heitmeyer/Wolfgang Melzer/Klaus-Jürgen Tillmann (Hg.): Forschung über Gewalt an Schulen. Erscheinungsformen und Ursachen, Konzepte und Prävention. Weinheim/München, S. 27-44.

Holtappels, Heinz Günter/Hornberg, Sabine 1997: Schulische Desorganisation und Devianz. In: Heitmeyer, Wilhelm (Hg.): Was treibt die Gesellschaft auseinander? Bundesrepublik Deutschland: Auf dem Weg von der Konsens- zur Konfliktgesellschaft. Band 1, Frankfurt am Main, S. 328-367.

Holtappels, Heinz Günter/Heitmeyer, Wilhelm/Melzer, Wolfgang/Tillmann, Klaus-Jürgen (Hg.) 1997: Forschung über Gewalt an Schulen. Erscheinungsformen und Ursachen, Konzepte und Prävention. (2. Auflage 1999), Weinheim/München.

Huisken, Freerk 1992: Weder für die Schule noch fürs Leben. Vom unbestreitbaren Nutzen unserer Lehranstalten. Kritik der Erziehung. Teil 2, Hamburg.

Huisken, Freerk 1993: Zur Kritik von W. Heitmeyers Rechtsextremismustheorie - Theoretisch desorientiert, politisch orientiert. In: Deutsche Jugend, Heft 11, S. 496-504.

Huisken, Freerk 1996: Jugendgewalt. Der Kult des Selbstbewußtseins und seine unerwünschten Früchtchen. Hamburg.

Hurrelmann, Klaus 1971: Unterrichtsorganisation und schulische Sozialisation. Eine empirische Untersuchung zur Rolle der „Leistungsdifferenzierung" im schulischen Selektionsprozeß. Weinheim/Basel/ Berlin.

Hurrelmann, Klaus 1978: Programmatische Überlegungen zur Entwicklung der Bildungsforschung. In: Bolte, Karl M. (Hg.): Verhandlungen des 18. Deutschen Soziologentages. München, S. 531-564.

Hurrelmann, Klaus 1983: Das Modell des produktiv realitätsverarbeitenden Subjekts in der Sozialisationsforschung. In: Zeitschrift für Sozialiationsforschung und Erziehungssoziologie, 3. Jg., Heft 1, S. 91-104.

Hurrelmann, Klaus 1995: Einführung in die Sozialisationstheorie. Über den Zusammenhang von Sozialstruktur und Persönlichkeit. 5. überarbeitete und ergänzte Auflage, Weinheim/Basel.

Hurrelmann, Klaus 1995a: Aggression und Gewalt in der Schule. In: Schubarth, Wilfried/Melzer, Wolfgang (Hg.): Schule, Gewalt und Rechtsextremismus. 2. Auflage, Opladen, S. 39-50.

Hurrelmann, Klaus 2000: Legal und illegal sagen nichts über das Gefährdungspotential aus. Klaus Hurrelmann über den Gebrauch von anerkannten und geächteten Drogen und wie ihr Missbrauch verhindert werden kann. In: Frankfurter Rundschau vom 10.8.2000, (Dokumentation), S. 18.

Ingenkamp, Karlheiz 1969: Sind Zensuren aus verschiedenen Klassen vergleichbar? In: betrifft erziehung, 2. Jg., Nr. 3, S. 11-14.

Ingenkamp, Karlheiz 1977: Die Fragwürdigkeit der Zensurengebung. 7. Auflage (1971), Weinheim.

Jackson, Ph. W. 1968: Life in classrooms. New York u.a.

James, William 1901: The Principles of Psychology. (Holt-Verlag), New York.

Jensen, A. 1971: Erblicher IQ - oder Pädagogischer Optimismus vor einem anderen Gericht. In: Neue Sammlung, 12. Jg., Heft 1, S. 71-76.

Jensen, A. 1973: Wie sehr können wir Intelligenzquotient und schulische Leistung steigern? In: H. Skowronek (Hg.): Umwelt und Begabung. Stuttgart, S. 63-155.

Jensen, A. 1975: Es gibt Unterschiede zwischen Schwarzen und Weißen. Rasse, Intelligenz und Erbanlagen. In: Psychologie heute, 2. Jg., Heft 1, S. 63-75.

Jerusalem, Matthias/Schwarzer, Ralf 1991: Entwicklung des Selbstkonzepts in verschiedenen Lernumwelten. In: Reinhard Pekrun/Helmut Fend (Hg.): Schule und Persönlichkeitsentwicklung: Ein Resümee der Längsschnittforschung. Stuttgart, S. 115-128.

Joas, H. 1988: Das Risiko der Gegenwartsdiagnose. In: Soziologische Revue, Heft 1, S. 1-6.

Jugendwerk der Deutschen Shell (Hg.) 1981: Jugend 1981: Lebensentwürfe, Alltagskulturen, Zukunftsbilder. Band 1, Hamburg.

Jugendwerk der Deutschen Shell (Hg.) 1992: Jugend 1992, 10. Shell-Jugendstudie, Hamburg.

Jugendwerk der Deutschen Shell (Hg.) 1997: Jugend '97. 12. Shell-Jugendstudie: Zukunftsperspektiven, gesellschaftliches Engagement, politische Orientierungen. Opladen.

Jugendwerk der Deutschen Shell (Hg.) 2000: Jugend 2000. 13. Shell-Jugendstudie, Band 1 und 2, Opladen.

Kersten, Joachim 1993: Männlichkeitsdarstellung in Jugendgangs. Kulturvergleichende Betrachtungen zum Thema „Jugend und Gewalt". In: Otto, Hans-Uwe/Merten, Roland (Hg.): Rechtsradikale Gewalt im vereinigten Deutschland. Jugend im gesellschaftlichen Umbruch. Opladen, S. 227-236.

Kersten, Joachim 1994: Feindbildkonstruktionen und Gewalthandlungen bei Gruppierungen junger Männer. In: Werner Bergmann/Rainer Erb (Hg.): Neo-Nazismus und rechte Subkultur. Berlin.

Kersten, Joachim/Steiert, Heinz 1997: Einleitung: Kriminalität als Bewerkstelligung von Geschlecht. „Starke Typen" mit Risiken und Nebenwirkungen. In: Joachim Kersten/Heinz Steinert (Hg.): Starke Typen: Iron Mike, Dirty Harry, Crododile Dundee und der Alltag von Männlichkeit. Jahrbuch für Rechts- und Kriminalsoziologie '96, Baden-Baden, S. 7-12.

Klafki, Wolfgang 1976: Probleme sachbezogener Didaktik: Grundfragen (I). Reihe: Lehrerfortbildung Tagungsberichte, Düsseldorf.

Kohlberg, Lawrence 1974: Zur kognitiven Entwicklung des Kindes. Frankfurt am Main.

Kramer, Wolfgang/Werner, Dirk 1998: Familiäre Nachhilfe und bezahlter Nachhilfeunterricht. Ergebnisse einer Elternbefragung in Nordrhein-Westfalen. Köln.

Krappmann, Lothar 1971: Soziologische Dimensionen der Identität. Strukturelle Bedingungen für die Teilnahme an Interaktionsprozessen. Stuttgart.

Krumm, Volker 1997: Methodenkritische Analyse schulischer Gewaltforschung. In: Heinz Günter Holtappels/ Wilhelm Heitmeyer/Wolfgang Melzer/Klaus-Jürgen Tillmann (Hg.): Forschung über Gewalt an Schulen. Erscheinungsformen und Ursachen, Konzepte und Prävention. Weinheim/München, S. 63-79.

Kursbuch - SPoKK 1997 (Arbeitsgruppe für Symbolische Politik, Kultur und Kommunikation): Ahlert, Christian/ Christoph Bieber/ Nikola Duric u.a. (Hg.): Kursbuch JugendKultur. Stile, Szenen und Identitäten vor der Jahrtausendwende. Mannheim.

Lamnek, Siegfried 1996: Theorien abweichenden Verhaltens, 6. Auflage (1. Auflage 1979), München.

Landeszentrale für politische Bildung Baden-Württemberg (Hg.) 1993: Aggression und Gewalt. Stuttgart.

Lempp, Reinhart 1978: Lernerfolg und Schulversagen. Eine Kinder - und Jugendpsychiatrie für Pädagogen, 3. Auflage, München.

Lenzen, Dieter (Hg.) 1989: Pädagogische Grundbegriffe. Band 2, Reinbek.

Leymann, Heinz 1993: Mobbing, Psychoterror am Arbeitsplatz und wie man sich dagegen wehren kann. Reinbek.

Lübke, Silvia-Iris 1996: Schule ohne Noten: Lernbericht in der Praxis der Laborschule. Reihe: Schule und Gesellschaft, Band 13, Opladen.

Lüdgert, W. 1992: Die Fragwürdigkeit der Zensurengebung und die 'Berichte zum Lernvorgang' der Bielefelder Laborschule. In: Neue Sammlung, 32. Jg., Heft 3, S. 387-404.

Luhmann, Niklas 1987: Die gesellschaftliche Differenzierung und das Individuum. In: Thomas Olk/Hans-Uwe Otto (Hg.): Soziale Dienste im Wandel. Band 1. Helfen im Sozialstaat. Neuwied/Darmstadt, S. 121-137.

Luhmann, Niklas 1984: Soziale Systeme. Frankfurt am Main.

Mackensen, R. 1988: Die Postmoderne als negative Utopie. In: Soziologische Revue, Heft 1, S. 6-12.

Mannheim, Karl 1930: Über das Wesen und die Bedeutung des wirtschaftlichen Erfolgsstrebens. Ein Beitrag zur Wirtschaftssoziologie. In: Archiv für Sozialwissenschaften und Sozialpolitik, Band 63, S. 449-512.

Mansel, Jürgen/Hurrelmann, Klaus 1991: Alltagsstreß bei Jugendlichen. Eine Untersuchung über Lebenschancen, Lebensrisiken und psychosoziale Befindlichkeiten im Statusübergang. Weinheim/München.

Marcia, J. E. 1980: Identity in Adolescence. In: J. Adelson (Hg.): Handbook of adolescent Psychology. (Wiley-Verlag) New York, S. 159-187.

Marshall, George 1993: Spirit of '69. Eine Skinhead Bibel. (S. T. Publishing Schottland), Dunoon.

Mead, George Herbert 1973: Geist, Identität und Gesellschaft. (Chicago 1934), Frankfurt am Main.

Melzer, Wolfgang/Hurrelmann, Klaus 1990: Individualisierungspotentiale und Widersprüche in der schulischen Sozialisation von Jugendlichen. In: Wilhelm Heitmeyer/Thomas Olk (Hg.): Individuali- sierung von Jugend. Gesellschaftliche Prozesse, subjektive Verarbeitungsformen, jugendpolitische Konsequenzen. Herausgegeben im Auftrag der Arbeitsgruppe Bielefelder Jugendforschung, Weinheim/München, S. 35-60.

Melzer, Wolfgang/Schubarth, Wilfried/Tillmann, Klaus-Jürgen 1995: Gewalt in der Schule: Zum Forschungsstand eines (wieder) aktuellen Themas. In: Wilfried Schubarth/Wolfgang Melzer (Hg.): Schule, Gewalt und Rechtsextremismus. 2. Auflage, Opladen, S. 15-39.

Menze, Claus 1985: Bildungsstrukturen und Bildungsorganisation. Wilhelm Humboldts Grundlegung des Bildungswesens. In: Thyssen-Stiftung (Hg.): Preußen. Seine Wirkung auf die deutsche Geschichte. Stuttgart, S. 109-151.

Merton, Robert K. 1968a: Social Structure and Anomie. In: Merton, Robert K.: Social Theory an Sozial Structure. New York, S. 185-214.

Merton, Robert K. 1968b: Sozialstruktur und Anomie. In: Fritz Sack/Rene König (Hg.): Kriminalsoziologie. Frankfurt am Main, S. 282-313.

Meyer, Birgit 1993: Mädchen und Rechtsextremismus. Männliche Dominanzkultur und weibliche Unterordnung. In: Hans-Uwe Otto/Roland Merten (Hg.): Rechtsradikale Gewalt im vereinigten Deutschland. Jugend im gesellschaftlichen Umbruch. Opladen, S. 211-226.

Michailow, M. 1994: Lebensstilsemantik. Soziale Ungleichheit und Formationsbildung in der Kulturgesellschaft. In: I. Mörth/ G. Fröhlich (Hg.) Das symbolische Kapital der Lebensstile. Zur Kultursoziologie der Moderne nach Pierre Bourdieu. Frankfurt am Main, S. 107-128.

Model, Otto/Müller, Klaus 1996: Grundgesetz für die Bundesrepublik Deutschland. Taschenkommentar für Studium und Praxis. 11. Auflage, Köln/Bonn/Berlin/München.

Mollenhauer, Klaus 1970: Sozialisation und Schulerfolg. In: Heinrich Roth (Hg.): Begabung und Lernen. 5. Auflage, Stuttgart, S. 269-296.

Montada, Leo 1987: Die geistige Entwicklung aus der Sicht Jean Piagets. In: Rolf Oerter/Leo Montada (Hg.): Entwicklungspsychologie. 2. neu bearbeitete Auflage, München/Wien/Baltimore.

Münchmeier, Richard 1997: Jung - und ansonsten ganz verschieden. In: Jugendwerk der Deutschen Shell (Hg.): Jugend '97. Zukunftsperspektiven, gesellschaftliches Engagement, politische Orientierungen. Opladen, S. 379-389.

Murray, Charles/Herrnstein, Richard J. 1994: The Bell Curve. Intelligence an Class Structure in American Life. New York.

Neubauer, W. F. 1976: Selbstkonzept und Identität im Kindes- und Jugendalter. München.

Niebel, Gabriele/Hanewinkel, Reiner/Ferstl, Roman 1993: Gewalt und Aggression in schleswig-holsteinischen Schulen. In: Zeitschrift für Pädagogik, 39. Jg., Heft 5, S. 775-798.

Niedersächsisches Innenministerium 1994: Skinheads in Niedersachsen. Fakten und Hintergründe. In: Journal der Deutschen Vereinigung für Jugendgerichte und Jugendgerichtshilfen (DVJJ-Journal), Heft 1, S. 49-55.

Noller, Peter/Gerd, Paul 1991: Jugendliche Computerfans. Frankfurt am Main /New York.

Nüberlin, Gerda 1997: Jugendhilfe nach Vorschrift? Grundlagen, Probleme und Vorschläge der Umsetzung des neuen Kinder- und Jugendhilferechts in sozialpädagogische Praxis. Pfaffenweiler.

Nunner-Winkler, Gertrud 1985: Adoleszenzkrisenverlauf und Wertorientierungen. In: Dieter Baacke/Wilhelm Heitmeyer (Hg.): Neue Widersprüche - Jugendliche in den achtziger Jahren. Weinheim/München, S. 86-107.

Nunner-Winkler, Gertrud 1991: Ende des Individuums oder autonomes Subjekt? In: W. Helsper (Hg.): Jugend zwischen Moderne und Postmoderne. Opladen, S. 113-129.

Oerter, Rolf 1987: Jugendalter. In: Rolf Oerter/Leo Montada (Hg.): Entwicklungspsychologie. 2. neu bearbeitete Auflage, München/Wien/Baltimore.

Olbrich, Erhard 1987: Frühes Erwachsenenalter: Entwicklung im Familienzyklus. In Rolf Oerter/Leo Montada (Hg.): Entwicklungspsychologie. 2. neu bearbeitete Auflage, München/Wien/Baltimore.

Olweus, Dan 1997: Täter-Opfer-Probleme in der Schule: Erkenntnisstand und Interventionsprogramm. In: Heinz Günter Holtappels/Wilhelm Heitmeyer/Wolfgang Melzer/Klaus-Jürgen Tillmann (Hg.): Forschung über Gewalt an Schulen. Erscheinungsformen und Ursachen, Konzepte und Prävention. Weinheim/München, S. 281-297.

Opp, K. D. 1974: Abweichendes Verhalten und Gesellschaftsstruktur. Darmstadt/Neuwied.

Otto, Hans-Uwe/Merten, Roland (Hg.) 1993: Rechtsradikale Gewalt im vereinigten Deutschland. Jugend im gesellschaftlichen Umbruch. Opladen.

Ottomeyer, K. 1980: Gesellschaftstheorien in der Sozialisationsforschung. In: Klaus Hurrelmann/D. Ulich (Hg.): Handbuch der Sozialisationsforschung. Weinheim, S. 161-193.

Pädagogik-Lexikon 1999, Gerd Reinhold/Guido Pollak/Helmut Heim (Hg.). München/Wien (Stichwort).

Pekrun, Reinhard 1985: Schulischer Unterricht, schulische Bewertungsprozesse und Selbstkonzeptentwicklung. In: Unterrichtswissenschaft, 13. Jg., S. 220-240.

Pekrun, Reinhard 1987: Die Entwicklung leistungsbezogener Identität bei Schülern. In: H. P. Frey/K. Haußer (Hg.): Identität. Stuttgart.

Pekrun, Reinhard/Fend, Helmut (Hg.) 1991: Schule und Persönlichkeitsentwicklung: Ein Resümee der Längsschnittforschung. Stuttgart.

Pekrun, Reinhard/Helmke, Andreas 1991: Schule und Persönlichkeitsentwicklung: Theoretische Perspektiven und Forschungsstand. In: Reinhard Pekrun/Helmut Fend (Hg.): Schule und Persönlichkeitsentwicklung: Ein Resümee der Längsschnittforschung. Stuttgart, S. 33-56.

Pfeiffer, Christia/Delzer, Ingo/Enzmann, Dirk/Wetzels Peter 1998: Ausgrenzung, Gewalt und Kriminalität im Leben junger Menschen. Kinder und Jugendliche als Opfer und Täter. Deutsche Vereinigung für Jugendgerichte und Jugendgerichtshilfen (DVJJ), Hannover.

Pfeiffer, Christian 1996: Steigt die Jugendkriminalität? In: Journal der Deutschen Vereinigung für Jugendgerichte und Jugendgerichtshilfen (DVJJ-Journal), Heft 3, S. 215-227.

Promp, D. W. 1990: Sozialisation und Ontogenese. Berlin/Hamburg.

Popp, Ulrike 1997: Geschlechtersozialisation und Gewalt an Schulen: In: Heinz Günter Holtappels/Wilhelm Heitmeyer/Wolfgang Melzer/Klaus-Jürgen Tillmann (Hg.): Forschung über Gewalt an Schulen. Erscheinungsformen und Ursachen, Konzepte und Prävention. Weinheim/München, S. 207-224.

Popp, Ulrike 1999: In: Klaus-Jürgen Tillmann/Birgit Holler-Nowitzki/Heinz Günter Holtappels/Ulrich Meier/ Ulrike Popp: Schülergewalt als Schulproblem. Verursachende Bedingungen, Erscheinungsformen und pädagogische Handlungsperspektiven. Weinheim/München.

Popp, Ulrike/Tillmann, Klaus-Jürgen 1990: Jugend und Familie - mehr Kontinuität als Wandel? In: Neue Sammlung, Heft 4, S. 564-572.

Rehbein, Klaus 2000: „Kindeswohl" als pädagogische und gesellschaftspolitische Kategorie - Zur UN-Konvention über die Rechte des Kindes von 1989. In: Karl-Christoph Lingelbach/Hasko Zimmer: Das Jahrhundert des Kindes? Jahrbuch für Pädagogik 1999, Sonderdruck, Bern/Frankfurt am Main/New York/Paris, S. 281-296.

Reinhold, Gerd/Pollak, Guido/Heim, Helmut (Hg.) 1999: Pädagogik-Lexikon. München/Wien (Stichwort) - siehe auch unter: Pädagogik-Lexikon.

Richter, Helmut 1998: Sozialpädagogik - Pädagogik des Sozialen. Grundlegungen - Institutionen - Perspektiven der Jugendbildung. Band 3 der Reihe: Res Humanea - Arbeiten für die Pädagogik, Bern/Frankfurt am Main/New York.

Richter, Horst-Eberhard 1993: Wer nicht leiden will, muß hassen. Zur Epidemie der Gewalt. Hamburg.

Rieder, K. 1990: Problematik der Notengebung. In: R. Olechowski/K. Rieder (Hg.): Motivieren ohne Noten. Wien/München.

Rogers, Carl R. 1973: Entwicklung der Persönlichkeit. Stuttgart.

Rogers, Carl R. 1976: Die klientenzentrierte Gesprächspsychotherapie. München.

Rolff, Hans-G. 1977: Mehr-Ebenen-Analyse ja, aber nicht irgendeine. In: betrifft: erziehung, H. 4, S. 66-67.

Rolff, Hans-G. 1980: Sozialisation und Auslese durch die Schule. 9. Auflage (1. Auflage 1967), Heidelberg.

Rolff, Hans G. u.a. (Hg.) 1994: Jahrbuch der Schulentwicklung. Band 8, Weinheim/München.

Rommelsbacher, Birgit 1991: Rechtsextreme als Opfer der Risikogesellschaft - Zur Täterentlastung in den Sozialwissenschaften. In: 1999 - Zeitschrift für Sozialgeschichte des 20. und 21. Jahrhunderts, Heft 1.

Rommelsbacher, Birgit 1993: Männliche Gewalt und gesellschaftliche Dominanz. In: Hans-Uwe Otto/Roland Merten (Hg.): Rechtsradikale Gewalt im vereinigten Deutschland. Jugend im gesellschaftlichen Umbruch. Opladen, S. 200-210.

Rosenthal, Robert/Jacobson, Lenore 1971: Pygmalion im Unterricht. Lehrererwartungen und Intelligenzentwicklung der Schüler. Weinheim/Berlin/Basel.

Roth, Heinrich 1966: Pädagogische Anthropologie. Bildsamkeit und Bestimmung. Band I, Hannover/Berlin/Darmstadt/Dortmund.

Roth, Heinrich 1968 (Hg.): Begabung und Lernen. Berlin.

Roth, Lutz 1983: Die Erfindung des Jugendlichen. Weinheim/München.

Ruhloff, Jörg 1998: Bildung heute. In: Pädagogische Korrespondenz, Heft 21, S. 23-31.

Rutschky, Katharina 1992: Rechtsradikal oder irre? Eine Antwort auf die Studie von Wilhelm Heitmeyer. In: PädExtra, Heft 11, S. 9-13 = Merkur 521, Heft 8, S. 702-707.

Rutz, Michael (Hg.) 1998: Aufbruch in der Bildungspolitik. Roman Herzogs Rede und 25 Antworten. München.

Sack, Fritz 1973: Die Idee der Subkultur. Eine Berührung zwischen Anthropologie und Soziologie. In: Kölner Zeitschrift für Soziologie und Sozialpsychologie, S. 216 ff.

Sander Uwe 1995: „Good bye Epimetheus!". Der Abschied der Jugendkulturen vom Projekt einer besseren Welt. In: Wilfried Ferchhoff/Uwe Sander/Ralf Vollbrecht (Hg.): Jugendkulturen - Faszination und Ambivalenz. Einblicke in jugendliche Lebenswelten. Weinheim/München, S. 38-51.

Sander, Uwe/Meister, Dorothee M. 1997: Medien und Anomie. Zum relationalen Charakter von Medien in modernen Gesellschaften. In: Wilhelm Heitmeyer (Hg.): Was treibt die Gesellschaft auseinander? Bundesrepublik Deutschland: Auf dem Weg von der Konsens- zur Konfliktgesellschaft. Band 1, Frankfurt am Main, S. 196-244.

Sauter, Sven 2000: Wir sind „Frankfurter Türken". Adoleszente Ablösungsprozesse in der deutschen Einwanderungsgesellschaft. Frankfurt am Main.

Schelsky, Helmut 1957: Schule und Erziehung in der industriellen Gesellschaft. Würzburg.

Scherr, Albert 1992a: Gegen „Leggewiesierung" und „Heitmeyerei" im Antifaschismus? Antikritisches zur Debatte um eine Pädagogik mit rechtsorientierten Jugendlichen. In: Albert Scherr (Hg.). Jugendarbeit mit rechten Jugendlichen. Bielefeld, S. 17-36.

Scherr, Albert 1992b: Pädagogik hat ihre Grenzen. Für eine politische Debatte mit rechten Jugendlichen. In: PädExtra, Heft 11, S. 6-8.

Scherr, Albert 1994: Gewalt als Problem - Pädagogik als Lösung. In: Pädagogik, Heft 3, S. 25-28.

Schiefele, H. 1971: Schule und Begabung, München.

Schorb, Bernd 1998: Stichwort: Medienpädagogik. In: Zeitschrift für Erziehungswissenschaft. Heft 1, Opladen, S. 7-22.

Schröder, Achim/Leonhardt, Ulrike 1998: Jugendkulturen und Adoleszenz. Verstehende Zugänge zu Jugendlichen in ihren Szenen. Neuwied/Kriftel.

Schröder, Helmut 1995: Jugend und Modernisierung. Strukturwandel der Jugendphase und Statuspassagen auf dem Weg zum Erwachsensein. Weinheim/München.

Schubarth, Wilfried/Melzer, Wolfgang (Hg.) 1995: Schule, Gewalt und Rechtsextremismus. 2. Auflage, Opladen.

Schubarth, Wilfried 1998: Analyse und Prävention von Gewalt. Der Beitrag interdisziplinärer Forschung zur Gewaltprävention in Schule und Jugendhilfe. (Unveröffentlichte Habilitationsschrift). Dresden.

Schwab, Jürgen/Stegmann, Michael 1999: Die Windows-Generation. Profile und Grenzen jugendlicher Computeraneignung. München.

Schwarzer R./Jerusalem, M. 1982: Selbstkonzeptentwicklung in schulischen Bezugsgruppen - eine dynamische Mehrebenenanalyse. In: Zeitschrift für personenzentrierte Psychologie und Psychotherapie, S. 79-87.

Schwind, Hans-Dieter u.a. (Hg.) 1989: Ursachen, Prävention und Kontrolle von Gewalt. Endgutachten. Berlin.

Schwind, Hans-Dieter/Roitsch, Karin/Gielen, Birgit 1997: Gewalt in der Schule aus der Perspektive unterschiedlicher Gruppen. In: Heinz Günter Holtappels/Wilhelm Heitmeyer/Wolfgang Melzer/Klaus-Jürgen Tillmann (Hg.): Forschung über Gewalt an Schulen. Erscheinungsformen und Ursachen, Konzepte und Prävention. Weinheim/München, S. 81-118.

Selig, Herbert 1993: Fördern Medien die Gewaltbereitschaft? In: Landeszentrale für politische Bildung Baden-Württemberg (Hg.): Aggression und Gewalt. Stuttgart/Berlin/Köln, S. 74-84.

Skrotzki, Aurelio 1999: Graffiti. Öffentliche Kommunikation und Jugendprotest. Edition 451, Stuttgart.

Spiegel, special 1997: Titel: Horror-kids, 12/97.

Spiegel, Der 1998: Titel: „Die kleinen Monster: Warum immer mehr Kinder kriminell werden".Heft 15 vom 6.4.1998, darin: Der krieg unter den Kindern, S. 126-137.

Steinert, Heinz 1985: Moralische Subkulturen und herrschendes Recht. In: Volkmar Gessner/Winfried Hassemer (Hg.): Gegenkultur und Recht. Baden-Baden, S. 85-106.

Steinert, Heinz/Karazman-Morawetz, Inge 1993: Gewalterfahrungen Jugendlicher. In: Hans-Uwe Otto/Roland Merten (Hg.) 1993: Rechtsradikale Gewalt im vereinigten Deutschland. Jugend im gesellschaftlichen Umbruch. Opladen, S. 147-156.

Streit, Alexandra von 1997: „Das Leben geht weiter." 19 biographische Portraits von Jugendlichen. In: Jugendwerk der Deutschen Shell (Hg.): Jugend '97. Zukunftsperspektiven, gesellschaftliches Engagement, politische Orientierungen. Opladen, S. 79-101.

Sutherland, Edwin H. 1968: Die Theorie der differentiellen Kontakte. In: Fritz Sack/Rene König (Hg.): Kriminalsoziologie. Frankfurt am Main, S. 395-399.

Tenbruck, Friedrich H. 1962: Jugend und Gesellschaft. Freiburg i.Br.

Thiem-Schräder, Brigitte 1989: Normalität und Delinquenz. Sozialarbeit zwischen Resozialisierung und Nonintervention. Ort.

Thomas, W./Swaine, D. 1970: Situations defind as real, are real in its consequences. In: G. P. Stone/H. A. Fabermann: Social psychology through symolic interaction. Toronto.

Tillmann, Klaus-Jürgen 1976: Unterricht als soziales Erfahrungsfeld. Frankfurt am Main.

Tillmann, Klaus-Jürgen 1995: Gewalt in der Schule - Entstehungsbedingungen und Handlungsperspektiven. In: Schubarth, Wilfried/Melzer, Wolfgang (Hg.): Schule, Gewalt und Rechtsextremismus. 2. Auflage, Opladen, S. 179-189.

Tillmann, Klaus-Jürgen 2000: Sozialisations-Theorien. Eine Einführung in den Zusammenhang von Gesellschaft, Institution und Subjektwerdung. 10. erweiterte und überarbeitete Auflage (Ko-Autor Michael Lenz in Kapitel 2.1, S. 43-58), (7. Auflage: 1996), Reinbek.

Tillmann, Klaus-Jürgen/Holler-Nowitzki, Birgit/Holtappels, Heinz Günter/Meier, Ulrich/Popp, Ulrike 1999: Schülergewalt als Schulproblem. Verursachende Bedingungen, Erscheinungsformen und pädagogische Handlungsperspektiven. Weinheim/München.

Todt, E./ Busch, L. 1994: Aggression und Gewalt an Schulen. In: Recht der Jugend und des Bildungswesens, (42. Jg.) Heft 2, Neuwied, S. 174-186.

Tornow, H. 1978: Verhaltensauffällige Schüler aus der Sicht der Lehrer. Weinheim.

Trautner, Hanns Martin 1992: Lehrbuch der Entwicklungspsychologie. Band 1: Grundlagen und Methoden. 2. überarbeitete Auflage, Göttingen/Bern/Toronto/Seattle.

Trautner, Hanns Martin 1991: Lehrbuch der Entwicklungspsychologie. Band 2: Theorien und Befunde. Göttingen/Toronto/Zürich/Seattle.

Vollbrecht, Ralf 1995: Bedeutung von Stil. Jugendkulturen und Jugendszenen im Licht der neueren Lebensstildiskussion. In: Wilfried Ferchhoff/Uwe Sander/Ralf Vollbrecht (Hg.): Jugendkulturen - Faszination und Ambivalenz. Einblicke in jugendliche Lebenswelten. Weinheim/München, S. 23-37.

Walter, Michael 1996: Kriminalpolitik mit der Polizeilichen Kriminalstatistik? In: Journal der Deutschen Vereinigung für Jugendgerichte und Jugendgerichtshilfen (DVJJ-Journal), Heft 3, S. 209-214.

Weber, Cora 1989: Selbstkonzept, Identität und Integration. Eine empirische Untersuchung türkischer, griechischer und deutscher Jugendlicher in der Bundesrepublik Deutschland. Berlin.

Weidner, Jens 1995: Anti-Aggressivitäts-Training für Gewalttäter. Ein deliktspezifisches Behandlungsangebot im Jugendvollzug. 3. Auflage, Bonn.

Wilkens Wilfried 1995: Designer Drogen. Eine Himmelfahrt zur Hölle? Grundlageninformation zu synthetischen Rauschmitteln. Hg.: Jugend hilft jugend e.V. und HIDA - Hamburger Fortbildungs-Institut Drogen und AIDS, Hamburg.

Willems, Helmut 1993a: Gewalt und Fremdenfeindlichkeit. Anmerkungen zum gegenwärtigen Gewaltdiskurs. In: Hans-Uwe Otto/Roland Merten (Hg.): Rechtsradikale Gewalt im vereinigten Deutschland. Jugend im gesellschaftlichen Umbruch. Opladen, S. 88-108.

Willems, Helmut u.a. (Hg.) 1993b: Fremdenfeindliche Gewalt. Einstellungen, Täter, Konflikteskalation. Opladen.

Willis, Paul 1991: Jugend-Stile. Zur Ästhetik der gemeinsamen Kultur. Hamburg/Berlin.

Wilhelmi, Jutta 1996: Die Menschen stärken: Die Laborschule war und ist neu in einer Schullandschaft, die von Selbstbewißheiten lebt. In: Zeitpunkte, Heft 2, S. 82-84.

Wieczerkowski, W. u.a. 1975: Angstfragebogen für Kinder. Braunschweig.

Wigger, Lothar 1993: Das Recht auf Erziehung. Hegels Analyse des modernen Erziehungsverhältnisses. In: Winfried Marotzki und Heinz Sünker (Hg.): Kritische Erziehungswissenschaft - Moderne -Postmoderne. Band 2, Weinheim, S. 129-153.

Wigger, Lothar 2001: Öffentliche Bildungsdiskurse, Argumentationstheorie und Allgemeine Erziehungswissenschaft. In: A. Dörpinghaus und G. Herchert (Hg.): Denken und Sprechen in Vielfalt. Bildungswelten und Weltordnungen diesseits und jenseits der Moderne. Festschrift für Karl Helmer zum 65. Geburtstag. Würzburg.

Witzel, J. 1969: Der Außenseiter im Sozialisationsprozeß der Schule. Stuttgart.

Woilny, M 1983: Das Selbstvertrauen von Schülern in leistungsthematischen Situationen. Diss., Aachen.

Zehnter Jugendbericht 1998: Siehe unter: Bundestags-Drucksache.

Zeidler, Kurt 1928: Zur Frage der Zeugnisgestaltung. In: Die Erziehung, 3. Jg., S. 175-183.

Ziegenspeck, Jörg W. 1999: Handbuch Zensur und Zeugnis in der Schule. Historischer Rückblick, allgemeine Problematik, empirische Befunde und bildungspolitische Implikationen - Ein Studien- und Arbeitsbuch. Bad Heilbrunn/Obb.

Zinnecker, Jürgen (Hg.) 1975: Der heimliche Lehrplan. Untersuchungen zum Schulunterricht. Weinheim/Basel.

Zinnecker, Jürgen 1978: Die Schule als Hinterbühne oder Nachrichten aus dem Unterleben der Schüler. In: G.-B. Reinert/J. Zinnecker (Hg.): Schüler im Schulbetrieb. Bericht und Bilder vom Lernalltag, von Lernpausen und vom Lernen in den Pausen. Reinbek, S. 29-121.

Zinnecker, Jürgen 1985: Jugend der Gegenwart - Beginn oder Ende einer historischen Epoche? In: Dieter Baacke/Wilhelm Heitmeyer (Hg.): Neue Widersprüche - Jugendliche in den achtziger Jahren. Weinheim/München, S. 24-45.

Zinnecker, Jürgen 1987: Jugendkulturen 1940-1985. Opladen.

*

PÄDAGOGIK

Azizefendioglu, Hüseyin
Die Zukunftsperspektiven türkischer Jugendlicher in der Bundesrepublik Deutschland
Migration*Minderheiten*Kulturen, Bd. 2, 2000, 120 S.,
ISBN 3-8255-0231-7, 20,35 EUR

Brinkmann, Günter (Hg.)
Gegenwart verändern – Zukunft gestalten
Qualitätsentwicklung in Schule und Hochschule
Schriftenreihe der pädagogischen Hochschule Freiburg, Bd. 12, 2000, 160 S.,
ISBN 3-8255-0289-9, 20,35 EUR

Fees, Konrad (Hg.)
Realschule und Schulentwicklung
Perspektiven des Mittleren Bildungsweges
Schriftenreihe der Pädagogischen Hochschule Freiburg, Bd. 13, 2000, 230 S.,
ISBN 3-8255-0310-0, 20,35 EUR

Förner, Judith
Musikalische Mädchen(t)räume. Die Bedeutung der weiblichen Adoleszenz für die Ausbildung musikalisch-künstlerischer Produktivität
Frauen*Gesellschaft*Kritik, Bd. 33, 2000, 110 S., ISBN 3-8255-0250-3, 19,94 EUR

Hansel, Toni (Hg.)
Hauptschule. Auslaufmodell oder Herausforderung?
Schulpädagogik, Bd. 1, 2000, 224 S., ISBN 3-8255-0313-5, 25,46 EUR

Hansel, Toni (Hg.)
Schulprofil und Schulqualität. Perspektiven der aktuellen Schulreformdebatte
Schulpädagogik, Bd. 3, 2001, 286 S., ISBN 3-8255-0313-5, ca. 25,56 EUR

Rapold, Monika
Schweigende Lämmer und reißende Wölfe, moralische Helden und coole Zyniker. Zum gegenwärtigen, öffentlichen Diskurs über „sexuellen Kindesmißbrauch" in Deutschland
Pädagogik & Sozialwissenschaften, Bd. 1, 2002, ca. 350 S.,
ISBN 3-8255-0347-X, ca. 25.56 EUR

Tossmann, Peter / Weber, Norbert (Hg.)
Alkoholprävention in Erziehung und Unterricht
Suchtprävention in Erziehung und Unterricht, Bd. 2, 2001, 330 S.,
ISBN 3-8255-0008-X, 25,50 EUR

Wirries, Ingeborg
Die gute Staatsschule. Problemanalyse und Modernisierungskonzeption aus schulpädagogischer und organisationstheoretischer Sicht
Schulpädagogik, Bd. 2, 2002, ca. 450 S., ISBN 3-8255-0340-2, ca. 28,10 EUR

Zeitfracht Medien GmbH
Ferdinand-Jühlke-Straße 7
99095 Erfurt, Deutschland
produktsicherheit@kolibri360.de